U0722105

南京文献精编

金陵琐事

续金陵琐事

二续金陵琐事

（明）周晖 撰

点校 张增泰

南京出版传媒集团
南京出版社

图书在版编目（CIP）数据

金陵琐事；续金陵琐事；二续金陵琐事 /（明）周晖撰. -- 南京：南京出版社，2024.6

（南京文献精编）

ISBN 978-7-5533-4672-4

Ⅰ. ①金… Ⅱ. ①周… Ⅲ. ①南京—地方史—史料—明代 Ⅳ. ① K295.31

中国国家版本馆 CIP 数据核字（2024）第 053725 号

总 策 划 卢海鸣

丛 书 名 南京文献精编
书　　名 金陵琐事・续金陵琐事・二续金陵琐事
作　　者 （明）周晖
出版发行 南京出版传媒集团
南　京　出　版　社

社址：南京市太平门街 53 号　　邮编：210016
网址：http://www.njcbs.cn　　电子信箱：njcbs1988@163.com
联系电话：025-83283893、83283864（营销）　025-83112257（编务）

出 版 人 项晓宁
出 品 人 卢海鸣
责任编辑 卢海鸣
装帧设计 王　俊
责任印制 杨福彬

排　　版 南京新华丰制版有限公司
印　　刷 南京新洲印刷有限公司
开　　本 890 毫米 ×1240 毫米　1/32
印　　张 11.75
字　　数 243 千
版　　次 2024 年 6 月第 1 版
印　　次 2024 年 6 月第 1 次印刷
书　　号 ISBN 978-7-5533-4672-4
定　　价 70.00 元

用微信或京东APP扫码购书

用淘宝APP扫码购书

总　序

南京是我国著名古都，有近2500年的有文献记载的建城史、约450年的建都史，素有“六朝古都”“十朝都会”之誉。南京也是文化繁盛之地，千百年来，流传下来大量的地方文献，题材多样，内容丰富，这些文献是研究南京政治、经济、军事、文化、科技、外交和民风民俗的重要资料，是中华优秀传统文化的重要组成部分。做好历史文献的整理出版工作，深度挖掘传统文化资源，不仅有利于传承、弘扬南京历史文化，提升南京美誉度，扩大南京影响力，也有利于推动物质文明、政治文明、精神文明、社会文明和生态文明协调发展。

长期以来，大量的南京珍贵文献散落在全国各地的图书馆和民间，许多珍贵的南京文献被束之高阁，无人问津，有的随着岁月的流逝而湮没无闻。广大读者想要查找阅读这些散见的地方文献，费时费力，十分不便。为继承和弘扬好这一祖先留给我们的宝贵文化遗产，从2006年开始，南京出版社与南京市地方志编纂委员会办公室等单位通力合作，组织专家学者搜集南京历史上稀有的文献，将其整理出版，形成“南京稀见文献丛刊”。“南京文献精编”

就是从“南京稀见文献丛刊”中精心挑选而成，题材包括诗文、史志、实录、书信、游记、报告等，内容涵盖历史、地理、政治、经济、军事、文化、教育、宗教、民俗、陵墓、城市规划等方面，全方位、多视角地展示了南京文化的深层内涵和丰富魅力。

“睹乔木而思故家，考文献而爱旧邦。”我们希望通过这套“南京文献精编”丛书的出版，满足人民群众多层次、多方面、多样化阅读需求，打造代表新时代研究水平的高质量南京基础古籍版本，为推进中国式现代化南京新实践提供精神动力。

“南京文献精编”编委会

导 读

明人周晖撰《金陵琐事》，是一部关于金陵的颇有名的书，常被人提及、征引和称道。其实此书尚有《续金陵琐事》与《二续金陵琐事》两种，现结为一帙出版，俾有便于读者，有利于地方文献之保存也。

撰者周晖，上元人。明代上元、江宁同城而治，直至民国初年上元并入江宁，因此上元人、江宁人，都是金陵人、南京人。周晖字吉甫（吉父），又字漫士，号鸣岩山人，斋名尚白斋。嘉靖二十五年（1546 年）生，卒于天启七年（1627 年）后，至少活了八十一岁。“弱冠为诸生，老而好学，博古洽闻，多识往事”，隐居不仕。《金陵琐事》是他本人从《尚白斋客谈》中选出的有关金陵的文字，是国史未暇收、郡乘不能备者。此前，《尚白斋客谈》被人借去抄录，颇受好评。友人劝他点定成书，唯苦于家贫，无力刻印。《金陵琐事》作为精选本，篇幅大大压缩，也还是靠友人集资才刻印成书。印这本书的原因，用撰者自己的一句话说：“余诚金陵之人而已。”可见，周晖是一位热爱家乡金陵的文化人，他“胸饶韫畜，性好编录，几格不虚，巾箱恒满”，却只问耕耘，不问收获，令人钦佩。书中内容，上关国家典章制度，下及民间街谈巷议，真可谓包罗万象。以“琐事”名其书，却并不委琐，多少带有自谦之意。他的同时代人状元焦竑在《金陵琐事》引言中指出，“读之可以辨风俗，征善败”，“此虽其小者，而业可传矣”。实事求是地说，此书对我们了解金陵历史人物和当时社会风貌，都会有不少帮助。

在明代金陵籍状元中，焦竑的学问和名声最突出。焦竑（1541～1620年），字弱侯，号澹园居士，学者称澹园先生。他快五十岁才中状元，官翰林院修撰，任皇长子讲官。按例，讲官只讲不问，而他却常常向皇长子提问。一次，群鸦飞过，一阵噪鸣，皇长子不禁抬头仰视，焦竑立即停止进讲，直到皇长子敛容听讲，可见其为学之执著和性格之刚强。焦竑既负重名，常讨论国事是非，引起内阁大臣不满。他主持顺天乡试，从落卷中拔取徐光启，不料以取文荒诞被参劾，贬为同知，翌年又降级降俸。他心灰意冷，弃官回籍，定居北门桥豆巷。《上元江宁乡土志》说，焦竑“博洽绝伦，潜心著述，官虽不达，而名愈高”。由这样一位大师级的古稀学者为《金陵琐事》引端，不仅因为焦竑、周晖同乡，更彰显此书的历史价值。刚直耿介的焦竑在引文中不作溢美之辞，而有恰如其分的评价。四百年前焦状元断定此书可传，今天《金陵琐事》点校本呈现在读者面前，其文化传承意义便不言而喻了。

笔记体的《金陵琐事》，文字不拘，短的一二十字，长则洋洋数千言，各自独立成篇，阅读十分方便。书中多亲历、亲见、亲闻的文字，不少还交代出处。更可喜的是，撰者行文中每每颇富感情，具有相当的人民性，非旧文人的随笔可比。

《金陵琐事》内容浩瀚，林林总总，非三言两语可以概括。

书中记录了大量前人的行状事迹。如，朱元璋礼贤下士，尊“三老”，幸布衣家，造逍遥楼，收容改造不务正业的二流之徒。刘伯温为明太祖所用，其经过颇费周章，相当曲折。海瑞严肃处置御史巧取豪夺，其事极富启示，并具现实意义。徐达长子辉祖擅榜书，杭州天竺寺匾额即由他所书。徐达继室谢夫人的长女、次女分别是皇后、王妃，她却能婉拒永乐帝的再次求婚，让第三女出家为尼(按：担任过兵部尚书的嘉靖进士郑晓在《今言》中记载，谢夫人第四女嫁朱元璋第二十二子安王朱楹)。朱棣杀方孝孺后竟令人食其肉，吃肉一块，赏银一两，其残忍行径令人发指。抗倭英雄陈忠身经百战，乃“武弁豪杰”，其夫人勇斗众盗，是“女中将军”。京兆刘自强刚正自持，礼部尚书派人持书跪禀，必欲取一儒生，刘一脚踢落皂隶两牙，于是有人说：“皂隶落牙，尚书无齿，刘府尹真能自强乎?”刘还真过得硬，查出冒籍者，即重责枷号，于是诸冒籍者不敢应名，纷纷逃去。

金陵人金陵事是此书主要内容。如，明代金陵有多少人担任尚书，入阁者又是谁，书中一一列具名姓。尤其是陈玉泉凤所著金陵二十多位名士小传十八篇，撰者加上《欣慕编》的标题，让人重见前贤风采。撰者写南场科考中奇事弊案绘声绘色，为科举史提供了生动材料，如监生围攻主考，考官不识名字，擅自篡改试卷，以至不准考生自带蜡烛，只准先买烛票，进场取烛，以防烛内夹带，等等。万历丁酉乡试，一监生买七人代笔，作文七篇，房考取为第一名，但是状元焦竑审阅后，一眼看出非一人手笔，于是真相大白，时人谓“焦弱侯阅文眼力通神”云。书中有不少科场官场佳话，如父子兄弟中式，两世尚书、御史，有名有姓，言之凿凿。明初官妓十六楼的来龙去脉，地处何处，交代清清楚楚，还有诗篇佐证。晚明已少为人知的金陵十景，或可补志书之阙。单是杏花村一处，方圆一里左右，就有文人小园林二十多个，顾起元一园一诗纪之。万历癸丑年（1613 年）钞库街开设茶坊，可谓之最，后数年陆续出现茶馆了。著名的灵谷寺八功德水，明时已有池无水。四百年前金陵有名泉二十多处，今则个别仅存，令人不堪回首。鸡鸣寺险些被朱元璋下令拆毁，缘何得以保存，可谓秘闻。江宁镇的秦桧墓成化乙巳年（1485 年）被盗掘一空，盗贼却未被重罚，原来事出有因。万历年间灵谷寺松毛虫危害猖獗，人称“山荒”。此外，明代已出现金器作假，金线内嵌银心，金箔竟是银里，工艺精湛，手法狡诈。牙医夫妇趁火打劫，诈术得逞，把当时社会风尚、官场陋习，刻画得淋漓尽致，也是不可多得的史料。

书中述及佚诗遗闻及书、画、曲艺事多多。撰者撮取明季一百零九位诗人的佳句上千韵，多为流行的明诗集所未收，又列举所见诗集四十多种，涉及百多名诗人，相当有价值；又为后人留下了李空同《秋林歌》四章、王穉登挽马湘兰长诗等等名篇。万历间高座寺住持寂庵上人辑唐李白以下历代诗人题咏，成《雨花台诗集》，周晖序之，为金陵古迹留下精彩一页。值得指出的是，书中列举明时尚存金陵的古代碑碣，自古至宋，凡数十通，泰山碑、峄山碑、天发神谶碑等名碑俱在其中，弥足珍贵。

轶事是笔记体书籍不可或缺的，《金陵琐事》也不例外。如，文徵明应酬画多出其得意门生朱子朗之手，以至产生"我画真衡山，聊当假子朗，可乎"这样的幽默，正可见大师级书画家的智慧。撰者与文徵明侄文伯仁画家为友，轶事出文伯仁之口，可信度毋庸置疑。明代大画家戴进初到金陵，行李竟为一脚夫掮去，画家借纸笔画出脚夫形貌，让众人辨认，迹之果得，很富戏剧性。周晖为金陵奇人吴小仙、史痴翁等撰传，读来令人神怡心旷。金陵史痴翁与吴中沈石田神交，两人互访，交流艺事，具有传奇色彩。石田在家中款待痴翁长达三个月，而回访痴翁也必住金陵"卧痴楼"中，艺坛前辈之风范令人神往。大书法家祝枝山允明，在南京做过时间不长的应天府通判，他的楷书运笔之法得之于岳丈李应祯（文徵明认为李的书法"国朝第一"），也很少被外人道及。书中还有一些涉及明代金陵名妓的文字，如成化年间名妓林奴儿善画，从良后，旧知欲求一见，奴儿画柳枝于扇上，书二十八字拒之云："昔日章台舞细腰，任君攀折嫩枝条。从今写入丹青里，不许东风再动摇。"其气节，其儒雅，可慨也乎。有名有姓的御史上衙门必过作坊，众铁匠造作自如，坐不起身，被传到堂，巧妙应对高官斥责，充分显示劳动者的大智大慧，令官宦汗颜，真让人不禁拍案叫绝。何元朗丛说十八则，来自著名的明代笔记《四友斋丛说》。元朗名良俊，藏书家，二十年不下楼发愤读书的文人。周晖“特择其金陵事，不增减一字”而录之，其中如小年夜衙门前送节礼者排长队，以至行人不能过等等情状，也可见官场之腐败由来久矣。

无须讳言，由于时代的局限，此书中也还有极少带有迷信色彩的记载，现代人不难辨别。值得称道的是，撰者对这类“异事”，并未盲目肯定，而用存疑和不可解的笔法记之。

《金陵琐事》初刻于明万历三十八年（1610 年），《续金陵琐事》、《二续金陵琐事》稍后付梓。清季，江宁李鳌文浩堂有道光元年刻本，江宁傅春官于光绪年间重刻。民国时期，中央书局于一九三五年出版国学珍本文库，《金陵琐事》是其中一种，未收《续金陵琐事》和《二续金陵琐事》。新中国建立后，北京文学古籍刊行社于一九五五年十月影印谢国桢、赵元方藏明万历刊本《金陵琐事》、《续金陵琐事》、《二续金陵琐事》。这次点校，主要根据文学古籍社影印本和中央书局文库本，遵循丛刊编委会在总序中确定的原则。为了便于读者阅读，极少数地方加了必要的、简明的“校注”。凡原本中的漏字、错字，对照斟酌，择善而从，径予补正改正。各本均缺之字，未敢妄添，从阙存真。

前面提到，《金陵琐事》是集资刊刻的。撰者的一批朋友，不但出了钱，也还出了力，帮助校订，他们对此书作出了贡献。因此，原刻本各卷署撰者姓名之外，尚署校者姓名。

《金陵琐事》卷一：矩所何湛之公露校；卷二：华宇张文晖孚之校，寄宇顾端祥孝直校；卷三：襄宇韩国藩价卿校，振宇陈所闻荩卿校；卷四：玄初沈天启生予校，秋岩王允恭谦甫校。《续金陵琐事》上卷：乾室陈桂林孟芳校，寄宇顾端祥孝直校；下卷寻乐宋国儒人一校，定水李佺象先校。《二续金陵琐事》上卷：古歙方时俊求仲校，江浦滕维正一之校；下卷：江乘高居仁德敷校，太原王箴叔扆订。一并录出，以资参阅。

张增泰

金陵瑣事小序

余有尚白齋客談數卷雖蘭菊異芬箕畢殊好要皆聞之於客坐者每風雨之夕時一展玩聊以消虞卿之窮愁破韓非之孤憤慰阮藉之窮途避嵇康之白眼全李白之傲骨而已藏之帳中未嘗示人亦不忍廢也偶麻城友王元禎氏借錄一通錄畢且謂余曰君負懶癖不即點定成書又苦

瑣事卷一

一

明万历三十八年刻《金陵琐事》书影

秀才鄧武津寧河王孫也余過其家出王之戰袍命着之上至胸下拂地夫余之身人皆以頎異之尚不能勝若是則王之壯偉可想矣

出將入相

徐太傅達初入爲右相國出爲大將軍征吳再出爲征虜大將軍北伐入爲中書右丞復出爲征虜大將軍鎮撫東北

明万历三十八年刻《续金陵琐事》书影

正之士余見柴墟集中有與徐子仁書極相推與又見髯仙家藏寫眞乃儲柴墟莊定山徐承之及髯仙共作一軸上各書贊又有以見前輩持己極嚴而責人甚恕猶有古人寬厚博大之風

東橋甚重祝文山文其所作觀雲賦蓋手書以贈東橋者東橋每遇文士在坐即出之展玩甚相誇詡然文實不甚佳余最不

明万历三十八年刻《二续金陵琐事》书影

总目录

南京文献精编

金陵琐事

（明）周晖 撰

点校 张增泰

南京出版传媒集团
南京出版社

小序

余有《尚白斋客谈》数卷，虽兰菊异芬，箕毕殊好，要皆闻之于客坐者。每风雨之夕，时一展玩，聊以消虞卿之穷愁，破韩非之孤愤，慰阮籍之穷途，避嵇康之白眼，全李白之傲骨而已，藏之帐中，未尝示人，亦不忍废也。偶麻城友王元祯氏借录一通。录毕，且谓余曰："君负懒癖，不即点定成书。又苦家贫，不能梓行。曷若转赠王生。王生当分载诸集中，使君之姓字不至泯泯也。"余笑而不答。因思既已付之抄录，能强其不灾于木乎！但性不近道，未能忘情，乃取客谈中切于金陵者，录成四帙，名曰《琐事》。盖国史之所未暇收，郡乘之所不能备者，不过细琐之事而已。以细琐之事，与管穴之见相投，故摇笔纪之尔。若掞张无实，与暗昧难稽，余则未之敢也。唐孙光宪《北梦琐言》，讥山人唐球诗思游历，不能出二百里外，余甚愧乎其言。嗟夫，余诚金陵之人而已矣。万历庚戌谷雨鸣岩山人周晖吉父撰。

引

金陵六代旧都，文献之渊薮也。高皇帝奠鼎于斯，其显谟大烈，纪于石渠天禄，彬彬备矣。以故寰寓推为奥区，士林重其清议。及夫余风细故，昔称游丽辩论，弹射臧否，剖析毫厘，擘肌分理者，至今犹然。如吉甫此编，亦其一也。吉甫周姓，名晖，吉甫其字。弱冠为博士弟子，出杨道南先生之门。先生覃思大道，有所独契，而博学多通，旁及时事。仲舒知古，崔琳知今，殆顾兼之。吉甫久从之游，其大者既别为纪载，乃错综余绪，以为是书。上关典常，复及俶诡，包前修之往行，具名流之嘉话，下而街谈巷议，与圣人所不语者，往往在焉。读之可以辨风俗，征善败。国史郡乘，或裨其阙，非徒小说之靡而已。吉甫胸饶韫畜，性好编录，几格不虚，巾箱恒满。此虽其小者，而业可传矣。曩缀《金陵旧事》二卷，朋辈谓此书当相辅而行，乃醵钱梓之，而余引其端。万历庚戌夏，澹园老人焦竑题于所居之澄怀阁。

目　录

卷之一

卷 之 二

卷 之 三

卷之四

卷之一

三　老

太祖初下建康，闻秦原之、周良卿、丘某德行著闻，以礼延请，询以政事人才，称曰“三老”。乃秦原之遂以静诚先生荐。静诚姓陈，名遇，字中行，太祖御书称中行先生，以伊、吕[①]、孔明济世安民起之，每询以大计，皆称旨命，以官始终不受。此太祖第一举动。中行，金陵第一人品。夫秦原之能知中行之贤，又能荐之，不负所举。即此一事，称之以老，名与实称。惜乎周、丘二人，无所考见也。

天子幸布衣家

太祖三幸陈遇家，武宗两幸徐霖家。陈参帷幄之谋，徐进词曲之技。陈、徐皆布衣。

春　联

太祖御书春联，赐中山王徐公达云：“始余起兵于濠上，先崇捧日之心；逮兹定鼎于江南，遂作擎天之柱。”此二十六字，乃初封信国公诰中语也。又一联云：“破虏平蛮，功贯古今人第

---

① 伊尹佐商汤，吕尚佐周武王，旧时并称为贤相。

一；出将入相，才兼文武世无双。”

指挥陪宴

太祖开科取士，宴举子于应天府堂。命府尹云：“龙江右卫，与府相邻，须令指挥陪宴。”遂为定例。

前身

中山王相传乃关云长后身。大功坊内赐宅在胜国时，是关庙地基。

魏国公徐鹏举母，梦岳武穆入室，遂产公，因取武穆之字以为名。

署书

太祖定鼎金陵，凡宫殿府部各衙门，与敕建寺观十庙，及诸牌楼题署，皆命詹希源书之。

碧峰寺，寺额“碧峰禅寺”四大字，乃乡先生主事黄谦书。

大报恩寺，榜书四大字，乃乡先生朱孔阳书。

佘村玉皇观壁间“松庵”二隶字，是大德间状元王龙泽所书，颇极奇伟。

石城许公牌坊“会元”二字，乃徐霖书。

天界寺“万松庵”三大字，仲山王问书。

形势

郑澹泉谓金陵形势，山形散而不聚，江流去而不留，非帝王都也，亦无状元、宰相者。因世禄之官太多，亦被他夺去风水。余极喜其论。及万历己丑、乙未，连中状元，乃知书生之言，不足深信。

耻入乡贤

三百年来，入乡贤祠者，陈公遇、孙公炎、杜公环、张公益、王公一居、李公时勉、童公轩、倪公岳、贺公确、陈公镐、陈公钦、何公遵、刘公麟、梁公材、顾公璘、周公金、邵公清、王公以旂、王公銮、殷公迈、许公穀、沈公九思、李公逢阳、杨公希淳。成化年间给事中王公徽，强直有大节，论宦官牛玉，言甚激切。诸宦官言于上，欲加以极刑。赖李文达公维持，谪普安州判。将捐馆舍，戒子钦佩曰："乡贤祠吾耻居其中。"至今未入。

泉　　品

万历甲戌季冬朔日，盛时泰仲交踏雪过余尚白斋中。偶有佳茗，遂取雪煎饮。又汲凤皇、瓦官二泉饮之。仲交喜甚，因历举城内外泉之可烹者。余怂恿之曰："何不纪而传之。"仲交遂取鸡鸣山泉、国学泉、城隍庙泉、府学玉兔泉、凤皇泉、骁骑卫仓泉、冶城忠孝泉、祈泽寺龙泉、摄山白乳泉、品外泉、珍珠泉、牛首山龙王泉、虎跑泉、太初泉、雨花台甘露泉、高座寺茶泉、净明寺玉华泉、崇花寺梅花水、方山八卦泉、静海寺狮子泉、上庄宫氏泉、德恩寺义井、方山葛仙翁丹井、衡阳寺龙女泉，共二十四处，皆序而赞之，名曰《金陵泉品》。余近日又访出谢公墩铁库井、铁塔寺仓百丈泉、铁作坊金沙井、武学井、石头城下水、清凉寺对山莲花井、凤台门外焦婆井、留守左卫仓井即鹿苑寺井也，皆携茗一一试过，惜不得仲交赞之耳。

秦将白起

正德年间，守备太监富紫泉，建永宁寺于安德门外坌山口，屠一猪祭梁。猪腹上隐隐“秦将白起”四红字。富曰：“此白将军也。”遂埋之。

太初诗帖

户部李远庵，重字元任，催浙粮将北上，别孙太初于西湖。太初送之以诗云：“苦竹冷冷莎雨青，秋风别我钓鱼汀。好持使节朝天去，莫道江湖有客星。北固云回山历历，洪河龙斗浪冥冥。眼中经济须公等，殿上夔龙有典刑。”送诗帖云：“奉别拙作，风调自谓不减古人，为知己者一道耳，非泛泛送行之作也，乞领意。山人野服，不克入城把袂话别，怅然怅然。”又帖云：“拙作书上，笔意终不佳，然技止此耳。观诗可也，一笑一笑。”

空同跋太初诗

李远庵出孙太初诗一册，与李空同看。空同遂跋之云：“瑶草载萎，玄鹤竟逝。虽丛有高卑，形分巨细，然闻其馨者，知其为不凡之卉；聆其响者，知其为已仙之禽也。于乎识斯义者，可与言孙氏之诗乎？孙没数年矣，远庵李子以其诗观我，为题于后。嘉靖二年夏四月，空同山人李梦阳。”

《秋林歌》

王韬字钦晦，乃钦佩先生之族弟，商于汴京，遂与空同先生善。空同有送王韬一绝云："王郎口谈金虎文，自称师是紫阳君。挂帆明日忽南去，影落龙江五色云。"今载集中。又有《秋林歌》四章，乃与钦晦之父秋林翁寿者，集未收入，今录之："山人食黄精，老步觉转健。秋行林径深，风起落叶满。""露寒山尽脱，乃松林独青。斸根获龟蛇，看看皆白苓。""采苓煮白石，发黑颜复赤。秋清中林坐，傍有鹤一只。""白石浸寒潭，清冽鉴毛发。甘菊垂时花，翁来弄秋月。"

元峰问数

新安汪龙，受数学于异僧，颇有奇验。袁元峰阁老，寄一白围棋子与南吏书王三渠，转问生子。汪接棋子遂云："白者北也。棋子者子也。北京当局之人问第一着。但此棋子非木非石，经火锻炼而成，了无生气，决不能生子。若以生克之理论之，不久亦当终局。须急下官着可也。"元峰不数月遂捐馆舍。

聚宝奇石

朱孟辨获三奇石于聚宝山间，制为山玄肤、玉芝朵、断云角。黄鹤山人王蒙图而铭之。宋太史又为作后铭。

典　祀

倪文毅公岳，初为礼部尚书，值遣祭金阙玉阙真人。奏曰：

"徐知证、知详,唐叛臣之裔也。祀典不敢议废,但岁时典祀,一侍官之职耳,宗伯何与焉?"遂为令。

阴消祸孽

约庵周公为给事时,论都督马昂纳女弟后宫,外议或云已娠,请诛昂,而还其女。武宗虽不罪昂,而女竟被黜。此其阴消祸孽,一疏之力也。

针　灸

留守卫指挥谢芳,状貌长大白皙。但玉表石中,幼不知学,所识之字,屈指可尽。武选郎中例当看官,见谢之貌,欲用掌卫事,取粉版书"针灸"二字与识之,谢以"铁多"对。郎中一笑,竟尔不用。

梅花水洗砚

焦山郭第,字次甫,在金陵市上得一南唐旧砚。曰此砚不可以常水洗,因走崇化寺洗于梅花水中,又携至西湖洗之。次甫好奇而僻也如此。

念　珠

郑石郇御史名濂,事母极孝。进香三茅山,以祈母寿。拈香出殿,从地拾得一串念珠,一百零八粒。遂喜曰:"吾母之寿,或与此念珠之数同乎。"归来用盒盛之,供于佛前。数月后视之,被鼠残其十七粒。母九十一岁而终,实符念珠之数云。

浇　坟

诗人孙太初死，刘元瑞、龙致仁二公治其丧，葬于道场山。一日，天大雪，元瑞刘公忽忆太初，遂戴棕大帽，穿大红衣，策一蹇驴，苍头携酒一壶，走太初坟上。取酒一杯浇坟，自饮一杯，酒尽痛哭而返。

修省疏

清溪倪公岳，弘治十二年任留枢参赞。秉正达变，不激不随，百废顿举，兵民倚重，相戒不敢犯法，留都肃然。适清宁宫灾，条上修省疏：勤正学，开言路，减斋醮，省供应，节亲藩，惩欺蔽，恤困穷，核名实，疏淹滞，择将领，节差遣，慎功赏，停工役，斥奸贪，进忠直，恤刑狱……二十八事。上并嘉纳之。

自作墓志

卢玉田、黄蛰南、杨太岳三公，皆先自草墓志，示不求于人。

尚书二十三人

冢宰张公铭善、周公时中、偰公斯、曹公义、倪公岳，司农梁公材、王公玮、吴公文度、周公金，秩宗倪公谦、邹公干、童公轩，司马齐公泰、胡公汝砺、王公敞、王公以旂，司寇周公祯、端木公复初、周公瑄、张公瑄、顾公璘，司空陈公恭、刘公麟，共二十三人。

入阁一人

入阁者，张文僖公益[①]一人。

咏十六楼集句

李公泰，字叔通，号仙源，鹿邑人。洪武时进士。博学知天文，曾掌钦天监，遂入钦天监籍。有集句诗二册，中有咏十六楼诗。《南市楼》："纳纳乾坤大，南楼纵目初。规模三代远，风物六朝余。耆旧何人在，登临适自娱。皇恩涵远近，莫共酒杯疏。"《北市楼》："危楼高百尺，极目乱红妆。乐饮过三爵，遐观纳八荒。市声春浩浩，树色晓苍苍。饮伴更相送，归轩锦绣香。"《集贤楼》："迢迢出半空，画列地图雄。鱼水千年庆，车书万国同。长歌尽落日，妙舞向春风。今古神州地，康衢一望通。"《乐民楼》："江城如画里，迢递起朱楼。白日催人老，青樽喜客留。百年从万事，一醉解千愁。帝德尧同大，洪恩被九州。"《讴歌楼》："西北高楼好，闲宜雨后过。凭栏红日早，回首白云多。广槛停箫鼓，深江净绮罗。千金不计意，醉坐合声歌。"《鼓腹楼》："翼翼四檐外，居人有万家。盘空斋屡荐，舞破日初斜。小酌知谁共，新诗取自夸。圣图天广大，烂醉慰年华。"《清江楼》："涵虚混太清，时转遏云声。湖雁双双起，渔舟个个轻。世情何远近，人事省将迎。谈笑逢诸老，终身愿太

① 张益，明江宁人，字士谦，号惷庵。永乐乙未进士，选庶吉士。累迁修撰，博学强记，诗文操笔立就。寻进侍读学士。谥文僖。

平。"《石城楼》:"翠袖拂尘埃,烦襟出九垓。清光依日月,逸兴走风雷。鸿雁几时到,江湖万里开。文章成锦绣,临咏日盘回。"《来宾楼》:"地拥金陵势,烟花象外幽。九天开秘祉,八极念怀柔。造化钟神秀,乾坤属远猷。吾皇垂拱治,不待治书求。"《重译楼》:"使节犹频入,登临气尚雄。江山留胜迹,天地荷成功。干羽三苗格,车书万里同。圣朝多雨露,樽俎日相从。"《淡烟楼》:"久坐惜芳尘,莺花不弃贫。关心悲地隔,有酒纵天真。不问黄金尽,应惭白发新。登临聊极目,紫陌万家春。"《轻粉楼》:"郡楼闲纵目,风度锦屏开。玉腕揎红袖,琼卮泛绿醅。参差凌倒景,迢递绝浮埃。今日狂歌客,新诗且细裁。"《鹤鸣楼》:"翠挹凭阑外,楼高不倦登。抑扬如有诉,凄切可堪听。白日移歌袖,青天扫画屏。古来形胜处,重到忆曾经。"《醉仙楼》:"自得逍遥趣,乾坤独倚楼。天笼平野迥,江入大荒流。待弃人间事,来为物外游。蓬莱自有路,云雨梦悠悠。"《梅妍楼》:"天地开华国,招邀屡有期。风烟归逸兴,钟鼓乐清时。对酒惜余景,逢人诵旧诗。平生无限意,莫信笛中吹。"《翠柳楼》:"白帻岸江皋,开筵近鸟巢。交疏青眼少,歌罢彩云消。落日明孤塔,青山见六朝。平生爱高兴,回首兴滔滔。"《艺林学山》云:"永乐中晏振之《金陵春夕》诗,'花月春江十四楼',人多不知其事。盖洪武中建来宾、重译、清江、石城、鹤鸣、醉仙、乐民、集贤、讴歌、鼓腹、轻烟、淡粉、梅妍、翠柳十四楼于南京,以处官妓,盖时未禁缙绅用妓也。"胡元瑞云:"十四楼语近出,足为诗料。"按,金陵本十六楼,今称十四楼,而遗南市、北市二楼,何也?诸楼尽废,独南市楼尚存。

十　　景

盛仲交自大城中山寄杂忆十诗，命余步韵，且约往游。其题云：“祈泽寺龙泉，天宁寺流水，玉皇观松林，龙泉庵石壁，云居寺古松，朝真观桧径，宫氏泉大竹，虎洞庵奇石，天印山龙池，东山寺蔷薇。”此十景，皆众人之所忽，仲交所独取者。

见御史不起身

御史饮虹李公，家在饮虹桥南，每赴衙门，必过铁作坊。铁匠造作自如，多坐不起身。饮虹怪之，言于中城御史，牌拘一坊人，将诘问之，且加责也。众诉云：“某等坐不起身，相沿已久。当年倪尚书老爷家住本坊，亲嘱不必起身，恐妨造作。不识李爷计较，却被倪尚书误了。今蒙治以国法，此后再不敢矣。”御史对李饮虹云：“听众人之说，我尚惭悔。”

家若悬罄

顾横泾先生罢河内副使归，家环堵若悬罄。客过，从邻家乞火，供茗取酒无所具，樽罍而止。

守备厅坐次

守备厅坐次，正统中襄城伯李隆正中坐，户部黄少保福左侧坐。公退，左右对坐。少保卒，兵部徐侍郎左侧坐。襄城去，丰城侯李贤代，徐侍郎升尚书，仍左侧坐。都督赵伦协同地平下左侧坐，后革，靖远伯王骥代。徐尚书为总督，与丰城分左右正坐，靖远左，宁远伯任礼代，丰城仍在右。靖远伯还朝，徐尚书复来，杜侍郎宁始推尚书与宁远分左右正坐。张右都纯监督操军不预守备事下教场，与徐尚书分左右正坐。张都御史在左，赵都督仍旧坐户部张尚书凤来右边，稍偏正坐。户部没，张都御史升兵部尚书参赞，右边正坐。宁远告老，平江伯陈豫代，与张尚书仍分左右坐。平江去，张尚书致仕，魏国公徐显宗代，平江独正中坐，镇远侯顾协同右边稍偏正坐，兵部萧尚书维祯参赞镇远坐左。魏国镇远俱没，萧尚书独右偏正坐。成国公朱仪代魏国，如魏国坐，兵部李尚书宾来如萧坐，马都督良协同地平上右侧坐。李尚书马都督皆还朝，兵部程尚书信来如李坐。后添设泰宁侯陈经协同，与程尚书分左右正坐，泰宁左。泰宁漕运，定西侯蒋琰代，如泰宁坐。程尚书去吏部，崔尚书如程坐。崔尚书去，左都御史王恕来寻升兵部尚书，如崔坐。定西侯还朝，新宁伯谭祐代，如定西侯坐。王尚书巡抚，兵部薛尚书远来，如王坐。新宁还朝，太子太保丰城侯李勇代，如新宁坐。薛尚书归，陈尚书俊坐如薛。已后守备参赞坐大约相同。惟增内守备太监据首席，而协同者为侯伯则上坐，都督则侧坐耳。

武职袭替

南京武职最贫苦，袭替北上，须称贷而行。还时即以俸粮抵偿，有数年之久。不得食粮者，有无处挪借终身不得袭替者，令祖宗汗马之功，捐于一旦，岂不可惜！鄙意各省武职，不得不诣京师，若南京自有本兵，即于本处稽查功次，比试弓马，有何不可？倘移咨北部类奏袭职，此是何等省便，何等功德也！国初总小旗袭替至北京并枪，邝公埜题奏改于南兵部，并各省都司比试，不中者后一年仍赴北京。谭公纶具题亦改于南京。二例载武选职掌可援以请也。澹园焦先生向以语选郎卢梦麟，欣然欲行之。曾太宰摄部事，亦大以为然。会曾回籍未果。今其案具存。

招募不如土着[①]

嘉靖中倭乱，招集义乌、江阴、靖江、崇明人为兵，费用甚多，却专在南都作贼。吴悟斋目击其事，尽汰遣之。昨壬辰，倭侵朝鲜，于中国未以一矢相加遗也。而本兵与操江四出招募，群不逞之徒麇至。戊戌，北部调二千人往戍旅顺矣，复招集以捕之。旅顺兵还，又增一倍。此时工部造房屋衣甲，户、兵二部给粮饷，糜费不赀，地方何尝得其分毫之力。今群聚城外，夜即群至人家，劫其财物，乱其归女。居民稍有饭吃者，尽移入城中，然群盗亦随以至矣。当道明知，不肯散遣，其说有二：以为遣之无名一也。顾冲庵曾言，练兵即以消兵，勤其校阅，严其赏罚，汰其老幼，作贼者必诛，物故者不补，如此则兵可渐消，何患无名？又言，此辈既去，地方有警，何人支持？不知此辈，赖以讨贼，然不能讨贼，日日作贼，所谓放虎自卫者也。盖招募不如土着，古人言之甚详。南都岂无骁勇有武艺之人，倘以为不习倭事，将此辈拣选一二千，却于浙直曾经战阵处，取一二十人为教师，一人教十，十人教百，百人教千，不数年皆为胜兵矣。盖

---

① 土着：通“土著”。

土着之人，与旅处不同，省费一也；父母室家共聚，有所顾恋二也；生长地方，出门皆是亲识，不敢为非三也。有警则荷戈为

兵，无事则各执其业，何等稳便。当道肯一处分，为留都造福，胜造九级浮屠矣。

城门锁钥

正德己卯，宸濠谋逆，刻日东下，欲取留都。大司马乔公预为战守之具，一时草创皆备，率九卿台谏吁天，誓以死守。每城门设以文武大吏二人，城中伏兵二支，以防不虞。先是濠预遣死士三百余人，混入留都，伏于鼓楼街一揽头家为内应，待期而发。守备太监刘琅，实与其谋。公先缚揽头一讯而得之，以次而擒。枭首江岸，贼计少阻。先是公微闻濠反计，知指挥杨锐才可用，谋于巡抚李公，署为安庆守备。谕之曰："安庆南都，上游密迩江西，贼计汝必先知，知则亟以告我。贼发必先攻安庆，攻则汝以死守之。"未几贼攻安庆，果为锐所败。及上南狩，叛逆已平，百官朝于行在，有旨命以戎服见。公谓两京礼仪一体，岂宜有异。遂朝服率诸寮如常仪。时江彬怙权宠势，焰倾一时，统边兵数万，屯聚京城，怀不轨心，公以雅量镇服之。彬始亦欲构公，使人捃摭无所得。一日晚，遣人索城门锁钥，人人惊骇，不知所出。督府告于公，公曰："守备所以谨非常，城门锁钥孰敢索，亦孰敢与，虽天子诏奈何。"督府以公言拒之，竟寝。彬每假传旨有所求，为日数十。公得旨必请面奏，彬计格不行，都城帖然。驻跸日久，倡九卿台谏三上章劝回銮，扈从扬州而还。至今父老颂其功不置云。

三人协力

武宗南巡时，乔白岩为参赞，寇天叙为应天府丞，时缺尹寇署印，太监王伟为内守备。三人者同谋协力，持正不挠，故保南京无虞，不然祸且不测矣。寇亦山西人，与白岩同乡，躯体颀硕，眼微近视，每日带小帽穿一撒坐堂，自供应朝廷之外，一毫不妄用。若江彬有所需，每差人来，寇佯为不见，直至堂上，方起坐立语，呼为钦差。语之曰："南京百姓穷，仓库又没钱粮，无可借办。府丞所以只穿小衣坐衙，专待拿耳。"差人无可奈何，径去回话。每次如此，江彬知不可动，后亦不复来矣。

比　　试

武宗在南京，江都督所领边卒，躯干颀硕，膂力拳勇，皆西北劲兵也。白岩于南方教师中，取其最矮小精悍者百人，每日与江都督相期至教场中比试。南人轻捷，跳趏行走如飞；而北人粗坌，方欲交手，被南人短小者，或撞其胁肋，或触其腰胯，北人翻身僵仆。移时，江提督大为沮丧，而所畜异谋，亦已潜折其二三矣。

不道磁石事

偶过盛仲交苍润轩，同诸词客观黄山谷所书《阿房宫赋》旧拓帖。仲交云："此书笔势飞翥，有金石相宣之意。杜赋甚工，独恨赋中不道磁石事。"

直趋金陵

汉庶人高煦反乐安州。知州朱恒劝庶人直趋金陵。贼党皆言恒乃金陵人，一身一家之谋也，何可听乎？但不知恒是金陵何许人，而设此谋。此谋若行，国家之事不可知矣。

梦　　征

郑沙村河为秀才时，梦中得一绝句云："城里青山城外楼，夜凉明月五更头。何时了却心头事，重把青蚨换酒筹。"及中嘉靖甲辰进士，授岳州府推官。到岳州府，见城里青山，城外楼阁，宛然梦中诗句。私心郁郁，遂卒于岳州。

疏用"无主"字

陪京有家贫者，亲死付之一炬。湛甘泉先生为礼书时，欲变其俗。择禁门外空地数处，为漏泽园，将葬贫不能买地者。因遣千户王某，持奏疏以请于朝。千户跪禀甘泉曰："闻老爷疏中，有'以无主之地，葬无主之人'两句，恐'无主'二字未可陈于君上之前。"甘泉怃然曰："殊失检点也。"遂易其语。

瓮中黑气

万表秀才，家住上新河南岸，夜梦一人，丰神似吕洞宾，从地涌出，整衣襟而言曰："困此不觉五百余年。"天明，取土筑墙，深及八九尺，得两瓮相合。启视之，瓮中一团黑气，冉冉起于半空，宛如梦中所见之像。仙耶？鬼耶？怪耶？

《非非子》

徐天赐魏国公之第，宅在大功坊内，后与府学相接，不能扩充尺寸地。因谋于京兆蒋公、督学赵公，复赂武断生员任芳辈数人，约以尊经阁后民间之地，换学宫右边空地。生员周膏，作《非非子》一篇，粘于学壁，极言孔子贫厄，门人售地。语侵上官，督学闻之，畏公论不容，遂已其事。膏乃刑书周公瑄之子，高才博学有声。场屋此举，人颇义之。

陶隐居《瘗鹤铭》一证

姑苏大石山人顾元庆作《瘗鹤铭考》，引黄长睿、张子厚、刘无言、曹士冕、邵公元、马子严，与我朝都玄敬之说，断以为陶隐居书，议论极确，而赏鉴最精，然尚少一证。李石《续博物志》云："陶隐居书自奇，世传画板帖及焦山下《瘗鹤铭》，皆其遗迹。大石山人何不引此以证之乎？"余于隆庆戊辰春日游焦山，从崩岩乱石间拓得十六字。友人宋国儒击碎一"也"字，至今惜之。

宦官重谏臣

嘉靖末年，陪京皇城守门宦官高刚，堂中悬春帖云："海无波涛，海瑞之功不浅；林有梁栋，林润之泽居多。"高之意，重刚峰、念堂二公之能谏耳。

举朝皆妇人

海刚峰巡抚应天时，矫激之过，令人不堪言。官劾之。刚峰辩疏有“举朝柔懦无为皆妇人”之语。李石麓朝回，值扬州贡士曾同笔砚者来访。石麓曰：“适见海刚峰疏中，谓举朝皆妇人。我非一老妪乎？惶恐惶恐。”贡士曰：“只此惶恐，尚有丈夫气。”石麓默然者久之。

清苦回恨

御史陈海楼用红票买米，减半市价，盖积弊然也。民亦敢怒而不敢言。值经纪家有秀才何敬卿，持其票击都察院鼓，告于都御史海公。海公方尚操切，遂尔大怒，欲加惩治，赖诸御史恳求得免，仍责皂隶三十，革去其役，即枷号于陈之衙前，实所以辱之。一时六部两衙门，与府县闻风凛凛，不敢妄取市物。海楼因此官箴有亏，恨之入骨。及刚峰死，海楼同诸御史入其内，见刚峰受用之清苦，有寒士所不能堪者。海楼乃曰：“回吾怨恨之心矣。”

执　　照

秀才何敬卿既告御史陈海楼于海公，又恐诸御史以他事中伤之，复诉于海公，求一执照。刚峰大笑曰：“御史视朝廷明旨，尚为虚文。海刚峰一纸执照，有何用处。我见秀才有些胆气，原来畏首畏尾，岂能做事。”遂叱出。

刚峰宦囊

都御史刚峰海公卒于官舍，同乡宦南京者，惟户部苏民怀一人。苏检点其宦囊，竹笼中俸金八两，葛布一端，旧衣数件而已。如此都御史那可多得。王司冠凤洲评之云:“不怕死,不爱钱,不立党。”此九字断尽海公生平,即千万言谀之,能加于此评乎!

生平奇事

陈横厓子野与余云:“曩游天台,遇中秋,赏月石桥之侧。石桥,天台胜处也。及游雁宕,乃九月九日,采菊于山巅。在名山中而逢佳节,又值天晴,此最是生平奇事也,可多得乎?”

一钱觅酒

陈藻,字子文,号苍厓,家贫嗜酒。一日,囊仅一钱,市酒饮之,作诗自嘲云:“苍厓先生屡绝粮,一钱犹自买琼浆。家人笑我多颠倒,不疗饥肠疗渴肠。”

二仙自写像

世之画周颠仙、张三丰像者甚多。惟颠仙自画一像,在皇城五凤楼上;三丰自画一像,在临淮侯家。

判断食料

俭庵梁公,在广西左布政时,终日坐衙不散。凡属官日用食料,皆有一牌,经其判断,不许过多。右布政林公某,一日欲市肉数斤,俭庵裁去其半。林公大怒曰:“你管得属官,管不得我!”大骂入衙去。俭庵闻之,不动声色。次日,林公谢罪曰:“此后不多买矣。”

尚书异命

俭庵梁公，户部尚书也。一日，世宗取刑部尚书印送与梁，命往刑部问三大疑狱。梁到部，即日判决。又，吏部当大察时，世宗命梁同考，坐吏书之左。去官三百余员，铢两悉称。士林服之，士林荣之。此皆破格之异命也。

邵士廉属对

邵佥事士廉，方童时，资性颖敏，有问即答，兼能属对偶。除夕，李黄门致远家爆竹，士廉往观焉。李谓士廉曰："岁除爆竹惊残腊。"士廉即应曰："正旦传梅报早春。"李大称赏。

霍公重邵静庵

邵静庵以广西按察司佥事，乞休家居。大宗伯渭厓霍公，初未识面，恒遣存问。适有没官寺庵，命贺掌教查拨送公，将为书院之资。公以非所宜有，托故以辞之。会乡饮将至，霍以公端方之行，仕止有道，命有司敦请，以为大宾。公不敢居，亟以疾辞，强之乃始出。

微之交情

方宗显，字微之，与景旸伯时同习举子业于琳宫。出则更衣而衣，入则共仆而炊，茹水饮蘖，相得甚欢。后景以甲第为中允，方沦于布衣。景公赴都下，方与同舟。而行至真州，景以疫卒，亲为视敛，痛逾手足。今乡闾以为盛事，士人以为美谈。

前溪失仪

武宗在南京行宫，诸司朝参时，景前溪为国子司业。景腹大而矮，几不能俯，颇失朝仪。江彬即大声问曰："第几班第几人是某衙门官，若司业，亦是该拿人数。"白岩即应声曰："是国子监。"堂上官遂不拿。盖出于一时权宜，而能全朝廷待儒官之体。古人云："此人宜在帝左右。"

子昂题画

西虹太守书画，余从马少虹得以尽观之。独无住庵主画圆泽三生公案一卷，笔法高古，宋元题诗者二十余人，皆是梦话。赵子昂绝句云："川上清风非有着，松间明月本无尘。不知二子缘何事，苦恋前身与后身。"识见超脱，过人甚远。

开门望月

万历己卯秋，湖熟两农夫取树根为柴，得银一瓮。每锭上有"开门望月"四字，不知是何说。

三　墓

鲁肃墓，相传在上新河南岸圩田中，今去江不远。土人耕田，戒不敢犯。云此圩田在吴时为江，不宜有墓。但诸郡志皆不载鲁之墓，或者土人之说不诬。

谢玄墓，在徐府西园中风游堂后。建园取土时，曾见其墓石，知为玄墓，遂掩之。去园东南不五十步，有谢玄庙。庙中碑一通，乃侍郎罗玘文。

宋程偃孙墓，在清凉寺后山东北地上。嘉靖初年，久雨地陷，露出朱棺，视其墓石，知为程墓，里人用土掩之。

梁检校管尚书

梁俭庵尚书清修劲节，始终不渝。罢官后，门庭萧然，与寒士无异。同时管检校子山亦罢官归，同在武定桥，南北相向而住。子山造楼居，广田产，会亲友，其门如市。人反而称之曰："管尚书，梁检校。

钞不可妄得

邵公士廉，秀才时，见门前地有钞一张，私往拾之，乃是荷叶一片而已。忽行路者拾起，却是钞也。邵思一钞何足重轻，乃不可妄得，况民之脂膏乎？自入仕以至佥事，刻意清苦，常俸外一毫不取，都人至今称之。

惊忧致病

许绅以医仕至工部尚书，掌太医院事。嘉靖西苑宫人之变，圣躬甚危，生死在顷刻间。绅不得已，用大黄、桃仁、红花诸下血药。自云："不效，惟有自尽而已。"上忽作声，去紫血数升而愈。绅以此加宫保。亦以惊忧，得一神魂不宁之病，数月而卒。绅，南京人。

诸　葛　钱

赵雪岩太守，四川人，流寓南京。顾孝直谈其一奇事云：“雪岩曾往泸州，江行阻风。数日，乏薪。令人上山樵采。山顶险峻，人迹所不到。有铁船一只，露其半，中皆大钱，有无字者，有文曰‘诸葛之宝’者，因取数箩回。忽大响一声，山遂合，船不见矣。行一两日，岸边人众汹汹，泊舟讯之，乃铸孔明像者，方募铜。雪岩惊异，尽以钱施之，像乃告成。”

诸　葛　枕

裕民坊民家，淘井得一瓦枕，上有一符。符下有“驱疟”二篆字，相传为诸葛武侯所制。病疟者，枕之即愈。彼此转相借用，遂为邻人所匿。因讼于官，亦不能得。

历　　数

唐荆川历数之学，得箬溪顾尚书传其法。又得东皋周台官秘书印证。常云：“知历理，又知历数，此吾之所以异于儒生；知死数，又知活数，此吾之所以异于历官。”所著勾股测望论、勾股容方圆论、弧矢论、分法论、六分论，发挥明白精透。周东皋称士大夫能历数之学者，赵大洲上不得算盘，唐荆川上得算盘。但荆川亦未到顶，能到其顶，则僧一行、郭守敬矣。东皋名相，万历乙未进士，周元之祖。

《欣慕编》

陈玉泉有《欣慕编》，纪一时名士。盛仲交刻于苍润轩中，寄一册与谢与槐大参。与槐答之以书，其略云："《欣慕编》中，如王辣斋之风节，梅损斋之博雅，李饮虹之能谏，金赤松之文翰，似不可少。且去玉泉不远，从容与玉泉言之如何?"观谢此书，可补《欣慕编》之遗矣。

存　　本

王尚书石冈，秀才时，有矮屋三间；贵显后，移于园中，不加粉饰，题曰"存本堂"。

识诚意伯

诚意伯刘世延，童年袭爵，王石冈一见其面目，遂戒诸子云："此人不可与之往来，乃多事人也，决不能善终。"诚意屡践危楼，竟死刑部狱中。其言乃验。

识　　人

吴交石之于周约庵，李远庵之于郑淡泉，顾东桥之于张太岳，皆于童年识其贵显，且为名臣，可谓具眼。

秀才气味

谢与槐、张秋渠、陈玉泉，冬日拥炉。玉泉偶露布裤，与槐笑之曰："穷相乃尔。"因出裤视之，与槐是绒，秋渠乃绫。玉泉曰："也要存穷秀才气味。"

陈烈妇拒母

烈妇陈伯之妻，秀才黄心源之女，年十八岁嫁陈。嫁未三月，父心源病死。母氏欲改嫁，告之于女。女苦口谏之曰："妇人不幸而寡，惟有守节与死而已，不可嫁也。"母笑谓女："汝年幼不解世事，不近人情。"竟尔改嫁。一日，母氏念其女，来视之。女闭门不与相见，曰："既适他人，非吾母也。"夫劝之，舅姑劝之，皆不开门。母惭而去。其夫染疾且笃，与之诀曰："吾疾决不能生。既无子女，又乏资财，幸早择良家，受金葬我。"妇曰："我计已定，死即同死，决不后时也。"未几，见夫病势沉重，走灶下煮水与夫沐浴，乃碎磁碗，割颈不利，取菜刀继之，先夫而死，时年二十有一。呜呼，烈哉妇也！前之拒母，岂得为过哉！司城张公起凤，验其事实，感叹不已，率僚属为文祭之。时隆庆辛未夏五月也。

处　盗

春庵周宾，医士也，寒夜见偷儿入室，呼家人执之，责以十板，赠钱二百文。次日述之于友，友人曰："此人何病，乃以人参、大黄医之。"

顾愚逸，东桥先生父也，除夜见偷儿伏灶下，呼出分以鱼肉，赠钱五百文，劝以改行，遣之。一年后，偷儿夜过其门，见有缢死者，潜移他人屋下。次日具礼到堂自陈云云，语毕遂遁去。

神龟呈露

颐庵邹公济诗集云:"永乐二年冬十月,幕府山阳访碑石,高广中度。寻于龙潭山麓,斫石求趺,既而神龟呈露,昂首曳尾,介文玄苍,形质天成,匪由磨琢。乃于龟下遂得趺材,适与碑称。"

更择何等婿

中山王继夫人谢氏,生四女,长即仁孝皇后,次代王安王妃,又次未聘。永乐丁亥,仁孝皇后崩。长陵谕谢夫人:"朕欲得夫人季女继中宫。"夫人曰:"妾女不堪上配圣躬。"长陵曰:"夫人女不归朕,更择何等婿耶?"季女竟不敢受人聘,从佛氏为尼,凤台门外有王姑庵是也。庵后有一种奇竹,最堪为杖。

二　宗　室

景泰五年,移齐宗室贤爀居南京,敕守备参赞防闲,勿令与亲王诸人往来交通。始贤爀三人来京,今三支之子孙极盛。

景泰五年,谷宗室赋焮,与贤爀同自庐州徙南京,来时七人,不久遂绝。

洪武二十六年,杀梁国公蓝玉。有蓝景昌者,赐与齐王为奴。今宗室府有蓝姓家人,乃景昌之后。余曾见其像,像亦甚伟。

异　镜

驯象门外操军某,耕田得镜,半面能照地中物,持之偷坟掘埋，大有所获。后事犯，镜入于应天府库中。

大中桥陈姓者，忘其名，新买一宅，修理墙垣。墙中得一木匣，匣藏长柄小镜，照面则头痛。遍与邻人照之，无有不痛者。惊异为妖物，举而碎之。

驸马提学

驸马梅公殷，太祖最钟爱之。曾令提督山东学政，称旨，今敕书尚藏于家。

占　城　议

惕庵张公琮，字廷献，中弘治庚戌进士，官礼部仪制郎中。时占城国王请封制。册封夷王，给事中一人往将命。占城在海外，人惮于往。六科倡议止之，疏不绝上，尚书不能决。公曰：“封而告不以封，天王之命讨去矣。礼先告哀，而后请封，国无讣命将谁与，以是诘之，威信其庶几乎。”卒从公言。

箕仙诗句

友人请箕仙，仙降书是岳武穆。因问将军恨秦桧否？仙书诗一首，中联云：“出师未捷班师急，相国翻为敌国谋。”大似武穆口语。

神　　楼

神楼，乃刘南坦尚书制为修炼者，用篾编成，似陶靖节之篮舆，悬之于梁，仅可弓卧其上下。收放之机，皆自握之，不用他人。文徵仲写其图，诸词人多咏歌之，但诗画皆不得其旨。

讲　　书

海刚峰巡抚下学，谒圣后，令府官坐于明伦堂左，县官学官坐于明伦堂右。诸生讲书，只讲《孟子》“其为气也，至大至刚，以直养而无害，则塞于天地之间；其为气也，配义与道，无是馁也”二节。举动迥破常格，殊非俗吏所能。

曾　子　固

澹园先生云：子固墓志言，公卒于江宁府，岂即葬于此耶？

顾孝直云：“成化间，先高祖赠尚书公诚，为始祖处士公海卜地樊家山，穴既定，葬且有期矣。夜梦朱衣象简者曰：‘我故宅也，能相让五尺乎？已赠公穿穴下所定丈许。’”堪舆家执之不听。葬后，复梦前人谢曰：“毋坏我宅，甚善。无以报德，当托生尔家，以亢尔宗。我，有宋曾子固巩也。”越一年，而尚书公伯祖璘生。此李广文元江蕃所传。李世代居先茔，左右当有据。

义激裂脑

成祖杀方孝孺，令人食其肉，食肉一块，银一两。有吏之仆食肉，得银归家，说其事。吏闻之大怒，喝仆一声，激裂其脑而死。义哉吏也！惜不得其姓名。乡里顾孝直谈。

三丰蓑笠

张三丰留蓑、笠二物与岐阳王曰：“公家不出千日，有横祸绝粒。当急难时，可披蓑顶笠绕园而呼我也。”去二载，而大狱兴，遂全家幽于本府。不给以粮，粮垂绝。乃依所言，呼之。俄前后圃中及隙地内皆生谷米，不逾月而熟。因食，乃得不死。谷甫尽，而朝廷始议给米。其后呼之不生矣。人有病，取棕煎服，病即愈。掌东厂一太监病痢，用势取去，煎棕服之，痢转甚而死。后蓑、笠归于大内。

梦李太白

浙中山人陈鹤，号海樵，游金陵，将造尚书顾东桥公。东桥公先梦李太白来访，次日见所投诗卷，乃山人陈鹤。与之延誉，诗名遂振。

布　鞋

李远庵居官极清苦，常俸之外，一毫不取。即门生故吏，不敢以一物馈之。郑澹泉，乃公得意门生也，宦南京数年，岁时只寒温而已。一日，侍坐最久，有一布鞋在袖，逡巡不敢出。远庵问袖中何物，郑曰：“晓之妻手制一布鞋送老师。”远庵遂取而着之。生平受人物，仅此而已。

思屯乾道人

万镃，字乘时，号与石。家贫，发蒙拆字度日。隆庆庚午，得末疾，以帛络臂于项，左手执杖而行，服药亦无效。忽十一月廿一早，过普德禅林，觅一舆往。既毕事，出寺下舆，而便见道人自对山直下，遥呼镃为老儿。镃以一褴褛人，素未识面，今将来乞我，而乃轻我如是耶，故佯不应。道人又行又问，渐与敌面。镃乃曰："我不幸得偏枯疾，乃如此。"道人厉声曰："何为偏枯？偏枯者，树之荣悴相半也。树若此，即属于火。不得为木，人岂如是耶！"因问："汝疾始何时？"曰："今年七月廿一日。"曰："此乃密云不雨，阴气上升，阳气下降，正欲交感，化生万物。于时或春夏有雷，秋冬有风，则遂不成。汝少侥今涩，怒盛于肝，以致生火。其如雷击风旋，二气不合，是以火不生土而土焦，土不生金而金铄。金不克火，火反克之。子孙拂意，方致汝蹶。血气停滞于脉络，乃至如此。此非密云不雨之象耶。"因问道人以号。曰："思屯。"又问姓，曰："姓乾。"镃曰："何谓？屯思之何也？"曰："屯于义为难。思屯者常以难自思也。古者圣人列卦，首乾坤，次屯蒙，各有其义。且乾坤之后，胡不用震巽继之，而乃以屯蒙者。此乃朝廷定君臣之位也。帝王止传之子孙。蒙乃师生，师生既定，方有训诰，五伦始明，庶无杀戮。"镃又曰："出家人成仙，即如读书登第者，何有患难，而故思之耶？"曰："读书者登第固不易，出家人成仙尤难。而我之思屯者，正以人有正命，不当罹患难。如天灾世变，战斗盗寇，皆非正。我一遇此，即思避之，故号思屯。且汝欲知屯之义乎？气始交未畅曰屯，物钩萌未舒曰屯，世多难未泰曰屯。今汝乃以肝气致疾，即人之屯也。"言毕，因呼曰："老儿可往桥上一行。"镃不觉遂扶杖随出寺。是时，日初升，见道人桥边对日而立，口喃喃诵而无声。因复问镃："汝非江右人，能测字者耶？且汝既测字，则当知易。今于屯之义尚未明，何以测为？"镃曰："我略知小数尔。"曰："数岂有小耶？汝慎勿爱人一钱，因钱而断，此乃忿欲。伏羲皇帝曾向何人索钱耶？龙马负图，天公亦爱人钱耶？文王、周公、孔子，亦何曾爱人钱耶？”因又呼曰：“老儿再往前一行。”镃辞以不能。道人若略以手强拽者，遂自桥及雨花台之麓，倚树坐。以手于衣外扪镃腰臂曰：“酸乎？”曰：“不。”又再扪至膝，“酸乎？”曰：“酸矣。”曰：“此乃环跳穴所在。汝既知酸，他日将弃此杖矣。”又见镃手有悬帛，因将手向衣内上下扪者三，曰：“幸瘦可愈。汝五脏俱火，不必饵药，惟武夷茶能解之。茶以东南枝者佳，采得烹以涧泉，则茶竖立。若以井水即横。”镃至是始感其意，乃曰：“多慢先生，寓何处？”曰：“清元观。倘相寻，可问思屯乾道人。”镃既久与语，忽舆人来促，乃觅所乘舆还。居数日，忽不知手举足步，循几而行，逾出限外。友人毛俦见之而惊。告以故，俦曰：“公遇仙矣。思者丝也，以丝合屯上者，纯也。乾，阳也。所遇乃吕祖纯阳也。”因同至清元观，则止塑像在堂。二人拜像而返。盛仲交有《与石老人遇吕祖》传。

画壁法被

灵谷寺经回禄后，尚有吴伟画壁三堵。严介溪诗：“回廊古壁留名画，坠叶冷风助梵音。”盖指吴画。今已不存。姚元白最好事，曾临三幅藏于家。

灵谷寺有宝志公所遗法被，四面绣诸天神像，中绣三十三天、昆仑山、香水海，高一丈二尺，阔如之。真齐梁时物。

神示郭字

马汝傒、潘鹄与同笔砚友六人，祈梦于城隍庙。神命判官引二人上殿，曰："汝二人功名一亨。"又命小鬼将蒲包挂于二人之右耳。二人惊觉，说梦与二人闻见，皆同。嘉靖丙子科，郭朴主试，取潘鹄中试。嘉靖壬子科，郭盘主试，取马汝傒中试。因思一亨者，享字也；挂蒲包于耳者，大耳也。合之成郭字。

牛首山吼

盛仲交作《牛首志》，亦载山吼之说。余每游牛首山，便寻老僧，焚香煮茗，谈因果，说山中故事。舍利塔下，老僧明寿，号万延，出家弘觉寺中六十余年，曾云："正德十五年七月初三日，车驾驻跸牛首西峰祠堂中。说者谓江彬有异谋，山灵夜吼，兹事乃讹以传讹也。当时从驾数千人，僧房家家占满，殊无措足地。师兄明智，遂露宿于塔殿台基上。梦中翻身，忽尔堕地，不觉大叫，惊动三军，一夜传呼不息。江彬纽锁住持及明智进城，欲加以惊驾之罪，赖乔司马诸公权词山吼，以竦动军心，亦且解释僧罪，遂放住持与明智归山。江彬不轨之谋，有无难以悬断。但彬不据城中举谋，乃谋之于空山中，何所恃乎？必不然也。山灵夜吼，足以增重此山。老僧不附和众人已信之言，因身亲见其事，那得诬山灵乎。"此语朴实可信，足破群疑。

疏复漕运

倪文毅公，尝疏乞复漕运，以足兵食，而纾民力。略曰："今关陕所需，皆山西、河南所给。而二方之地，俱近黄河。其间虽有三门、析津、龙门之险，然昔汉唐粮饷由此而通，即今盐船木筏，往来无滞。今令户部所计，山西米豆必运贮榆林及保德州县诸仓;河南米豆必运贮潼关卫及陕州诸仓。其诸州卫地,皆濒河可通舟楫,踵往古故迹而行,免当今陆运之害。公私之利,奚啻万万。况今河道,当潼关之北数十里,接连渭河,可通陕西及凤翔、巩昌。渭河西流数千里,接连洛河,可通延安及北,上源可通边堡。渭河西流三百余里,接连泾河,可通泾阳河,可通庆阳。又龙门之上,旧有小河,径通延绥。倘加修浚,必可行舟。此宜简命水部之臣,示以必行之意,相度地形,按求古迹,某处避险可以陆运,某处可以立仓倒运,某处可以造船装运。淤塞悉加导涤,漕河务在疏通。毋惮一时之劳,而失永久之利。如是,则不但三方之困可纾,虽四方之物,无不可致矣。

识蒉字去官

姚湘,幼攻举子业,不售,遂纳粟入太学,选河间卫经历。巡按李,名进士也,点名呼王蒉为王责,秀才不应。姚禀云:"蒉音焚,乃刘蒉下第之蒉。"巡案依其音呼之,随呼而应。巡案曰:"好个经历,能识蒉字。"竟以此去其官。经历识蒉字而衒能,巡案不识蒉字而忌刻,其失也均矣。

五大部文章

太守李贽,字宏甫,号卓吾,闽人。在刑部时,已好为奇论,尚未甚怪僻。常云:"宇宙内有五大部文章,汉有司马子长《史记》,唐有《杜子美集》,宋有《苏子瞻集》,元有施耐庵《水浒传》,明有《李献吉集》。"余谓弇州山人四部稿更较弘博。卓吾曰:"不如献吉之古。"

雅　谑

友人沈生予云："张江陵钤束科道，两衙门官不敢扬眉吐舌，略陈异己之说。士人因编一谑语云：科道缺官，文选郎中请于张江陵。张谓科道官最难得其人。即如孔门四科十哲，未必人人可用。文选云：'德行如颜回，何如？'张曰：'回也，于吾言无所不说说训言说，未可用也。''文学如子夏，何如？'张曰：'子夏入闻圣道而说，出见纷华美丽而说，未可用也。''政事如冉求，何如？'张曰：'求也，非不说子之道，力不足也，未可用也。''政事如子路，但恐其好勇耳。'张曰：'子见南子，子路不说，尽可用也，尽可用也。'文选唯唯而退。"此可谓士林之雅谑。当时科道，曾亦闻此谑语矣乎？

张江陵对句

东桥公镇楚，张江陵仅十余岁，应童生试。东桥曰："童子能属对乎？"因曰："雏鹤学飞，万里风云从此始。"张即曰："潜龙奋起，九天雷雨及时来。"东桥大喜，解腰间金带赠之。曰："他日贵过我也。"

失　金　杯

橙墩武扃富而好学，且好客。有爱妾苏氏，善持家。一日宴客失金杯，诸仆皆啧啧，四觅之。苏氏遂诳之曰："金杯已收在内，不须寻矣。"及客散，对橙墩云："杯实失去，寻亦不得。公平日好客任侠，岂可以一杯之故，令坐上名流不欢乎？"橙墩颇善其言。近有监生宴客失物，百遍搜坐客者，较之苏氏，可愧死矣。

黄鹤楼知己

休斋沈公钟督学湖南时，笑指黄鹤楼曰："此余之知己也。"士林传以为故事。

空中鬼斗

周蒙泉县令、沈颐贞举人，俱在北门桥，相邻而住。周之内人，忽梦空中两鬼相斗，胜者落沈家，负者落本家。次日，两家各生一子，特时不同耳。周之子名应魁，袭千户职。沈之子名凤翔，中万历壬辰进士，官至给事中。夫武之不能胜文也，在鬼已然，况于人间乎？

东桥见王梦泽

顾东桥巡抚湖广时，在黄州，要见王梦泽，与知府言之。知府云："王是发配士夫，凡府县与过客，皆不得一识其面。"东桥知为俗吏，不足与言。乃嘱通判云"我定要见王梦泽，勿如知府"云云也。通判访王狎游之人，一善讴者，一蹴球者，呼二人至，喻之曰："抚台要见王乡官，你二人设一谋见之。见则有赏，不然且有责也。"二人领命去。梦泽一日出门，至园中，二人传一消息，通判报之，抚台拥门而入。梦泽方欲走避，一人拽其左，一人拽其右，且陈抚台之意云。梦泽身不得脱，东桥方得与之相见。

高　风

湛甘泉、霍渭厓在南部尚书同时。府学训导邓德昌，字顺之，广东顺德人，乃二公同社友，相见只论齿，不论爵；或途中相遇，亦不回避，且策一蹇驴，与之并行。后邓死府学，二公制朋友之服，经纪其丧。京中文武官，无有不吊者。如此高风，古人也，非今人也。三公均之不可及。

两次还金

秀才何岳，号畏斋，曾夜行，拾得银贰百余两，不敢与家人言之，恐劝令留金也。次早，携至拾银处，见一人寻至。问其银数，与封识皆合，遂以还之。其人欲分数金为谢，畏斋曰："拾金而人不知，皆我物也。何利此数金乎？"其人感谢而去。又曾教书于宦官家，宦官有事入京，寄一箱于畏斋，中有数百金，曰："俟他日来取。"去数年，绝无音信。闻其侄以他事南来，非取箱也。因托以寄去。夫畏斋一穷秀才也，拾金而还，暂犹可勉；寄金数年，略不动心，此其过人也远矣。畏斋，即观察何矩所之曾祖。

双　芝　轩

万历四年丙子，天界寺僧圆慧，号秀峰。庵中忽生二芝，喜为文明之瑞，因以"双芝"颜其轩。请盛仲交、盛伯年父子读书其中，以应其瑞，时盛最有声文场也。八月尽，将揭晓。前一日，盛携酒至双芝轩候榜。日晡时，何公露、何仲雅昆玉敲门而入。仲交赋一诗云："街鼓喧阗榜欲开，敲门何事有人来。韦颛自是科名客,何必鸮鸣混俗猜。”天明榜开,公露、昆玉高中矣。公露名湛之,仲雅名淳之。盛诗寓二何字,二芝寓二之字。鬼神之泄其机也,微而巧如此。

《正　杨》

封部黄蛰南云:“我朝学问渊博著述最富者,莫过杨公用修。用修摇笔著书,直写胸中之闻见,定不屑屑更检书册,误处自不能免。若予同年陈晦伯之《正杨》一书,乃就用修之引用者,从而考证之。即所正皆当,已落第二义矣。”

《采石吊太白》

黄蛰南云:“余同年宗子相集,中有《采石吊李太白》七言十绝,当为压卷。但十首内用月字云:‘忆君乘月下金陵’,‘千帆明月大江涛’,‘醉来江底抱明月’,‘独留明月照江南’,‘明月窥人恐是君’,‘可怜一片寒江月’。何其重见叠出也。不如少作数首,少用月字,亦可名世。”

世宗记注二臣

东桥与罗印冈书,其略云:“不肖治陵之命,发自渊衷。直以抚楚微劳,不知何缘,遂蒙记注。谕诸臣曰:‘顾璘在楚,尽心肯任事,以此委之。’夏曰:‘已交代。’上曰:‘赶回。’或曰:‘彼入京,在途可遇。’严曰:‘渠南京人,水路去矣。’上又曰:‘但委之,不患不来。’夏曰:‘吏部缺当补。’上曰:‘以工左升吏右,迹如左迁,彼必不乐,仍留原缺待之。’璘未至之先,数问之,众大为恐。

至宜城见璘，疏谕诸臣曰：'璘至矣。'故事：陵寝仍当用礼部侍郎一人。昨奏，乃又曰：'不必差，再添一人，则不专矣。'前有传帖，谕内阁勿称工部侍郎，恐某动心。但云，说与侍郎。璘皆殊眷也。璘不肖何以承此。故虽劳且远，更不敢辞。唯丈至爱敢告。幸不他闻也。又俭庵公昨驾发时，欲取公居守，以道远期近而止。谕诸臣曰：'梁材执法甚固，虽应变非其所长，守法有余也。'众云：'俭翁之召非久矣。'"观东桥此书，世宗之记注二臣也，如此。

志　公　谶

何元朗《丛说》，解宝志公谶云："杖上悬尺者，梁也。拂者，陈也。剪者，齐也。镜者，大明也。"其谶甚明，其说最确。但中间尚有隋唐宋元，何不一谶之乎？志公生于金陵鹰巢，朱姓者探于巢而养之。志公葬于钟山，太祖迁其地，而葬之此，更是一大谶也。志公真神僧哉！

死　为　神

陈矩庵钦，广东提学，死于任，即为广东城隍。周蒙泉珊，永定知县，死于任，即为永定城隍。山人金鱼，能写赵承旨字，死为判官。

御史迎举人

嘉靖七年，张公廷献以右都御史掌南都察院。子恕，适中乡试榜一百二十名。属官十三道御史，同具鼓乐彩旗迎之，最是胜事。

兵书报捷

正德六年，石冈王公以旂中杨慎榜进士，同乡竹堂王公任兵部尚书。揭晓日，竹堂五鼓早朝，过其寓，叫开其门，对使云："你相公已高中，我是头一报。相公官只做兵部尚书罢。"后石冈官果至兵部尚书。王凤塘谈。

薝　卜　花[①]

白云寺，一名永宁寺，在凤台门外，与牛首山相近。太监郑强葬地，坟旁多名花异卉，有薝卜花一丛，乃三宝太监西洋取来者，中国无其种。余曾三见其开花，花瓣似莲，而稍瘦，外紫，内淡黄色，与佛经云薝卜花金色者同。花心嗅之，辛辣触鼻，远远闻之，微有一种清香。杨用修、胡元瑞皆云薝卜。

① 薝卜花：薝音沾。薝卜花名见佛经。陆龟蒙诗："薝卜冠诸香。"

卷之二

《二京赋》

御史余公光，号古峰，有《二京赋》。嘉靖十五年已经进呈，圣旨送入史馆，赏新钞一千贯。大城山樵盛时泰尝曰："孟坚当卯金末造，犹以《两都》擅名。太冲遭列国鼎分，尚藉《三都》振响。今圣明混一，天地再辟，列圣相承，重光累洽，文物之盛，亘古无前，奈何使竖儒专美千载也？因为《二京赋》期上之，惟藏笥中，竟归覆瓿矣。"又长史黄琮，字元质，有《金陵赋》。

佳　句

孙总制炎，字伯融，《游仙》云："天与数书皆鸟迹，身留一剑是龙精。"

周溍，字伯宁，《舟中望九华》云："岩回气如熕，峰去势犹引。"

杨翮，字子举，《游广教寺》云："云间闻梵语，烟外听斋钟。"

夏煜，字允中，《康郎山奉旨》云："绝壁秋声清漱玉，白沙月色烂堆银。"

史京兆谨，字公谨，《七星关》云："路远家难问，愁多酒易醒。"《西山精舍》云："硐户蜂留蜜，松巢鹤堕翎。"《游清凉寺》云："古径依山转，清猿向晚哀。《览秀楼》云："残霞拥树作秋色，空翠袭衣生暮寒。"《送屠先生》云："南浦斜阳芳草色，东风啼鸟落花天。"《日晷为张布政赋》云："静递青春回禁柳，暗移白发上朝簪。"《万松轩》云："秋声出树晓无迹，云气入帘风满庭。"《游天界寺》云："地暖渐生眠鹿草，松枯欲折挂猿枝。"《赠吴羽士》云："松下剪云缝鹤氅，花间滴露写鹅经。"

马俊《赠王鼎归田》云："幽斋藏岛屿，深径入林峦。"《江行》云："霜蒲藏水鸟，烟树隐柴荆。"《和杜》云："翠微深见寺，绿野暗啼莺。"《山居》云："溪畔游鱼吹柳絮，竹边啼鸟避茶烟。"

汤参将胤勣，字公让，《漫兴》云："长身惟食粟，老眼渐生花。"《咏守官》云："鸳鸯肠断魂堪冷，蜥蜴形消血未干。"《秋思》云："决明阶下好颜色，郭索沙边多路岐。"

蒋主孝，字宗伦，《长啸》云："重阴接海蒸沙雨，轻雾连山煮石云。"

蒋主忠，字存恕，《经龙潭旧居》云："古镇东西市，长江旦暮潮。"《过镃公方丈》云："宝殿迥临飞鸟上，疏钟遥隔暮云深。"

蒋御史谊，字宗谊，八岁赋诗云："青天阁雨云归岫，紫气乘龙水入江。"

顾教授言，字如纶，《题画》云："沙上闲鸥如有约，堤边幽草不知名。"

贺山人确，字存诚，《城南雅集》云："开帘山纳翠，扫径树留阴。"《都门送别》云："花落漫惊春已去，愁来恰值酒初醒。"

史山人忠，字廷直，《偶成》云："爽气催诗兴，凉风散酒时。"又云："云山开画障，槐柳映蓬门。"

李祭酒时勉，《送僧》云："柳带天边雨，松回岩际云。"《草亭宴集》云："一径浓花发，满庭芳草多。"《送王教授》云："水满沧江杨子渡，云连绿树富春山。"

倪尚书谦，字克让，《南郊草堂》云："林鸠唤雨山光暝，畦稻舒花水气香。"

倪尚书岳，字舜咨，《芳池春水》云："新涨受风牵翠縠，好山随月堕青螺。"《登兜率岩》云："晴色扑帘知日近，轻阴过槛觉云低。"《和鸣治有怀》云："幽壑雨晴泉响近，隔林风细鸟飞轻。"

童尚书轩，字士昂，《九日》云："黄菊酒香人病后，白蘋风冷雁来初。"《南坡草堂》云："草堂夜雨生科斗，花径春风叫栗留。"

李应祯《和吴匏庵》云："春树暮云无限思，薰炉茗碗有余清。"

沈佥事钟，字仲律，《黄县》云："秋残群木老，野迥乱山高。"《题画》云："江山秋色净，风雨暮寒多。"《新嘉驿》云："风定凉生树，庭空月近人。"《巨野》云："沙草酿寒残雪在，野云翻影断鸿悬。"《青阳驿》云："寒凝帘底炉烟细，尘净墙阴竹色幽。"

徐佥宪完，字用美，《送何省叔还京口》云："霜冷江涵秋雁影，雨晴岸拍晚潮声。"《湖山楼》云："窗含山色晴横黛，帘卷湖光晚映霞。"

姚太守黼，字大用，《报恩访僧》云："松云晴覆地，花雨昼飞空。"《送人还金台》云："舟从江上发，人向日边还。"《淮阴夜泊》云："灯影遥临岸，月光低近城。"《旅馆岁暮》云："冻云低欲坠，远雁断还联。"《送周别驾》云："将雏樯燕留人语，卫足葵花向日妍。"《凤台别墅》云："花深门径人稀到，帘卷春风燕自来。"《北山吟》云："瀑布飞空千尺雨，春风吹老一庭花。"《春暮》云："红雨落残清昼永，黄莺啼尽绿阴稠。”

罗大理辂，字质甫，《花岩寺》云：“山色远含千古秀，洞门深向半岩开。”

王尚书敞，字汉英，《渡大同江》云：“花明春欲暮，沙暖水生烟。”《登浮碧楼》云：“石磴斜通郭，烟村半掩扉。”《宿碧蹄馆》云：“树缘入夏重阴合，鸟为留人着意啼。”

张学士益，字士谦，《映草帘》云：“卷露来春燕，摇风入晚萤。”《绿筠》云：“润含春嶂雨，阴送午窗凉。”《秋夜》云：“露寒蛩韵切，云淡月光微。”《文会图》云：“帘卷高松苍雪堕，窗开群岫翠屏寒。”

罗太守凤，字子文，《九华遇雨》云：“凌霄缥缈牵高兴，入夜淋漓负夙期。”

向知州黉，字序伯，《登下钟寺》云：“危磴苔封滑，虚坛草色幽。”《中秋泛月》云：“风动鱼龙吹沸浪，露寒蟾兔泣清秋。”《集会仙楼》云：“逐江芳草自生态，绕陌繁花偏冶颜。”

朱山人宇，字子容，《弘济寺次韵》云：“望中峰翠云遮断，座里花香风送来。”

方山人宪，号听泉，《弘济寺》云：“云出晓堂龙去远，雪残晴树鸟啼新。”《重游弘济寺》云：“五更江色浑无夜，二月梅花别有春。”又云：“数声啼鸟林中晓，万树桃花洞里春。”

景司业旸，字伯时，《忆蒋水部》云：“云竹晴还雨，风花落更飞。”《石驸马山庄》云：“移席聆歌歇，贪杯较句迟。”《送唐汝立》云：“潮声翻石壁，山色入虚楼。”《送沈华父》云：“情深惟纵酒，发乱似惊秋。”《夜酌对曹十四》云：“风帘分坐月皎皎，夜榻剪烛花纷纷。”《游永宁寺》云：“竹阴到午风犹冷，石磴穿云路转幽。”

陈指挥铎，字大声，《斋居》云：“晚树低分雾，春云淡隔城。”《夜往新丰乡》云：“山月巧窥人影瘦，夜凉先向客衣生。”《送毛都督》云：“刁斗夜严山月冷，旌旗晴散野云平。”

刘尚书麟，字元瑞，《赠吴隐君》云：“七步似曹常醉后，五言逼杜少愁时。”《和张石川》云：“省已正愁题凤字，忘形翻得换鹅书。”

朱山人实，字子元，《弘济寺次韵》云：“花雾拂檐浓似雨，柳风春浪怒于雷。”又云：“雨开素练波光净，云揭青屏岫色新。”

马郎中瓛，字公信，《晓行》云：“马蹄入树鸟梦堕，月色满桥人影来。”

陈副使钦，字谅之，《送外兄北上》云：“长风万里兴，芳草一春愁。”

金秀才琮，字元玉，《丹阳道中》云：“朝霞推日出，阴壑带冰流。”《雨泉煮茗》云：“细浪卷风生蟹眼，怒涛翻月起龙腥。”

伊佥事乘，字德载，《游寺》云：“野鹤盘云下，清风挟水凉。”《落花》云：“银塘水泛鱼吹沫，华屋泥香燕补巢。”

梅明府纯，字一之，《舟中即事》云：“雨深烟寺晚，风急海门秋。”

李副使熙，字师文，《秋兴》云：“秋深茅屋鸣寒杵，月上山城起暮鸦。”又云：“风急暮云闻断雁，雨晴沙渚泛双鸥。”

顾尚书璘，字华玉，《通城山中赴岳阳》云：“石出泉争响，林幽树漫生。”《小江口》云：“兴在烟霏际，年销马迹中。”《饮柳山上》云：“江横群水合，野阔万峰开。”《山中晚兴》云：“饮牛临古涧，射雉出平田。”《送人还京》云：“衣随行处敝，剑就醉中看。”《登清凉山》云：“古寺频来僧尽老，重阳欲近蟹争肥。”《拟宫怨》云：“御前却辇言无忌，众里当熊死不辞。”又云：“君王自信图中貌，静女虚迎梦里车。”

顾副使瑮，字英玉，《晓行》云：“鸦翻初日动，马过断冰妨。”《快雨有述》云：“片云生昼暝，急雨净高天。”《夜渡黄岩江》云：“水国寒多眠未稳，城霞路近梦先通。”《孟有涯载酒息园》云：“惊鸦忽翻庭露下，暗萤时度水烟深。”《送罗侍御还南京》云：“心同江月随君远，家在秦淮得信稀。”

顾贡士屿，字懋涵，《白牡丹》云：“玉妃罢醉春无晕，素女凌波夜有香。”《天阙山》云：“山深六月藏寒雾，地迥诸天散晓钟。”

顾秀才应祥，字孝符，《过龙山别业》云：“云起移山色，风鸣乱鸟音。”《江上晓行》云：“晓行江路月，人语夜船灯。”《送朱子价》云：“人去天涯春草绿，望迷江上暮烟平。”《游栖霞寺》云：“流泉激石常飞雨，灵草经寒不断香。”《除夕》云：“今宵对雨娱残岁，明日逢人说去年。”《登楼》云：“宫阙半从云里出，山光多自雨余来。”

谢山人承举，字子象，《游寺》云：“深林下马苍苔滑，野寺入门秋爽多。”又云：“春雨洗山诸寺近，秋花薰梦一楼空。”《病中答华玉》云：“山与诗肩齐耸瘦，菊随病眼对争开。”

谢布政少南，字应午，《杨少室自粤入贺》云：“月出烟中树，星窥水面舟。”《严子陵钓台》云：“故人不预兴亡事，太史空劳处士猜。”《十六夜少室右史招宴》云：“尊前宝炬留明月，帘外金花缀彩云。”

龙佥宪霓，字致仁，《姑苏道中》云："野鹤巢难定，春蚕茧自忙。"《饮东麓亭》云："墩传往昔名空在，剑化何年气尚浮。"《寒夜饮里中诸公》云："气回檐雪融还细，雨湿楼烟重不飞。"

管检校景，字子山，《游幕府寺》云："秋色霜中树，寒声雨后潮。"又云："峰断青萝合，江空白练长。"《秋阴》云："风随黄叶乱，雨逐黑云来。"

金举人大车，字子有，《楷上人山亭》云："败叶秋皆堕，寒烟晚欲无。"《幽兴》云："放棹晚潮至，开门春草生。"

金秀才大舆，字子坤，《游城南诸寺》云："黄叶喧高树，青山起夕烟。"《固湖城》云："山城晴自湿，水国晚多寒。"

徐山人霖，字子仁，《泊杨青驿》云："云轻难掩月，海近易通潮。"《冬游虎丘》云："冻鸟自高树，寒梅或背岩。"《归舟漫兴》云："览镜愧难留黑发，当杯狂欲醉青山。"

王参议徽，字尚文，《舟中夜雨闻雁》云："凄凉应带雨，悲咽为兼风。"《题王子成壁》云："雨过苔侵壁，潮来水到门。"《登大观台》云："秋声带叶翻林下，暝色随云渡水来。"

王太仆韦，字钦佩，《秋日游城南》云："寒花散幽馥，午树结团阴。"《秋居杂兴》云："闲行无剩事，孤坐有余思。"《寄罗敬父》云："尊前花气风生席，湖上箫声月满船。"《西堂偶兴》云："一春人醉斜阳里，三月莺啼细雨中。"《秋日即事》云："梧桐月上风初到，蟋蟀声中雨渐凉。"

王秀才逢元，字子新，《对酒》云："潦倒不忘桃叶句，萧闲应恋竹皮冠。"

张士瀹，字心父，《秋郊》云："野梅当涧落，山鸟隔花鸣。"

李明府晓，字子晦，《江上望金山》云：“涛声风外壮，云影日边轻。”《沧州道中》云：“断霭斜阳迷去雁，平堤古木集寒鸦。”《春寒夕景》云：“山腰绕树岚初起，天末轻阴日欲沉。”

周尚书金，字子庚，《过杨六郎城》云：“山河未改豪华尽，夷夏平分草树迷。”《涉忽都河》云：“极浦遥山无去雁，古城荒堞有啼鸦。”

许山人镗，字彦明，《秦淮步月》云：“疏钟城外寺，曲槛水边楼。”《晚泊昆陵》云：“西风疏雁阵，斜日变山容。”

许太常榖，字仲贻，《何元朗移居》云：“买得曲池堪斗鸭，种成芳树好藏莺。”《集沈大理》云：“檐前香篆将花气，院外松风杂鸟声。”

胡副使汝嘉，字懋礼，《过黄华山》云：“林鸦翻暝色，岩树驻秋云。”《啸台》云：“淡云千里色，落日半岩阴。”

王太守可大，字元简，《寿州渡河》云：“沙净空山雨，风香野岸花。”

沈御史越，字中甫，《风雨忆城南杏花》云：“湿云带暝酣清昼，芳草含烟靓绿苔。”《冬日诸君集楼上》云：“待腊江梅初抱萼，凌霜篱菊尚留妍。”

陈太仆沂，字鲁南，《遂初斋》云：“苔痕双屐齿，花影半帘钩。”《经牛首山寺》云：“鸟声林叶暗，山影石溪寒。”《入西山》云：“山出晓云乱，鸟鸣春日迟。”《燕集西园》云：“烟横村远近，月出树扶疏。”《永福寺晚睡》云：“峰峦树色初晴后，楼榭烟光欲暮时。”

陈同知时伸，字元晋，《试灯夕得楼字》云：“火树参差人影乱，香烟缭绕月光浮。”

陈明府时万，字孟锡，《元宵大雪》云：“人间矜火树，天上放冰花。”《登大观亭》云：“帆开二水天逾阔，云尽三湘鸟共低。”

张坐营鹏，号竹渠，《登水云亭》云：“月明江似洗，波动石如浮。”

张指挥维，字管文，《官舍夜怀》云：“风穿灯影乱，寒逼雁声高。”

杨贡士希淳，字道南，《除夕》云：“酒能扶病客，春欲傍愁人。”《秋晓述怀》云：“病常欹枕昼犹梦，瘦不禁秋雨更寒。”《浔阳阻风过海天寺》云：“地邻彭泽怀陶令，山枕匡庐忆远公。”《牛首》云：“去日僧非怜我老，旧游人远得书难。”

郑侍御濂，字师周，《送乡人归》云：“江空秋雁影，砌冷夜蛩声。”《疏请归省》云：“寒雁投阳书未寄，秋风报冷客先知。”

郑推府河，字师程，《至江上》云：“愁客难为别，闲云漫不开。”又云：“天地水为际，江山雪满楼。”

罗主簿焘，字元溥，《晚过东山寺》云：“闻钟知寺近，逢鹿觉山深。”《宿高座寺》云：“月来半榻寒松影，风送满山秋叶声。”

陈明府芹，字子野，《寄玄超》云：“水村寒气早，山馆月明孤。”《焦山》云：“烟横沙市远，船过海门稀。”《游灵谷寺》云：“重檐卷雾青欲滴，曲水穿云净可怜。”《与诸友集姚园》云：“弈散青林寒日堕，歌翻白雪冻云高。”

李郎中逢阳，字维明，《关庙》云：“志许乾坤合，身先吴魏亡。”

杨秀才縠，字惟五，《宿大城山庄》云：“隔树林穿暮，披榛径转微。”又云：“败壁青苔应殢雨，寒潭碧水似澄霜。”

黄验封甲，字首卿，《陈氏园亭》云：“曲径沿溪入，疏峰带雨青。”《春日》云：“鸟声侵梦断，竹色映阶虚。”《秋兴》云：“山高月出雁初下，水远天空人自愁。”《天宁寺》云：“短剑孤悬凌夜月，敝裘初纫薄秋风。”

马明府应龙，字呈道，《和杜秋兴》云：“兴发新秋翻宋赋，卷吹芦叶拟胡笳。”

张副使铎，字鸣治，《宛马》云：“盘旋风欲动，拂拭雪仍迷。”

陈佥事凤，字伯羽，《寄题石塘》云：“波闲先受月，池迴不惊鸥。”《腊日》云：“沙白常含冻，云昏易作阴。”

高汝州远，字近思，《泊舟对月》云：“风清沙岸净，月满浪花圆。”《弘济寺》云：“江豚吹浪出还没，野鹭得鱼栖复惊。”

临淮侯李言恭，字惟寅，《小桃源》云：“山折路疑尽，花深鸟自藏。”《暮投伏城驿》云：“乱水斜穿径，空山曲抱村。”《送安茂卿南还》云：“梦回芳草远，人去落花多。”

朱沅州衣，字正伯，《神策城楼望玄武湖》云：“湖光荡云日，山色印寒流。”《登弘济江阁》云：“孤帆荡漾缘何事，远岫依微莫辨名。”

景山人霁，字光甫，《山寺避暑》云：“红尘朝易夕，绿荫夏疑秋。”又云：“篆烟萦佛牖，雨气暗云峰。”

吴侍郎自新，字伯恒，《神策城楼望玄武湖》云：“树色含风冷，溪声带雨寒。”《湖阴夜泛》云：“九天忽驾冰轮出，万里遥瞻玉镜开。”

马山人光灵，字一卿，《漫兴》云：“风微鱼浅戏，泥暖燕先知。”又云：“疏雨长虹断，遥山积翠微。”

何参议汝健，字体乾，《秋雨晚晴》云：“余霞明反照，疏柳淡轻烟。”《暮春鸿石园》云：“坐久花香细，谈深鸟语幽。”《灌园》云：“天涯飞鸟外，人事落花初。”《宿牛首》云：“山色有无朝雨后，江光隐见夕阳时。”《竹素园漫兴》云：“花片飞来情自惬，松阴结处坐偏深。”《雪夜次韵》云：“槛外冰花侵履迹，庭前竹翠湿人衣。”

何御史淳之，字仲雅，《别陈师宗伯》云：“潮痕迎雨急，帆影带烟过。”《晓川》云：“月泻空潭水，霞余几树枫。”《登繁台》云：“斜日窥疏雨，归鸿缀远天。”《无题》云：“云连楚岫还轻散，潮向浔阳总未通。”《秋日李王孙园亭》云：“清光曲引秦淮水，紫气飞来钟阜峰。”

顾居士源，字清父，《燕子矶》云：“浅沙披月蚌，高浪出风豚。”《虎洞小庵》云：“石冷灯无焰，香消火尚薰。”《山寺晚归》云：“散策冲寒翠，搴裳踏晚晴。”

金山人銮，字在衡，《徐太傅园》云：“杨柳晚风静，芙蓉秋水香。”《悼梁姬》云：“江梅空索笑，湘竹自成斑。”《静海寺》云：“长风吹老树，斜雨过疏篱。”《次通津驿》云：“风轻云气薄，月净水光寒。”《北河道中》云：“归鸟乱啼原上树，夕阳多在水边村。”《送李谷阳》云：“客中候晓霜如月，马上逢春草似烟。”《梦鹤》云：“窃归灵药三山月，吹落榆花一笛秋。”《岳少保墓》云：“临危叩马书生口，立主班师宰相心。”《忆江南》云：“风檐听竹心先碎，雨槛移花梦亦香。”

马明府汝徯，字诚望，《新秋》云：“明月半窗能自至，白云满榻似相留。”《秋日永宁庵社集》云：“山色遥连秦树碧，溪声常带梵钟幽。”

姚鸿胪澌，字元白，《闻雁》云：“数声风处断，孤影月中翻。”《顾孝符见过》云：“旅怀秋欲尽，乡思客初来。”《赠周文美》云：“燕市风霜凋客鬓，越山兵燹限河梁。”

姚太学之裔，字玄胤，《喜诸君子入社》云：“寒花照座金为蕊，明月窥帘玉作钩。”《冶城饯吴莫魏张四子》云：“黄金旧铸双龙剑，白雪新传四杰才。”

姚太守汝循，字叙卿，《绮霞阁小集》云：“酒边过白鸟，镜里出青山。”《浪禅房》云：“闲花苔上落，疏磬雨中沉。”《送胡樊诚》云：“离愁随草长，别泪迸莺啼。”《江南春游》云：“宿雨青郊润，和风白袷轻。”《题江溆垂纶卷》云：“羊裘双短鬓，虾菜一扁舟。”《邀笛阁》云：“岸柳秋清夜，汀葭月白时。”《和幼安泛秦淮》云：“潮起轻风生远浦，夜凉明月满扁舟。”

宋兵宪存德，字惟一，《叨转南曹述怀》云：“枥下骊驹淹岁月，庭前苍桧饱风霜。”

焦明府瑞，字伯贤，《谢公墩晚眺》云：“夜雪万家鸿影度，江声千里岸痕高。”《后湖》云：“无数鸥凫天上下，几重楼阁树高低。”

盛贡士时泰，字仲交，《登宾峰楼望雨》云：“一径穿云上，千山送雨来。”《天界寺》云：“松声寒绕塔，竹影午过墙。”《三茅峰》云：“鸟飞青嶂外，人语白云中。”《幽栖寺》云：“钟阜断云连古戍，秣陵黄叶下西风。”《集瞻云楼》云：“林下卷帷凉欲度，花边迎扇暑将无。”《试灯夕宴瞻云楼》云：“绕树银花初试火，隔帘香雾半垂钩。"

盛秀才敏耕,字伯年,《山居杂咏》云:"花发临危岸,莺啼过远林。"《宵征》云:"水暝萤光乱,风秋雁语清。"又云:"衙晚催蜂去,巢危促燕飞。"《赠张羽王》云:"潮声绕屋初消雪,梅蕊知春竞放晴。"《游三台洞》云:"石扉藤蔓迷樵路,流水桃花引客来。"《送大安和尚归庐山》云:"送客溪头防虎啸,逃禅树底借枝封。"

卜长史镗,字子振,《送人还吴门》云:"衰柳带烟迷远浦,片帆随雁下长洲。"《遂闲堂》云:"日高卧榻茶烟细,昼静钩帘树色深。"

郑太守宣化,字行义,《九日燕邸遣怀》云:"丛菊自开吴地蕊,疏砧故捣汉宫声。"《送安伯悝之成安》云:"萧骚鬓为风霜短,落拓官惊岁月流。"《春寺宴集》云:"海日倒衔天外影,江云遥落坐中杯。"

万明府梦桂,字稚徵,《腊尽客芜江》云:"冻云仍易合,残雪未全消。"《客愁》云:"情淹黄绢字,身敝黑貂裘。"《吴门有感》云:"天青鸿雁近,水长鳜鱼肥。"《程孟孺北上》云:"池上墨花春雾重,阁中玄草锦云长。"《秋日过怀玉山下》云:"花沿石窦晴偏润,树拂凉飕秋正分。"《赠景光父》云:"长林风细花香暖,古寺云移月上初。"

周明府元,字长卿,《集宜远楼》云:"栏干千嶂暝,砧杵万家秋。"《过栖霞東之读书处》云:"六代碑存谁幼妇,百年书就恰名山。"

余祭酒孟麟,字伯祥,《问胡太史病》云:"闲身称病易,春色闭门多。"《集邀笛阁》云:"花深云不去,水阔月全低。"《野兴》

云："褰衣经树湿，悬榻待云还。"《过天界寺读书处》云："花垂竹户迟归燕，书满藜床落蠹鱼。"《早春喜晴登凤皇台》云："草逢霁后留烟细，花入春初抱日明。"《送杨道南入楚谒耿师》云："风尘傲世游偏壮，贫贱藏名道益尊。"

焦贡士尊生，字茂直，《寄子余》云："病从秋思得，懒任鬓毛蓬。"《送周安阳》云："语向韩陵堪片石，迹陈漳水尚高台。"《白云洞》云："千林落日稀人迹，一径疏钟散鹿群。"《燕子矶》云："微风山郭酒帘动，细雨江亭燕子飞。"《泛舟秦淮》云："疏雨乍迷桃叶渡，冷风时度竹枝歌。"《闲居》云："抱瓮丈人时共井，卖浆任侠旧为邻。"

谢秀才黄钟，字元声，《焦山》云："沙市月明潮似雪，海门风起浪如雷。"《贺余移居城东》云："闭关领略溪山好，拟易勾除月露才。"

徐公子邦宁，字仲谧，《秋日庄居》云："树密云来暝，山深雨过寒。"《日涉园》云："水翻细浪鱼衔藻，露滴空阶鹤隐松。"《牛首》云："寺静野云穿石窦，洞虚飞雨湿莓苔。"

张秀才振英，《潭西楼》云："松梢白日供长啸，楼角青山伴苦吟。"

崔秀才士元，字伯仁，《薄暮宝应湖》云："水边绿草依晴鹭，岸上青林叫夕蝉。"

陈秀才弘世，字延之，《冬日登清凉寺》云："林枯千嶂削，烟冷半江昏。"《清凉山坐月》云："孤亭全受月，绝巘半沉烟。"《献花岩》云："云归一巘白，霜过半山红。"《送王曰常》云："惜别淹尊俎，含情怅管弦。"《罗惟一移家冶城》云："委巷树深疏辙迹，短墙花发灿棋枰。”

马氏芷居，陈石亭夫人，《苦雨》云：“杨柳深藏径，梨花静掩门。”

僧来复，字见心，《谢太祖赠食》云：“阙下彩云移雉尾，座中红芾动龙光。”

僧溥洽，号南州，《应制题江东桥》云：“浮鼋晓渡江流稳，役鹊晴瞻汉影遥。”

僧宗泐，字季潭，《梦清远兄》云：“剧知情是妄，翻说梦成真。”《往南陵》云：“人烟千嶂里，客路百花中。”《闲行》云：“幽花不碍路，偃木自成桥。”《天界寺僧果斌同诸官长游牛首》云：“官闲何待隐，僧老欲忘禅。”《和沃州吕公》云：“鸟楼云外树，龙护钵中莲。”

天界寺僧圆慧，号秀峰，《夏日即事》云：“草阁凉生今夜雨，海榴花发去年枝。”

宽悦，号臞鹤，普德寺僧，《云杜早发从潘景升度岁》云：“谷口梅花晴带雪，望中烟树冷孤村。”《春日山中寄景升》云：“千树夕阳啼暮鸟，一溪残日掩寒扉。”

弘恩，号雪浪，报恩寺僧，《郭次父舍宅》云：“江山空姓字，楼阁但云烟。”《宿箭阙》云：“半岭云生空翠合，满林花散曙烟封。”《小桥望月》云：“一片清光孤玉笛，千家烟树乱疏钟。”

吴山人扩，字子充，《崔驸马山池》云：“帝女巧将霞制锦，仙人长以鹊为桥。”《长吟阁述怀》云：“城中艺圃甘遗世，屋里梯云好看山。”

字　　品

杜太常环，字叔循，宋景濂称其正书入能品。

陈中复，工楷书。

陈孟颙，工楷书。

朱孔阳，洪武中以楷书名，榜书更妙。

朱铨，字士选，乃孔阳弟也。太宗文皇帝选写金经，入翰林，习书。

江濬，字子澄，仁庙潜邸召写金泥字经，最眷注之。

顾谦，以楷书荐举官主事。

蒋主孝，工小楷。

翟太常瑛，字廷光，作字运笔如飞，结体流丽可爱。

李太仆应祯，字贞伯，景泰癸酉举人。成化时，有旨命写佛经。上疏言："臣闻天下国家有九经，未闻佛经。"近阅《杨君谦外集》，集中载贞伯全疏。

枕肱童士昂，楷书遒劲有法。

辣斋王尚文，小楷工。

马郎中巘，字公信，法赵孟頫。

紫芝黄谦，字扮之，行草遒劲古雅，而榜书更妙。

景前溪伯时，初工真行，后师周伯琦小篆，颇得风骨。

南原王钦佩，真草清雅有法。

东桥顾华玉，真草皆清彻可爱。

刘南坦元瑞，法羲、献，片纸只字，人得之为至宝。

顾英玉，真草皆有晋人风味。

徐子仁，九岁作大书，操笔成体，正书出入。

欧颜，大书初法朱晦翁，几乱其真。后喜赵松雪，笔力遒劲，布构端饬，成一家书。至于篆字，得法于异客，更造阃奥。西涯李相国、白岩乔太宰，时号篆圣，见则吐舌下之曰："吾辈不及，吾辈不及。"

周约庵子庚，有王右军风骨。

王吉山子新，学《圣教序》，最擅书名。但恨其过于圆熟耳。

山农金元玉，初法赵子昂，晚年学张伯雨，精工可爱，落笔人便持去。吴中文徵仲，极喜元玉字，凡得片纸，皆装潢成卷，题曰"积玉"。

石亭陈鲁南，法苏眉山，评者谓不减于吴匏庵。篆隶亦佳。

玉泉陈伯羽，行书笔笔晋人。

马南江呈道，嘉靖二年贡士，四体俱工，极有书学。

邢太常一凤，字伯羽，嘉靖辛丑进士及第，工篆书。

顾宝幢清父，法孙过庭，笔力遒劲古雅。

马鹭汀诚望，刻意《圣教序》，幼年者佳。

横厓陈子野，法钟王，俊逸可爱。

秋宇胡懋礼，得意之笔，酷似枝指生。

云浦盛仲交，小楷法倪元镇，行书出入于苏、米两家，古拙中有拔俗之韵，隶字更优。有《玄牍记》一册，品题古今名帖。

姚秋涧元白，行书出入于黄山谷、赵松雪两派，而得于赵松雪者为多。

许石城仲贻，工行书。

杨虚游道南，真草自成一家。

金慕桢，名鱼，乃赤松山丰家学，笔力稍软。

谢髯九子象，出于苏、黄两家，笔力清硬。

金蓉峰，名元初，字玄予，行书有法有趣。

何太吴仲雅，工行书。

画　品

静诚陈先生遇，善山水，曾写太祖御容，妙绝当时。

陈中复，静诚先生弟，绘事精雅。幼年在静诚先生侧，戏弄笔墨。静诚叱曰："吾岂他无一长，汝乃习其下者乎？"亦工写照。

史谨，太仓人，工绘事。弱冠从军滇阳。洪武末年，有荐其才，授应天府推官。未几，左迁湘阴丞，遂流寓金陵，自号吴门野樵，长于寒林雪景。自题其画云："雨余山色翠如苔，树杪寒烟湿未开。童子无端扫红叶，隔林知有故人来。"

张益，字士谦，号惷庵，永乐乙未进士。喜写松竹。与同榜夏泉同邸舍。泉曰："子当以文名世，墨竹小技宜让我矣。"故惷庵之画最少，有《画法》一卷藏于家。

沈诚，字文实，别号味菜居士。喜绘事，兴到落笔，自成一家。

金太守润，字伯玉，号静虚。工山水，神会天出，传世者绝少。予曾见其《长春龛》卷，乃公宦游所见吕洞宾故事。

殷善，字从善，花木翎毛，自吕廷振、林以善两派中来，殊有清致。从善之子名偕，能专其业。

傅礼，字公绪，与同时郑春、郑堂，皆善禽鸟花木，布景染色，三人如出一手。

马俊，字惟秀，号讷轩。山水仿唐宋人，最古雅，独以鬼神驰名。

吴珵，字元玉，号石居，成化己丑进士，官至郎中。山水法戴文进。

李葵，字诚伯，见人绘画，辄能模仿。虽百物像貌，无不曲尽。

蒋子诚，幼工山水，中年悔其习，遂画佛像。观音大士，为国朝第一手。

许昂，字世颙，梅花清楚不俗。

胡隆，字必兴，蒋子诚门人，工于神鬼。陈鲁南赠之诗云："生此南都住北都，十年踪迹遍江湖。归来为忆当时事，醉里淋漓入画图。"

史大方，工山水。"谢子象题其画云："朱墙画舸系神都，翠筱黄茅覆酒垆。好似石头城外景，隔溪歌舞莫愁湖。"

史痴，山水人物，自写胸中逸气，不可以画之常格求之。

汪质，字孟文，浙人，流寓南京。山水专师戴静庵，但用墨太浓耳。

吴伟，字鲁夫，一字次翁，号小仙，江夏人。童年流寓金陵，工山水人物，荐入仁智殿供奉，有"画状元"之称。临绘用墨如泼云，旁观者甚骇。少顷挥洒，巨细曲折，各有条理，若宿构然。

山农金元玉，画梅花，有逃禅老人笔意。自题绝句云："一别西湖未得归，孤山风月近何如。春来剩有看花兴，又向君家写折枝。"

金璇，字元善，号松居，精于医，旁及绘事。曾写《袁安卧雪图》，兄元玉题云："一片坚贞天地知，甘贫岂但雪中饥。平生耻作千人态，纵使天晴也不宜。"

严宾，字子寅，号鹤丘，精于赏鉴。与文翰林徵仲交好最厚，得徵仲画百余幅，画小景酷似徵仲。

蒋嵩，号三松，善山水人物，多以焦墨为之，最入时人之眼。

九峰徐子仁，虽不以丹青驰誉，所画松竹、花草、蕉石，皆精雅可爱。

许缙，字尚文，工山水。

马稷，字舜举，号醉狂，善山水、人物、花木、竹石。

薛仁，字子良，号半仙。山水、人物、花草，专学吴小仙之笔。半仙之号，谦词半于吴小仙云耳。

李著，字潜夫，号墨湖。童年学画于沈启南之门，学成归家，只仿吴次翁之笔以售，缘当时陪京重次翁之画故耳。谢子象题其画云："银河无路泛仙槎，一舸空江此是家。残月照人秋睡稳，不知清梦在芦花。"

秋碧陈大声，山水仿沈启南。余藏《送史廷臣》一小帧，自题绝句云："情深此日难为别，相送元方又季方。万里楚江孤棹迥，稳吟秋色到维扬。"

景卿，字梦弼，善小景花草，常写杏花。自题绝句云："晴团红粉护春烟，仿佛江村二月天。记得踏青回首处，一枝斜拂酒楼前。"

王子新，画法赵松雪，得其神俊。

黄珍，字怀季，花草有黄荃笔意。

许通善画牛，可乱戴松之笔。晚年自悔用心之悮，恐堕畜生道中，乃专工佛像。

林旭，字景初，少聪敏，善画山水，品格甚高，尤精于传真。年未三十而卒。

陈子野，墨竹花草，绝无一点俗气。文徵仲称其竹枝清气逼人，且戒门下士，到南京不可画竹，彼处有人。盖指子野。

陈石亭，六七岁便搦笔模仿古人之画，后入翰林。与文徵仲讲论，其画更进。凡宦游所历览之名山大川，皆图成卷轴，最得马河中、夏禹玉之妙。

邹鹏，字远之，号筠居，工山水。

盛安，字行之，号雪蓬，居聚宝门外五圣巷。为人梗介清约，以梅花驰名。詹景凤云："盛行之画梅，豪纵而爽趣胜。陈宪章、王谦皆不及。"

王孟仁，字元甫，山水清润有法，文徵仲极喜之。谢应午题其画云："吾爱王摩诘，从来老画师。铅华浑欲洗，墨韵自生姿。疏树秋云合，孤舟晚镜移。烟江曾独泛，相对正堪疑。"

胡懋礼，山水脱去尘俗，但所画者不多耳。

谢宾举，字子隐，山水人物，步骤于戴静庵，可谓具体而微。画毕，其兄子象即题诗于上。子象赠子隐诗，其略云："图成便索老丑作，每幅空处题一篇。我诗借君画增价，君画资我诗并传。弟兄依附有如此，人夸玉树芝兰全。"

顾清甫究心禅理，与高僧结西方社，别号宝幢居士。家藏宋元名笔甚多。善云山，斟酌米元章、高彦敬，而自成一家，不受人润笔。多画与骚人、衲子。有"百年智巧消磨尽，惭愧人传粉墨痕”之句。余藏一轴，清父题五言绝句云：“策杖青林晚，山寒雨湿衣。野云仍有意，相伴宿柴扉。”诗与字俱妙绝。

云浦盛仲交，有逸才，有妙赏，博学多闻，落笔成诗，文不烦点定。家有小轩，文徵仲题曰“苍润”。以仲交爱临摹倪元镇竹石，取沈启南诗“笔踪要是存苍润，墨法应须入有无”之句。杨用修先生与之作记。枯木竹石可乱元镇真迹。

秋涧姚元白，晚年工画梅枝。

杨秀才一洲，字伯海，山水小幅可观。好游名山，足迹几遍五岳。人讥之云：“伯海手不如脚。”曾寄谢茂秦山水画，茂秦答之以诗云：“画逼辋川工，王维信可同。云微天若远，石断水如空。裂素写能尽，扳图意不穷。相知万里合，相望一书通。神会江天月，名传海岳风。君才变化里，吾道寂寥中。猿鹤交年久，渔樵化岁丰。懒时犹蒋诩，圣代岂杨雄。地胜闲多赋，山灵暗有功。寒暄依古柏，霜露感秋虫。养拙聊幽事，探奇奈老翁。丹青长在壁，逸兴满蒿蓬。”

王秀才建极，字用五，工山水。

何侍御仲雅，工山水，戏写兰竹，最有清趣。

胡宗信，字可复，山水最秀润，惜寿不永耳。

史元昭，工山水，谢子象题其《云山图》云：“玉芝堂前两日雨，问病无人不开户。东墙卧对溪山图，雨滃云蒸互吞吐。画师云是史元昭，心法妙传公系祖。高峰一二或可见，老树千枝不能数。微茫远水通桃源，削拔横空类天姥。林间一亭苍翠深，溪叟山翁作亭主。山中雨多溪涨添，已隔渔郎在汀浦。洞口云昏昼欲迷，似阻樵人出幽坞。岩崖豹栖知变文，雨晴出山西日曛。”

沈硕，字宜谦，号龙江，长洲人，流寓南京。曾学画三年不下楼，工于临摹。

姚太学衍舜，字光虞，工写松枝。

杜大成，工草虫。

齐庶人朱庆聚，字仲贤，号似碧，山水与枯木竹石，清雅可观。

卢氏，名允贞，字德恒，号恒斋，倪文毅公夫人。白描精妙，有《九歌图》、《璇玑图》二卷，藏于家。文毅公曾孙，蕲水令名民悦者，曾出以示客，予得以观之。

马氏，名闲卿，号芷居，陈鲁南夫人。善山水，白描画毕，多手裂之，不以示人。曰：“此岂妇人女子事乎？”

沈氏，沈宜谦女，杨伯海妻。工折枝花。吴中黄姬水题其《杏花》云：“燕飞修阁帘栊静，纨扇新题春思长。妙绘一经仙媛手，海棠生艳复生香。”

僧可浩，号月泉，灵谷寺住持。画浦桃有生意，不减温日观之笔。丰坊南隅题其《蒲桃》云：“龙宫倾洞不可测，下有七宝光琉璃。老师手掣千尺干，粒粒总是真摩尼。掌取摩尼和壳吸，八部呼惊龙女泣。醍醐入口冷暖和，醉卧青林满身湿。昔有大师名日观，解图蒲桃至今传。我师天机通道妙，绝精何代其无贤。出定堂前如一戏，四壁萧萧风雨至。从今福慧并圆明，三界虚空青击碎。南宫仙人初下马，欣然长歌为师写。请师持此诣灵山，应道无非妄语者。”

广礼，号大镜，报恩寺僧。陈子野授以画竹之法。

曲　　品

马俊，小令不减元人。

史痴，工小令。

陈全秀才，有《乐府》一卷行于世。无词家大学问，但工于嘲骂而已。

陈铎，有《秋碧乐府》、《梨云寄傲》、《公余漫兴》行于世。咏闺情《三弄梅花》一阕，颇称作家所为。散套稳协流丽，被之丝竹，审宫节羽，不差毫末。

徐霖，少年数游狭斜，所填南北词，大有才情，语语入律，娼家皆崇奉之。吴中文徵仲题画寄徐有句云："乐府新传桃叶渡，彩毫遍写薛涛笺。"乃实录也。武宗南狩时，伶人臧贤荐之于上，令填新曲，武宗极喜之。余所见戏文《绣襦》、《三元》、《梅花》、《留鞋》、《枕中》、《种瓜》、《两团圆》数种行于世。

陈鲁南有《善知识》、《苦海回头记》行于世。人最脍炙者，《梅花序》。

罗子修，《雪词》绝妙。

盛鸾，有《贻拙堂乐府》二卷。

邢太常一凤，字伯羽，所填南北词最新，妥入弦索。

郑仕，字子学，工小令。

胡懋礼，有《红线杂剧》最妙。同时，吴中梁辰鱼亦有《红线杂剧》，脍炙人口。较之于懋礼者，当退三舍。

杜大成，工小令。有词评一卷，名《纳凉偶笔》。

金銮，字在衡，有《萧爽斋乐府》，最是作家。华亭何良俊号为知音，常云："每听在衡诵小曲一篇，令人绝倒。"

吉山王逢元，最是词曲当家。

沈韩峰越，工小令，铁面御史，能作风流软媚语。赋梅花者，岂独宋广平乎？

盛壶轩敏耕，工小令。

石楼高志学秀才，工小令。

段炳，字虎臣，秀才。和元人马东篱《百岁光阴》一套，金在衡见之，极口赞赏，曰："押如此险韵，乃得如此妥帖乎！足以压倒东篱。"

张四维，字治卿，号五山秀才。有《溪上闲情》藏于家。友人刊其《双烈记》、《章台柳》两种戏文行之。

黄方胤，有《陌花轩小词》。

诗　话

南原王韦，秀才时，梦中闻人诵两句诗云："起来小步傍阑干，花雾袭衣寒气重。"及中弘治乙丑进士，阁试庶吉士，以"春阴"为题。南原忆梦中语，遂写入诗中。主试李公批："二句有神助。"储静夫索南原诗看，读至"朱楼十二昼沉沉，画栋泥融燕初乳"，击节叹赏曰："绝似温李，绝似温李。"陆俨山在坐，乃曰："分明王韦，何止温李。"盖指姓名以戏之也，坐中皆笑。

汤公让幼年在府学，恃才负气。府尹传筹不到，责以十板。遂弃其巾服，题诗府门合扉有云："从今袖却经纶手，且向江头理钓丝"之句。后以荐官至参将。有《东谷集》。

山人徐霖，武宗皇帝召命禁直。霖作诗纪之云："久嗣《豳风》学老农，圣恩忽漫起疏慵。身离陆海三千里，目睹天门十二重。封禅无书何献纳，清平有调幸遭逢。临流久洗巢由耳，也许来听长乐钟。”及放归，作诗云：“放归吾原遂，计日便还乡。免上乞骸疏，将求辟谷方。无心判恩怨，有道管行藏。耿耿思君念，他生亦不忘。”夫霖以布衣召对，除夕应制，百韵立成，虽雅俗并陈，词多谲谏，在帝左右从容顾问，游从竟日夕，可谓不世之奇遇。武宗屡命以官，辞而不拜。终更事变，拂衣遂初，冥鸿高骞，弋人徒慕。此其人岂与嗜甘腐鼠，蹇裳濡足，卒与祸会者同日语哉！既归，而名益震，词翰益奇。又几二十年，竟以隐终。

杨用修、王元美二公，品题梅花诗，皆取杜子美“幸不折来伤岁暮，若为看去乱乡愁”，李商隐“玉鳞寂寂飞斜月，素手停停待夕阳”。此论一出，却令淡烟疏影之句，顿尔减价。吾乡黄吏部首卿有句云：“野客佩寒星欲堕，佳人钗暖日初融。”焦弱侯翰林有句云：“花开暮雪人归后，香满寒庭月上时。”一似商隐，一似子美。

苏侍御舜泽《咏西阙梅》云：“此日韶华开禁苑，向来吟思绕江干。”吾乡谢与槐极口赏咏之。

杨伯海诵乡先生《咏枯木》一联云：“有枝撑晓月，无叶响秋风。”句颇清致，今不记为何人之作，姑载于此。

杨谷，上元尹以苦役役其父兄。谷往诉之。尹以“衣巾生员”为题，令其作诗，盖轻之也。谷援笔成诗。尹见其“草中射虎心空在，天上屠龙事已非”之句，遂免其役。

顾东桥公镇楚，三司请游黄鹤楼，先磨一石。饮后，乞公留诗。东桥在舆中已得“云荒赤壁周瑜垒，江绕青山夏禹祠”二句，遂援笔书石上云："黄鹤仙人身姓谁，空传崔灏旧题诗。云荒赤壁周瑜垒，江绕青山夏禹祠。浮世古今堪洒泪，高台歌舞几衔卮。天寒月白孤鸿远，徙倚阑干送目迟。"三司皆服其工。

何太吴淳之，中万历癸未会魁，未及殿试告病归。同榜殷都送之以诗，有句云："收来骏骨还归市，画就蛾眉不入宫。"可谓事切而语工。

姑苏刘翰林瑊，字玉倴，在南京读书时，携酒邀沈重巽惟申、盛时泰仲交同游清凉寺，上环翠阁，睹壁间诸诗，玉倴因以"徉狂张藏尪"为韵苦仲交。仲交即走笔书壁上云："三人阁下共徜徉，此日风流压楚狂。读书不数郑监税，任侠那夸许少张。风生虎向谷旁吼，雾尽豹岂山中藏。从来陆云最文弱，休笑形貌多羸尪。"诗成，二君吐舌相视。

吴扩，字子充，昆山人。少喜为诗歌，有声吴中。以布衣游缙绅间，玄冠白袷，吐音如钟。每对客，多言平生游武夷、憩匡庐、入天台雁宕诸胜事，朗诵其所赋诗，听之者如在目中。嘉靖年间，以避倭寇，挈家来金陵，爱秦淮一片水，造"长吟阁"居之。曾元日赋一诗，怀严介溪相国。友人戏之曰："开岁第一日，怀朝中第一官。如此诗情，便到腊月三十日，岂能怀及我辈乎？"坐客皆大笑。李于鳞《古今诗删》取子充《崔驸马山池》一诗云："平阳池馆接青霄，阆苑瀛洲路不遥。帝女巧将霞制锦，仙人常以鹊为桥。楼前叠石云生座，洞里探梅雪满条。词客惯来陪赏洽，月明酣听凤皇箫。"

余喜孙太初赠刘坦翁一联云："闭门句好香残后，捣药声高月上初。"友人张子明云："此句有清趣格，乃晚唐耳。且闭门句好，两事也；捣药声高，一事也，对之殊觉不工。”余深服其论。

金大舆自夸吴中友人所赠之诗云：“家散千金尽，诗成万口传。”可谓说尽生平。金鱼闻其语，因戏之曰：“家散千金是矣，足下曾济人利物乎？试添二字何如？家散千金尽为甚，诗成万口传何曾。”大舆遂拂衣去。

盛仲交游祈泽寺，从佛龛中得敝纸，上书诗一律云：“研池满座落花香，墨透纤毫染汉章。静卧衲衣云似水，高悬纸帐月如霜。杯浮野渡鱼龙远，锡振空山虎豹藏。幸对炉烟坐终日，煮茶清话得徜徉。友人褚倎呈雪庭法师座前清览，洪武辛亥暮春书清隐小轩。”倎字本中，不知是金陵何许人也。

吴中黄淳甫与姚元白、盛仲交在竹素山房拥炉，分韵赋春雪。仲交得韵，点笔成诗。淳父索观，仲交不与，笑曰：“若先饮一卮，乃可观。”淳父遂饮一卮。仲交诗云：“三冬寒始尽，初阳气尚微。谁言六出后，犹作五花飞。入柳惊棉早，粘梅讶蕊肥。座中同咏客，谁是谢玄晖？”二君极喜“谁言六出后，犹作五花飞”二语之工。

王逢元诗，为字画所掩。余三十年前，集其诗百首。张羽王见而爱之，欲草一序刊行，竟尔不果。今偶得其二诗，遂录之。《和人无题》云：“晴绽东墙杏子红，露溥南内牡丹丛。承恩未必因词客，捐宠何劳怨画工。独听远鸡啼晓月，几随孤燕领春风。琐窗寂寂眠初定，梦见笙歌在别宫。”又云：“两日闲心梦里宽，一春花事雨中残。垂杨不解青丝结，明月先亏白玉盘。琴调思长和泪鼓，镜铜衰尽带愁看。频过女伴颠狂甚，故着罗衣刺合欢。”

罗敬叔云："昨从休宁令丁元父扇头见焦弱侯一诗，有'别来野老频争席，归去门生半在楼'之句。门生何必在楼乎？殊为未惬。"余戏之曰："君自不读书，乃议焦为杜撰乎？此句用陶弘景三层楼故事。"敬叔勃然面赤者久之。敬叔名治，南昌人。

周洁，字玉如，家江东城南隅胭脂巷中。年十四，父周碧山遣侍京兆张羽王。羽王弃官归，不数年，寄诗一册，名《云巢诗》。《晚晴》云："久雨愁无极，斜阳喜乍开。树披残霭出，山挟断云来。的历穿花径，逶迤过渚台。更须林月上，清赏一追陪。"《江边思家》云："北望一含愁，归心俯碧流。漓虽注南海，湘亦接巴丘。天阙当牛斗，台城枕石头。侬家生长地，终岁信悠悠。"《秋山》云："闻道秋山好，重岩湿已消。沙头文舫待，石上白云招。喜探飞琼篆，羞吹弄玉箫。桂岑多胜概，不数赤城标。"《立秋》云："白帝严金驾，乘风下紫微。德惟宣湛露，令即屏炎晖。乍警青桐落，将催赤雁飞。何须赋团扇，恩顾似君稀。"《喜雨》云："入伏炎难度，迎秋雨乍行。新凉增雅咏，甘澍满欢声。甫脱冲波厄，那堪悯旱情。吾家安石喜，恐亦为苍生。"《登楼》云："凭栏一望白云重，松竹萧森裛露浓。树外连漓流不断，依稀如听秣陵钟。"《戏诸姊作假花》云："镂花雕叶百般新，巧手分明遂夺真。自是深闺无定鉴，金钱输与弄虚人。"《秦淮》云："秣陵无处望，漓水正前流。何不教东下，将心到石头。"《梦还京》云："自去长干侧，终年桂岭西。新秋望乡处，无奈白云迷。"《忆父》云："噫昔富残腊，还家雪正飞。三年无一字，不忍见鸿归。"《思母》云："慈母头已白，忍见绿萱开。空号忘忧草，偏令首重回。"《伤长姊》云："花落空萦恨，莺啼更助哀。芳魂似流水，一去不重回。"《中秋赏月忆诸弟》云："本共一枝生，谁知各南北。今逢三五时，会尔何能得。"观此数诗，固江东一才妇也。

徐姬《咏杨花》云："杨花厚处春阴薄，清冷不胜单夹衣。"吴中徐昌谷极喜其句，作一诗赏之。

妓朱斗儿，号素娥，与陈鲁南联诗，有"芙蓉明玉沼，杨柳暗银堤"之句，人多诵之。送所欢于江干，题一绝云："扬子江头送玉郎，离思牵挽柳丝长。柳丝挽得吾郎住，再向江头种几行。"又，托所欢买束腰，其人书问尺寸。朱答之云："寄买红绫束，如何问短长。妾身君抱里，尺寸细思量。"凤阳刘望岑尝访素娥，素娥不出，乃投一绝云："曾是琼楼第一仙，旧陪鹤驾礼诸天。碧云缥缈刚风恶，吹落红尘四十年。"素娥欣然见之。

旧院妓赵四，号燕如，《答人寄吴笺》云："感君寄吴笺，笺上双飞鹊。但效鹊双飞，不效吴笺薄。"

赵氏小妓，十四能诗。客命作寄情诗，以"床"字为压。女吟云："思君君不见，明月照牙床。"

徐翩翩，旧院妓。友人诵其"红拂当年事，青楼此日心"之句。余曰："徐姬已辨走路矣。"后竟从良去。良人死，削发为尼。

旧院妓湘兰马守真诗云："自君之出矣，不共举琼卮。酒是消愁物，能消几个时。"何減唐之鱼玄机、李季兰乎？湘兰死，吴中王穉登挽之云："歌舞当年第一流，姓名赢得满青楼。多情未了身先死，化作芙蓉也并头。石榴裙子是新裁，叠在空箱恐作灰。带上琵琶弦不系，长干寺里施僧来。不待心挑与目招，一生孤负可怜宵。祇堪罚作银河鹊，岁岁年年只驾桥。黄金不惜教婵娟，歌舞于今乐少年。月榭风台生蔓草，钿筝锦瑟化寒烟。明珠缀在凤头鞋，白璧雕成燕子钗。换得秣陵山十亩，香名不与骨俱埋。舞裙歌扇本前因，绣佛长斋是后身。不逐西池王母去，定随南岳魏夫人。水流花谢断人肠，一葬金钗土尽香。到底因缘终未绝，他生还许嫁王昌。平生犹未识苏台，为我称觞始一来。何意倏然乘雾去，旧时门户长青苔。佛灯禅榻与军持，七载空房只自知。试向金笼鹦鹉问，不曾私蓄卖珠儿。兰汤浴罢净香熏，冉冉芳魂化彩云。遗蜕一抔松下土，只须成塔不须坟。红笺新擘似经霞，小字蝇头密又斜。开箧不禁沾臆泪，非关老眼欲生花。描兰写竹寄卿卿，遗墨都疑泪染成。不遇西川高节度，平康浪得校书名。”

画　　谈

戴文进，永乐初年到南京，将入水西门，转盼之际，一肩行李被脚夫挑去，莫知所之。文进虽暂识其人，然已得其面目之大都。遂向酒家借纸笔，画其像，聚众脚夫认之。众曰：“此某人也。”同往其家，因得其行李。

汪肇，号海云，休宁人。山水人物，出入于戴文进、吴次翁，但多草率之笔。曾来南京，误附贼舟。值祭江神，约夜间劫掠一太守舟，欲汪备数。汪不逆其意，自陈善画，开厢取扇，以示无物。人各画一扇赠之。及饮酒，用鼻吸饮。又做戏事，以娱劝之。贼首不觉沉醉，遂误其事。次日，因舍舟就陆而行。常自负“作画不用朽，饮酒不用口”云。

吴小仙，春日同诸王孙游杏花村，酒后渴甚，从竹林中一老妪索茶饮之。次年，复与诸王孙游之，老妪已下世数月。小仙目想心存，遂援笔写其像，与生时无异。老妪之子得之，大哭不休。

朱朗，字子朗，文徵仲得意门人。徵仲应酬之作，多出于子朗手。金陵一人客寓苏州，遣童子送礼于子朗，求徵仲赝本。童子误送徵仲宅中，致主人之意云云。徵仲笑而受之曰："我画真衡山，聊当假子朗可乎？"一时传以为笑。

文伯仁，衡山之犹子，画名不在衡山下，好使气骂坐，人多不能堪。寓栖霞寺、白鹿泉庵中数年。有东山徐姓者，礼请伯仁至家水阁上作画。水阁即临太湖。宾主相谈，微有不合，伯仁遂掀拳大骂。徐隐忍不过，乃曰："文伯仁在我家敢如此无状，今投尔于太湖，谁得知之？"急呼家僮数人来缚。伯仁计无所出。长跪求免。徐据上坐，以大石压顶，历数其生平而唾骂之。伯仁唯唯而已，乃免为鱼鳖饵。

文伯仁幼年与叔徵仲相讼，囚于囹圄，病且亟。夜梦金甲神呼其名云："汝勿深忧。汝前身，乃蒋子诚门人。凡画观音大士像，非斋戒不敢动笔。积此虔诚，今生当以画名于世也。"醒来，殊觉病顿愈，而事亦解矣。此伯仁亲与余言者。

蒋子诚，工神鬼。《江宁县志》载其一事云：潘烂头，居骁骑营中。相传因雷火焦其额，遂疮烂，竟不愈，故号曰烂头。每出，群儿买雷，每钱一文，以指染头烂处，取脓少许书"雷"字群儿手中。行数步，开手即云气上冲，轰然有声。病者索符，亦以脓书之，或悬于门，或火灰而服之，即愈。烂头浼蒋子诚作瘟元帅像，久弗与。一夕，召瘟帅，遣至子诚家。子诚交睫，辄见元帅。未几像成，烂头见而讶之曰："神像旧所悬金字牌，上书'出入大门’，此像君何易曰‘无拘霄汉’？”子诚曰：“岂敢擅易之耶？旬日，每夕吾见神像所悬者如此。”烂头悟。自是天下治改牌面，皆曰“无拘霄汉”云。

陆治，字叔平，号包山，吴诸生，工于写生，能得徐、黄遗意。曾见画一丫兰寄吾乡盛仲交，自叙云：“广南梁中舍遗我丫兰，品质异常，随其感遇，赋诗一绝，得六首。《每茎十六花，花各一丫》云：‘不与秋兰并九英，仙葩二八自天成。只缘无力禁香重，幻作骈支驾玉茎。’《心带微红，迎风舞动》云：‘新裁鲁缟缪秋衣，肌骨冰瑛酒晕微。独立嫣然风自举，低回翻学舞容玑。’《花枝应节，六叶丛生》云：‘玉戟棱棱应节分，枝枝柔玉纫香云。凝妆拟待三更月，露染生绡六幅裙。’《瓣若轻绡，色带青黄》云：‘方空轻翼窃青黄，制得霓裳称淡妆。香抱幽怀娇不语，含情如欲待迎将。’《直干玉立，露下尤香》云：‘亭亭浴露立西清，淡薄秋容幻态轻。独有檀心禁不得，一庭香思动峰婴。’《叶过三尺，花多晓发》云：‘三尺丰标高髻妆，两行钗玉一奁香。朝朝拟待烟屏展，徐揽轻罗上画堂。’”

邹鹏家贫，资画以养母。一日，两青衣到门，自陈主人商于芜湖，特请画卷轴围屏，先奉白金五两，权办薪米安家。远之持以问母，母喜曰：“汝速去，是汝运通时也。”遂别母，同两人登舟。行三日，远之忽疑曰：“吾闻芜湖风便，半日可到，那得有三日程乎？”两人曰：“实不敢诳，吾主人家在鄱阳湖，恐以路远不行，故托言芜湖耳。”远之业已在路，无可奈何，只得随行。至湖上，又陆行数里，到其住处。主人相见，礼意殷勤，饮食丰洁，令四僮相伴小室中。作画数日后，偶闲步，窥其厅事，见主人金冠红袍，收诸豪客货物，乃知为绿林长。因速完其画，以情告归。主人曰："汝贫人留此，亦不恶。"远之对以家有老母，欲归慰倚门之望。遂厚赠之，遣人送至上新河。远之归家，对母痛哭云云。后无事只闭门，凡有求画者，必熟其声音，方与之相见。

云浦盛时泰，高才博学，有声场屋。学画云山于宝幢居士顾源。一日，宝幢、云浦同聚僧舍，友人陈泰华举蔡中郎戏文中二语，嘲之曰："云浦云浦，大丈夫当万里封侯，怎肯守故园空老。"盖故园之音，与顾源同也。一坐皆笑。

金静虚先生在南安太守府中，古庙前有空心枯树一株，忽乞食道人坐于树中，遂发生枝叶，感动郡人，观者如市。道人忽不见。追思道人，布袍上有补痕，宛成"吕"字，知是洞宾显化。静虚先生异其事，画成一卷，名曰《长春龛》。题诗者三十余人。予从市上买得，盛仲交借去未还。

吴小仙饮友人家，酒边作画，戏将莲房濡墨，印纸上数处。主人莫测其意。运思少顷，纵笔挥洒，成《捕蟹》图一幅，最是神妙。

林奴儿，号秋香，成化年间妓，风流姿色，冠于一时。学画于史廷直、王元父二人，笔最清润。从良后，有旧知欲求一见，因画柳枝于扇，写二十八字以拒之云："昔日章台舞细腰，任君攀折嫩枝条。从今写入丹青里，不许东风再动摇。"

妓朱素娥，山水小景，得陈鲁南授以笔法，更入作家。一闻鲁南选入翰林庶吉士，尽以平日往来诗画尺牍，缄封寄与鲁南，上写云："昨日个锦囊佳句明勾引，今日个玉堂人物难亲近。"即此一举，素娥之风流儒雅可占矣。

卷之三

清甫论字

评顾清甫之诗画者，谓其诗中有禅，画中有神。至于字画之遒劲古雅，赏识者甚少。余藏清甫论字一纸云："写字之法，不必拘字形势如何人，要在心笔与古人相通。通会之妙，要须自悟，终难言说。如金赤松，是拘其形似，而得通会之妙者；祝枝山，则如风樯阵马，临机变化，得妙于言意之外。二老之书，如李杜之诗，并世间不可少者。若必欲评其优劣，正是痴人前不可说梦耳。"

《吴小仙传》

小仙姓吴，名伟，字鲁夫，湖广武昌人也。祖吴知州，用廉干迁转两州，居官三十年，初治南阳之豫州，后治大名之开州，著声籍籍发闻，至今民思之。父刚翁，中乡举人榜高等，有文学，行义，妙书画，今两京旧人家往往藏其墨迹为珍重。翁性豪华，用烧丹破其家。生小仙数岁，翁死。又数岁，小仙年十七，一日来游南京，以童子负气性，至则整衣冠，晨出，馆人不知其所之，因尾其后，见乃谒今太傅成国朱公。公一见奇之，曰："此非仙人欤？"因其年少，遂呼为小仙。小仙亦以自号，如公称，而人因亦称为小仙云。收为门下客，待如亲近子弟与通家。小仙亦善画，有父风。人云用墨过前人远甚，而风韵神妙变化，直追古作者。用朱公故，往见今太傅吏部王公，公时为兵部，及太保平江侯陈公、太保新宁伯谈公，皆请为揖客，小仙貌严而礼谨，言语侃侃不阿，久之，诸公益善待之。由是士大夫莫不愿与小仙纳交，请见者日夕不离门。而小仙固独乐与山人野夫，厚性盖然也。尝一游京师，行将至，闻之于城中，今太师英国张公、太傅保国朱公、驸马都尉周公，先戒馆谷为小仙。待宪宗皇帝闻之召见，特授小仙冠带，将与一官，欲常置左右。小仙固请辞，乃得脱归，复来南京。自是戒云："吾今识仕宦矣。"乃始为落魄游。予往年自山中来，曾一接小仙，未熟，因以为江湖一豪客尔。以是王公大人敬爱之意无他及。今年又来，又与小仙接，颇有暇与语，语亦未能尽。予又别去，其于知小仙多往日。又以为古诗文人，故能文与诗者，争与游取下服之，今复至此。小仙过予馆数数，又数与相拉出南门游，入高座寺，或与野坐，方得剧谈，尽出所怀，始得探其胸中。其胸中浩浩乎其无涯，汩汩乎其无穷，浑浑乎其源而有归。其于古今，事无不知。其论人高下，无有不当。其行高，其事称，其言宏而信，其为人夷旷而高明，其古之隐君子欤！其能随世俯仰，而不屑于世者欤！其抱道自重，有所待而为者欤！今之人，莫测其为也。小仙以狂名，然而言谨甚，无妄泄语。故人多不知其心之所存如何，独以书画称重于时。画亦不肯苟作，故亦不多见。或时出一幅，辄即与穷困人，而即为人传去，为富势家买取，云得之小仙。小仙实未尝为其人作，其自高每如此。小仙画多自题识，人以是别其真伪。逸史赞云："小仙之才行，自多隐不外见，人不知莫可执论。今只以可见者诗与画论之。王摩诘画《辋川图》，人谓其画中有诗。杜少陵入蜀诸作，人谓其诗中有画。以是古今特奇怪之，争传道至今。今小仙两得之矣。”此传乃繁昌徐宾兴之撰，未曾板行。余录藏笥中三十余年。近见祭酒郭公正域，与吴同是江夏人，亦撰《小仙传》，以小仙为农家子，因出此传以证之。

王画禊帖

冯开之祭酒买胡秋宇家王维《江山霁雪图》一卷，后有沈石田跋；买金石庄《定武兰亭》一卷，后有宝晋斋数帖，卷尾宋僧一跋。字画甚佳，忘其名。二卷乃麟凤芝草，皆世间罕有者。今王画，冯家且索价千金矣。

收　　藏

蕴真黄琳，字美之，家有富文堂，收藏书画古玩，冠于东南。吴中都玄敬自负赏鉴，且眼界甚富。一日，同顾华玉先生联骑，过美之看画。玄敬谓美之曰：“姑置宋元，其亦有唐人笔乎？”美之出王维着色山水一卷，王维《伏生授书图》一卷，又出数轴，皆唐画也。玄敬看毕，吐舌曰：“生平未见，生平未见。”

赏　　鉴

世之收藏书画古玩者，品为好事、赏鉴两家，其论甚当。吾乡静虚金太守、蕴真黄锦衣、鹤丘严秀才、石川田千户、宝幢顾居士、秋涧姚鸿胪、云浦盛贡士、秋宇胡翰林、太吴何御史，皆精于赏鉴者。若印岗罗太守、西虹马太守、凤麓姚太守，尚是好事家。何也？观其所收藏者便见矣。

唐江宁诗人

庾抱，江宁人，开皇中为延州参军事，后补元德太子学士，礼赐甚优。会皇孙载诞，太子宴宾客，抱于坐中，献《嫡皇孙颂》，深被嗟赏。有集十卷。

王昌龄，江宁人，开元十五年进士，补秘书郎。又中宏词科，迁汜水尉，晚贬龙标尉。诗四卷。人称为王江宁。

徐延寿，江宁人，开元间处士。

孙处立，江宁人，长安中为左拾遗。善属文。常恨天下无书，以广新闻。

冷朝阳，江宁人。李嘉祐《送朝阳登第归江宁》诗有云："长安带酒别，建业候潮归。"

许恩，江宁人，开元中进士。岑参有《送许子擢第归江宁拜亲兼寄王昌龄》诗。

孙革，韩栩有《送孙革及第后归江宁》诗。

陈羽，陆贽下第二人登科，历官乐宫尉佐。

项斯，会昌四年，左仆射王起下进士及第。始未为闻人，因以卷谒杨敬之。杨苦爱之，赠诗云："几度见诗诗尽好，及观标格过于诗。平生不解藏人善，到处逢人说项斯。"南谯张泊序其集。

康洽，周贺有《送洽归建业》诗，李颀有《送洽入京进乐府》歌。但歌中云："朝吟左氏娇女歌，夜诵相如美人赋"。又云：

"白袂春衫仙吏赠,乌皮隐几台郎与。"详其语意,不是士人。中孚,高座寺僧,李太白之族侄,有赠太白诗,太白答之以诗。

李太白《上裴长史书》云:"白家本金陵,世为右族,遭沮渠蒙逊之乱,奔流咸秦,因官寓家。"观此语,太白亦金陵人,但余不敢认。

王司寇凤洲,叙一太学生诗集,谓金陵在唐无诗人。余因举此数人。

进士袭武职

梅纯,驸马都尉曾孙,成化辛丑进士。为定远知县,与上官不合,遂弃官归。后复袭指挥官,至中都留守,司副留守。

进士以医用

黄谦中,成化壬辰进士,授工部主事,管砖厂三月,被宦官刘朗诬害去官。耻归金陵,遂卖药于燕市。后医太后有功,授太医院判。

焚奸臣传

郑澹泉晓在南太常时,作《吾学编》,日草一奸臣传。方成,夜梦是人来,辩其生平。澹泉不能胜其谭锋,天明遂焚其稿。

武 状 元

武学中,武状元六人:周旋、文质、袁吉、尹凤、董永、遂解元。

四　　杰

顾华玉、陈鲁南、王钦佩、顾英玉，人称“金陵四杰”。

二　才　子

谢承举、徐霖，人称为“江东二才子”。

使　朝　鲜

奉使朝鲜者，有三人：清溪倪公岳，竹堂王公敞，兰嵎朱公之蕃。

土木之难

土木之变，死难者有二人：阁老张公益，太常卿王公一居。

僧之后身

成国朱公希忠，山人徐公霖，太常陈公沂，临淮李公言恭，县尹周公元，与今翰林朱公之蕃，皆僧之后身也。

市　隐　园

姚元白造市隐园，请教于顾东桥。东桥曰：“多栽树，少建屋。”故市隐园最有疏野之趣。

白　　塔

裕民坊街心白塔，香火颇胜，俗传太祖活埋张士诚一骁将于下，因建塔以镇之。此说非也，乃龙翔寺前旧塔耳。

瓦官寺井

骁骑卫仓乃瓦官寺基，中有一井，与江河通，大旱不竭。井中四方有铁金刚托之。

东　　虹

东虹桥，一名昇平，在上元县衙之左数步。修桥时见砖上有“尉迟恭监造”字。

醉　　石

宋张垂崖醉石，在徐府西园中，石上文字磨灭几尽，仅“徘徊其旁绍兴丁卯”十数字可识而已。

铁　　锭

铁塔寺仓中有一铁锭，俗不识，呼为铁剪。户部郎中造一亭覆之，遂以铁剪名亭，误矣。

铁塔正觉禅寺化缘疏

虎贲卫仓乃正觉禅寺地基，独一塔尚存。嘉靖初年，相传塔上有鬼物凭之，遂撤其梯不敢登。至万历三十四年，户部管仓郎中董开其塔，用名香熏之。中秋点灯其上，人皆谓此寺其后复兴乎。万历十一年大风，塔上吹下经数卷，化缘图疏一纸，余从友人金开父家携归，今录之，以为他日复兴张本。疏云：

“本寺居阛阓之地，绵历岁年，久而废弛。沙门宗广于建文二年正月初四日，于奉天门午朝奏，奉圣旨钦依重新修造铁塔，结房塔顶，黄绿琉璃，宝珠，覆盆仰盆，生熟铜铁，颜料油漆，砖瓦木植，塔灯，四门佛像，诸天圣像，韦驮尊天，大权修利，斋粮，人功匠钱，周围塔殿，大佛宝殿，千佛阁，藏殿，大悲殿，天王殿，大山门，土地堂，祖师堂，僧堂，法堂，旃檀林，东方丈，西方丈，厨库，两廊，茶寮，□□寮，浴堂，周围涌壁，塑□大佛，观音像，罗汉像，四天王像，各殿□洪钟，法鼓，云板，各殿小钟，大锅，大殿，香炉，大花瓶，大磬，各殿香炉，花瓶，大藏尊经，幢幡，幔帐，宝镜，供棹。奈缘功力浩大，独为难成，未免辄持短疏，遍扣王公大人、达官长者、同道高流，及善男信女，随力喜舍，同发罕遇心，共成殊胜事。上报国恩，下及黎庶，福有所归者。伏以祇园梵刹，赖给孤长者布金，广利名山。须大德檀那出力，开关起钥，年年宝藏丰盈；指廪挥金，日日资财进益。钟鼓杂鲸音之震荡，以警昏朦；楼台显猊座之高明，而昌吾道。庄严三宝，永为住世福田；供给众僧，大布出尘功德。六波罗密，布施为先。四无量心，慈悲为上。今生布施，皆因宿世修持；此日功勋，定作来生受用。修真福德，还他大福德人；结好因缘，为我有因缘者。知音乐施，有道欣从。功圆指日，而成缁素□□风而生□□□之正定，用报恩休。转无字之真经，祝延圣寿。京都铁塔正觉禅寺化缘疏，募缘比丘宗广。”

古碑碣

南岳碑，神禹治水告成之文也。始以“承帝曰嗟”，终于“窜舞永奔”，凡七十七字。原嵌新泉书院壁上。张江陵毁天下书院，有司不知书院此碑乃难得古物，亦同砖瓦售去。今在临淮侯李惟寅园中。焦澹园先生云，乃湛甘泉门人重勒者。

秦泰山碑，李斯篆，在府学。

秦峄山碑，李斯篆，在府学。

天发神谶碑，吴皇象书，又定为苏建。旧在紫岩山后，归天禧寺，又归筹思亭，又移府学棂星门；嘉靖年间，又徙入尊经阁下。世称为“三断石”云。

宋修昇州文宣王庙记，绍兴六年编修江宾王著，在府学。

明道先生祠堂记三，朱熹、游九言、真德秀著，马光祖跋。

重建建康府教授西厅记，嘉定癸未，起居舍人兼国史编修郑自诚著。

府学御书阁记，游九言著。

府学上舍，登科题名记。

府学赆送贡士规约碑，嘉熙元年，姑熟陶炽、盱江孔圣义立，教授郡人吴箴记。

建康新建义庄记，淳祐十一年，制置吴渊置，教授宋自强记。

太平门外花林田中，六朝遗刻，有始兴、安成二碑。

卞忠烈墓前华表，乃宋龙图阁学士叶清臣书。

牛首山辟支佛洞前方塔上，有宋如愚居士《满庭芳》词一小碣。又一碣，乃皇祐二年记，不著撰人。

宋刘次庄真书仁寿县君墓志。正德中祈泽寺修佛堂，此志背嵌墙角。僧欲碎以为路，东桥顾公见而止之，遂传于世。

陈韦霈书摄山栖霞寺碑在殿庑下。

唐高正臣行书明征君碑。高宗御制，王知敬篆碑，阴有“栖霞”二大字，乃大中庚子岁所立。

本业寺碑，僧契抚撰，东山任德筠书，乃南唐乾德五年所立。

方山定林寺碑，乃宋嘉定庚辰免解进士、建康府校正、书籍朱舜庸撰，迪功郎新平江府录事参军秦铸书，从正郎辟差充江南东路安抚司准备遣危和篆额。舜庸，金陵人。

高座寺宋季布楷书新公塔铭小碣，乃绍兴中甘露传灯正祖太师法永，为东讲院主慧新立者。文与字虽不甚佳，实雨花台之遗迹。

衡阳寺石幢，有南唐年号，但文字已磨泐，仅存数十字。

祈泽寺殿壁，有高逸上人与梵仙诗碣，皆宣和四年夏日，住持道昇勒石。

永兴寺何太监祠堂，壁上有苏东坡三过堂诗。石刻字最清奇，又是一格。

灵谷寺有吴道子画宝志公像，李太白赞，颜真卿书。赵子昂又书《十二时歌》，世谓之“四绝碑”。

王荆公书此君轩诗碑在府学，惜已破碎。

元人碑碣，尽有可观者，容再考入。

御史奏查流移

都人产薄差繁，困苦已极。却有流移诸色人户，置屋置产，交结缙绅，侵夺民间生理，以致富厚不赀，或寄庄于图里，或挂名于行当，影射安享，并无差役。猾者开张当铺，违禁取利，不下数千百家。县差绝不相及，一经告发，百计夤缘求脱。先年御史司马泰具题，比照宛、大二县事例，查出流移二千三百余户，咨行户部转行本府，编入两县坊甲，久亦不行。如蒙申敕，将客户住坐年久者，附籍当差，余照湖广荆州排门夫例。临江富客，每季出役银贰两，或一两、八钱、五钱不等，着落坊甲随处报征，庶无籍之流移，不致漏网。而积苦之小民，亦可少纾矣。所谓民不劳而事集，亦便人之一节也。司马公号西虹，南京人。

宝幢二偈

宝幢居士顾源，自称为在家僧，有四句偈云："无像光中僧是我，有像人疑未是僧。白发满头休见笑，为留些少拜燃灯。"将示寂时，家人问托生何处，因书一偈云："日出于东，而没于西。谓其自然耶？非自然耶？我今西归，亦犹是也。问我托生何处，何处即此处。此处既明，何处不明。此处既了，何处不了。了之何如，一心观佛。"书偈毕，莲花香满一室，遂化去。

分　外

葛清，嘉靖辛卯举人，深于禅旨，寓北京。将易箦，仆请遗言。令取纸笔，惟书"分外"二字。放笔即长逝。

爬痒口号

道南杨先生夜坐爬痒，因成口号云："手本无心痒便爬，爬时轻重几曾差。若还不痒须停手，此际何劳分付他。"弱侯焦先生和之云:“学道如同痒处爬,斯言犹自隔尘沙。须知痒处无非道,只要爬时悟法华。”栖霞寺云谷老衲闻口号,乃曰:“二先生不是门外汉。”

因　　果

吏书陆五台、刑书王凤洲、侍郎王麟泉、京兆许敬庵,偶集礼书姜凤阿官舍。凤阿问佛氏因果之说,五台、凤洲极言之。麟泉曰:“因果既历历可信如此,然则吾辈之堕落也多矣。”五台遂大笑曰:“不长进。”噫!五台果能超于因果之外乎,恐难以口舌争也。

断　桥　卦

卖卦薛老,有子秀才名盘中,嘉靖丙午举人。亲友皆劝令勿卖卦,薛老摇首云:“此资身生计,何可废也?”及子未沾一命而死,方云:“盘中举时,占得断桥卦,如何靠得他。使当时从亲友之言,今日有何颜更卖卦乎?”人深服之。

午时见虎

武宗南狩时,要见活虎。因猎人数日不获,武宗遣一火者问卦。薛云:“明日不过午时,当见虎。”果午时见虎,遂赏米一担。

识　　宝

金陵多回回,善于识宝。今纪其可恨可笑之三事。

应主簿，余之旧邻也，有祖母绿，龙游客出银五百两不售。索姓回回求见，方持玩间，即吞入腹中。应主簿欲讼其事，既无证见，又涉暗昧，竟付之，无可奈何而已。

沈氏老妪，乃富家侍妾，老年无依，卖翠花度日。马回回窥见所戴簪头，乃猫精石，遂租屋与沈为邻。每每奉以酒食，久之，因求其石。沈妪感其殷勤，令出银二两办棺木，以石与之，马喜不自胜。觉石稍干，因市羊脂一片裹之，暴于烈日中，从旁坐守。方筹算得利时如何经营，如何受用，忽饿鹰飞下爪去。马遂怨恨，染病几死。

索姓回回避雨人家，见佛几净水碗中一石，遂问卖否。主人漫答之曰："有价即卖。"回回次日携银往来两三遍，辄添其价。主人谓石久尘埋，回回尚与高价，因磨洗一新。数日，回回又至，见石磨过，大惊长叹曰："如何毁却至宝。此石列十二孔，按十二时辰，每到一时，有红色蜘蛛结网其上，后网成，前网即消，天然日晷也。今已磨损蜘蛛，乃一片死石矣。"不顾而去。

鼋啮虎死

孙弘彝，府学秀才，家在太平门外蒋庙之旁，有田在栖霞寺前。嘉靖己未年大水，孙田中水高三尺，遂与江通。秋深水退，有一大鼋落塘中不能去。农夫戽塘水，取鼋缚于树上，约次日分肉。夜有虎闻其腥味来噬之，被鼋咬其爪。虎不能脱，鼋不肯放，彼此力尽，天明虎死而鼋亦死焉。夫鼋，水族也，农夫缚之；虎，山兽也，鼋乃死之。其事亦甚异矣。

狗偿主债

吴可菊，吴县人，寓笪桥，开香蜡铺，养一黑狗甚驯，忽见人便咬。因呼狗屠卖之，出钱七十五文，可菊坚要百文。夜梦青衣人来诉云："我欠七十五文债，不欠百文也。乞消账，放我托生。"天明，遂七十五文卖之。

猫报僧仇

华严寺僧，忘其名，饮酒食肉，不修行检。养一猫，善捕鼠，但窥有盖藏鱼肉，必偷食之且尽。僧恨甚，用钉锭猫四足于片板上，投之寺前河中，流至下关。静海寺卖丝鞋僧，救而养之。一年后，华严僧买鞋至其房，猫忽绕衣哀鸣。僧因抱猫怀中，认其毛色，识其钉痕，询所从来，方谈说而叹息之。猫乘僧不意，咬其喉不放，僧遂死。夫僧固甚惨，而猫能报仇，亦奇矣。

史痴逸事

史痴，名忠，字端本，一字廷直，复姓为徐。生十有七岁，方能言，外呆中慧，人皆以痴呼之，又谓之痴仙。

性卓荦不羁，好披白布袍，戴方斗笠，鬓边插花，坐牛背，鼓掌讴吟，往来市井，旁若无人。

诗写自己胸次，不以锻炼为工。盛仲交合金元玉之诗编，为《江南二隐稿》。

喜画山水人物，花木竹石，有云行水涌之趣，不可以笔墨畦径求之。自题其画云："名画法书无识者，良金美玉恍精神。世间纵有空青卖，百斛难医眼内尘。”

才情长于乐府新声。每搦笔乘兴书之，略不构思，或五六十曲，或百曲，方搁笔。同时陈大声、徐子仁皆以词曲名家，亦服其敏速。

妙解音律。尝云古今知音者，不过数人。余少年游冶，得罪儒门，乃于此事目击心悟，颇窥见一斑。

雪江汤宝，邳州卫指挥，雄武有文艺，爱与骚人墨客游。尝以事来金陵，闻痴翁之名，夜造其门。时盛暑，痴翁散发披襟，捉蒲葵扇而出，握手欢甚。不告家人，即登舟游邳去。

痴翁无嗣，一女既笄，婿贫不能娶。与婿约，元夜略具只鸡斗酒，我当过饮。至元夜，诳其妻与女曰：“家家走桥，人人看灯，曷亦随俗可乎？”携妻与女，送至婿家，取笑而别。后补女妆奁，大半是平生诗画耳。

家世饶于资，不问生产，又复好施。晚年家用困乏。有妻弟寡妇，自徐州携四男二女来依，痴欣然养之。凡书画器用，素所钟情不能舍者，尽鬻之，以供朝夕。略不介念，人多义之。

妻朱氏号乐清道人，颇贤淑。爱姬姓何，号白云，聪敏解事，喜画小景，工篆书，知音律。痴翁寻两京绝手琵琶张禄授之，尽得其妙。每制一曲，即命白云被之于弦索。所居在冶城，去卞忠烈庙百余步，有卧痴楼，楼中几案笔研，图书彝鼎，香茗饮食，一一精良雅洁。吴中杨吏部循吉与之作《卧痴楼记》。

吴小仙画痴翁一小像，沈石田赞之云：“眼角低垂，鼻孔仰露。傍若无人，高歌阔步。玩世滑稽，风颠月痴。洒墨淋漓，水走山飞。狂耶怪耶？”众问翁而不答，但瞪目视于高天也。

相知具酒食，邀之作画。痴翁且饮且画，略不经意，顷刻数纸。酒醉，则兴愈豪，画愈纵，甚至发狂，大叫以自快。

痴翁买舟，特访沈启南于吴中。到门，值启南他往。见堂中幪有素绢，濡墨摇笔，成山水一幅，不题姓名而去。苍头请留姓名，痴翁笑曰："汝主人见画即为神交，何必留姓名乎？"启南归，见其画曰："吾阅人画多矣，吴中无此人，非金陵史痴不能也。"遣人四觅之，邀回，果是痴翁，相与一笑。留启南话堂中，三月而返。后启南来京，多馆于卧痴楼中。

痴翁年八十余，尚康健饮酒，步履如少壮人。预出一生殡，杂于亲友中，送出聚宝门外。又知死期，无疾而终。

余收痴翁诗画一册，痴自书于册尾云："余年六十矣，发白，精神尚健，快闲处终日高卧痴楼，蒸香煮茗，四望皆远山拱翠，飞鸟时鸣，不留繁杂之冗。静观自得，而与车尘马足了无所系于心，贫处如常，足以乐矣。日有诗人文士往来，以诗酒为谈笑，以风月为戏谑，弄笔作林木泉石，人以为债索，亦可笑也。吾妻乐清道人朱氏亦年五十七矣，更索吾作戏墨，乃为图此。若好奇博雅求古者见之，则可发一胡卢耳。弘治丙辰十月十三日痴书。"

牛首解嘲

吕泾野先生《游牛首山记》云："俗传太祖怪牛首双峰不北拱，乃杖之，此或误传乎。盖天地间万山环列，而江河四绕，其中则堪舆也。此牛负而载之，宜其南向耳。"泾野之论，可与牛首解嘲。

河南残石

盛仲交云:"南原王公视学河南时,于寺中掘得残石,皆右军《阴符经》、《心经》十七帖,拓而视之,笔意翩翩,有东晋风韵。曩见其子子新为予言,是胜国时一少年僧所临,不知彼何所据。然子新随父宦游,似得其实也。子新爱此石,归时以紫毡包置车上,后为南原公所止,遂弃驿中。今不知所在。"

北 门 桥

北门桥,一名草堂桥。桥洞中有石刻"草堂桥"三字。

逍 遥 楼

太祖造逍遥楼,见人博弈者、养禽鸟者、游手游食者,拘于楼上,使之逍遥,尽皆饿死。楼在淮清桥东北临河,对洞神宫之后,今关王庙是其地基。

菌 毒

江东门里皮行井某,嘉靖壬子年四月,见竹林中丛菌,采而食之,数口皆毒死。仅老仆有事他往得免。

瓜 毒

张椿瓜园中西瓜,留一极大者自用,剖而食之。方食两片,即死。闻其香者亦病。

芋　　毒

万历三十七年秋日，余侄梦兆馆于陈家，主人食芋，沾唇则唇麻，沾舌则舌麻，急吐之，尚服药数日方愈。

洪武三十五年

秀才蔡某，指挥白某，争坟地讼于刑部。经十三司问过，皆未成招。复批推府何公跃龙问焉。指挥执洪武三十五年红契为据。何公曰："洪武三十五年，乃建文年也。岂有民间先知有革除之事。实写洪武年者，乃伪契无疑。"指挥方服。遂断坟地与秀才。刑部诸公皆服何之吏才。

牙板随身

指挥陈铎以词曲驰名。偶因卫事，谒魏国公于本府。徐公问："可是能词曲之陈铎乎？"铎应之曰："是。"又问："能唱乎？"铎遂袖中取出牙板，高歌一曲。徐公挥之去，乃曰："陈铎是金带指挥，不与朝廷做事，牙板随身，何其卑也！"

天　竺　匾

余游西湖，见天竺寺一匾，乃魏国徐公辉祖之笔。因忆野史，载公能榜书，曾学于詹希源，最得其笔法云。惜不多见也。

宴　举　人

国初新中式举人，魏国公设一宴以宴之，送一拜帖，惟书

"魏国公拜"四字，不具姓名，其尊如此。

更名中举

二淮向公冀任兴国知州时，曾白罗二之冤狱。夜梦阅应天试录，有向德象名，云是公子。二淮子实名辰参，久不得入泮。因忆昔年之梦，更名德象，遂中万历辛卯举人。

出　猎　图

印冈罗公题徐廷威公子所藏景帝画《出猎图》云："朔吹潜消塞上尘，长杨纵猎捷书频。侍臣谁奏相如赋，赢得君王为写真。"

豆　　腐

豆腐杨业师，名之曰淮南子，取其始于淮南王也。

画　　眉

画眉鸟，一友人名之曰京兆鸟，乃取张敞故事。

蛛丝网屋

马文原制扇为生，性朴实不欺，百钱赁钞库街房一间住。万历三十六年八月朔，母子梦蛛丝网其屋，不露一孔。天明谈梦，人不能解。至初十日一方回禄，独马之房无恙。方悟蛛丝之梦，乃天佑焉。

医中有人

松居金璿精于医,不计利,好责人礼貌。户部尚书某公延医夫人痰火,两服而愈。尚书公写数百言叙病源,索丸药方,因圈其句读,以与之。金援笔修一书奉复,亦圈其句读。尚书公见其文法古,字画工,乃曰:"吾之过也。"命驾访之,遂为知己。对人云:"南京医中有人。"

评《圣教序》

《三藏圣教序》,世传王、褚两本。盛仲交评之云:"王书如千狐聚裘,痕迹俱无;褚书如孤蚕吐丝,文章具在。"但知有右军之刻,不知中书之拓者众也。

二　花

石村郑公濂,正德丙子年将入场,梦女子持桂花授公,手中尚有杏花一枝,公索之。女曰:"尚早。"是科遂中乡试。至嘉靖癸未会试入京,所寓卧房中挂画一幅,画一女子持杏花像,与昔年所梦无异,乃中进士。

阳　宅

童枕肱、陈自庵二公之祖,皆精天文,太祖征入钦天监。两家相约云:"金陵秀气所钟,阴地发迟,阳宅发速。"童定居淮清桥西,陈定居淮清桥东,皆精择之处。后枕肱、自庵兄弟皆贵显。

军变先兆

嘉靖丙辰，总督粮储公署檐前有蜂房大于斗，群蜂成阵。至庚申年，振武营军变，黄侍郎遂遇害，盖蜂屯固先兆哉！刘石圃、郭少溪、杨虚游皆有文纪之。

《竹溪诗集》

竹溪金公铱，字子宣，有《竹溪诗集》。张公西铭称其“绿水行门外，青山立酒边”之句，有翛然之趣云。竹溪二子皆进士，名章者南道御史。

见天子方言

青城僧永杰，字斗南，国初时住牛首山，日惟默坐。会仁祖为太子时出猎，见而问之，杰起身亹论。后人问之，曰：“见天子不言，更待何时耶？”仁祖许他日为造寺，与之同宿兜率岩者一夕。后不久化去。亦工诗。

送饭入场

正德年，太监刘琅掌厂事。丙子科士子入场科举，场门一闭，只待揭晓方开，此定例也。刘太监敲开场门，送饭与相知监生，其庸横坏法也如此。

塔　　影

牛首山禅堂右傍门隙内，塔影倒射纸上，阴晴俱有。吕泾野太史辨其塔尖，自门孔中透入，故有影，未知是否。

促　　织

促织，独金陵者斗，谓之秋兴。斗之有场，盛之有器，掌之有人。必大小相配，两家方赌。旁猜者甚多。此其大略也。马南江有《斗促织赋》。

不用鼓乐

庐陵孙公鼎正统间督学南畿。故事：士子中小试，赴举者插花挂红，鼓乐导送。时睿皇北狩之报方至，孙公语诸生云："天子蒙尘在外，正臣子泣血尝胆之时，不可用花红鼓乐也，乃亲送至察院前。"门人皆称其得体云。

卖药用术

甲卖药于市，车载观音大士像。问病，将药从大士手过，有留于掌者，曰："大士许服此也。"市上皆神之。乙旁观，思得其术，邀饮酒家，相约饮毕竟出，酒佣见如不见。饮三遍后，甲问："何能如此?"乙曰："聊戏作小术，君能以术相易乎?"甲因自陈大士掌是块磁石，丸药中有铁末，是以相粘。乙曰："吾之术不足奉报，不过先以钱付酒家，戒出门勿问而已。"此验封黄公所谈，嘉靖初年事。

《沁园春》

陈霆，字震伯，尝僦居白下，所著有《唐余纪传》、《两山墨谈》、《渚山堂词话》。尝言《夺锦标》曲，不知始何时，世所传者，僧仲殊一篇而已。予每浩歌，寻绎音节，因欲效颦，恨未得佳趣耳。庚辰，卜居建康，暇日访古，采陈后主张贵妃事，以成素志。按后主既脱景阳井之厄，隋竟戮丽华于清溪。后人哀之，即其地立小祠，祠中塑二女郎，次即孔贵嫔也。今遗构荒凉，庙貌亦不存矣。感叹之余，为作此阙《沁园春》云："独上遗台，目断清秋，风兮不还。恨吴宫幽径，埋深花草；晋时高冢，销尽衣冠。横吹声沉，骑鲸人去，月满空江雁影寒。登临处，且摩挲石刻，徒倚阑干。　青天半落三山，更白鹭洲横一水间。问谁能心比秋来，水净渐教身似岭，上云闲扰扰人生。纷纷世事，就里何尝不强颜。重回首，怕浮云蔽日，不见长安。"志云，保宁寺即凤凰台，太白留题在焉。宋高宗南渡，尝驻驿寺，中有石刻，书王荆公赠僧词："纷纷扰扰十年间，世事何尝不强颜。亦欲心如秋水净，应须身似岭云闲。"又言："金猊瑞脑喷香雾，向晓寒多深闭户。窗明残雪积飞琼，风起乱云飘败絮。锦帏细看霓裳舞，小玉银筝学莺语。梅香满座袭人衣，谁道江桥无觅处。"此陈太声冬雪词也，寄木兰花令。论者谓其有宋人风致，使杂之《草堂集》中，未必可辨。

西　溪　词

西溪龙公诗词，未有刊本，仅从人家卷轴上见之。今得其一，词云："田庐重葺，劝溪翁休作千年调。指新屋数间连旧屋，团转不愁风雨。买得林丘，旋开亭榭，意思而已矣。虽然节省短景，只消如此。　陶宅李庄幽邃，深藏少出，安乐从今始。夏麦秋粳时岁好，舍舍鸡肥酒美。妇要城居，儿嫌产薄，絮语常常在耳。劳生自苦，更到何年知止。"乃《念奴娇》词也。

定解元会元

提学栽庵杨公宜，嘉靖癸卯科方揭晓时，京兆送试录至察院。遂问解元是瞿景淳是尤瑛，对是尤瑛。栽庵公曰："会元终让瞿景淳也。"瞿果中甲辰榜会元。如此文章眼，不枉做提学。

鸡鸣寺基

鸡鸣寺基颇窄隘，今委曲如数亩，令人不觉其窄隘者，乃铁冠道人所创制。

化　缘　疏

太祖赐鸡鸣寺一化缘疏。凡有修造，捧疏到功臣府化之。数年后，雷火焚焉。寺僧再求疏，太祖弗与曰："此天意也。"

报恩寺回禄

成祖造报恩寺于聚宝门外，乃长干旧寺基，数年方成。佛殿画廊，壮丽甲天下。嘉靖丙寅年二月十六日，异常风雨，雷火焚之，不两三时而尽，独僧房无恙。

修　　塔

报恩寺佛殿尽焚，一塔尚存，斜向东北。万历庚子年，本寺讲僧弘恩化缘修之，用万金焉。此塔未修之先，早晚日射光彩万状，令人目夺。既修之后，觉光彩顿少。

宝塔文章

报恩寺宝塔有三篇名笔：陈石亭文，盛云浦赋，澹园焦先生化缘疏。弘恩号雪浪，金陵人。黄野王之叔与余云："修塔完时，作一文纪之，竟未果。"

衡　　水

黄梦麒宰分宜县时，每每梦行通衢中，忽遇水阻，惊醒。及万历丁未觐察当调，闻调衡水县之命方下，一夕而死。盖水阻者，衡水也。其梦始验。

鼠　出　头

驾部王仲山问邀四司饮天界万松庵，见鼠过，因各谈鼠事。一人云："世间鼠多猫少，猫一鼠百。若百鼠，出力共敌一猫，寡能胜众乎？"僧官理苇航曰："只是无一鼠敢出头耳。"众皆笑。

定不闻雷

一缙绅访鼎庵讲僧于卧佛寺中，因问夜来好雷。鼎庵遂云："小僧入定，不曾闻得。"缙绅知鼎庵大言欺人，默令门子市一纸炮，俟宾主谈锋锐时，从鼎庵背后放之。鼎庵出其不意，顿尔惊皇失措。缙绅遂曰："入定时，雷亦不闻；出定时，炮声亦怕。"此僧之贵于定也，鼎庵面赤不能对矣。

推敲磨洗

嘉靖年间，御史刘公行素，命书办顾峣写诗轴。顾擅易一字，刘公略不介意；复命写送行诗，辄易两字。刘遂大怒，痛责之，革去其役。又，上河经纪高霞峰，好以俚句涂抹寺壁，且无处不到。偶诸御史游鸡鸣寺，一道长指壁上诗戏高姓御史云："此高霞峰想是贵族，不然那得如此好句。"高公问住持："此是何等人，好拿来枷号示众。"高霞峰闻此语，觅数人各寺洗诗。人遂云："顾秋麓、高霞峰之诗皆不可及，一经御史推敲过，一经御史洗磨过。"此两事可为的对。

山　荒

张揆，字端孟，临桂人，以大田令入觐。过金陵，约余游灵谷寺，问寺松枯死故。余谓万历十七年有一种毛虫，长寸许，食其叶，叶尽即堕地死，树遂枯。乡人谓之山荒。端孟云："'山荒'二字甚新，二十一史中无此二字。"

鲁桥相会

秀才徐九功，兄九经、九畴正德癸酉同中乡试。九功遂取书厨焚却曰："留些有余与后人。"一日，饮友家。夜归，月明径静，见南门河中突出一女子，姿容妖冶异常，同行里许。九功家在上浮桥南岸，敲门而入，登楼开窗，再玩月色。忽女从楼窗而入求合，九功严拒之曰："汝妖物也。"女取笔书几云："吾非妖物，乃与君有缘耳。后日鲁桥相会。"复从窗中去。及兄九畴选邹平知县，九功送母就养，路经鲁桥。值流贼阻路，不敢行，暂借民居权住数日。忽沂州兵备顾英玉先生过，乃九功社友，又二兄同年也。识其仆，问所从来，入拜其母。主人乃一民兵，点御流贼，已误三卯。顾之令严，不敢犯。一卯该责四十，主人自料有死而已，哀恳徐母救之。英玉先生遂免其责。主人愿以闺女酬谢活命大恩，九功见女之貌，乃南门所遇之女，地又是鲁桥，坚不肯受而去。英玉先生作《九功传》，有“遇女不乱”之语，乃指此事。

文德桥吉兆

万历十四年，府学前建一板桥，名文德。至万历丁酉，桥圮。提学御史陈子贞更建，以石易木。桥下泥中，得锁子甲两领，人以为吉兆。

李 素 居

李素居幼攻举子业，往往不遵朱注，坐是失意于有司，乃弃儒学医。医未成，得风寒病，不能行动者半年余。从友人借刻本八段锦工夫，行之一月而效，更强健于未病时。遂不娶妻，专意学仙。以卖膏药度日，无钱者，辄与之。药肆不过五尺地积。三十年坐立有常，冬夏一棕帽，一青布袍。尝曰：“人生只怕饥寒，吾已打过寒字。若迟两年，可以绝粒，便逍遥于世外，亦无用卖膏药为也。”余曾过其家，居无庋庋，床无枕席，灶无柴米，仅一药炉而已。与予谈《道德经》“圣人不死，大盗不止”云：“圣人入水不濡，入火不热，决是长生不死。死者凡夫也。圣人盗天地之元气，日月之精华，大盗也，焉能止得？他可止者，鼠窃狗偷之人也。如此则斗与衡，皆无用处。剖之折之可也，而民又何争之有?”又云：“颜子死，孔子哭之痛，徒哭何益？若老子，只消投以一丸药，便起死回生矣。”其议论乃尔。后数月不见，忽传服丹药而死。死时，端坐如生云。

遇洞宾不善终

姚二，弘正年间人，住通济门城湾中。孑然一身，画扇面度日，仅能画洞宾立片云上。积二十余年，感动洞宾。洞宾化作风鉴道人访之，指所画像云：“此是世上旧样，若如此如此，便有仙风道骨也。”因市酒饮之，且曰：“君之气色，不出百日便当袭祖上一官，再来相访。”遂别去。姚二有兄，是羽林卫千户。兄死无嗣，卫中唤姚二袭职。方谋借贷，道人忽至云：“赠君银五钱。此是汞银，用时须留三五分原银在，便如子母钱，用之不竭矣。倘不妄用，当再相访。”又别去。姚二得此银，殊不守分，纵酒狎妓。北京袭职，将出哈达门，道人又至，问前银在否。姚云在，道人云，此银尚少，不足用。袖中取出三两一锭，与之换去前银。道人行百步外，冉冉在片云上，宛然所画吕洞宾也。姚二自喜遇仙，更费用，三四日尽，不知其银有减无增矣，甚至乞食而归。到家数月，暴病死。

西　林　马

嘉靖年间，报恩寺僧住持名永宁，号西林，蓄一马。每自寺赴礼部，辄骑之。上马时，必默诵《法华经》，至礼部门下马，经卷终，率以为常。后报恩寺对门一妇方产，夜梦此马入其室，遂生一男。天明向寺访之，其马死，正其时也。此家后即以子为僧，为西林徒，极愚蠢无知。授之书，一字不识，惟口传《法华》一卷，能熟诵，此外略不能上口。信为马闻经得度者矣。今寺中尚有西林庵。姚允吉谈。

破　　砚

此砚今在汪太学孟公处。

破砚制方，其广六寸横亘。上池虚其腹以受墨，周遭重以回文，阔十分之八，高一寸有奇。背池三分，以为足。思陵[①]作铭，正书十有六字，瓢印“御书”二篆在焉。石出端溪，质坚色紫。然流落人间，不知何年。击破为两片，其大片出鹿苑寺井中，实为嘉靖丙午，张姓者得之。其小片出萧氏颓垣中，实为隆庆辛未，亦归张氏。旧物宛然，良亦不偶。友人锦衣陈天枢以端溪完砚易之，乃万历壬午岁也。诸文士赏鉴之作，赋铭歌咏者十余人。焦澹园赞云：“其盛也，陪天球大弓之侧；而其衰也，落颓垣废井之间；其离也，似神剑丰城之析；而其合也，如明珠合浦之还。岂其数之不终于陆沉，抑理之不必于瓦全者耶？虽然衰起于盛，合生于离，斯又奇而常，常而奇，而子墨客卿所以咨嗟今昔，而动其文笔之淋漓也。”

---

① 思陵：指宋高宗赵构。

松　根　砚

嘉靖初年，鼓楼旁，园丁从枯井中得一松根研，背镌一铭，有“开宝八年”字。严子寅以数百钱得之。锦衣徐缵勋用势强夺去。严世蕃门下客罗龙文见而爱之，言于世蕃，遂为世蕃物矣。严氏抄没后，不知更落何人手也。

杨　　风

万历二十年间，担夫杨风往溧水县，途中拾银一锭，重二十五两。即于途次，剪银边买米二斗，暗将银包藏米中，负回家。次日，发包视之，乃一阙边纸银锭也。疑其嫂窃去。阿嫂誓天自明，因怒而掷纸银于空园地。后见邻人李义来乞火，即于地欣然拾之去，依然真银也。杨风知非己财，遂不与之争，惟浩叹而已。姚允吉谈。

银　　走

张汝璧，太学生，秋渠兵宪子，淫荡不检，用银如土。秋渠遗以万余金，不数年用尽，将售住居，母云：“吾预知汝浪费破家，埋有七千金在某处。”指其地取之，惟存空器而已。盛仲交乃其姨夫，曾与予谈之。

张治卿云：“家有一亲亦姓张，乃应天府承差，在湖熟住。曾将银一千两，埋于厅堂墙下。偶一日，见埋银处地高起如蛇行，急锄开视之，乃其银走出。因取兑之，仍是千金，殊未耗也。不数日，横遭人命事，千金用尽，方得事妥。”

江东门外坝上，有陈姓夫妻二人，半生拮据，勤苦积银二十四锭，约百金。千封万裹，缝于枕头内，逐日枕之。忽夜梦二十四白衣秀才揖于床前曰："别汝去三牌楼鞠家去也。"夫妻惊醒，言梦皆同，遂开枕视之，银已去矣。夫妻数日不能去怀，因往三牌楼，访于鞠家。鞠云："曾拾得银二十四锭，方延道士修醮，以答天地也。"此友人陈孟芳谈。

喻直指使

刘南垣公，嘉靖时为工书，请老家居。遇有直指使者来南，颇以饮食苛求，属吏稍不精腆，辄被诮让。所过郡县患之。刘公闻之曰："此人乃吾门生，会当开谕之。"俟其来谒，因款之曰："老夫欲设席相邀，恐有公务废阁，不如今日留此一饭。但老妻他往，无人治具，能从家常饭对食乎？"直指以师命不敢辞，唯唯就坐。则又故延缓之，自朝过日，午饭尚未出，其人饥甚。比就案设食，惟脱粟饭与豆腐一器而已，遂各食三碗，直指又觉过饱。少顷，佳肴美酝罗列盈前，直指不能下箸。公强之，对曰："适已饱甚，兹不能也。"公笑曰："此可见饮馔原无精粗，人饥时自易为食，饱时自难为味，时使然耳。"直指喻其训言，遂绝不敢以盘飧责人。

虹桥铁物

万历己酉八月，虹桥园丁地中得一铁物，大都与铁塔寺仓铁锭形制相同。考之小说，亦无定见。或云，拒敌锁江之矴石。又云，厌胜之铁枷。又云，海船之铁锭。谓之铁锭，可无疑矣。

割耳救母

秀才许吴儒，长女性极孝。母病将危，哭跪观音大士座前，诵《观音经》，中数句哀求代母。忽取刀割一耳，相连者仅四五分。祖母惊觉，将艾支其耳，用帕束于头上。女与祖母皆闻所割耳中隐隐诵经声。数日后视之，耳已长完。异哉！非大士佛力，乌能然哉！

良　　工

徐守素、蒋彻、李信修补古铜器如神、邹英学于蒋彻，亦次之、李昭、李赞、蒋诚制扇骨极精工、刘敬之小木高手。

五　谷　树

五谷树有二株，一在皇城内，一在报恩寺。不但结子如五谷，亦有似鱼蟹之形者，乃三宝太监西洋取来之物。

焚　灯　草

矿税繁兴，万民失业，均之取怨也，而税尤甚焉。有陆二者，往来吴中，以卖灯草为活计。万历二十八年，税官如狼如虎，与强盗无异。陆之草价，不过八两，数处抽税，用银半之。船至青山，又来索税，囊中已罄，计无所出，取灯草上岸，一火焚之。此举可谓痴绝，而心之怨恨也，为何如哉？

匿银丧命

秀才李龙云为湖广抽税，太监陈奉主谋。有顾敬竹又与龙云用事，买京货与古玩。李托顾寄银六百两归家。适当民变，取回陈太监，李死狱中，顾遂匿其银。一日与妻祝寿，宴客忽见李来，不觉对客大叫曰："李相公，李相公，我偿你银，你留我命。"如此叫不住口者数日，遂死焉。

负　　心

林松溪与应天府书手张大，交情莫逆。张忽染危疾，料无生理，请林至床前，出妾拜之曰："此妇我所钟爱，自誓守节，甚美事也。但年幼无靠，君念平日交情，常过看顾看顾。"枕上垂泪，顿首恳求者再四焉。林曰："决不负心，决不负心。"张喜曰："君能许，死亦合眼矣。"及张死数日，与妾相通，设谋娶以为妾。妾携数百金归之。对人曰："此张之遗命也。"一日，妾对镜，见前夫数其罪而骂之。妾便昏倒于地。次日复对镜，夫扼其喉，七窍流血而死。半月后，林对镜，见张与妾同来曰："已告尔于阎王，同去对理。"林扑镜于地，述其语于家人，亦七窍流血而死。人不可负心、不可欺也如此。

神迷御史

佘嘉诏，广东人，中嘉靖乙丑进士，隆庆年任南道御史。冬至，习仪于朝天宫，路经小教场。场中关壮缪庙极不威灵，才践其地，忽见周仓肩刀，手提一灯引之。行绕将台，旋转不休，书手、皂隶、轿夫二十余人，皆迷而不觉。及日出，人行者众，如醉方醒，遂误习仪。余公之魄，鬼神已默夺之矣，乃告病去。

兄弟三同

矩庵陈公镐、自庵陈公钦，成化丙午同乡榜，丁未同进士榜。矩庵山东提学副使，自庵广东提学副使，同日命下。弟兄生时，有此三同。后入乡贤祠，又同焉，可谓难兄而难弟矣。

续乐天诗

幼峰余公，自拂衣后朝政不谈，门刺不通，独骚人棋客倒屣迎之。性不能饮酒，席上任客豪饮，饮至更深，对之殊无倦色。偶夏日，亲友携酌溪亭，命童子歌以侑之，因诵白乐天诗“亲朋治杯酒，僮仆解笙歌”二句，遂足成一律云：“小榻临流设，高轩冒暑过。亲朋治杯酒，僮仆解笙歌。荷气分凉入，松阴受月多。莫矜狂态在，年鬓各蹉跎。”观此诗，公之乐闲旷而爱真率也，可窥其一二矣。

考论历法

枕肱童公轩，成化年任太常寺卿，掌钦天监事。有教谕余正已奏言历法之差，上命公与之考论，不合。公上言：“岁差置闰，其来已久。我朝考历制象，尤为精密，虽日月薄蚀，不无先后晷刻之殊，分秒多寡之异，则以土有南北高下故耳。”正已乃谓：“天地有自然之冬至，以至朔望置闰，皆非人力可为。是不知古人以数求天之术，顾以小智乱成式，宜下之吏，以正其妄。”

从之。

父子谥文

国朝，父子为学士翰林，得并谥文，自倪文僖、文毅父子始。皆有文集，并传于世。

两帝不能杀

李公时勉，洪熙改元，上疏触忌讳。仁庙大怒，命武士扑十八金爪，折其胁曳出。明日下诏狱。先是折胁，内向不相着。及用梃断骨，忽自接，得不死。宣德元年十月，上恨公戆触仁考怒，令缚时勉来。朕面鞫，必杀时勉已。又令王指挥缚时勉斩西市。王指挥出端西旁门，公已为先辈使者缚入端东旁门，门中相左。王指挥至狱，知公入，亟走还缚公送西市。公已得见上。上怜时勉忠臣能直言，立脱公桎梏，复其官。夫二帝欲杀时勉，而卒不能。信乎！有命也与。

赐第回禄

万历三十年正月初十日，魏国公室内火起，延烧钦造故第祖庙，并奉祀皇陵敕书。给事祝公、御史朱公皆有疏题奏，大意谓中山之奇勋可念，而弘基之横遭可矜。圣旨命工部重造其第。

恩泽侯伯

皇亲王镇，上元人，孝贞皇后父也。天顺六年，为中府都督同知。子王源封瑞安侯，王清封崇善伯，王濬封安仁伯。

皇亲夏儒，上元人，毅皇后父也。正德二年封庆阳伯。

皇亲方锐，江宁人，孝烈皇后父也。嘉靖十九年封安平伯，二十一年进封侯。

志感诗联

梅殷驸马恭谨有谋，善骑射，太祖最爱之，尝受密命辅建文君。靖难兵起，充总兵官，镇守淮安，悉心防御。志感赋诗，有“纵使火龙翻地轴，不容铁骑渡天河”之句。卒之，文皇假道，竟不得由淮安，乃渡泗水，破盱眙，出六合，至金陵。

买太史公叫

山人黄白仲之璧，自负其才，旁无一人。宋西宁延为记室。偶过内桥，闻乞儿化钱之声悲切，遂谓之曰：“如此哀求，能得几何。若叫一声太史公爷爷，当以百钱赏汝。”乞儿连叫三声，白仲探囊中钱尽以与之，一笑而去。乞儿问人云：“太史公是何物？值钱乃尔！”

致刘

孙公炎，太祖渡江，既奇其才，及取括苍，遂以为总制。钱谷兵马之籍，悉以委之，不取中报，且以敕牒未署者付之，听其辟任。时括苍有才能者，见方战争，胜负未分，皆伏居山谷中不肯出。公患之，钩致一二人，录其姓名，为书遣使者招致之。而故中丞刘基、章溢，知府叶琛，皆为括苍士所推。基最有名，亦豪侠负气，与公类，自以为不当为他人用。使者再往返不起，以宝剑送公，公作诗答之，以为剑当献之天子，斩不顺命者。我人臣，不可私受。封还，草数千言，开陈天命以谕，文词甚美。基不答，逡巡就见，置酒与饮，论古今成败之事，如倾峡滚滚不休，略无枝复。基乃深服叹曰："基自以过公，观公论议如此，基何敢望哉！"遂致基于京师，上遂用之，为开国元勋，封诚意伯。夫四海之内，皆知诚意刘伯温。而金陵一方，且不知总制孙伯融矣。

不安受束脩

镜川焦先生瑞，为人清正，动以古道自律。家虽甚贫，容貌词气，不见一毫贫窘之状。藉受徒为生计，然来请业者，既较其旷日旷月之殊，又视其讲解文词之进益，有终岁不受一钱者。门人虽众，束脩自少，家以屡空告，先生不恤也。其克志励行，苦于安贫，类如此。

灵山二事

琼山秀才张先觉，游学灵山县最久，谈镜川先生美政甚悉。今略纪其二事。

焦镜川先生以选贡授灵山令，县乃天涯海角之区，多丛篁密箐，群盗啸聚其中，督府檄节推刘往剿之。贼执刘，将加害。镜川先生率众往援，贼见惊拜曰："此真吾父母，奈何犯之？"遽敛众去。乃援节推还，竟不上功幕府，故赏亦不及焉。

县有叶龙、叶凤兄弟争产相讼，先生谓二人曰："兄弟乃父母一体，其情何至切，其义何至重。今争财产之末，以伤手足之和，即所以伤父母也，尚得谓之人乎？”因涕泣以开谕之。二人不觉感动痛哭，相让而去。且归家各戒其妻曰：“此后再勿多言，以失我兄弟之好也。”其政尚德化如此。

草　实

劫空和尚，太原人也。身长九尺，言论侃侃。自幼舍俗，比长，历参诸方，卒住长干寺以老。嘉靖戊午，丈室前有万年青草作实，大如梅子，色如珊瑚，数满白粒，人颇异之。和尚无病，但寡饮啖，朗然而化，年正百岁。人谓草实盖呈其岁之数，化之祥也。

两次割股

汪应乾，号怀冈，府军右卫指挥，事亲能孝。母病几危，医药无效，割股煎汤以进，遂尔顿愈。数年后，母复病如前，又割股以进之，又获愈焉。此人情所难者，能两次行之，可谓孝也已矣。屯田御史方公最重其人，因表其门。

穷　鬼

刘玺，字廷守，龙骧卫指挥，人呼为青菜刘，讥其不知肉味也。居官清苦，不受一钱。分阃江西时，巡按穆御史相特疏荐之，有“僚友比之学官，家人谓之穷鬼”等语，推总漕运。上识其名，是前穷鬼耶，亟可其奏。

恨打宸濠

阳明王公既擒宸濠，南昌太守郑公瓛一见宸濠，恨不能遏，连打十余拳。阳明公闻之，殊不喜焉。此举虽为失礼，亦自快心。宸濠曾诬奏公，即令群校纽锁凌辱万端，械系小舟中饿十有九日，细嚼衣袂以充腹。数拳岂足以泄其恨哉！公之孙秀才名时选者与余谈。

官贫受徒

南坦刘公罢嘉兴太守，发蒙以自给。远庵李公罢江西副使，殊无活计，教授生徒于高淳、溧阳之间。夫官至太守矣、副使矣，位亦尊矣，尚一贫如此哉！人品可知也。

卷之四

武宗钓鱼快园

弇州山人四部稿，载金陵名园十余处，殊无艳羡语。当司寇宦游时，诸园半已荒芜，其无艳羡语者宜也。乃徐子仁之快园未曾言及，何也？子仁诗才笔阵，丹青乐府，足称能品。如此园主，已自难得。况武宗幸其家，钓鱼于园池，得一金鱼，宦官高价争买之，武宗取笑而已。又失足落池中，衣服尽湿。此事古今罕闻，岂诸园之可同乎？园有宸幸堂、浴龙池，纪其实也。

驾到预知

松江南禅寺一僧访徐子仁，馆于快园，遂病疟，疟甚重。夜忽请子仁，语云："圣驾将到，幸速移床于僻静处以避之，我非病中语。"子仁依其言，移于祠堂中。天色一明，诸宦官拥驾至矣。盖圣天子之举动，非僧之能前知，鬼神有以告之也。

豪　　举

锦衣黄美之，冬日请十三道御史赏雪，饮至更深，一道长借狐裘御寒。美之遂取狐裘十三领，人各服之。

徐子仁快园落成，美之携酒饮于园中。一友人曰："此园正与长干浮图相对，惜为城隔。若起一楼对之，夜观塔灯，最是佳境。"美之曰:"是不难。"诘旦,送银二百两与子仁造楼。美之乃黄太监侄。太监保养孝宗最有功,及登极,赐赉甚厚。故美之得以遂其豪侠之举。今世搬演《陈琳妆盒》戏文,乃影黄太监事耳。

颠不刺

万历四年,张江陵当国,将太祖所藏宝玩尽取上京。中有颠不刺宝石一块,重七分,老米色。若照日,只见石光,所以为宝也。笺崔莺莺戏文者,以颠不刺为美女名,不知何所据。

银火炉

张江陵取御器两厂,差两少监解送兵部,拨快船四十二只装载。中有银火炉一件,三丈围圆,乃抄没沈万三家物。夫火炉用银,又如此其大,僭妄甚矣。其全家远谪,岂得为过乎!

江防

太祖顺流自采石取金陵,成祖逆流自仪真入金陵。长江险矣,而江防为要。宋人之言曰:"屯兵据要,虽在于江南;而挫敌取胜,多在于江北。"

倭贼

丛说:乙卯年,倭贼从浙江严衢过饶州,历徽州、宁国、太平,而至南京,才七十二人耳。南京兵与之相对两阵,杀二把总指挥,军士死者八九百。此七十二人,不折一人而去。南京十三门紧闭，倾城百姓皆点上城，堂上诸老与各司属分守各门，虽贼退不敢解严。夫京城守备，不可谓不密。平日诸勋贵骑从呵拥，交驰于道。军卒月请粮八万正，为有事备耳。今以七十二暴客扣门，即张皇如此，宁不大为朝廷辱耶？

倭贼既杀败官兵，即日宿于板桥一农家。七十二人皆酣饮沉睡。此时若有探细人，侦知其实，当夜遣一知事将官，潜提三四百人而往，可以掩杀都尽。但诸公皆不知，兵闻贼至，则盛怒而出。一有败衄，则退然沮丧，遁迹匿形，唯恐不密。殊不知一胜一负，乃兵家之常。古人亦有因败为功者，此正用计之时也，而乃酣于自丧，何耶？且又不用细作，全无间谍，遇着便杀，杀败即退，不知是何等兵法也。

何元朗在南馆，倭寇之变，闻见既真，议论颇当。盖樱桃园之败，杀二指挥，一名朱湘，一名蒋钦。

此君轩

王介甫《此君轩》诗，刻在府学。严子寅酷嗜书画，尝欲构一亭，种竹东西壁，重刻此石嵌之，未果。

葵忠

味淡何公遵，字孟循，母梦赤葵而生。方六岁时，见日食，即跪以护之。幼已不群，及在工部，谏武宗南巡，杖五十，越三日而死。杖者，故视贿为重轻。友人劝令用贿，味淡曰：“囊既无钱，法不可枉。盖一念葵忠，已受之于父母，不可变矣。”

掷钱不拾

李公懋,字时勉,以字行,永乐甲申进士。宣德初在翰院,上怀金钱至史馆,掷于地,纵诸臣拾取。公独正立。上呼使前,以袖中余钱赐之。

太守出巡

自庵陈公钦,字谅之,南武选出知广平。广平为畿辅要郡,簿书填委。公洞达民隐,临事果决。至则踔厉风发,百废具兴。以时出巡,巡于九县中,问民所疾苦。廉有司贤不肖,而劝惩之,有望风解印去者。郡人号为陈母。

逐江陵丧

张江陵丧过南京,府县搭一席舍,与科道府部诸官祭奠。魏国公徐邦瑞随例往祭。江陵之子令家奴答拜。魏国公怒,将祭物给军役,写牌一面,遣官逐之,谓军营非停丧地,即令开船。此举殊有大臣风。

如此江山

张濠滨御史,邀耿天台督学游栖霞寺。方入僧舍,张云:“如此江山,有高人否?”住持兴善从旁对云:“有。”张云:“是何人?”兴善云:“便是二公。”张云:“如何援儒入墨?”兴善云:“才有分别心,便不是。”

雪　梅

雪梅和尚嘉靖中来游金陵，踪迹奇异，饮酒食肉，寓报恩寺与丛桂庵中十余年。每见法师据高座讲经，便笑曰："乱说乱说。"间吐一转语，方袍皆服其透悟。且工诗，又不以诗名。有《秋兴》诗云："雨过池塘暑气消，山冈处处乱鸣蜩。侵衣树色摇空翠，绕户江声落晚潮。自笑疏慵忘礼乐，只将踪迹混渔樵。降心惟有诗魔在，时复临风写绿蕉。"《题海上三神山人卷》云："有客入门据我床，双瞳灼灼飞电光。紫髯飘飘连绿发，虎头高应七尺强。自言降谪出天庭，常向人间肮脏行。寄迹蓬莱东海上，金银台观餐琼英。闲来大叫吐胸臆，白凤翩跹游青冥。手攀秦汉踏晋魏，独怜年少成芳名。赫赫当路不肯谒，几欲上书上不得。镜湖谁有贺季真，召见玄宗奏奇特。天下名山已大半，闲里新诗应满翰。又将淡墨写烟霞，万壑千岩光灿烂。又与老衲谈空王，又与道士关瑶房。打破幻相君不碍，心中如水常自在。逍遥肯信如浮云，即是神仙在天外。杨子抱奇迹亦孤，出世谁云不可图。眼前富贵君不愿，眼前笑傲谁与居。"后往苏州竹堂寺中住，忽大言曰："某月某日某时，老僧示寂矣。"众僧信之，为募银与雪梅治龛，将余羡悉付酒家。至期，僧俗云集来观，雪梅诘众檀越云："你们布施不过三分五分银子，要算功德，便来逼迫老僧性命，尚早尚早。"众乃失望散去。越数日，端坐龛中，令小行者呼曰："老雪梅，老雪梅，今日不归何日归。"雪梅自应曰："今日归矣。"少顷，鼻柱下垂，遂坐化。雪梅亦异僧哉！

玉　芝

海盐资圣寺僧法聚，号玉芝，与董从吾谒阳明先生于会稽山中，问独知旨，持诗为贽。先生器之，答以诗。至金陵，参梦居禅师于碧峰寺，问如何不落人圈套。梦居与一掌，师遂大悟，因咏梦居云："大地何人不梦居，梦中休问梦何如。煮茶消得闲风月，不向蒲团读梵书。"

远　梦

远梦和尚，溧阳人，住金陵，俗名袁应魁。弃妻子兄弟田产，出游至雁荡灵岩谷，落发为僧，更名圆魁。然不甚礼诵讲解，常掩室静坐，冬夏衣一衲。万历丙戌，祭酒戴愚斋公游灵岩谷，因乞一疏化缘，造灵岩寺。寺成，且曰："有寺无经，佛法何明。"又乞祭酒公书，走南京化缘造经。壬辰正月二十六日，在玄真观中，忽独语曰："印藏经自有时，今亦已矣。"遂坐化去。七日，须发渐生，都人瞻礼者甚众。玄真观主郭怀野惧多事，陈于礼部大宗伯王公，乃命具龛火之，烟皆西向云。遗一偈蓐间曰："自古原无死，无死亦无生。作一黄粱梦，亘古又亘今。"

刘渊然

刘渊然，徐之萧县人。洪武时，马太后病渴思雪，六月祈雪进之。永乐时，谪往云南三载。沐王宫中，白日群鬼迷人索命，众不能制，渊然驱之，鬼即号泣去。有七转丹一器，常曰："尚有两转，必大福大德人。又在名山，方能成也。吾姑俟之。"宣德七年八月八日昧爽，沐浴更衣，集其徒告曰："吾将逝矣。"日中，遂引手作一圈曰："呵呵。"趺坐而化。讣闻敕赐祭葬，封长春真人。今朝天宫西山道院，是其住处。

焦　姑

焦姑，名奉真，家住中和桥南。父以豆腐为业。姑有仙术，能祈阴晴。永乐时召入宫中。数年，建玄真观于中和桥北，以居之。有弟在神乐观为道士，一日召道士曰："吾不食数日，死期已近。"道士曰："吾当修醮与姊禳解。"醮毕，道士来复。姑谓醮无用，奏玉帝表文上有汗数点，玉帝未曾见也。道士惊异，果是有汗，仓忙未及换过。又戒道士曰："吾死后，不用龛与棺，只将芦席卷之，送江浦县定山上，吾愿足矣。"道士如其言，送于定山。忽雷雨骤作，遂失其尸所在。封妙惠仙姑。

沈野云

沈野云，名道宁，乌程人，住雨花台傍清源观中，行五雷法。后仙去。

唐古峰

唐诗号古峰，应天府学秀才，事母极孝。遇一老叟，见唐有仙骨，约在天地坛前，三更时，令撮土为香，拜叟为师，因授以内外丹。有道流劝之入名山修炼，古峰曰："家有老母，世无不孝神仙。"及母死，遍别亲邻文社诸友人，赠汞银三钱，遂远去。

阎希言

阎希言，不知何许人。顶一髻，不巾栉，粗布，丰辅重颔，腰腹十围，得如来一相曰马阴藏。盛暑辄裸而暴日中不汗，穷冬间凿冰而浴，以故所至，人皆异之。奉之帻则帻，奉之衣则衣。予之金钱，则亦置袖中，转盼即付之何人手，不顾也。出则童子噪而从之。人有以为二百岁者，或云止可五六十，则亦随答之。问其所繇得及延年冲举之术，则不应。万历初年尝过金陵土街口毛百户家，饣卞毕沐浴，趺坐而化，颜色如生，浃旬不变，盖尸解云。毛百户，名俊，号华峰，能行阎之术，盖未可量也。

潘烂头

潘烂头，不知其名，朝天宫道士，能行掌心雷法。曾于东圊上召神取纸，神怒，雷火烧其头，头遂烂。后居骁骑仓营中。人有疾病，将头上脓书符焚化，用酒吞之，病辄愈。后仙去。

尹蓬头

尹蓬头，名从龙，华州人，囊有宋理宗时度牒。弘正年间来金陵，成国朱公供养之甚虔，请于上浮桥江东庙中住。每出庙门，从之者如市。能出阳神，分身数处赴斋。朱公问尹曰："我欲一见洞宾吕祖可乎？"尹曰："可。公于朔日，出水西门外刘公庙拈香，当拜洞宾来一会也。"及拈香归，寂无所见，乃责尹以说谎。尹曰："公曾见路上一道人，醉枕酒瓶而睡者乎？"公曰："诚有之。"尹曰："道人枕瓶，两口相对，分明'吕'字也。公自不悟，那敢说谎。"复遣人四路觅之,皆云:"才去片时耳。"一贵人闺女弱病,形容俱变,举城医人束手,无药可愈。母钟爱不能舍,偶邀尹蓬头视之。曰:"有痨虫,尚可医。"请用何药,曰:"药力不能治,只消与我同宿一夜,便好也。"母信其仙术,决无戏言,白之于父。父大怒云:"胡说胡说。岂有公侯家女与一风道士同宿之理。"后见女殊无生意,母又涕泣言之恳切,不得已从之。尹令纸糊一小室,不许留钱大一孔,设一榻,不用帐。令女去其袒衣,用手摩足心,极热如火,抵女阴户,东西而睡。戒女云:"喉中有虫出,可急叫我。"女不能合眼,而尹鼻息如雷。天将明,女报虫从口中飞出。尹起四顾觅之,不见虫形。曰:"从何处钻去,不能除根,定要害一人也。"盖乳母不放心,因开一孔窥之。痨虫出于女口,已入于乳母之腹。天明,父母视之,女之颜色已变,大笑而去。后数月,女方择婿,而乳母已死矣。上新河一经纪家娶妇,令出拜尹,意在祈福于仙长也。尹见新妇,急走上前抱咬其颈。方咬两口,被舅姑隔开,曰:"风道人,不知敬重,如何咬我新妇?"尹且叹息曰:"可恨,只咬断两股,尚有一股未断,奈何奈何?"皆不解为何说。后与丈夫斗口,遂自缢。三股绳,仅有一股未断,遂缢死。方服其言之先见云。府厂因其仙迹太露,惑乱人心,遂押发使归华州。所遣军人对尹云:"每押发,皆有常例安家。今你一风狂道人,料无银钱,妻子何以过活?"尹曰:"汝家所需,不过柴米,有何难办乎?与你两符,一帖灶上,一帖米桶上,用时自足也。"验之果然。及华州归,要柴不得柴,要米不得米矣。蓬头住华州铁鹤观中,骑铁鹤飞升。

玉　　冠

长春刘真人葬于凤台门外麻田七真观。营葬时，钦差行人吴公惠，与南营缮各用一堪舆。一云："穴在五尺上。"一云："穴在五尺下。"两人相争不决。吴公曰："葬者，藏也。真人无子孙，何须风水。"遂酌两人之中而葬之。金井中得一石盒，盒盛一玉冠。盒盖刻"王真人玉冠"五字。若依堪舆之点穴，则玉冠不得见矣。真人葬地，亦已前定。异矣哉！

邢有都

友人姚允吉云："邢有都太史，一凤公之犹子，不习举子业，好读奇书。一见郭忠恕佩觿，遂熟记其序。楚辞皆能背诵，兼为考校音韵，遂通切字法，尤喜星历算数。不由师傅，乃能独契其解。因自制漆球，为浑天仪及布算诸法，质之精于星历者，皆毫发无差，真所谓夙悟也。偶登予一楼，望见长干浮图曰：'此影可射而入也。'遂为闭窗户，涂塞诸窍隙，止留一指顶大隙，斜对日光处，塔影果宛然入焉，亦奇矣。每有巧思。惜三十余岁而卒。"

蛇　　火

司马西虹嘉靖二年入京会试。二月初旬，忽一大蛇，约长二丈余，盘据小厅中。梁投之以生物，食之无遗。及鸣锣鼓以驱之，觅僧道以禳之，皆不去。忽火焚其厅，遂不见。去之次日，西虹中进士之报至矣。此马少虹谈。

嘉靖来南场剩事

南场事,弇州列集载之甚详。但有一二剩事,聊纪之。

嘉靖元年壬午科,主试董公玘、翟公銮。《论语》程文出于董笔。作至三十次,每觉发挥题旨不透,便将笔头咬断。后得监生一破甚佳,遂用之。

嘉靖七年戊子科,主试张公潮、彭公泽,六十一名张诰,武学生。

嘉靖十年辛卯科,主试席公春、张公承恩。府尹扈公邕爱葛清文,极力荐之,甚至泣下,遂中七十七名。葛文怪僻,多用佛经语。扈公有兄,文笔大类于葛,久困科场,郁结而死,不觉伤感,殊无他意。

嘉靖十三年甲午科,主试伦公以训、张公治。《中庸》程文出于张笔。张公见解元郑维诚《中庸》墨卷,破题用两句成语冠场,乃批云:"我以半月精神思之,不得。此子于风檐寸晷中得之,殆神助哉!"

嘉靖十六年丁酉科,主试汪公汝璧、欧阳公衢。王讽一论冠场,取为第一人。甘节中三十四名,乃武学生。从此场中不中武学生。

上之谪两主试,提调监场房考皆提问,不许中式举人会试者,虽谓不宜问祀典大事,不当泄征安南之谋,乃圣意之未发者。只怪《易经》题,"刚自外来而为主于内"一句,以为讥讪也。场中题目尚忌讳,自此科始。三场,一生策题纸被风卷入半空,落于国子监内。及一榜举人,不许会试,送国子监肄业。此其验云。

嘉靖十九年庚子科，主试张公治、龚公用卿。初取一卷，定为解元。见卷上皿字号，恐为他省监生，不可冠南畿，遂置之第二名。拆号，乃是名士归有光。

张公见万士和卷，七篇中多有见道语。及揭晓，知士和为翰林唐荆川门人，则曰："此家常饭耳。"

嘉靖二十二年癸卯科，主试华公察、闵公如霖。《论语》题"仁者先难而后获，可谓仁矣"。尤英在场中大言曰："此文中若用'先其所难，则易者可知，后其所获，则失亦勿恤'四句语，未有不中者。"开榜，尤为解元，程文墨卷皆有此语。

府尹王公学益荐名士黄甲、马汝侨，二人中式。

嘉靖二十八年己酉科，主试敖公铣、黄公廷用，所取解元无锡唐一麐。主试不识麐字，谓其字隐僻，欲以他卷易之。又爱其文，恐他卷不足以冠多士。方迟疑间，应天府礼房吏禀识麐字，遂定为解元。

嘉靖三十一年壬子科，主试尹公台、郭公盘士。子未入场时，预知《论语》题定是"君子不可小知而可大受也"。场中果是此题，盖因一大臣而发。

解元孙溥，年已七十岁。

嘉靖三十四年乙卯科，主试严公讷、潘公晟。《易经》房考教官阅卷，更深似梦非梦，见亡儿哀求云："望父中我。"开眼见案上一卷，乃初学之士，未可中。少刻又梦如前，遂加圈点，勉强中之。揭晓，知是应天姚汝循。询其年庚，姚所生之年月日时，即亡儿死之年月日时也。其异如此。

嘉靖三十七年戊午科，主试瞿公景淳、陈公升。《论语》题

“君子贞而不谅”。严分宜曾对诸翰林云：“《论语》中，如‘君子贞而不谅’一题，既不犯忌讳，又难发挥。”是年两京皆此题。解元佘毅中，尚未冠。

《诗经》房考已取李逢旸卷。主试批“清而弱”，置之备卷中。府尹喻公时极力荐之。又复批云：“清而弱，终非俗笔也。”遂中之。

嘉靖四十年辛酉科，主试吴公情、胡公杰。未入场时，有人持字眼求售，且云：“相公如不信，开榜中了‘周天经’，方自悔也。”是场《论语》题“周有大赉，善人是富”，《中庸》题“天命之谓性，率性之谓道，修道之谓教，道也者，不可须臾离也，可离非道也”，《孟子》题“经德不回，非以干禄也，言语必信，非以正行也”。每题取首一字，恰是“周天经”。吴公，无锡人，无锡预荐者十三人。士子为之语曰：“胡杰元非杰，吴情却有情。”

嘉靖四十三年甲子科，主试汪公镗、孙公世芳。孙公方泊舟龙江关，忽一鬼入其鼻孔中，说长说短。不数日，竟死场中。

隆庆元年丁卯科，主试王公希烈、孙公铤。南京督学耿公定向，条陈七事，上用其言。场中监生卷，革去皿字号，仅中八人。揭晓后，主试与房考等至国学谒文庙，监生下第者数百人喧噪，语甚不逊。巡城御史、操江都御史，各使人呵止之。事闻，诏南京法司，逮问其为首者沈应文数人，如法发遣。祭酒吕调阳莅任未久，姑勿论。守备魏国公徐鹏举，以闻变坐视夺禄米；司业金达以钤束不严夺俸，各二月。监生之围主考辱骂，实赖巡逻都督徐珏家兵精壮，监生不敢动手。且巡城御史与操江都御史官衙去国学密迩，闻变易于遣人。乃守备魏国公大功坊去国学颇远，责以闻变坐视，夺禄米。武臣之易于得罪也如此。

隆庆四年庚午科，主试马公自强、陶公大临。《诗经》房考将吴汝伦卷涂抹不堪，弃之地上。他经房考，拾起阅之，加以圈点，遂中解元。本房因无批语，不得认为门生。

《礼记》经房全椒县尹洪，令针工周万里持一字眼，售与麻城监生曾嘉秩。阅其卷，每到文理不通处，便批云："此必誊写所误。"中一百二十名。曾后竟不找银，洪全椒不得厚利，何苦坏朝廷之大典。

万历元年癸酉科，主试范公应期、何公洛文。是科搜出士子有用蜡烛中怀挟者。后遂用商人官卖烛票，场中给烛，遂为定例。

万历四年丙子科，主试戴公洵、陈公思育。戴入场便病，病中见鬼云："是嘉靖甲子科中允孙世芳，死于场中为厉。"令其不得阅卷。

万历七年己卯科，主试高公启愚、罗公万化。命经房取平正文章。士子清空好奇者，皆不中式。用"心斗奎张"四字为印，心字列前，斗字列后，奎为备卷，张字则落卷也。

上元陈舜仁中八十八名。未入场时，梦廪米被人夺去七斗。及中后三场卷，每卷有一斗字，适符夺去七斗之梦。主试用"心斗奎张"四字，乃亦前定。功名可妄得乎？

张江陵堂中悬《舜禹授受图》一轴，主试出"舜亦以命禹"，正是迎合其意。御史丁此吕之追论，诚意伯刘世延之波及，又何怪乎？

万历十年壬午科，主试沈公鲤、沈公懋孝。主试取沈天启为解元。临填榜时，副考沈公竟中王士骐为解元。正考不得已，乃置沈天启第六名。

御史张一鲲考满北上，面受权臣王篆之托，遂与篆子之鼎，同舟而南。之鼎号房中，皆是《礼记》名士。三场惟束手高坐，他人代笔。饭食床褥，无异私家。且卷子比合场人独高三分，易于寻识。一鲲又择善书者另誊三卷，悉加圈点，置之袖中。恐内帘万一不中，便出其卷，好举荐也。及揭晓，之鼎怪其名仅在十五，愤愤不悦，不领公据，遂游滁州瑯琊山去。

林应训为徽州监生怀挟，受银千两。监生不自怀挟，御史代之。大都主试、房考、提调监场，通同作弊，不止科臣所论五人而已。

万历十三年乙酉科，主试于公慎行、李公长春。言官以主司作程文，有碍看卷，是科程文，点定士子之文为之。

万历十六年戊子科，主试刘公元震、刘公楚先。南京兵科给事中杜麋参，中式应天一百三名。

王国昌系徽州监生，乃前科余姚县生员，胡正随冒籍通州，中顺天乡试，已经黜革。奉旨着巡按衙门查明问革。

十月应天府尹张槚等题，万历十六年九月初三日揭晓，将中式举人周应秋等一百三十五名姓名榜示外，随将中式举人文卷依式刊刻试录进呈。随准考试官当涂知县章嘉祯呈称："查得四十九名朱卷，原系《诗经》荒字十号，职寻墨卷，误将《春秋》荒字十号拆名。曹祖正填榜，缘对卷之时，灯下忙迫，止见号数相同，失于查对经书，以致错误。本职罪不容辞，合应呈请等因。照得榜出四十九名，系填写姓名错误。未经题请奉旨改正，不敢擅刊成录。恭候命下之日，方敢刊刻进呈。诚恐时日稽延，臣等不胜罪惧等因。又该左庶子刘元震等检举事，又该南京四川道等御史孙鸣治等，题为科举失错事，又该南京科臣朱维藩奏为科场巨典将成，经房对号差误，乞圣明俯赐查处，以全盛举事因。”“俱奉圣旨，礼部知道。该部看得科场巨典，法至严密，所取朱卷，必查墨卷，比对相同，方可拆名填榜。此定例也。今当涂知县始不辩经书，谩查字号，已失之周章，既而不加磨勘，辄行拆卷，又失之怠忽，虽心本无他，而责实难诿。考试刘元震，提调官张櫄等，惟据本房之呈送，不问经义之异同，固属仓忙，亦欠精密。合候命下，将章嘉祯重加罚治，以为科场不谨之戒。其考试提调等官刘元震，职在统理，似与专司其事者不同，既行检举，相应量加罚治。惟复别赐定夺，再查照填榜刊录，原属一事。今榜出已久，而录尚迁延，未呈御览，甚非慎重大典之意。合无行令各该府官，将原刊试录星夜进呈，其误中四十九名曹祖正相应查革，复学肄业，仍将本生，并原取《诗经》荒字十号朱墨二卷解部复阅，以凭上裁。奉圣旨是，章嘉祯罚俸五个月，刘元震等二个月。”

万历十九年辛卯科，主试陆公可教、余公继登。监试御史林公方，点名时执笔而死，舆出场中。

中六十名何天申，湖广黄冈监生，习《诗经》。初场文少两篇经文，誊录者乃芜湖人，誊完五篇，方知为不全之卷。因空费工夫，遂伏几而睡。忽见金甲神呼曰：“用心誊此卷。”连云：“自天申之，自天申之。”乃惊醒。又复睡，又梦如前。遂将他卷文誊足其数。及中后，以五十金酬其人。

万历二十五年丁酉科，主试朱公国祚、叶公向高。解元吕克孝，乃叶中允所定。“御倭”一策，与河南试录雷同。言官劾之。二公上疏认罪，俱罚俸。

万历二十八年庚子科，主试黄公汝良、庄公天合。《易经》“有夫妇，然后有父子”，程文乃上海县知县徐可求笔。提调官府丞徐公申，长洲县人，将苏、松、常三府卷杂于卢、凤、淮、扬卷中，先入内帘。俟取士几半，方将应天、镇江、徽宁、池太卷送入。

应天陈一治二场已交卷，将出贡院。因思表中误处，恳求掌卷官治中夏公尚金。夏命书手从二千卷中检出，陈一治得以改正，中五十七名。

万历三十四年丙午科，主试冯公有经、傅公新德。两主试泊舟江干弘济寺观音阁旁，候期入城。有秀才据阁对舟，大声连呼曰：“今科我中在一百三十五名。”主试已闻此语。及填榜，写至一百三十五名，主试述其事于提调监试诸公。遂另取一卷，乃苏州府学生朱贞一。中后，朱来谒主试，又述其事。朱贞一曰：“观音阁上大呼者，就是门生耳。”

书手作弊，与江西一监生、无锡一监生，多印出三场卷子六个。场外浼名士代作文字。三场传递。进场又换出原卷。此通天大弊，提调徐公最号精明，亦不能觉察。

万历三十七年己酉科，主试何公宗彦、南公师仲。秀才方逢明三场已选中，将填榜。见卷面是皿字号，遂以他卷易之。

监生孙起都，主试批：“笔有奇锋，谈多胜理。因纷飞与去住字，不典。”遂尔不中。

阎君殿春联

友人谈阴司数十事，大都非病人昏乱之语，则傅会之说，皆不足信。独阎君殿春联云："是是非非地，明明白白天。"此十字，非常人思虑所能及。

奖　　拔

龙厓何公极寡交游，却好奖拔后进。如濮州之冯禄，冀州之李再命，皆于垂髫之年而识之，为之延师训教，买田供给，且逢人说项斯也，卒之皆成名士。李与子公露进士同榜。冯闻龙厓夫人死，偕妻南来，斩衰哭于墓下，其感知遇之恩也深矣。

玉皇绦环

守备太监刘琅贪婪异常。造玉皇阁，延方士炼丹。一方士有瘦银法，刘有玉绦环，价百镒，诳言丹成以谢玉皇，遂以法取去。好事者嘲之云："堆金积玉已如山，又向仙门学炼丹。巧里得来空里去，玉皇元不系绦环。"

冰霜兆水灾

万历丁未年冬，双桥门外地上霜，有花鸟之形者三日。城中河及各处池塘，冰纹有如花木者。至次年戊申夏，遂有异常水灾。城中水高三尺，撑船入市。盖霜冰之纹，阴气之变，其水灾之先兆乎？

建庙鹊异

正德四年，建晋献武谢公玄庙，方上梁时，忽灵鹊四集，接翅而飞，旋绕不休，及人之肩，人不敢伤。异哉鹊也！此岂偶然而已乎。

一言丧七命

指挥白鹤龄，中万历辛丑武进士，工于刀笔。一日忽鬼使召去见阎君。阎君曰："白鹤龄，汝曾以一言而丧七命。汝知此罪乎？"鹤龄因事实不敢饰词。阎君云："适有他事，不暇究理。汝且去。"鹤龄醒来。不数月，得一恶病而死。将死时，七窍中皆有蛆嘬之。

腰有硬软

陈子野云："林某与人相揖，殊有轩轾。他人腰硬，自家却腰软；他人腰软，自家却腰硬。"言其揖有深浅，曲尽小人之情状矣。又有张尚举、聂灭秀、杨吃寺三人，金在衡皆作小曲嘲之。令人绝倒。

痴　　绝

顾今庶，宝幢居士长子，不解世事，不问生产。宝幢遗以千金，三四年用尽。一日特买纸糊金银锭数千，掘一坑埋之。每日清晨拜祝曰："变变。"后视之，悉土矣。犹恨曰"没福没福"云。

府学掌教周用斋汝砺，名进士也。秀才贽见，积银五十两，倾十锭收之。一日取出检验，数少十两，呼诸奴惩治。一长髯黠奴，乃诳之曰："每锭五两，五八四十，原止此数。"用斋惑其语，遂不复问。

秀才王楫，上元请用斋赏灯。次年上元日，偶从书中见去年之帖呼门子看轿，今日王秀才请赏灯，门子明知其误，遂造王处。王秀才只得具酒食饮之。

魏国公子徐桐冈者，家有合抱大柳树一株。偶过邻家，见树影成阴，归家遂伐其树，曰："我家树，乃影落邻家乎？"

王三槐新造一楼，将所乘骏马牵上赏之。马不肯下，鞭之不从，因缚其四蹄，舁之下楼。

一极品贵人目不识字，又不谙练。一日家宴，搬演郑元和戏文。有丑角刘淮者，最能发笑感动人。演至杀五花马，卖来兴保儿，来兴保哭泣恋主，贵人呼至席前，满斟酒一金杯赏之，且劝曰："汝主人既要卖你，不必苦苦恋他了。"来兴保喏喏而退。此乃戏中之戏，梦中之梦也，贵人所以为贵人乎？

嘲　戏

一士人好客而不甚设酒食。一日，诸词客坐久之，士人具水浸藕两盘而已，诸人举手而尽。一客因诵"客到但知留一醉，盘中惟有水晶盐"之句，云太白此诗，若删去四字，只云"客到但知留，盘中惟有水"，便合今日雅会矣。宾主皆大笑。

黄挥使六十诞日，白挥使戏之曰："黄耇无疆。"黄即应声曰："正好对'白圭有玷'。"

郑仕与金鱼交，而好戏。郑之庭前，蓄金鱼一缸，中有绿毛小龟。两人偶凭栏玩之，郑忽戏呼云："金鱼乌龟，金鱼乌龟。"金云："金鱼不过是乌龟朋友耳。"

陈泰华拜客于北门桥，主人留陈饭。泰华戏之曰："人说城南奢，城北俭，殊不然也。城南，肉中也用些菜；君家，菜中也用些肉。何可谓城南奢乎？"

余与程孺文、汪子宁同行，见乞儿牵狗衔瓢化钱。孺文云："此狗亦知瓢乎？"盖戏子宁也。子宁曰："此狗只解口瓢耳。"

打　油

诗至于打油，恶道也。就而论之，刺之不入骨，听之不绝倒者，弗工也。若施半郫、王吉山、陈秋碧、郑玉山、金幕桢、王次山、朱企斋、杨万壑、段钟石，皆擅此长。

壁墨阶草

横厓陈子野云："人家壁上无墨，阶前无草者，不可与之往来。"

《雨花台诗集序》

高座寺，去金陵城南二里，据冈阜高处。昔天竺吉友尊者，让王位西晋惠帝末。永嘉中游建康，止建初寺。王导一见，先呼为我辈人。当时名流，如庾亮、周顗、谢鲲、桓寻[①]等，无不欢

① 桓寻：应为桓玄。

洽，常以高座孤坐，故时呼为高座。法师卒葬兹山。元帝初为树刹表识。后沙门造寺于冢，谢鲲即以其座名名寺。梁天监二年，宝志公来居，与五百大士，俱有云光，延坐冈说法，天花乱坠，因号其冈曰雨花台。台俯瞰城闉，有江山之胜。自唐李太白、卢贵元而下，俱有题咏。今主寺寂庵上人，澄心面壁，以正法眼藏观，破南北宗旨，犹有诗书结习未忘，恐见存之诗久亦湮灭，乃欲绣梓以广其传。刑科给舍、溧阳史君巽仲，与上人有诗坛之契，恒捐薪米以助其费。梓刻既成，巽仲求予言以为序。予熟游金陵，兹台屡登焉。每一送目，诗景蒲前。然景物一致，而态度屡变，诗亦随之。钟山云抹，衔日半规，其诗黯以净；黄屋擎天，紫气陆离，其诗壮以丽；江暗浪喧，风帆摇曳，其诗哄以激。长干繁华，凤台嵯峨，秋高气清，长空烟缕。凡三国六朝，兴亡萧飒之意，与夫王谢周庾诸公风流蕴藉之态，无不暗画于中。其诗抗之而行，蒙之而明，平之崚层，其冥冥，其澄澄，孰能尽暴其形，传其声。是知其有余不尽之景，虽尽经骚人墨客之所品评者，又安能俾其精英，有所亏成也哉？予恒默坐台端，吾心窅然以深，吾思洒然以凝，静与溟漠居，动与玄造并，方能与是诗会于太虚寥廓之庭。呜呼！是可以易知耶？诗自唐至国朝，凡若干首，读之光彩烂然，是知天之所雨之珠玉，夥于花当万倍也。寺有八景，除台之外，有七：曰聚宝山，曰手植松，曰中孚塔，曰掞秀堂，曰永宁泉，曰铜钟碑，曰白石庵。各有故事，不能尽述。雨花台旧有志，寺僧毁其板。偶见桑民悦此，序遂录之。

茶有肥瘦

云泉沈道人云:“凡茶肥者甘,甘则不香;茶瘦者苦,苦则香。”此又《茶经》、《茶诀》、《茶品》、《茶谱》之所未发。

夫如何

觳斋主人《独鉴录》云:“论诗贵美恶不相掩,如杜少陵‘岱宗夫如何’,‘夫如何’三语,头巾气甚矣。注诗者反目为跌荡,何也?段虎臣云:‘夫如何,果是头巾气;细思之,大字当是大字之误。上云大如何,下云青未了,正见其大也。’”此论似得之。

王陈优劣

王大成侍坐唐荆川先生于高座寺,因问王阳明、陈白沙二先生亦有优劣乎。荆川曰:“吾人于二先生,且学他好处,未可优劣。”少间曰:“白沙久在林下,所养较纯。”

增减字法

友人案头有绣佛斋刻本诗一册,乃朱姓妓诗也。咏雪,用“玉楼寒起粟,银海眩生花”之句。余因曰:“今之诗人,若知增减字法,只须取古人之作,点定之便可成名。如‘镂月为歌扇,裁云作舞衣’,李义府句也。张怀庆增‘生情出性’四字。‘水田飞白鹭,夏木啭黄鹂’,李嘉祐句也。王摩诘增‘漠漠阴阴’四字。此非古人增字之良规乎?东坡‘冻合玉楼寒起粟,光摇银海眩生花’,今减去‘冻合光摇’四字,何等浑成。”一山人在坐曰："可偶一为之。"不知余之出于戏也。

旗　　帜

太祖令军营，旗帜用旧，送光禄寺，供厨役之用。其精密如此。

未沾一命

开国功臣常怀远、李临淮、邓定远、汤灵璧、刘诚意，嘉靖中续封，甚惬人情。但李太师之后，未沾一命，殊为缺典。太师之后皆在南都，甚微而甚贫。

谋馆背义

杨朝宗，字见卿，别号朴庵。性狷介，谨矩矱，不差尺寸。非其义弗取，聚徒糊口之外，一无所缁焉。尝馆于大姓徐氏。有同门生易某相友善，贫无以自存，将往投故知于汴。朴庵曰："道路远，人情叵测，能得所欲邪？"曰："计弗获已耳。"慰之曰："即有馆谷之便，可少留乎？"易唯唯，喜溢颜面。时徐姻属杜兵部，将以其子就帷下，朴庵遂以让易，而托徐氏纵曳焉。易以是识于徐氏，而阴欲得朴庵之馆也。则暇日与徐氏子商经史，课文义，若授弟子者，自是亹亹靡倦，退复语人曰："徐君德我，必移子见托矣。"闻者甚不直易，咸奋臂来告，且图与报之。朴庵笑曰："故人情厚，宁有是耶？"固止之。明日遂以故辞徐。徐再四留，再四不可。则曰："吾举一自代者。"询其人，即易某也。后易官于朝，议者犹籍籍病之。正德间，诸公修郡志，将列其事。朴庵复闻而惧曰："扬友之过，以成己之名，君子弗处也。

况彼为贫所累耳，亦何过哉？”因遣门下生沮之。嗟夫，谋馆背义，如易君者，众也。朴庵诚古人哉！

盛唐匡廓

段虎臣云：“李于鳞、王元美、宗子相、吴明卿、徐子与、梁公实、谢茂秦，嘉隆间七子也。诗学盛唐，不过盛唐之匡廓耳。至于深沉之思，隽永之味，超脱之趣，尚未入室。”

诗　社

有一人，目不识字，好邀人结诗社，且饮食甚菲，而又愆期。好事者嘲之云：“纽穿肠肚诗难就，叫破喉咙酒不来。”道其实也。虽然，诗社不愈斗鸡呼卢之场乎，嘲之者过矣。

节　料

教坊司每于岁首五日内，或四人，或五六人，往富贵人家奏乐一套，谓之送春，又谓之节料。主人皆有以赏之。此事不行已五十余年。

石榴笑冷官

姑苏蔡羽，字九逵，才高倚马，誉重南金，但赋性鄙啬之甚。以岁贡为南院孔目，同乡文司城送弓兵二名应役，终日奔走不暇。人摘两石榴，与之充饥。曾署院壁云：“草色常留上客马，花枝不笑冷官衙。”王子新云：“花枝不笑冷官矣，石榴非充饥之物也，有不笑冷官者乎？”

《原治》二篇

西治王公銮，中正德辛未进士，观政吏部。太宰邃庵杨公令观政者各以所业进，欲观其才也。西治作《原治》二篇，切中时弊。邃庵大奇之，即补文选主事往。文选必他司调补，无径授者。盖异数也。

还银生子

豹韬卫千户高仲光，大司马差往北京上疏，行至山东界，投一野店。见店有遗银一囊，约三百余两，遂问主人："早有何人寓此？"答以远客两人，行且五六十里矣。高曰："此一囊银，定是客人所遗。若暗携去，人虽不知，鬼神知之。我四十无子，不爱此非义之财以损人也。"因解鞍秣马，以待失银之人。次日早，有客寻至，且泣且诉。高取银与之，各问其姓名而别。仲光后生子四人，中万历辛丑武进士。高居仁乃其长子。

天　眼　开

俭庵梁公，以户书考满，解职家居。廷臣上议，言司徒乃国计大臣，总领财赋，得人实难。窃见材操心廉直，终始不渝，且综理既闲，出纳有执，实清朝人才之望，及今未衰，尚堪任使，乞蚤召用，以尽其材。上谕之。起公原官，加太子少保。崔公铣称之曰："自公召还司徒，涂人丐子相语云：'今天眼开，召回梁公矣。'此与司马公入朝何异？"

救　　娄

自庵陈公钦在南武选主事，会武库郎娄姓被诬，下狱取勘。同部人皆摇手避，莫敢暴白。公奋身疏其冤状，诏并逮公，同系者二年。娄病日浸，赖公周旋之，得不死。久之，娄乃获免。而自庵以此名闻天下。

诗　　学

嘉靖中，司寇顾公华玉以浙辖在告，倡诗学于清溪之上。门下士若陈羽伯凤、谢应午少南、许仲贻谷、金子有大车、金子坤大舆，高近思远，相从以游，讲艺论学，绰有古风。

三　　似

华亭平泉陆公树声，称秋溟殷公迈云："坐镇雅俗似房次律，急流勇退似钱宣靖，洞明宗要，则似杨次公晁太傅也。"

仙官入室

杨道南先生之母陈孺人，怀孕未诞之夕，梦笙籁满耳，闾里走视。须臾，有羽盖霓幢从南来，拥一仙官入其室。翌日，遂生先生焉。盖先生文名道誉卓绝一时，岂偶然而已乎？

小　刘　祠

南坦刘公麟以刑部郎中擢守绍兴，汉刘宠故处也。在郡精核廉敏，甫五十日，郡声大治。逆瑾衔公出守不修谒，犹掇郎中时琐细，废为编氓，郡人争致赆。公曰："勤苦诸君，吾治不建前刘，敢蒙一钱惠耶?"既去越，人肖其像，为小刘祠。

埋　刀

南坦刘公夫人乃王南原公之姊。刘有一宝刀，南原心欲之，南坦亦心许之，皆未曾明言及。南原死，南坦自湖州来观葬，取宝刀埋之于墓中，宛然季札之风。

预作墓铭

南坦公早参玄理，兼达天命，尝请王公廷相预作墓铭。

夫妇伦绝

秀才陈舜胄，万历庚子科三场文，房考主试已高取。将填榜时，主试复阅其《易经》"有夫妇然后有父子"文中，不喜"夫妇之伦绝"五字，遂尔不中。盖舜胄曾逐其三十年之妻，并逐其子，使母子乞食他方，存亡难保。仅留一妾，又剪其发，打骂莫堪，怨恨入骨。夫妇之伦绝也久矣。主试之涂此一句，乃鬼神使之也。

剪　刀　诗

升庵《诗话补遗》云："古廉李公时勉《咏剪刀》诗：'吴绫剪处鱼吞浪，蜀锦裁时燕掠霞。深院响传春书静，小楼工罢夕阳斜。'公之直节清声，而诗妩媚如此。"

花　练　黄

杭州花纶、黄观，榜及第三人。初，读卷官进卷，以花纶第一，练子宁第二，黄观第三。太祖改定以黄第一，练第二，花第三。故南京谚有“花练黄，黄练花”之语。

斗　　南

斗南老人泊舟采石江上，遇李太白，与之联诗。童尚书作传，载其全诗。今在《枕肱集》中。

亲书考案

矩庵陈公镐提学山东，为人明敏有吏干，校阅精核，公廉详慎，终始如一。诸生登降之序，皆自书之，不假手吏人。齐鲁间称名督学，必首推之。

读《汉书》

谢与槐公督学广西，喜临桂县童生张鸣凤文笔奇古，因进而训之曰：“吾子不患不成名，患胸中无全书耳。”乃取两汉书，亲为之句读。令五日进院一背，虽出巡亦携之行。与槐公转官，两汉书已完矣。其造就后学如此。鸣凤，字羽王，后来南都，拜于墓下，立一碑而去。

医　　案

御史陈公，忽小儿闭目，口不出声，手足俱软，急延医治之。

独孟友荆一见便云:"公子无病,乃饮酒乳过多沉醉耳。浓煎六安茶,饮数匙便醒。"御史抚掌大笑曰:"得之矣,可谓良医。"

余内人,幼年病血山崩,诸医皆危之。刘春斋用当归一两,荆芥一两,酒一钟,水一钟,煎服,立止如神。

冯益斋给谏每发言,腹中辄有声应之。此应声虫病也。遂告病,卜居南京。杨守极用小蓝煎饮之,即吐出其虫。

抚州铜客,病痢甚危,悬五十金酬医。太学生倪士实授一方,用当归末、阿魏丸之,白滚汤送下。三服而愈。

胡竹亭授一治痢方:采黄花、地丁草,捣取自然汁一酒钟,加蜂蜜少许,服之神验。

邻有一贫人,病湿痰肿痛,经年不能行。遇乞食道人授一方,用稀莶草[①]、水红花、萝卜英、白金凤花、水龙骨、花椒、槐条、甘草、苍术、金银花共十味,煎水蒸患处。水稍温,即洗之。此方已医好数人。

张白门治小肠气秘方,用乌药六钱、天门冬五钱,白水煎服,神效。

黄氏小便不通,陈雁麓用芒硝一钱研细,龙圆肉包之,细嚼咽下立愈。

孟望湖,淮安人,耳中闻人声,悉是祖考谈其家事,扰扰不休。邀刘春斋医治。春斋诊视之曰:"暴病之谓火,怪病之谓痰。"用滚痰丸下之而痊。

余兄奇峰生两瘤大如拳。僧传一方,用竹刺将瘤顶上,稍

① 稀莶:应作豨莶,中医用以祛风湿的草药。

稍拨开油皮,勿令见血。细研铜绿少许,放于拨开处,以膏药贴之。数日即溃,出粉而愈。

接　鹤　胫

李克斋公在兵部正坐堂,忽空中飞下一鹤,驯熟不去。对医人刘春斋云:"家曾有鹤飞来,第二小儿举进士。今又有鹤飞来,大小儿定中进士矣。"未几,而鹤折其胫,私心殊不喜,因问:"有能接其胫骨者乎?"一人对曰:"家藏接骨秘方,想人禽一理,或可接也。"急命修制之,方用土鳖,新瓦焙干半,两钱醋淬七次,自然铜、乳香、没药、菜瓜子仁,各等分为细末。每服一分半,酒调灌之。鹤胫如故。但人上体伤,食后服之;下体伤,空心服之。李公乃以其方传之于刘春斋。

雷　　异

太学生陈居业家楼上有磁器两厨。忽夏日雷震一声,两厨皆打钱大一孔,将厨中磁器布列于楼板上,大小皆相配。其异如此。俗云:"雷神极巧极戏。信夫!"

代族偿银

碧山,齐王孙,邀里中富客饮。乃其设谋专在于武橙墩。橙墩有族人负碧山千金,半本半利,贫不能偿,锁于空室中。俟橙墩赴席,佯令仆泄之。乃武之仆耳语于橙墩。橙墩出席曰:"族人负债,囚锁空室;小人高坐,欢饮堂上,尚得谓之人乎?即令武扃代偿,亦非难事,何见辱之深也。"碧山遂纵其族人去,乃揖橙墩曰:“烦公一处。”橙墩唯唯,虽饮终席,殊不乐也。越数日,碧山又送礼来,促其处。橙墩谋于妻妾曰:“生平未曾求人,今且求你二人,乞将首饰借我,以全其言,他日当倍偿焉。”妻与妾置首饰于几,乃数之曰:“人负己者,不能取,痴也。人负人者,代偿之,痴之痴也。饮数杯酒,出银千两,其痴不可言,而贫可立至矣。”橙墩估其价,携以偿。碧山曰:“此首饰作银八百两,尚欠二百两,容四年偿之。”橙墩此举,真丈夫哉!真丈夫哉!

死同谥异

正统己巳秋,北虏犯顺,英庙震怒,亲率六师征之。时内阁重臣扈跸者二人,吾乡张公益与曹公鼐也。师次土木,败绩,二公死之。既而朝庭录死事之臣,曹公得谥文忠,而张公仅谥文僖。夫忠之与僖,相去远矣。不知何以死同而谥异也。

钱宁后身

织罗俞四老,名鉴,富而忠信可托。钱宁喜其人,将银二三万与之织造,又曾寄物数箱于其家。钱宁得罪抄没,未尝波及焉。后梦钱宁入室,生一子,名弘泽,用银如粪土。四老与其妻私语云:“弘泽分明钱宁后身。若抄没,是恶去也;今任其花费,犹为善去矣,又何较焉?”

尼觉清诗

湛、霍二公拆毁庵观淫祠。豹韬卫营中一庵,有尼觉清题一诗于壁云："急忙检点破袈裟，收拾行囊没一些。袖拂白云归洞口，肩挑明月绕天涯。可怜松顶新巢鹤，却负篱根旧种花。再四叮咛猫与犬，休教流落俗人家。"世传其诗而已，余特拈出其名。

陆　　卒

澹泉郑公云："南都下水军胜于陆卒，营马壮于江舟。"此论非也。盖兵无强弱，若操练之极其精，赏罚之极其明，虽弱必强矣，何可以一言悬断之乎？

梦　孔　雀

龙厓何公宦濮州时，梦孔雀入室，遂生次子。仲雅因作《孔雀赋》以纪其事。后仲雅御史巡按福建。子森如梦，一孔雀冲天而去。不数日，闽中之讣至矣。

金丝金箔

最不可伪者，金也。二十年来，金丝有银心者，金箔有银里者。工人日巧一日，物价日贱一日，人情日薄一日，可慨也夫！

乳母裂书

与槐谢公极喜收书。有一乳母，凡儿啼，走书房中，裂书声引诱之，以止其啼焉。昔人谓藏书有八厄，今添加一厄而九矣。

陈 南 塘

南塘陈忠行六，人以陈六呼之。府军卫中所军，补役验新江口，操家极贫，目不识字，有胆力，有机谋，能于江面浮游百里不倦云。

高都督新任，驭军严刻，夸家丁拳棒冠于北边，一可敌十。坐营闻言，预选陈忠数人，以俟比艺。及下营演武，陈忠连打倒三人。高都督顿尔短气，思以中伤之。

高都督苛求陈忠小过，捆一索打一百，墩锁营中。且诘之曰："陈忠好武艺，今日如何？"意在致之死也。入夜扭断铁锁，归家送祖母于叔，送妻于岳父。半夜渡江逃命，而功名已兆于此。

江右李公开府淮扬，偶宿庙湾场关王庙。忠宿于三里外，方就枕，忽梦朴头牙笏一神将，笏写一火字，仍指点其去路。惊醒时，漏下二鼓，唤起众兵，巡至关王庙，见倭奴庙前放火，兵少不敢战，乃从庙旁拆墙，救出李公。即传四路兵，蜂拥而至，夜杀真倭首级七十二颗。李公大喜，方重用忠。

牛王河与倭奴大战，胜败在顷刻。忽倭奴奇兵袭于后，忠禀曰："事急矣！"乃负李公渡河。公感之爱之，遂结忠为义子。两家各画一渡河图，以纪其事。

曾在胡总制幕下，一日与倭对阵，见其耀武扬威之甚。梅林曰："若得一猛将冲之，以挫其锋可也。"忠禀曰："陈忠愿往。"梅林公即以所乘马与乘之。人雄马壮，白袍双刀舞入阵中，如无人焉。缓缓策马而归。梅林公大喜，挥兵继进，遂获大胜。

曾在通州逐三倭，一枪锭一倭奴于墙，两倭奴惧其勇猛，不敢救而去。

神烈山两次打两虎。府厂花红鼓乐，送归以荣之。

陈忠起于市人，与倭奴百战，斩真倭头数十颗，官至游击参将，在小教场中军坐营。忠亦武弁中豪杰也。忠死，子世文袭指挥佥事。

陈夫人拒盗

陈南塘卜居仓巷中，半生拮据，所得贮在一楼。强盗窥南塘他往，四五十人劈门而入，将欲登楼。夫人沈氏持一铁枪守楼门，众不敢登，皆云“枪紧枪紧”。盗不得意，放火烧楼。乃沈氏见火逼身，从后窗挟枪，投于邻家，竟免焚如之患。可谓女中将军，不愧南塘之夫人也。

两义士传

宋景濂先生有《义士杜环传》，杨道南先生有《义士赵善继传》。二公之义不同，均之足以风世而振俗。

江宁三张

南户部侍郎张公志淳，号南园，云南金齿司籍，江宁县人。有《南园先生集》行于世。二子，曰含，曰合，皆以风雅论著声名，昭昭在士林。含字愈光，杨升庵先生有《千里面谈》两卷，乃与愈光谈诗者。

韫庵长者

沈生予云:"予任奉新时,未敢求荐于人。韫庵吴公自浙移书,荐之于抚台按院,多溢美之词。若非抚台按院言之,余终于不入也。其乡曲之情真,怜才之意切。吴公诚君子长者哉！至今感之。"

韫庵自赞

韫庵吴公自赞其小像云:"入道德之门,而不谭道德;处功名之地,而不竞功名;探仙佛之源,而不宗仙佛;博诗文之趣,而不习诗文。世方赫赫,我独冥冥;世方矫矫,我独平平。寓形轩冕,寄兴烟云,闲中风月,静里乾坤,斯柴桑处士所称无怀氏,而安乐先生所记无名公者欤。"即此一赞,可以觇公之素矣。

四　苦　役

卫军有快船与运粮,县民有坊厢,若铺行又军民共之,此四役乃役之至苦者也。迩来虽稍稍息肩,但财尽力穷,人不堪命,饥寒所迫,或有他虞,未有甚于此时也。尝读太祖高皇帝免租之诏,有曰:"子孙百世,无忘江左之民。岂独以兵费所资,特宜优恤,而亦以居重驭轻之良图,强干弱枝之要策也。仁人君子,宜念之哉!"

草茅鸾凤

杨道南先生数岁时,受诸经子史读之。目数行下,且了其微义。甫十四岁,部使者胡公,试孔子惜繁缨论,辞辩川涌,意其为宿学。批其卷云:"草茅中鸾凤已见。"大奇之。

童年却金

督学象岗胡公既奇道南先生之才,又惜其贫,遣就海虞钱公有威学,因师友陈公原习、唐公应德,无不忘年礼敬之,馆于学士梁溪华公。华公尤器重,尝遗金百两,弗受。比归,潜置书囊中。登舟检书见之,则回舟力却乃去。他日,钱以告胡公。公为却咨嗟,以为一童子能抗志乃尔。

会元三梦

石城许公,嘉靖乙酉举于乡。三会试,三不利。乙未复当上春官渡江,夜梦巨神自天而下,授以龙墨一笏,有"皇明大魁"四字。甫入京,宿于旅舍,梦有持二轴索画者。先生援笔一挥,成苍龙形,牙爪向人,云气腾涌。寤后,复梦人授以牙刻图书,有"不负所学"四字。是年有此三梦,果中会试第一人。

古　语

古语云:"金陵市合月光里。"今饮虹桥、武定桥尚有夜市。又云:"金陵人好醉妆。"此事目所未睹。又云:"金陵以鼎镬相高。"此风殊未泯。又云:"金陵人好解字。"但字被王金陵解过一番,人尚以穿凿目之,秀才不作,此之谓也。

南京文献精编

续金陵琐事

（明）周晖 撰

点校 张增泰

南京出版传媒集团
南京出版社

目　录

上　卷

下　　卷

上　卷

天子必问

李登，元末住西善桥卖卜。闻太祖采石渡江，必经其门，用稻草覆其瓦屋。太祖兵过，疑其瓦屋覆草。李登对云："草茅卜士，无由自达，知圣天子必问，非有他也。"太祖喜，用于军中占卜，遂入钦天监籍。此事余闻之元江先生，先生名蕃，贡士乃其后人。

天子赐名

太祖与亲近大臣改名，固为异典。一日御奉天门，召旗手卫千户焦朔，赐名为庸，此更是恩典之异也。今旗手卫过湖皇册首载此事，即太史澹园先生之始祖。

钟山晚寒诗

邓伯言游玉笥山，题诗云："洞天明月一双鹤，涧水碧桃千树花。"宋潜溪极赏此句，以诗人荐于朝。太祖召见，令作钟山晚寒诗。诗成，有"鳌足立四极，钟山盘一龙"句。太祖览之，拍案大喜。伯言伏丹墀，误疑怒己，遂惊死。扶出东华门，始苏。次日，授翰林检讨。

钟山赋

太祖命东宫诸儒臣，人各制《钟山龙蟠赋》一篇。

拥翠亭应制

太祖登钟山，词臣扈从。拥翠亭给笔札赋诗，鲍尚䌹、朱升、张以宁、秦裕伯、单友中、李某、铁冠道人、张中并应制。

史局

洪武二年，召王祎修元史，为总裁官，征逸士汪克宽、胡翰、宋僖、陶凯、陈基、赵增、曾鲁、高启、赵访、张文海、徐尊生、黄篪、傅恕、王锜、傅著、谢徽十六人为纂修官，开局于天界寺中。

相器

太祖卜相于刘基，首问杨宪。宪故与基厚善。基对曰："宰相持心如水，宪有相才，非相器。"杨乃上元人。

历代帝王庙

历代帝王庙，岁仲春秋，遣祭太昊伏羲氏、炎帝神农氏、黄帝轩辕氏、帝金天氏、帝高阳氏、帝高辛氏、帝陶唐氏、帝有虞氏、夏禹王、商汤王、周武王、汉高祖皇帝、汉光武皇帝、唐太宗皇帝、宋太祖皇帝。分五室，室太牢一礼三献，乐七奏，舞八佾。从祀名臣风后力牧皋陶、夔龙、伯夷、伯益、伊尹、傅说、周公旦、召公奭、太公望、召穆公虎、方叔、张良、萧何、曹参、陈平、周勃、邓禹、冯异、诸葛亮、房玄龄、杜如晦、李靖、郭子仪、李晟、曹彬、潘美、韩世忠、岳飞、张浚，凡三十二人，列两庑，庑二坛，少牢一。

洪武七年塑帝王衮冕坐像。上曰："伏羲、神农，未有衣裳之制，勿加冕服。"

庙初成时，太祖临祭。礼毕，特至汉高祖神位前，笑谓曰："刘君，今日庙中诸君，当时皆有凭藉以得天下。惟我与汝，不阶尺寸，手提三尺以致太位。比诸君尤为难事，可共多饮二爵。"

庙中原塑元世祖像。方其塑时，即有泪痕介破其面。太祖幸庙，指元世祖曰："痴达子，痴达子，天下岂有不破之家不亡之国乎？"次日粉之，遂无痕。

郑尚书晓云：《春秋》"谨夷夏之辨，中国有主也"文中，子帝元魏未为非，圣祖功德高百王。诏文尝称曰：天命真人于沙漠帝王庙中，以元世祖与三皇、五帝、三王汉高光、唐宗、宋祖并祀，真圣人卓越之见。

嘉靖十年，修撰姚涞请罢元世祖祀。礼官议不可，上从礼官议。

嘉靖二十四年，给事中陈棐又请罢祀，乃罢，并罢从祀木华黎五人。或云，守庙人尝见两青蛇束元世祖腰间，传闻远近。给事中请之，遂罢祀。

功　臣　庙

洪武二年正月，立功臣庙于鸡鸣山。六月，庙成，上论功列祀二十一人。庙中殿祀六王：中山武宁王徐，开平忠武王常，岐阳武靖王李，宁河武顺王邓，东瓯襄武王汤，黔宁昭靖王沐；羊二，豕二。配享十五人：东序西向，都指挥使冯国用郢国公，佥都督耿再成泗国武庄公，佥都督丁德兴济国公，都督同知张德胜蔡国忠毅公，靖海侯吴祯海国襄毅公，平章康茂才蕲国武毅公，副使茅成东海郡公；西序东向，参政胡大海越国武庄公，都督同知赵德胜梁国公，广德侯华高巢国武庄公，都督同知俞通海虢国忠烈公，江阴侯吴良江国襄烈公，宣宁侯曹良臣安国忠烈公，安陆侯吴复黔国威毅公，副使孙兴祖燕山忠愍侯；羊二，豕二。洪武三年增战殁功臣，五年增百二十四人，七年令都督祭堂上都指挥以下两庑，两庑各设牌一，书故功臣都督指挥千百户卫所镇抚；羊十，豕十。

署屏孝子

周琬，父为滁州知州，建屏墙于门，为部民奏，讦以侵官路论死。琬年十六，叩阙请代父刑。上疑为人所教，曰："牵去斫头。"琬颜色自若。乃宥其父死，戍边。琬复请曰："戍与斩，均是死耳。父死，臣安用生，为愿早就戮。"上怒，命缚至市。琬色甚喜，行刑者曰："死足乐耶？"琬言："以死免父，胡为弗乐！"上察其诚，赦之，亲署于屏曰："孝子周琬。"寻授兵科给事中，至永乐间以老罢。琬，江宁人。

大　功　坊

高帝以魏国公达勋业非常，于居第左右，特各建一坊，榜曰大功，以旌异之。俗传吴祯、吴良二侯，乘醉打碎，何其鄙野之甚。高帝之威，魏国之功，孰敢犯之。或谓，西边坊太祖所造，东边坊中山王自造，以配之。今两坊皆工部修理。

娟　　兰

南宁伯毛公舜臣留守时，被命洒扫旧内，见别院墙壁多旧宫人题咏，年久剥落不可尽识。其一署云：娟兰仙子书。末二句犹可识云：寒气逼人眠不得，钟声催月下斜廊。

鸟啼佳句

鸟啼红树里，人在翠微中。《草木子》载之以为太祖佳句，《弇州别集》又辩为元顺帝之诗，皆不得其实。乃天界寺僧宗泐送徐伯廉归南陵作，其全篇云："把酒城南道，离怀去往同。鸟啼红树里，人在翠微中。山雨添秋色，溪云渡晚风。倚楼相忆处，明日各西东。"宗泐有诗集名《全室》，载此诗。

左　　丞

杨宪，吴元年为参知政事，洪武二年为左丞，三年伏法。

皇城样式

皇城宫殿基地样式，皆诚意伯、铁冠道人与诚意伯之师老道士三人所定，不约而同。

广荐佛会

洪武四年冬十有二月，诏征江南高僧十人，钦天监择日于蒋山太平兴国禅寺建广荐法会。上宿斋室，去荤肉弗御者一月。复敕中书右丞相汪广洋、左丞相胡惟庸，移书城社之神，具宣上意，俾达诸冥，期以毕集。明年春正月辛酉昧爽，上服皮弁临奉天殿，群臣朝衣左右侍，尚宝卿梁子忠启御撰章奏，识以"皇帝之宝"。上再拜，燎香于炉，复再拜，躬视疏已，授礼部尚书陶凯。凯捧从黄道出午门，置龙舆中，备法伏鼓吹，导至蒋山天界，总持万金及蒋山主僧行容率僧伽千人，持香华出迎，取疏入大雄殿，用梵法从事白而焚之，退阅三藏诸文。自辛酉至癸亥止。当癸亥日时，加申诣浮屠行祠事已，上法驾临幸，云中雨五色子如豆，或谓娑罗子，或谓天花坠地所变。上服皮弁，搢玉圭，上殿礼佛北向立，群臣各衣法服以从，和声即举麾悦佛之□，首曰《善世曲》。上再拜，迎群臣亦再拜。再奏《昭信曲》，上跪进薰芗奠币，复再拜。乐三奏《延慈曲》，相以悦佛之舞。舞人十，其手各有所执，或香，或灯，或珠玉明水，或青莲花冰桃，暨名荈衣食之物，势皆低昂应以节。上行初献礼，跪进清净馔史册，祝复再拜。亚终二献同，其殊异者不用册。光禄寺卿徐兴祖进馔乐，四奏曰《法喜曲》，五奏曰《禅悦曲》，舞同三献已。上还大次，群臣退，诸僧旋绕佛座，演咒梵咒三周，以寓攀汻之意。初劚山石地成六十坎，漫以垩。至是，令军卒五百，负汤实之。汤蒸气成云，诸僧速幽爽入浴，焚象衣使。其更以彩幢法乐引至三解脱门，每门内五十步，筑方坛，高四尺。上升坛，东向坐，侍仪使浦博西向跪，受诏而出，集幽爽而戒饬之。诏已，引入殿，致三佛之礼，听法于径山。禅师宗泐受毗尼戒于天竺法师慧日，复引而出，命轨范师饭摩伽陀斛法，食凡四十九饭。已夜将半，上复上殿，群臣从如初。乐六奏《偏应曲》，执事者撤豆。上再拜，群臣从拜。七奏《妙济曲》，上拜送者再，群臣复再拜。八奏《善成曲》，上至望位，燎已，还大次，解严，群臣趋出。濂复跋：十四日甲午，大风晦，雨雪交作。至午，忽开霁。上悦，敕近臣于秦淮河燃水灯万枚。十五日夜半过，竣事还宫。随有佛光五道，从东北贯月蚀天，良久乃已。此翰林学士宋濂记略。

学通经史

魏国公徐公辉祖，常侍皇太子诸王学通经史。洪武二十九年，太祖命会礼部、翰林院试国子师生艺，第其优劣，送吏部诠用。魏国公岂特长于武而已乎？

万发皆齐

太祖一夕微行至神乐观，见一道士结网巾，问曰："此何物耶？"对曰："此网巾也。用以裹之头上，万发皆齐矣。"次日有旨，召神乐观结网巾道士，命为道官。仍取其网巾，遂为定式。

门　　禁

太祖定鼎金陵，造内城开十三门，造外城开十六门，皆不许丧柩入，其禁甚严。三百年来，死而入城者有两人。蒋用文世居龙潭，后移入城中全节坊，洪武中为御医，永乐八年升院判，专侍文华殿。用文能视病制方，性谨愿恭恪，有行义，达世务，事东宫每效规益。卒于北京。仁宗赠太医院使，谥恭靖。官其长子主善为院判，遣中使护丧送至家，遂入金川门。又有南道御史蒋公达，宸濠谋反时，勤劳王事，卒于江上，不敢发丧，仍乘轿如生，遂入江东、水西二门。二公皆金陵人，皆姓蒋。

匙钥绳

管后湖给事中户部主事凡遇一六过湖日期，必令监生一名往内府司礼监，领取匙钥，方敢开船。传闻匙钥绳乃高皇马太后所制者。法禁之严，可知矣。

天子入金川

造金川门时，阴阳家占之，谓后当有天子从此门入。太祖闻其言，方门落成，即命驾自外而入，以应其兆。不知其兆乃在成祖也。

门对

太祖赐驸马梅公殷府门春联云："人间尘俗不到处，阙下恩荣第一家。"

提督太学

洪武中，上以公侯子弟在太学者，多骄慢不习训，诏曹国公李文忠提督国子监。

驸马提学

洪武十九年，敕驸马都尉梅殷提督山东学校兼理地方事务。“朕观古之帝王，必赖贤才辅佐，以成治功。贤才之在天下，必待明师教育，以成器用尔。驸马都尉梅殷，幼承家教，长能笃学，精通经史，颇有才华，虽乃武臣之裔，堪为文儒之宗。今特命汝提督山东学校，作养人才，兼理地方等处事务。汝惟钦承朕命，勿负所托。”此敕，梅之子孙尚宝藏之。

功臣赐第

太祖开国功臣，成祖靖难功臣，皆有赐第。自成祖迁都北平，诸公侯多卜居燕地。凡府第之在南者，久自倾圮，尽被屠沽市儿侵占，莫可辨识。屠沽市儿，不知山河带砺之盟具在也。

文臣赐第

太祖赐静诚陈先生第，今不知在何处。英宗赐张文僖第在聚宝门里镇淮桥，坐西面东，子孙尚居之。

不禁官妓

太祖造十六楼，待四方之商贾。士大夫用官妓无禁。宣德二年，大中丞顾公佐始奏革之。

封二国

徐公太傅达初封信国公，进封魏国公。李公太师善长，初封宣国公，进封韩国公。

战　裙

秀才邓武津，宁河王孙也。余过其家，出王之战裙，命着之。上至胸，下拂地。夫余之身，人皆以颀异之，尚不能胜若是，则王之壮伟，可想矣。

出将入相

徐太傅达，初入为右相国，出为大将军。征吴，再出为征虏大将军。北伐，入为中书右丞，复出为征虏大将军，镇抚东北。

聚宝瓦塔

聚宝门头层城圈左边有一瓦塔，俗传太祖埋沈万三聚宝盆，因造瓦塔以镇之。此说不根。一前辈云："下有定僧，其谶云：'三百年不在城里，三百年不在城外。'"三百年不在城里，不在城外，僧自谶其千年事，此或可信乎！

不毁鸡鸣寺

太祖尝游鸡鸣山寺，意以刹宇高瞰大内，欲毁而更置之。犹未发言，铁冠道人忽谓守僧曰："圣人有意毁汝寺，来日当临寺，汝等于中道诉之，庶可免也。"僧数神其术，明旦，相与燃香，出山数里，以候驾至。僧拜恳不已。上讶曰："我无此心，尔辈何以妄诉？"僧曰："此铁冠道人教臣等耳。"上异之，遂止不毁。

书阻燕兵

宁国公主尝贻书阻靖难兵，文皇不答。兵至淮北，与公主书，言兴师不得已，故令迁居太平门外，勿罹兵祸，公主亦不答。

先贤祠姓名

先贤祠，旧在青溪上，不知毁自何时。澹园焦师言之于李九我相国，又言之于叶台山相国，遂属葛屺瞻祠祭，建祠于普德寺。后山先贤，皆金陵之产与游宦，往来于斯者，今列其姓名：至德逊王吴泰伯，越相国范少伯蠡，汉严先生子陵光，汉丞相忠武侯诸葛孔明亮，吴辅吴将军娄文侯张子布昭，吴将军南郡太守周公瑾瑜，吴侍中尚书仆射是子羽仪，晋太保睢陵元公王休徵祥，晋平西将军孝侯周子隐处，晋太傅丞相始兴文献公王茂弘导，晋太尉大司马长沙桓公陶士行侃，晋侍中骠骑将军忠贞公卞望之壶，晋太傅庐陵文靖公谢安石安，晋车骑将军献武公谢幼度玄，晋右将军会稽内史王逸少羲之，晋中领军光禄大夫吴处默隐之，宋征君雷仲论次宗，齐贞简先生刘子珪瓛，齐诸王侍读陶通明弘景，梁昭明太子萧德施统，唐太师刑部尚书鲁公颜清臣真卿，唐翰林供奉李太白白，唐山南西道节度参谋孟东野郊，南唐司徒李致尧建勋，南唐内史舍人潘祐，宋枢密使济阳武惠王曹国华彬，宋尚书忠定公张复之咏，宋中丞恭惠公李幼几及，宋枢密孝肃公包希仁拯，宋丞相忠宣公范尧夫纯仁，宋宗正寺丞纯公程伯淳颢，宋监安上门郑介夫侠，宋少师龙图学士文靖公杨中立时，宋参政庄简公李泰发光，宋太师丞相魏国献公张德远浚，宋秘阁忠襄公杨希稷邦乂，宋太师丞相雍国忠肃公虞彬父允文，宋太师徽国文公朱元晦熹，宋安抚殿撰宣公张敬夫栻，宋太师正肃公吴胜之柔胜，宋太师参政文忠公真希元德秀。淳祐十年五月，增先贤祠，拨后湖田七千亩给之。夫有田七千，祠不免于废。今祠斜倚山势，易于圮坏。看守之僧，又无一亩之田，安望其能久乎？有此美意，当设一良法，则祠庶乎其可永远矣。

学　　田

太祖建学禄廪之外，无复公田。自侍御冯公始置百亩，提学御史冯公天驭置田百三十九亩，府尹邵公仲禄置田百九十六亩，又置圩田五百十四亩，又罚民田七亩，署府事鸿胪寺卿徐公大任置田百九十三亩，又置田四十七亩，提学御史耿公定向垦田一百一亩，府丞张公朝端罚入官田地二十七亩，又置田一百余亩，一京兆收回张公原价银五百两，其价寄江宁县。去岁周海门先生署府事，查出置阳明祠总计学田不过一千三百三十余亩，大都皆低田，旱则先旱，潦则先潦，加之以吏胥之侵渔，生员沾惠者几何哉！

宋天圣七年始建学，朝廷给田十顷。至建康增至三十八顷五十七亩。绍兴秦会之续置田千八百九十亩。淳祐吴道父复置后湖田七千二百七十八亩。宋时学田之多如此，附记之。

赏金川门功

永乐赏谷王橞开金川门功，乐七奏，卫士三百，金银大剑，金三百两，银三千两，钞三万锭，彩币三百匹，良马四匹，金笼鞍辔二副；又马二十四匹，金鞍二副，银五百两，钞四万六千锭，锦十匹，纻丝绫罗各六十匹，绢百九十匹；又银千两，钞三万锭，袍衣三袭，绢五百匹，白兜罗绵一条，西洋布三十匹，檀香三百斤，降真香五百斤，胡椒、苏木各千斤，良马十匹，羊百腔，酒五百瓶，椰子三百，火者百人。

赏资福僧

永乐初，番僧尚师哈立麻灵谷寺为高皇帝资福，事竣，赐黄金百两，白金千两，钞二千锭，彩币百二十表里，马九匹；灌顶大国师哈思巳啰等白金各二百两，钞二百锭，彩币十，马三匹。

《神龟赋》

王汝玉，名璲，以字行，长洲人。洪武末授应天学训导，以才擢翰林院五经博士。永乐初进检讨，再进春坊赞善。仁庙在东宫，眷注特深，尝与学士解缙应教撰《神龟赋》，评公之赋第一。

尊前不忠

铁冠道人结庐钟山下，梁国公蓝玉携酒访之。道人野服出迎，玉以其轻己不悦。酒行，戏曰："吾有一语，请先生属对。云：'脚穿芒履迎宾，足下无礼。'"道人指玉所执椰杯，复之曰："手执椰瓢作盏，尊前不忠。"道人诛其心也。玉，武人，不喻其旨，相与一笑而罢。

《宴南市楼诗》

国初，知县揭公轨有《宴南市楼》诗云："帝城歌舞乐繁华，四海清平正一家。龙虎关河环锦绣，凤凰楼阁丽烟花。金钱赐宴恩荣异，玉殿传宣礼数加。冠盖登临皆善赋，歌词只许仲宣夸。"观此诗，当时之盛可知矣。今此楼虽存，不过屠沽市儿之游乐而已。

南　　洲

博洽，字南洲，浙江山阴人。洪武初荐高僧入京，历升左善世。靖难兵起，为建文君设药师灯，忏诅长陵。金川门开，又为建文君削发。长陵即位，微闻其事，囚南洲十余年。荣国公疾革，长陵遣人问所欲言，言"愿释博洽"。长陵从之，释出狱时，白发长数寸覆额矣，走大兴隆寺，拜荣国公床下曰："吾余生，少师赐也。"仁宗复其官。卒年八十二。

弈　　语

刘璟尝至燕，文皇与璟弈，璟胜。文皇曰："卿独不少让我耶？"璟正色曰："可让者不敢不让，不可让者璟不敢让。"此岂弈语而已乎。

槀　　葬

余在庐州，见齐王榑槀葬于金斗驿中。齐王之后，皆在南京。当请于朝，以礼葬之可也。

娶妇入冢

景泰间，夹岗门外一家娶妇及门，肃妇入，空轿也。婿家疑为所赚，讼于有司，拘其夫及从者鞫之。众证云："妇已登轿矣。"有司不敢决，乃遍令求之，得于荒冢间。问妇，云："中途歇轿，二人掖吾入门时，吾已昏然，且有蔽面，不知其详，天明始惊在林墓中。"出《菽园杂记》

神　龟　诗

原注：太庙中神龟，诸小说皆以为得于金井，俗皆信之，不知其实非也。观于詹事颐庵邹公济所献诗与序，可不辩而明矣。

臣闻德盛者必召庆，孝纯者必格天，在常人犹然，况天子与天地参。故凡一念之动，有感必应，是宜孝诚切至，有以格天，而名祥也。恭惟太祖圣神，文武钦明，启运俊德，成功统天。大孝高皇帝受天明命，为神人主，芟夷群雄，而混一海宇，偃兵息民，用夏变夷，励精图治，身致太平。自载籍以来，帝王功德兼隆者，未有如太祖皇帝之盛也。臣尝考其然。盖自三皇继天立极，之后五帝，皆轩辕氏之裔。惟舜发于畎亩，然去颛顼仅数世尔。三代虽历年之久，夏后氏以功，商周皆由积累而发，及其中业，诸侯专政，成周之衰，民受涂炭极矣。后世偏方润位，固不足论。混一天下，汉晋隋唐宋元而已。晋既合复分，隋世夭国亦不足言。汉高帝得天下，虽正当其时，匈奴冒顿甚强，平城之围几不免，而闽广之地，尚为赵佗辈所据。况正朔服制历数世，至建元永平间粗定。唐藉累世之封，而兴武德之末。突厥兵逼畿甸，而混一升平，亦在太宗之时。宋兴因周之资，而太祖时，北汉未平，辽夏分据西北之境。南渡后，金人遂有中夏，九州未尝全有一日。元虽疆宇之广，然太祖时仅能平金，至世祖始有江南。况九十三年之治，华风沦没，彝道倾颓。自古及今，华夷之势，相为消长，未有以夷狄主中国如元世者。夫天下之大变，必有天下之大治，否泰相寻，理势之常，是以天有宝命我太祖皇帝受之，取九有于群雄之手，而元君遁于沙漠。得天下既正，即位之后，即制礼乐，兴学校，立陈纲纪，敬天勤民，临御三纪，四海一家，创业之君，一统之盛，古昔所无。臣故曰：自载籍以来，未有如太祖皇帝之盛者也。今上以神武靖难，自御宸极以来，祈天永命，发政施仁，一遵成宪，诞敷文德，再致太平，是以交南漠北，暨海外诸番，梯航奉贡，协气所钟，嘉祥骈集，圣心谦抑，思所以颂皇考盛德大业，揭于孝陵，以昭示天下万世。而穹碑巨趺，宜得良材，臣工奉命惟谨，遍访畿甸，久而未得。圣心切至，纯孝感通，乃永乐二年冬十月，幕府山阳访碑石，高广中度，寻于龙潭山麓，斫石求趺，既而神龟呈露，昂首曳尾，介文玄苍，形质天成，匪由磨琢，乃于龟下遂得趺材，适与碑称。近臣驰献，百僚聚观，佥谓太祖在天之灵，皇上孝诚所感也。宜藏于太庙，如成周河图天球，为国宝器，以昭示无极。夫孝德致祥，庆关宗社，所以承前裕后，申宝祚于亿万年，有光于前古矣。臣忝礼官，欣逢盛事，谨拜手稽首，而献诗曰：皇矣太祖，运启文明。龙飞淮甸，定鼎金陵。削平僭伪，命将北征。元社既屋，武功告成。恩柔威慑，海宇廓清。乃兴礼乐，崇文偃兵。九功惟叙，三光宣精。一统之盛，莫之与京。圣皇嗣服，日惟缵承。式遵典宪，登用贤能。重熙景祚，再致太平。九有嘉靖，四夷来宝。诞扬先德，树碑勒铭。坚珉未具，皇心靡宁。昊穹昭格，神龟献祯。贞石期得，巨趺中程。煌煌谟训，昭如日星。有严陵庙，展兹孝诚。小臣作颂，用表嘉征。登载信史，垂千万龄。

家庙五祭

永乐三年，上谕礼部：中山王勋德，国朝第一，当百世不忘。自今正旦、清明、中元、十月朔、冬至，皆遣祭于家庙。凡祭日，魏国公与遣祭官，一揖而进。陪酒与送迎之礼，皆本府指挥一员行之。

铁　　简

刘璟，字仲璟，文成公基子也。伟貌丰髯，议论英发。高皇喜其刚直，授为阁门使，金书“除奸摘佞”四字于铁简，赐之，令击百官不法者。王弇州辨无此事。然诚意伯家宝藏此铁简，每每出以示客，何谓无乎？弇州不过悬断已尔。

问罪答功

燕师入金川门，建文逊国去，群臣劝进。徐公辉祖独不屈，因下吏令自陈罪。惟以中山王功答之。

方　　坟

成祖杀方孝孺于聚宝门，有门人廖镛、廖铭私拾其骨葬之，不封不树，莫可认识。今诸缙绅立方祠于永宁寺后山，又聚土为坟，决非原葬处也。谅公之忠魂故自在尔。上海徐鲸刻一联于华表云："十族遗骸埋聚宝，千年孤冢表长干。"

撑船龚僎

龚僎，撑船为生。成化庚子八月，行次扬子江心，会大风雨震作，挤一富商溺于水，尽攘其有。因避地扬州，改事生殖，以享富焉。后生一子，抚育既长，视父甚如仇敌。一日，里有祈鸾者，僎因叩首曰："敢请大仙，何吾父子不相得之甚也？"判云："八月强风何太恶，扬子江心波浪作。二十年前即此人，请君试把心头摸。"僎凛然，惧生大祸，尽贻其有于子，远窜避之。

王　老

王老笃于奉佛，普种功德，尝造一桥。有倪道人者，携银钱一囊，欲附入之。王辞之曰："吾为求嗣，凡有善业，自任之，不欲附也。"道人曰："福岂分人我哉？公为我蓄此，他有兴造，以此补之可也。"王藏诸柜。道人寻亦不见。王生一子，甚钟爱之，尝造一寺，其子时年八岁矣，携往观焉。其子忽问父曰："此寺功程颇大，用此铁炉何也？"王曰："一时偶造，未暇易耳。"其子曰："何不以吾钱易之。"王愕然。因悟倪道人事，徐应之曰："然。"吾为尔图之。遂以囊金易铜铸之，其银正足三炉之费，无余欠焉。其子少长，资性聪慧，勤于生殖，遂增数万金之产，至今称为名族云。

地出状元

浒西康太史海，先曾大夫官南太常，死即葬江宁新亭乡。祖父与兄皆生长南都。说者谓太史之状元，乃南京风水所出。

修　　坟

康太史德涵因坟在金陵，视金陵人不啻亲戚故旧。然沈韩峰侍御西巡北还，赋近体二首饯之冯翊诗云："便道秦淮去，何时谒紫宸。观风尽民瘼，令世睹沧溟。马政闻余论，边防绝可嗔。会须归奏后，亟与布阳春。　新亭有先垅，瞻省愧予生。每遇江东客，曷胜渭北情。过春须黾勉，承论切屏营。饯别临冯翊，微怀讵可倾。"韩峰公祖墓即与康太常墓相近，归家特为之修治，命守墓者禁其樵采侵占。今石坊见存，邻永泰寺。

逃灾避难

吴三峰扔谦，甲子举人，避难金陵最久。每座上雄谈，略无顾忌。一日广坐中云："金陵房屋饮食，殊无好处。"陈泰华云："诚如所论，但逃灾避难胜他处耳。"三峰默然。坐有两陈泰华，此乃石亭公之子。

杀二十四蛇

吴扔谦嗣子，因父避难客死，家门衰替，信堪舆之言，迁葬。棺下有二十四黄蛇，尽皆杀之。忽觉蛇在腹搅肠，或钻咽喉，数日而死。沈生予谈。

三　门

金川、观音、佛宁三门，其形势与浦子口相对。成祖入金川门后，方设守御一员。今三门，守御遥管之。

折　扇

东江顾公清云：南京折扇名天下。成化年间，李昭竹骨，王孟仁画面，称为“二绝”。今明善此扇乃王画也，诗以志感：“李郎竹骨王郎画，三十年前盛有名。今日因君亲遗墨，却思骑马凤台行。”

问病诵诗

给事中高公鹤偶抱小病，张治卿往问之，因诵诗云：“见说气清邪不入，不知尔病自何来。”高亦漫然听之。此二句，乃唐贯休病鹤诗也，知者为之捧腹。

领　疾

太守张华宇伯祖名达者，有女行四，聘与喻千户家，甚贫。伯祖死，女常绕其灵床怨恨之。一晚，女忽见红面红手鬼捉至灵位前，令其领疾，且遍责其媳妇所供饮食之不洁者。从此，女头摇不止，目闭不开者三年。及禫服之夕，顿尔复旧。

后　湖　禁

后湖，圣祖设立收藏图籍之所。凡天下造到黄册，皆萃于此，故特设给事中、主事各一员，管理其事。湖中船只系内府司礼监及南京户部分掌匙钥，一应外人，不许往来。洪武年间，法禁最为严重。弘治元年十一月二十日，钦差两广公干，太监郭镛带领随从二十余人，擅驾船只，过后湖中洲册库处所，观望至午而回。南京山西道监察御史孙纮等劾奏为故违禁例，以开弊端。

一门两公

中山王首佐太祖定天下，功业、爵位、朝班、庙享皆第一，封魏国公，岁禄独五千石，世世承袭。嗣公辉祖既殉节以终，次子增寿复以龙潜翊戴，赠爵上公，启国于定。一门两公，往往对握二都兵政，诸勋贵无敢埒者。

哀　王　孙

刘廷敕，江右人，善白描佛像人物，游河南不得意，尝自叹曰："吾汉王孙，人当哀我。"唐藩孔炎王孙闻而笑曰："今王孙尚不暇哀，哀古王孙乎？"此语人述于杨伯海。伯海顿足连叫："可惜可惜，若得漂母，那妈妈在也，与他一碗饭吃。"人传以为笑。

冤狱对语

万历十六年有一大冤狱，人人不平，作为对语云："四阁王仗钱神捉生替死，陆和尚凭佛力转女为男。"嗟乎！不必明举其人欤，事而冤可知矣。

东宫送嫁

宝庆公主，高帝幼女也。文皇既定京师，俾仁孝皇后女之十九归驸马都尉赵辉。时仁庙在东宫，特令送之至邸。夫一公主也，太祖生之，建文养之，文皇嫁之，仁庙送之，盛矣哉！

瓯置井口

嘉靖年间，姚锦家住武定桥。偶一道人向其家索斋，因饭之。道人见锦面旁有一瘤，指之曰："害事，且将长大。子善人也，我有药一粒，可谨藏之，待瘤痒时敷上。"饭后又索茶，茶毕，以空瓯置井口上，遂去。后数年，夜间瘤忽痒甚，因出所藏药，以水调敷，顷刻并瘤俱消矣。锦神异之。有为解者曰："空茶瓯置井口上，乃吕字，当是遇仙也。"

拒　　盗

邝瞻霞名典，为诸生，授徒尹氏宿于外馆。夜有群盗入馆，执之，挟以呼主人内室，冀门启而入。邝坚拒之，临以刃，终不从。群盗不能，强缚之悬于梁，尽劫其衣被去。主人晓出，始得释。人以此义之。

渔得异镜

张伯爱循孝，友人张华宇子也。与余云："北门桥旧邻某，贫无活计，走芜湖。觅一小舟为渔人，忽网得一镜，能照见百里内山川、城郭、人物。因求观者甚众，不敢复留，仍投于鲁明江中。"

甲乙交叉

扬州张佐云:“陈侯大声都督公政之孙、睢宁伯文之曾孙,能屏纨绮之习,耽于吟咏,其于经传子史,与夫百家九流之文,莫不检博曾览,《可雪斋乐府》中有‘甲乙交叉’之句。此盖出于珞琭子《消息赋》,非但求为押韵,而拾此成语,贯之词意,不加雕琢,非所蕴渊博能尔哉!”

向　卜

陈矩庵先生弟兄同向卜。闻化缘僧云:“共成善事,同结良缘。”遂同中乡榜。

打油李杜

施半村住聚宝门外,打油诗播人口者甚多。其《重阳风雨》一律云:“满城风雨度重阳,孤负南山落帽狂。打饼秃驴空买面,卖茶营狗枉烧汤。沈川抱膝长吁气,高琐垂头懒下床。更有青原董道士,倚门只眼泪汪汪。”半村有诗二卷,死而无棺祠祭。郎中吴人助银五两,取去其稿,曰:“此打油之李杜也。”沈川村店,高琐村妓。

评四子诗

羽伯陈公评清溪社中四子诗云:“高汝州近思雄壮奇拔,马国学承道博雅典则,金文学子坤清新秀朗,金孝廉子有则兼总诸长,词义双美。夫金氏昆玉尚有诗集,若高、马二公,人且不知其姓名也，况于诗乎？”

松　化　石

余从齐王孙胡太史方州守家，三见松化石，皆是浙中来者。客问松何以化石，余云其说有四：松至三千年乃化石，一也；千年之松，雷火焚之，乃化石，二也；魏伯阳炼丹，丹成，试药点松，松遂化石，三也；又云土人取古松为薪枝，落水中遂为石，四也。

飞龙在天

下关盐经纪洪大老有信行，家甚贫。夏夜与妻乘凉露坐，忽见一龙飞过其屋，夫妻惊异，伏地窥之，稍顷，冲天而去。次日问卜。卜云：“飞龙在天，利见大人，大吉之兆也。”适武宗南狩，一太监有私盐十余船，托洪卖之，卖尽复往仪真买来，遂得利千金去。

道士误变猪

正德辛巳，灵应观周道士午间醉卧，夜半不醒，托梦与徒弟云：“我之游魂，误堕猪腹中，在山下豆腐铺某家，最后生而左后足白者是也。”徒弟惊醒，如梦往求之，果然将白足小猪打死。周道士遂复活。

十三青衣人

东桥顾公秀才时，夜倚楼窗玩月，忽闻“且缓行，且缓行，恐顾尚书见之”。东桥公乃闭其窗，潜窥之，见一人持牌，领十三青衣人，入对门短篱内，遂不见。次日遣人访之，其家生十三小猪耳。

长安街鬼

弘治中，李公贞伯[1]为南尚宝卿，居西长安街南。尝半夜命侍婢秉烛下楼，入爨室取汤水。闻婢呼唤声良久，始来。问之，云："有二皂隶青衣执过，喝谓：'汝何敢来此触犯，应受杖去。'遂执之，将挞婢。固推拒。久之，灶后一妇人出，貌甚端好，冠饰衣服，庄严珍丽，状若贵嫔命妇，徐徐而坐，二皂供侍。妇问故，皂言婢犯禁故。妇曰：'罪固应尔，姑宥之。'皂执不可，妇又谆谕。妇旁又随一皂，传命令必释。二皂乃听命，舍去，婢得脱奔迸而来矣。"

此祝枝山所记。祝乃李公之婿。祝之书名满天下，其运笔之法，实得之于贞伯公。

上真赐药

一民家生子多病，术者谓命应出家。父母因诣洞神宫，祷于上真，许为黄冠以事神，冀祐其寿康。既越童年，顿悔前说，欲为娶妻作经纪。子年十八，病疫甚笃。一日无人在室，子仰看屋梁，忽见真帝自空而降，在承尘之上，怒谓子曰："汝当来伏侍我，何忽食言？吾今当取汝去。"子心犹明寤，恳告曰："诚负神明，然此父母意也。"神曰："然，固非由汝。今吾度尔死，有药一丸，吾置

① 贞伯为应祯字，尚道义，善文词，颇负时誉。

之窗棂间，可取服之。愈矣愈却，当来事我。"子感谢，神去，至门际复回，曰："汝病不消此一丸药，可饮其半，其半以救一跛子。"言毕而往。子即开爽，父母来，语之故，急趋视，果得药，色若蜂蜡，即剖半吞之入口，所患脱然，咸惊骇，感佩神赐。既而家人在肆中坐，见一丐者跛而过门，竦然曰："神所命救者，此良是已。"呼之，问其疾，既痼矣，因道其故，以药授之。跛即入咽，便觉脚已舒健，渐次行去，掷杖而归。明日来谢，步如故矣。予闻此于魏府挥使徐公言，此子亦与府中婕也。《枝山语怪编》

土　金　钗

弘治间，汉西门有张氏子，未娶，忽尔形气尫瘁，渐成瘵疾，久益沉殆，遂将殒殁。前后医祷既竭，至是家人审问得疾之由，始言初独寝时，有美妇人挑引好合。问其姓居，妇曰："我即对门史包头家女耳。"既而夜夜来处，今犹未绝。家人令伺其来，将彼衣饰稍损败，以验之。子如戒，妇复来，即潜取其金钗藏去。旦视之，乃抟土也。子大惊，众持之遍物色于京城诸寺庙中，久之，得于仓巷中土地祠夫人之首钗失焉。取以补之，吻合无间。遂碎其像，像之腹中当下部置一瓶于其间，口向外，以为阴藏，精液已盈瓶中。乃碎像沉于河，其怪乃绝。后生多作词曲以歌之者。《枝山语怪编》

未入皇城

武宗南征入京，未入皇城，恐其恋南不肯北也。圣驾住太监王洪家，江彬住太监郑强家。

狱神显灵

休宁程北谿，名邦政，字师文，尝开质肆于金陵市中。司城以师文奇货可有也，使盗引而逮之狱，且对簿。盗忽跃起，坐于梁，叱曰："吾狱神也。师文好义长者，奈何唆盗证之?"司城惧而亟谢，遣不敢问。夫狱神显灵如此，非师文之素行，乌能感动哉！余识师文子君衡太学，偶相遇市上，一揖而别。有老叟尾余后，指君衡谈师文隐行，因留步听之，大都皆君子长者事。

赏 菊 对

顾东桥公巡抚湖广时，衙斋菊开，邀数门生赏之。一狂生拣好花，摘两三枝戴于头。东桥不悦，因出一对，令诸人对之云："赏菊客来，两手擘残彭泽景。"张太岳对云："卖花人过，一肩挑尽洛阳春。"东桥云："此语已佳，不必更对。"遂酌酒。

鲥鱼转语

海门周吏部邀诸同寅游弘济寺，达观老衲在坐。庖人买得鲥鱼一尾。此鱼有禁，尚未进供也。海门问于达观曰："食好不食好，乞老师一转语。"达观曰："须是进供过，方可食。"海门曰："门外汉，门外汉。"李卓吾闻而击节喜之。数年后，一士大夫举此公案，要无象和尚下一转语。无象学于卓吾者，乃曰："只须投鱼于江中。"余谓此二僧，皆死语，皆门外汉。

自　犯

毛公渡傍关庙，殿宇甚卑隘，神极灵。嘉靖二年秋日，有蓬头童子卖米粉烧饼庙前，一人买饼食，遂诱童子入庙，用手巾勒死，尽取其饼去。偶过路人歇足，坐庙门限上，闻泥神周仓问云："该拿。"关圣云："自犯。"坐者惊骇，又见童子死于庙中，急急奔走。前途一人，迟徊不进，自讼云："只因几个烧饼，害了他性命。"口不绝声。众人知之，缚送于官，以偿其命。宋宗周之祖，号中洲，亲见其事。

两僧投胎

北门桥火星庙傍陈家，嘉靖初年一产两男。母方坐床上，儿问师兄："我两人发愿，同死同生，同为兄弟，今皆如愿。但虎丘寺到此颇远，两足倦甚。"答云："亦殊不觉。"两儿乃虎丘两僧投胎者。余询其事。张华宇谓，陈乃至亲，卖药陈三楼、三泉，即双生耳。

却　女　乐

竹堂王公敞，成化丁未官工科右给事中。弘治戊申，孝宗即位，赐一品服，使朝鲜国。其国主会陪臣出女乐宴公。公曰："天子在谅阴中，吾何以忍听此。"其国君臣相顾愧叹，乃遣去。

天包地外

清溪倪公，生而瑰伟秀异，甫五岁，闻邻塾书声，即请入游，间侍文僖公。问曰:“天上更有天,地下亦当有天。”盖巳悟天包地外之理。

从祀仍旧

礼科右给事中张九功、少詹事程敏政,欲改定孔庭从祀诸贤及七十二子。清溪倪公言:“马融、王弼之徒,其立身不无贬议,然秦汉以来,六经出于煨烬,赖诸儒抱遗经专门讲授,经得复存。自唐之注疏,咸祖其言,而今之经传引用尚多其说,何可尽废?况七十二子名字,自司马迁以来,相沿已久,今生千百年后,安敢臆定?”从祀乃仍旧。

蔡烈女传

蔡丑女者,上元文学蔡坦从妹也。少孤,与祖母居,已受人聘。一日,祖母出,有逐仆为僧行者醉酒来就食,乘间以货挑之,继以刃迫之,侍从老妪力救,被断一指,不克救。女为所困,衣裳尽裂,次第受伤至十一处,骂声不绝,竟死灶下不辱。血淋漓四下涂地。时女年十有五。贼既杀女,乃遁去。牛首山及官行验时,自来投跪验场,战栗叩首。官诘之,即自伏罪。官怪问其故,贼曰:“女实未死,引我至此。”嘉靖丁未春三月也。夫女既能杀身不辱,又能执贼报仇,烈气英魂,远迈丈夫,亦世所罕有者。呜呼,伟哉蔡!历代妇多孀节享遐寿,女不再嫁,此女为尤显云。陈芹与蔡为姻亲,能悉其事,为作传。

小九华石记

偶过胡彭举知载斋，见棐几片石上刻小九华石字。石小而奇，且秀色可掬，真缩九十九峰于一拳。因忆三十年前，从湖口观奇石，有“醉把一囊携取去，却教几上九华青”之句。今几上见九华矣。世有米颠之癖者，未见此石，观彭举之记可也。

癸丑夏，余开宅后园塘，掘得片石，横不盈尺，高可五寸余，亟以水浣濯之。文质古润，形色怪美，大小峰峦，崇卑岞崿，如青芙蓉乱插云汉，左耸二高峰，峰尖折一小峦，欲堕尖尾。生白石筋，萦绕分合，如瀑泉挂落。半岩有小圆池，泉奔其中，复倒流峭壁，数道泻崖下。壁腰断凹入为广，周遭径路逼险，通岩后大长池，池面阔满寸，深如之，可注水，供笔砚。池上重崖，洞穴良夥，壁前向山口有墩，墩畔露一纤石，吐光若星，傍横立五小峰，如老人联袂相顾，宛然观泉状。三峻巘排而夹之，连五老右峰，类九华天都峰，孤绝秀美，腹空洞，进如窟宅，上悬玉乳，有微隙通天，傍对峙两小石如门，门外平广似坡台，宛转接峰而起。台前隔涧抱一峰，如削成巑岏，双顶自山足突拥，若两仙人并肩而语。台边俯瞰，跨小石梁，度奔峰始尽焉。奔峰者，其体势若奔，名之也。其余磊砢碎岑玲珑互映，不能悉拟。余览之，褫魄飞魂，欢喜无量，真希世之奇宝也。儿辈云：“月前夜归，见园中地上有光，想此石欲出之兆也。”眉山苏子瞻藏仇池石，湖口李正臣蓄壶中九华石，此岂其流匹耶？大都白下多前朝故宫旧馆，海田变易，物有沉浮，余所居适其基地。此石形色古妙若是，必南唐珍物无疑。今特遇我而出，若有待也，亦夙因也。闻襄阳米元章有砚山，传为异宝。余考其图，未必过是。不恨我不见米家石，恨米老不见我石也。且余近蹈米颠癖，先得懒石，移卧阶前；后得小匡庐石，置玩几上；今复得此石，安放古砚边，朝昏相对，真忘饥渴，幸足娱老。此石信神而灵乎？不然何以知余之癖好而来余归也？遂命名为小九华。昔余曾游江上，遥睇九子群峰罗列刺天际，望之恍如是也。余宝此石，盖不让南宫之砚山也，因记之，胡宗仁彭举甫。

轸恤运艘

户部郎中韩襄宇家世百户侯，洞知运军之苦。一承板闸差，即革弊七款，中有两事，轸恤粮船。一革查粮船云：照得各船之中，粮运最苦，跋涉数千里，既阻隔于程途，往返一期年，又阅历乎寒暑。详查漕政浅船，北上原许顺带土宜，诚闵之也，诚恤之也。榷关者不谙故典，妄肆稽查，凡竹木酒米扫帚刀砖之类，无不吓其逾额，勒其纳料，以致运艘稽迟，军旗喧哄，非所以仰重国储而下恤贫军也。今后粮船到关，随到随放，土宜满载，听其自去，并不差人查问，亦不耽阁时刻。一革报仓口云：照得回空粮船，多有顺带货物。旧例每仓收钞二钱。粮船回空，大约八千余只。除空船不报外，有货者，或纳一二仓，或纳四五仓，甚者纳八九仓，一年所纳，或二千余金。但运军贫苦，带货数仓，所得些须，止可糊口，割鹭股以充腹不忍也。今后北来粮船，许其击鼓禀放，即清晨未视事之前，亭午已退食之后，无不到关就行。守关人役并不许上船一觑。夫襄宇革此二款，凡南来北上之粮船，不但受赐一年，且永为令甲矣。

四门修理

外城十六门，独驯象、大安德、小安德、凤台四门，凡有坍塌修砌，属于应天府。其工价派于句容、溧水、溧阳、高淳四县出办。

足兵训武疏

巡视南京营务兼管巡仓监察御史王万祚题为"留都营伍日凋，虚文操练尢益，敬陈足兵训武之实。恳旨振饬转弱为强，以备缓急事"："窃惟金陵王气，纪自先秦，我朝开基，遂成丰镐。海内无事则已，一朝有事，则宫殿厫仓草泽英雄，竞觊祇树敌资宗庙园林，神圣在天有灵，岂能自守。故命大臣练重兵兹地，所以拥陵寝，保河山，圣子神孙兢兢为首务。二百年来，设立教场、大小营、神机营、巡逻游巡营、新江口营，迩因关白之乱，添设陆兵水兵营，又以妖变，添立标营，星列棋布，制岂不详且周哉！顾兵也者，养之于无事，以待有事，先为不可胜，以待敌之可胜者也。我兵先寡，将何以御敌众？我兵先弱，将何以御敌强？京营兵旧十万有余，后乃日朘月削。今大教场见存兵止六千三百有奇，小教场九千一百有奇，神机二千五百有奇，巡逻游巡三千六百有奇，新江口五千八百有奇，总之不盈三万。内则徒手寄操居十之二，老稚疲癃居十之九。所恃者，止陆营之一千八百，水营之一千七百，标营之一千三百余人。而迩亦弱壮相参，非其旧矣！且逃亡住粮，词讼作缺，避劳就逸，随时掣去，有缺无补，一去不复，数年之后，宁复有兵？江北门户浦口营兵二千，池河三千，名在实亡。去岁稍传倭警，营官神惨色沮，胆战心栗，语曰：‘无恃其不来，恃吾有以待之。’而今所以待之者，安在哉？正德年间，刘贼以残败之余，三过江上，如履无人之境。嘉靖年间，倭奴以五六十人入樱桃园，歼我将士，血污红门。况今日兵又逊昔时远甚，而灾变频仍，民穷思乱，正盗贼蜂起之时。倭奴败琉球、困朝鲜，垂涎中国金帛子女，岭夷内讧，方搆引为乱哉！营弊百端，未易悉数，若死病当医，在救营伍之凋耗耳。惟凋耗，故欲拔选锋，而选锋何处可拔？欲汰弱兵，而弱兵将何补代？欲教武艺，而所教原非其人。欲明赏罚，而赏罚明于何地？只令各衙门重之工差，昔三人朋一差者，今一人倍应，典衣卖甲，顾募不敷，辱及营总，预为揭债。貂珰使者，计日算钱，认人敛直，月粮操赏几何，安得不逃？又责之养马家，有妻粮便号殷实，口食不给，饲料安出？玄黄药染，畜疾时生，道路僵仆，卖子鬻妻，安得不逃？夜巡缉贼，职固宜然，但奸穴渊薮，椎埋竞伏，野旷人稀，白昼杀人。入夜恣行，寥寥孤卒，姑保性命，进则畏贼，退则畏官刑，安得不逃？如此之类，皆由兵寡，当者愈苦，苦则逃，逃则愈寡矣。万历十一年，兵部于每营题补至一万一千三十五，年题准选壮丁，以充缺伍。而当行不行，耗而益耗者。又五年于今，亟在燃眉，祸不旋踵，宁得坐视为靡文，苟延岁月乎？臣窃谓，目前之计，必会司马、司农合而为一，以营法、卫法分而为二，而后其病可痊耳。今司马不选军，则诿曰‘户部无粮’。然而额定岁输，粟红贯朽自在也。司农不给粮，则诿曰‘兵部无军’。然而生齿浩繁，翘奇待充非乏也。兵老不选，其祸至于藉寇；兵粮腐不给，其祸至于赍盗粮。

仓皇穷迫而缓不及事，孰若室未雨而共计绸缪，车未败而合谋益辅之为得哉。夫卫所有正军、有余丁、有祖克、有投充，种种分别，毫不得混者，此卫中明伍之法，正击刺、善骑射，陆搏虎、水断蛟，十中选一，百可当千者，此营中选武之法也。今动称案藉拘例引嫌千百户，乘机挟取肥囊，积年军识营为垄断，准顶者未必宜兵，宜兵者未必准顶，无钱进身，即韩白李郭，有老死沟壑耳，国安得壮士而用之？独不思民间亡命尽人皆可为兵。独于真军，反多忌讳。臣诚莫得其解，为宜尽捐腐陋之局，痛惩刁勒之奸，查出十一年旧额，将五十余卫军，不论正余，尽数挑选少年膂力壮健、心神朴茂、精彩焕发者，尽作营兵。最上为选锋，次即为常伍，有余则补作驾船、守门诸役，于各营内汰出惴懦矮小、力差弱、年未衰者，充大小衙门官府跟随、导卫之用。其耳聪目明手持足行，尽足操弧负箧执矛荷戈，何必壮丁？法行自上始，旧有伏财营窟投托隐占者，勋功卿第，各自清查，但系卫军，送还本兵，一体审发。少壮入营操演，殷富责以圉牧，定案如山，不容生端。再掣讼庭两造，不得住粮误操。用此法选补于大小教场，各宜补足一万一千，神机合巡逻游巡亦然。新江口纵不能复旧额一万七千之数，亦宜选足一万二千五百人为一师，赳赳桓桓，彪虎成群，都城内外，气象自别。浦口池河，一时不能满万，亦先选各五千，连络犄角，声势相援。至于孝陵，原额二千，今亦宜于本卫军余挑选足一千，寄操诸军，此空势应撤回，彼空自为简补，枹鼓虽惊，松楸不动，则祖陵何地，尚不寒心。每营仍预取壮丁二百名，为听补军，遇有事故，两营按籍取补，无烦拮据，捍外卫内，策无逾此。或者曰，水陆召募之兵堪以敌外，数万金钱之养费，于浙兵京军，皆担夫菜佣，奚取徒多为，是大不然。祖宗执府卫为兵，战则领符，散则归卫者，为子孙练兵之良法也。即月米为饷，正军一石余，丁六斗者，为子孙省饷之良法也。即各营精兵六万六营水营亦各补足二千，则彼此协力共雄威，合成一体，既不至露弱偏枯，启骄悍要挟之端，又不俟他郡召募，取增饷坐索之扰。不然，则仅仅两营浙卒岂有倚仗克敌之理？而蚩蚩易种有怒相攫，能保无狙诈作敌之忧哉？借兵以护兵，舍饷而营饷，久长之计，正不为是耳。补伍而后，当议者四：一曰蠲杂差以示优恤。营军不备战守，而备工差，临操不比技艺，而比工钱，当事宁尽糊心昧目乎？自今伊始，敕下内外守备衙门，正差、撮差一概禁革。龙袍、神帛、铜器、青果、板方、砖石等杠，原设钱粮尽宽，内监动支顾募工部销算，即各船护送，不得离汛地，看守不得过晨宿，少苏困军可也。一曰勤训练以养实材。今轮班进营，逐日走队，金鼓旗帜，非不可观。跳躍起伏，傀儡儿戏，侵辰而入，抵巳而出，岁岁如是，责之对敌，茫然无知。不若另立为练法，每五日，以一日走阵，四日演艺，如火器千人，必千人精也；弓弩千人，必千人精也。某技大良，某技次良，卫总分试，把总轮试，坐营抽试，皆躬较而心体之。举名则知其技，举一则知其百。庶队无不精习之士，而营无不知兵之将。临敌则有所恃，无所畏。有所恃，则奋勇而直前；无所畏，则神全而气定，何败之有？一曰给器械以助军威。查得三十二年，兵部每军给弓银三钱，又鸟铳数千，以后径催，自备钝戈敝甲，断弦绝羽，狼筅枯株，铳眼喷药，甚至三人共执一器，深可怜悯。乃内库所藏，畜积颇多，国初铸造钢锋劲利之器，置之无用，宜择良有司暂领其事，各就库部领出修理，再不足用照先年事例，每兵量给价银，督令自备铅弹火药。匠作刻期，早办早散，勿致休班，乾没无算。庶器与人相习，有一器济一军之用矣。一曰增战船以防水攻。长江天堑，舟战为上。高樯巨舰，驾用多人，旋转不便。若沙唬二船，沙船面阔底平，可贮正兵；唬船形尖身疾，可贮奇兵。为用甚亟。旧制十年一造，五年一修，然而旋坏旋修，则兵得船之利，而官亦省造之费，似不必尽拘年限。新江口船，旧四百有奇，今存者百十只耳。作头图侵，恣意延阁，风雨朽坏，薄板稀钉，竟难冲浪。水营兵船多不满百，贪弁染指，柳质易腐，近更修饬，载兵无几。篙师、舵工，手踈目炫，胶舟可虞，合无以造船，职掌总属兵曹专督岁修。江海之滨，舟操若神者，实繁有徒，与兵偕选双轮激水之类，并考形同造，此水军之急务也。更有宜议复设者，诸营外列江口最要。成祖屯重兵江上，以文武重臣统率之。旧例，官军住宿，早晚点闸，跬步难离。今厌薄险远，如御魑魅，官弃伍而家居，卒舍舟而城处。缆舟漂泊，寂无人知。诘其所以，则江岸倾滩，营场圮坏，将台军垒，湫淋泻湍，重镇军机，废弛至五六年矣。徼天之幸，时不再得，亟宜培拓垒基，容畜操众，疏开两河，停泊舟橹，修复窝铺，顿插巡军，卯酉如故。舟师箭射火攻，逐样演习，把总六员缒舟画地方分守，仍与水营游兵营绳贯，联为常山蛇势，以六分中守，以四分为两支，同水游兵防观音港、河口、龙潭诸处。而哨官带领一出，哨于梁山与荻港；营兵会一出，哨于天宁洲与仪真。兵会上下江，往来搜捕贼窝，更番迭出，首尾交错，血脉流荡汛地，游兵营亦期会适中处，随众习操，免致抛零，武艺生涩，庶江险为我兵所据，而敌不得乘耳。又查嘉靖年间，兵部因事预防，有四面营盘选锋伏场之建，南如石子岗，东如土山，西如望江楼，北如仙鹤观、麒麟铺、东山寺等处，墩台累累，一以控扼地形，一以埋伏人马，承平日久，或土民侵占，或荒芜积草，今西尚有，而东南北三面旷然失陷，旧址可寻，可不亟行查复，整立守望，春秋阅视，播威武以摄不轨之民乎？新江口抵江浦驿三十里程耳，近闻新河相望颇近，一苇可渡，宜有重险，以限长流，得无新江口船额告复其旧，分支船以卫浦口东西两岸，对守戒严，贼从水则夹击之，便从陆则摧遏之，易乎？浦口一营，逼近卧榻，厫栋遼远，庾廪露积，不患无粮而患无兵，不患无兵而患无法。青衿里中豪，翼庇军伍，偷惰骄玩，诽谤告讦，持将吏短长，即守御莫敢谁何，安问其他？一水仅隔，法令顿殊。至于池河，相去弥远，指股同大，冠履倒置，军民概处，风俗浇漓，莫可挽回。盖由武臣权轻，弹压无人，末流至是，合无比户部例。专差兵部司官驻扎滁州，巡守二处，赏罚号令，一出其手，圉牧屯粮，亦令带辖。豪强奸党，武断窝访，剥军扰官，把持营卫者，或关会京营挐治，或径移法司究罪，然后军法不挠操练，不虚外营，庶其有瘳乎？今卫民防倭，旦夕难缓，奉有谕旨，而兵、工、户三部，相视莫敢前者，莫如浦口之城。夫诸臣岂不知百万生灵，藉城为捍，敢易视哉！第波浪漂荡不常，恐为有力者所负。闾阎折毁不便，谁与无辜者为仇。万不得已之计，窃以为宜循万峰门城墙旧基数武，即穿入空卫地，循山而登，就岗脊延袤之，紧包三仓，东望群峰，内拓其地，接旧城阙为一空城，以待民自徙，有变则入而避兵，无事则仍旧安居。

□□□□□□□江涛难至，墉巍且坚，凭高击下，峻屹易守，父老子弟或无难色，从长酌议，刚断必成，毋更筑室于道谋耳。臣再历池河，见其平原，四望真古战场，关山万叠，匹夫可守。地当钟山、凤阳两陵寝之间，所为救护之使不得犯遏；抑之使不得渡胥，于是军攸赖，则非山苞川流之兵，未易办此。四时讲武赏劳，无出兵部，宜为设处。三卫屯粮割归于滁，户部宜撤还，选总督有材望者坐镇料理，猛虎在山，藜藿为之不采，而今谁其人耶？嗟乎！择兵不如择将，而将非可仓卒召也。古者奴虏不弃，贪诈可使，为其人难得，顾智谋勇略，足济实用，何如耳。今在籍老成名将，岂尽无人？有身经战伐、夙著勋名、偶以病归者，有一眚挂弹、抱负实奇、桑榆可收者，有据鞍矍铄、渭水堪夺、金城可图者，与其闲置于林下，孰若储养于留都，与其以好爵靡土木藻绘之形骸，孰若以重禄优御侮干城之耆硕，出可搴旗，卧堪借箸，恳乞圣明特谕本兵搜求宿将，起任南京五府，镇守江南，亦可以备西北不时之需，则得大将一人，贤于十万师矣。臣营差幸竣，目击营务衰弱，实切深忧，敢献刍荛，伏乞陛下电览下部，再加查核。如果臣言不谬，乞赐举行其于京营，不无小补矣。臣不任惶悚待命之至。”王公此疏，切中时弊，确乎可行。庙廊果能用其言，一一行之，岂但金陵之福而已乎。

不二无子说

徐少溪进香武当山，祈生子，以无子因果问于不二和尚。不二曰：“你不少他的，他不少你的，他来怎的。”可谓确论。

食肉杂血气

友人仆名供元，食斋甚虔。余询其故。供元对曰："此身皆父母血气。食猪羊肉，即杂猪羊血气；食鸡犬肉，即杂鸡犬血气。岂忍以父母之身而杂之以禽兽乎？"余闻之，悚然。僧之食斋者多矣，未有此论。

道士人面疮

海盐董两湖云："医书言，人面疮是袁盎、晁错之冤，诸药不效。以贝母啖之，遂愈。"正德丁丑，临淮贡士彭镛邀予饭，有神乐观陆道士者在座。老矣，当时失问其名。彭指之曰："陆公少时，尝生人面疮。"余因问之。答曰："年十七时，夜与本房老仆忿争，殴之死焉。房后地旷而风烈，吾师忽聚薪焚之，天明无知者。十年足外臁发毒成疮，疮口似唇，而有舌无齿，能言曰：'我即仆也，我今安在？'且索酒食。但开口言时必大痛，重绝口闭。复苏，饮之以酒，则四周皆红，啖以脂膏，亦能消烁。食毕则闭，疼乃稍可，但流脓血不止。每日一度或二度，其发无常，极受苦楚。贝母亦不能疗。如是者一年。忽七日不言，以为将瘥矣。有兄在牛首为僧，行往访之，在寺几半月。忽复言痛绝尤甚，曰：'我才出数日，汝即避我，使我寻之苦也。虽然冤亦解矣，汝明日下山，遇一樵者，可拜求治之。'明日果遇樵者，恳焉。樵者厉声怒曰：'业畜敢言我也，去！半夜疗汝。'忽不见，恍然回观。夜梦金甲神人，胸挂'赤心忠良'四字，谓曰：'药在案上，可煎汤服之，以左手持药，查出水西门外第二十家，门首有妇人泼水者，即弃于道而返。'觉起，视案有物，如乱发而无端，遂如戒，果见妇人，弃之归。疮遂愈。自后屡探本妇，竟亦无他，不知此何故也。"陆时自出其足，尚有微痕可验去。

谋选科道

陈楝塘良谟云："龙西溪佥宪名霓，语我曰，往年在京师，其同年友某行人一日过西溪邸，谋曰：'吾欲注门籍几日何如？'西溪问故，答曰：'近有湖广差，我将避之耳。'西溪曰：'何哉？湖广非险远，况尊翁在堂，便道一省觐，岂不善，乃欲避邪？'行人曰：'实不然。吾闻吏部将选科道。若承此差，恐不得与选。吾且避之，则杨子山当行。'西溪曰：'若为此，吾不敢阻君。'行人竟称病注门籍。不意才数日，吏部遽开选，某行人势不可，即出杨因应选，遂得吏科给事中。某行人徒抚膺怅恨而已。"可见为谋不臧，适以自败，反以成他人之功，良可哂也已。

王　绣　二

上元土豪王冠，原籍江西，俗呼为王绣二，恃财狠戾，习房中修炼之术，拜方士王赤肚为父师，配以妻室，自置婢妾十余人，恣意淫毒。俟有娠将产，辄以药攻之，孩一下，即提入臼中，和药杵烂为丸。或购别家初生幼孩烹之，其惨酷所不忍言。事发，属刑部尚书王公、郎中严公鞫问，权贵争为求脱，竟拟采生折割，凌迟处死，都人称快，编为戏文，殊鄙俚，今不存。

新公塔铭

高座，本晋时古刹，而碑碣绝无，小碣隐于聚莽，乃绍兴中甘露传灯正祖大师法永为东讲院主慧新立者。文与字虽不甚佳，而实雨花之遗迹。内言新公负母礼普陀，遇大士化现曰："观音不在南方，汝途中错过。"又曰："以有为身，易无漏智事。"亦奇句，亦古也。

灭渡桥颂

雪浪长干讲师结庐葑门灭渡桥畔。董太史玄宰微服过访，正从桥上过，见一童子问云："灭渡桥向何处？"是童子不答。惟相视一笑而去。玄宰为雪浪言之，雪浪颂云："车马纷纷去复还，问津童子但开颜。分明底意谁能会，一片孤城万里山。"

风　　鉴

高座寺僧道清，善风鉴，往往有奇中者。成化初年，应天府丞谈公本彝过高座，道清相之曰："公黄气自天庭接眉宇，必有高擢，不出两月，驿马已动，必是顺天正尹。"时十一月朔也。迨至十二月二十八日，谈公复诣清，嘲曰："向云两月，今五十八日矣，当复云何？"清拭目注视，忽曰："前说必不爽也。"谈大噱而别。除夕，驿报至，果升顺天府尹。噫！清之术亦神矣。

鬼　头　王

正统间，指挥王敏，无子，以运粮把总至京，过济宁，买一妾，色美而贤，内外宗姻咸爱敬之。生一子。未几，夫与正室相继死。妾治家教子极有法度，既而子袭官，复为把总，部运北上，恳请其外家所在。但言嫁时年幼，已忘之矣。妾之归王氏者三十余年，早起必梳沐于榻上帏幕中，至老愈严肃。子妇晨省，立于户外，伺其自出，然后敢前谒拜。近侍有二婢，亦未尝见其梳沐也。一日晨兴颇迟，二婢立榻前，忽风动帐开，乃见一无头人坐帐中，持髑髅置膝上，妆饰犹未竟。见二婢，仓皇举髑髅加颈不及，身首俱仆。婢惊呼子妇入，则固一枯骨也。人因呼其子为鬼头王。

盗发秦桧墓

秦桧墓在江宁镇，岁久榛芜。成化乙巳秋八月，为盗所发，获货贝以巨万计。盗被执，而司法者末减其罪，恶桧也。有蔡西圃名昂，历事大理，亲阅囚牍，为作诗以快之。

供膳无箸

矩庵陈公镐为山东提学副使时，夜至济阳公馆，庖人供膳，而无箸，恐公怒责，而公则略不为意，或请启门外索，弗许。庖人乃削柳条为箸。公曰："礼与食孰重？"竟不夜餐，啖果数枚而已。善饮酒。父与竹翁虑其废事，寓书戒之，乃出俸金，命工制一酒器，镌八字于上云："父命戒酒，止饮三盏。"士林以公为迂介士云。

刻木为舟

成化间，一乐工能刻木为舟，大可二寸，蓬桅橹舵咸具。两人对酌于中，壶觞饾饤满案，一人挽蓬索，一人握橹，一人运舵，皆有机能动，置之水中能随风而行，略无欹侧。一舟必需白金一两，好事者竟趋焉。

狗埋母骨

穆士容云："邻有母狗，生三小狗，留一看家，将母狗烹食之。主人吐其骨，小狗即衔去，跑土埋之。"义哉狗也！世之不葬其亲者，愧此狗多矣。

不敢致馈

尚书童公轩，性寡合，不妄取予。家人衣食或不给，虽三原王公馈以米及白金，亦不受。昆陵王尚书㒷知其介，不敢致馈。值有持礼币求文者，因谓曰："童公之文胜余。余令人导汝往求之。"至则童公问其人曰："汝自来乎？抑有使之者乎？"其人以实对。遂却而不纳。其介如此。虽若过中，亦当世之所难也。

《濯缨亭笔记》

下　卷

壬子场事

万历四十年壬子科，礼部以典试请圣旨，未下。应天府尹又以典试请圣旨，未下。至七月二十九日，上命左谕德赵秉忠、洗马邵景尧主试事，八月二十日方入帘，房考、推官、知州、知县十四人，已住公馆半月有余。二十二日头场，二十五日二场，二十八日三场，九月初十日揭晓。

本府应试生员二百余人，无一人中式。校江府张履端、张轨端、张拱端兄弟三人高中。堂堂天府，反不如张氏一家。甚矣！文运之厄也。主试、监场、提调曾不加意首善之地，何也？说者归罪于开河。然欤？否乎？

秀才贫者，十居八九，久住京中，未有试期。归家取盘费，遂误入场者三百余人。

好事者编一《桂枝香》曲，以嘲脱科。和其韵者数人，皆不平之鸣。

堪舆程梦麟未入场时，对乡先生沈生予云："府学修方有犯凶星，定是脱科。"沈生予笑其术之未必精，为妄言也。及揭晓，方神其说。

场中原有"佳"字号，以别于他府，不知革自何年。

隆庆庚午科，治中包公在场，见填榜至四十余名，本府无名，遂言云："应天费许多钱粮，费许多心力，曾不见一人中式，府官无光彩。"此公有才有守，越府尹言之，故理直词壮，遂得中四人。

太祖开科以来，南场改易试期者，此壬子科；不中府学一人者，此壬子科。

门下晚生

邵公景尧主应天壬子乡试，率一榜举子，到太史焦澹园门，每人具一门下晚生帖投谒。缘邵洗马乃焦所取士。此翰林故事，谓之传衣钵。

程途万里

韩峰沈公越，嘉靖乙酉秋八月入试前一夕，梦人告之曰："程途万里。"及放榜，韩峰中矣。见榜上第四十四名程途，歙县学生诗。赴宴时，适与程途遇，询其字，曰万里。可见功名有定数也。

定　　数

韩峰沈公嘉靖乙酉与句曲许莀斋彦忠同读书，夜间议定七题，同榻而宿。每五鼓将尽即起，拈笔作至茶时，稿完，韩峰即往寺中授徒，日日如是。凡题无不同者，独能"尽其性"四句，莀斋不欲作而作，自诚明一节场中出"尽其性"四句，韩峰中式，莀斋不第。至辛卯始中二人，同赴会试。及揭晓时，韩峰梦人将桂花一大枝投怀中，莀斋即以衣袂承之。及惊醒，犹闻桂香，而报者至门矣。苠斋复不第。至甲辰，韩峰监试，而苠斋始中。岂非有定数耶？

软　员　领

许石城公中嘉靖乙未会元，会魁薛方山戏云："石城不过是件软员领，若无我硬衬摆，撑驾不起。"石城即答云："君之硬衬摆，若无软员领遮盖，难见大人君子。"二公可谓善戏。

进士未官

中进士未授官者：陶元素。

举人未官

举人官至尚书者，陈公恭一人而已。其未沾一命者甚多。姑自正嘉以来，余所知者纪之：黄炎杲、金瀚、金大车、张含、薛盘、沈九思、柳旦、王肖徵、殷序、金昺、李镔、徐煜、张士德、皮光国、贾明道、焦周、王庭钥。

贡　　士

由贡中举者有矣，中进士有矣，独顾邻初之会元，朱兰嵎之状元，足与贡士吐气。

中顺天乡试

中顺天乡试者：蒋敷、田斌、蒋敌、顾言、沈皓、倪岳、倪阜、孙义、沈庠、吴珵、黄炎杲、谢芳、强毅、江镇、李时彦。复姓为俞彦。

中外省乡试

中外省乡试者：张祥，山东；田蕙，山西；金逵，浙江；许子伟，广东；张志淳、张含、张合，云南；向簧、杨荷春，贵州。在外省中者甚多，不能尽记。

交趾中乡试

交趾人中乡试者：陈芹。

回回中乡会试

回回中会试者：金贤；中乡试者：金大车；岁贡者马应龙、范一清、张锐。

父子尚书

倪文僖、倪文毅，父子尚书。

父子御史

赵雪岩、赵鹭洲，父子御史。

父子传胪

古峰余公光，嘉靖壬辰三甲第一人；幼峰余公孟麟，万历甲戌一甲第二人。父子传胪。

父子解元

张公志淳，成化癸卯；张公合，嘉靖壬午。父子中云南解元。

父子进士

吴公璘、吴公大有，倪公谦、倪公岳、倪公阜，王公徽、王公韦，金公泽、金公逵，李公昊、李公熙，金公绅、金公麒寿，张公志淳、张公合，王公銮、王公可大，金公章、金公清，赵公俊、赵公兑，余公光、余公孟麟，何公汝健、何公湛之、何公淳之、湛之子栋如，顾公国辅、顾公起元、顾公起凤，皆父子进士。

兄弟进士

翟公瑄、翟公瑛，倪公岳、倪公阜，陈公镐、陈公钦，金公冕、金公章，郑公濂、郑公河，何公湛之、何公淳之，顾公起元、顾公起凤，皆兄弟进士。若顾公璘、顾公瓀，乃从兄弟也。又若徐公凤翔、余公大成，实亲兄弟，大成因出继外祖余幼峰家，遂为表兄弟矣。

兄弟同榜

兄弟同榜：陈镐、陈钦同成化丙午乡试、丁未会试，徐九经、徐九畴同正德癸酉乡榜，何湛之、何淳之同万历丙子乡榜。又若江锐中应天正德丙子榜，江镇中顺天正德丙子榜，亦可谓之同榜也。又若殷康、殷序同中嘉靖辛酉榜，乃堂兄弟耳。

两世同榜

焦澹园、吴韫庵、董少渔，同中嘉靖甲子榜。澹园之子焦周、韫庵之子吴汝璟、少渔之子董天胤，又同中万历癸卯乡榜，两世同榜。

三状元子同榜

万历癸卯科张阳和子张汝懋，沈少林子沈有则，焦澹园子焦周，三状元子一榜同中，大是奇事。

两世秋元

方山金大车中嘉靖乙酉乡试，有赠"两世秋元"一匾者，王子新戏曰："好对'一场春梦'。"

三掌户部

梁端肃公材，初为户部尚书，丁忧归。再起，再致仕，降本部右侍郎。三复原官，加太子少保。

三任提学

与槐谢公少南，以侍御督学畿辅，以宪佥督学粤西，以宪副督学秦中。门悬一匾云："三简文宗。"乃文待诏徵明八分书。

江南二绝

林屋蔡九逵云："金子有之文词，王子新之字画，乃江南二绝。"

九日联句

嘉靖乙卯中秋，姚元白张宴中林堂，邀南海吴而待，云间张玄超，姑苏吴子克、周公瑕，里中金在衡、陈子野、金大舆、盛仲交，为玩月之宴。及九日，元白再宴焉，而雨大作，因为联句诗。诸君搦管而思，夜半甫毕，盛仲交独宿斋中，人作一小传以纪之。

奸　党　榜

正德二年，逆瑾矫敕戒谕百官，勒罢公卿台谏数十人。又指内外忠贤为奸党。矫旨榜朝堂。南道御史李熙在榜中，上元人。

柿蟹相犯

杨希夔有声文场，偶食蟹，又食一柿，遂腹痛泄泻。老医云："二物相犯，不可并食。"后三日乃死。食蟹者不可不知。

不浴温泉

吴运嘉游宁夏，过临潼邑，从城外访温泉院，即唐明皇所营杨贵妃浴池也。因口占一绝云："骊山宫殿势参差，何物杨妃洗浴池。千古丑声流不尽，到来何忍溷于斯。"遂不浴而出，孰谓吴人不痴乎？

处偷儿太过

一富家，夜捉得偷儿，乃邻人也。因剪去其发，墨涂其面，纸塞其口，褫其衣服，缚两手于臂，纵之去。偷儿用脚敲家门，门开，父兄以为鬼，共朴杀之。偷儿固可恨，处之亦太过矣。

新妇处偷儿

丹阳王集，号华南，谈其族侄名诚者，流寓南京高桥门外。性不饮酒，闻糟亦醉。因娶妇，强吞合卺酒三杯，不觉沉醉，连衣熟睡。新妇独坐，更深，闻有穿穴声，潜至穴边候。偷儿方入，即捉发提起其头，以杌子塞其咽喉下。唤醒其夫，举烛照之。夫大惊曰："此邻人某也，已死穴中，奈何？"新妇曰："毋惊张，我自有处。"乃高大其穴，开一衣箱，盛却偷儿，夫妇舁至偷儿门前，轻轻击门三下，潜归，方声言失盗云。新妇亦女侠哉。

门生三解元

尹公继皋，号玉涵，讲举业善于启发。嘉靖戊午科应天解元佘毅中、广东解元崔完、山东解元李学诗三人，一年同中，皆尹亲授业者，可谓极盛矣。乃玉涵仅中乡榜而已，惜哉！

瓦　剌　辉

瓦剌辉，北虏也，投降于驸马梅公，有胆力，有信义。永乐三年冬，梅入朝，仇家都督谈深、指挥赵曦令人挤梅死竹桥下。都督许成发其事。上怒，罪深、曦二人。对曰："此上命也，奈何杀臣？”上大怒，立命力士持金瓜落二人齿斩之。瓦剌辉请斩谈深，仍割其手足，剖取其肠，持祭驸马。祭毕，自缢死，葬于驸马坟傍。

诗讥占产

正德年间，御史李公好占人产业，不三十年，拆毁已为空地。后一御史，好强占房屋。好事者粘绝句于门云：“占人产业与儿孙，不种桑麻种祸根。请看李公基上屋，至今能有几间存？”噫！此诗严于斧钺矣。

《慧月天人品》

万历十四年七月，司马汪伯玉先生在焦山延四方僧：天界云松，栖霞素庵、从实，瓦棺振轩、玉轩主其事者，焦山见源共二十四众，建水陆无遮道场。有一词客，携旧院妓徐翩翩拜佛。伯玉先生作《慧月天人品》。

函大士与诸长者子，俱结夏水晶精舍。仲氏示疾方丈室，季氏褊袒主陀罗尼门。时镜空长者子，朝彻长者子，空藏长者子，参辅大乘而为上，首夏之半，适一莲叶，沿江下流，其上载一天人，翩翩而至。至则屏花鬘而衣缟素上谒。门徒皎灵生少广天，与诸天人等诸天具诸相好，嗜诸音乐，习诸纷华，皎灵猥以非。夫容观无冶音乐，无所御纷华，无所濡诚愿，一跃波流，直登彼岸。窃闻大士契无上道，演无上乘，用蠲五漏之身归依，无漏门徒入。白大士如天人言，大士谓之人也。畴昔种诸善根误堕彼，辄一变至道，则其优为，遂命门徒肃之而入。于时绕席奉足，五体投地，白大士如初言。大士正襟而语，天人善哉，希有诸天乐矣，若复何求？夫乐为苦，因苦则乐，果欲度诸苦，去乐为先。苦乐无常，皆非真义。苦无所苦，乐无所乐。是则天真脱令汩乎其真，则天人亦一苦也，众生亦一乐也。火驰轮转，迭相循环，此有生之徽缠，大慈之所深悯者也。希有愿超彼辄所谓无碍智者非耶。尔时天人爇旃檀香为大士供，大士言：善哉希有。乃然西域名香胡然，而然胡然而烬，然则畴入烬则畴归，其性本然。不涉生灭，不生不灭，何异薪传。性空真臭，性臭真空，名曰旃檀，实非旃檀，是为旃檀。吾斯无受而无不受矣。天人乃笥天衣为大士供。大士又言：善哉希有。衣我如是庄严珠，有牟尼宛然在，袖握之径寸，同吾袖中希有四铢，亦俱此不忘，应不减有，亦不增。累累夜光，珠珠相射，凡我仲季若诸长者子，遍照相同。吾摄是衣，受无所受，此何以故，名其故也。又何以故，同具故也。尔时天人逡巡却步，奉青莲花树七宝瓶，于是挈瓶而进之，为大士供。大士拈花微笑向天人言：善哉希有。供我优钵罗花，是出九品上池，其花千叶，叶各趺坐，一佛法相，如如其斯，为妙色身，即圆满报身也。其花或出淤泥，皭然不染，要其高广置之。大海与大海同其斯，以为千百亿化身也。虽芳馨色泽，曲畅群情，有目者之所习观，有鼻者之所习嗅，要以无色而色，无臭而臭，殆不可得而名其斯，以为清净法身也。夫妙色身则无尽藏也，化身则光明藏也，法身则虚空藏也。揆之正法眼藏，得无尽则光明，得光明则虚空。得光明虚空，则无尽希有一三身也。三身一希有也，尔无供莲，莲在尔所，无所无非所，是则真如希有勉矣。于是天人闻斯义，已泣下沾襟。吾初供师，师导吾入众香界，及吾再供，乃授我如意珠。三供礼成，乃纳我莲花藏，即慈悲父，天人师不啻也。于是稽首座下，合掌而说偈言：

金粟下生不二尊，以居士身而说法。

超我有情堕乐趣，归千无上妙菩提。

香云高盖本来空，贫子故衣珠自在。

愿摄三身入三藏，默然独立总持门。

愿言解脱有漏身，愿言顿悟无生忍。

愿得名号为佛子，愿得常住化人居。

大士闻偈赞言：善哉希有。乃能发如是心，证如是法，是用锡尔名号，表尔辩才，义不重宣，第为之偈：皎灵无所著，普照有余师。字尔曰慧月，号尔曰幼慈。天人闻是偈，已引身而退，造陀罗尼门。历方丈室，谒诸长者，子白是义。于是鱼龙遍踊，瓦砾同宣，四众欢喜，奉行与净名等。

汪司马作此品，门下士遂录而梓之。送板于徐姬家，时丹阳姜公在礼书，既爱其文，又惜其文，从徐姬家取板毁之。更寄书司马，劝其用世，不可作无益文章。司马曰："若起官，须得七千金方可，何处觅此七千金耶！"

焦山道场毕，云松老衲过余草堂曰："莫谓无鬼神。道场圆满，放灯江中，灯忽逆流，二三百盏聚于寺前。江风不能吹，江波不能遏，非鬼神之力，乌能然哉！"老衲之言，定尔不虚。

《青楼行》

嘉靖末年，旧院妓陈彩鸾与江监生情狎意迷，老鸨欲绝其往来，两人遂同缢死焉。有人作《青楼行》以伤之云："青楼女儿心独苦，艳妆日日从歌舞。妾身已作路傍花，博得黄金娱老姆。自嗟薄命相耽误，此日衷情向谁诉？初时犹自带娇羞，可怜习惯应如故。相知谁不贵白头，妾身一似水东流。才为故人谈旧恨，又对新知歌别愁。江郎顾我良不贱，妾意君情两相恋。千金用尽妾自知，老妇顾欲唾君面。君虽怜我难久留，我欲从君不自由。何似当初不相识，今日恩多成怨仇。此时此际饶多恨，柔肠折尽无一寸。绿珠不是负恩人，区区生死何足论。生则同衾死同穴，悲莫悲于生离别。香消玉毁自有时，琵琶弹罢声凄切。情牵意牵惟一线，木石心肠终不变。前身后身知是谁，但教世世为姻眷。君不见，玉环比妾更无缘，不闻开元天子同白练。"

书　低

友人谈戏语，讥秀才云："一秀才赁僧房读书，惟事游玩而已。忽未午归房，呼童取书。童持《文选》视之，曰：'低。'持《汉书》视之，曰：'低。'又持《史记》视之，曰：'低。'主僧大诧曰：'此三书，熟其一，足称饱学，俱云低者何也？'试窥之，乃取书作枕耳。"

范 字 头

嘉靖丙午科，郭公朴、孙公升主试，填榜至一百三十三名，乃范一清。府尹蒋公急止之曰："且勿写。"然已写草头矣。对主试云："范一清文优行劣，不可更中。"两主试云："老先生请荐一人。”府尹曰：“去一人，荐一人，是为私意将备卷中取一卷可也。”及检备卷中，乃得蒋山，遂填之。先写范字头，若待蒋者。可见功名有一定之数。乡评推蒋为君子人云。

不宜贱售

上元姚三老贽甲闾右，尝买别墅，其中有池亭假山，皆太湖怪石。一日，狂客王大痴来游，酌池上，酒酣。大痴曰：“翁费直几何？”曰：“费千金。”大痴曰：“二十年前，老夫曾觞咏于此，主人告我费且万金，翁何得之易耶？”三老曰：“我谋之久矣。其孙子无可奈何，只得贱售。”大痴曰：“翁当效刻石平泉，垂戒子孙，异时无可奈何，不宜贱售。”

七人代笔

浙江永丰县监生徐某，家十万之富。万历丁酉科，入北场乡试。全玄州、焦澹园二公主试。徐买七人代笔，每人作文一篇，房考取为首卷。全公亦已选中，及澹园阅之，乃批云：“七篇清浊长短不同，如出七人之手。”遂尔不中。永丰人服焦阅文眼力通神云。

沈氏三殆

云浦盛时泰，字仲交，高才博学，有声文场，既屡失意，将老矣，居常仰屋而叹。孺人沈氏闻之，则曰：“君见里中得意人乎？不过治第舍，买膏腴，荣耀闾里尔。以妾观之，盖有三殆焉：屈志狗人一也，逾宪黩货二也，生子不肖之心三也。孰与君家居著书之为高乎？君且欲富贵，即孝廉亦可图，不则从君隐处山中，何不可者，又免三殆之忧，顾独奈何长叹哉！”盛君笑应曰：“尔能是，吾今可为大城山樵矣。”

通肠接骨草

万历戊寅十月，童良玉老年得关格症，医药不效，殊无起色。偶道人过门索食，其子秀才名廷对者，食以糕，更请，乃买糕饱之。顷曰：“汝家何事奔皇乃尔？”语之故，且延视之。道人曰：“勿虑，而翁今日可不死矣。令人从我去。”道人寓三山门外小茅庵中，廷对亲诣其处，见其囊中止药草一束，悉以付之曰：“此通肠接骨草也。四月发芽，百日枯，多生于观音山。早向阳，晚受阴，状似益母。梗方而凹，绿叶如芸，生采得汁一盏，便活一人。此则去年所收干者，可将若干放砂礶中，用一大盂水煎服。”归，如法治以进父。服三碗，果神效。及走谢，已行矣。此草尚有半，又转以活。上河一徐姓者，考《本草》，无所谓通肠接骨草也。

盒子会词

石田沈启南云：“南京旧院有色业俱优者，或二十三十姓，结为手帕姊妹。每上节，以春檠巧具殽核相赛，名盒子会。凡得奇品为胜，输者罚酒酌。胖者中有所私，亦来挟金助会，厌厌夜饮，弥月而止。席间设灯张乐，各出其技能，赋此以识京城乐事也。诗云：‘平乐宵灯闹如沸，灯火烘春笑声内。盒奁来往斗芳邻，手帕绸缪通姊妹。东家西家百络盛，妆殽钉核春满檠。

豹胎间挟惊冰捥，乌搅分才揶玉生。不论多同较奇有，品里输无例陪酒。呈丝逞竹会心欢，袖钞裨金走情友。哄堂一月自春风，酒香人语百花中。一般桃李三千户，亦有愁人隔院住。’”

听　　筝

教坊李节筝歌，何元朗品为第一人。盛仲交有《元朗席上听筝》诗云：“酒清香蔼夜挡筝，弦上凉生六月冰。但许风流擅南信，不教飞梦绕西陵。”文休承和之云：“泠泠寒玉泻秦筝，片片清声似断冰。一曲浑疑李凭在，不知秋旅是金陵。”张玄超和之云：“披帷月底理鸣筝，哀调澄于镜里冰。试使楚王闻一曲，可怜应不数安陵。”黄圣生和之云：“月照高堂弹玉筝，泠泠飞峡泻寒冰。羁人一听阳春曲，不畏秋风客秣陵。”周公瑕和之云：“字吐圆珠洒玉筝，分明弦索响清冰。汉庭此日谁承宠，闻道延年压五陵。”何元朗和之云：“汩汩寒泉泻玉筝，泠泠标格映清冰。愁中为鼓秋风曲，不负移家住秣陵。”

穿　红　靴

嘉靖乙卯科，秀才周易梦穿红靴，皆不能测其吉凶。及中三十七名，名在榜纸接缝处，有红印印之。印角在易字上，宛如红靴然。

妬妇针肠

一吏部无子，妻极妬，妾方坐蓐，乃盘肠生。妻暗将针刺于肠上，妾生子，觉肠有时刺痛难忍。收生婆私告于妾，妾与吏部言之。诸医束手，访于一全真，曰："我能治之。"用磁石大块，从痛处引之，引至于脐，针从脐中出，妾竟无恙。黄蛰南公谈。

千户论文

千户姚福论文云："六经而下，左丘明传《春秋》，千万世文章实祖于此。司马子长为《史记》，力量过之，在汉为文中之雄。韩子深醇正大，在唐为文中之王。欧阳公渊永和平，在宋为文中之宗。班孟坚祥赡，柳柳州精核，曾南丰竣洁，王临川简淡，苏长公痛快。"

对语择婿

尚书吴交石公有二女，长女已择周公金。吴公见金公清，童年器宇不凡，与夫人言之。夫人出一对试之云："汗血名驹，起足已存千里志。"金即对云："员吭仙鹤，抬头便彻九皋声。"夫人喜甚，以次女许焉。周官至尚书，金官至参政。

虎衔三刀

交石吴公初任节推部，民有女初嫁，夕被杀于帐中。及婿入方觉，竟不知为谁。告之于官，波及四十余人，鞫之莫得，沉思屡日，祷之观音大士，夜梦有虎衔三刀，跳一舟上。公觉，谓虎加三刀成彪字，舟者周也。杀人者其周彪乎！一询立服。

乳母墓志铭

东坡先生乳母任氏墓志铭，嘉靖末年方出于地中。黄州太守因拓之者甚众，恐损其石，遂收入库。吾乡一老儒云："此片石一生行的是墓库运。"可谓雅谈。

鸡食黑驴

一乡先生子好斗促织，闻三牌楼有一促织，斗必擅场，遂往求之。其人云："若能以所骑黑驴相易，方可不愿银也。"因爱之甚，乃曰："古人尚以妾换马，何惜一驴乎？"相易归家，方持盆而玩，忽跳于地，被鸡食之。乃顿足大怒曰："一匹黑驴，被鸡食之，可恨可恨！"闻者莫不大笑。

榖浆报

秀才王逢尧，号健庵，乃南原公之族侄。家甚贫，十六岁便与人写金轴，皆取榖①树浆以帖金。积五十余年，忽手背皮裂开寸许，流脓一二日，即长完，遂遍四肢皆然，宛如榖树之刀痕。对人曰："生平过取榖树浆，此其报乎？"

毛海泉

郭次甫曾游大劳山，拜赵宝山为师。宝山引见一仙长毛海泉。毛自言金陵人，元末入山后，余每会全真。自大劳来者即问之，与次甫之言合。悉云："遍身绿毛，目光如电。"

① 榖：读作谷，楮的别称。

象　棋

象棋国手忻杰、苗辅二人，王凤洲公在刑部时，门下有端姓瞽目者，招牌云："下棋无敌手，算命有神通。"有客荐忻杰与较胜负。凤洲公出银五钱为彩。相约曰："能两局胜者得银。"忻即连胜两局。坐客蹑忻足，忻悟，第三盘佯为和局。

一曲颜回

桐庵周纪一曲颜回，两京驰名。武宗南狩，曾诏令鼓琴。万两溪有文纪之。

梁上黑气

许谦甫生一子，七岁，极聪慧，又无疾病。五月五日领儿闲步，亲见中梁一团黑气落儿头上，儿大叫一声，昏倒于地。次日遂死。

弃官知变

江宁县尹金公杰，兰溪人。嘉靖戊午任，好谈神仙，知天文。一日观天象不悦，题诗县堂，结句云："江宁事业待贤官。"遂封印弃官去。至庚申秋，振武营兵变，遂杀黄侍郎。

评　李　杜

蛰南黄公评李杜诗云："太白五七言绝句甚佳，少陵则甚拙。少陵五七言律沈着跌荡，壁立万仞；太白则远不及。太白

《凤凰台》一首外，鲜见其匹。太白飘逸中每失之率易，少陵沉郁中每失之蹇滞。太白长篇多趣韵，少陵长篇多累句。”

生死两梦

敬庵金公冕官南刑部广东司郎中时，妾周氏怀孕，梦一金盔红袍神人入其卧室，遂生一男，即石庄公也。及石庄公罢官归，周夫人复梦前金盔红袍神持弓，射石庄公一箭而去。次日，石庄公拜巡按归，适秋溟殷公来访，宾主方谈，石庄吐血一口，死于椅上。异哉！生死两梦也。

热　　石

隆庆乙巳秋日，余同宋宗周国儒、溧水韦操、句容许佐、高淳邢邦翰，醵钱沽酒，夜登雨花台赏月。俱席地坐，韦觉一石炙手，遂取归。次日将冷水一盂，投石浸之，水温而石之热不减。雨花台出热石，前此未闻。

旗裹纱帽

嘉靖三十二年，大司马张公经同府厂看城，将至三山门，风吹大旗，将公纱帽裹落于地。公大怒，亦无可奈何而已。后公以事下狱。此盖先兆。

四翅纱帽

皇亲指挥葛川后战白沟河有功，成祖特旨，令纱帽上加两翅，以宠异之，竟不叙功。指挥今住孝陵卫。余曾游灵谷寺，过其家，瞻其像，方知有四翅纱帽之事。

诗　　集

前辈工诗，不甚留稿，有稿而未刻，与刻而湮没者，颇多。据余曾涉猎一过者载之。

张阁老益，字士谦，号惷庵，《文僖公集》。

倪尚书谦，字克让，号静存，《文僖公集》。

倪尚书岳，字舜咨，号清溪，《文毅公集》。

童尚书轩，字士昂，《枕肱集》。

刘尚书麟，字元瑞，号南垣，《清惠公集》。

王尚书敞，字汉英，号竹堂，《王氏家乘》。

周尚书金，字子庚，《上谷稿》、《渔阳稿》。

顾尚书璘，字华玉，《东桥全集》。

景司业旸，字伯时，《前溪集》。

余祭酒孟麟，字伯祥，号幼峰，《余学士集》。

焦太史竑，字弱侯，号澹园，《澹园先生全集》、《澹园先生续集》。

朱太史之蕃，字元介，号兰嵎，《奉使朝鲜集》、《南还杂著》、《落花诗》。

顾太史起元，字太初，号邻初，《寒松斋稿》、《归鸿馆稿》、《武陵稿》。

许太常穀，字仲贻，号石城，《二台稿》、《外台稿》、《武林稿》、《省中稿》、《归田稿》。

陈太仆沂，字鲁望，号石亭，《遂初斋集》、《拘虚馆集》。

王太仆韦，字钦佩，《南原集》。

黄验封甲，字首卿，号蛰南，《凤岩山房全集》。

李郎中逢旸，字维明，《翰峰遗稿》。

司马御史泰，字尔瞻，号西虹，《山居百咏》。

余御史光，字晦之，《古峰集》。

何御史淳之，号太吴，《足园稿》。

谢布政少南，字应午，号与槐，《河垣稿》、《谪台稿》、《粤台稿》。

王参议徽，字尚文，号辣斋，《引笑集》。

陈副使钦，字亮之，《自庵稿》。

顾副使璨，字英玉，号横泾，《寒松斋稿》。

李副使熙，字师文，号饮虹，《尚友集》、《饮虹遗稿》。

张副使铎，字世鸣，号秋渠，诗一卷。

胡副使汝嘉，字懋礼，号秋宇，《沁南稿》。

何参议汝健，字体乾，号龙崖，《竹素园遗稿》。

何参议湛之，字公露，号矩所，《疏园稿》、《归田稿》。

伊佥事乘，字德载，诗一卷。

沈佥事琮，字廷器，《休斋稿》。

陈佥事凤，字羽伯，号玉泉，《清华堂择存》。

宋佥事存德，字惟一，号育斋，《鸿雪稿》。

姚太守鏞，《休斋集》。

姚太守汝循，字叙卿，号凤麓，《锦石斋集》。

罗太守凤，字子文，《简斋家藏集》十卷抄本。

王太守可大，字元简，号少冶，《白云稿》。

郑太守宣化，字行义，号狮南，《成趣园稿》。

王太守尧封，字尔祝，号华冈，《学惠斋稿》。

韩太守国藩，字价卿，号襄宇，《涉园稿》，千首律诗。

卜长史镗，字子振，号虹泉，《三华馆稿》。

何司理楝如，字子克，号天玉，《摄园稿》。

殷同知康，字汝锡，《云楼稿》。

陈京兆时伸，字元晋，号雨泉，《百篇稿》。

史京兆谨，字公谨，诗一卷。

高知州远，字近思，号致庵，《饮虹稿》抄本。

梅明府纯，字一之，《损斋集》。

陈明府芹，号横厓，《子野集》。

周明府元，号勾余，《长卿集》。

李明府登，字舜庸，《冶城真寓稿》。

倪明府民悦，字公甫，《江上编》。

管检校景，字子山，《西浦稿》抄本。

向知州鲞，字序伯，《二淮稿》。

李经历晓，字子晦，号鹳山，《宾柳亭稿》抄本。

顾教授言，诗两卷。

丁训导玺，字伯符，《希山吟》。

罗主簿焘，字元博，《渊泉集》。

金训导丹，字赤侯，诗一卷。

举人金大车，号方山子，有集。

杨贡士希淳，字道南，《虚游遗稿》。

盛贡士时泰，字仲交，《游吴杂纪》、《游燕杂纪》、《大城山全集》四十卷。

太学王元贞，号肖淮，《孟起集》。

太学黄祖儒，字叔初，号谏凤，《吃觉稿》。

太学孙起都，字幼如，《意在亭诗》。

方时俊，字求仲，歙县人，卜居金陵，《五噫草》。

秀才金大舆，字子坤，《子坤集》。以下皆秀才

盛敏耕，字伯年，号壶轩，《轩居集》。

崔士元，《拘虚集》、《偶然集》。

黄戍儒，《竞辰斋稿》。

黄复儒，字叔遁，《振秀阁稿》。

方登，字舜庸，《半苍轩稿》。

宋梦骢，育斋子，诗一卷。

李佺，字象先，《竹浪斋稿》、《遂园稿》。

葛如龙，号玄湖，《云蒸集》。

姚履旋，字允吉，《湖海纪游》。

孙谋，字燕贻，号五城，《长啸集》。先名《标课余稿》。

临淮侯李言恭，字惟寅，号秀岩，《青莲阁稿》、《贝叶斋稿》、《游燕稿》。

李宗城，字汝藩，惟寅子，《汝藩稿》。

陈指挥良弼，诗二卷。

陈指挥铎，字大声，号秋碧，《雪香亭稿》、《秋碧轩稿》。

汤参将胤勣，字公让，《东谷集》。

张指挥维，字管文，号淇澳，《青藜阁稿》。

王指挥元坤，字德载，《雅娱阁稿》。

齐王孙庆榭，号小碧，《簪冠稿》。

徐谅，号居云，中山王裔，《居云稿》。

徐邦宁，字仲谧，号嗣轩，中山王孙，《习静斋稿》。

山人马俊，字惟秀，诗一卷，藏于家。永乐时人。以下皆山人。

蒋主忠，诗一卷。

蒋主孝，诗一卷。

贺确，字存诚，《友菊诗》。

史忠，字廷直；金琮，字元玉。《江南二隐稿》，盛仲交所编。

金钛，《竹溪集》。

谢承举，《子象集》。

徐霖，号九峰，《子仁集》、《清游稿》。

许镗，号摄泉，《隐君集》。

王臣，字希皋，《北山诗》。

杜大成，字允修，《晞真集》。

吴扩，字子克，《长吟阁稿》。

景霁，字光父，《登涉纪吟》、《避暑吟》。

顾源，字清父，号宝幢，《玉露堂稿》。

张正蒙，字子明，《蓬蒿集》。

金銮，字在衡，《徙倚轩稿》。

胡宗仁，字彭举，《知载斋稿》。

马电，字元赤，《入蜀稿》。

柳应芳，广陵人，卜居金陵，《陈父稿》。

程汉，字孺文，歙县人，卜居金陵，《塘上杂诗》。

吴运嘉，字叔嘉，姑苏人，卜居金陵，《水云堂全稿》。

陈玄胤，字叔嗣，《霞举集》、《豆花园草》。

卢氏，号恒斋，倪文毅公夫人。有诗一卷，在《文毅公集》中。

马氏，号芷居，陈石亭公夫人。诗十四篇，《芷居集》。

周洁，字玉如，张羽王妾，《云巢集余》，有抄本。

旧院妓马守贞，号湘兰，《马姬诗》。

旧院妓朱无瑕，《绣佛斋稿》。

僧来复，字见心，《蒲室集》。

僧守仁，号一初，《梦观集》。

元瀞，号朴隐，《朴园集》。

大同，字一云，号别峰，《天柱稿》。

梵琦，小字昙耀，有《北游》、《凤山》、《西斋》三集。

宗泐，字季潭，《全室集》。

溥洽，号南洲，《雨轩集》。

觉澄，号古溪，《雨华集》。

慈露，号心田，《云隐集》。

庆文，《香林集》。

唯实，《唯庵集》。

清远渭禅师，《有外集》。

弘恩，字三怀，《雪浪集》。

宽悦，号臞鹤，《尧山草》。

钦义，号湛怀，《焚余草》、《蚓余草》。

德清，号憨山，《梦游集》。

如愚，号蕴璞，《饮河稿》、《石头庵稿》。

法通，号从实，《谈品余签》。

太守姚凰麓选金陵诸公诗未成。焦、朱二太史欲选未暇。今载此集名，以为他日采择者张本耳。

诗　　评

《艺苑卮言》评我朝之诗，金陵有七人焉。孙伯融，如新就衔马，步骤未熟时，见轻快。汤公让，如淮阴少年，斗健作啖人状。王钦佩，如小女儿带花，学作软丽。顾华玉，如春原尽花，芭靡不少。刘元瑞，如闽人强作齐语，语多不辨。张愈光，如拙匠琢山骨，斧凿宛然，又如束铜锢腹满中外道。陈羽伯，如东市倡慕青楼价微，傅粉泽强工颦笑。凤洲公此评，不识当乎否欤？

有　　量

魏国公徐六岳午日饮河亭，观竞渡。突有秀才乘醉入坐索饮，且大骂，忽呕吐满几案间，卧地且骂且睡。六岳撤去饮食，令数仆守之，云："相公醒来，口渴奉之茶，洗面奉之水，索食奉之点心，不可有违。"乃归府。秀才醒来，问何缘在此。徐仆云云。秀才惭愧，掩面而去。六岳可谓有能容之量，而善处矣。

回回戴孝

回回有丧，戴白布帽，衣白布服，腰束一白布。凡送殡者，即官与秀才皆然。安远侯柳公心葵掌后府时，适有国母之丧，见一回回不从中国之服，痛责之，云："汝一家有丧，白帽可也。今乃国母之丧，尚从夷俗，分明是不服王化矣！"人多快之。

把　　总

宦一方者，当知一方之称呼。南京土俗称医人为郎中，非六部之郎中。称栉工为待诏，非翰林之待诏。称工人为把总，非军营之把总。一少卿怒一染工，既痛责之，又波及两三人，必求军营之把总以加罪。幸得一给谏解之，不然破主人之家矣。

蒋山戴帽

钟山一名蒋山，龙蟠之势，隔城可见。凡黑云罩山头，天必有雨，俗谓之蒋山戴帽。刑部广东司一主事某，在太平门里头条巷住，皂役有名蒋山者，偶众役俱集，独少蒋山，主事急命看蒋山。一人误听看字，抬头一望，曰蒋山戴帽。主事又误以为戏己，大怒痛责。及辩明，刑已上身矣。

火　　蛆

嘉靖年间，三坊巷吴琏开大荤店，生意茂盛，大锅昼夜火不停焰，锅底忽生一泡。乞食老全真云："此锅旺气方炽，其泡不可动。"后烧火者虑其费柴，铲去，之中有火蛆，长二寸许。从此生意遂消减矣。

水银变蜈蚣

王有翼，文恪公孙，流寓南京，曾饮徐锦衣少东之宅，夜归，见地涌出水银，用手拿少许盛于拜盒内。次日启盒视之，变为两头蜈蚣。何其变之迥异乎？

柴　少

陈泰华，名时亿，有向火之癖。友人讥其不可偏向热边去，须冷灶里也着一把，热灶里也着一把方好。泰华答云："奈我柴少，仅堪热灶用。"闻者皆笑。

还金逢杜裕

净泉顾公澄，字渊父，家世饶于赀。弱冠为弟子员，言论侃侃，重信义。有友劳君，自东粤南游，曾以重赀托公而归。归更数年来取，视其笥，封识宛然。劳君每对余幼峰、宋育斋称其轻财抗义。又无锡太学周君，以千金寄公处。周君死，人无知者，呼其家人还之。生平不负人，宜乎人不负公也。有杜裕者，领公资本，为生殖计，久之，尽为乾没。自燕京归，封锁一桶，舁至云："此一千五百金。"迟数日来开，尽铁石也。反自不认，公由此方食贫。有子九德，中隆庆丁卯乡榜。杜死狱中，天之报应不爽如此。

二狐化妓

驯象门屠户陈元，嘉靖初年半夜将渡江买猪。月中见两犬前行，忽如人立，乃是两狐，向刘公庙破棺中取两髑髅，加于顶拜月，即变为老幼两妓。陈惊骇，不敢声言，遂上江船。少顷，二妓亦来同渡，到浦口，赁酒店接客。半年后陈乘醉向彼索盘费，二妓不认。陈曰："你姓胡，某处同渡江，今改头换面，便忘我耶？"二妓赧然，倒囊与之。后陈再寻之，已不知其迹矣。

薅　　草

石冈王公，家在驯象门里，地既荒僻，路径多草。公掌都察院时，南道御史拨余丁四名，与之薅草。公急遣之曰："此四人，非亲戚，定是邻里也，何忍用之？"其厚德如此。

辞世偈

李务成字兼之，李懋彬次子。性至孝，好礼佛。十三岁为举子业时，有隽语二十而病，与僧觉圆同习静，期年而愈。谓觉圆曰："吾两人所学者，为形骸计耳，性命之学不在是。"从此专意西方之教。壬寅九月忽归家，告母曰："儿前身是僧，因修未彻，堕落到此。儿于此月廿三日竟往西方矣。"母闻之大惊泣，临期复强之。写数字曰："见字如见儿也。"遂援笔作书别母，趺坐而化。其辞世偈云："有灭还非灭，无生即是生。生生灭灭灭生生，一灯常照琉璃瓶。"

渡江誓神诗

味淡何公遵，正德甲戌进士，丁丑奉命往督荆南税务。莅荆初，即申严禁令，首窜奸胥数人。一时舆论翕然称快。旧弊有丈尺畸零，樣木熟抽，诸名色悉征课，入官备用，积岁不下数千金。坐不洁者，卒以此公悉革去。凡征课，遇小商赀百金以下者，视常额量减十分之三，或罹风水，耗折几半者，虽大商必尽蠲焉。戊寅，事竣归，行李萧然。登舟，波浪大起，公投一诗与江神云："两袖清风归去好，满船明月顺流安。此心若与神明悖，一任长江有急湍。”少顷，风浪为之顿息。

两头陀前知

头陀刘五，长大白皙，声音北人也，有仙术。嘉隆间来京，往来只在城之西北，不过东南。数日不食，面无饥色，冰雪满地，破衣赤脚，殊无寒态。人以美食供之，取灰土杂之而食。诚意伯刘石圃夫人病乳嵒甚危，偶问能治否。取纸笔画一石一木，吹气一口，命缚于额上即愈。夫人依其言，夜间头痛发热，遍身出汗，乳溃脓矣。具酒饭谢之，不食而去。土街口百户毛俊，好延方士，请头陀饭。饭竟，腰间取一绳，要借其宅缢死。毛恳求之，乃笑曰：“你不与我死。数年后定有一道人死于此。”遂走大仓，后缢死。死之日，有见其渡江者，有见之于扬州者。盖尸解云。至万历初年，头陀阎希言过毛百户家，饭毕沐浴，趺坐而化。刘五已先知之矣。杜汝谦问阎长生诀。阎曰：“汝是横死汉，安望长生！”二十年后，杜无故自投水死。两头陀能前知如此。

八功德水

灵谷寺八功德水，一清，二冷，三香，四柔，五甘，六净，七不噎，八除病。此水之源在钟山，隔墙流出于寺。今寺有池无水，不知是阻抑之他流乎？或源已绝乎？皆不可知。

南唐孙忌碑

大学士胡公广，冬至后六日扈从猎龙山，同蹇尚书金谕德游牛首山佛窟寺诗云:"晓从銮舆出九关,偶寻牛首共跻攀。南唐古寺留碑在,西蜀高僧度锡还。百尺岩龛过鸟上,半空钟鼓隔人间。暂游已觉尘缘寂,到此方知佛窟间。 绀宇参差倚翠微,草深萝径客来稀。行逢佳境还同到,坐惬幽期却忘归。扫石只因题别偈,看云顿已悟清机。山僧莫道浑无事,自对寒松补纳衣。"注云:"寺有南唐孙忌撰碑尚存,余因胡公之诗,遍寻之山中,无此碑。"

蟹腹小龟

闽人开质肆姚某,嗜蟹,兼两三人之食。一日食蟹,见蟹腹有钱大一小龟,其兴为之顿减。

权　　星

《七修类稿》云:"我朝权星不明。"

钦天监杨公伯恒云:北斗七星,第四星名权星。此星光淡,主天下官无权。

地　　道

建文帝削发乘马,自朝阳门出。又云,其出由地道。有殷秀家居大明门左。殷言地道处曾裂缝一条,渠童时嬉戏,以线系铜钱,乘下探之,其深一丈余。《建文遗事》

奇　　才

升庵杨先生与陈玉泉书云:"盛仲交亦奇才。"此评岂易得乎。

妖　　气

方崦住杏花村，有竹一林，甚茂。武宗南狩时，冬日取行，根笋卖与将官，可得利三倍。夜梦祖宗分付，勿过取笋云。次日锄得一坛。开坛黑气冲人，随至其家，启闭其门户，颠倒其器用，损坏其衣裳，使举家不宁。偶遇一全真云："君心志惑乱，面染妖气，幸而尚可制。"方即拜求之。全真书三符，入门焚一符，急击令牌；再焚一符，即拘妖气入坛中，呜呜然有声；又以一符封坛口，埋于西北地，其妖遂绝。

标　　营

万历丙午年，妖人刘天绪以小术惑众，自称李王，谋为不轨。约十一月二十二日冬至，乘文武官谒陵，欲一网打尽，以举事。幸赖太祖在天之灵，妖党陈学首之于守备朱公、大司马孙公。黄昏闻变，即审差把总王表等，半夜而擒二十余人，皆其魁也。不动声色，消京城之大变，其功不小矣。孙公因奏请建标营，与兵部相近，选精兵一千四百人，家丁一百二十人，其裁定营之规模，选择兵之强壮，皆专委王表焉。营建而阵未布，忽有营兵刘文举自陈，关圣梦中授以阵法，依其言布之，简易而奇，非神谋不能也。或问不叙孙公之功，而又去其官，何也？盖孙乃蛟门所取士，蛟门去矣，孙焉能独留？

不取瓮金

南濠都公穆，字玄敬，任南京兵部主政司。武库启土，得两瓮千余金。众以为天赍，意其所必得。都谕众曰："吾闻非其有而取之者，殃必及身。与其得金而致祸，何如弃金而就安哉！"既疏奏，有旨，随置武库公费。从此清誉日隆。近年户部褚君，盗取库金，过午门下马牌，落大银一锭于地，从此遂败官。何其清污悬绝如此！

火　甲

太祖所行火甲，良法也。每日总甲一名，火夫五名，沿门轮派。富者雇人，贫者自役，有锣有鼓，有梆有铃，有灯笼火把，人执一器，人支一更，一更三点禁人行，五更三点放人行。有更铺，可蔽雨雪，可拘犯人。遇有事，则铺之甲乙灯火相接，锣鼓相闻。凡刀枪兵器，与救火之具，一损坏有修铺家整理。独飞差与人命事，种种弊端，皆总甲当之，甚至数年不结局，此最害事，所当急急更张者。都察院都御史丁公洞察其苦，变其法，以三等九则征钱。官行雇役总甲、火夫，何其简便，实成祖北京所行法也。但夜间锣声一过，不复再闻，尸聚一处，便于抵换，此更当一加意也。

四　无

石林祝公给谏，喜接山人，目不识丁者亦为上客。及考察年，有揭石林四无者，山人也谓无状不准，无书不发，无人不见，无酒不饮。此是实事。操江耿公叔台闻之，曰："尚有无扇不写。"

厚嫁女

南京风俗，不善教子，却厚于嫁女，且不择婿。一乡先生邹平罢官归，嫁女与顾今庶，不知其人之痴绝也。尽其宦囊，以为妆奁费，盖用数千金。自嫁女后，贫而卖文平江□请写书数封，借今庶绸衣而往。一月未□今庶遇岳丈于途，夺其衣归。人之厚于嫁女者，可不鉴乎！

谈笑坐化

冶城道士张良宿，饮酒食肉，却有道行，一生无病。八十五岁与客对饮，谈笑坐化，何其飘然也。意者有所得乎？

尸鬼

王辣斋公过黄紫芝家，主人未出。窥见书房内长案上卧一红衣官，及推开其门，乃是光案，再掩门潜窥，所见如前。因急呼主人出，曰："大怪大怪，我乃见鬼乎？"述其事，与紫芝同窥，宛然纱帽红员领一官也。黄曰："此案买未十日，细观之，隐隐有人影。劈案烧之，尚有血痕。"辣斋曰："此案非停尸板，定是棺材底耳，不然何得有此尸鬼也？"

僧官变蛇

嘉靖丙寅年，火焚大报恩寺，三尊大佛腹内灵脏，恐人盗去，取出贮库，皆是金银，重七十五斤，尽被僧官住持盗用无存。后李九我为礼部侍郎，查出，罚僧官真让造墙四十堵，遂完此案。真让死，变蛇，在灵座下托梦与徒弟云："蛇是我也，日食塔灯油四两。"久之方不见。

看　　操

嘉靖初年，京营坐营张重饮田千户宅，坐有俞鉴兄弟与诸太学，皆城南富客。张云："不能奉陪夜饮，四鼓入营，有看操之役。"俞谓："我辈可得一寓目乎？"张即于坐上具请帖，邀看操。次日将散操时，诸君方到坐营。再令演阵，走马饮将台上，跌伤一军，跑死一马。把总高鹏举其事，兵部兵科大怒，拿坐营与俞鉴诸人下狱，将以军法罪之，确不可解。俞用银数万两，升两兵部一兵科，推倒营墙二十余堵，只以同众跻入看操，问以不应罪革。高把总职独坐营，死狱中。

伪金银气

卖骨董王瓒，号玉田，谈其邻王老有二子，长子臣妻生，次子卿妾生，分其产业最匀，殊无偏向。独住房分与卿者，不许卖与他人，只许卖与兄臣。数年后，弟欲卖，兄臣坚执不买，及他人讲成，又不押字，弟无可奈何，心生一计，请兄夜饮，暗将烧酒数斤，泼于墙隈，用火点之，其紫焰似金银气。兄窥之心动，遂依分单买之。及弟移居，向见紫焰处，启土得千金，皆有臣字。果父有前知之术乎，抑鬼神使之也欤？

佛　　牙

游僧从浙地废寺塔上，盗取佛牙，贡于五台陆公。陆公遂张大其事，邀乡官姚凤麓诸君，命僧官迎之，供于天界寺毗卢阁中。此举在林下佞佛者则可，若大臣行之，非体也。伍观察《林居漫录》谓，五台公以金盒盛佛牙，送司礼转太宰，则诬之也甚矣。

补　靴

刚峰海公，清苦之行，举朝不能堪，亦举朝不能及。曾以破靴一双，发上元县补完，乃是真情，非沽名也。御史房公寰督学南畿，按临苏常，生员作揖，遗下二纸，大书"此房出卖"四字，所以刺之，其品可知。乃忌海公刚正，极力丑诋，至目为天下大盗。古今剧贼亦指及补靴事。进士彭旦阳、顾泾凡、诸敬阳不平，连名劾寰扫灭公论，排挤孤忠，乞赐罢黜。三臣皆得罪削籍。南驷卿沈公继山疏救三君，蒙旨切责，寰复攻海、沈二公，天下共疾其夸诞无耻，竟获优容。

金钗阴案

尚书周公瑄曾孙号云峰者，为人朴实，不交游，不饮酒。偶邻以金钗托卖，盖借尚书家声，其物易售也。袖钗送邻出门，适遇金姓银工，以钗示之，金以巧言诱钗去，即偿他债。数日周往寻之，遇诸途，因忿，骂则有之，未曾相打也。银工归家，遂死。族有秀才名从泰，诬告殴死。素知其易与，暗约秀才方樵城讲和，贴银。及检验，有重伤，盖被他人殴者。兵马痛责送监。从泰索之更多。樵城讲之未就，周破一磁器，刎死于狱。此屈无从伸于清天白日之下矣。后从泰死，樵城瞽，已过十有余年。至壬子岁，樵城忽自语金钗不关我事者，数日不住声，死之夜托梦与孙女云："为你家金钗事，阴司要结此案，拘我对理，今别你去。"孙女即嫁之周族人者。天明讣音忽至，与梦合。冤屈事迟久必发，可畏哉！

风流掌教

冲溪彭公辂，嘉兴人，进士。嘉靖年间掌教府学，进诸生语之曰："朝廷那得许多官职，人人皆戴乌纱帽，无此理也。不如从我做诗饮酒。"又谓："杜工部之诗，如酒肆中账簿，不可学。"其风流议论如此。

清湖谈公世讲，沔阳人，进士。万历壬子任掌教。癸丑上元日，买灯遍点学中，设席明伦堂，独据上坐，六斋先生傍坐，饮酒酒器皆金玉者。令六街妇女得入观灯，观者如市，亦彭公之流亚也。

真事发咒[①]

给事钟公宇淳恶海刚峰，每呼名而骂之。与督学房公交最密。房论海刚峰，或咎之，则曰："此钟掌科怂恿我耳。"钟乃发咒神前曰："我若怂恿房心宇论海刚峰，当口上生疔死。"未几，转少参，归家，竟死于此疮。夫事既真矣，岂可以发咒掩公论、欺鬼神乎！

① 原题为"咒不可发"，今从目录改。

老妪解事

田石川游燕，嘱其老妪曰："如乏用，将厨内古铜鼎向姚秋涧或费晴臆家质银数两用。"石川久不归，老妪恐鼎尘埋，呼婢洗之。婢将瓦磨，洗去青绿，且喜斩新。姚云："一文不值。"费云："仅可卖铜。"老妪浩叹而已。

一市儿娶妓褚四为妾，死后写旌云："明故处士某公之柩。"其妻闻"处士"二字误为"褚四"也，大骂司丧者云："结发妻不得书旌上，乃娼妇反上旌耶？"必易之方已。[①]

私铸生盗

私钱病国，由上之人有以纵之，此其故难言也。万历三十九年九月初二日，大京兆陆公因断生乱，被围于蒋都司家，幸而未及于难。鸿胪刘公曰："陆老先生为国，丁老先生为民。"其言良是。今寺庙中铜佛、铜神、钟磬、云版，多盗去以铸钱，既操国家之利权，又收盗贼之贱货，其病国、病民，岂小小乎哉！

蚁阵相斗

江宁县石塘前村，国初时有施万五者极富。太祖因事抄没之家，遂贫。至万历年，有号前溪者善经营，忽数百万蚁四面围绕其家，列成阵势而斗，斗且数日。蚁聚之多，蚁事之奇，未有

① 此则无题，目录亦阙。

过于此也。今施家渐入富境矣。

拽　　蓬

淮清桥西有关公庙，玉工华春雷素严事之。癸丑冬，自扬州回南，江行遇逆风，舟几覆，水已满舱，舟人篙工号泣待毙而已。忽关神现身云端，大呼："拽蓬拽蓬，吾救汝一舟人！"人无敢从者。一淮商奋力起蓬四叶，顷刻间入港，舟赖以无恙。华归，至庙叩头数百，为神像妆金，以答其贶焉。

游魂题诗

汤胤勣为参将守边，突与胡战，败死。后数月，口外某驿，天色将暝，忽有兵官至，驺从甚盛。坐中堂，令免供具，第索笔砚灯烛，闭户而寝。明早，驿卒俟其起，门户寂然无人，但见壁间留诗，末有"血污游魂归不得，当年空筑望乡台"之句，始知为胤勣云。

采　　萍

大理少卿长兴杨公复甚贫，家畜一豕，日命童子玄武湖壖采萍为食。吴思庵讷时握都察院章，以其密迩厅事拒之。杨戏作小诗送云："太平堤下后湖边，不是君家祖上田。数点浮萍容不得，如何肚里好撑船。"

收　马　鞭

上元尹程公烋，字文纯，江西南城人。嘉靖十六年任，能甘清苦，催科不扰，且听讼如神，考满，囊仅俸银柒两余。自骑蹇驴，一苍头随之，上京。有粮长许济、许翱，具银八十两，马鞭一根，先渡江，往大柳驿候选。程公见银，笑曰："好良民，怕父母饿死耶？"将银归家，训子孙读书可也。取马鞭，鞭驴而去。

来鹤亭

礼书忠铭王公署太常篆校乐观中，方奏乐时，忽一鹤飞来，且鸣且舞，遂驯熟不去。因造一来鹤亭，作文纪之，又索诗于诸词人。何矩所诗云："羽衣矫矫掠斋丘，蓬翼风抟万里秋。舞向两阶随振鹭，声谐九奏和鸣球。雷门悬鼓闻曾入，缑岭吹笙迟共游。千古仪庭歌盛事，一夔今在凤池头。"

感诗迎太子

《畜德录》云："解学士缙应制题《虎顾众彪图》曰：'虎为百兽尊，谁敢触其怒？惟有父子情，一步一回顾。'文皇素不喜仁宗，感此诗甚思。时仁宗留守南京，颇怀忧虞。因命所亲信者莫如夏原吉，即日往迎之。"可谓得讽体矣。

止税疏

南京司礼监少监党公存仁当榷税之使，布于天下皆同辈也。公独上一疏，论其病民。此其识见过人远矣。

汉镜诗

人有持水银古汉镜售于朱宗伯，镜背有隶字诗云："照日菱花出，临池满月生。官看巾帽整，妾映点妆成。"此汉人诗也，未传于世，因载之。

状元能画

体庵顾元伯云："我朝状元能画者，惟朱兰嵎一人。"

许　阑

东冶陈公时万将会试，梦随许石城公行。许跳过一栏干，己亦跳过栏干。许，会元也，自料科名可以相继。及不中，选涅川知县。前令名许阑，巡按至，甚贪墨，命县中选裁缝二十名，用意在绫罗也。陈清官，不喻其旨，仅以裁缝送入，皆不用。乃以许阑数事，去其官。梦之验如此。

七篇梦成

正德庚午年，王石冈公自正月至七月非病即讼，未常一日治举业，取得名，入试不望中也。在场看毕七题，即熟睡。到下午，军摇醒，劝令作文。公曰："梦中七篇已成，仅少结尾两三语耳。"援笔写出，是科中式。

秦　清

周祭家甚贫，与秦清结伴卖杂货，拮据勤苦十余年，两人皆有七八百金。周知秦孤身，遂谋死，尽获其财，人无知者。久之，白日见鬼，自惊自怪自问自答，皆秦索命索银之语，乃缢，不死；刎，不死。延僧道禳解之，稍稍安静。又夜间睡时，有大蛇盘于胸，将头对其面，无可奈何而死。意者，蛇即秦清乎？

燕　子　鱼

市上见燕子鱼，与燕无异，不敢买食。问之老渔曰："每八月或网得之，不能多得，其味甚美。"

台顶无草

九日饮雨花台上，客问台顶何以无草。余谓，从古如斯。宋诗人刘后村咏雨花台有句云："一片山无草敢生。"此可证也。

考监生对

南京内守备太监厂，例有监生历事，遇大比，亦是本监考取送名得入场。嘉靖初，某公不深书义，曰："不必考文，但出一对，佳者送入。"对云："子路乘肥马。诸生俯首匿笑。"一生云："尧舜其病诸，谓骑猪也。"公不解，曰："好，送去。"闻者绝倒，称为才子，后果中解元。李惟寅太保谈。《耳谈》

八种传奇

陈所闻工乐府，《濠上斋乐府》外，尚有八种传奇：《狮吼》、《长生》、《青梅》、《威凤》、《同昇》、《飞鱼》、《彩舟》、《种玉》。今书坊汪廷讷皆刻为己作。余怜陈之苦心，特为拈出。

诗　　话

焦澹园先生中万历己丑状元。阁试《和韩昌黎石鼓歌》云："周原石鼓奇且闳，几年踪迹沉蓬莱。世遥几得睹拓本，残章断碣如琼瑰。何人辇载逾千里，至今照耀黄金台。河倾昆仑势曲折，雪压泰华高崔巍。蔡邕嵇康那足数，石经奔走洪都侪。回思共和历隋代，披荒斫古其谁哉？天昏地惨鬼夜哭，至宝欲出风云埋。韩韦博雅始一识，郑向搜索穷山隈。四百六字传青简，二千余载开苍苔。龙画旁分爪蟠互，虫书深刻神剪裁。求致太学竟不果，凤翔落莫空山崖。皇明文物迈前古，冲融雅颂相沿洄。辟雍横陈杂鼾䵺，庙堂胪列参樽罍。想见周王盛羽猎，从臣撰述皆奇才。声诗炳蔚垂日月，雕镂宛转回云雷。之罘山泐迹半扫，汉水鼎沉名已灰。岂知籀往迹自在，摩娑细读如谈诙。近传岣嵝碑更伟，青字赤石巨以魁。宣王雄俊神禹智，何异鼻祖于云来。神物出没两不偶，昔何搶翳今昭回。安得移之置一处，挈龙披凤心眼开。春风却立读万过，咎繇吉甫亲追陪。呜呼！咎繇吉甫常追陪。”

状元亦阁试两次，特不同庶吉士，拘拘在馆中作课耳。

朱兰嵎先生中万历乙未状元，阁试《玉河冰泮》云：“暖律初回大地春，先觇泉脉动天津。余寒渐逐东风解，细浪将随化日匀。玉蛛漂摇澌影乱，金堤漫衍水痕新。恩波此际通灵沼，鱼藻千秋颂至仁。天家早岁占春阳，银汉新流出建章。光映晴云时荡漾，声和鸣珮共铿锵。鱼龙会见风雷起，蘋藻行看罨画张。一望粼粼连碧落，仙槎疑自女牛傍。”阁试《鸿雁来宾》云：“郊原旷望入秋深，序列南翔见候禽。堕影高空随落木，蜚声午夜杂寒砧。湘江霜月连玄塞，北海音书到上林。缯缴未须劳弋慕，平沙远水寄闲心。”

祭酒郭公明农，乃张心澳司理辰州所取士。张请郭饮，因请陈认所相陪，乃郭同年。又同门者陈观壁挂郭《送心澳入蜀》七言律诗一联云：“吹角风生巴子国，鸣镳春动锦宫城。”乃笑曰：“只有锦官城，那有锦宫城？郭明农你锦官城尚不知，乃批点杜诗耶？”时郭有批点杜律刻板国子监也。

七夕，好事者大集，山人尽有好诗。七闽郑汉卿有“织女通乌鹊”之句。武林戴青笠误写“鹊”为“雀”。余谓，用此雀字，乃是新事。汉卿既说出织女乌鹊私情，牵牛吃醋，另用一番瓦雀耳。闻者为之解颐。

石城许公有句云：“平生爱我无如酒，凡事输人不但棋。”薛方山极口称之。

矩庵陈公，乡邦之麟凤，有《矩庵集》，余求之三十年不得。偶过吉岩顾司理案头，见矩庵诗一卷，遂录五首，以寄其景仰之私云。《谒定山》：“定山今在眼，夫子久云亡。朝著功名薄，郎曹鬓发苍。青天知出处，白璧爱文章。无限停骖意，蘋花绕涧香。”《广惠寺感旧》：“一醉眠僧榻，重来三十霜。容颜嗟我改，童行过师长。未稳江湖梦，空惊岁月忙。旧游今有几，云树正茫茫。”《陆良材冬官席上王伯安秋官洎镐同怀良弼选部联句二首》：“停云一赋又三年（镐），为拟手神白昼眠（王）。心事偶同池草句（陆），词华应陋锦江笺。北来南去飞蓬似（镐），鹭社鸥盟野性然。形胜金陵倾渴甚（王），秋风霎翮快三千。”“携手秋风记昔年（王），别来幽梦对床眠。南曹谁和同心曲（镐），朔雁虚传隔岁笺。江外孤航期短泊（王），生平旧约未轻然。聚星拟继荀陈会（镐），一醉春瓢岂论千（王）。”《乔白岩希大、李舫斋惟正、王槐雨敬止过余寓舍杯酌联句》：“灯前一话十年情（镐），世路纷然忆友生（乔）。清露渐零凉透葛（李），散星聊聚彩垂楹（镐）。虚堂坐久妨僧定（乔），远道将归问客程（李）。吟送寺门双阙近（镐），不禁分手月华明（敬止）。”

元末谢宗可，金陵人，有咏物诗。徐茂吾择其花影、雁字、睡蝶、粉竹、香尘、梅雪、松涛、麦浪、冰花、烟柳、烛泪、月露、荷珠、游丝十四题咏之。吾乡何矩所、朱兰嵎、顾邻初、张华宇、韩襄宇、陈延之、葛云蒸、李象先、张彦先、孙燕贻、张伯爱、胡彭举、陈玄胤皆有和章。独张彦先僻居牛渚，诗名未起，余喜其咏花影云：“形消夜雨晴犹□，□入东风老不知。”客有喜陈延之“雁字”结语云：“可惜月明孤度影，一行不就却徘徊。”余谓此延之终身不遇之谶。

后府都督王汉冲“雁字”一联云：“黑海平过疑蘸墨，祝融不渡为焚书。”人颇称之。

公安袁小修来游金陵，俞羡长邀诸词人，请小修结社于秦淮。小修出一题云：“月映清淮流。”邀而入社者三十九人，同声遥和者三十余人，刻一《秦淮社草集》，中独无小修诗，何也？佐酒妓朱无瑕、傅灵修、张似玉三人皆有诗，皆代笔。社中诸作，当以“不随云影驶，翻共水痕高”为压卷。友人见“似璧嗟难售，如珠惜浪遗”之句，鼓掌曰：“好好的清淮明月，要作璧卖，要作珠拾，何其有市心乎！”

太守张孚之，好集句，工填词，不甚留心律诗。韩价卿云：“孚之《花月》二十首甚好，乃和文衡山者。”二十首用一百六十花字，一百六十月字，又要拘韵，最是难事。余喜其句云：“月可羞花非是妬，花能闭月足称妖。月惹花香谁是主，花留月艳迭为宾。为月屡沾花露湿，因花常恋月华浓。客来月径蟠花坐，酒泛花樽带月尝。”

沈生予喜葛云蒸“莺声懒出村”之句。此句诚佳。

吴叔嘉谢萧大将军以《斩馘》见示，一联云：“高擎眉目犹舍苦，细检弓刀尚有瘢。”余谓“苦”字不如“怒”字，叔嘉欣然从之。

旧院妓马月琴能诗，善鼓琴。吴中陆世明访之，口占《点绛唇》赠之云：“三尺冰弦，夜深弹破青天窍。意中人杳，只有清光到。　云雨无缘，总是相思调。愁怀抱，嫦娥心照，诉与他知道。”月琴因求室中春联，陆搦笔书云：“半窗花影人初起，一曲桐音月正中。”月琴赞诵不已。徐言“中”字恐不如“高”字，世明欣然易之。

诗妓齐锦云亦善琴，对人雅谈，终日不倦。与庠士傅春眷爱，更不他接。春受仇事，诬系狱。锦云脱簪珥为馈给，甚至售卧褥供之。后谪戍远方，锦云欲随行。春恐途中反生祸端，力止之。锦云因赠一绝云：“一呷春醪万里情，断肠芳草断肠莺。愿将双泪啼为雨，明日留君不出城。”春去，遂蓬首垢面，闭户阅佛书，未几病没。人多义之。

珠市妓郝昭文小楷法黄庭，甚工，亦能诗，有句云：“愿求举案侣，羞学倚门妆。”从良之心殊切。后嫁辽东指挥。邻姬泣送，嫌其远，昭文曰：“溷于风尘，寸步不乐。既得从良，再远过辽东，亦所甘心。”

杏村园

邻初太史遁园在杏花村中，凡村中之园，皆诗以纪之。一经品题，顿长格价，不但如方叔之记名园而已。

杏花村方幅一里内，山园据其什九。虽奥旷异规，小大殊趣，皆可游也。间与同人散步其中，稍得胜赏，因各为一诗纪之。惜不能如李方叔之记名园，使人足当卧游耳。

凤台园旧为魏公别业，今属上瓦官寺。诸髡次第平其台，芟其树，而税与灌园者，名胜尽陁。诸髡且自咤为青铜海矣。

伤心千古凤皇台，萧瑟僧寮伴草莱。歌扇舞衣无处觅，西风蝉咽不胜哀。

张太守孚之佚园，旧为徐公子万竹园。张与王太守分其地而有之，堂榭具存，古树深篁，杳然异境。今孚之复下世，园日扃无人过而问焉者矣。

万个琅玕抱石斜，朱兰深锁但栖鸦。自从仲蔚辞三径，谁为求羊扫落花。

王太守尔祝园，即所分徐氏之一也。中有高楼古树，颇自苍然。然太守生前足迹曾不一至，园丁灌艺而已。

高台杰阁倚崔巍，叠石疏花面面开。为问辋川文杏馆，几从裴迪赋诗来。

西园旧为徐公子业，水木最为森秀窈窕，惜堂宇巨丽，差损山泽间仪。沈生予大令旧尝居之，汪上舍景纯易以千金，岁久不治，芜陁过半。汪殁，又将易主矣。中有古栝及石，皆宋时物也，实为诸园之冠云。

西园坦迤接华林，窈窕经丘树色深。朱户昼扃唯鸟雀，不知谁抱薜萝心。

吴孝廉孔璋园，园为齐王孙业，吴以善价得之。地故倚城隅，多竹与桂，望之阴森蔽天日。今竹已枯矣。吴君意欲新之，成可并美西园者。

城阴竹色胜梁园，六十年来葕不繁。闻道幼舆丘壑在，不妨移石动云根。

何参知公露园西北枕凤皇台，亭馆池树，参差多致。旧为哈氏所创，屡易主矣。后为方士醒神子馆。参知得之，小为拓润，与遁园东西相望也。

琪花璚树近堪攀，海上求仙去不还。独剩文成马肝石，参差叠作大何山。

卜太学味斋园在花麓冈西，枕上瓦官寺。地既高旷，有楼三楹，面东而峙，遍览城内外，最为登眺胜处。俯视西园，如接几案矣。

嵯峨飞栋入烟空，俯视皇州一气中。谁向赏心夸绝景，已专丘壑大江东。

许典客长卿园坐骁骑仓，西北为九天祠，有堂有阁，有亭有轩，翼然具体，内绣球花绝大而茂，可与凤台西紫薇竞秀，它所未有也。

玄度闲情问薜萝，征花选石倚婆娑。名园不浅春华色，总让中庭玉树多。

李象先茂才园在古瓦官寺南，余遁园之右，面东门，有长榆数株，清阴夹巷。旧为宁伯邻书屋，仅老梅数株耳。象先扩而润之，幽邃有佳趣。

瓦官寺南高树阴，中有幽人横素琴。曲房小径殢还往，夜静独闻钟磬音。

许长卿新园在张氏佚园之北，亦万竹园地也。长卿购之，为起亭馆，夷旷可数百丈，花木秀野。长卿恒与客啸咏其中。

半亩方塘看戏鱼，豆棚瓜架日萧疏。高斋把酒听黄鸟，恰是江南四月初。

许无射园在萧公庙东，入门曲房宛折，至迷出入，转入庙后，地忽宏敞，颇以竹树缀之。

人间玉斧自仙才，隐洞深依古殿开。宛转曲房何处入，直疑瑶馆秘天台。

汤太守熙台园在杏花村口，地不甚广，而多佳树，亭子外老杏数株，花时红霞映地矣。

杏花村外酒旗斜，墙里春深树树花。莫向碧云天末望，楼东一抹缀红霞。

陆文学园在许典客园南，有池种荷芰，小亭踞其上，花架绮错，望之斐然。

一点妖红泛绿波，曲池芳树影婆娑。不妨静引南薰坐，自按江南《子夜歌》。

方太学子中园在村东城下，古屋数间，中有牡丹致佳。旧入门皆修竹，今不复茂矣。土垣版扉，人不知其中有园也。雪浪和尚曾寓此中。余过之，谓可辟世。

修竹晴看绿雪飞，古墙深巷隐双扉。不须更说喧难避，苔径由来屐齿稀。

张保御园在许无射园北，旧为王太学馆，保御得之，中有屋三楹，清寂可人，亦多佳树。友人沈不疑常称之。

曾从沈约问郊居，此地仍堪赋《遂初》。苦竹自深人不到，可能重驻子猷车。

邻人李氏小园在汤园之东，两塘相连，弯环清泚，堤上垂杨大可合抱，杏花斜拂水面，老干铁立，亦可赏也。

小池微亚绿杨低，黄鸟春晴不住啼。何处一樽堪引醉，小桥斜日杏花西。

武文学园在下瓦官东，双扉常扃，闻多花竹，错以山石，未及游。其藩第从凤台西见杏树繁盛异常，为之延眺而已。

咫尺桃源未问津，隔墙红树拥残春。自喻尚浅王郎兴，啸咏还期待主人。

二弟羽王园在骁骑仓东南，有池可种莲，新架高阁，延瞩东南诸山。

欲隐何须更买山，即看高阁迥尘寰。夸他建业千峰出，尽在危栏指顾间。

三弟周南园，其地名外井，修竹数十竿，小屋数椽而已。弟构此未终而殁。余每到此，不胜人琴之恸。

缘坡修竹影离离，小屋捎云入暝迟。莫问何家山小大，月中清啸玉参差。

四弟太复新园，在九天祠之北，地平旷。弟新构屋宇，莳花竹，其规摹大概如遁园，而加整饬。

自爱山林引兴长，更怜春草媚池塘。行园处处皆相似，唤作新丰也不妨。

遁园居士顾起元纪事。

高　参　将

高公鹏，字云程，任陕西掌篆都司。嘉靖己未春，奉敕山西太原左参将。公闻报，即匹马长驱，抵太原任所，则三月念之二日也。时值按台远出参谒，往来已经半月，及回任事，则四月十二日矣。至四月念四日夜三更，忽闻门外刀斧之声，已劈开门，直至厅后，大叫都台，急请会话。公即大骂，黑夜有何话说。十数家丁左右围绕，逼公传令谋反，曰："此抚台意也。"公乃奋然举刀，伤二人，众家丁拥入，杀公矣。呜呼，痛哉！向非公以死挫其锋，则上至亲王，下及诸司，皆被涂害，莫能逃者，其功岂下于冲锋破敌、搴旗斩级而已哉！巡抚葛缙乃严分宜至亲，谋反者巡抚标下家丁，孰敢直指其畔逆之由，以申雪公受祸之惨乎？巡按御史杨美益疏参巡抚，语多曲护不过，曰："似应量加罚治，以责后效而已；已死参将高鹏，量加优恤而已。"如此一疏，何以明公道？何以慰忠魂？嗟乎！高参将之死，轻于鸿毛矣。

高参将三异

南滨高公鹏，母张夫人怀孕十四月，闻空中有声落，斗大一团黑气滚入卧室，遂生公，一异也。公过北徐州，白日见控马者，二鬼也，抽刀将斫鬼，即远避；收刀复来，控马及入海岱门乃不见，二异也。在河南夜梦神人告之曰："自处是梅花，从新又别家。征衣犹未做，依旧客天涯。"及赴太原参将任，过天涯山，始悟前梦，三异也。

刻诗竹上

城北嘉善寺有奇石，景最幽。重阳日，文衡山、许摄泉同游，文题诗竹上云："萧萧落木带江干，翦翦幽花过雨斑。岂意旅游逢九日，共来把酒看三山。"后书："丁亥九月九日，徵明同子嘉、彦明同子穀来。"休承[①]即刻诗大竹上，好事者取诗竹制笔筒，今尚在王丹丘家。

① 休承：文徵明次子。

南京文献精编

二续金陵琐事

（明）周晖 撰

点校 张增泰

南京出版传媒集团
南京出版社

目录

上卷

下　　卷

上　卷

三　局

洪武中，肇置三局：一曰律局，以定律令。凡旧官之练于宪章者居之。二曰礼局，以究礼仪。凡宿儒之通于古制者居之。三曰诰局。凡俊才之优于文词者居之。《石门集》

中山王神道碑跋

洪武十九年，御制中山武宁王神道碑文，后有跋云："臣惟古功臣之薨，圹有志，墓道有碑，礼也。然自唐以来，皆命词臣为之。惟我圣主，芟夷群雄，混一区宇，虽股肱爪牙，非止一人，而中山武宁王实元勋之首，南收吴越，北定中原，东平齐鲁，西入关陕，大抵皆王之功。今其薨也，圣上以王丰功伟绩，始终本末，非词臣所能周知，故亲笔之，刻置墓道。自古人君礼报功臣，未有若斯之盛者也。臣等不敏，幸得同侍经筵，钦睹御制，不胜感激流涕，谨拜手稽首书于碑文之左。文渊阁大学士奉议大夫臣朱善，承务郎左春坊左赞善臣刘三吾，承务郎左春坊左司直郎臣汪仲鲁，翰林院待诏臣沈士荣、孙大雅谨书。"此成化二十二年丙午冬，其五世孙徐钺所刻以传者。

小 村 店

刘三吾侍太祖微行，入村店小饮，肴核俱无。上出联云："小村店三杯五酌，无有东西。"店主对曰："大明国一统万方，不分南北。"次日早朝，召至，欲官之。店主辞不受。

任 福

上元人皆登楼买酒，挟妓喧哗。楼有内外两厅，太祖出游亦买酒，在楼外寥寥独酌。任福登楼跪伏，上摇手令勿言，既问为谁，福曰："某国子监生，四川重庆府巴县人。"上出联云："千里为重，重水重山重庆府。"福云："一人为大，大邦大国大明君。"上悦。次日，除浙江布政使。

豫 章

豫章士人兄弟入太学，夜梦人语曰："七窍比干心。"如是者数次。翌日言梦，兄弟不殊。时五日竞渡，诸生出观，惟二生读书不出。太祖微行至号舍，见诸舍一空，而二生读书不辍，甚喜。指案上藕命之对曰："一弯西子臂。"二生齐应之曰："七窍比干心。"上大喜，曰："必忠贞士也。"命铨部并授御史。

两中乡试

江阴梅国光，嘉靖辛酉科已中式，填名于榜。有江宁县门子旁观，喜而一笑。监试官闻而鞫之，遂以他卷易其名。盖国光父梅中立，乃江宁主簿，在场为供给官。门子急欲走，闻不觉喜而笑也。国光上主司诗曰："蚤岁虚名冠士流，五千声望一时收。自期已是龙门客，岂料还看江国秋。泣玉何年方定价，遗珠在海定谁收。无缘识得荆州面，空羡荣封万户侯。"至隆庆庚午，复中式。虽隔两科，而名数不差，亦甚奇也。

梦游华山

盛仲交梦游华山，梦中得句云："幽溪渡麋鹿，壁上藤萝悬。"真是奇句。

诗句可画

胡宗仁善画，其诗句颇有可入画者。如，"老树穿云出，重楼夹水开。""石空中作屋，岩断上通桥。""径侧倒悬树，岩穿中度人。""人从浅水渡，路向断山通。""岸枫红隐寺，湖水碧连山。"此数句皆是画本。

赏牡丹限韵

太守吴公理，字元玉，别号青龙山人。招客赏牡丹，以无、都、扶、图、呼为韵。吴江山人史鉴，号西村，诗先成。诗云："洛阳花事久应无，赏胜今逢在旧都。春色只缘人自惜，衰颜还借酒相扶。时无永叔谁重谱，座有徐熙合写图。夜静更持红烛看，满庭如昼鸟惊呼。"

犬变道士

姚宣寅斋闻见云："无锡儒士朱公娫来金陵，托姚觅一馆，荐于妻宗徐养素家。月明客中岑寂，倚楼闲眺，见一白犬向月而拜。至月午，抖擞化为一道士，腾空而去。公綖见之，惊惧不敢寝，坐以待旦。钟鸣，从西南回至旧地，又拜，却复本形而去。次日，公綖告养素，即呼群犬咸至，惟不见此犬。寻之，乃寐于静处。养素杀之而绝。

舟妇产龙

上元许景荣，贸易往来于山东，因娶曹州惠氏为妻。觅舟载惠氏南来，便往苏州发卖山东货物。先是舟妇怀孕，乳下忽生两乳，一产两龙。舟人不敢加害，饥来食乳，饱即熟睡竹篓中。舟到苏州，一道人上舟乞化云："贫道有两小徒，寄在尊舟。"口诵咒不已，二龙即随之去，其去如飞。惠氏每自夸云："世人见龙，不过仿佛于云端。我见舟妇二龙，盖全体，持玩也。"此事乃同社许吴儒所谈，惠氏即曾祖母也。

文贞试卷

焦澹园先生收得杨文贞公士奇三场试卷。潘雪松与文贞公曾孙名寅秋者言之。寅秋即同潘拜澹园先生，求见，爱玩再四。澹园先生曰："此君家物也，合归于君。"因举以赠之。

二李一律

杨升庵先生云："南京一士人谓，李空同翻杜诗，李日华翻西厢，坏了好诗好曲，二李一律。"

许州骰子

英玉顾公刺许，日掘地得石骰子并研甚夥，色白扬青，载强半归里，作土仪馈人。相传为曹瞒墓中物，不知何据。公清介绝尘，先后离任，冰橐萧然。是时行李独重，人或讶之。已知尽石研骰子也，群疑始释。

石　屏

范庵李公送大理太守诗有云："相思莫遣石屏赠，留刻南中德政碑。"此非迂谈也，乃有德者之言。盖大理片石，不远数千里之遥，取以赠朝绅，其劳民伤财为何如也，可不一加念乎？

女梦黑龙

隆庆元年丁卯科，沈懋学入京乡试。孙翁女梦一黑龙，当门据井诘朝，而沈至僦居，孙以他辞。女从后牵翁裾曰："夜来儿得奇梦，此郎君贵不可言。"沈是岁魁南都，丁丑奉大对魁天下。

关　庙

国初英灵坊十庙将成，太祖梦一人赪面赤衣，手握巨刀，谒陛前曰："臣汉寿亭侯关羽也，陛下立庙，胡独遗臣？"上曰："卿于国无功，是故不及。"神曰："陛下鄱阳之战，臣举阴兵十万为助，安得无功？"上乃颔之。神叩首去。明旦命工部别立一庙于旁，限三日成庙。

义　仆

张公悊惕庵，大中丞荫子也，官顺德府。别驾以勤廉为当路所简用，偶马蹶而坠，亟扶归，已不能言矣。相随止一仆，名蒋凡者，泣告太守公曰："吾主饮顺德一口水耳，积贷未偿，今若此，寥落行囊，请封识以戒途，庶知吾主之为清白吏也。"语毕，引刀自刲其股，和药以进。吁天愿代主死。少间，别驾公亦稍苏矣。太守亲见其事，称赞之不置。乃作一《义仆传》，刻行于顺德。

钱海山现报

髯仙徐霖，与南道御史钱海山交好甚密。钱应酬诗文，皆髯仙代笔。髯仙死，海山来吊，谓其二子曰："我与令先君为莫逆，未曾一入其书室，亦缺事也。"二子欣然请入其室，凡髯仙一生笔砚所得，与武宗所赐之物，价可二千余金。海山见之心动。俟殡后，呼其长子曰："家事难分倘不均，可具一状来，与汝处某物某物可送来。"又呼其次子，亦如喻长子者。及二子具状，皆批上元县。二子只得哀求息讼，又送某物某物，方得免焉。二子恨之入骨，亦无可奈何也。海山罢官归，甲第庄所大小四十余处，课租田亩三万有余，财货山积，家口千计，以至园林亭榭之美，歌童舞女之娱，画船厩马之盛，莫可殚述。数日悉为乡里群起而抢折一空，数仆、二女瘐死狱中。缘海山有豪奴五十余人，为强盗坐收赃物，盗犯遂不可收拾也。其现报有如此。

武弁袭替疏

南京兵部署部事、南京工部尚书臣丁宾等谨题:“为留都武弁穷极堪怜,乞赐议处,以彰国恩,以恤祖功事。”武选清吏司案呈,照得每年春秋二季,遇有各卫指挥千百户,老年病故,其弟男子侄具告袭替通状到部,送司行卫拘集告舍亲管保官邻族人等研审,明白又行该府查勘,果无违碍,本司仍诣小教场比试,各舍弓马,得中者,取具官吏人等,保结前来备由案呈本部具奏,又将原来情节,分别类另咨文,连人起送兵部查对。先年贴黄功次来历相同,类送中军都督府,候钦差内官同五府锦衣卫给事中等官比试,开列等第,送回兵部,方行具本,连人引奏。钦准选授祖职,给凭咨回南部通行,各官到任支俸,此从来旧例。近有南京和阳卫舍人褚维藩,父故业已三年,因贫不能赴袭,每起送届期,即称往返多费,揭借无由,屡告案候催,至今春始得起送。又查有兴武卫舍人刘汝存,龙江右卫舍人张国相,江淮卫舍人李文元,金吾左卫舍人戴志德等,俱在京贫苦身故。府军左卫舍人周时缙,孝陵卫舍人刘世文,飞熊卫舍人汤执中,兴武卫舍人王存仁等,俱选回在途,贫苦身故。为照南京各卫军官俸薄差繁,日损月瘠,食无半饱,身无完衣,每值赴北袭替,盘费无措,或指俸米而揭借,或向亲友而哀求,或卖房屋以充费,或鬻儿女以营资,万苦千辛,痛心酸鼻。至于在北听选守候,动经数月,多因资斧罄乏,饥寒莫救,而殒命异乡者,岁岁有之。亦或分文难办,称贷无门,甘弃祖荫,终世不得袭者,卫卫有之。此辈始祖,皆高帝与文皇帝开国靖难之功臣也,以汗血之勋劳，无罪而一朝绝之，深可悯也。且使留都武臣渐就凋零，而卫所空虚，亦可虞也。本司职专选法，若不急为区处，恐失祖宗酬功至意。再照南都各卫军官，俱从国初升授官职，世系贴黄，版载南都，较与在外省直卫所及都司所属者不同，且本部每春秋二季保勘，其稽查功次，至详且慎。若照北部事例，会同各衙门官比试，具由类奏即移咨北部，候命下准袭，不惟可苏武弁之困穷，而且可全功臣之世爵，此亦圣朝之至仁厚泽也。查得国初南京总小旗补替至北京并枪，正统二年兵部左侍郎邝埜题，请改于南兵部会官监并南京各文职官，往时考满，俱赴北京。万历四十一年吏部尚书赵焕题，请改于南吏部类咨考满。夫旗役之劳费可恤，何独疲乎军官？文臣之间关当念，何难曲体乎武弁？合无题，请下兵部复议。以后南京袭替舍人，具告通状到部，听本司研审明白，仍复查勘考，与贴黄功次来历相同，果无违碍，照依北部事例，会同守备及五府锦衣卫给事中等官比试，备将对比过缘由及应否承袭情节照例具奏，仍将取具卫所官吏人等保结、各舍供图及各祖父原领号纸，移咨兵部查选，候命下之日，该部移咨，给凭前来，遵照选过员数行令各舍授职，望阙谢恩，免其赴京。其中若有应查应驳者，听兵部照例查驳，著为定例。其在外省直卫所，务照旧例，赴京听选，不得援南都为请，庶京卫贫弁得以稍苏，而国家恩典愈以彰著，其于邦政亦有裨益矣等因，具揭禀堂奉批准具题奉此案呈到部，该臣等看得南京各卫所官，年来贫苦极矣，每袭替北上，必须称贷而行，即约扣俸抵偿，故有到任数年，不得食粮者，有无亲戚可借，终身不得袭替者，以至勉强出门，饥寒相迫，死于京师，死于道路者，且比比也。赴阙受恩，自是成例，但此辈入选，无资日就消耗，二祖有灵，亦必悯旧功而加惠者。法穷则变，此其时矣。夫京卫皆洪永世臣，且贴黄在南，原不同于外卫，况南北事同一体，既经臣部详审勘结，仍照例会同多官比试，类奏即移咨兵部，候命准袭，似亦恩不妨法者。该司所引补并、考满二例，委果事体相类，伏乞敕下兵部复议施行，则五十一卫之穷官，共载百千万年之厚泽。所以上广圣祖酬功之仁，下激武臣效忠之义者，匪浅鲜矣。缘系留都武弁穷极堪怜，乞赐议处，以彰国恩，以恤祖功，事理未敢擅便，为此具本专差千户张本固赍捧谨题请旨。万历四十三年正月十八日，南京兵部署部事南京工部尚书臣丁宾、武选清吏司郎中臣王宇、主事臣都任。

南京兵科署科事、南京户科给事中臣黄建中谨奏："为留都穷弁当悯，袭职事例可援，伏乞圣慈速赐酌议，以恤世爵，以广皇仁事。"窃惟法穷则通其变，所以宜人也。人穷则恤其私，所以善法也。臣摄篆兵垣接南京署兵部事工部尚书丁宾揭帖，为留都武弁袭职之苦，题请改南，其述各弁艰难困苦之状，可谓曲尽矣。臣得与闻邦政，敢无说而处于此？窃照南京各卫指挥千百户等官，亦綦众矣。其间力能自完者不能十之一二，而其室如悬磬者且至十之八九，簪缨之胄，慨百世之堪怜；世禄之家，苦糊口之不给，贫之为患，所从来矣。犹幸其有官可袭，则有禄可赡，而无奈赴京，往来之费，为之一大扼也。人情以称贷为苦，而彼以无可贷为苦。竞进者麾之不去，而彼且招之不来，以故资身无策，则箕裘之业，委泥涂而不顾，是有官而无官也。子钱可质，则升斗之入，偿夙负而不足，是有禄而无禄也。甚至即次未安，在京为沟中之瘠；怀资未裕，在路为道旁之殣。此则身之不保，官于何有？人之云亡，债于何偿？论至此，亦足悲哉！夫旧制袭职，所以必赴京师者，岂徒谓连人引奏，而后可授之官哉！金门玉陛之前，安取龌龊蓝缕之辈？毋亦虞其冒也，查贴黄而核其功次耳。虞其疏也，合各衙门而较其技艺耳。今各弁贴黄之在南部者，犁然具也，独不可查核欤？各衙门之在南中者，非乏员也，独不可比试欤？况南北事，既同乎一体，迹岂疑于分权，而复核犹听之北也，驳查犹听之北也，此亦变之所当通，而法之所无碍也。如谓令甲遵行已久，更张为难，则贫弁之控吁无门，卫所之萧条日甚，拘之而使袭者，如求亡子，弃之而不袭者，如避陷阱，其于事体不既舛乎？在先仿微报功之典，以世及为荣，在今日为袭职之艰；以世官为累，其于恩典不既虚乎？介胄捍卫之雄，时就零落；国家根本之地，日见空虚，其于武备不既弛乎？此部臣所以蒿目焦思，为之乞恩而亟有请也。据所引总小旗补并及文职考满二例，既称相类，自当允行，不待臣词之毕矣。尚谓成法不可尽更，人情当为量体，亦可有得而言者。查南京旗役补并之例，先年题改南部，以其级微而身贫也。若官至指挥，或难与之并论。至千百户与总小旗相去无几，贫窭不殊，旗役之并枪，既可改于南，而千百户之替职亦可免于北，此例之可比者也。再查南京文官考满近例，在五品以上者，仍旧赴京听考，谓其官渐崇也；在五品以下者，止由南部类咨，谓其官渐卑也。今照各卫指挥，似应与文官五品以上者埒，或令照旧起送；千百户似应与文官五品以下者埒，许其就南袭替，此又例之吻合者乎？故念其间关之苦，而通行议免者，是皇上浩荡之仁也。第其秩官之等，而分别议处者，又庙堂斟酌之权也。总之，使人不穷，于法而法，亦不至穷于人耳。伏祈敕下兵部酌议施行，庶祖功可恤，不至兴负薪之叹，而重地无虞，亦可巩磐石之固矣。臣不胜祈恳待命之至。

南京河南道监察御史臣郭一鹗谨奏："为留都武弁困极，袭职事体宜酌，恳乞圣慈霈发，速赐议处，以恤贫苦，以广国恩事。"臣闻天下事，既穷则必变，既变则自通。匪惟宇宙间之易理，亦宇宙间之善治也。臣待罪留台，顷从科臣后巡视各门禁，目击武弁体无完衣，脸有菜色，累累然不殊载涂之饿莩，进而询之，咸泣诉袭职一事最苦。既苦道途之往费无出，尤苦京师守候之日久，一切资斧措办，尽将祖父以来几亩之硗地，几间之破房，多方求质于子母钱家，而后得世袭一官。承选以来举应得之俸钱，连数年写去抵偿子母钱而又不足也。惟有卖妻鬻子，倚门傍市，希一饱而不得，冀一暖而不能。臣闻其语，颇为酸鼻。臣方欲具疏上闻，愿我皇上速下部议，将南都替袭武弁，或从其便，改于南武选，春秋两季，按册而稽核之，精查而准袭之，然后齐咨北部上奏。已而闻南兵部先具疏请，益激悯弁之同心，敢效鸣苦之共词！且各弁苦状，详具兵部疏中，无容臣赘言。第诚徼主恩尽彻隐苦，下部速议，止将南都诸卫所，从长改选于南部，则便于南都之贫弁者。其说有四：先此，闻南部春秋起送时，频拘诸贫弁应袭者入北比试，如挈访然为称贷不得，非乞哀以求脱，即远遁而思免，甚者，宁甘为舆皂，宁甘为菜佣，不甘在戎伍之列，其情可知。如得就南袭职，则省涂费，而免称贷，其便于人情者一也。南中比试，弓马等官，非尽乏人也。查对贴黄功次，非尽乏册也。稽核详慎，移咨知闻兵部，非尽乏专秩之官也。如得就南袭职，北之体统以知会，而仍崇南之武选，以得选而明职，其便于南北之事体者二也。武爵从来甚冗，国初酬功报劳，姑以之广恩意而慰群情。至今拘袭者如拘囚，苦选者如苦逋，恐天下流离琐尾之状，无若南中诸弁之甚。如得就南袭职，即各弁祖传之微官，不虚各卫实授之差使，不乏其便于彰国恩而实卫伍者三也。国初南京总小旗初亦至北京并枪，迨正统二年经兵部左侍郎邝埜题奏，遂改南兵部比试，均得食粮。今之千夫长、百夫长，官去总旗辈不远，胡为不恤其私，必严拘力促，以就半职之微爵，而归来俸粮，尽属子钱之豪室，为弁者若无与焉。是以武爵为桎梏，以道路奔走为嘹哨，念之可恻。如得就南袭职，令等于总旗并枪之例，其便于均恩惠而省烦苦者四也。夫既有此四便，又值穷焉思变之时，变焉可通之会，臣不暇远引。即如南京各文职考满，从来入北听考，至万历四十一年，冢臣赵焕奏改于南部完事。今南都大小文职，翕然便之。又如都察院屯田马政一大差，从来三年交代，至万历四十二年，同官臣陈玉辉奏改为一年，业已奉旨允行，本衙门御史亦翕然便之。凡兹巨典，期于下协舆情，上广德意，不妨通变。况类奏准袭之事体，仍归之北部，第保勘比试各项，以南部颛司竣事，省诸弁苦告贷之无门，苦奔驰之有路，因得保卫弁之无缺，不贻差使之无人，一变通而诸苦尽释，群情胥畅。间有应驳应查者，仍听兵部照例行之，著为定例。若在外省直卫所，照旧赴京听选，自不得援南例以为请，且两都并建，政体均崇，何妨通融，无碍职掌，外省原不得而比拟之。伏乞圣明俯采南兵部近日之疏，兼采臣一得之愚，敕下该部酌议，可通速赐允行，庶京卫贫弁得以苏息游魂，而本根重地，亦得以拱卫神气矣。臣无任恳切俟命之至。

兵部“为留都武弁穷极堪怜，乞赐议处，以彰国恩，以恤祖功事”。该本部题武选清吏司案呈奉本部送兵科抄出，南京兵部署部事南京工部尚书丁宾等题前事等因，又该南京兵科署科事南京户科给事中黄建中奏“为留都穷弁当悯，袭职事例可援，伏乞圣慈速赐酌议，以恤世爵，以广皇仁事”，俱奉圣旨：兵部知道，钦此。又该南京河南道监察御史郭一鹗揭“为留都武弁困极，袭职事体宜酌，恳乞圣慈霈发速赐议处，以恤苦弁，以广国恩事”等因，各到部送司案呈到部看得，南京兵部署部事南京工部尚书丁宾等题称“留都武弁穷极堪怜”等事，要将南京卫所指挥千百户等官袭替听南京兵部查勘明白，会官比试，具奏咨部类选比照总旗并枪、文官考满事例，通免赴京。又恐本部执泥成法，酌议除指挥而独免千百户等官，南京河南道御史郭一鹗揭称“留都武弁困极”等事谓，南京卫官袭替责成南部类咨比例，通免赴京，其便有四，各一节为照。卫所指挥千百户等官袭替，在各省直者本舍亲赍该都司该卫保结投部，在南京者向由南京兵部查看明白，类咨连保结送部，待人到齐，送五府会同内臣锦衣兵科等官比试，具奏本部，通引大选，此旧例也。但卫官多贫，衣粮匮乏，或有资斧难措，迟延过限而废职者，或有饥寒奔走，在京在途而毕命者，诚可怜悯。今南京兵部与科道连疏，乞将南京五十一卫所官袭替，责成南部查勘明白，送南京五府会官比试，具奏仍咨部类选比照总旗并枪、文职考满事例，免其赴京，盖轸念留都根本之重地，保全祖宗创业之功裔。疏中描写艰难困苦之状，令人鼻酸肠碎，何忍泥成法而困穷弁？况南京卫所皆洪永不减之功，视各处续添虚冒新功者不同。南部有黄选可查，从来凭其咨送，兼有五府内外守备锦衣卫科臣可以比试，与各处漫无统属者不同。及查总旗先年赴京并枪，后议改南文职，从来赴京考满，近亦议改南，人人称便。揆之事例，委果相同，既经南京兵部与科道题奏具揭前来，相应依拟复请合候命下行文知会。以后南京五十一卫所指挥千百户袭替，及该优给优养者，俱免赴京，听南京兵部备细查勘明白，送南京五府会同内外守备及锦衣兵科比试，具奏该部将各舍保结号纸咨部复核类选，发给文凭，填写号纸，行令到任。中间如有例应驳查者，照旧驳查改正。各省直无黄选可查，无府科等衙门可比试者，不得援引为例等因。万历四十三年三月十九日本部署部事吏部左侍郎李志等具题。二十三日奉旨依议行。

武选王公刻意做官，疏请武弁就南袭替，可谓莫大之恩。及考选军政所进退五千余官，极明极公，请托之书俱帖出，绝无所徇，卫官感之，欲建生祠，虽禁不许，口碑已载道矣。

七尺响栏

武定桥有七尺响栏，其声清越。两遭回禄，遂击之无声矣。盖桥上容人起租搭蓬，火一焚蓬，则损石栏。

石刻竹枝

东坡公石刻一竹枝，在旧院教坊司马家。惜是祈阳石，不甚坚固。

邀笛步

石刻“邀笛步”三大字,在贡院前左首民家河房下。

徐子仁志石

九峰徐子仁志石一片,顾东桥文,王子新书篆盖者。太史邢雉山乃其门人也,落在染坊人家。沈生予以三百制钱买去,不知缘何不入墓中。

石上观音像

通济门外桥石上,生成一观音大士像。数年前,武选郎中苍麓马公名烨如易以片石,令一小庵中供其像。

《圣教序》残石

高座寺有石刻《圣教序》,被僧匿起一片石,遂不全矣。石十三块,在禅堂中。好事者若能补完,不过费数百文也。

阴司三戒

高志学秀才,人以“高鬼”呼之。阴司常令勾人。曾云:“阴司所戒者三事:房上晒鞋,一也;背剪手行,二也;安卓不可令四脚朝天,三也。”

年月日时相同

顾鹤汀、王小田所生年、月、日、时相同。顾官生，王太学，顾经历，王主簿。顾有子，有产业，先死二十年；王无子，无产业，后死二十年，死且无棺。周邻麓、李桂亭所生年、月、日、时相同。周天文生，李太学生，二人事事相类，一年同死。李在春，周在冬耳，大都同而不同，不同而同，未易测也。

余太史幼峰生一孙，与吕阁老年庚相同，特后六十年耳。未几而死。又传，沈石田周命与英宗相同。英宗天上日月也，沈周草中萤火耳，何其悬绝乃如此！

吴小仙二事

吴小仙寓报恩寺北廊，偶闲步，见碑亭傍两乞儿打绳，觉有神会，急回僧房，纵笔挥之，图成，人即争买去。

李墨湖市上得小仙《仙弈图》，归家临一幅，粘之壁。觉身倦，睡于床，梦小仙怒呼其名曰："李著，李著，你既临我画卖，又坏我得意笔乎！"惊醒，画半幅落水盆中，尚未坏。

能　　品

何元朗云："我在南京收得吴小仙真笔数轴，确然能品。当与戴文进、杜柽居相伯仲也。"

治疫肿方

姚允吉云："今年瘟疫气多肿头面颈，治用金银花二两，浓煎一盏，饮之，肿立消。”

球　　赋

踢球，小技也。擅此长者，殊少人。王南畴有《杨球师小传》，王云池有《球赋》一篇。

未央宫瓦

余于友人案头见未央宫瓦，宋人螺钿断纹盒盛之。盒面有螺钿数字云：“萧何汉人，瓦乃汉土。”人与土皆古，字亦古雅。

大妻悍妬

万明府梦桂云：“邻家有一妻，置一妾，而甚惧内，无如之何。夫曰：‘我既不奈你何，我去朝中进一本来，看你如何抵当。’因出外月余，买黄绫壳历日一册，以黄布包裹，置佛前香案上，诡其妻曰：‘我已进下本来了。’其妻颇有惧色，伺其夫出门，潜启而观之：正月大，二月大。喜曰：‘原来皇帝也有一个大小。’及看三月大四月小，都无语及。看至五月六月七月，一连三个皆大，遂怒曰：‘如何把热天分在我床上！’”此万君之设言，非真也。

雍口齿妇

医口齿雍君，住陡门桥，曾医给谏张公齿痛，立愈，遂往来门下，甚熟。偶扬州盐商来京，求张公书与江巡按，解人命事。将入水西门，齿痛不能忍。轿夫曰：“雍口齿好药。”到其药肆搽药痛止。雍漫问:“何事来京?”商曰:“求张公书耳。”雍发一大笑。商谓:“能识之乎?”雍点头者再。其妇唤夫入取茶,曰:“此富商也。如问要银几何,汝将算盘推一珠,彼云一百,汝谓一千;彼云一千,汝谓一万。”雍依妇言,讲定三千两,约期取信。妇屈指:“某日张公送圣节表过门,具饭请之,我自有计。”至期果来,妇寻一老妪在内如怨如诉,情至悲哀。张问:“此何为者?”雍曰:“妻母也,有婿在扬州,偶以秤梢误伤人命,将解按院江公处,欲往一看,故动情如此。”张曰:“江,我门生也。”即在雍家写书与之。江按院见书,具二百金礼遣人奉复。张公呼雍曰:“事解矣,汝在我门下,无事看得,可持此礼去。”妇谓雍曰:“无故得三千金,又得厚礼,南京不可居也。”遂远去,以灭其迹。

碧云仙使

万历庚戌春仲日朔,时方过午,壶隐子自太平门还,兀坐斋中。有客扣门,启户视之,乃洞庭雅南叶君也。迓而进之,坐而语之。曰:“先生胡为乎来哉?”渠应之曰:“细君五七日前偶因事不顺意,意欲自毙,遂吞布针十余根。”予莞尔而笑曰:“先生有梦兰之兴,夫人致吞针之苦。”曰:“公毋戏也,有何方可治?”曰:“有。以栎炭末三钱,用井水调服,可下。如未下,可再服之。”曰:“愚意欲饵磁石,未审何如?”曰:“叵叵宜取磁石一大块,置肛门外,或庶几焉。”渠輾然曰:“有是哉,有是哉!”适请箕仙命愚问,公始出袖中判语,示仆降笔云:“吾乃碧云仙使,祖师赴南清宫蕊珠会,七日不降,有事说来。”始问:“曾吞针否?”曰:“果则果矣,事则无事。仙方不书,凡方可治。”复问明,书凡方。

良久，乃书问壶隐子。愚因避席而起，鼓掌而笑曰："弟子何幸而见知于仙翁。"壶隐，刘浴德也。

《建生祠启》

车驾倪公，悯快船之苦役，行丁口之征，意美法良，三十六卫，荷更生之泽，有船政一书可考也。卫中秀才二十余人，倡义建生祠于卞庙之右。其启云："伏以庚桑居畏垒尸祝在乎当时，西伯建灵台成功亟于不日，况沐更生之泽，可忘报德之思？粤惟留都之民，附戎籍者三十六卫，自有快船之设，苦户役者二百余年，侵削多端，一差而百费集；赔偿重累，十运而九家空。弊蠹难除，真无异于城之狐、社之鼠，忧虞孔棘，是诚所谓猛于虎、毒于蛇。自非有视民如子之仁，孰能行革故鼎新之政？恭惟倪公祖心存济世，才足匡时，念审户之赋役不均，亟易条编之额；虑领船之侵渔难免，更为丁口之征；独破群疑，要使利尽兴而弊尽革；力持舆论，致能上益国而下益民。百艘蝉联，无劳军卫；千夫云集，不异子来。贻万年乐利之休，祛累世疮痍之害。自今子姓永保其安全，岂但室家得宁于干止？恩同造物，难忘去后之思；功在生民，合享专祠之报。顾垣墉甫建，而涂茨未完，虽堂构方兴，而落成有待。向非借资于众力，犹恐废事于半途。爰构短函，共图盛举。昔全椒减年而从役，乃内史车载以倍输。彼何人斯皆由德感，岂我概京之众，独无向义之心？倘念后日子孙百世之安，合捐曩岁差役万分之一，居安思始，何惜锱铢？积少成多，共完轮奂。匪直蒸尝不替，能酬既往之勋；亦且庙貌聿新，可作将来之劝。为此具启，统冀鉴纡。"

祠中碑一通，太守姚凤麓公文。

南　淮　翁

南淮翁王继文，忠信不欺人也。有洪姓者贷其五百金，三年始偿。方偿而暴卒，其弟与子皆不知也，托友求缓期。南淮曰："还我久矣。"所交游称贷甚多，前后逋负不下万金，度不能偿者，悉取券焚之。尝市丝武林，邑人聚观之，翁惊问故，皆曰："闻王君帝都忠信人，愿识其面耳。"

火甲条编疏

南京都察院署院事右佥都御史臣丁宾等谨题："为地方总甲，未经官雇，积害多年，恳乞比例条编，征钱募役，以苏军民重困，以了衙门未完事。"臣于万历三十四年间奉命莅任操江兼署堂印，随据南京五城居民李自新、刘鸣晓、张应登、金之炼、康恩、焦蕃、陈邦彦、林浃等，将前事呈称，地方编派总甲火夫等役，势所不免，但留都地广人多，编派清查更难，向来优免房号，虽以万历十四年海都御史题请，简可照繁册为准，其衙门差役，虽以万历十六年兵部都察院题请，地方夫差册为准，总属兵马衙门人役，在于民间私自科派，私雇总甲，非当官雇募也。乃行法既久，诸弊丛生，其私雇总甲，本身既已冒滥工食，且又通同吏胥，夤缘为奸。诸凡卖富差贫，改移定限，兼之飞差四出，虚增卯酉，又或遇火盗人命等事，乃私雇总甲，仍报排门正身总甲出官。无论正身家道，或贫与富，辄便一混牵累，拘縻岁月，破家亡身。而正身总甲，受祸惨毒，不可胜言矣。先年居民张文学等呈请举征钱雇募之法，蒙海都御史札付巡视王御史等查议，彼时下情未能一一上达，而海都御史止将五城滥差夫役题请，禁革其征钱雇募事体尚在中止，后蒙都察院辛都御史奉旨题复，内云：南京王御史等比例征银雇募，似应依拟，乃称查审众情，一时尚未遍协，合候移咨南京都察院，再行五城御史，虚心酌议。如果召募，可行人心共愿，则将征收优免及一切应行事宜，议处停当，具题等因到院。奈向来犹未行城复查，以致大小军民受害日甚一日，如在汤火之中。仰望救援莫如雇募，伏乞早赐举行，恩德无量，上呈等语。臣等以为事干通都，未可轻举，至三十五六七等年，除各缙绅屡次具揭，请行雇募外，其五城居民又屡次连名累牍诉告，往往有泣下者。且云：雇募之事，问之富人，则富人愿做；问之贫人，则贫人愿做，通都大小军民人等无不称便，何不举行。臣又谓，外府州县举行条编，尚有田地山塘、男丁女口册籍可查，若南京十三门内外，人家几十余万，臣等虽曾效法先臣王守仁编派十家排门牌册，以为防守地方之计，其中间门面似无渗漏，然而竟无各家贫富等第册籍，则官府何从凭据议编雇募。乃有居民刘鸣晓、李自新、康恩等禀称，身等向来私雇总甲，原有出钱数目。今既恐无凭据，身等愿将三十六年分一年之内各城各铺大小贫富人家各出钱数，公同会众，各铺写册一本，名为五城铺册，送官以备查考。夫公同写册，既不敢减少，又谁肯写多。官府得此，实有凭据，庶几可以行事。盖身等所虑，不在出钱，特以钱不经官收支，难免飞差横祸，大小人家日夕忧惶，故欲将额定钱数纳之官府，以期杜绝诸累耳。不几日，五城铺册约千余本，居民刘鸣晓、李自新等公同各本城大小贫富人家，一齐送至。臣处又各铺册一本，分头呈送五城御史。乃五城御史曾陈易、蒋贵、傅宗皋、王霖、王万祚，公同到于臣处称说，通都百姓才说铺册，遂翕然抄写一齐送至公庭，且求早赐行事，则往岁所云半愿身当、半愿雇募之说，必为从中阴欲阻挠者所误断，非出于小民之口矣。假令不与举行召募，非但先臣海瑞题复内云再行南京虚心酌议一节，终属未完，而大小百姓屡屡成群泣诉，度量事势，必竟不肯停止，所当亟为俯从，臣乃将各城所递铺册，分开日子，每铺点出公正人役并贫人、富人共三四人，先期约定某铺某日到于都察院，当臣之面，稽查铺册内人户有无房屋门面隐漏，并相应优免人数，及细问三十六年分册上所开出钱之数虚实，又将三等九则规条，每铺较量，时为增减停妥。似此稽查甫毕，随将各城原递铺册，并臣面审情节，一并书写在册，札付各城御史，令各到于会，同馆复查，前项有无隐漏、滥免，并出钱不均，并不合等则，并有不愿出钱各情，臣又先期遍出告示，晓谕五城贫富百姓，内云：民间所递铺册，本院虽以面审一番，仍恐中间尚有未尽事宜，复令五城御史在于会同馆复审。你们大小百姓如有不愿纳钱者，许到会同馆当官告明。本院即为俯从，免派役钱。乃五城御史复查完日，并无有隐漏、滥免，并出钱不均，并不合等则，并不愿纳钱者。臣等犹不敢自信，乃复会同大小九卿六科在于会同馆号集远近人民千余人，惟时九卿及科臣亲问纳钱雇募之法，便民与否，乃合口称便。又将百姓中之最贫者，直令上前，问其纳钱雇募便民与否，亦合口称便。诸臣又各各细问尔等，穷人原无身家之累，何必要行雇募。又回云，身等虽无重大家私，平素亦在排门之列，未免轮当正身总甲，与富家一同受累，且身等受累之日，光身到官，既已无钱使用，而妻儿在家，饭食缺少，又无人照管，其情更苦，以故情愿额定纳钱，用图安静等语。臣又对五城御史云：雇募之事，从来未曾举行，且南都地广人众，中间容有咨访不到，未可信为停妥。乃各御史又将会同馆各所，查各铺内有贫穷孤寡者，各自躬亲至于其家，细访端的，因而沿途遍问民情，稍觉可怜者，无不从宽派钱。臣乃收取各御史审定各钱数铺册，复令书算手会集一处，督令细算。五城见该出钱总数，随即模仿前任，题准简可照繁册，并地方夫差册细查。五城今日合用总甲火夫并当更夫活拨上陵等项，灯夫并各公用家火器皿，各该钱总数，较之前项所定铺钱，尚有赢余，随即会同五城御史，将前各铺所派各家钱数，各行尽钱照减，务使今日所派钱数，与今日所用钱数，一一相同，乘此杜绝衙门多取，以防嫌弊。随照各花名所减钱数，各铺写长单一张，遍示大小人民。臣又唤集五城原呈父老诸人到院，问云：征钱雇募一节应否举行？各对云：但得官府征钱雇募，则衙门人役既不得重科妄派，且一切在官事体俱是雇募总甲自行承当，别无正身总甲名色，民间何等安静。当此之际，即使比照三十六年分私雇等项钱数，编派身等，亦自甘心。况今蒙将三十六年分私雇钱数内家家户户，查据余钱，尽行照减，尚有何处不便于民，恳乞早赐举行等语。臣于是乃唤集书算手到于公衙，将各铺减钱长单照数填写，细户由票分定日期，令各细户到于都察院，将由票亲领完毕，遂于五月初一日，各城御史曾陈易、蒋贵、傅宗皋、王万祚、容大德相约开柜，各收夏季铜钱，小民各遵日期，各照由票，踊跃争先，纳钱如市，绝无拖欠。随经该城御史给发各甲夫工食等项，种种支销，明立文案，用备稽查。自后各季收钱支钱俱系一体行事，其每岁或有新增优免与事故之家，相为伸缩，或将房屋拆卸与新增之房相为伸缩，中间一切查钱事情，五城御史时时会同，严加觉察，务须通融计算，登时声说明白，不得少容欺隐，即前原呈内所称人命贻害地方最苦一节，已经严革伙诈牵累捏词，代告各衙门诸弊。臣犹设处于三山门、神策门、凤台门外各建造检验厅一所，庶几事有归宿，民间愈无骚扰云，为照。为政固在于安民，而安民莫要于除害。先年兵部都察院所定简可照繁册并地方夫差册，向虽遵奉通行，俱属兵马衙门人役私派私雇，况又地方人民宽广，纵有飞差卖放，连累正身等害，其何能除。乃今额征房钱在官雇募，并人命不许伙诈，顿使前害一朝革去，则既可以下慰通都，仰望素心，而先年都察院移咨南京都察院转行五城御史，将召募事宜再行议处停当具题，公案从此可以归结矣。缘系地方总甲，未经官雇，积害多年，恳乞比例条编，征钱募役，以苏军民重困，以衙门未完事理，理合据实具题，庶便遵奉，刊刻书册，岁查收支登报，循环永远举行。为此具本，专差千户朱世科赍捧谨具题知。随于万历三十八年八月二十四日奉圣旨：是该部院知道，钦此。于本年十一月二十四日准兵部咨前事职方清吏司案呈奉本部，送兵科抄出南京都察院署院事右佥都御史丁题前事等因，奉圣旨：是该部院知道，钦此。钦遵抄出送司案呈到部，拟合就行，为此合咨前去烦为查照钦依内事理，钦遵施行等因，备咨到院。又于万历三十九年正月十二日准都察院咨亦同前事据掌河南道监察御史汤兆京呈奉都察院判该刑科抄出南京都察院署院事右佥都御史丁奏称前事云云等因，奉圣旨：是该部院知道，钦此。钦遵判送到道查看得所议南京都城雇募总甲火夫，乞要比例编派征钱雇募等项缘由，实为革弊苏民至计，既经奉有明旨，相应移咨南京都察院札行五城御史并通行各该衙门一体遵奉施行等因，到院据此拟合就行，为此合咨前去烦为查照，转行五城御史一体遵奉施行等因，各咨到院为照前后兵部都察院来咨，俱系钦依事理，相应查照施行，合就移文会同南京兵部一并刊刻书册，以便一体遵守，须至书册者。

《诗学杂言》

《诗学杂言》，如皋冒伯麐所著，余阅一过，写八字于上云："严于论古，恕于取今。"伯麐不以余言为非。

咏　　晓

澹园先生幼年游天台，宿一小庵。老僧云："小徒在书馆，少刻当来奉陪。"及归，乃十四五岁僧也。问其所习，云学咏诗。今日题是"咏晓"，有句云："残星杂火明。"先生亟赏之，惜失记僧之名。

林香断续闻

谢琼州曾以《游城南》诗请教澹园先生，先生亟称其"林香断续闻"之句。谢曰："诗仅一句佳乎？"不知一句能令万古传，何必多乎？

蝇聚一膻

凤洲公同詹东图在瓦官寺中，凤洲公偶云："新安贾人见苏州文人如蝇聚一膻。"东图曰："苏州文人见新安贾人亦如蝇聚一膻。"凤洲公笑而不答。

中峰语录

余习静天界万松庵，借中峰语录阅之。云松、云溪二衲子问："此语录如何？"余曰："言语文字僧也。"云溪因云："昔有游僧过中峰坟，曰：'此言语文字僧也。'坟上遂放出三昧火来。"游僧曰："老僧嗔心犹在。"三昧火遂息。余曰："请中峰放三昧火看。"两衲子殊笑余言。

蜂窠蚁穴

王凤洲公常过三山街承恩寺拜客，因曰："此寺乃蜂窠蚁穴。"

白马傅粉

张汝璧出必乘轿，又牵一白马随之。养马者，每月工银陆钱；每日用药煮一猪肚，杂草豆喂之，令其膘满；傅粉四两，令其色泽。一马之费尚如此。

倒念经文

大宗伯赵大周公过天界寺半峰庵谈禅，偶倒念《金刚经》

文，僧官兴善从傍证之曰："老爷倒念经文了。"半峰果斌斥兴善曰："《金刚经》道理圆融通透，顺说也是，倒说也是，老爷不错，兴善错了。"觉大周公喜果斌之说。

憨　山

报恩寺德清，号憨山，在劳山建海印寺说法。按院某公访之，因问："阿育王割肉，不知痛不痛？"憨山曰："孔夫子绝粮，不知饥不饥？"按院殊喜其对。但此问答，乃是闲话，与心性无关。

钉牛将军额

武孟江春元宅邻牛将军庙，长子十三岁，入庙游戏，以钉钉神额。归家，头痛难忍，服药不效。丫头以钉神额事告主母。孟江祭于庙，拔其钉，亦无救子之死也。

鱼羹免盗

曹老住下浮桥，曾泊舟黄石矶买鱼煮羹。鱼大羹多，偶主仆不能食，见邻舟有欲羹之色，尽送食之。五更时，食羹人拍曹船曰："勿早开，勿早开。"少刻，半江中已打人喊叫矣。食羹者盗船也。曹老遂免于盗焉。

《高士传》

大司马吴尧山过天界寺，看族侄吴运嘉，见几上《高士传》一册，掀髯笑曰："丈夫生世，当立功名做事业，何必以孑然为高乎？"运嘉甚愧其言，不知运嘉所愧者何也。

莫愁湖怪

滕慕江，余姻也，幼年极有胆力，读书莫愁湖。夜深，业已就枕，见月色如昼，推窗玩月，一怪突入窗中，其白如雪，捉慕江。慕江与之斗，觉力倦，大叫一声，惊醒仆人。怪遂投湖去。从此习儒不成，习武不成，盖怪不宜见也。

唇生肉须

武定桥东李大，富而极鄙吝，唇生肉须，一尺长，痛不可忍。外科或云用刀，或云用药。邻有金先生曰："我能治，须讲定谢金，方医。"众亲友讲以十两酬谢。金用末药一匕，炉中烧烟熏之，即落去一寸。袖手索谢，李先付一两，五日已好。及请完前约，乃坚不与矣。金笑曰："逆知其然也。明年必发，即百金不用药。"后果发，遂死焉。此成化年间事。郑敬斋谈。

八尺虫

朱肇能着围棋，生一女，腹多虫。偶在何矩所坐，谈及一医云："食榧子当愈。"果食榧子，下一虫，曝干尚有八尺长。

解如字

土街口毛华泉，阎佗头授其术，坐化于其家。每令人讲解如字，即传其术。

毛 玄 玄

毛玄玄能养阳，乃速死之术，今八十九岁，偶然也，非术也。七年前，两耳已不聪矣。

修塔《化米疏》

修报恩寺宝塔者，雪浪、弘恩也。怂恿以助之者，钦义有功焉。往北京化太皇太后圣母李娘娘银一千两，又化米百石。王百谷作《化米疏》云："义公人中龙象，出家便治远游。装水上凫鸥，到处不谋常。住食牛山，挂搭雁荡，经行龙门，寺里一枝藤，龟背石边三尺雪。东林西苑，只同野鹤翱翔；南越北燕，总逐闲云来去。今将返长干旧刹，助宝塔良缘。恒河沙聚作须弥，那堪果腹？窣堵波高悬，兜率岂可充饥？瓢中惟有赤城霞，衲上尚余沧海月，莫道径山和尚不赴来日之斋，且为湛怀阿师共出长生之米。不论米多米少，众人都作一人心。但愿年去年来，后日即同今日事。免得山僧常托钵，何劳长者屡供餐。无田却似有田福，德田还归檀越。不耕亦且不种，菩提种奉劝善人。谨疏。"

龙 鳞 香

郭次甫寓报恩寺徐府庵。庵有大栝树，余取皮焚之。郭曰："此龙鳞香也。"三字甚雅，却被次甫拈出。

射蛇坠马

新江口营李把总家有大蛇出游，因选营军善弩者两人，俟其出，两弩齐发中，蛇死。李在营操练，同时坠马，亦死。异矣哉！

月移因过

王文卿父贡士叔举人，乃名家子。父死失学，偶饮邢太史宅，行酒令，要一物，要诗句。令云："腌鱼花影上栏干。"以腌鱼为月移，举坐大笑。曰："此令甚难，罚酒可也。"太史曰："是不难。"举杯云："鹦哥竹院逢僧话。"以鹦哥为因过，举坐亦大笑。曰："妙绝此事。"谈之莫不捧腹。但王君侠气翩翩，亲朋皆称好人，未可以不识字少之。

茶坊

万历癸丑年，新都人开一茶坊于钞库街，此从来未有之事。今开者数处。

造检验厅呈

大中丞丁公祖造检验厅三处于城外，最是仁政，从居民之公举也。五城居民李自新等呈："为恳乞盖造检验厅房，杜吓诈以免扰害事。"五城地方总甲，近蒙仁台条编纳钱募夫，应役士民鼓舞欢声载道，切有斗殴缢溺等项人命，向在死所检验，以致无干恶少党结多人，混称亲族，将尸蜂拥，或塞其门，或停于室，不论真假，逼勒重价买材，强自主张了事，稍不遂意，乘机打抢，唆拨兴词，已为硬证。其被诬之家，日后纵得辩明，其家已破。及至相验，又要总甲出办，公座围屏糟炭等项，仵作洗手。常例，如遇批县复检，仍搭芦蓬结彩，种种牵累不能尽诉。今幸新政大举，乞于各门外，择其空闲官地，临近土工处所，盖造厅房三所。如遇前项人命，即时抬往彼处，听候检验。如此，不惟杜无赖轻生之念，亦可以绝棍恶局骗之源。其厅仍立土工看守，议给工食，实为千载盛事矣。有此，激切连名上呈。

学田减租

府尹邵公置有学田五百一十亩，坐落上元县尽节、丹阳二乡，每年租银六十二两。久被汪崇学、汪崇孝霸占，包租以六十余两减至十五两。又以官银修筑圩埂，俱至大河，旱潦无忧，腴田改作荒地，粮飞一邑，积弊已久，牢不可破。山人汪徽之首告，可谓义举。

建文当祀

向举人德象，会试时曾草一疏，论建文事。通政止之，竟未上。近日，监生庄若华，闽人也，久住金陵，遂与江宁石氏结姻。若华刻一信心草论建文帝当祀，以存统体。反复千余言，乃草茅忠荩，海内士人为此议者殊多，不足异也。石氏因小嫌，揭若华为妖书，何其悖哉！

画　　社

少冈王文耀善画，乃利家之出色者，且好事，多收宋元名笔，因结一画社于秦淮，邀而入社者皆名流。王君既捐馆舍，此事遂废，惜无有继之者。

画社题咏

诸君子偶结诗画社，邀余共集。其在诗社者，别有标题，属画社者，余得画片若干，每用展玩，景异情殊，如分途、纪游、名胜并赏，不容释然。爰就所图，悉为题赋，亦以识一时之兴云。若次第先后，因画成迟速，非为轩轾也。姚履旋。

胡长白：倒景重冥开，飞流巨岩坼。白云浮山根，玄雾隐泉脉。太灏气吞吐，幽荒树遮隔。畴能托远想，惟是胡长白。

欧阳惟功：惟功一砚墨，如云五色藏。净几挥霜毫，意气多飞扬。晴峦分远近，疏树着低昂。试听悬泉落，还疑险马当。

王延卿：延卿仿叔明，层峦类赤城。云蒙丛树合，洞嵌碧云鸣。野径开仙迹，长萝系隐情。远峰标影处，鸾鹤此中迎。

袁又玄：又玄石骨清，泠泠漱寒涧。苍松舞潜虬，赤梁列危栈。水飞千岭来，舟难两崖辨。飘然游此境，吾身有何患。

俞孟显：孟显片山开，长林缀绿苔。观鱼人背立，似虎石横崖。野涧成潭水，清风隐树雷。徘徊瞻瞩处，疑向剡溪来。

魏考叔：纸角画芦洲，叶响风飕飕。一罾随浪起，两岸泊天浮。远树石梁亘，疏篱草屋留。魏髯得鱼意，沽酒醉溪头。

王民隐：民隐富丘壑，凝神写幽窅。杂树排葱蒨，层山递萦绕。矗天秀奇峰，缘水披绿条。两叟访岩栖，似欲跻云表。

湛怀僧：义公抱清癖，爱学倪迂叟。玉片结山巅，瑶枝变溪柳。境净心自遐，天朗兴无偶。长啸振林薄，玄风古应有。

魏和叔：和叔喜探奇，长江小艇移。塔标山路顶，岸接野田湄。树落红英水，楼高绿竹篱。欣逢石凹里，藜杖款门时。

程仲英：仲英来新安，笔摇风雨寒。孤亭对修岭，乱石激鸣湍。铁干林凋叶，沙坡水漫滩。拟穷天际景，策杖苦巑岏。

王潜之：潜之元镇品，清风对景设。笔砚洵精良，岩壑转幽绝。云荡石光浮，树遮溪径截。家藏古名幛，抗志迈先哲。

王士英：伟哉王士英，雪壁峭寒生。远径罗琼树，空山绝鸟声。袁安门已塞，东郭履犹行。更是长江外，初旸积素明。

齐翰之：翰之怀秀色，落笔显晴晖。散涧穿山曲，乔松薄翠微。江牵游兴远，云惹逸情飞。舵尾溪童睡，垂竿待月归。

孙燕贻：燕贻不师古，秃笔写山头。茅屋松针暗，篱根菜甲柔。白云随涧落，翠岫隔江幽。筇杖来游者，东陵旧日侯。

谢茂昌：谢老多才艺，曾雕白玉匜。空江醉凉月，夜烛较残棋。花鸟情偏惬，山川景更奇。相逢石梁上，款语彻移时。

胡昌昱：翠色上林皋，晴光秋兴豪。锦江肥郭索，瑶圃醉葡萄。屋背丹枫结，名随绿水逃。静观昌昱书，何必颂《离骚》。

题芭蕉句

沈石田幼年游金陵，写芭蕉一幅与天界寺主僧。三十年后复游金陵，又题诗于上，末两句云："白头待我重题句，谁谓芭蕉不耐秋。"余曾在盛仲交苍润轩见之。

六岁善对

雉山邢太史，六岁时在蒙师馆中，以善对称。偶工部一主政避雨入馆，问："诸生有善对者乎？"蒙师以邢生答之。时邢穿红布披风，绿布夹袄。主政公出对云："小学生穿红着绿，内家装外家装。"邢即云："老大人衣紫腰金，素富贵行富贵。"主政公亟称之。

科中雅谑

给谏东原金公贤，西域人也。科中每举书语回字以相戏，至云："贤哉！回也，并及其名矣。"东原失偶新娶，科中举贺，特令戏子搬演蔡伯喈，唱到"这回好个风流婿"之句，合坐绝倒。

夏曹纪事

兵部惟武选司不预钱粮，三司岁入颇多。往年任支销无考，武选郑郎中因建议设总库，委一主事专管。凡有支放，俱说堂给札方准发。三司恶选司倡此论，因议管库不得委选司主事载之职掌，至今仍之，亦可笑也。

卫所袭替舍人，旧例属府卫分武选司移文该府，勘结回照，乃五府首领胥役故意迟延，致误咨送，诸舍人苦之。武选郎王宇始查照邦政题，准事例说堂免行府勘结禁，各卫不许申府，一听本司行卫查勘明白，将府结部结类送该府磨对，限五日内粘照过部。如结内字迹可疑，该府止移文选司改正，不许径自驳查。其或回文过限及违例行查，府吏径送法司究问。诸舍人受德无穷矣。

祖制各卫军政官择材受任，故官名武选，典名黄选，非令循次而补也。万历三十五年，南武选马郎中苦请托难绝，更定新法，止就本卫挨补，不问人地，不论当否，至使谫才司大屯大运大印以败乃事，而长才往往置无用之地。乃如兴武、鹰扬留守后，官员众多，听用数十年，不得补其他官。少卫分黜革未几，旋进管事，众论哄然不平。致四十二年，南管屯御史陈玉辉疏参，下兵部复议，南武选司始申明旧制，更正职掌。凡军政员缺，本卫有贤能官，则以本卫补；本卫无官，或官未必贤，则选别卫调补，务使人地相宜。从此司官留心知人，而军政亦称得人矣。

国初起，运漕船皆造于南京龙江关提举司。永乐年间，省直粮米民运至淮，派拨军船，因改建清江厂于淮安。宣德间，各省粮俱改本地交兑，船亦撤回团造。惟南京军船不过江，止寄泊瓜、仪二坝。江南粮米仍民船装至坝交卸。故船仍在淮成造。至万历元年，改瓜洲坝为通江闸，南京军船径过江，直抵水次，领兑漕运。都御史王廷赡题请工部复议，遂将南京各卫运船复归龙江厂修造。缘各卫军住南京，费出南部，木由南关抽分，以便就便，故费省而船坚。二十八年，淮厂匠作钻谋运总条，议改归清江厂，木价既多，且匠作不坚，板薄钉稀，不久辄坏，兼以军士守候，经年运官，监督不便，而空船回坞，看护尤难。南科祝世禄随疏其苦，下部未复。迩年丁甲疲累日甚。万历四十三年，南大司马黄钟梅公乃上疏，请复归龙江厂，听南工部自造。此诚苏军救运之急务，乃命下工部，竟置不复。众所称便，而庙堂之上，若不与之，便所未解也。

年来运务废坏极矣。船缺甲疲，苦累运官，降革监禁，破家亡身者，相望不绝。每遇选用，即赴汤火不啻畏也。万历四十三年，武选郎王宇议将各卫船甲酌量丁力，通匀增减以救之。盖诸卫运船不齐，有多逾百六十只者，有少不及二十只者，向原随丁力而派，日后人户消长，卫事变更，昔繁今简者，虽增之不病其厉，昔殷今乏者非减之莫苏其困矣。况增者仅数只，而减者间至数十只，酌盈济虚，实急救运困第一议。大司马黄公慨然举行，乃移咨漕抚，值人言杜门，遂高阁置之，抑亦运卫之不幸也。穷则变，变则通，以俟后之贤者。

南京属府卫所官，最苦者莫如夜巡差。缘京都里十三门，每夜设长巡镇抚二员，点闸门军一员，在鼓楼守，发令牌。每门短巡官二员，每员带军十名，赴鼓楼领令牌，往门上撞锁，次早赴中府经历司回话。五府属五班更番，共用夜巡官一百三十员，食粮正军一千三百名。后因留都缺伍，掣去正军，将各卫余下充役。余下差繁人少，俱责各官催募，且非止供前差。该府挑运柴米及势豪婚丧借用，日不暇给。各官赔累不堪，皆宁愿辞任，不愿管事。万历四十三年大司马黄公准武选、职方二司条议，将夜巡军减去其半，验定六百五十名，每名月给口粮三斗。凡势豪婚丧借用，一切禁止。每官遇上直五日量给油烛五分，以恤之，而苦累庶乎其少苏也。

定柴米价

戊申年大水，城中可以撑舟，一时柴米涌贵。幸操院丁公祖定画一之令，令五城兵马晓谕巡视，不许高价。病民差官，外府买米，官卖必窭人，三升、五升、一斗、二斗方卖。又亲出稽察，散饼给钱，以济老稚辈。此又私家之财也。遭水患者全活甚众。仁人之政，其利普哉！台山叶相公云："丁老先生是个当家婆。"殆非戏语。

水　疮

戊申之水，乃二百余年创见之变。人足浸水中数日，即皮破生疮，痛不可忍。一法：取水荆条煎水，浴之立愈。

造　桥

城内外桥，皆太祖时所造。二百余年，非缺陷则崩坏矣。大司空丁公视其可修者修之，当造者造之，且制度整齐，令人瞻视一新，有太平丰富之象。

定时炉

严大号蓬壶，原富家子。幼年从全真流落江湖二十余年，及归，已无家矣。方外学得定时炉，其制圆，三足高可八寸余，径六寸余，铸铜为之盖。与口平上列十二时，字一时两眼，腹中有管，出于眼外。一管上五刻，一管下五刻，以烟出定时，腹内有机□□末香。此炉列于书室，殊文雅，严君□□□人，后又游方去。

黄复初

（原阙）

下　卷

无极而太极

隆庆丁卯，顾九德中乡试，有表兄王姓者，业儒不成，见顾之中，艴然不悦，即面诘之曰："老弟中则高中矣，试说无极而太极是怎么说。"顾曰："我若知无极而太极，连解元都中了。"

幸勿改节

刘少傅个留公忠[①]为南京吏部尚书时，司属王主事韦之父，致政家居，素奢，而渐贫乏，乃遗白金二十两，与韦奉亲，曰："恐汝父奉养不悦，汝欲曲意以奉养，则变节之事有矣，幸勿改节。"

宦囊二书

梁俭庵先生宦囊所携，惟《论语》与《大明律》二书。平生清操劲节，为国之名臣者，皆此二书之力。

不用铺户

乙卯科，大京兆黄公提调科场。旧例，凡场中供给百事，皆

① 刘忠，成化进士，仕至吏部尚书，文渊阁大学士，性峻寡合，一介不取。在内阁无大建树，然重厚持正，为贵倖所嫉。

上江两县铺户备办，吏巧于需索，物易于花费。总之，铺户得半价不遭鞭挞，则大幸也。黄公祖深知其弊，尽革铺户，场中百事皆精好，于额设之银，又不多用一两，水滴石砚亦皆官备。自有科场以来，不用铺户，自黄公始。

负代笔人

乙卯科监生沈同和，吴江人，在场两人代笔。太平县秀才杜应命作经文四篇，讲过银一百两，出场竟负之，与银五两而已。杜抱恨归。至芜湖，知沈中式，急来找银，遂病痢，死于文德桥人家。同和与银十两，沈之狎客、恶仆又除去二两，用三两买棺，五两盘费，载棺归。且恶仆云："我相公不用你文，也要中。"可骇可笑，真情露矣。

《溷鱼引》

乙卯棘闱中，粪坑开小沟，与墙外相通，有粪即流出，士子不致掩鼻以避臭。忽沈同和号房口，有鲤鱼从溷中游入，人人皆喜，独沈中式。至丙辰，又中会元，遂有发配之辱。鱼以溷为龙门，可付一笑。姑苏范汭作《溷鱼引》云："东家桃树根半刳，西家柳树枝代枯。长安街西日欲晡，铃柝哀哀庚癸呼。两兔扑朔脚无力，仰视城乌尾毕逋。汝不见，溷中妖鱼朱点额，紫袍丈人妇巾帼。苦雾荒烟迷咫尺，霹雳一声四郊白。"又姑苏吴鼎芳《溷鱼引》云："凫颈短，鹤颈长，自续自断徒两伤。华草青，夷草白，赭衣就道还无日。情亲相对空相泣，空相泣，悔何及。君不见，溷中鱼一飞，载飞终塌翼。"

中举放肆

南坦刘公麟，广洋卫副千户刘公苍子也，中成化壬子乡试。魏国公设一宴，宴举人，饮至二鼓归，父不容相见。麟与家人莫测其故，不得已，求业师赵先生问之，父不答。赵曰："子中举人，大是好事，反不与相见，又复不言其过，何从知而改之乎？"乃始言曰："我是本府站厅千户，麟才中一举，遂尔放肆，饮至二鼓，是以怪之也。"赵先生曰："说的亦是。"引麟相见，而请罪焉。其父之贤也如此。

刘公实行

刘公讳苍，字伯春，南坦尚书父也。九岁嗣千户官，辄端重英敏，超越行辈。十五入武学学焉，即身自刻励，不烦督奖。每赴演武教场，夜四鼓起，读《将鉴》一篇。场中鼓严乃进食，食且恶，必尽三四器，乃上马去。返越午矣，不食于市家。人诘之，则对曰："一人之市食，一家之日食也。"身通小学、《四书》、《史略》、《七书》、《将鉴》诸籍，又能为宋赵孟頫书。吴英者，指挥也，廉甚，不苟取。瞰公其同志也，学且优焉，有疑义辄叩门以请，遂为莫逆交。及公之子麟，举进士，谒英，英呼之曰："侄勿学他贪墨者，以殒尔父之志。否，虽官至卿相，英不愿见也。"初公雅好儒学，而职事不遂，谓麟曰："夫读书可以建功业，济斯民，吾已矣，小子其志之有？"赵经先生者，亦千户也，明经而习举子业，然遵礼尚志，旬月之间，不越户阈，箧中藏二青布袍，必祭先、寿亲、访贤也，沐浴而后着之，卒事犹藏焉。公以为贤，遣麟师事之，然无以贽也。每获折俸布帛，以布自衣，以帛贽先生。先生以麟贫，不受。公曰："不贽，无以遣吾子也，必贽之。"指挥龚海甘贫自守，行年七十，好学不倦，谢政闭门，旁开小户，自捣药以卖，其价不二，然好诵《孟子》，或从赵先生讲焉。赵先生后进也，辄正讲席，而后旁听之。戚党有为卿相者还，龚将改服以谒，闻其载宝而还也，遂绝迹不往。其介若是，不可犯也。独于公终始敬重不衰。公尝及寮采，代冰入凌室，一士冻馁仆冰，群士载冰争，蹂躏其上，几死矣。公力辟群士解绅挽出，士得不死。当是时也，赵端者觇之，重其行，遂纳交焉。赵端者，赵经之父也，年且七十，又尊行也，敦廉尚义，不妄与人，遂呼公为兄弟云。一日，携公至其家，命家人具馔以食公，家无具，移时不至，公退。端责其子经曰："刘伯春予所畏服者，非他人比。今乃不能令我完一鸡黍约邪？"取大杖杖经，且令其出妻。时麟方学于经，奔告公。公趋至，赵氏曰："朋友与宗室孰重？假令经出其妻再娶，弗贤令尔此孙不立，若何？"赵怒方霁，乃令再具馔，欢宴而罢。尝有纳户起解千金，取回关单，误遗道路，公晓行获焉，日候其处三日矣。一人顿足抚胸叫号而来，曰："天乎，何杀我之酷乎！"公趋而问之，人告之故。公出单与之，其人顿首曰："公德生我矣。"酬以数金，笑而不受。公自少严正自持，非其人不交，常自悼职事之卑，当其志谓可树大勋，以自振也，遂亦以是训麟焉。刘伯春公此数事，乃吕泾野先生所撰墓碑中所载者。因撮其大略如此。南坦公官至尚书，谥为清惠者，岂无自哉。

教成进士

赵经先生者，家住北门桥，千户而工举子业。开门受徒，教成刘南坦、杨水田两进士。今时有此千户已乎？

皂隶落牙

嘉靖甲子科，例考儒士童生进学。大京兆刘公名自强[1]，刚正自持。科道两衙门亦不发书荐士，知不可干也。礼部尚书尹公差皂隶持书跪禀，必欲京兆公取一儒士。京兆公遂大怒，一脚踢落皂隶二牙。人为之语曰："皂隶落牙，尚书无齿，刘府尹真能自强乎？"刘公所取案首包蒙吉，乃浙江冒江宁籍者，重责枷号。案上，诸冒籍不敢应名，逃去。

火　龙

金容庵先生秀才时，读书至二鼓，忽有尺许长小红蛇游入室中，灯光尽夺，一室皆热。天明视其游过处，悉焦枯。盖火龙也。

犬　戴　帽

倪清溪公家一犬，忽戴帽坐于客位。公见之，取椅对坐曰："有客在此，看茶。"来犬仆地死。

---

① 刘自强，字体乾。任山西副使时平王庆之叛，巡抚四川时讨寇有功。隆庆初官至刑部尚书。

红　沙　马

太仆寺丞张公翔，文僖公次子，印马过土木。土木乃文僖公死难地。具祭哭奠归。夜梦文僖索红沙马。天明，厩人报，红沙马死矣。土人云："文僖公死难，所骑者红沙马。"

内城门名

内城门名曰：正阳、朝阳、太平、神策、金川、钟阜、仪凤、定淮、清凉、石城、三山、聚宝、通济。

外城门名

外城门名曰：江东、驯象、小安德、大安德、凤台、夹冈、双桥、姚坊、仙鹤、麒麟、沧波、高桥、上方、佛宁、上元、观音。

十六楼基地

南市楼：在城内斗门桥东北，此楼独存。

北市楼：在城内乾道桥东北，太祖时回禄不存。

来宾楼：在聚宝门外之西，尚有来宾桥。

重译楼：在聚宝门外之东，尚有重译桥。

集贤楼：在瓦屑坝西。

乐民楼：在瓦屑坝集贤楼北。

鸣鹤楼：在西关中街之北。

醉仙楼：在西关中街之南。

轻烟楼：在西关南街。

淡粉楼:在西关南街。

翠柳楼:在西关北街。

梅妍楼:在西关北街。

石城楼:在石城门外。

讴歌楼:在石城门外。

清江楼:在清凉门外。

鼓腹楼:在清凉门外。

杨升庵《艺林学山》少南市、北市二楼。陈石亭《金陵世纪》少清江、石城二楼。石亭金陵人,纪金陵事,何可遗此二楼乎?

欣 慕 编 (十八则)

宫保俭庵梁公材

公字大用,端劲廉直,城府崭崭,秉义执宪,不苟为同举进士,为县令一滞十年,历刑曹主事,阉瑾乱常,改御史。今上嗣统,累迁至太子少保、户部尚书。公司国计时,方兴举大礼,肇建郊庙诸制,经费告匮,裒盈益虚,不加赋而用足。屡抗议裁缩浮冗,忤旨不顾。几欲正位端揆,为侯勋所中而止,后竟罢归。狷洁之性,途暮逾贞。为尚书宅忧,归始有居室。薨未久,而家人食贫,岂古所谓居官廉,虽大臣无厚蓄者耶?赞曰:“侃侃司徒,强直自遂。秉国之经,弗懈于位。贞不绝俗,介不奓名。猗若而人,惟世典刑。”

御史大夫惕庵张公琮

公字廷献,恂恂长者也。严恭有威畏,慎鲜过事敬皇。为礼官十有五年,末年大丧大婚诸礼,多所考定。历官南京都察院右都御史。初抚楚时，方修奉山陵，公殚思经始，民不告劳。掌南台值六载，考察庶官，协赞玉峰朱太宰希周，黜陟明允，众服其公。以疾乞骸骨，上允其归，有舆廪之赐。及薨，命有司祭葬如制云。平生常禄外，非其义，一介弗取。公退，闭户危坐，门无杂宾。子孙蕃盛，冠诸仕族。六子皆贤，长恕今为福建佥事。赞曰："文僖遘屯，危身奉主。大夫承之，克绳厥武。勇退令终，皇有恤恩。有嘉嗣人，式衍式蕃。"

宫保周襄敏公金

公字子庚，爽朗开大，有经制材。始为给事中，都督马昂进女弟，奸谋叵测，力争出之，人以为难。尤通达边务，凡山川夷险亭障疏数，将士勇怯守御难易，咸习知之，与客纵谈虏如在目中。巡抚延绥宣府，善抚将士，得其心力。宣府粮不时给，众大噪，将为变。公肩舆谕之，投戈解散，徐治其渠帅而已，边告无事。乞归，久之，起抚圻内，入佐本兵，擢右都御史，总督漕运。太皇梓宫南祔祭奠，诸使欲凿山通道陆行，以避长江之险，公执不可，竟如原降指挥，滨江居民德公，争绘像祀之。官至太子少保、南京户部尚书，致仕。薨，恤典优异，赠太子太保，谥襄敏云。赞曰："甘泉烽火，拊髀颇牧。公功在边，榆林上谷。胡马既南，或饮我池。悠悠此怀，畴弗公思。"

司寇东桥顾公璘 子屿附

公字华玉，性资朗悟，博览强记，抽毫敷藻，前无古人。弱冠，举进士上第，与宪使李公梦阳、司寇边公贡，以文赋擅天下。太宰乔公宇、少宰储公巏、宗伯邵公宝，艺苑领袖，交相推毂。又与司空刘公麟、徐迪功祯卿，号江东三才云。然其为郡县，为方伯，为巡抚，所至称最，广平、天台皆立祠以礼焉。公高视缓步，身负天下重望，崇道义，轻爵禄，遇时贵人，或傲然不为意，而与山林文学行义之士，乃讲钧敌礼谈艺竟日夕。坐是忌者侧目，徊翔久之。晚始跻大位，卒困于讥谗，赍志而薨。长子屿。屿字懋涵，少年文誉腾踊，谓有父风。督学侍御萧公鸣凤尝试以《凤台春眺诗》、《唐初四子赞》，大加赏异。累试弗利，遂自放于声伎，岁贡卒然通敏，有才翩翩，仕族之佳子弟也。赞曰："造物忌名，民亦恶上。谗夫孔多，君子贵让。用公者才，忌公者名。显秩穷阶，惟天子明。"

太守印冈罗公凤

公字子文，峭直成性，砥砺廉隅，官南台。绰有丰采，虽处乡国，无少骫曲。出守兖州，时属车屡动，有传其将有事于泰山者。东省抚臣欲额外征取，以备临幸。公不应，乃劾公不治，改守镇远，复忤巡史，再移石阡。在兖已有归志，乃三疏乞致仕。居家廿有余年，年逾八十而卒。博雅好古，所蓄法书、名画、金石遗刻多至千种，间为诗，与诸名胜相属和，老犹劬书。所著《延休堂漫录》数十卷，皆手自誊写云。赞曰："孰谓民寡，财惟厥心。身也可辱，为民则深。左图右书，惟以永日。优游大耋，畴得畴失。"

太守东原金公贤 子大车附

公字士希，长身修髯，有巨人度。年四十举进士，为给事中，奉命勘淮南重狱，秉宪正辟，不为逆瑾骫法避仇请。外出知大名府，在郡称治。改延平。武庙末造，四方多故，自以年至上疏，不俟报，竟归。重伦睦族，赒故恤贫，人归其厚。少与太仆王公韦交好，同之白首。王公尝有所贷，卒即取券焚之。平生雅好《春秋》，病诸传或戾经旨，以所自得，著为《纪愚》十卷，或问百篇，今行于世。长子大车。大车字子有，外若朴茂，中则朗慧，而文诗学孟襄阳、刘随州，杂篇大类檀弓左氏，匪直科举之作可述而已。笃于伦谊，东原公遗产悉孙诸弟。束脩自好，无过可举。五上礼部不第，竟旅卒于扬州。予尝刻其诗百篇以传。赞曰："获麟作经，传者多门。《纪愚》有书，大义攸存。谆谆至行，式于后昆。典刑匪遥，浇俗可敦。"

侍讲石亭陈公沂

公字鲁南，藻性天解，幼学有闻。既举于乡，文价日重。白岩乔公、文懿储公时在南省，相与倡酬，为布衣交。尚书顾公、太仆王公、铁桥王司马衷、凌溪朱大参应登，尤号同志。丁丑举进士，年四十有八矣。改庶吉士，授编修，进侍讲。忤时相张公孚敬，出为江西参议、山东参政，乃后遇诸涂，言议弗屈，卒为所中，左转行太仆寺卿，抗疏致仕而归。平生著作甚富，手自选定，存者什一，传诸文苑。所著《金陵图考》、《蓄德》、《维桢》诸录，不在集中。书学长苏，旁及篆隶，绘事皆称能品。晚与顾公浮游诸寺，赋咏尤多，文采照映一时。赞曰："五十登庸，谓公为晚。玉堂薇省，孰谓非显。日星荧荧，公有遗编。有德有言，百祀攸传。"

中允前溪景公旸

公字伯时，雅度弘量，凝然具瞻。举进士第二人，入翰林，为编修，文誉腾起。工行书，尤善小篆。为文专以意胜，不尚钩棘。诗潇散有韵，直写性情，无论唐宋。尝见余少作，语余曰：

“文取达意，若惟以摹拟为工，按古人之迹，尺尺寸寸，务求肖似，何以达吾意？大苏所谓行于其所，当行止于其所，当止者似不如此，众违其言。”事母至孝。母目盲，有复明之异，请养而南，进中允，管南司业事。母卒，服阕北上，终于仪真。公本是县人也。易箦之所，即其悬弧处，人咸异之。赞曰：“中允孝感，卒愈盲母。百尔德行，孝惟称首。誉重人伦，位虚台斗。惟所不朽，庶其永久。”

太仆南原王公韦 子逢元

公字钦佩，矫亢不回，风稜屹如。举进士，独居逆旅，若有歌而过者，有“朝来睡起绕花行，香雾袭衣寒气重”之句。后阁试《春阴》诗，遂用之。相国李公东阳谓非世人语。改庶吉士，以亲老不乐，留翰林，授南考功主事。父微，宪宗朝给事中。褊性寡容，内治皜皜，承意无忤，父安其孝。历官河南提学副使。请养家居，母卒，毁瘠，遂不起。时方召为南太仆少卿，命下而卒。为诗上才情，婉丽多致，有晚唐温李之风。今有集行世。子逢元。逢元，字子新，秀爽异常，藻性溢发，博究群籍，妍工词翰。书初学王右军、永禅师，晚出入山谷老人。诗学杜，文学六朝，画学赵松雪，得其神俊，乞者填户。意所不欲予，虽重购不顾也。性不羁，工谐讪，人畏而远之。毁垣败屋，蓬蒿满门，不以置意，竟以是终。赞曰：“谏议直节，少卿克承。藻雅有传，三世其绳。有子孔佳，奚必贵仕。璧采珠光，辉映当世。”

佥宪静庵邵公清

公字士廉，家贫力学，自致显名。举乡贡，乞教，得九江德化学正已。率物程业警惰，不受诸生金钱。部使者交荐，召为御史。初志愈励，尝以所系牙牌，摩挲自语曰："此官清要，小子何以堪之？"巡圻内，忤阉瑾，除名归。无室庐，依外氏以居，日午或未举火，意豁如也。督学侍御林公有孚往访之，谈议移时，贫无茗具可设，林叹息而去。嘉靖初，起为云南佥事，改广西，致仕，卒。赞曰："嗟嗟介士，邦之司直。可贱可贫，簠簋必饰。万里来归，葆兹固穷。萧然素业，邈矣高风。"

督府省斋刘公玺

公字廷信，少业儒有名，居官廉洁不受钱，群公推毂，致位两府。初分阃江西，计廪而食，妻子布衣不完。巡按穆御史相特疏荐之，有"僚友比之学官，家人谓之穷鬼"等语，推总漕运。上识其名，喜曰："是前穷鬼耶？"亟可其奏。公夙谙利弊兴罢，殆尽士心悦服，侯勋方有宠，请公为市南物付运舟，分载入都以罔利。公不应，以疾请告。久之，总漕非人，复召用公。有欲得公位者，唆言官论劾，罢归，卒。晚年禄入既丰，舆服稍逾昔，疏乃谓其"昔称青菜刘，今为黄金玺"。人多冤之。赞曰："国有大计，曰惟转输。既称利府，亦曰要枢。自靖自献，利人足国。上友恭襄，丹青麟阁。"

野全先生谢公承举　任德附

先生字子象，生有异质。八岁即能诗，有"紫塞风高雁叫霜"之句，争相传诵。长益博览群籍，词笔豪宕，如奔流掣电，时作惊人语。书法米南宫、苏长公。为举子业，亦自奇语，不徇时格，累不合于有司，乃遂弃去。自放于山水文酒间，每与客纵谈艺文，词锋飚发，倾其座人，饮酒乐甚。有所赋述，引笔疾书，辄尽数纸。暇则出游诸寺，谈空习静，翛然尘表，视世之荣名富贵漠如也。子少南传其家学，由春坊司直，今为河南参议。时与先生友善者甚众，惟任德知名。德字仲修，为郡文学，试辄高等，文亦过古。博学能诗，时称任谢。后终睢州卫，经历往吾乡，诸大家庆挽题识，必藉诸公言为重，今卷轴具存。赞曰："陋儒谀闻，徇俗竞名。达人慕古，先民是程。放情觞咏，擅美丘壑。在野而全，畴测其乐。"

九峰先生徐公霖 刘雨、黄珍、珍子炎杲附

先生字子仁，少为诸生，有名，然倜傥不羁，坐事削籍，乃殚力于藻翰。正书师欧阳率更，行草师赵松雪、张外史，署书径尺者师本朝詹孟举，皆有家法；又师周伯琦为小篆，李相国、乔太宰亟称之，以为二李不能过，名播海外，日本、安南重购以归。旁及绘事，皆臻妙品。因是饶裕，乃开快园结宾客。又能自度曲为新声，伎乐满前，无日不畅如也。武皇南狩，召见之，两幸其居，予之官，固辞。年几八十，以寿终。与先生同时修南京志者，则有刘雨。雨字润之，文最高古，名重于诸公，所修南京志，雨笔削居多。武庙尝取入内，贡入太学，卒。先是有黄琳美之者，锦衣卫指挥内监赐从子也。家多藏书，长于艺文，徐、谢辈多从之游。琳少弟珍，亦以诸公故得名。珍子怀季，书学九峰，间能乱真。画花卉有黄筌笔意。为小诗亦可观。珍子炎杲。炎杲字用晦，少为诸生，与许太常同声价，试辄入高等。张少师柄政，谓郡邑贡士非人，著令惟试其文，弗以年限，用晦首膺其选。后中顺天乡试，谨饬不如乃父，而文采过之。卒无子，珍嗣遂绝。赞曰："旷士不群，养欲乐志。傲视九重，挥斥当世。岳岳刘生，好古有闻。黄也附骥，自致青云。"

摄泉先生许公隍

先生字彦明，萧散有远韵，虽居城市，不慕荣利，不事家人生产作业，好与诸名胜游。于吾乡，则友顾司寇、陈侍讲、王太仆；于苏，则友文待诏徵明、蔡内翰羽。暇则从乡中诸老登游觞咏为乐，尝北适燕南，之吴越，探西山，登虎丘，航西湖，观涛浙江而还。所至有作，皆可传诵，有林下风。未及中寿卒。子穀，举礼部第一人，文名振一时。赞曰："弗忮弗求，惟意斯适。白石清泉，乐且无斁。贻尔嗣君，文以华国。贲于丘陵，龙章有赫。"

鹤塘先生李公景星

先生字应德，一字天祥，幼肫肫有至性。侍伯兄客游镇远、信阳，高鉴谪倅兹土，从高授诗归。为诸生，辄与廪食，屡举不第，贡入太学，卒。平生笃信经训家庭，修孝弟之行。二亲丧，三日不一饮食，葬祭悉用朱氏礼。友于二兄，生极孔怀之爱，殁能字其孤闾里。归其笃行，督学萧公尝表异之。与人交，能急人之难，不计小怨。见牧民者政事非彝，思得一邑自效，竟未克试而卒。赞曰："孝友庸行，民鲜能举。爱敬无愆，君子斯与。时若古训，静言靡遗。志悠运促，未普厥施。"

巽斋周子文铨

周子，字汝衡，少业儒不成，弃去学医。学医视俗工所为，诧曰："医道止是耶？"复弃去，闭门取《素难》、《本草》诸书，反复研究，探厥玄渺，始出应人之求，切脉制药。一主朱李，迥出流辈，众大骇然，病者辄愈，乃大服。由此名动京国。公卿恒折节礼下之。负其才艺，达官显人，非与抗礼，卒不赴。又健谈，值主人会心，纵谈或至移时，竟忘他请，以是多失豪贵人意，乃之他医，他医妄庸者，咸致产千金。汝衡卒以穷死，医效籍甚，语在尚书顾公所撰《周汝衡小传》中。平生不轻以医授人，亦无能受之者，今不传。赞曰："灵枢旨微，无良医术。庸人售伪，以术试疾。上溯轩岐，下窥朱李。发彼有的，卓哉周子！"

少保王襄敏公以旂

公字士招，秀敏夙成，通方不滞。举进士，累官太子太保、兵部尚书、总督陕西三边军务，薨于镇，赠少保，谥襄敏。公少为诸生，即受知于乡先生，都宪金公泽赠以所服金带，因附其座，谓曰："此君座也。"初入台，幸庵彭司马时总台事，待以殊礼，且曰："此丹山屠公所以待予者，君名位当不后予二人耳。"生平不为皦皦之行，然临事毅然，无所执曲。为御史，巡按河南，抗阉璟，得不罢科举。治漕河，力修复昭阳等湖，不恤丛怨。为司空，首止江西所送样器。在边七年，承前政纷扰，易以镇静，抚顺歼逆，恩威著于夷狄。薨之日，阖镇将吏军民罢市巷哭。讣闻，上辍视朝，恤恩优渥，仍荫一子为国子生。公有子四人，咸获延赏，亦异数也。赞曰："金也解带，附于佩刀。眷兹鼎臣，兆自垂髫。在晋曰祥，时惟太保。公实似之，俾我皇造。"

宪副横泾顾公璟

公字英玉，司寇公从弟也。少驰文誉，藉有伯氏风。督学黄侍御如金亟称奇才，遂联登上第，筮仕南武选郎，虽居梓里而直行己志，无所假借，坐是贾怨。白岩乔公时为司马，亦所不乐，考察补外，由知州历官河南副使，官居日用百需取给，常禄出纳，以吏义不苟取，高自负许，耻谐于俗，与物多忤，竟以谗罢。归橐萧然，无以供昕夕，乃息交绝游，坐卧一小楼，凝尘满席，以文酒自娱而已。时息园初辟门，多载酒之客，召之饮，不就。东桥公尝饷以田，亦辞不受。乡诸荐绅醵金为买田，强始受之。值旧酒徒，则纵饮穷日夜。晚得末疾，不良于行，惟酒之故，尝作酒隐诗以见志，闻者伤之。赞曰："嗜酒类狂，闭关则狷。傲视人寰，甘彼贫贱。雀罗弥户，鼠迹印床。古惟一行，今也其亡。"

此编乃玉泉[①]陈先生所著，门人盛仲交刻于苍润轩中。此板今已不存，恐遂湮没，因全载之。

笔重过铁锤

水西门一铁匠，世业也，姓张，忘其名。中年忽欲识字，从蒙师学习，每执笔，便手战而不能书，遂投笔于地，曰："三寸竹管，一攒羊毛，乃反重过铁锤耶？此事合让秀才矣。"

孝义王指挥

虎贲卫指挥王某，妻死不娶，独与母居，孝养备至，人皆称为孝义王而不官名，盖重之也。时有同官黄某者，以事远谪，几十年不通音问，其妻自处，贫不能存。总兵成国朱公仪悯之，且知王君之丧偶久，欲以黄妇妻之。公一日召君母太淑人至，谓曰："闻汝子丧偶，久不娶人，因义之。第人子事亲而无妇以佐之，恐不能曲尽甘旨之养。今汝子同官黄某久谪不归，生死未

① 玉泉乃上元陈凤之号，嘉靖进士。工词。累官陕西参议。

卜。吾欲以此妇配汝子，宜乎？”王母不敢逆，惟唯唯而已。次日，复召君语其故，君亦唯唯。盖成国乃君之主帅，又不敢拒耳。成国遂主其事，以为美举，择日归之。君既纳后，虽处一室，夜则各寝居。数月，母来探，女述其由。翌日，往告成公，随召君至，询其情，告曰：“某曩蒙国公所主，老母又岂敢违逆大人，且姑纳之。某若与之相处，他日其夫归，则何以处之。况彼失节，是某失节也。”公曰：“若尔，如何处耶？”君曰：“如保两全，不若遣送谪所。某家有老奴夫妇二人，皆六十余矣。某自给路费，令此二人伴送到彼，庶使此妇不至失所也。”公叹赏久之，乃亦赐银十两，即遣二人送至谪所。夫妇重完，致书感谢。成公由是伟重，愈加奖谕。四方闻其事者，至今称之。

胆量由福长

十岳王寅在横厓陈先生坐上，谈胡梅林总制征倭，胆量过人。横厓曰：“昔年会试，与梅林同舟，又同仓，途中强盗数人，登舟方劫，两仓惊散。梅林面无人色，惶惧不宁。今当总制之权，有总制之福，胆量自顿长矣。”十岳曰：“此语说得最是。”

避暑焦山

陈横厓避暑焦山，寓宝莲阁。僧舍外有石台，俯临大江，面象山，每日高睡足，必闻渔歌欸乃，或禽喧鹤唳。方觉，披帷而坐，则烟渚云山，来帆去楫，历历枕簟之下。昼默坐，飞鸥入窗；夜独寝，海月窥幕。复得诗朋禅衲各一二辈与游。山巅有观音庵，孤迥无僧，有洒扫道人亦可与语。又其上可观日月出海，为别馆焉。于时外绝往来,内寡思虑,惟见月,知其为弦望而已。

改《两京赋》

盛仲交每日早起,坐苍润轩,或改《两京赋》,或完诗文之债。命童子焚香煮茗,若待客者。客至,洒笔以成酣歌,和墨以藉谈笑。

衣服字多

王摩诘《早朝》诗云:"绛帻鸡人送晓筹,尚衣方进翠云裘。九天阊阖开宫殿,万国衣冠拜冕旒。日色才临仙掌动,香烟欲傍衮龙浮。朝罢须裁五色诏,佩声归向凤池头。"顾东桥批云:"衣服字多。"张羽王云:"一首好诗,却被东桥说坏了。"

逸　句

"才不才间聊隐几,用无用处几凭栏。"此吾师杨道南先生逸句也,惜不得全篇耳。

二鬼将石压心

江浦廪生徐万镒补粮才一年,赵宗师考停粮,限十个月由府送考。及领府文书,将赴察院,夜宿客店,梦二鬼抬一石板压其心,大笑而去。惊醒,凡平日记诵者一字不知矣,遂缢死店中。

梦抚琴弦断

府学秀才马乾，貌伟才高，自视青云真如拾芥，将往吴淞授徒。夜梦抚琴至，不幸短命死也，颜回忽然弦断。次夜所梦又同。马殊不介意，在吴淞午睡，大声喊叫，辩论相争，醒来问之，皆不知也。又数日，午间浴于土地祠，衣冠若与人，拱手而死，年方三十一岁也。

急　取

武举千户杨伯秩，家甚贫，在卞忠烈庙对廊开蒙馆。五月初四日，方执笔写端阳诗，将散诸生。忽二鬼锁其颈，仆地，七窍流血而死。学生皆见之。或云："此阴司急取也。"

阴　状

内厂掾士陈继松，因远避讼事，将四箱寄陈秀才家，缘至亲可托也。三箱皆衣服，独一箱内有银三百两、金银首饰酒器约百余两，秀才尽盗去，以空箱完继松。继松开箱痛恨，亦无可奈何。夫妇二人，每日清晨往城隍庙告阴状，以求现报。秀才有血疾，因往庙中禳解。恰值继松夫妇告阴状，不觉魂飞魄散。归家数日而死，人皆知之。

人孰不死，已上四人，谓之正命则未也。非前世之往因，定今生之隐恶，可畏哉！

淹　　贯

谢陛字少连，歙人也，借新安文献志旧本于澹园先生，因问此书如何？先生曰："淹贯。"少连谓："毕竟此书方可称淹贯，若王元美先生四部稿，前后矛盾处甚多，不可谓之淹贯。"

天下清规

陈横厓宰奉新，游百丈寺，寻柳公权石刻天下师表大书，云久失所在，西有石壁，崄巇榛莽不可窥，乃除其蔽翳，亦无所见。复令众用刀刮之，莓苔尽除，上刻汉篆书大二尺许，剥蚀过半，下刻"天下清规"，字字大近二尺，用楮墨摩之笔，殊古健，甚中楷法，真柳书也。尽历诸胜，得此为奇，将归刻石名山，与好事者共。书史评古今大书，惟米南宫，独惜无真书，而柳有大楷不见于世。迨今始出，知物隐见有时，又喜兹游之不虚也。

鬼雪棺冤

正德四年，京城大疫。有周氏妇，丧其夫，寄棺于聚宝门外某土工家。第三日，妇赍纸饭来奠，别一棺在焉。而妇误向其棺哭，乃他姓男子也。奠讫，升舆，而男子随之不舍。妇顾舆夫曰："避此郎。"舆夫言："无人。"妇曰："安得无，今已入舆坐矣。"妇以手为引却之状，乃入。又云："又坐吾旁矣。"且曰："毋扪吾乳，毋解吾衣。"至家，谵语不已，三日而亡。妇之父诣舆夫家，骂之。舆夫不服，相与讼于兵马司，言孀妇往哭其夫，而此舆夫故令哭他人尸，以致鬼魅。舆夫具言："妇遭魅而亡，毋预身事。

乃妇自误哭，以招妖异耳。”官拘寄棺主人问：“死男子为谁？”主人不知其由，望风叩头云：“是某贪财所致。”官怪其语不伦，问何以贪财。曰：“某家母子并亡，停尸于舍下，实以棺价踊贵，倾去其母之尸，售棺于周氏，殡其夫，适三日也。”官悟，此男子欲雪母冤，因孀妇当死为妖，以自白，遂坐主人以死，而别令买棺殓其母之尸焉。

何元朗《从说》

乔白岩参赞南京机务时，方宁藩谋逆，声言取南京兵已至安庆。而白岩日领一老儒与一医士所至游燕兼以棋弈，盖实欲以观形势之险要，而外若不以为意者，人以为一时矫情镇物，有费祎、谢安之风。

武皇在牛首山经宿，江彬欲行异志，而山神震吼达曙。彬惧，不敢举事。次日归，抵聚宝门时，已深夜。彬传旨，开聚宝门迎驾，白岩坚闭不纳。是夜，武皇宿于报恩寺。若白岩者，镇重不挠，真可谓以死卫社稷者矣。

甲寅乙卯年，倭子已焚劫常州，传言欲窥南京，京城震恐。有言丹阳为南京咽喉之地，南京之守，守在丹阳，须筑一坚城以扼之。余曰：“此所谓知其一不知其二也。夫丹阳之所以有关于南京要害者，使丹阳有城，贼人攻丹阳城不下，必不敢越之而至南京，何也？恐丹阳兵之蹑其后也。苟不得丹阳城，越之而来，则南京兵当其前，丹阳兵蹑其后，句容出一兵捣其中，此之谓腹背受敌，兵家所忌，乃必败之道也，故能遥为南京声援。譬如倭子越嘉兴而至苏州，使苏州迎敌，嘉兴兵蹑之，吴江兵从而捣之，则岂能如此得志哉！今贼至嘉兴，嘉兴坚闭城门，与之一战，城下任其过去，则吴江，苏州当其冲，嘉兴方安坐，相庆以为无事矣。若但如此，则丹阳虽有城，亦何益于南京胜负之数哉！然此等调度，全在总督，而当事诸公，曾无一人及此者，可叹！”

倭寇既去之后，司寇景山钱公在大理，余与之言曰："夫倭寇之来，除大江之外，有三路可达：南都从常、镇来，则句容其一路也；从宜兴来，则秣陵关其一路也；从太平而来，则江陵镇其一路也。夫古之用兵，须得地利。今参赞与守备诸公，当亲至其处，相度地形，如某处可以屯兵，某处可以会战，某处可以设伏，皆默识于心。倘一日有警，则差某将官预先提兵扎营于某处拒敌，某将官于某处策应，某将官于某处设伏，待其既至，则与之争利，先占山头，则我为主，彼为客，我以逸，彼以劳，所以制敌者在我矣。万一不利，则策应兵与伏兵俱起，左右合击，此兵法之至要，而我之所以庙胜者，盖不越此。今必待敌人既至，然后遣兵出城，猝然而遇，即与合战。夫猛虎食人，使其人神全，虎必不能伤；若猝与虎遇，苟非至人神未有不去者，神去而虎始能食之矣。今出战之兵气未及定，猝与敌遇，神安得不去？神去则万万必败，又岂待智者而后知耶！公当可言之地，可与当事诸公一言之。"景山果白之诸公，后亦颇用其说，余初不知之。一日偶见守备何太监，余谢山田舍郎，何太监旧庄也。何云："公庄上杨树何萧疏若此？"余云："公无事不出城，何由见之？"何云："前日与诸公看伏兵耳。"夫既谓之伏，当使人不得知之，但宜托以游行，潜觅其处，岂可显言于众，曰：吾往寻设伏处耶？谓之机务，恐不如此。

张蒙溪在参赞时，颇好兴建。其所置振武营，后遂启黄林原之变。其他如仙鹤营、望江楼等处，所费动以数十万计。然使一朝有事，实分毫无补于朝廷，无救于地方。又以南都形势与各营垒刻一石碑以传，中间刻城南十二伏，城东十二伏，城北十二伏。刻成，江荆石以一本见遗。余语荆石曰："老子云，国之利器，不可以示人。昔唐太宗征高丽，命元万顷为檄文，檄中有不知守鸭绿之险之语。高丽即移兵守鸭绿江，兵不得渡。太宗遂贬谪万顷，夫谓之曰：伏当使鬼神亦不得而知，顾可传刻以示人耶！公在部中，当即白之亟，毁其石。无贻有议者之诮，江亦不言石至今存此。岂虞诩增灶之意，盖有余者示之不足，不足者示之有余。诸公或自有见，然非愚陋者之所知也。"

古称王公设险，以守其国。若南都之险，唯在长江。夫倭寇入海口，抵龙江关，但四五百里。设中原有惊，从襄樊顺流而下，直捣建康；或自淮扬而来，只一水之隔，使守在江上，犹有险可据。若已渡江，奄至城下，则我已失其险，而朝廷所设重兵十万之众，如鼠在穴中，坐而待毙耳。今江上之守，独操江有少兵，亦甚单弱，南京兵部略不干与，而宿重兵于无用之地，甚非长算。余尝与赵大周先生言之。大周谋于六科诸公。科中郎建言要一兵部侍郎带管操江，然此议亦未允当。盖操江都御史亦不可革，但当开府于仪真，督率镇江、仪真等卫兵，专一校阅水战，南京于京营中抽选一万余人，给以行粮，以兵部一侍郎领之，亦在江上教习水战。苟一时有事，彼此策应，则长江之守，庶几如常山之蛇，首尾相救，而祖宗根本之地，始为有恃矣。今科中建白既欠周详，后朝廷下南京大小九卿议，报兵部推奸避事，惧其委任责成担子颇重，多方阻之，其议遂寝。

庚申岁，南京兵变，殛杀黄侍郎懋官，悬其尸于大中桥牌坊上，大众喧哄，憾犹未释，自下攒射之。南京大小九卿集议于中府，大众拥至中府，诸公惶遽无措，逾垣而出，去冠服，僦蹇驴，奔迸逸去，人情汹汹。是日苟不定，若至夜中，一放火烧劫，则事不可解，而贻祸于朝廷者不小矣。幸刘诚意招诱至小教场中，户部出银四万分给之，众稍定。是日，余适携酒于鸡鸣寺，请袁吴门尊尼，在寺后冈上亲望，见军士以枪杆击魏国公纱帽，诚意慰谕，移时乃稍稍散去。此事，余在南都，备知其始末。盖黄侍郎在户部，不知大体，但欲为朝廷节省。是岁，南京适大疫，死者甚众，各卫支粮时，军士有死者，则报开粮。黄侍郎见各卫粮数中无开粮者，则怒责掌印指挥曰："各卫死人，汝卫中独不死人耶?"此语喧传于里巷中。又军士娶妻，收妻粮者每一查勘，动经数月，故军士怨入骨髓，则黄侍郎之死，实不为过。但系是朝廷大臣，而军卒擅自杀之，此亦坚冰之渐也，安可置而不问？苟以为罪不加众，当先下一诏，令暴黄侍郎之过，赦诸军无死，继遣科道二人，勘处封御杖，杖为首者数人。其乱逆尤甚者，杖死。然后抚谕诸军，申明约束，晓以大义，则人心自定。若守备与参赞机务者，则受朝廷重寄，祖宗根本之地，系以安危。如户部果刻减军粮，当豫先奏闻，若素能抚驯，将士结之以恩，临时晓谕，人心帖服。今既不能发奸于未变之先，又不能弥乱于既发之后，国家大事几为所败，此虽剉尸犹不足赎罪。纵时宰私其亲昵，或纳其重贿，犹当逮至京师，责而释之。余时在南都，日遣人侦探，问驾帖曾至否，乃竟寂然不问，使国法大坏，何以警各镇？何以告四方？何以示来世？此权奸误国第一事也。而举朝莫有发之者，岂诸人一时见不及此耶？抑为其积威所劫禁，而不敢发耶？!

余在南京时，家中因倭寇之变，避难来依，家口颇多，众时粜仓米以继食，买军家筹到仓会支。初至时，每支米一石，量出一斗米，皆精好。至丙辰年，止彀正数，后渐减少，一石只九斗四五升矣。而糠谷几半，又加以黄侍郎之苛细，遂启庚申之变。继此吕沃洲为总督，因见访，及余告之故，沃洲遂校勘斗斛，时时至仓巡视。各管仓主政初皆遵守约束，收米皆不苟。后一年余，一主政，徽州人，在仓收粮纳乡人之贿，只二百余石，而入糠谷几三四十石矣。此仓中人亲为余道之。

余致任后，住南京又五年，浮沉里巷中，与乡人游处甚久，故知南都之事最详。大率两京官各有职掌，与百姓原不干涉，所用货物，皆是令家人和买。余初至南京时尚然。至戊午己未以后，时事渐不佳。各衙门官，虽无事权者，亦皆出票，令皂隶买物，其价但半给。如扇子值二钱者给一钱，他物类是。铺户甚苦之。至于道中诸公，气焰熏灼，尤为可畏。有一道长买橙丁一斤，其价和买只五六分耳，皂隶因诈银五六两。南京皂隶皆是积年，其票上标出至本衙交纳，其头次来纳者，言其不好，责十板发出。此皂隶持票沿门需索其家计算，若往交，纳差人要钱，至衙门中门上皂隶要钱，书办要钱，稍有不至，又受责罚，不如买免为幸，遂出二三钱银与之。一家得银，复至一家，京城中糖食铺户约有三十余家，遍历各家，而其人遂厌所欲矣。时潘笠江为工部尚书，钱景山为大理卿，余告之曰："公朝廷大臣，凡生民惨舒，地方利病，安得坐视而不言？南京大小九卿衙门堂属官几二百余员，此风一长，民何以堪？不但军家杀黄侍郎，百姓亦将操戈矣。”二公毅然任之，后月余，余往见笠江。笠江问近来外边事体何如，余对以仍旧如此。笠江曰：“吾极口与王印岩言之，已出榜文禁革矣。然此事须竖一牌于都察院前，令被害人捧牌告，首官即参奏革职，皂隶问发边卫充军，庶可以少息。”此风但出，榜文何益于事？王掌院亦号清严有风力，然竟不能了此一事。

南京有印差道长五人，与巡视京城道长，俱与上江二县有统属。凡有宴席，皆是两县坊长管办。有一道长请同僚游山，适坡山一家当直，此日十三位道长，每一个马上人要钱一吊，一吊者千钱也，总用钱一万三千矣。尚有轿夫抬杠人等，大率类是。虽厨子亦索重赂，若不与，或以不洁之物置汤中，则管办之人立遭谴责，且先吃午饭，方才坐席。及至登山，又要攒盒添换等项，卖一楼房始克完事，不一月而其家荡然矣。继此县家定坊长，一人自缢死，一人投水死，国家之事可为寒心。此事余亲见之。至壬戌已后，此风渐衰息矣。

南京一家造厅堂，买过梁一对，乃柏桐者，美材也。巡视某道长方欲制卓，闻之甚喜，即起朵颐之心，遣一人论旨其家，不欲与，不待卜吉，当夜即竖柱以梁，置柱头上，自以为可绝其望矣。此道长闻知，即差皂隶领夫役于柱头上放下，一直抬去。

南京各衙门摆酒，吏部是办事官吏，户部是箩头与揽头，礼部六科是教坊司，兵部是会同馆马头，刑部、都察院、大理寺是店家，工部是作头，太常寺是神乐观道士，光禄寺是厨役。大率摆酒一卓，给银二钱，其刻剥者，止给钱半，但求品物丰备，皆秽滥不可入口者。席散客起，则诸客皂隶攘臂而至，客行稍速，磁碟皆破失无遗，名虽宴客，实所以啖皂隶也。衙门中官员既多，日有宴席，人甚苦之。时杨崑南在科中，余语之曰："公之嚬咲，即可以转移风俗矣。公请各堂上官，但用果五顶，肴五事，令家人买办，于本衙供具，则堂上官谁敢差人办酒？堂上官既不差人，则各属官谁敢差人办酒？如此则南京之人，受公之惠不赀，人人将焚香戴公矣。"此事虽小，然颇多任众怨，故卒不得行。

南京考察考功正郎，或有寄耳目于皂隶者，故其人狞恶之甚，纵考功不以为之耳目，然此辈皆积年狡猾之人，好生唇吻群类，又多转相传播，其言易售，故南京各衙门长官，但能打皂隶，则为有风力者矣。然数十年来，无一人也。

南京考察大率以苛细责人，而不问其大者。夫天之立君，与人君之所以求贤，审官布列有位者，无非为万万生灵计也。今贪残之人，赃贿狼籍，鱼肉百姓，至于糜烂而不已者，一切置而不问，好以闺房细事论罢诸人。夫闺房之事，既暧昧难明，流闻之言，又未必尽实，纵或得实，则于名教，虽若有亏，然于朝廷设官之意，亦未大戾，较之贪墨之徒，相去万万矣。今之进退人才，顾详于此，而略于彼，未知何谓也。

金子坤大舆善诗，乃父为掌科南京佳士也。尝为余言："王思献瓒为南祭酒日，尝值秋夜月色明甚，其夫人约司业夫人同往鸡鸣寺看月。"当时法网尚宽，科道无论之者，王亦不以此损名。后官至礼侍，卒谥文定。使在今日，则论者交至矣。

余初至南京时，见五城兵马尚不敢用帷轿，惟乘女轿，见各衙门长官，皆下轿避进人家，虽遇我辈亦然。不三四年间，凡道上见轿子之帷幔鲜整，仪从赫弈者，问之必兵马也。遂与各衙门官分路扬镳矣。其所避者，惟科道两衙官、兵部各司官而已。盖因有一二巡城道长，欲入苞苴，有事发，五城兵马勘处兵马，遂为之鹰犬，即为其所持，而莫敢谁何之，故托道长之势，而恣肆无忌若此，乃知朝廷之体，皆为此辈人所坏，可惜可惜。

许尚宝仲贻言："吾幼年为秀才时，见亲识人家，有事则以钱几百谢兵马，今则大天平兑银子矣。大是可骇事。"

余尝以除夕前一日，偶出外访客，至内桥，见中城兵马司前食盒塞道，至不得行。余怪问之，曰："此中城各大家，至兵马处送节物也。"余与各部诸公往来，初未尝见有此。一日，张一梧设客，客满坐，余戏语之曰："你们兵马司缺官，可容我翰林院致仕孔目，权三四个月印否。"众皆哄堂。

南京各衙门长官，客至供茶，皆用瓷瓯，其宴客行酒，亦只是瓦盏。独盛仪制唐张兵马凤冈，供茶用银镶瓯，行酒用银杯盘。此亦得之创见者也。

许仲贻穀言："东桥在承天督工时，尝以事至京，介老设宴待之。是日，许适至介老家，介老语许曰：'今日请东桥，无人可陪席，子是其门生，可在此一坐。'俄而东桥至，介老南面设一席。在堂之中，北面设一席；在堂之左，偏侧设一席，东桥略不请主人迁席相对。既入坐，东桥嫌酒冷不堪饮，主人命取热酒。酒至，东桥又嫌太热，指顾挥霍，不知有主人，而主人执礼愈恭。"一则能笃于下贤，一则能不怵于贵势。当时盖两贤之使桂州，当此，则东桥不免有双江之祸矣。

顾东桥文誉藉甚，又处都会之地。都下后进，皆来请业，与四方之慕从而至者，户外之屦常满。先生喜设客，每四五日即一张宴，余时时在其坐。先生每宴必用乐，乃教坊乐工也。以筝琶佐觞，有小乐工名杨彬者，颇俊雅，先生甚喜之，常诧客曰："蒋南泠诗所谓'消得杨郎一曲歌'者，正此子也。"先生每发一谈，则乐声中阕；谈竟，乐复作。议论英发，音吐如钟，每一发端，听者倾座。真可谓一代之伟人。

东桥一日语余曰："昨见严介溪，说起衡山，他道衡山甚好，只是与人没往来。他自言不到河下望客，若不看别个也罢。我在苏州过，特往造之也，不到河下一答看，我对他说道：'此所以为衡山也。若不看别人，只看你，成得个甚么文衡山？'"此亦可谓名言也。

东桥言："何大复傲视一世，在京师日，每有宴席，常闭目坐，不与同人交一言。有一日，命隶人携圊桶至会所，手挟一册坐圊桶上，傲然不屑，客散，徐起去。"

南京顾横泾璨，字英玉，乃东桥之弟，亦有文章。登正德甲戌进士，有重名，为南京兵部武库郎中，格去徐东园锦衣卫带衔之俸。有一兵官，缘事在部，亦亲家也，托其尊公一言横泾，重加谴责，立正其罪，在官清严之极，毫发无所私。其先家业亦厚，有槽坊二处，然自奉颇丰。其侄孙孝常云："吾家叔祖，每日厨中，如干饭、水饭、糜粥之类，无一不备。唯其所指历官数年卖来用尽。后以宪副致仕家居。去官后，惟居临街一小楼，匾"寒松斋"，训蒙童数人以自给。霍渭厓是其同年，为南京礼部尚书，拆毁无名庵院，怜其贫，以废寺田百亩资之，坚拒不纳。

有时绝粮，东桥赒以斗斛，亦不肯受。东桥日有宴席，绝足不往。有邻家二老人，其小时朋友也，隔数日则召之来，略备蔬蔌，三人相对，尽三四坛而去。

东桥好谑。余丁酉春至南都见东桥，求先公墓文，即往见西玄。此时西玄为南祭酒，东桥升湖广巡抚，方戒行。次日二公皆见过，西玄先来，后东桥继至。二公因讲六科原是通政司属官。坐良久，二公有碍，不可同行。西玄先起去，东桥复留坐。少顷，东桥问曰："元朗晓得西玄的诨名么？"余对以不知。东桥曰："翰林唤作马二姐。"盖东桥阔大爽朗，于小闲处不甚点检也。

辛卯年，与舍弟至南京科举，各携所业，见东桥先生，适王雅宜养病于东桥爱日亭中。东桥即携余辈行卷，坐雅宜床前，相与披诵，极口赞赏。故雅宜赠余兄弟诗中备言之。次日，即手书帖子来谢云："今英流自远之日久矣，乃荷高贤谦损之义，倡复古道，钦属钦属。即辰家尊小倦，不获奉谈宴，书帖先致谢私，余容即日求晤，以尽所怀不宣。"爱才好士，今亦不复有此风矣。

东桥一日问曰："元朗过苏州，曾见杨南峰不曾？"余对以不曾。东桥曰："若见此老，不要就指望与他做相知。然如此人，亦不可不一见之。我与南峰旧日相与，我升浙江布政时，道出苏州，特往拜之。次日南峰来答拜。此日府中偶设席相，请南峰坐谈，半日不去。吏人再三催促，此老怫然抽身便起，我送至门外，亦不相别，上轿竟去。我送与雷葛一匹、书一部。明日侵晨，令其子持书、葛还。我曰：'昨日府中自来催促，不出老夫之意，尊公何故迁怒如此，书、葛不受也罢，贤侄且请坐吃茶去。’其子曰：‘家父有命，教学生不要吃茶。’亦不坐而去。其性气大率如此。然接其议论，亦自亹亹可听，何不一见之?”余旧知此老生狞，且某气性疏诞乎。生交知中便少此一人，亦不为欠事，遂终不见之。

尝以一素卷求东桥先生书旧作。书毕后题云：“云间何元朗暨其弟叔皮，今之二陆也。雅道未丧，其在兹乎！承以此卷问余旧作，辄录数篇，求为商定。”后留雅宜处，求作一跋语，雅宜亡后，遂失去，今不知流落何处矣。

南京前辈，如徐髯仙、许摄泉诸人，许即太常卿仲贻之父，其神情高远，绝无都城纨绮市井之习，亦一时胜士。东桥、石亭诸公甚重之。余小时至南都，数与游处，后窃禄时，二公已亡去。每思其人，辄为惘然。

徐髯仙，豪爽迭宕人也。工书，能文章，善为歌诗，有声庠序间。后以事弃去，遂为无町畦之行，数游狭斜，其所填南北词皆入律，故娼家皆崇奉之。衡山尝题一画寄髯仙，其诗后半首云：“乐府新传桃叶渡，彩毫遍写薛涛笺。老我别来忘不得，令人常想秣陵烟。”盖实录也。武宗南巡，献乐府因得供奉，武宗数幸其家，在其晚静阁上打鱼。后随驾北上，在舟中，每夜常宿御榻前，与上同卧起，亦异数也。

先朝荐绅中，如储柴墟、庄定山，皆笃实严正之士。余见柴墟集中有与徐子仁书，极相推与。又见髯仙家藏写真，乃储柴墟、庄定山、徐承之及髯仙共作一轴，上各书赞。又有以见前辈持己极严而责人甚恕，犹有古人宽厚博大之风。

东桥甚重祝支山[①]文，其所作《观云赋》，盖手书以赠东桥者。东桥每遇文士在坐，即出之展玩，甚相夸诩。然文实不甚佳，余最不喜之。盖祝支山之文，其天才非不过人，但既鲜识见，又无古法，终未尽善。其为黄美之作《烟花洞天赋》，倾动一时，大率皆此类也。今刻集已行于世，然文价顿减，终实不可掩也。

东桥又称唐六如《广志赋》，即口诵其赋序数十许语，云："赋甚长，不能举，其辞序托意既高，而遣词亦甚古，当是一佳作。"今吴中刻六如小集，其诗义清丽，独此赋下注一阙字，想其文遂不传矣。

顾尚书东桥好客，其坐上常满，又喜谈诗。余尝在坐，闻其言曰："李空同尝言，作诗必须学杜诗。至杜子美，如至方不能加规，圆不能加矩矣。此空同之过言也。夫规矩方圆之至，故匠者用之，杜亦在规矩中耳。若说必要学杜，则是学某匠，何得就以子美为规矩耶？何大复所谓舍筏登岸，亦是欺人。"

东桥一日又语客曰："何大复之诗，虽则稍俊，然终是空同多一臂力。"

余尝至南京，往见东桥。东桥曰："严介溪在此，甚爱才，汝可一见之。"尔时介溪为南宗伯，东桥即差人持帖子送往某赍一行卷，上有诗数十首，此老接了，即起身作揖过，方才看诗。看至咏牛女"情随此夜尽，恩是隔年留"等句，皆摘句叹赏。是日遂留饭。后壬子年至都，在西城相见，拳拳慰问，情意暖然。后

① 祝支山：即祝枝山。

亦数至其家，见其门如市，而事权悉付之其子，可惜可惜。

宪孝朝，李西崖与乔白岩用小篆，徐子仁宗玉箸，皆入能品。此篆书之流派也。

尝一日访东桥，值其在息园，与其弟横泾、王子新三人吃饭，即请至息园中同坐。是时横泾已老病不胜酒矣。少顷，横泾辞去，东桥送至槛外，命一童子曰："看七老爹出门。"东桥入坐，横泾径去。近来士夫家兄弟皆送迎，是以客礼相待，恐亦未是。

余家小餐记五十余曲，而散套不过四五段，其余皆金元人杂剧词也。南京教坊人所不能知。老顿言，顿仁在正德爷爷时，随驾至北京，在教坊学得，怀之五十年，供筵所唱，皆是时曲。此等辞，并无人问及，不意垂死遇一知音，是虽曲艺，然可不谓之遭遇哉。

南都自徐髯仙后，惟金在衡鸾最为知音，善填词，嘲调小曲极妙，每诵一篇，令人绝倒。亦谓散套中无佳者，惟《万种闲愁》最好。余细看之，独"马上抱鸡三市斗，袖中携剑五陵游"二句为胜，乃用晚唐人诗也。其余芜浅不足观。

老顿于《中原音韵》、《琼林雅韵》，终年不去手，故开口闭口与四声阴阳字八九分皆是，然文义欠明，时有差处。如《马东篱孤雁汉宫秋》，其双调尾声云："载离恨的毡车，半坡里响。""毡"字他教作闭口，余言"毡"字当开口。他说顿仁于韵上考索，此字从占，当作闭口。余曰若是从占，果当作闭口。但此是写书人从省耳。此字原从亶，亶字开口。汝试检毡字正文，无从占者。渠始信，教作开口。老顿云："南曲中，如雨歇梅天吕蒙正内、红妆艳质王祥内、夏日炎炎杀狗内、千红百翠，此等谓之慢词。教坊不隶琵琶筝色，乃歌章色。所肄习者，南京教坊歌章色久无人，此曲都不传矣。”

余令老顿教伯喈一二曲。渠云：“伯喈曲，某都唱得，但此等曲，是后人依腔按字打将出来，教坊正如善吹笛管者听人唱曲，依腔吹出，谓之唱调然。不按谱终不入律，况弦索九宫之曲，或用滚弦花和大和钐弦，皆有定则。故新曲要度入亦易，若南九宫原不入，间有之，只是小令。苟大套数，既无定则可依，而以意弹出，如何得是。且笛管稍长，短其声便可就板弦索，若多一弹，或少一弹，则竹板失其可率意为之哉！”

友人王亮卿，徽州人，有俊才，能诗。尝言，昔年入试留都，闻查八十在上河，往访之，相期饮于伎馆，欲听其琵琶。查曰：“伎人琵琶，吾一扫即四弦俱绝，须携我串用者以往。”亮卿设酒于旧院，杨家亦世代有名，酒半，取琵琶弹之，一伎女占板，甫一二段，其家瞎妈妈最知音，连使人来言：“此官人琵琶，与寻常不同，汝占板俱不是。”半套后，使女子扶凭而出，问查来历。查曰：“是钟秀之徒弟。”此妈妈旧与秀之相处，相持而泣。

《丛说》二十卷，此特择其金陵事，不增减一字。

许　有　成

襄敏王石冈公读书未进学时，家极贫。长亲劝令改业，公因响卜以决之。闻邻人许姓者，连呼其子曰：“许有成，许有成。”公喜，遂归，读书之志益坚，官至尚书。

门生戴孝

管西浦董与淮杨、太岳三先生死，门弟子为之戴孝。其师道可知也。

六年太守

东津姚公隆，荆州六年太守，归家仅俸金八十三两，真是清官。

敬姚太守

荆州陈见吾公，名大宾，行取南道御史，舟泊江上，即访问原任荆州太守姚东津，知其住城外，家甚贫，谒陵后即往拜之，见其瓦屋甚陋，愈为之敬仰。

千金不变节

（原阙）

南京文献精编

南唐书（两种）

（宋）马令 撰
（宋）陆游 撰

南京出版传媒集团
南京出版社

图书在版编目（CIP）数据

南唐书：两种 /（宋）马令，（宋）陆游撰．-- 南京：南京出版社，2024.6

（南京文献精编）

ISBN 978-7-5533-4658-8

Ⅰ．①南… Ⅱ．①马… ②陆… Ⅲ．①中国历史—南唐—纪传体 Ⅳ．① K243.204.2

中国国家版本馆 CIP 数据核字（2024）第 031952 号

总 策 划　卢海鸣

丛 书 名　南京文献精编
书　　名　南唐书（两种）
作　　者　（宋）马令　（宋）陆游
出版发行　南京出版传媒集团
　　　　　南　京　出　版　社
　　社址：南京市太平门街 53 号　　邮编：210016
　　网址：http://www.njcbs.cn　　电子信箱：njcbs1988@163.com
　　联系电话：025-83283893、83283864（营销）　025-83112257（编务）

出 版 人　项晓宁
出 品 人　卢海鸣
责任编辑　许小彦
装帧设计　王　俊
责任印制　杨福彬

排　　版　南京新华丰制版有限公司
印　　刷　南京新洲印刷有限公司
开　　本　890 毫米 ×1240 毫米　1/32
印　　张　12.125
字　　数　250 千
版　　次　2024 年 6 月第 1 版
印　　次　2024 年 6 月第 1 次印刷
书　　号　ISBN 978-7-5533-4658-8
定　　价　70.00 元

用微信或京东
APP扫码购书

用淘宝APP
扫码购书

总 序

南京是我国著名古都，有近2500年的有文献记载的建城史、约450年的建都史，素有“六朝古都”“十朝都会”之誉。南京也是文化繁盛之地，千百年来，流传下来大量的地方文献，题材多样，内容丰富，这些文献是研究南京政治、经济、军事、文化、科技、外交和民风民俗的重要资料，是中华优秀传统文化的重要组成部分。做好历史文献的整理出版工作，深度挖掘传统文化资源，不仅有利于传承、弘扬南京历史文化，提升南京美誉度，扩大南京影响力，也有利于推动物质文明、政治文明、精神文明、社会文明和生态文明协调发展。

长期以来，大量的南京珍贵文献散落在全国各地的图书馆和民间，许多珍贵的南京文献被束之高阁，无人问津，有的随着岁月的流逝而湮没无闻。广大读者想要查找阅读这些散见的地方文献，费时费力，十分不便。为继承和弘扬好这一祖先留给我们的宝贵文化遗产，从2006年开始，南京出版社与南京市地方志编纂委员会办公室等单位通力合作，组织专家学者搜集南京历史上稀有的文献，将其整理出版，形成“南京稀见文献丛刊”。“南京文献精编”就是从“南京稀见文献丛刊”中精心挑选而成，题材包括诗文、史志、实录、书信、游记、报告等，内容涵盖历史、地理、政治、经济、军事、文化、教育、宗教、民俗、陵墓、城市规划等方面，全方位、多视角地展示了南京文化的深层内涵和丰富魅力。

“睹乔木而思故家，考文献而爱旧邦。”我们希望通过这套“南京文献精编”丛书的出版，满足人民群众多层次、多方面、多样化阅读需求，打造代表新时代研究水平的高质量南京基础古籍版本，为推进中国式现代化南京新实践提供精神动力。

“南京文献精编”编委会

导读

一

“五代十国”是我国封建社会中最后一次大规模分裂割据的历史时期。从唐天祐四年(907)朱温称帝,到宋建隆元年(960)赵匡胤建立宋朝的近六十年间,中原地区先后有后梁、后唐、后晋、后汉、后周五个王朝相继更替;中原以外有杨吴、南唐、吴越、楚、闽、南汉、前蜀、后蜀、南平、北汉十个独立王国各据一方。这个时期,全国各地分裂割据政权之间,充满了激烈的军阀混战,造成了频繁的王朝更迭,南唐就是接替杨吴建立的割据王朝。

后晋天福二年(937),时任吴国参知政事的徐知诰,废吴帝杨溥自立,国号大齐,年号昇元。三年(939),因其远祖为唐宪宗之子建王李恪,故改国号为唐,恢复了原姓名李昪,定都金陵(今南京),史称南唐。纵观南唐三十八年历史(937—975),先后三帝(烈主李昪、中主李璟、后主李煜),虽为历史一瞬,但其在五代十国中的地位,却是无论如何也不可忽略的,故两宋一朝,多有记南唐故事的笔记札著,其中,著《南唐书》者有三:一为北宋仁宗时金陵人胡恢,其所著《南唐书》只闻其名,久佚不传;一为北宋徽宗时阳羡人马令,撰《南唐书》

30 卷；一为南宋孝宗时山阴人陆游，著《南唐书》18 卷。现存马、陆二书，互有详略，各有千秋，后世咸谓："马之纪事也详，陆之为文也洁。"这是十分中肯的评价。

二

北宋马令撰《南唐书》，30 卷。

马令，阳羡（今江苏宜兴）人，生卒年及经历不详，《宋史》等无传。其《自序》称："崇宁乙酉春正月，阳羡马令。"崇宁为宋徽宗赵佶即位的第二个年号，自 1102 年至 1106 年，共五年，分别为壬午、癸未、甲申、乙酉、丙戌，乙酉应为崇宁四年(1105)。阳羡为今江苏宜兴的古称。由此知马令当为生活在北宋末年的宜兴人。其《自序》云："先祖太博元康，世家金陵，多知南唐故事，旁搜旧史遗文，并集诸朝野之能道其事者，未及撰次，遽捐馆舍。今辄不自料，纂先志而成之，列为三十卷。"则马令《南唐书》乃承袭其祖父马元康未竟之志而作，史料丰富，叙述详备，中多"旧史遗文"均为正史所无，具有很高的史料价值。

全书 30 卷，采用《三国志·蜀书》之例，名其君为国主。卷内第进次序，有条不紊。卷一为《先主书》第一，记烈主李昪事；卷二、卷三、卷四为《嗣主书》第二、第三、第四，记中主李璟事；卷五《后主书》第五，记后主李煜事；卷六《女宪传》第一，共计后、妃、公主、义女等 10 人；卷七《宗室传》第二，记楚王景迁等 12 人，其中从庆、从信二人有录无书；卷八《义养传》第三，记徐温及其子孙共 9 人；卷九、卷十、卷十一、卷十二为《列传》第四、第五、第六、第七，共记周本、李建勋等29人；卷十三《儒者传上》第八，记韩熙载等4人；卷十四《儒者传下》第九，记刘洞等10人；卷十五《隐者传》第十，记江梦孙等8人；卷十六《义死传上》第十一，记刘仁赡等4人；卷十七《义死传下》第十二，记皇甫晖等6人；卷十八含《廉隅传》第十三记姚景等4人，《苛政传》第十四记张宣等2人；卷十九《诛死传》第十五，记褚仁规等9人；卷二十《党与传上》第十六，记宋齐丘；卷二十一《党与传下》第十七，记陈觉等6人；卷二十二《归明传上》第十八，记萧俨等8人；卷二十三《归明传下》第十九，记朱弼等12人；卷二十四《方术传》第二十，记吴廷绍等6人；卷二十五《谈谐传》第二十一，记申渐高等5人；卷二十六含《浮屠传》第二十二记小长老等4人，《妖贼传》第二十三记张遇贤等2人；卷二十七《叛臣传》第二十四，记刘澄等3人；卷二十八《灭国传上》第二十五，记闽国及殷政权王氏；卷二十九《灭国传下》第二十六，记楚国马氏；卷三十含《建国谱》第二十七、《世系谱》第二十八，前者记南唐地理，后者述李氏沿革。全书共记人物160余，时间跨度上接杨吴，下至北宋，此三十卷之大略也。

马令《南唐书》仿效欧阳修《新五代史》笔法，卷首文末多有序、论，以“呜呼”发端。对此，历来褒贬不一。然其“诛乱尊王”的初衷，确实无可厚非。其记人，多引诗话、小说、俚语等，虽显杂芜怪异，然为后世了解南唐及宋初的民俗风情，提供了真实的资料。其记事，繁简不一，似失匀当。如《建国谱》之叙地理，仅有军、州而无县，且立都金陵一句带过；《世系谱》自唐建王李恪即可，却上溯虞夏商。尽管如此，以纪传体正式记叙南唐史事，马令此书为现存首创，故功不可没。

现存世马令《南唐书》较早的版本，有明初刊本、明嘉靖二十年姚咨抄本和二十九年顾汝达刻本、汲古阁旧藏明抄本、明读书坊刻本、清嘉庆十四年墨海金壶本和十八年刻本等。另外，明代李清编有《南唐书（合订）》二十五卷。李清（1602—1683），字心水，明南直隶兴化人。清初，王士祯评该书曰："取马、陆二氏之撰为经，别作《南唐书》，而杂采《江南野史》、《钓矶立谈》、《玉壶清话》诸书为纬，殊为有见。"乾隆中，该书原本收入《四库全书》，后因李清《诸史同异录》犯文字狱被撤毁，《提要》亦从《四库全书总目》中剔除，故刊本罕见。仅见四库传抄本，现藏故宫博物院。

马令《南唐书》，由濮小南据中华书局 1985 年刊印的清嘉庆十四年张海鹏校梓的墨海金壶刻本重新标点，除个别（如李景遏、李徵古等）人名外，将书中的繁体字、异体字，统一改为简化字；并对一些冷僻的典故，略加注释。

三

南宋陆游撰《南唐书》，18 卷。

陆游（1125—1210），越州山阴（今浙江绍兴）人，字务观，号放翁。绍兴二十四年（1154）应礼部试，名列前茅，因论恢复，被黜落。孝宗即位，任枢密院编修官，赐进士出身；旋遭贬逐。乾道六年（1170），起为夔州通判；八年，入四川宣抚使幕，从军至南郑。范成大帅蜀，任四川制置使司参议官，淳熙五年(1178)东还。七年，提举江西常平茶盐公事，以发粟赈灾，被劾罢官。十六年，任礼部郎中，又被劾罢。闲居十余年，嘉泰二年(1202)被召修孝宗、光宗两朝实录，次年完成，升宝谟阁待制，致仕。《宋史》卷三九五有传。

陆游工诗、词、散文。南渡后诗人，陆游与尤袤、杨万里、范成大并称四大家，其诗多沉郁顿挫，感激豪宕之作。在政治上，陆游之鼓吹恢复，诋斥和议，亦为世所称道。然而另一方面，陆游的史才、史识，却也在其极盛的文名与爱国的称誉之掩盖下，较少为坊间所知、为学界所重，陆游传世至今的唯一史著《南唐书》之境遇，即为一例。

首先，陆游是否著有《南唐书》，或有疑者。早则如元修《宋史·艺文志》云："《南唐书》十五卷，不知作者"；近则如卢苇菁撰《〈新修南唐书〉作者考辨》(《史学月刊》1982 年第 4 期)，指出此"不知作者"的《南唐书》，可能即是胡恢所作。而陈光宗《论陆游〈南唐书〉》(《中国史研究》1984 年第 2 期)、朱仲玉《陆游的史学成就》(《浙江学刊》1983 年第 4 期)等文，则从与陆游生活时代相接的陈振孙《直斋书录解题》之说，以及此《南唐书》中《刘仁赡传》"论曰"透露的陆游"自述"线索，认为乃陆游所著无疑。笔者无意于介入这场争论，只是点校一过，由陆游之行迹、思想、主张诸端论之，愈加坚信此《南唐书》出自陆游之手；至于当初书未署名的缘由，则元人戚光《〈南唐书〉音释》"惟陆游编取折衷成此书也。游亦不著名，以他书序而知，岂时以私著避也”的推断，颇为在理，而戚光之于《南唐书》以及“折衷”、“私著”云云，又涉及了陆游《南唐书》的几个关键问题。

其次，陆游《南唐书》有个被重新“发现”的过程。据元人赵世延《〈南唐书〉序》，天历（1328—1330）年间，监察御史王主敬谓赵曰：“公向在南台，盖尝命郡士戚光纂辑《金陵志》，始访得《南唐书》，其于文献遗缺，大有所考证，裨益良多”，于是嘱博士程熟等校订，锓版与诸史并行；又明嘉靖二十九年（1550），王穀祥《〈南唐书〉跋》云：“余尝阅宋马令《南唐书》，未及见陆放翁书也。闻陆子虡家藏宋刻本，借而读之”；又清康熙三十四年（1695），周在浚《〈南唐书笺注〉凡例》：“元人赵世延尝命戚光纂《金陵志》，始得陆书，为之音释、刊行。予因辑纂《金陵广志》，亦取陆书而注之。皆以其有关于金陵也。”据此可知，其一，陆游《南唐书》自淳熙年间（陈光崇推断在淳熙十一年即1184年前后）成书以后，虽有宋刻、元刻，但都流传不广，或因“游亦不著名”之故？其二，戚光访得《南唐书》并考知为陆游作品，是因纂辑《金陵志》，周在浚作《南唐书笺注》，亦因辑纂《金陵广志》；如此，陆游《南唐书》在元的被重新“发现”并音释、刊刻，在清的被笺注并更广流传，都与纂辑金陵即今南京文献之举关联，其间缘故，又“皆以其有关于金陵也”，这既是件有趣的雅事，也是值得深思的史学现象。

有趣的雅事者，浙东山阴陆游的《南唐书》，须待江南金陵文献纂辑之机缘，而获“发现”、表彰与广以流传，此不赘述；值得深思的史学现象者，则需联系上文的“折衷”、“私著”与“有关于金陵也”申说之。

先说“折衷”。在陆游之前，已有胡恢、马令著《南唐书》。马书自为陆游得见并多所参考；至于胡书，陆游《南唐书·烈祖本纪》“论曰”提及“自烈祖以下”，胡书“谓之‘载记’。苏丞相颂得恢书，而非之曰”云云，玩其文意，陆游可能并未见到胡书全帙，但知其大概情况。而陆游所以再著《南唐书》，除了具体人物设传与胡马两家之书颇有不同、更加着意于表彰忠节与宣扬风教等等以外，尤为关键者，是就大义言，陆游不满于胡氏贬谓南唐三主昪、璟、煜为“载记”，而马氏贱称之为“书”。陆游《南唐书》“自烈祖而下皆为纪”，即视南唐为承唐的正统王朝，而非偏霸或者僭越的政权。对此貌似“折衷”、实为颠覆，关乎整个南唐历史地位的认识，前人多有称道。如宋陈振孙《解题》之“颇有史法”，元赵世延“序”之“最号有法”，明毛晋“跋”之“得史迁家法”，已经隐约可见这层首肯；至清周在浚《笺注》，更是直揭而出，褒扬陆游《南唐书》“足继迁、固。三主名纪，俨然以正统归之，其识见较马令超远，可与欧阳公《五代史》相匹，非诸伪史可比也”。然而，也可能正是因为这种褒扬华汉、贬抑夷胡的传统史识，陆游《南唐书》甚不契合蒙元、满清之非汉统治者的官方意识形态，若清之四库馆臣即否陆书三纪，指其“谬矣”，有所保留地予以肯定者，惟“取其叙述之简洁可也”。其实陆游《南唐书》岂止“叙述之简洁”！

再说“私著”。清之四库馆臣本有揣测之语：“游乃于烈祖、元宗、后主皆称本纪……得非以南渡偏安，事势相近，有所左袒于其间乎?”实际无需揣测，陆游《南唐书》其意正在于此。陆游平生主张抗击女真金朝、恢复宋室江山，一贯反对屈辱条件下的所谓“议和”；陆游著有《高宗圣政草》、《孝宗实录》、《光宗实录》等史书(今皆失传)，深谙中国传统史学的鉴戒与致用。如此的两相结合，史书合为时而作，也就特别表现在其《南唐书》中。随举两例。《元宗本纪》“论曰”：

> 唐有江淮，比同时割据诸国，地大力强，人材众多，且据长江之险，隐然大邦也。若用得其人，乘闽、楚昏乱，一举而平之，然后东取吴越，南下五岭，成南北之势，中原虽欲睥睨，岂易动哉！不幸诸将失律，贪功轻举，大事弗成，国势遂弱，非始谋之失，所以行之者非也。

又《朱元传》“论曰”：

> 亡国之君，必先坏其纪纲，而后其国从焉。方是时，疆埸之臣，非皆不才也，败于敌，未必诛，一有成功，谗先杀之，故强者玩寇，弱者降敌，自古非一世也。南唐如陈觉、冯延鲁、查文徽、边镐辈，丧败涂地，未尝少正典刑。朱元取两州于周兵将遁之时，固未为隽功，而陈觉已不能容，此元之所以降也。元降，诸将束手无策，相与为俘

累以去，而唐遂失淮南，臣事于周。虽未即亡，而亡形成矣。欲知南唐之亡者，当于是观之。

相信熟悉南宋与金之南北对峙、南宋任用或非其人或见疑忌等等史实的读者，由此二论，自然就会联想到南宋之国情与人事。质而言之，陆游撰述《南唐书》，尊李昪、李璟、李煜为纪，是尊偏安的南宋为正统、贬拥有中原的金朝为僭伪；颇异于胡恢、马令两家的立传人选、去取标准、排列次序，是意在劝善惩恶、鞭挞奸佞、斥损朋党；而诸多的“论曰”，评价得失兴亡，总结经验教训，非为南唐而发，乃为南宋而发也。然则这样的影射当朝、针砭时事，或有触讳之隐患，或遭流俗之口诽，此陆游虽著书而不署名的缘故？果然如此，那么元人戚光“岂时以私著避也”的判断，可谓深知陆游者也。

又说“有关于金陵也”。南唐定都金陵，南唐史事，举凡政治、军事、经济、文化、宗教、科技、信仰、迷信等等，或多或少总与金陵有关；如此，“芟薙稗秽，折衷诸家”，“重友于，戒佚思”，黜斥怪诞，往往考补无遗的陆游《南唐书》，对于了解、研治南唐时代金陵史事或者金陵地方南唐史事，自是不应或缺的重要文献。此其一。其二，陆游《南唐书》中所记诸多金陵掌故，如《烈祖本纪》之昇州城制度壮丽、作北郊于玄武湖西、放诸州所献珍禽奇兽于钟山，《元宗本纪》之保大十一年大火，《后主本纪》之金陵宫阙先设鸱吻、后不复用，《周宗传》之古台城所设都统府规模，《刁彦能传》之筑堤为斗门以息秦淮水患,《睦昭符传》之御宫门立金鸡竿,《李建勋传》之钟山别墅、放意山水、不知葬所,《冯延鲁传》之望赐玄武湖,《韩熙载传》之畜妓与葬梅岭冈谢安故墓侧,《刘洞传》之后主读其石城诗而感怆不怡,《伍乔传》之主司升堂置酒以延中选者,《萧俨传》之元宗作大楼而俨谓"比景阳,但少一井耳",《刘承勋传》之内帑别藏德昌宫贪腐事,《卢郢传》之都城烽火使韩德霸遭殴,《后主国后周氏传》之群花间作极小之亭,《齐王景达传》之后苑泛舟,《申渐高传》之雨畏抽税,《浮屠传》之军民诵救苦菩萨、声如江涛,等等。其中,独见于陆书者,自然可宝;与他书存异者,可资考证;而与他书相映者,亦可引为证据。如果再进一步考虑到历为都城的今日南京之研究状况与现实遗存,即南唐之前的六朝,备受研究者重视,南唐之后的大明、太平天国、中华民国,文献丰富,遗存尚多,因而同样受到研究者重视,相形之下,承前启后的南唐,除了传统考古领域的"南唐二陵"与近年渐得关注的南唐城市考古课题以外,广泛、系统、深入的探讨仍然较为缺乏的境状,则陆游《南唐书》对于南京历史之基础研究与应用研究来说,所具有的史料价值与现实意义,还有待全面的发掘与多方的推扩。

借此次匆匆点校陆游《南唐书》的机会,写下以上粗浅的认识,权充"导读";需要说明的是,由于篇幅所限以及本书纳入的是"南京稀见文献丛刊",故此不多的文字,内容颇有偏重,略述甚至未及陆游《南唐书》的"一般"情况,有兴趣的读者,可以参阅上揭之陈光崇、朱仲玉二文与本书"附录"里的相关材料。

最后简单交代点校的相关事项：

版本。明嘉靖二十九年(1550)，王穀祥"闻陆子虡(按子虡为陆游长子)家藏宋刻本"，借而抄录之；嘉靖四十三年(1564)，钱穀(叔宝)又据王抄本过录；1934年商务印书馆《四部丛刊续编》本即据钱抄本影印。此次点校，以此影印本为底本，对校民国时期商务印书馆《丛书集成初编》所收明《秘册汇函》本、参校《四部丛刊续编》本后所附张元济据明末汲古阁刻本(是本以《秘册汇函》焚余版及毛氏家藏抄本互订而成)所作的"陆氏南唐书校勘记"；遇有疑惑不明、模糊难认之处，又或检核相关史籍如《资治通鉴》、新旧《五代史》、今人陈尚君辑纂《旧五代史新辑会证》。凡底本、对校本、参校本两可者，以底本为准；间有对校、参校之本较底本于义较优长较胜出者，则或改或校，并出页下注表之。又有特别值得指出者，笔者曾见2004年杭州出版社《五代史书汇编》中收有陆游《南唐书》新点校本，初时觉得再作点校，或为重复劳动；及至翻阅一过，见其点校错误甚多，竟至有不可理喻者！古人常说"学识如何观点书"，看来斯言确实不虚，得暇，笔者拟另行撰文，讨论杭版陆游《南唐书》点校之误。至于此次的重新点校，也因此避免了无效劳作之诮也。

附录。底本原有赵世延序、王穀祥跋、钱穀跋；点校过程中搜集到的四篇时代较早的相关解题、题辞、跋，以及具有代表性的清四库提要、民国张元济跋，则置之书末，作为"附录”,以便读者参照。

陆游《南唐书》点校分工:先是南京大学中文系本科生胡箫白改繁为简,并初步点校一遍,再由胡阿祥复核、细校、标点,撰述“导读”(即此篇“导读”之“三”);又点校过程中,南京出版社卢海鸣编审提供了很好的建议,在此谨致感谢!

濮小南　胡阿祥

南唐書三十卷兵部侍郎紀昀家藏本

宋馬令撰令宜興人陳振孫書錄解題載令自序稱其祖太傅元康世家金陵多知南唐故事未及撰次令纘先志而成之實崇甯乙酉云云則令乃北宋末人此本不載令自序蓋偶佚也元趙世延所作陸游重修南唐書序稱馬元康胡恢等迭有所述令復罕見竟以爲令祖元康所作殆當時未睹其本故傳聞致誤歟其書首爲先主書十卷嗣主書三卷後主書一卷蓋用

芋园丛书本马令撰《南唐书》书影

南唐書卷第一

宋 陸游務觀

烈祖本紀第一

烈祖光文肅武孝高皇帝名昪字正倫小字彭奴徐州人姓李氏唐憲宗第八子建王恪之玄孫恪生超早卒超生志仕爲徐州判司卒官因家焉志生榮榮性謹厚喜從浮屠遊多晦跡精舍時號李道者帝以光啓四年十二月二日生于彭城六歲而孤遇亂伯父球攜帝及母劉氏避地淮泗至濠州乾寧二年淮

芋园丛书本陆游撰《南唐书》书影

总目录

南京文献精编

南唐书

（宋）马令 撰

濮小南 点校

南京出版传媒集团
南京出版社

钦定四库全书提要

《南唐书》三十卷，宋马令撰。令，宜兴人。陈振孙《书录解题》载令自序，称其祖太博元康世家金陵，多知南唐故事，未及撰次，今缵先志而成之，实崇宁乙酉，云云。则令乃北宋末人。此本不载令自序，盖偶佚也。元赵世延所作陆游《重修南唐书》序，称马元康、胡恢等迭有所述，今复罕见，竟以为令祖元康所作，殆当时未睹其本，故传闻致误欤。其书首为《先主书》一卷，《嗣主书》三卷，《后主书》一卷，盖用《蜀志》称主之例；次《女宪传》一卷，列后妃、公主而附录列女二人；次《宗室传》一卷，列楚王景迁等十二人，而从度、从信二人有录无书；次《义养传》一卷，列徐温及其子六人，附录二人；次为《列传》四卷；次《儒者传》二卷；次《隐者传》一卷；次《义死者》二卷；次《廉隅传》，次《苛政传》，共一卷；次《诛死传》一卷；次《党与传》二卷；次《归明传》二卷；次《方术传》一卷；《谈谐传》一卷，皆优人也，而附以迂儒彭利用；次《浮屠传》，次《妖贼传》，共一卷；次《叛臣传》一卷；次《灭国传》二卷，闽王氏、楚马氏也；次《建国谱》，次《世系谱》，共一卷，《建国谱》者即地理志，《世系谱》者叙李氏所自出也。每序赞之首，必以呜呼发端，盖欲规仿《五代史记》，颇类效颦。于诗话、小说，不能割爱，亦不免芜杂琐碎，自秽其书。又如《建国谱》之叙地理，仅有军、州而无县，则省不当省。《世系谱》不过出自唐吴王[①]恪，于《先主书》首一句可毕，而复述于《唐书》以前，尤繁不当繁，亦乖史体，均不及陆游重修之本。然椎轮之始，令亦有功，且书法亦谨严不苟。故今从新旧《唐书》之例，并收录焉。

① 唐朝王室历史上有李恪二：一为唐太宗李世民第三子李恪（619－653），贞观十年（636）封吴王；一为唐宪宗李纯第五子李恪（？－821），元和元年（806）封建王。参阅马令《南唐书·世系谱》，应为建王恪。

自序

传曰："太熙之后，述史者几乎骂矣。"①唐季五代，大盗割据，各亦有史，而太熙之风，往往有之。南唐寖灭，史官高远，虑贻后悔，悉取史草焚之而死。徐铉、汤悦，奉太宗皇帝敕，追录所闻，而忘远取近，率皆疏略。先祖太博元康，世家金陵，多知南唐故事，旁搜旧史遗文，并集诸朝野之能道其事者，未及撰次，遽捐馆舍。今辄不自料，纂先志而成之，列为三十卷。虽有愧于笔削，而诛乱尊王，亦庶几焉。崇宁乙酉春正月，阳羡马令。

① 此句出自文中子《中说·述史篇》。作者王通(580—617)，字仲淹，号文中子，隋朝著名思想家、教育家。著作丰厚，弟子众多。《续六经》使其名声大噪。死后，众弟子仿孔子门徒作《论语》而编《中说》，记录王通讲授的主要内容。共十篇，分别为王道篇、天地篇、事君篇、周公篇、问易篇、礼乐篇、述史篇、魏相篇、立命篇和关朗篇等。

目　录

卷七 宗室传

卷八 义养传

卷九　列传

卷十　列传

卷十一　列传

卷十二　列传

卷十三　儒者传

卷十四　儒者传

卷十五　隐者传

卷十六　义死传

卷十七　义死传

卷十八　廉隅传

苛政传

卷十九　诛死传

卷二十　党与传

卷二十一　党与传

卷二十二　归明传

卷二十三　归明传

卷二十四　方术传

卷二十九　灭国传下

卷三十　建国谱 第二十七

世系谱 第二十八

卷　一[①]

先主书 第一[②]

土运中圮，诸侯跋扈。基构自吴，绍于唐祚。作《先主书》。

先主姓李，唐宗室裔也。小字彭奴，其父荣，荣之父志，志之父超。超蚤卒，志为徐州判司，因家焉。荣性谨厚，适丁世乱，晦迹民间，号李道者。彭奴以光启四年生于彭城，未名，故书小字。流寓濠、泗。吴武王杨行密克濠州，得之，奇其状貌，养以为子。而杨氏诸子不能容，行密以乞徐温，乃姓徐，名知诰。温尝梦水中黄龙十数，温获一龙而寤，翌日得知诰。知诰奉温以孝闻，从温出，不如意，杖而逐之。及归，拜迎门，温惊曰："尔在此也？"知诰泣曰："为人子，舍父母，何适？父怒而归母，子之常也。"温由是爱之。逮壮，身长七尺，广颡隆准，精彩铄人，语声清畅。常缓行，从者阔步不能及。相工云："此龙行虎步也。"从温攻伐，身先士卒。为楼船军使，以舟兵屯金陵。柴再用攻宣州，用其兵杀李遇，以功拜昇州刺史。时江淮初定，州县吏多武夫，务赋敛为战守。知诰独好学，接礼儒者，能自励为勤俭，以宽仁为政。远近向风，郡政大治。徐温镇润州，以昇、宣、常、

① 原书每卷标题前均有"南唐书"书名，本书均删除。

② 原书的目录与正文每卷标题不统一处，尊重原书，均保持原貌。

池、黄为属。温闻知诰理昇州有善政，往视之，见其府库充实，城壁修整，乃徙治之，而迁知诰润州刺史。知诰初不欲往，屡求宣州，温不与。时温嫡子知训为淮南节度副使，秉国政。知诰至京口，不乐。既而知训为朱瑾所杀，温居金陵，未及闻。知诰居润州，近广陵，得先闻，即日以州兵渡江定乱，遂为淮南节度副使。温至，以次子知询等皆少，用知诰犹愈于他人，因留辅政。宋齐丘曰："润州之命，实天赞也。"初，徐氏诸子不齿知诰，而知训尤悖。尝召知诰饮酒，伏剑士，欲害之。行酒吏刁彦能酒至知诰，以手爪掐之。知诰悟，起走，乃免。后知诰自润州入觐，知训与饮于山光寺，又欲害之。徐知谏以谋告知诰，知诰起遁去。知训以剑授刁彦能，使追杀之。及于中途而还，给以不及，由是得免。及知训死，温意润州预谋，就知训廨，有土室绘画温像，身被五木，诸弟皆执缚受刑，而画知训兖冕正座，皆署其名。温见之，唾曰："狗死迟矣！"知诰因得疏其罪恶，由是内外全活者甚众，而死者犹数家。知训与僧修睦亲狎，得伪谶数纸，皆修睦手书。温求修睦杀之。越人寇毗陵，温伐越，知诰以王府兵会战于无锡。前军败，贼乘之甚急，温暴得热疾，不能治军。知诰率所领疾战，大破之，斩首数千级，越人弃辎重夜遁。时四境底定，惟越人为梗，因此请平，而兵甲遂戢。知训之用事也，常陵弱杨氏，而骄侮诸将，遂以见杀。及知诰秉政，乃宽刑法，推恩信，起延宾亭，以待四方之士。引宋齐丘、骆知详、王令谋为馆客，士有羁旅于吴者，皆齿用之。常阴使人察视民间，有凶荒匮乏者，赒给之。盛暑未尝张盖操扇，左右进盖，必却之，曰："士众尚多暴露，我何用此！"以故温虽遥秉大政，而吴人颇归知诰。武义元年，拜左仆射、知政事，渐复朝廷纪纲，修典礼，举法律，以抑强暴，中外谓之政事仆射。温行军司马徐玠劝温以己子代知诰，温遣子知询入广陵，谋代知诰秉政。会温病卒，知询奔还金陵，嗣温为节度使、诸道都统，所为多不法，常谋知诰。知诰使谕之入朝，遂留为左统军。吴主僭帝号，改元乾贞。知诰欲自尊大，故奉杨溥尊号，书溥僭号，则南唐之罪著矣。知诰累迁侍中、中书令、太尉、都督中外诸军事，封浔阳公，改封豫章公。大和三年，公出镇金陵，如温之制，以长子景通为司徒、平章事，居中辅政。以王令谋、宋齐丘为左、右仆射，同平章事。四年，封公为东海郡王。五年，进封齐王。始书小字，书名，既而书公、书王，以见其渐。六年，召景通至金陵，为镇海军节度副使，以其次子景迁为太保、平章事，与令谋等秉国班。天祚元年，王进位太师、天下兵马大元帅。二年，景迁病，以次子景遂为门下侍郎、参知政事。冬，安远军卢文进来降。三年，闽、越诸国皆遣使劝进。人望已归，于是加殊礼，建齐国，置宗庙。以宋齐丘为左丞相，徐玠为右丞相。冬十月，受吴禅，摄太尉，杨璘奉上皇帝玺绶，国号大齐，改元昇元。策吴主曰："受禅老臣知诰，谨上策皇帝为'高尚思元宏古让皇帝'，追尊考温为'武皇帝'。"自温以上不追尊，则复姓之心见矣。子景通吴王、景遂寿王、景达信王，弟知证江王、知谔饶王。以建康为西都，广陵为东都。十有二月己卯朔，日有白虹二。以扬州海陵县为泰州，割泰兴、盐城、兴化、如皋四县属焉。以海陵制置使褚仁规为刺史。庐州周本卒。凡书某州某人，皆其节度使。帝辍视朝一日，食不举乐。书帝者，以见其僭极恶重也。凡书帝、书诏、书制，其罪同。甲午，皇后宋氏受宝册。是岁，闽王昶贡方物于京师。天子使散骑常侍卢损如闽，册昶闽王，不受。闽自鏻已僭帝号改元矣，既称帝，故不受王爵。凡书京师，皆中原也。书天子，尊正统，以别诸国僭伪。

二年，春三月壬子，日有白虹二。壬申，大星流于东方。夏四月，迁让皇于丹阳，以王舆为浙西节度使留后，马思让为丹阳宫使，以严兵守之。徐氏诸子屡请帝复姓，帝谦抑，不忍忘徐氏恩，下其议百官。百官皆请，乃复姓李，改名昪，国号大唐。遂考服属，当吴王恪后，建唐庙，祀高祖、太宗以下，如唐旧典。追尊吴王恪为孝静皇帝，庙号定宗；超为孝平皇帝，庙号成宗；志为孝安皇帝，庙号惠宗；荣为孝德皇帝，庙号庆宗。奉徐武皇庙号义祖，徐氏二王如初，诸孙皆郡公，女郡县主。齐台门下侍郎张居咏、中书侍郎李建勋，皆平章事。吴中书侍郎张延翰为右仆射、平章事。以虔州李章镇庐州，神武统军王安为百胜军节度使。秋七月。一时无事，则书首月。冬十月戊寅，天子受徽号于契丹，曰英武明义皇帝。尤非常，故书。钱元瓘以嘉兴县为秀州。十有一月，以步骑八万讲武于铜桥，赐将吏以下金帛有差。让皇殂，帝率百官素服哀临，命有司供具，如吴旧礼。谥曰睿。十有二月，福州乱，连重遇弑其君昶，立王子曦。王子延政争立，于是僭位于建州，国号大殷。他国悉书者，为保大三年取闽张本。吴世子琏先娶帝女，是为永兴公主。琏以公主故，为中书令、康化军节度使。

三年，春正月丙申，诏曰："比者干戈相接，人无定主。地易而弗蓺，桑陨而弗蚕，衣食日耗，朕甚悯之。其向风面内者，有司计口给食。愿耕植者，授之土田，仍复三岁租役。於嘻，仁不异远，化无泄迩，其务宣流，以称朕意。"二月，池州杨琏卒。以统军王彦俦为康化军节度使。诏公卿以下议定郊祀，门下侍郎、平章事居咏，中书侍郎、平章事建勋等，议曰："孔子云，郊祀后稷，以配天宗；祀文王于明堂，以配上帝，此万世不易之法也。昔长孙无忌请祀高祖于圆丘，以配昊天上帝；祀太宗于明堂，以配上帝，盖得之矣。今国家嗣兴唐祚，追尊孝德，而以神尧为肇祀之祖，宜以神尧配天于圆丘，以孝德配上帝于明堂，礼也。其服物制度，古有常仪，一切伪饰，愿皆罢去。"奏可。司徒齐丘请依《春秋》郊以四月上辛，常梦锡驳曰："案礼，天子之郊以冬至，不卜日；鲁侯之郊以仲春，卜上辛。今之四月，非郊之时。"齐丘固争，遂用夏四月。夏，读为夏商之夏；鲁用周之四月郊。议者多哂之。诏曰："礼莫重于享帝，孝莫大于隆亲，事实重大，承以轻眇，可谓无其德而用其事，祇加畏焉。於嘻！尔公尔侯，各扬厥职，不供乃事，国有常典。"夏四月上辛，始郊祀于圆丘，大赦境内。是夜，月当以子初没，而升坛之际皎然如昼，众咸异之。遍行封赏，群臣请上徽号，不许。固请之，帝曰："朕以眇躬，托于民上，夙夜祇畏，常恐弗类。矧乃徽号，用扬虚美，是重弗类。"固不许。因此废徽号之礼。州郡言符瑞者十数，帝曰："谴告在天，聪明自民，鲁以麟削，莽以符亡。常谨天戒，犹惧或失之，符瑞何为哉！"皆抑而勿扬。言五代同居者七家，其尤著者，江州陈氏，元和给事中京之后，宗族七百口，每食设广席，长幼以次坐而共食。有畜犬百余，共一牢食，一犬不至，诸犬为之不食。建书楼于别墅，以延四方之士，肄业者多依焉。乡里率化，狱讼希少，远近叹异之，皆蠲复征役，旌表门闾。秋七月庚子朔，日有蚀之。八月，鄂州张宣卒，以润州留后王舆代。金吾卫大将军马仁裕出为镇海军节度使留后。冬十月。

四年,春正月。夏四月,枢密使周宗出为奉化军节度使。六月,安州节度使李金全来降,遣鄂州屯营使李承裕帅师迎之。承裕与晋将马全节、安审晖战于安陆,承裕及裨将段处恭战死,监军通事舍人杜光邺及其兵五百人被执。天子厚赐之,遣还。帝致书于晋,复送光邺等,请以败军行法,天子又遣之。帝以甲士临淮拒之,乃止。天子,晋高祖也。书帝致书于晋,恶其抗也。以金全为宣威统军。洪州李德诚卒,以宣州徐玠代。以江州徐知证为宁国军节度使。梁王徐知谔卒。秋八月,庐州李章卒,以润州马仁裕代。以天威统军卢文进为镇海军节度使。冬十月,幸东都,存省故老,宴于旧宅。逾月还。十有二月,左仆射、平章事张延翰卒。

五年,春正月,虔州王安卒,以统军贾浩为百胜军节度使。三月,诛泰州刺史褚仁规。夏四月。秋九月壬子,有星孛于天市。钱元瓘卒,佐嗣位。[①] 冬十有二月,葬吴越文穆王。凡他国废、立、卒、葬、弑、杀、告、问,通则书。

六年,春三月,庐州马仁裕卒。以滁州刺史周邺为保信军节度使留后。夏四月,南汉刘龑卒,玢嗣位。[②] 葬刘龑,僭谥天皇大帝。以其僭极恶重,故书与吴越异。龑音俨,刘氏伪撰此字,以为名。自云取飞龙在天之义。迁让皇子孙于海陵,号永宁宫。严兵守之,绝不通人。久而男女自为匹偶,吴人多哀怜之。犹书吴人者,以其思旧之民也。诏

---

① 钱元瓘(887—941):吴越国王,钱镠第五子,为吴越国第二代国王,在位九年,后病狂而卒,其子钱弘佐继位。

② 刘龑(889—942):南汉国建立者,贞明三年(917)即帝位于广州,国号大越,次年,改国号汉。天福七年(942)卒,其子刘玢继位。

吴王景通为太子，景通表曰："古之立太子，所以崇正嫡，息觊觎。如臣兄弟，禀承圣教，实为敦睦，愿寝此礼。"三表，许之。乃以大元帅总百揆，改封齐王。以驾部郎中冯延巳为元帅府掌记。寿州高审思卒，以侍卫诸军都虞候姚景为清淮军节度使。六月乙丑，天子崩。晋高祖。秋七月，丞相、大司徒宋齐丘为镇南军节度使，以洪州徐玠为司徒、侍中。帝曰："豫章，大司徒维桑也，衣锦昼行，古人所贵。"以锦袍赐之。齐丘至镇，衣以视事。群臣咸谓："江淮之地，频年丰稔，兵食既足，士乐为用。天意人心，未厌唐德。宜广土宇，攻自潭越始。"帝曰："吾少长军旅，见干戈之为民患甚矣。吾不忍复言兵革，使彼民安，则吾民亦安矣。"吴越灾，宫室府库甲兵殆尽，群臣复请乘其弊。帝曰："今大敌在北，北方平，则诸国可尺书召之，何以兵为？轻举者，兵之大忌，宜畜财养锐，以俟时焉。"使使唁越于武林，厚币以赒其阙。冬十月，诏曰："前朝失御，强梗崛起，大者帝，小者王。不以兵戈，利势弗成；不以杀戮，威武弗行。民受其弊，盖有年也。或有意于息民者，尚以武人用事，不能宣流德化。其宿学巨儒，察民之故者，嵁岩之下，往往有之。彼无路光亨，而进以拊伛为嫌，退以清宁为乐，则上下之情将何以通？简易之政将何所议乎?！昔汉世祖，数年之间，被坚执锐，提戈斩馘，一日晏然。而兵革之事，虽父子之亲，不以一言及之，则兵为民患，其来尚矣。今唐祚中兴，与汉颇同，而眇眇之身，坐制元元之上，思所以举而错之者，茕茕在疚，罔有所发。三事大夫，可不务乎？自今宜举用儒者，以补不逮。"于是稍用儒臣，渐去苛察。又将修复故事，为后代法，未果行，而帝疾作。

七年，春二月，诏曰："乃公乃侯，越百执事，钦承嗣命，命尔保元子璟，祇肃天鉴。社稷宗庙永有，终我不敢知；曰其基永昌，我亦不敢知。曰坠命罔后，天不尔谌，祐于有德，厥位艰哉！"翌日，殂于路寝，寿五十六。葬永陵，谥光文肃武孝高皇帝，庙号烈祖。

徐铉曰：烈祖少长丧乱，知人艰苦，故不以富贵自处，唯务节俭。身为宰相，事养父母如礼，饮食皆亲侍，或遇疾，不解带。温常责诸子曰："汝辈能如是乎？"及建号，即金陵使府为宫，唯加鸱尾栏槛而已，终不改作。接见亲族，如家人礼，尊长者，亲拜之。晚年服金石药，性多躁怒。百司奏事，必至厉声诃责。群臣或正色抗辞以对，事理明白，必敛容慰勉之，旬日之后多有恩泽，故人思尽力。决死刑，用三覆三奏之法。文武亡殁，子孙随才以叙，不限资荫。或营其婚嫁，幼未堪任，与其无嗣者，内帑以给之，有亲老者，倍其数。死王事者，下至卒伍，皆三年给其全俸。故士无贵贱，悉亡身外之忧。

呜呼，积厚者流泽远，积薄者流泽狭，不其然乎！舜之后，千余年而有陈，陈亡而田氏专政于齐。禹之后，千余年而有杞，杞削而勾践得志于越。后世之君，建大义于一时，而德不若舜、禹者，亦随其泽之远近而兴起焉。故晋以天下丧于狄人，而琅琊继之；唐以天下篡于朱梁，而烈祖绍之。然则盗名器，操生杀，制一方之命，抗万乘之势者，岂非天欤。烈祖之起，虽无雄才大略，而深沉宽裕，本于天性。幸而适丁中原扰攘之际，故数年之间，有足观者。

卷　二

嗣主书 第二

民靡有定，谁其奠之。弃师闽楚，命委舆尸。作《嗣主书》。

嗣主，讳璟，字伯玉，初名景通，烈祖元子也。美容止，器宇高迈，性宽仁，有文学。甫十岁，吟《新竹诗》云："栖凤枝梢犹软弱，化龙形状已依稀。"人皆奇之。起家为尚书郎，吴让皇见之，曰："吾诸子皆不及也。"累迁诸卫大将军，典治军旅，抚纳将校。烈祖出镇金陵，拜璟司徒、平章事，知内外诸军事，加诸道副都统。烈祖受禅，封吴王，累迁太尉、中书令、诸道元帅、录尚书事，改封齐王。既当储副之地，而固让再三，谦虚下士，常若弗及。烈祖殂，受顾命，犹让诸弟，辞益坚。侍中徐玠以衮冕被之，曰："大行付殿下以神器之重，殿下固守小节，非所以遵先旨，崇孝道也。"乃嗣位。改元保大。太常博士韩熙载上疏曰："逾年改元，古之制也。事不师古，弗可以训。"时虽可其奏，而制书已行，遂改元。册母宋氏为皇太后，妃钟氏为皇后，弟景遂改封燕王，弟景达改封鄂王，弟景逷改封保宁王，长子冀南昌王。文武进位有差。洪州宋齐丘入为左丞相，江州周宗入为右丞相。以元帅府掌书记冯延巳为谏议大夫、翰林学士。夏四月戊申，朔，日有食之。中书侍郎、平章事李建勋，罢为昭武军节度使。南汉刘晟弑其君玢，晟自立为帝。不书僭者，玢之前已僭也。五月，司徒兼侍中徐玠卒。秋七月，燕王景遂改封齐王，拜诸道兵马大元帅、太尉、中书令。鄂王景达改封燕王，拜副元帅。宣告中外，以兄弟相传之意。以元子南昌王冀为江都尹、东都留守。书元子，以见景遂之不得袭位也。景遂固让，不许。萧俨上疏，其略曰："夏、商之后，父子相传，不易之典。惟仰循古道，以裕后昆。"疏奏，不报。冬十月庚戌，有星孛于东方。妖贼张遇贤聚众十余万，陷虔州诸县，诸县，旧史失名。虔州城守。遇贤据白云洞。命洪州营屯都虞候严思礼、通事舍人边镐讨贼。镐、思礼擒遇贤及贼副黄伯雄、谋主僧曹景全，斩于建康市。以严思礼为海州刺史，边镐为洪州屯营诸军都虞候。贬百胜军节度使贾浩为监门卫将军，罪贬，故书使。池州安置。以饶州刺史李翱为百胜军节度使留后。十有二月，下令，中外庶政，并委齐王景遂参决。文武百司，唯枢密副使魏岑、查文徽得白事，余非召对，不得见。萧俨上书极论，曰："元帅开府，人犹惊骇，况委之大政，而群臣不得时见。臣恐中外隔绝，奸人得志，非陛下之利也。"书奏，不报。侍卫军都虞候贾崇诣阁求见，曰："臣事先朝二十余年，每见延接，疏远未尝壅隔，群下之情罔有不达。今陛下始即位，所委任者何人，而顿与群臣谢绝，深居邃处，而欲闻民瘼，犹恶阴而入乎隧道也。臣老矣，长不复奉颜色。"因涕泗呜咽。帝深为感动，引与之坐，赐食而出。始以手札批喻俨等曰："旻天不吊，降此鞠凶，越予小子，常恐弗类于厥德，用灾于厥躬。故退处恭默，思底于道。而壅隔之弊，以为卿忧。惟予小子，实生厉阶。"由是所下之令遂寝。时宋齐丘、周宗为左右丞相，齐丘专执，而宗纯谨自守。及上心既悟，齐丘乃言其非便，帝曰："公何不早诲我？"遂罢齐丘为浙西节度使。齐丘党与隆炽，造作飞语，以诬宗。宗泣而上诉，帝知之，弗问。此为明年宗出张本。宋齐丘上表乞归九华旧隐，许之，赐号九华先生，封青阳公，食青阳一县。

二年，春正月，右丞相周宗罢，除江西节度使；门下侍郎、平章事张居咏罢，除浙西节度使。二月辛卯，日有白虹二。三月，左卫上将军卢文进卒。夏，闽人朱文进、连重遇弑其君曦。重遇立文进，使来告乱。囚其使，议伐闽。以民疫，释闽使，遣之。夏四月。秋七月，鄂州王舆卒，以神武统军韦建为武清军节度使。备书官职者，新命也。书某州某人代者，移镇也。寿州姚景卒，以濠州刘崇俊代，以楚州刺史刘彦贞为濠州观察使。九月庚午朔，日有食之。冬十有二月，冯延巳为翰林学士承旨，水部员外郎冯延鲁为中书舍人。延鲁锐于功名，欲兴建州之役，乃赞中书舍人查文徽为江西安抚使。翰林待诏臧循者，尝贾于闽，具知山川险易，为文徽陈进兵之计，文徽因是请伐闽。乃命边镐率洪州屯兵，与文徽俱行，遂入建阳。王延政遣统军使吴承祐以游兵巡福州境，给曰："唐助我讨贼，大军至矣。"福州信之。连重遇杀朱文进，裨将林仁翰杀重遇，函其首，归承祐。延政以其子继昌守福州，亲率众以拒我师。五郡之兵大集，五郡，福、建、江、漳、泉。敌势甚盛。文徽等次于盖竹，退，复屯建阳，启求济师。

三年，春二月，遣祖全恩、何敬洙率万人以应文徽，与延政阵隔水。全恩使建阳降将孟坚潜师出其后，裨将武彦晖、马存贵以轻锐继之，腹背夹击。延政大败，以余兵城守。闽人李仁达杀其君之子继昌，前年以福州降延政，故以延政为君。及其统军吴承祐，立雪峰僧卓俨明为主。俨明无统御之略，仁达又杀之，而自称留后，遣使来降。即以仁达为威武军节度使。延政益不振。建州之险要曰西岩、延平津，相继而平。夏四月。秋七月庚辰，星见而风雨。八月甲子朔，日有食之。遂克建州，执王延政，归于建康，授羽林大将军、安化军节度使，封鄱阳王。泉州刺史王继勋、漳州刺史王继成、汀州刺史许文缜，皆请降，因而镇抚之。诸将下建州，兵无节制，剽掠甚众，闽人失望。帝以出师有功，不录其过。升建州为永安军，以祖全恩为节度使，查文徽为抚州刺史，何敬洙为楚州刺史。偏将王建封先登，功第一，为信州刺史。全恩未拜而卒，以庐州王崇文镇建州。泉州裨将刘从效劫刺史王继勋，使之入朝，从效自领州事。于是王继成、许文缜皆至建康。以继勋为池州团练使，继成为和州刺史，文缜为蕲州刺史，即以刘从效为泉州刺史。冬十月，皇太后宋氏殂。以延平津为剑州，割建州之剑浦、汀州之沙县属焉。以建州裨将陈诲为剑州刺史，以龙卫都虞候刘仁赡为武清军节度使。升泉州为清源军，以泉州刺史刘从效为节度使。

四年，春正月，陈觉讽齐王景遂，言："宋齐丘先朝布衣之旧，委诸山林，不允中外之望。"帝使景遂至青阳，召之起，拜太傅，奉朝请而已。以抚州李建勋为左仆射、门下侍郎、平章事，中书侍郎冯延巳拜平章事，吏部尚书徐连为镇海军节度使。二月壬戌朔，日有食之。命建州制的乳茶，号曰：京挺，腊茶之贡自此始。罢贡阳羡茶。夏四月，侍卫诸军都虞候贾崇为奉化军节度使留后。葬元恭皇后于永陵。六月，寿州刘崇俊卒。以濠州观察使刘彦贞为清淮军节度使，侍卫诸军都虞候郭全义出为濠州观察使，以刘崇俊子范为滁州刺史。建州之役，府库中耗，民不堪命，故李仁达、刘从效皆羁縻而已。至是，诸将请讨之，不许。宋齐丘荐陈觉为福建路宣谕使，说仁达入觐，不从。觉还至建安，矫制发建、汀、抚、信之师，及防戍之兵，掩其不意，径至城下。时魏岑安抚漳、泉，闻觉起兵，亦擅发兵应觉。帝大怒。冯延巳等为言，兵集行，不可止。乃以王崇文为招讨使，王建封为副使，益兵以会之。冯延鲁为南面监军使，魏岑为东面监军使，陈觉为诸军监军使。仁达送款于吴越，吴越以兵三万应之。觉等争功，进退不相应。延鲁及吴越战，延鲁败绩，诸军皆溃。帝怒，遣使者锁觉、延鲁至金陵。而冯延巳为宰相，宋齐丘亦预三公，稍解之。员外郎韩熙载谏曰："臣观觉等罪不容诛，但齐丘、延巳内为陈请，所以得全。且擅兴者不罪，则疆埸生事；丧师者获存，则行阵解体。请行显戮，以重军威。"帝曰："齐丘、延巳，有自咎之表，无请赦之辞。觉等五木被体，一家狼藉，永不录用，与死何殊。"乃流觉蕲州，流延鲁舒州。齐丘恶之，贬熙载和州司马。冬十有二月，壬戌，契丹及晋师战于中渡，晋师败绩。丙寅，杜重威、李守贞以王师降于契丹。癸酉，张彦泽引蕃骑陷京师。彦泽剽劫、屠害甚众，晋帝奉表纳玺于戎主。以其失利势，故不书天子。是岁，中原无主。密州刺史皇甫晖、青州刺史王建，及沿淮诸戍，皆来降。方且疲兵东南，不暇北顾。冯延巳、延鲁、魏岑、陈觉，皆以奸回得用，人情不平。既流延鲁及觉，而延巳为相，岑亦居近密，于是御史中丞江文蔚疏其罪曰："二凶虽去，未称民情。四罪尽除，方明国典。"帝大怒，贬文蔚江州司士参军，亦罢延巳为太子少傅，岑为太子洗马。漳州裨将林赞尧杀监军周承义以叛，讨平之。以泉州裨将董思安为漳州刺史。思安辞以父名章，命改漳州为南州。副使刘从愿杀思安，自领州事，南州复为漳州。

卷　三

嗣主书 第三

五年，春正月，晋帝举族出封丘门。契丹主次于京城北，不见帝。彼不与之见也。犹书曰京城者，甚契丹之恶也。文武百官素服纱帽，俯伏俟罪。契丹主命起之，亲加慰抚，遂入都城，据大内。改京师为都城，晋无君也。己丑，斩张彦泽于东市。以其剽劫之罪。庚寅，洛京留守景延广自扼其喉死。辛卯，契丹废晋帝为光禄大夫、检校太尉，封负义侯，黄龙府安置。此中原之事，悉书者，以下文使来告故也。契丹使来告曰："晋少主逆命背约，自贻废黜。吾主欲与唐继先世之好，将册命唐为中原主。"帝命近臣对曰："唐守江淮，社稷已固，与梁、宋阻隔。若尔主不忘先好，惠锡行人，受赐多矣。其他不敢拜命之辱。"遣兵部侍郎贾潭报聘。帝叹曰："闽役惫矣，其能抗衡中原乎？"以齐王景遂为太弟；燕王景达为元帅，改封齐王。元子南昌王冀为副元帅，封燕王，依前东都留守。安乐公茂，为侍卫诸军都虞候。二月丁巳朔，契丹改晋都为大辽国，肆眚，改元会同。犹谓之晋都者，汉未立也。不谓之京师者，中原无主也。不书赦，不与契丹赦中国也。辛未，汉帝即位。天子即位，易代则书。改晋开运四年为天福十二年。中原改元，不书。此书会同非常也。汉称天福十二年，亦非常也。三月，宣州徐知证卒。夏四月丙子，太白昼见。以皇甫晖为神卫军都虞候。秋八月，以太傅宋齐丘为镇南军节度使，周宗为宁国军节度使。钱佐卒，倧袭位。[①] 冬十有一月壬子，雨木冰。辛酉，雨木冰。癸酉，雨木冰。十有二月，越人胡进思废其君倧，囚于义和院。钱俶入。是岁，马希范卒，希广袭位。[②]

六年，春正月，越人立俶，迁倧于东府。丁丑，天子崩。汉高祖。以太子少傅冯延巳为昭武军节度使。夏四月，庐州周邺卒。五月，葬楚文昭王，葬吴越忠献王。越乱，故缓。六月庚寅朔，日有食之。秋，汉伐河中，围李守贞。守贞遣从事朱元、李平奉表来乞师。以润州李金全为西面行营招抚使，寿州刘彦贞为副；谏议大夫查文徽为监军使，兵部侍郎魏岑为沿淮巡抚使。闻河中平，遽班师。冬十有一月，高从诲卒，保庸嗣位。[③] 葬南平文献王。

七年，春正月，淮北诸盗来附，以神武都虞候皇甫晖、裨将张峦、萧处恭，帅师出海、泗诸郡；以右散骑常侍张义方为监军使，纳贼帅咸师朗以归。二月，以中书舍人严续为奉化军节度使，以江州贾崇为神武统军侍卫诸军都指挥使。夏四月壬申，太白昼见。赠故庐山江梦孙国子司业。六月癸酉朔，日有食之。秋七月，杀天威统军都虞候王建封。八月，以建州王崇文镇庐州，以谏议大夫查文徽为永安军节度使留后。冬十有二月，日晕三重。

八年，春正月，诏曰："春秋日食、地震、星孛、木冰，可谓甚矣。比者灾异仍多，岂人君不德以召之耶？抑亦天心之仁，爱

---

① 即吴越国王钱弘佐（第三代）、钱弘倧（第四代）。

② 即楚国王马希范（第三代）、马希广（第四代）。

③ 即南平国王高从海（第二代）、高保融（第三代），原文"保庸"应为"保融"。

而遣告之也？朕甚惕焉。曩者兵连闽、粤，武夫悍将，不喻朕意，而务为穷黩。以至父征子饷，上违天意，下夺农时。咎将谁执？在予一人。其大赦境内，穷民无告者，大赐粟帛。”二月，以东都留守燕王冀为润、宣二州大都督，镇京口；宣州周宗为东都留守。福州诈言吴越戍兵乱，杀李仁达而遁，遣人告急于境。建州节度使查文徽、以兴兵，故书使。剑州刺史陈诲，以舟师应之。文徽留诲屯江口，进至西门，伏兵发，文徽被执。诲与越人战，大败之，获其将马先进、叶仁安等，归于建康。帝送先进等还越，越亦归文徽。夏四月，以剑州刺史陈诲为永安军节度使。秋七月。冬十有一月，甲子朔，日有食之。乙酉，天子崩。汉隐帝。楚朗州节度使马希萼遣使来乞师，遂以楚州屯兵攻潭州，杀希广，杖其妻，死于市。左右用事者，皆脔割之。希萼自称楚王。边镐统信州，屯兵以觇楚。十有二月，汉将郭威领大军北征，壬子，次澶州。何福进率壮士拥威为天子。书此以见中原治乱。

九年，春正月，周帝即位，刘旻称帝于太原。以其曲在周，故不曰僭。初，契丹犯河南，晋帝北迁，韩熙载上书曰：“陛下有经营天下之志，当在今时。若戎主遁归，中原有主，安辑稍定，则未可图也。”时以连兵南闽，至此方议北征。熙载又上书曰：“郭氏奸雄，虽有国日浅，而为理已固。兵若轻举，非独无成，亦且有害。”乃命李金全耀兵于淮上而止。夏四月。秋七月，乐安公茂卒。冬十月，楚人徐威、陈迁、鲁公绾、陆孟俊执其君马希萼，囚于衡山，立王子希崇。十有一月，楚人廖偃等招合蛮獠，复立希萼为楚王，楚国大乱。边镐以信州屯兵出宜春，讨长沙，破其军于龙回关[①]。徐威等以希崇降，希萼亦送款于镐，镐尽迁马氏之族于金陵。以希萼为洪州大都督、封楚王，希崇为舒州节度使，以边镐为湖南节度使。鄂州刘仁赡以舟师趋岳州，岳州降，以将军宋德权为岳州刺史。以客省引进使任镐为监军使，以马光惠为朗州节度使留后。宋齐丘拜太师，固辞，复为太傅。

十年，春正月，分洪州高安县置筠州，割清江、万载、上皋属焉。以湖南行营粮料使王绍颜为刺史。三月，以抚州冯延巳为左仆射、平章事，右仆射孙晟守本官、平章事，润州徐连中书侍郎、平章事。夏四月丙戌，日有食之。五月，司徒致仕李建勋卒。秋，刘晟取桂管[②]，将军张峦争之，不克。朗州裨将刘言执留后马光惠，送建康，言自领州事。遣李建期屯益阳，将讨刘言，而楚地新定，府库空虚。宰相冯延巳以克楚为功，不欲取费于国，乃重敛其民以给军。边镐不能镇抚，楚人皆怨，帝亦恶之，谓冯延巳、孙晟曰："湖湘之役，楚民厌乱，求息肩于我。今欲罢桂阳[③]之师，解益阳之戍，即授刘言以节钺，使自安辑其民，吾亦得惠养湘衡之地。如是则远迩完实，二蕃在吾度内尔。公等亟行之，无为后悔。"孙晟即欲奉行，延巳曰："吾以偏师克全楚，天下惊动，今三分丧二，何以为功?"遂稽其命。未几，刘言遣王进逵破益阳，杀建期等，乘胜攻长沙，边镐遁归，所在屯戍，相继散走。独张峦全师而还，且战且行，取资于道。岳州刺史

① 龙回关：唐末置，在今湖南省长沙县东南45里。

② 桂管：即今桂林。唐武德四年，置桂州总管府，七年，改为都督府。永徽后，隶岭南五府经略使。"五府"指桂管、容管、邕管、交管、广管。

③ 桂阳：即今桂阳县，位于湖南省，郴州市西。

宋德权、监军使任镐，皆弃城走。帝大怒，削边镐官，流饶州，戮宋德权、任镐于大社，斩裨将申洪泰、尹建于都门外。以张峦为信州刺史。延巳等自劾，起之；孙晟请罪不已，乃罢为右仆射。冬十有二月，洪州大都督马希萼入觐，留建康，弗遣。

十有一年，春二月，周行冯据潭州。三月，建康大火，逾月，庐舍营署殆尽。夏五月，以太傅宋齐丘为镇南军节度使。秋七月，以鄂州刘仁赡为神武统军侍卫都指挥使，以濠州观察使何敬洙为武清军节度使。大蝗。八月，不雨。冬十月，筑楚州白水塘，以溉田。命州县陂塘堙废者，修复之。十有二月，木冰。

十有二年，春正月，大星坠于东北，声如雷。兖州节度使慕容彦超遣使来乞师以拒周，出兵数千至淮北，不书将校，旧史失之。为周师所败，俘其将校于京师。天子平彦超，释唐俘，谕之曰："归语尔主，朕诛逆命，何苦来援？"帝亦悔之。汉末，遣使潭州市茶，会边镐平马氏，例俘于金陵，由是引对慰劳，以上茗万斤遣之。壬辰，天子崩。周太祖。自前年八月不雨至于三月，民大饥，疫死者大半。下令郡县煮粥以食之。刘旻乞师于契丹，以寇潞州。天子亲征，大败之。休兵潞州，大飨将士，斩败将樊爱能等七十余人，军威大振。进围太原，遣符彦卿、史彦超等北控圻口，以断契丹援路。彦卿等败绩，彦超战没。天子遽班师。书以见世宗威略，为明年伐我张本。夏五月丁亥，月重轮。秋七月，契丹使其舅来聘。昇元中，宋齐丘选宫嫔，杂以珠贝、罗绮，泛海北通契丹，欲赖之以复中原。而戎使至，则厚币遣还。迨至淮北，辄使人刺之，复遣使沿海，赍琛宝以报聘，戎意晋人杀其使，数犯中原。至是，馆戎使于清风驿，夜燕，更衣，盗斩其首，契丹自此不至，盖中原间之也。冬十月。

十有三年，春二月，以门下侍郎严续守本官、平章事。夏四月，以寿州刘彦贞为神武统军侍卫诸军都指挥使，以刘仁赡为清淮军节度使。三月，周伐蜀。秋七月，蜀使来聘。冬十月，东都留守周宗乞罢镇，诏曰："嵩岳降灵，诞生良弼。佐我先朝，施及朕躬。尚赖保厘，底于成绩。而遽尔请罢，岂朕不德，不能优礼勋旧，而致然也。昔萧何守巴蜀，而高祖无西顾之患；寇恂守河内，而光武无分民之嫌。今任公以何、恂之事，宜强饭扶力，以副朕意。於嘻，国之安危，惟兹淮甸，慎始成终，非公而谁？所请宜不允。"宗以老病，三表，乃许守司徒致仕。以中书舍人冯延鲁为工部侍郎、东都留守，以侍卫诸军都虞候贾崇为东都屯营使。十有一月，周师来伐，李穀为都部署，攻寿州。帝召洪州宋齐丘还都。齐丘请征诸郡兵，屯于淮、泗，以裨将有才略者主之，声言偏师，敌人不测其实，必难轻进，春水时至，粮道阻隔，悬军日久，自当遁去。然后遣使请平，彼必乐从。议者不同，遂止。刘彦贞督兵以抗周师，江州皇甫晖帅师为援。李穀退屯正阳[①]。天子命李重进为奇兵以要彦贞。彦贞追穀至正阳，重进与穀腹背击之，彦贞大败，死于阵，诸军皆溃。张全约以其众奔寿春。自杨氏王吴，淮甸之人不识干戈者二十余年，及彦贞败，民皆恂惧。帝欲亲拒周师，中书舍人乔匡舜极谏，贬匡舜临川，亲行之议亦寝。天子先诏钱俶攻常、宣二州，以挠我师，于是吴越伺间攻常州，刺史赵仁泽被执。将军柴克宏救常

---

① 正阳：即今河南省正阳县，位于驻马店市东南部。

州，大败越人，斩首千余级，获其将吏数十人，皆斩于京口。拜克宏奉化军节度使。天子营于淝水之阳，徙正阳桥于下蔡。林仁肇、皇甫晖争之不胜，晖走滁州，天兵追杀之。以周师为天兵，太祖主兵故也。遂下滁州。帝恶之，遣泗州牙将王知朗至滁州，称唐皇帝奉书，愿效贡赋，陈兄弟之礼。天子不答。东都留守冯延鲁、光州刺史张绍、舒州刺史周祚、泰州刺史方讷，皆弃城走。延鲁削发，伪为僧，遁归，周人执之。蕲州裨将李福杀其刺史王承隽降周，帝益恶之，始改名景，以避周庙讳。遣翰林学士钟谟、文理院学士李德明奉表称臣，献犒军牛五百头、酒二千石、金银罗绮数千，请割寿、濠、泗、楚、光、海六州，以求罢兵。天子不报，谟等皆留行在。分兵袭下扬、泰，帝遣人怀蜡丸书走契丹求救，为边将所执。光州刺史张承翰降周。天子至淮南，下诏抚安杨氏之后。帝闻之，命园苑使尹延范自泰州徙让皇一族于京口，延范杀其子弟六十余人，以其妇女渡江。周先锋使刘重进得其玉砚、玛瑙碗、翡翠瓶，以献周，杨氏遂绝。帝骂曰："小人以不义之名累我！"腰斩延范，归之以专杀之罪。

卷　四

嗣主书 第四

十有四年，春正月，遣司空孙晟、礼部侍郎王崇质奉表于周，辞益卑服，削去帝号。天子犹不答，留晟等弗遣。钟谟请归取表，尽献江北之地。天子许之，遣崇质、德明还，始赐江南书曰："自有唐失御，天步多艰，六纪于兹，瓜分鼎峙。自为声教，各擅蒸黎，交结四夷，凭陵上国。华风不竞，否运所钟。凡百有心，孰不兴愤。朕擅一百州之富庶，握三十万之甲兵，农战交修，士卒乐用，苟不能恢复内地，申画边疆，便议班旋，直同戏剧。至于削去尊称，愿输臣节，孙权事魏，萧詧奉周，古也虽然，今则不取。但存帝号，何爽岁寒。傥坚事大之心，必不迫人于险。"德明等归，盛称周天子英武，帝尤恶之。宋齐丘、陈觉等皆以割地无益，而德明卖国以图利。帝怒，斩德明。二月，遣元帅景达帅师应寿春，陈觉为监军使，拜边镐为大将，许文缜副之。中书舍人韩熙载上疏，请罢监军使，不报。司徒致仕周宗卒。三月，江州柴克宏卒。诸郡屯田相率起义，以农器为兵，襞纸为铠，处处保聚，号"白甲军"，周师苦之。景达等趋寿州，其将朱元、李平、唐进克复舒、蕲、泰三州。夏，大雨，周师在扬、滁、和者，皆却，诸将请要其险隘，击之。宋齐丘曰："击之怨深，不若纵之以为德。"诫诸将闭壁，不得要战。周师皆集于寿州，故诸州虽复，而寿春之围益固。天子驻于涡口，犹欲再幸扬州，宰相范质以师老泣谏，乃班师。以李重进攻庐州，向训守扬州，训请弃扬州，并力以攻寿春。乃封府库、付主者，遣淮南旧将按巡城中，秋毫不犯而去。淮人大悦，皆负糗粮以送周师。秋七月，扬、光、滁、和，复归于我。冬十有一月，周杀我行人孙晟。

十有五年春，元帅景达命其将朱元等屯紫金山[①]，筑甬道以饷寿州。二月，天子复来伐，徙下蔡桥于涡口，为镇淮军，筑二城以夹淮。周师连破紫金山诸寨。监军陈觉乞罢朱元，帝遣大将杨守忠代元，且召之，元愤怒，叛降周，诸军皆溃。许文缜、边镐被擒，景达以州兵奔还金陵。三月丁未，刘仁赡病且死，其副孙羽等以寿州降。仁赡病卒。夏四月己巳，天子班师，乱兵焚扬州，民皆徙江南。秋七月。冬十月，天子复来伐，围濠州，濠州刺史郭廷谓降周，泗州守将范再遇叛降周。廷谓不书叛者，力不支也。泰州亦溃。周师步骑数万，水陆齐进，军士作檀来之歌，声闻数十里。檀来者，但来也，北人语音。十有二月，天子驻于楚州城北。

十有六年，春正月，大赦，改元交泰。周师攻楚州，守将张彦能、郑昭业城守益坚，城坏，彦能、昭业战死。周人屠其城而戍之。丁未，海州溃。壬辰，静海军溃，周人尽得海、泰、扬、楚之地。丁卯，周人次扬州。癸酉，次瓜州。三月壬午朔，次泰州。丁亥，复次扬州。辛卯，遂幸迎銮，以临大江。周自屠楚州，贬书人。其后驻幸皆书次，至迎銮，复书幸，不泯其实也。时扬、泰、滁、和、寿、濠、

---

① 紫金山：位于安徽省寿县。据《寿州志》载："紫金山在州东北十里，古传山有黄金色，故名。"

泗、光、海等州，已为周得，乃遣陈觉奉表献庐、舒、蕲、黄，画江以为界，天子许之，赐书曰“皇帝恭问江南国主”，劳其良苦而已。四年而后克，亦已惫矣。夏五月，下令去帝号，称国主，奉周正朔，以交泰元年为显德五年。钟谟、冯延鲁至自京师，国主复遣谟等奉表拜成，且请传位。始降号称国主。传位，不曰传乎某人者，景迁为太弟，时未定也。天子优诏劳安之，传位之意遂止。以谟为礼部侍郎，延鲁户部侍郎，以行营应援使林仁肇为浙西节度使，前庐州孙汉威为奉化军节度使。赠刘仁赡太师，追封卫王；孙晟太傅，追封鲁国公；刘彦贞中书令，张彦能侍中。其余将士死国难者，追赠有差。秋，泉州刘从效奉表贡于京师，天子不纳。冬十月，礼部侍郎常梦锡卒。十有二月，流陈觉于饶州，流李徵古于洪州，皆杀之。放宋齐丘于青阳。太弟景迁固请归藩，于是以长子冀为太子，以景迁为洪州大都督，封晋王。齐王景达为抚州大都督，信王景遏为百胜军节度使。昇元初，括定民赋，每正苗一斛，别输三斗于官廪，授盐二斤，谓之盐米。至是，淮甸盐场皆入于周，遂不支盐，而输米如初，以为定式。

显德六年，春正月，宋齐丘缢死于青阳。夏，晋王景遂卒。秋七月，钟谟请铸大钱，以一当十，文曰：“永通泉货”。以信州刺史张峦为天德军使。九月，太子冀卒。初，丹阳古铭曰：“天子冀州”，人以冀应之，未几卒，识者谓冀州赵地也，明年皇朝受命之符尔。次子从嘉封吴王，居东宫，钟谟曰：“从嘉轻肆，请立纪国公从善。”国主怒，贬谟为国子司业，立从嘉为太子。天子使人谓国主曰：“吾与汝大义已定，终虑后世不汝容。可及吾世，修城隍，治要害，为子孙计。”国主因营缉诸城，谋迁都于洪州，曰："建康与敌境隔江而已，又在下流，敌兵若至，闭门自守，借使外诸侯能救国难，即为刘裕、陈霸先尔。今吾徙豫章，据上流而制根本，上策也。"群臣多不欲，惟枢密使唐镐赞成之。夏六月，荧惑守心，光芒相射。癸巳，天子崩。周世宗。秋七月，升洪州为南昌，建南都。冬十月，流钟谟于饶州，赐死。贬张峦为宣州副使，杀之。十有二月，罢铸大钱。明年，周亡。

编年之法，绝笔于周亡者，清风发而群阴伏，理固然也。虽然，无所述而遂泯其实，则何以著李氏之罪？故名器、服物，庆赏、刑威，直书其僭，将以正其罪尔。

建隆元年，臣属于皇朝。夏四月，太子太傅冯延巳卒。是岁，李重进使来乞师，拒之，遣冯延鲁入贡以闻。二年春，以世子从嘉监国。国主如南都，所过慰劳守宰，存问高年疾苦。会齐王景达于庐山，历览胜境，与从臣谭宴浃日而去。三月，至南都。以何洙为奉化军节度使。敬洙去敬字，避皇朝讳。豫章迫隘，宫府营署皆不能容，群臣日夕思归，国主悔怒，唐镐惭惧发疡卒。六月，国主殂于南都，年四十有六，在位十有九年。秋七月，国主之丧至自豫章，群臣请殡别宫，世子手札不许，辞甚哀切，书世子手札，未即位也。见《后主书》。乃殡于万寿殿，遣使入朝，乞追复帝号。太祖皇帝许之，谥明道崇德文宣孝皇帝。葬顺陵，庙号元宗。先谥而后书葬者，因其请号，顺文势也。

徐铉曰："嗣主工笔札，善骑射。宾礼大臣，敦睦九族。每闻臣民不获其所者，辄咨嗟伤悯，形于颜色，随加救疗。居处服御，节俭得中。初立有经营四方之志，邪臣阿谄，职为厉阶，晚岁悔之，已不及矣。少有至性，仍怀高世之量，始出阁，即命于庐山瀑布前，构书斋，为他日终焉之计。及迫于绍袭，遂舍为开先精舍。常患民间侈靡，第宅衣服，咸为节制。驱惰游之人，率归农业。及大渐之际，群鹤翔于空，双龙据殿屋，遂奄然而化。”

呜呼，甚哉！守成之难也。非特守之难，而授之者尤难；非授之难，而知其可受者为难。商有天下，成汤作之，太甲守之，而中有不类之忧，向非阿衡[①]之佐，则求其思庸之复也难矣。周有天下，武王作之，成王守之，而中有流言之变，向非周公征之，则求其凫鹥之雅[②]也亦难矣。以唐太宗之丰功大业，一正天下，建不拔之基，而晋王[③]之立，杀父之臣，失父之政，卒至于大乱，矧不及于太宗者乎！元宗即位，一十九年，有经营四方之志，约己慎刑，勤政如一。向非任用群小，屏弃忠良，国用不殚于闽楚，师旅不弃于淮甸，则庶几完成之君也。志有之曰：“杨者易生之木也，一人植之，十人拔之，无生杨矣。”[④]以新造之唐，而守之非道，不几乎朝莳而夕揠，其亡也不旋踵。故周世宗以衰世之锋，一鼓而十四州之地，掇如也。悲夫！

---

① 阿衡：即商汤辅佐重臣伊尹。详情参阅《史记·殷本纪第三》。

② 凫鹥之雅：见《诗经·大雅·生民之什》。孔颖达疏云：“《凫鹥》诗者，言保守成功不使失坠也。”

③ 晋王：即唐高宗李治，唐太宗第九子，贞观五年，封晋王。

④ 语出南朝宋文学家鲍照《谢随恩被原表》。参照鲍文，“志有之曰”的“志”，应为“古”。

卷　五

后主书 第五

呜呼，春秋之时，君薨，明年正月公即位，自桓公始，宣、成而下，未尝革也。昭公薨于乾侯，定公于明年夏六月戊辰即位者，其故何哉？盖非常之变，起于不可测；非常之礼，行于不得已。[①] 古之人，观会通以应世，则处非常之变，用非常之礼者，皆《礼经》之所不得而考也，义起于情而已矣。且诸侯薨于路寝，而昭公客死于乾侯者，非常之变，起于不测也。嗣君释冕反丧，而定公即位于明年六月者，非常之礼，行于不得已也。元宗殂于豫章，后主留守建康，必待丧还，既殡而后即位，其偶合于定、昭之事乎？且圣人制礼，立天下之大经，为天下之大防也。情伪之变无穷，而礼之所载有常，以有常之礼，御无穷之变，则亦随其宜而已矣。故礼不尽而义有余，则礼以义起；义不足而礼有余，则义以礼达。君子遭变乱，而无旷于礼者，在审其义尔。夫丧，礼之大典，《礼经》载之详矣，而曾子之所问者，《礼经》有所不及也。变礼之不测，《曾子问》载之详矣，而国君薨于外，世子立于内者，《曾子问》有所不及也。非趋时而合义，其孰能与于此哉？

---

① 事见《春秋》：桓公元年、宣公元年、成公元年、昭公三十二年、定公元年。

德虽不竞，孰匪天亡。日月俱照，爝火销光。作《后主书》。

后主，名煜，字重光，初名从嘉，元宗第六子也。少而聪慧，善属文，工书画。初封安定郡公，淮上兵起，为神武军都虞候、沿淮巡抚使，累迁诸卫大将军、诸道副元帅，封郑王。太子冀卒，四兄皆早亡，以次为嗣，改封王吴，拜尚书令，知政事。建隆二年，元宗南迁，立煜为太子，监国。六月，元宗殂于豫章。七月，丧还建康，太子即位。尊母钟氏为太后，太后父名太章，故改号圣尊后。妃周氏为国后。封弟从善为韩王、南都留守，从益邓王，从谦宜春王，从度昭平郡公，从信文阳郡公。以右仆射严续为司空，依前平章事。大赦境内，文武进位有差。罢诸路屯田使，委所属令佐，与常赋俱征。初南唐屯田，置使专掌。至此，罢其使，而屯田佃民，绝公吏之挠。八月，鄂州王崇文卒。以南郊巡检使黄延谦为武清军节度使留后。冬十月，以南都留守韩王从善为司徒、兼侍中、诸道兵马副元帅，以邓王从益为司空、南都留守。下令诸司无职事官，四品以下至九品，日二员待制于内殿。泉州刘从效遣其子绍基来贡。

三年，刘从效卒，州人立其次子绍镃为留后。绍基未还，统军使陈洪进执绍镃并其族，送于金陵，推立其副张汉思。汉思老不任事，洪进逐之，自称留后，国主即以洪进为清源军节度使。以绍基为殿直军都虞候，绍镃为监门卫中郎将。句容尉张秘上言为理之要，词甚激切，国主手批慰谕，召为监察御史。以神武统军朱业为宁国军节度使，以润州林仁肇为神武统军。秋七月，建州陈诲卒，礼部尚书潘承祐卒。以江州何洙为左武卫上将军，封芮国公，以宣州朱业镇江州，以神武统军林仁肇为宁国军节度使。

乾德元年，夏，左武卫上将军何洙卒。秋七月，以兵部尚书游简言知尚书省，迁右仆射。是岁，南平高继冲归于京师，国除。初，金陵台阁殿庭皆用鸱吻，自乾德后，朝廷使至，则去之；使还，复用。

二年，春正月，始用铁钱，以铁钱使、户部侍郎韩熙载为兵部侍郎、勤政殿学士。初，烈祖将殂，谓元宗曰："德昌宫泉布亿万缗，以给军用。吾死，善修邻好。北方有事，不可失也。"及元宗即位，兵屡起，德昌泉布既竭，遂铸唐国钱，其文曰："唐国通宝。"又铸"大唐通宝"，与"唐国"钱通用。数年渐弊，百姓盗铸，极为轻小。保大末，兵窘财乏，钟谟改铸大钱，以一当十，文曰"永通泉货"，径寸七分，重十八铢，字八分书，背面肉好，皆有周郭，谟诛遂废。至是有铁钱之议，每十钱，以铁钱六，杂铜钱四。既而不用铜钱，民间但以铁钱贸易。物价增涌，民复盗铸，颇多芒刺，不及官场圆净。虽重其法，犯者益众。至末年，铜钱一当铁钱十。礼部侍郎汤悦上言："泉布屡变，乱之招也。且豪民富商不保其赀，则日益思乱。"累数百言，不报。夏，鄂州黄延谦卒，以宣州林仁肇代。九月，封长子仲寓清源公，次子仲宣宣城公。冬十月，仲宣卒，追封岐王。十有一月，国后周氏殂。

三年，春，葬昭惠后于懿陵。蜀孟昶俘于京师，国除。以江州朱业为神武统军侍卫都军使，以虔州留后柴克贞为奉化军节度使。夏，以司空、平章事严续镇润州。秋九月，圣尊后钟氏殂。召南都留守、邓王从益还都，以鄂州林仁肇为南都留守、南昌尹。葬光穆皇后于顺陵。朝廷许元宗追复帝号，故钟氏称皇后。

四年，夏五月，以吉州刺史杨守忠为武清军节度使留后。冬十月，神武统军朱业卒。十有二月，润州严续卒。

五年，春，命两省侍郎、谏议大夫、给事中、中书舍人、集贤勤政殿学士，分夕于光政殿宿直，国主引与谭论，或至夜分。

开宝元年，夏，江王景逷卒。冬十有一月，纳后周氏，昭惠之母弟也。

二年，春，以左仆射游简言兼门下侍郎、平章事。夏，简言卒。以礼部侍郎汤悦为门下侍郎、平章事。知制诰张洎上疏曰："悦非经纶之才，不宜处钧衡之地。"国主以悦文学旧臣，特加奖用。乃罢洎职。冬，较猎于青龙山，还憩大理寺，亲录囚徒，原贷甚众。韩熙载奏："狱讼，有司之事，囹圄之中，非车驾所至。请捐内帑钱三百万，充军资库用。"国主从之，曰："绳愆纠谬，其熙载之谓乎。"天子诏国主谕南汉称臣，刘铱怒，执我行人龚慎仪。

三年，中书侍郎韩熙载卒，赠平章事。命境内崇修佛寺，又于禁中广署僧尼精舍，多聚徒众。国主与后顶僧伽帽，衣袈裟，诵佛经，拜跪顿颡，至为瘤赘。由是建康城中僧徒迨至数千，给廪米缗帛以供之。

四年，春，刘铱俘于京师，国除。夏四月，齐王景达卒。遣弟韩王从善入朝，留于京师，授泰宁军节度使。国主表求从善还国，不许。自从善不还，四时宴会皆罢。登高赋文以见意，曰："原有鸰兮相从飞，嗟嗟季兮不来归。"常怏怏以国蹙为忧。冬，有商人上密事，请往江陵窃烧皇朝战舰，国主惧事泄，不听，商人遁去。

五年，春，皇朝屯师汉阳，鄂州杨守忠以闻，人心大恟。乃贬损制度，下书称教，改中书门下省为左右内侍府，尚书省为司会府，御史台为司宪府，翰林为文馆，枢密院为光政院。降封韩王从善为南楚国公，邓王从益为江国公，吉王从谦为鄂国公。其余官号多有改易，殿庭始去鸱吻。每遇皇朝使至，国主衣紫袍，备藩臣礼；使退，服御如初。

六年，春，皇朝使中书舍人卢多逊来聘，国主愿受封拜，不许。洪州林仁肇卒。冬，中书舍人潘佑荐卫尉卿李平判司农寺，又荐平知司会府，群情纷纷，以为朋党。佑上书极言时政，凡七章，不止，有“家国阴阴，如日将暮之时”。国主恶之，乃收平下大理，自缢，妻子徙饶州。次收佑，佑自刭，母及妻子徙虔州。

七年，皇朝使阁门使梁迥来聘，从容谓国主曰：“今岁国家有柴燎①之礼，当入助祭。”国主唯唯不答。秋，中书舍人李穆赍诏曰：“朕以仲冬有事于圜丘，思与卿同阅牺牲。”国主辞以疾。穆反命，遂决进取。九月，王师自荆湖直趋池州，池州主将戈彦弃城走，遂克池州。进军当涂，将军张温、郑彦华、杜真相继败绩。下教去开宝年号，公私牍籍称甲戌岁。江南自周世宗后，不复用兵，仅二十年，老将已死，主兵者皆新进少年，以功名自负，辄抗王师。闻兵兴，踊跃言利害者，日有十数，及遇，辄败北，中外夺气，戒严城守。国主遣徐铉、周惟简奉表乞缓师，不

① 柴燎：烧柴祭天，古代祭祀之一。潘岳《闲居赋》云：“天子有事于柴燎，以郊祖而展义。”

答。王师进屯建业城南十里。时虽下池州及姑熟，余郡皆未奉命，粮道阻隔。樊若水请于采石系浮桥，以利转挽。每岁大江春夏暴涨，谓之葬花水。及王师至，水皆退小，故识者知其有天命焉。吴越围常州，军使余成礼劫刺史禹万诚以降。吴越进围京口。议者以京口要害之地，当得良将守之，乃拜亲吏刘澄镇海军节度使留后，以凌波军都虞候卢绛为援。澄已怀向背，因说绛还金陵，而自率将吏降越。袁州萍乡制置使刘茂忠破潭师于境内，拜茂忠袁州刺史。

八年，春，阅民为师徒。昇元初，均量民田，以定科赋，自二缗以上，出一卒，号义师。中有别籍分居，又出一卒，号新拟生军。民有新置物产者，亦出一卒，号新拟军。又于客户内有三丁者，抽一卒，谓之围军，后改为拔山军。使物力户为帅，以统之。保大中，许郡县村社竞渡。每岁端午，官给彩段，俾两两较其迟速，胜者加以银碗，谓之打标。舟子皆籍其名，至是尽收为卒，谓之凌波军。又率民间佣奴赘婿，谓之义勇军。又募豪民能自备缗帛兵器，招集无赖亡命，谓之自在军。又括百姓，自老弱外，能被坚执锐者，谓之排门军。并屯田、白甲之类，凡一十三等，皆使扞敌守把。夏，诛神卫统军诸军都虞候皇甫继勋。秋，洪州节度使朱令赟将兵一十五万屯浔阳湖口，与诸将议曰："今若前进，而王师反据我后，则上江阻隔，退乏粮道，亟为虏矣。"乃以书招南郡留守刘克贞，代镇湖口。克贞以病留，令赟亦未进，国主累促之。令赟以长筏大舰，帅水陆诸军，至虎蹲洲[1]，与王师遇，舟筏俱焚，令赟死，余众皆溃。金陵受围经岁，城中斗米万钱，死者相枕藉，自润州降后，不闻外信。或云令赟已败，国主犹意其不实。冬，百姓疫死，士卒乏食，诔[2]云：大军决以十有一月乙未破城。国主议遣其子清源公仲寓出通降款，左右以谓坚垒如此，天象无变，岂可计日取降。是日，城果陷。宫中图籍万卷，尤多钟、王墨迹，国主尝谓所幸保仪黄氏曰："此皆累世保惜，城若不守，尔可焚之，无使散逸。"及城陷，文籍尽炀。光政使陈乔曰："吾当大政，使国家致此，非死无以谢。"乃自缢死。诸将战没者，犹数十人。昇元寺阁崇构，因山为基，高可十丈，平旦阁影半江，梁时为瓦棺阁。至南唐，民俗犹因其名，士大夫暨豪民富商之家、美女少妇避难于其上，迨数百人。越兵举火焚之，哭声动天，一旦而烬。大将曹彬整军成列，至其宫门，门开，国主跪拜纳降，彬答拜，为之尽礼。先是，宫中预积薪，煜誓言社稷失守，当携血属赴火。既降，无国主之号，故书名。既见彬，彬谕以归朝俸禄有限，费用日广，当厚自赍装，一归有司之籍，即无及矣。遣煜入治装，裨将梁迥、田钦祚，力争以谓："苟有不虞，咎将谁执？"彬笑而不答。迥等固谏，彬曰："彼能出降，安能死乎？"翌日治舟，彬遣健卒五百人为津，致辎重登舟。一卒负笼下道旋，彬立斩之，负担者罔敢蹉跌。煜以藏中黄金，分遗近臣办装，张佖得金二百两，诣彬自陈不受，请奏其事，彬以金输官而不以闻。煜举族冒雨乘舟，百司官属仅十艘。煜渡中

① 虎蹲州：位于采石矶西南十里大江中，今名无考。

② 诔：恫吓之意。

江，望石城，泣下，自赋诗云："江南江北旧家乡，三十年来梦一场。吴苑宫闱今冷落，广陵台殿已荒凉。云笼远岫愁千片，雨打归舟泪万行。兄弟四人三百口，不堪闲坐细思量。"至汴日，登普光寺，擎拳赞念。久之，散施缗帛甚众。

九年，春，俘至京师，封违命侯，授左千牛卫上将军。太宗皇帝登极，改封陇西公。太平兴国三年，公病。书公者，皇朝所封也。命翰林医官视疾，中使慰谕者数四。翌日，薨。在伪位十有五年，年四十二。追封吴王，以王礼葬洛京之北邙山。江南人闻之，巷哭设斋。王著《杂说》百篇，时人以为可继《典论》。又妙于音律，旧曲有《念家山》，王亲演为《念家山破》，其声焦杀，而其名不祥，乃败征也。复书王者，皇朝追封也。

徐铉曰："嗣主诸子皆孝，而后主特甚，敦睦亲族，亦无不至，唯以好生富民为务。常欲群臣和于朝，不欲闻人过。章疏有纠谪稍讦者，皆寝不报。酷好古道，而国削势弱，群臣多守常充位，不克如意，叹曰：'天下无周公、仲尼，吾道不可行也已。'刑法大宽，亦无过此。及大兵之际，上下感恩，故人无异志。威令不素著，故莫尽死力。盖亦天授大宋，非人谋所及也。"

呜呼，隋文帝初辅政于周，内有五王①之难，外罹尉迟迥、司马消难、王谦之乱。方是时，指鹿逐兔，未知适从。武夫悍将，谁无觊觎。萧岿②承武皇享国之长，有席卷山南之势，而区区敬

① 五王：分别为赵王宇文招、陈王宇文纯、越王宇文盛、代王宇文达、滕王宇文逌。

② 萧岿(542—585)：后梁第二代君主，在位二十四年。

慎，不敢连衡迴策者，信其臣柳庄[①]之言，预知隋公之必兴故也。矧乃蕞尔江南，获睹真人之作，而不为之退听，其罪当如何哉？李氏有国，肇于天福，盛于开运，削于显德，亡于开宝，岂非有幸于乱世，而不容于治世欤？以周世宗之时，削国降号，稽首称藩，其势固已蹙矣。及属皇朝，普天之下，莫不翘首太平，而犹窃土贼民，十有六年，外示柔服，内怀僭伪，岂非所谓逆命者哉。及其计穷势迫，身为亡虏，犹有故国之思，何大愚之不灵也若此！后主乐府词云："故国梦初归，觉来双泪垂。"又云："小园昨夜又西风，故国不堪翘首月明中。"皆思故国者也。

① 柳庄：字思敏，山西运城人，生卒不详。少怀远志，博览典籍，兼善辞令。入隋，累官至黄门侍郎，开府仪同三司。

卷　六

女宪传 第一

呜呼，古之欲明明德于天下者，先治其国。欲治其国者，先齐其家。齐家之法，在于女宪，而女之所以为宪者，毋倾城之哲也，毋索家之言也。究德性之厚，原道化之本，不过于以顺为事，以贞为节而已。顺、贞以化天下，何往不格哉。是故，观刑二女，虞舜惟帝①；徽传太姒，西伯惟王②。帝王之德配天地，而推其本始以言之，必自于闺阃之近者，凡以天下之本在国，国之本在家故也。《易》曰："夫夫、妇妇，而家道正，正家而天下定。③"作《女宪传》。

元恭宋后

先主元恭皇后宋氏，不知其世裔也。幼为乱兵略取，义祖得之，常置帐下。会先主丧其正室，义祖指宋氏谓先主曰："是必有福，今以乞女。"先主御之。不书蒸之者，义祖首恶也。生嗣主及景迁、景遂、景达，遂立为继室。治内有法，不苟言笑，常以端严自持。虽妾媵之间，俨如宾客。义祖死于建业，知询等督先主奔赴。先主欲往，宋氏从容谏曰："移孝为忠，臣子之常。况权重

---

① 见《尚书·尧典》二女指帝尧长女娥皇，次女女英。

② 太姒：周文王正妃，与周文王姬昌生下十名男丁，武王姬发为其次子。

③ 见《易·家人》彖辞。

身危，而辄罢所执，何异太阿[①]倒持，柄不在我矣。"先主大悟，因寝其行，而命周宗赴金陵。天祚二年，封齐王妃。先主受禅，册命为皇后。昇元末，先主服饵金石，性多暴怒，左右赖后以芘者甚众。嗣主即位，上册为皇太后。每元宗朝太后，言惟劳其良苦而已，至于治理，无一言及之，常曰："妇人预外事，非国之福也。"保大三年殂，葬永陵，谥元恭。

种　氏

先主种氏，不知其品秩也，江西良家女。性警悟，通书计，常靓妆去饰，而态度闲雅，宛若神仙。初进入宫，年甫十六，久不得幸，宋后数数荐引。既承恩宠，服御辄亚于后，而得宫罕得进御。及生江王景逷，僭侈尤甚。一日，先主幸元子齐王宫，遇其亲理乐器，先主大怒切责。数日，种氏乘间言景逷才过齐王，先主作色曰："子之过，父戒之，常理也。国家大计，女子何预！"遂叱内臣捽庭下，去簪珥，幽于别宫。数月，命削发为尼。先主殂，种氏泣曰："人彘骨醉，复见于此矣。"其后归景逷宫。宋太后屡欲甘心，赖元宗保全之，竟以寿终。每于后不书妖艳，而于嫔御，详言之。

光穆钟后

嗣主光穆皇后钟氏，虔州刺史太章之女。太章初为裨将，义祖用之以杀张颢，既而自大，先主欲绳之。义祖曰："昔无太章，吾族赤矣，汝曹安所托乎？今日富贵，太章力也，背之不可。"乃命以太章女配嗣主。义祖初见，叹曰："非此儿不敌此女。"嗣主起家自尚书郎，至于将相，钟氏始封县君，累加国夫

① 太阿：古代楚国宝剑名。《汉书·梅福传》："倒持太阿，授楚其柄。"

人。昇元中，封齐王妃。嗣主即位，册为皇后。后少长富贵，不事玩好，副笄大练，淡如也。既居大位，岁时赐予，必先诸姒，然后及中宫，以故嗣主乐推诸弟而终无间言者，后勉之为多。淮上兵起，国步多艰，后亦损常膳，不举乐者数月。后主即位，册为太后，以父为太章，故号圣尊后。乾德三年，圣尊后殂，葬顺陵，谥光穆。

呜呼，南唐建国，始僭皇后之号，及其衰削，犹有国后之称。至于六宫品秩，虽无所考，而内夫人之品，保仪之秩，各因事见。其余名号，僭拟天子，亦可知矣。

昭惠周后

后主昭惠后周氏，小字娥皇，大司徒宗之女。甫十九岁，归于王宫。通书史，善音律，尤工琵琶。元宗赏其艺，取所御琵琶时谓之“烧槽”者赐焉。烧槽之说，即蔡邕焦桐之义，或谓焰材而斲之，或谓因爇而存之。元宗南幸豫章，诏音存问，以令妇称。后主即位，册为国后。后虽在妙龄，妇顺母仪，宛如老成。唐之盛时，《霓裳羽衣》最为大曲，罹乱，瞽师旷职，其音遂绝。后主独得其谱，乐工曹生亦善琵琶，按谱粗得其声，而未尽善也。后辄变易讹谬，颇去洼淫，繁手新音，清越可听。后主尝演《念家山》旧曲，后复作《邀醉舞》、《恨来迟新破》，皆行于时。中书舍人徐铉闻《霓裳羽衣》，曰：“法曲终慢，而此声太急，何耶?”曹生曰：“其本实慢，而宫中有人易之，然非吉征也。”岁余，周后子母继死，后主国步寖微，音之所起，实由人心，而啴缓噍杀，治乱应之，岂虚言乎！后生三子，皆秀嶷。其季仲宣，僄宁清峻，后尤钟爱，自鞠视之。后既病，仲宣甫四岁，保育于别院，忽遘暴疾，数日卒，后闻之，哀号颠仆，遂致大渐。后主朝夕视食，药非亲尝不进，衣不解带者累夕。后虽病亟，爽迈如常，谓后主曰："婢子多幸，托质君门，冒宠乘华，凡十载矣。女子之荣，莫过于此。所不足者，子殇身殁，无以报德。"遂以元宗所赐琵琶及常臂玉环，亲遗后主，又自为书请薄葬。越三日，沐浴正衣妆，自内含玉，殂于瑶光殿之西室，时乾德二年十一月甲戌也。享年二十九。明年正月壬午，迁灵柩于园寝。后主哀苦骨立，杖而后起。讥之也。何讥尔？钟太后在故也。自为诔曰："天长地久，嗟嗟蒸民。嗜欲既胜，悲叹纠纷。缘情攸宅，触事来津。赀盈世逸，乐鲜愁殷。沉乌逞兔，茂夏凋春。年弥念旷，得故亡新。阙景颓岸，世阅川奔。外物交感，犹伤昔人。诡梦高唐，诞夸洛浦。构屈平虚，亦悯终古。况我心摧，兴哀有地。苍苍何辜，歼予伉俪。窈窕难追，不禄于世。玉润珠融，殒然破碎。柔仪俊德，孤映鲜双。纤纤挺秀，婉娈开扬。艳不至冶，慧或无伤。盘绅奚诫，慎肃惟常。环珮爰节，造次有章。含颦发笑，擢秀腾芳。鬓云留鉴，眼彩飞光。情澜春媚，爱语风香。瑰姿禀异，金冶昭祥。婉容无犯，均教多方。茫茫独逝，舍我何乡。昔我新婚，燕尔情好。媒无劳辞，筮无违报。归妹邀终，咸爻协兆。俯仰同心，绸缪是道。执子之手，与子偕老。今也如何，不终往告。呜呼哀哉！志心既达，孝爱克全。殷勤柔握，力诉危言。遗情眄眄，哀泪涟涟。何为忍心，览此哀编。绝艳易凋，连城易脆。实曰能容，壮心是醉。信美堪餐，朝饥是慰。如何一旦，同心旷世。呜呼哀哉！丰才富艺，女也克肖。采戏传能，弈棋逞妙。媚动占相，歌萦柔调。兹䕺爰质，奇器传华。翠虬一举，红袖飞花。情驰天降，思栖云涯。发扬掩抑，纤紧洪奢。穷幽极致，莫得微瑕。审音者仰止，达乐者兴嗟。曲演来迟，破传邀舞。利拨迅手，吟商逞羽。制革常调，法移往度。剪遏繁态，蔼成新矩。《霓裳》旧曲，韬音沦世。失味齐音，犹伤孔氏。故国遗声，忍乎湮坠。我稽其美，尔扬其秘。程度余律，重新雅制。非子而谁，诚吾有类。今也则亡，永从遐逝。呜呼哀哉！该兹硕美，郁此芳风。事传遐祀，人难与同。式瞻虚馆，空寻所踪。追悼良时，心存目忆。景旭雕甍，风和绣额。燕燕交音，洋洋接色。蝶乱落花，雨晴寒食。接辇穷欢，是宴是息。含桃荐实，畏日流空。林凋晚箨，莲舞疏红。烟轻丽服，雪莹修容。纤眉范月，高髻凌风。辑柔尔颜，何乐靡从。蝉响吟愁，槐凋落怨。四气穷哀，萃此秋晏。我心无忧，物莫能乱。弦尔清商，艳尔醉盼。情如何其，式歌且宴。寒生蕙幄，雪舞兰堂。珠笼暮卷，金炉夕香。丽尔渥丹，婉尔清扬。厌厌夜饮，予何尔忘。年去年来，殊欢逸赏。不足光阴，先怀怅怏。如何倏然，已为畴曩。呜呼哀哉！孰谓逝者，荏苒弥疏。我思姝子，永念犹初。爱而不见，我心毁如。寒暑斯疚，吾宁御诸。呜呼哀哉！万物无心，风烟若故。唯日唯月，以阴以雨。事则依然，人乎何所。悄悄房栊，孰堪其处。呜呼哀哉！佳名镇在，望月伤娥。双眸永隔，见镜无波。皇皇望绝，愁如之何。莫树苍苍，哀摧无际。历历前欢，多多遗致。丝竹声悄，绮罗香杳。想涣乎忉怛，恍越乎憔悴。呜呼哀哉！岁云莫兮，无相见期。情瞀乱兮，谁将因依。维昔之时兮亦如此，维今之心兮不如斯。呜呼哀哉！神之不仁兮，敛怨为德；既取我子兮，又毁我室。镜重轮兮何年，兰袭香兮何日？呜呼哀哉！天漫漫兮愁云曀，空暧暧兮愁烟起。娥眉寂寞兮闭佳城，哀寝悲氛兮竞徒尔。呜呼哀哉！日月有时兮，龟蓍既许；箫笳凄咽兮，旗常是举。龙輀一驾兮无来辕，金屋千秋兮永无主。呜呼哀哉！木交枸兮风索索，鸟相鸣兮飞翼翼。吊孤影兮孰我哀，私自怜兮痛无极。呜呼哀哉！应寤皆感兮何响不哀，穷求弗获兮此心隳摧。号无声兮何续，神永逝兮长乖。呜呼哀哉！杳杳香魂，茫茫天步，抆血抚榇，邀子何所？苟云路之可穷，冀传情于方士。呜呼哀哉！每于花朝月夕，无不伤怀。如又见桐花发旧枝，一楼烟雨暮凄凄。凭栏惆怅人谁会，不觉潸然泪眼低。层城无复见娇姿，佳节缠哀不自持。空有当年旧烟月，芙蓉池上哭娥眉。"皆因后作。又尝与后移植梅花于瑶光殿之西，及花时而后已殂，因成诗见意，曰："殷勤移植地，曲槛小栏边。共约重芳日，还忧不盛妍。阻风开步障，乘月溉寒泉。谁料花前后，娥眉却不全。"此不特叙其幽思，且以兴内助之艰难，而不得与之同乐。又云，"失却烟花主，东君自不知。清香更何用，犹发去年枝。"此足以见光景于人无情，而人于景物不可认而有之也。悲夫！至于书灵筵手巾，云："浮生苦憔悴，壮岁失婵娟。汗手遗香渍，痕眉染黛烟。"书琵琶背云："侁自肩如削，难胜数缕绦。天香留凤尾，余暖在檀槽。"触物寓意，类如此。初，烈祖为刺史时，后父宗给使左右，及赞禅代，尤为亲信。元宗以宗为社稷元老，故聘其女为吴王妃，克相其夫，显于诸子。而身居国母，可谓贤也。陵曰懿陵，谥昭惠。方是时，南唐虽去帝号，而其余制度尚未减损，如元宗之葬犹称皇帝，故昭惠虽谓之国后，而群臣国人皆称曰皇后焉。

继室周后

后主继室周后，昭惠之母弟也。警敏有才思，神彩端静。二后之貌，见《周宗传》。昭惠感疾，后常出入卧内，而昭惠未之知也。一日，因立帐前，昭惠惊曰："妹在此耶？"后幼，未识嫌疑，即以实告，曰："既数日矣。"昭惠恶之，返卧，不复顾。昭惠殂，后未胜礼服，待年宫中。明年，钟太后殂，后主服丧，故中宫位号久而未正。至开宝元年，始议立后为国后。南唐享国日浅，而三世皆娶于藩邸，故国主婚礼，议者不一。诏中书舍人徐铉、知制诰潘佑，与礼官参议。铉曰："婚礼，古不用乐。"佑以为今古不相沿袭，固请用乐。铉曰："案古房乐无钟鼓。"佑曲引《诗》"窈窕淑女，钟鼓乐之"，则房乐宜有钟鼓。后初见君，《后魏书》有"后先拜后起，帝后拜先起"之文，铉因此以为夫妇之礼，人伦之本，承祖宗，主祭祀，请答拜。佑以为王者婚礼不可与庶人同，请不答拜。又车服之制，互有矛盾，议久不决。后主令文安郡公徐游评其是非。时佑方宠用，游希旨奏佑为是。既而游病疽，铉戏谓人曰："周孔亦有祟乎？"将纳采，后主先令校鹅代白雁，被以文绣，使衔书，侈靡不经类如此。及亲迎，民庶观者，或登屋极，至有坠瓦而毙者。后自昭惠殂，常在禁中。后主乐府词有"衩[1]袜步香阶，手提金缕鞋"之类，多传于外。至纳后，乃成礼而已。翌日，大宴群臣，韩熙载以下皆为诗以讽焉，而后主不之谴。归于京师，去号位，从夫之爵。太平兴国三年，陇西公薨，周氏亦薨。

① 衩：原词此字为"刬"。

保仪黄氏

后主保仪黄氏，世为江夏人。父守忠，遇乱，流徙湘湖，事马氏为裨将。马希萼之难，守忠死之。边镐下湖南，得黄氏，甫数岁，奇其貌，内后宫。后主即位，选为保仪。容态华丽，冠绝当世，顾眄颦笑，无不妍姣。其书学伎能，皆出于天性。后主虽属意，会小周专房，由是进御稀，而品秩不加，第以掌墨宝而已。墨宝，书籍之类。黄氏服勤降体，以事小周，故同时美女率多遇害，而黄氏独不遭谴，以其事之尽也。初，元宗、后主皆妙于笔札，博收古书，有献者厚赏之，宫中图籍万卷，尤多钟、王墨迹，皆系保仪所掌。都城将陷，后主谓黄氏曰："此皆吾所宝惜，城若不守，即焚之，无使散逸。"及城陷，图籍俱炀，靡有遗者。黄氏随后主俘至京师，卒。

呜呼，鲁文公成礼于齐，《春秋》讥之，[①]谓其非婚姻之正也。矧周氏御于宫中者数年，然后以迎礼归之，吁可怪哉！《周官》[②]九嫔、世妇、女御，有德则充，否则阙焉，故无常数。而又掌于冢宰，则知先王之所以治内，至正而尽礼也。后世德不胜色，肆情败度，怨女以千数，淫费以万计，况乱世乎？以烈祖之英杰，尚困于种氏，牝鸡[③]之征，几致家索。元宗适丁兵革扰攘，女谒之盛，旧史不载。观其乐府艳丽，则天机亦浅矣。后主二周，抑又甚焉。故予悉书之，皆不免为《春秋》之罪人也。

---

① 事见《春秋》文公四年。

② 亦称《周礼》。

③ "牝鸡"语出《尚书・牧誓》。

徐　主

徐主，义祖长女也。性渊睦，动循礼法，尝偃蹇择配。初，义祖疑李德诚有贰志，德诚不自安，因使其子建勋入谒义祖。义祖见之，大惊曰："有子如此，非恶人也。"以主妻之。烈祖受禅，徐为郡公主，建勋为宰相，上章改时政，许之。建勋密表曰："制置大事，若可以臣下请，是以善归己，以过归君也。请宣中旨行之。"表未报，而建勋命中书舍人草制。给事中常梦锡奏建勋专造制书。烈祖大怒，欲罢建勋。徐主入谓烈祖曰："吾父在日，兄不尝求儿与李郎耶，何弃之速？"烈祖曰："此国事也，吾与李郎亲旧如故。"召入禁中，慰喻久之。建勋致政，赐号钟山公。徐主四时拜赐，自称钟山老媪，而不称所封郡国，盖将有所激也。元宗优容之，先建勋卒。

永兴公主

永兴公主，烈祖女也。烈祖为吴相秉政，以女为吴世子琏妃。及禅代，宋齐丘请离其婚，烈祖不许，封永兴公主。人每称为公主，则流涕愤惋。或问其故，曰："吾为冢妇，而庙不血食，可不悲乎！"诸兄恶之。烈祖曰："内夫家而外父家，妇人之德也，何罪之有？"乃以吴世子为中书令、池州节度使。琏卒，主亦继卒，吴人哀之。

呜呼，三代而下，彤史详矣。南唐载籍疏脱，妇顺女宪，不可得而书也。老媪之称，流涕之感，其旨微哉。

余洪妻郑氏

余洪妻郑氏。洪事王延政，为大将。会南唐平建州，郑氏有殊色，为乱兵略取。裨将王建封逼之，郑氏志不可夺，劫以利刃，亦不为屈。建封嗜人肉，而略妇人百许人，日杀一人以食，引郑示之曰："汝惧乎？"郑曰："愿早充庖，为幸多矣。"建封终不忍杀，以献查文徽。文徽见之，曰："国色也。"将以荐床席，郑大骂曰："王师吊伐，凡义夫节妇，宜加旌赏，以励风俗。王司徒出于卒伍，不识礼义，且无足怪。君侯知书，为国大将，当有表率群下，风化远方，乃欲加非礼于一妇人，以逞其欲。妾有死而已，速杀为惠。"徽大惭，下令城中，召其夫，付之。

吴　媛

吴媛，其先汴州浚仪人，唐史臣竞之后也。父志野，义不食梁粟，侨庐陵，务德不曜。媛生数岁，口无戏言，顺奉姆教，宛如夙授。豪民段生，五十而无子，因以礼聘之，归段氏为继室。生子期月，段生卒。父母以其少而美，俾移所天。媛剺面自誓，志不可夺。抱孤婴以奉舅姑，匜爨温凊，皆躬为之。教其子为成人，而生业益厚。韩熙载使江西，录其清节云。

卷　七

宗室传 第二

呜呼！性有善恶，法有赏刑，弗可概论也。汉鉴秦之弊，而宗戚子弟，茅土过制；魏规汉之失，而黄初之后，宗戚虚封。袭汉则善恶兼容，沿魏则贤否并弃，赏刑恶得而辨哉？唐有天下，子弟得预外任，格则庸，否则威，故入为尚书九卿，出为都督刺史，间有人焉。南唐宗室，委任尤重，岂沿唐之旧欤，抑亦董之得其道欤？盖天下分裂，君无世臣，臣无定主，委任宗室，犹愈于他人故也。作《宗室传》。

楚　王

楚王景迁，烈祖第二子，元宗母弟也。幼警悟，读书一览辄不忘。及长，美姿仪，风度和雅。尚吴公主为驸马都尉，而服用素俭，不事华侈，烈祖爱其纯谨。大和三年，烈祖出镇金陵，以元宗为司徒平章事，居中辅政。宋齐丘每忌元宗，欲自结于景迁，乃荐陈觉为景迁教授，以贾其声闻。齐丘参决时政，多为不法，辄归过于元宗，而盛称景迁之美。烈祖于是召元宗至金陵，授镇海军节度副使，即以景迁为太保、平章事，代秉国政，有夺嫡之渐，此齐丘谋也。所以然者，以景迁幼懦，他日得国授之，己为元老，易于窥窃。烈祖觉之，遂罢齐丘，以为己副，景迁犹总大政。天祚二年，景迁病，请以兄弟自代，乃拜其弟景遂为门下侍郎、参政事。景迁卒，葬饮马池[①]之阳。禅代之后，诸子例封王爵，保大初，元宗改封诸弟，追赠景迁楚王，命江文蔚为碑以表其墓。以其早死无子，故后主亡国诗云“兄弟四人三百口”，谓元宗、景遂、景达、景逷也，景迁不与焉。

晋 王

晋王景遂，烈祖第三子，元宗母弟也。制行雅循，有君子之风。天祚二年，景迁病，不能辅政，即以景遂为门下侍郎、参政事。父子四人，迭辅吴政，政在李氏也。烈祖受禅，封寿王。让皇殂于丹阳，景遂往督丧事，望柩哀恸，观者悦之。元宗即位，改王燕。俄以景遂代储副，固让，不许，遂立为太弟。景遂因易字曰：退身，以示不处之志。参总政事，时有献替。间与朝士官属饮宴赋诗，尝以玉杯行酒，座客传玩以为宝。赞善张易乘醉掷之曰：“贵宝轻士，殿下得无累乎！”座皆失色，而景遂敛容谢之，由是待易愈谨。易迁工部侍郎，泛海使契丹，景遂手疏曰：“朝臣如张易者，宜置诸左右，不宜使之泛不测之渊，投足远夷。”元宗答以此行非易不可，遂行。显德五年，累表让储副，乞守旧封，授江西道兵马大元帅，封晋王。适当危疑，启求大臣以自副，命兵部侍郎李徵古副之。以徵古傲狠专恣，陵忽过甚，景遂欲斩徵古而自拘于有司，寮吏谏止。一日暴疾，向空顾揖，退谓左右曰：“上帝命我代许旌阳。[②]”遂卒，年三十七。复赠太弟，谥文成。

---

① 饮马池：位于今扬州市江都县。

② 许旌阳：道教四大天师之一。名逊，字敬之。江西南昌人。晋太康年间(280—290)曾任蜀地旌阳县令，公正廉明，吏民悦服，故以许旌阳闻名。

齐王

齐王景达，字子通，烈祖第四子，元宗之母弟也。顺义四年，旱，七月既望，雩祀得雨。景达以是日生，因小字雨师。成童爽悟，与群儿异，烈祖器之。初封信王，元宗即位，改封鄂王。景迁侍中，进封燕王。及景遂为太弟，以景达为元帅、中书令，徙王齐，为理严察，人多惮之。好神仙修练之事，记室徐锴献《述仙赋》以讽，遂绝所好。尝从元宗游苑中，乘小舟而覆，左右惶骇，景达入水负元宗出。性非善水而能蹈之者，忠诚之至也。元宗多与宗戚近臣曲宴，如冯延巳、陈觉、魏岑之徒，喧笑无度，景达每呵责之。尝与延巳会饮，延巳欲以诡佞卖恩，佯醉抚景达背曰："尔不得忘我。"景达大怒，入白元宗，请致之死，元宗慰谕而已。出谓所亲曰："吾悔不先斩以闻。"太子赞善张易从容谓景达曰："群小构扇，其祸不细。大王力未能去，自宜隐忍。"景达由是罕预曲宴，每被召，辄辞以疾。景达虽刚毅，而不历军容，及为元帅，帅师淮上，军政皆出于陈觉，署纸尾而已。朱元叛，诸军大败，景达与觉遁还金陵，上印绶。寻拜浙西节度使，景达复以用兵之地，固辞，改抚州元帅。自淮南败绩，日以酣饮为务，及至镇，委任寮属，怠于视事。后主即位，就加太师、尚书令，奉以叔父之礼。开宝四年，卒于镇，年四十七。追赠太弟，葬庐山，谥孝昭。

江王

江王景逷，字宣远，烈祖第五子也。烈祖初受禅，以十二月二日为仁寿节。南唐诞节，唯此一见，因事而书，以示其僭。景逷以是日生，故小字仁寿。烈祖嬖其母种氏，而景逷为季，由是爱遇之意过于诸子。及种氏得罪，景逷尚幼，元恭皇后鞠之如己出。烈祖以其母尝有改立之请，故封爵不加，以远嫌也。至元宗即位，始封保宁王，改封信王，出为虔州节度使。简易节俭，虔人安之。时诸王大臣皆喜浮屠，而独景逷非，毁佛书，专以六经名教为事。赣县令卒，成丧之日，其尉邵继良张乐饮酒，景逷立奏黜之。书记孙岘每能谤其过失，景逷为之加礼，及岘卒，厚给其家，时人以此美之。后主即位，徙王江，就拜侍中。开宝元年卒，年三十二。赠中书令，谥昭顺。

太　子

太子冀，元宗元子。初封东平郡公，元宗即位，徙王南昌，避储副之位。留守东都。保大三年，立景遂为太弟，以冀为燕王，依前东都留守。八年，移镇润州。周师至广陵，越人寇常州，元宗以冀尚少，不习军事，召还都。冀会将吏问之，裨将赵铎曰："大王为元帅之重，众心所恃，一却足则部下摇矣。"冀乃奏多垒之秋，义无就逸，乞效用，以死报国。元宗许之，乃命柴克宏将兵为援，以救常州。克宏未至，枢密副使李徵古遣使追而代之。冀奏克宏可用，果败越师，擒获甚众。先是，有吴以来战获将士皆不杀，至是冀尽杀之，越人不敢西向者二十年。显德五年，始还储副之地，参决国事，莅下有法。未几，卒，有司以其靖难之功，谥宣武。句容尉张洎，冀所荐进士也，上书论之："以太子之德，承顺孝爱而已，不当标显武功，以垂后世，非防微杜渐之旨也。"其言甚切。元宗善之，下其议有司，改谥文献。洎由是知名，改上元尉，迁监察御史。冀之门人若是，亦可想见其为人也。

庆　王

庆王茂，字子松，元宗第二子。甫数岁，容貌秀澈，有成人风。封安乐公，拜侍卫诸军都虞候。时有木平和尚者，言人祸福寿夭辄验。元宗以茂见之，曰："其余不足问，所欲知者寿数尔。"木平为书九十乙字。后至十九岁，卒。追赠庆王，葬建业城南五里，命韩熙载碑以表之。

韩　王

韩王从善，元宗第七子，后主之母弟也。初封纪国公，后主即位，进王韩。器识沉邃，尤喜武略。开宝中，江南迫蹙，后主忧之，从善自请朝京师以纾国难，乃奉表朝贡。太祖悦之，留授泰宁军节度使，锡赉颇优。因命从善贻书后主，督之入觐。从善曰："臣兄以庸菲之才，嗣守宗庙。陛下垂覆载之恩，许其入朝，实千载一遇，敢不奉诏。"从善遂为书，喻以上意，而后主不从。王师之讨，兆于此也。金陵平，从善病卒。初，从善与钟谟亲狎，尝有改立之请，谟亦由此得罪。元宗殂于豫章，独从善扈从，因怀非望，就徐游求遗诏，游正色不与。至建业，具其事以闻，后主不问，待之愈厚。从善奉使不返，其妻泣诣后主。后主无以为辞，每闻其至，辄避之。妻忧思卒，国人哀之。

邓　王

邓王从益，元宗第八子也。警敏有文，初封舒公，进王邓。开宝初，出镇宣州，后主率近臣饯"绮霞阁"，自为诗序以送之，其略云："秋山滴翠，暮壑澄空。爱公此行，畅乎遐览。"其诗有"咫尺烟江几多地，不须怀抱重凄凄"之句。君臣赓赋，可为盛事。徐铉诗云："禁里花光似水清，林烟池影共离情。暂移黄阁只三载，却望紫垣都数程。满坐清风天子送，随车甘雨郡人迎。绮霞阁上诗题在，从此还应有颂声。”最为警策。五年，南唐贬损制度，从益去王爵，封江国公。后事亡。

吉　王

吉王从谦，元宗第九子，后主母弟也。风采峭整，喜为律诗，动有规诲。后主燕间，尝与侍臣弈，从谦甫数岁，侍侧，后主命赋观棋诗，曰：“竹林二君子，尽日竟沉吟。相对终无语，争先各有心。恃强斯有失，守分固无侵。若算机筹处，沧沧海未深。”后主赏叹久之。始封鄂公，俄王宜春，徙封吉。开宝五年，损制度，降封鄂国公。后事亡。

从　庆 传亡

从　信 传亡

宣城公

宣城公仲宣，后主子也。小字瑞保。三岁，读《孝经》，若成诵然；闻奏乐，辄审音调。宫中燕侍，颇合礼度。出见士大夫，改容顾揖，如成人礼。乾德二年卒，年四岁。始封宣城公，追赠岐王，谥怀献。母昭惠先病，闻仲宣死，哀苦增剧，遂至于殂。故后主挽辞曰：“珠碎眼前珍，花凋世外春。未销心里恨，又失掌中身。玉笥犹残药，香奁已染尘。前哀将后感，无泪可沾巾。”又：“艳质同芳树，浮危道略同。正悲春落实，又苦雨伤丛。秾丽今何在，飘零事已空。沉沉无问处，千载谢东风。”皆并其子母悼之。初，仲宣卒，后主哀甚，然恐重伤昭惠，常默坐饮泣而已，因为诗以写志云：“永念难消释，孤怀痛自嗟。雨深秋寂寞，愁引病增加。咽绝风前思，昏曚眼上花。空王应念我，穷子正迷家。”吟咏数四，左右为之泣下。

呜呼！《春秋》。鲁君未逾年而卒者，书子卒[1]，以其不全乎君也；先君未葬而嗣君卒者，书子某卒，犹云父前子名也，皆不作谥。太子冀有谥，固非《春秋》之法，至于仲宣幼殇，则又甚矣。东晋琅玡世子卒，而贺循以为不可作谥，君子谓其知礼。

① 事见《春秋》：僖公九年。

卷　八

义养传 第三

呜呼，大乱之世，三纲五常，扫地尽矣！故动干戈于骨肉，假父子于异类，皆灭天性之厚，而反人伦之正也。烈祖之奉徐温，弥笃于诸子者，岂得已哉，抑为之而已。《传》曰："蹍市人之足，则辞以放骜；兄，则以妪；大亲，则已矣。"①由是观之，亲疏恩义，不亦远乎？作《义养传》。

徐宣祖

徐温，字端美，海州昫山人，烈祖之养父也。刚毅寡言，罕与人交，众中凛然可畏，目为"徐瞋"。会唐末大乱，贩盐为盗。从吴武王杨行密起合淝，劲兵数万，号其军为"黑云长剑"。所与举事者刘威、陶雅之徒，号三十六英雄，独温未尝有战功。行密用其谋，杀朱延寿，以功迁右衙指挥使，始预谋议。行密病，出长子渥为宣州观察使，温私谓渥曰："今王有疾而出嫡嗣，必有奸人为谋。若它日召子，非温使者，慎无应命。"渥涕泣谢温而去。行密病甚，命判官周隐作符召渥，隐虑渥幼弱不任事，劝行密用旧将有威望者代主军政，乃荐大将刘威，行密未许。温与严可求入问疾，行密以隐议告之。温等大惊，遽诣隐所计事。

① 此句出自《庄子·庚桑楚》。

隐未出，而温见隐作召符犹在案上，急取遣之。渥见温使者，乃行。行密卒，渥嗣立，召隐骂曰："汝欲卖吾国者，复何面目见杨氏乎？"遂杀之。渥之入广陵也，留帐下兵三千于宣州，以其腹心陈璠、范遇将之。既入立，恶温与张颢典衙兵，召璠等为东院马军以自备。而温、颢共恶璠等侵权，因拥衙兵，入拽璠等斩之。渥由是失政，而心愤未能发。温、颢益不自安，共遣群盗入寝中弑渥。渥说群盗，能反杀温等者皆为刺史，群盗皆诺，唯纪祥不从，执渥，缢杀之。初，温、颢之谋弑渥，约分其地，以臣于梁，及渥死，颢欲背约自立。温患之，问其客严可求，可求曰："颢虽刚愎，而暗于成事，此易为也。"明日，颢列剑戟府中，召诸将议事，自大将朱瑾而下皆去卫从，然后入。颢问诸将谁当立者，诸将莫敢对。颢三问，可求前密启曰："方今四境多虞，非公主之不可，然恐为之太速。且今外有刘威、陶雅、李简、李遇，皆先王一等人也。公虽自立，未知此辈能降心以事公否。不若辅立幼主，渐以岁时，待其归心，然后可也。"颢不能对。可求因趋出，书一敕，内袖中，率诸将入贺，诸将莫知所为。及出敕宣之，乃渥母史氏敕，言杨氏创业艰难，而嗣主不幸，隆演以次当立，告诸将以无负杨氏而善事之。辞旨激切，闻者感动。颢气色皆沮，卒无能为，隆演乃得立。颢由此与温有隙，讽隆演出温润州。可求谓温曰："今舍衙兵而出外郡，祸将至矣。"温亦忧之。可求因说颢曰："公与徐温同受顾托，议者谓公夺其衙兵，是将杀之，信乎？"颢曰："事已行矣，安可止？"可求曰："甚易也。"明日，从颢与诸将造温，可求阳责温曰："古人不忘一饭之恩，况公杨氏三世将。今幼嗣新立，多事之时，乃求居外以苟安乎？"温亦佯谢曰:"公等见留,不愿去也。"由是不行。颢觉可求有附温意,将杀之。可求诣温,谋先杀颢,阴使钟太章选壮士三十人就衙堂斩颢,太章诺之。而温犹疑其不果,夜半往约曰:"吾有老母,惧事不成,且止。"太章曰:"言已出口,宁可已乎?"明日,遂杀颢及纪祥等,归以弑渥之罪,入白渥母史氏。史氏泣曰:"吾儿年幼,祸乱若此,得保百口,以归合淝,公之惠也。"温遂专政,隆演备位而已。宣州节度使李遇心尤不平,温乃遣徐玠使越,而道过宣州,因说遇入觐。遇初许之,玠乘酒呼曰:"君言入谒,是良图也,不尔则为反矣。"遇怒曰:"君言遇反,且杀景王者谁也?"温乃使柴再用族遇于宣州。行密旧将,人人自疑。温因伪下之,恭谨如见行密,诸将乃安。八年,温迁行军司马、润州刺史、镇海军节度使、同平章事。十年,遣招讨使季涛攻越,战于临安。裨将曹筠奔于越,涛败被执。温闻,遣人语筠曰:"吾用汝为将,汝军有求,吾不能给,是吾过也。"赦筠妻子,不诛,厚遇之。秋,越人攻毗陵,温战于无锡,筠感温前言,临阵奔归,遂败越兵。十二年,封温齐国公兼浙西招讨使,始就镇润州,以昇、常、宣、池、黄六州为齐国,城昇州,建大都督府。十四年,温徙治之,以其子知训辅隆演于广陵,而大政温遥决之。知训为朱瑾所杀,烈祖自润州先入,遂得政。温虽奸诈多疑,而善用将吏。江西刘信围虔州,久不克,信使人说谈全播出降,遣使报温,温怒曰:"信以十倍之众,攻一城不下,而反用说客降之,何以威敌国?"笞其使者而遣之,曰:"吾以笞信也!"因命济师,遂破全播。或诬信逗留将反,信闻之,因自献捷至金陵,见温。温与信博,信敛骰子,厉声祝曰:"刘信欲背吴,愿为恶采,苟无二心，当成浑花！”温遽止之，掷六子皆赤。温惭，自以卮酒饮信，然终疑之。及唐师伐蜀，温急召信至广陵，以为右统军，托以内备，遂夺其地。温客尤见信者，唯骆知祥、严可求。可求善筹画，知祥长于财利。温常以军旅问可求，国用问知祥，吴人谓之“严骆”。温亦自喜为智诈，尤得吴人之心。初，随行密破赵锽，诸将皆争取金帛，温独据余米，作粥以食饿者。十六年，温请隆演即皇帝位，不许，又请以吴王称制，乃许，遂建国，改元，拜温大丞相，都督中外诸军事，封东海郡王。隆演卒，温越次立其弟溥。顺义七年，温又请溥即皇帝位，未许，而温病卒，年六十六。追赠齐王，谥曰武。烈祖受禅，谥武皇帝，庙号义祖。

徐知训

知训，温长子也。少学兵法，不能竟，尤喜剑士角觝之戏。怙温权势，多为不法。温出镇润州，留知训辅政。常陵侮诸将，而对吴主隆演无君臣礼。隆演幼懦，尝饮酒楼上，命优人高贵卿侍酒，知训为参军，隆演鹑衣髽髻为苍鹘。知训因使酒骂座，语侵隆演，隆演愧耻泣涕，而知训愈凌辱之，左右扶隆演起去，知训杀一吏乃止。李德诚有女乐，知训求之，德诚曰：“此辈皆有所生，且复年长，不足以接贵人，俟求少妙者进之。”知训对德诚使者骂曰：“吾杀德诚，并取其妻，亦易尔！”初，学兵于朱瑾，瑾力教之，后因求马于瑾，瑾不与，遂有隙，夜遣壮士杀瑾，瑾手刃数人瘗舍后。知训知曲在己，隐而不闻。俄出瑾为静淮节度使。瑾诣知训别，且愿献前马。知训喜，往谒瑾家，瑾妻出拜，知训答拜，瑾以笏击踣，遂斩知训，提其首入告吴主曰：“为国去贼，为民除害，在今日矣！”吴主惊曰：“彼有父在，吾不敢预闻。”

瑾怒曰："竖子不足与语！"遂自杀，坐诛者数家。初，宿卫将李球、马谦挟隆演登楼，取库兵以诛知训，阵于门桥，知训与战，频却。朱瑾适自外来，以一骑前视其阵，曰："不足为也。"因反顾一麾，外兵争进，遂斩球、谦，乱兵皆溃。瑾尝有德于知训者也，及其凶终，吴人皆谓曲在知训。知训凶悖，多见《烈祖书》与《刁彦能传》，此不复书。

徐知询

知询，温第二子也。烈祖秉吴政，威权寖盛，金陵行军司马徐玠讽温曰："居中辅政之重，不宜假于他人，宜以亲子代之。"温即遣知询入觐，谋代烈祖辅政。而温暴卒，知询奔还金陵，爵位如温。而知询暗懦，待诸弟不厚。徐玠知其终败，乃输诚于烈祖。知询内为诸弟所构，外为徐玠所卖，而不知也，意以已控强兵，居重地，烈祖虽管大政而无兵，去之甚易。温丧未终，屡请烈祖至金陵。烈祖反使人谕之入朝，因疏其罪状，责授左统军。知询面数烈祖曰："先王之丧，尔为人子，而不亲临，反罪我耶？"烈祖曰："闻尔悬剑待我，我亦不惮，独迫于君命，不得往尔。为人臣而畜乘舆，非反而何！"周廷望者，知询之亲吏，尝伪贡款于烈祖，时得烈祖之阴谋，以告知询。知询将入朝，廷望谏止，不从，既行，廷望曰："公之此行，有往日而无还日。"泣送之。至是知询以廷望之言质烈祖，烈祖曰："以尔所为告我者，亦廷望也。"遂斩廷望。知询被谴，金陵为之一空。后数岁，知询复起为润州节度使。往时幕府皆去，独李建勋随之。知询至镇，常会寮佐，谭宴终日，遂绝顾望。移镇江西，卒于任。

徐知诲 子景辽、景遊

知诲，温第三子也。温卒，知询守金陵，所为多不法，知诲每得其阴谋，以告烈祖。知询之败，知诲构之为多。烈祖德之，以为江西节度使。知诲先娶吴功臣吕师道女，非嫡出，知诲常切齿，因醉刺杀之。后吕氏数为厉，知诲恶之，请僧诵经，为陈因果。僧亦见吕氏曰："吾不解此，志在报冤尔。"及镇江西，岁余，吕氏不复见，知诲喜甚。有家人自淮南回，于江心遇彩舟，有妇人渐迩，视之，乃吕氏也，招家人曰："为我谢相公，善自爱，我今它适矣。"因遗绣履曰："相公谓尔不信，以此示之。"家人至江西，首语其事，以履示知诲。知诲熟视未毕，辄见吕氏在侧曰："尔谓我真不来耶！"顷刻，知诲暴卒。以知询代镇江西，遇其丧于中涂，知询抚棺哭曰："弟用心如此，吾亦不怨，但何面目见先王于地下？"闻者伤之。烈祖受禅，追尊温为义祖，徐氏诸子封拜与李氏同，而知诲之后特优。子景辽、景遊，出入宫禁，预闻机务，专掌浮屠修造之事。当时言蠹政者，以二人为首。景遊后避元宗讳改名遊，及事后主，封文安郡公，尤信任焉。

徐知谏

知谏，温第四子也。爽悟喜文。徐氏诸子，知谏最为雅循。初，知训辅政，无所醖藉，温留知谏阴助之。诸将常恶知训陵己，而以知谏为长者。烈祖自润州入觐，知训会饮山光寺。是日知训大沈酗，决欲害烈祖，知谏以谋告烈祖，烈祖获免。后事亡，其不书封爵者，皆卒于吴也。

徐知证

魏王徐知证，温第五子也。在吴历刺史、节度使。烈祖受禅，封江王，改王魏。徐氏诸子，知证最为长年。及元宗之世，尤见优礼，每入宫，元宗辄以家人遇之，亲捧觞为寿，自起舞以祝之。知证亦以叔父自处。卒年四十三。

徐知谔

梁王徐知谔，温第六子也。起家为太子中舍，累迁刺史、节度使。使知询败，以知谔为金陵尹。烈祖受禅，封饶王，进王梁。知谔博采奇物、宝货，充牣其家。有蜀客持凤头至，自言得于南蛮贾者，知谔以钱五十万易之。其头正类雄鸡，广可五寸，冠上正平，可以为枕，朱冠、绀毛、金喙、星眼，飞禽之枯首也。来自万里，而毛羽不脱，文彩如生，人咸异之。尝游秣山，除地为广场，编虎皮为大幄，率寮属会于下，号曰"虎帐"。忽遇暴风，飘虎帐，碎如飞蝶。知谔惊遽弃归，数日病卒。

呜呼，惟厉与祟，君子难言，存而勿论可也。吕氏之事，载于《别录》，陈公彭年作也。其辞典雅，颇有史法。而公归皇朝，参大政，为名臣，顾其言可不谅耶？

卷　九

列　　传 第四

周　本

周本，舒州宿松人，汉南郡太守瑜[1]之后。祠庙陇亩皆在，子孙守故土者，犹数十户。本少孤贫，尝在田里独格猛虎。唐末大乱，投杨行密军中，以勇敢闻。常先登深入，蒙犯矢石，身无完肌，及归营，自烧铁烙其创，饮啖言笑自若，军中猛将皆服之。累迁淮南马步军使。天祐五年，杨氏始得江西，抚州刺史危全讽率诸郡兵十万来争其地，屯于象牙潭[2]，楚人取高安为之援。江南守将刘威告急，判官严可求荐本可用。时本从军围苏州，不克，耻之，称疾不出。可求即卧内强起之，本曰："苏州之役，非彼强我弱也，盖上将权轻，下皆专命，故尔。今必见用，愿无任偏裨。"可求为言杨氏，许之，得选兵七千，使救高安。本曰："楚人非欲取高安也，为全讽声援尔。若先败全讽，楚人必走。"乃疾趋象牙潭。刘威要之宴犒，不留。或曰："贼势甚盛，宜审观形胜，计定而后进，何其遽也？"本曰："贼有十倍之众，使吾军知之，必将夺气。须乘其锐而用之。"既至，指授诸将，戮力

---

① 即东吴大将军、周瑜（175—210），建安十三年（208），大破曹操于赤壁，后领南郡太守，故谓之"汉南郡太守"。

② 象牙潭：在今江西省新建县西南 80 里，即赣江西曲处。

急攻，大破其军，擒全讽，诸郡之兵皆溃，楚人果遁。吉州刺史彭玗、信州刺史危仔昌弃城走，于是江西之地始定。以本为信州刺史。越将陈璋据衢州，归款，越人围之。本受命以兵迎璋，既至，越人解围，阵于城下。璋以其众来奔，裨将吕师道曰："敌去我咫尺，而阵不动，是轻我也。必击之。"本曰："吾受命迎陈使君。陈君今在此，吾事讫矣，何为复战。且彼近而不动，必有以待我也。击可胜乎？待其先动，击未晚也。"璋亦以为然，乃还，越人蹑之。至中道，宿半夜佯惊，弃辎重走，先设伏于道左。越人急追，至伏所，前后夹击，尽歼其众，越人累至，皆败之。唐庄宗[①]入洛阳，吴遣司农卿卢蘋使于洛阳，庄宗问吴之名将存否，而本预焉。由是召入，为雄武统军。出为寿州节度使，移镇庐州，拜太尉、中书令，封西平王。本不知书，而爱重儒士，宾礼寮属，不挠其权，吏民爱之。性纯朴，技艺无能者，唯军旅之事则如夙习。烈祖将受禅，徐玠、周宗等以本及李德诚皆位望隆重，故讽之以为推戴之首。本已昏耄，仍不知时变，皆少子祚左右其事。时吴宗室临川王濛废处沥阳，闻将授终，乃杀监守者，与亲信二骑趋诣本。本将见之，祚固执不可。本怒曰："我家郎君也，何不使我一见？"祚闭中门拒之。濛被杀，吴室遂移。本随众至建康劝进，由是愧恨，数月而卒。子邺，有战功，亦至庐州节度使。

李德诚

李德诚，广陵人也。少事宣州赵锽为给使。吴攻宣州，锽

---

① 唐庄宗：后唐创建者，李存勖（885—926），同光元年（923）灭后梁，即帝位，都洛阳，国号唐。

败，德诚及韩球犹随左右。城中推立裨将周进思为主，镍使德诚往谕进思以城降。德诚暴得热疾，委顿不能受命，乃使球往。进思斩球，掷其首于外，德诚是夕即愈。镍死，事吴武王，常从征讨，累迁淮南马步军使。擒安仁义于润州，以功拜润州留后，历抚、虔、洪三镇，加中书令，封南平王。烈祖建齐国，德诚率诸将劝进，乃其子建勋之谋也。昇元中，德诚自洪州入朝，烈祖以德诚前代功臣，父子皆参佐命，优礼之，闻其来觐，遣内夫人迎于道。六宫之职，因事以书其僭。百寮候于门，朝堂设幄为具。每有大议，遣执政就第谘问。信王景达先娶德诚女，烈祖复姓，有司以同姓非礼，制曰："南平王，国之元老，婚不可离。信王妃可氏南平。"杨氏将帅，德诚最无大功，特以姻娅显达，而名位寿考，诸将莫及。有子二十人，建勋为相，而建封为将。相无阿党，将死国事，君子善之。其余皆任右职，建勋别传。

王舆

王舆，少与兄绾俱事吴武王。舆始为小校，从周本伐危全讽。将战，本亲临贼水栅，分命诸将，指山头一小营，谓舆曰："往攻彼以挠贼。"舆唯唯不行。本曰："尔惮往耶?"舆曰："公必若以舆为可使，愿得此栅攻之，往彼何为?"本大喜曰："亦知此为贼要害耶!"乃命之。舆乘轻舟先进，破其前锋，因排栅而入，诸军乘之，遂擒全讽，累迁诸军都虞候。让皇之世，禄去公室，掌禁兵者，尤难其人。烈祖以舆为控鹤都虞候，持重有法，出为光州刺史。先是舆兄子拯为海州副使，叛入北方，以为刺史，闻舆在光州，间遣亲信通书币。舆执之以闻，因求罢郡，复为控鹤都虞候，迁左金吾大将军，除浙西节度使。从让皇至润州，移镇鄂州。监军甄庭坚与舆不协，或告庭坚交通境外，烈祖使中使系庭坚下大理。舆先知之，密见庭坚曰："可乘轻舟自归阙庭，无与中使遇。"庭坚惧，从其计，遂获免，由是寮属称其长者。舆少时从军围润州，为大弩射中右耳，自左耳出，旁一人中之犹死。舆卧病百许日，及愈，耳亦不聋。又尝攻颖州，夜梦道士告之曰："旦有流星下坠，能避，当富贵。"及旦，舆仗剑倚栅木，驱士攻城，城中飞大石，正中其栅，及舆铠甲之半，皆糜碎，而舆无伤。舆曰："所梦流星是也。"由此自负，终为使相，卒年七十四。兄绾，为虔州节度使，先卒。

李　章

李章，庐江人。从吴武王为骑将，与朱瑾相悦。瑾杀徐知训，自刭，义祖入诛瑾党，章与同事六人当斩。五人已斩，次至章，厉声曰："四郊多垒，而斩壮士耶！"时马仁裕监斩，壮其言，闻于烈祖，释之，隶洪州为军校，累迁雄武军都虞候、左街使。章虽老而心尚壮，善抚士卒，勤于职务。出为虔州节度使，为理严重，禁戢左右，宾礼寮属。会周本卒，移镇庐州，加中书令。卒年九十。

王　安

王安，庐江人也。少投吴武王，为亲兵。武王尝升高塚望敌，安捧匜[①]器侍侧，左右皆注目前视。阵旁有执槊者，疾走径趋王所，左右惊惕失措。安置匜器于地，取弓射之，一发而殪，徐内弓弢中，复捧器如初，颜色不变。武王奇之曰："汝有器度，

① 匜：古代盥洗时的浇水器。《左传》有"奉匜沃盥"之语。

当至富贵。”因加奖拔，累迁袁州刺史。历典数郡，皆以沉默宽厚为理。事烈祖，为神武统军，代李章为虔州节度使。卒年七十三。

韦　建

韦建，少居吴武王军中，尝从征讨，以膂力闻。后隶虔州王绾，为裨将。郡境旷远，旁接溪洞，群盗充斥。建率励勇士，所至克获，百姓赖之。累迁诸军都虞候，为左卫使，出为袁州刺史。建不知书，而性淳厚，清静自处，无所侵挠，郡中大治。数年，入为统军，以刘仁赡代之。仁赡敏晤，亲综簿书，时有厘革，郡政益治，而百姓犹思建焉。历任皆如是，至老不衰。出为鄂州节度使，卒年八十。

高审思

高审思，少事杨行密，以骁勇闻于军中。刘信平虔州，审思为裨将，屡立战功。审思为人，重厚寡言。烈祖奇之，常使总领亲兵。拜寿州节度使，增修城隍，守备甚严。或谓之曰：“以公威略，守此坚城，何惧而过为畏懦也?”审思曰：“兵机多变，不可不惧。过为之防，上策也。”显德之役，寿州城隍最坚，亦审思之遗绩尔。后事，旧史亡。

卷　十

列　　传 第五

呜呼，论其时，则南唐号为文献之地；绳以法，则可嘉之士无几。幸而获全始终者，菰芦之才，信有之矣。

李建勋

李建勋，字致尧，南平王德诚之子。初，德诚守润州，秉烛夜出，候者以闻，而徐温疑其有变，徙镇江州。德诚犹不自安，乃遣建勋入谒温，温见之叹曰："有子如是，非恶人也。"即以女妻建勋，起家为金陵巡官。徐温卒，知询代镇，而建勋仍佐幕府。及知询被征，寮属皆受谴，独建勋自全。烈祖出镇金陵，以为副使，预禅代之计，拜中书侍郎、平章事。元宗即位，东宫官属稍稍侵权，罢建勋为抚州节度使。召拜司空，乃营亭榭于钟山，适意泉石，累表乞骸骨，以司徒致仕，赐号钟山公。先是，宋齐丘退居青阳，号九华先生。未几，一征而起，时论薄之。建勋年齿未衰，时望方重，或谓曰："公未及老，无大疾苦，遽有是命，欲复为九华先生耶?"建勋曰："平生常笑宋公轻出处，吾岂敢违素心。自知非寿考者，欲求数年闲适尔。"因为诗以见志曰："桃花流水须相信，不学刘郎去又来。"建勋博览经史，民情政体，无不详练。惜乎怯而无断，未尝忤旨，故虽有蕴藉，而卒不得行。其为诗，少时犹浮靡，晚年颇清淡平易，见称于时。保大十年卒。临卒，顾谓门人曰："吾死，敛以布素，旷野深瘗，任民耕辟，不须封树。"暨甲戌之役[①]，公卿茔域，越人发掘殆尽，而独建勋以不知葬所获免。

常梦锡

常梦锡，字孟图。少警悟，通书记。事岐王李茂贞，为秦陇判官。茂贞卒，从俨袭位，补宝鸡令。从俨左右有恶之者，梦锡渡淮，诣广陵，烈祖辟致门下，荐为大理司直。从至金陵，为观察推官。烈祖受禅，拜殿中侍御史、礼部员外郎。每从容奏事，烈祖以为有识量，命直中书省，参掌诏命。梦锡重厚，词气方直，多知故事，除给事中，时以枢密院隶门下，机务多委焉。梦锡数言时政繁碎，宜修复旧典，为后代法。又言宋齐丘、陈觉奸邪，冯延巳、魏岑并小人，不宜左右春宫。元宗即位，许以翰林学士待之，而以齐丘故，黜为池州节度判官。及齐丘罢，召为户部郎中，迁谏议大夫、翰林学士。时特置宣政院于内庭，命梦锡专掌。逾年，罢宣政院，为学士如初。既而奸党愈炽，梦锡终不能胜，遂称病纵酒，希复朝谒。会钟谟、李德明分掌吏、兵二部，以梦锡人望，求为长吏以自重，乃除户部尚书，知省事。固辞不获，署纸尾而已。梦锡无子，以其婿王继沂掌家务。或言继沂乱内，梦锡尽出妻妾，室为之一空，奏黜继沂于虔州。时冯延巳为相，劾梦锡，贬饶州团练副使，病留广陵，东都留守周宗常敦喻之。明年，牵复，寻改吏部侍郎，转礼部尚书。割地之后，公

---

① 甲戌之役：即宋开宝七年(974)，宋师长驱渡江，围金陵。吴越主钱俶亦率兵犯常、润，至金陵。翌年，城破，越人肆掠。是为斯役。

卿在座，有言及大朝者，梦锡笑曰："群公常欲致君为尧、舜，何故今日自为小朝耶?"座皆失色。每公集，往往喑呜大咤，以故不为士大夫景慕，然其循公忘私，固亦古之遗直也。显德五年卒，年六十一。逾月，宋齐丘败，元宗叹曰："梦锡生平欲杀齐丘，恨不使见之。"赠左仆射。

严　续

严续，字兴宗。父可求，善筹画，为吴相。续以父荫补千牛备身，迁秘书郎。烈祖以女妻之，少长贵势，性恭恪，恂恂如也。烈祖受禅，为兵部侍郎、尚书左丞。元宗即位，改礼部尚书、中书侍郎。方宋齐丘用事，续常守正，不为党附。常梦锡屡言齐丘奸党，元宗谓梦锡曰："吾观大臣中，唯严续能中立。虽然，无与援者，卿可助之。"梦锡因喻旨于续，续亦善遇之，不尽用其言也。及梦锡罢宣政院，续亦出为池州刺史。顷之，复为中书侍郎兼三司使，出守江西，久而不召。数岁，入为中书侍郎，知尚书省，寻拜门下侍郎、平章事。割地之后，罢为少傅。元宗南迁，拜左仆射，使辅太子居守。后主即位，改司空、平章事。其后机务归枢密院，续亦与群辈不协，遂出镇江西。逾年，称疾罢归，卒于私第。晚岁尤屈身下士，旌别善恶。寿春人刘奂有学识，性方言直，动多忤物，续荐之为监察御史、起居舍人，时论善之。续自以少贵倦学，命群从子弟皆砺以儒业，诸子及孙举进士者十余人。续疾病不乱，与宾客谈论如平常。后主使内夫人问之，续遗托国事，言不及私，又极陈群臣所宜用舍者，辞气慷慨。翌日卒。

潘承祐

潘承祐，晋安[1]人。仕吴，为光州司法参军。郡有大狱，群吏不直，承祐固争之，不得，因弃官归闽岭。及王氏据闽，仕至大理少卿。王延政镇建州，辟为度支判官。延政与福州构隙，承祐极谏，不纳。会晋安使至，延政大阅以夸示之，辞气益悖。承祐长跪固谏，其言甚切，延政大怒，谓军士曰："汝可为我食判官肉！"承祐曰："与其不义而生，孰若抱义而死。事势如此，蚤死为幸。"久之乃解。及延政僭号，以为吏部尚书，而用其幸臣杨思恭为仆射。承祐复争，遂逐承祐归私第。查文徽下建州，以礼致之。元宗以为卫尉少卿，迁鸿胪卿，委以南方之事，升降人物，制置郡县，多用其言。荐陈诲、林仁肇，皆著功效。老病，乞骸骨，以礼部尚书致仕，卒于洪州西山。其子慎修，官至员外郎。

呜呼，续[2]荐刘奂以其直，承祐荐陈诲、林仁肇以其忠。忠直之效，独立于乱世，难矣哉！然非忠直之难，而知其忠直者为尤难。予于续、承祐，有取焉。

游简言

游简言，字敏中，其先建安人。父恭，登进士第，有名于时，仕吴为驾部员外郎、知制诰。简言少孤力学，起家为秘书省正字。烈祖镇金陵，辟为户曹参军，掌元帅府文翰，迁观察巡官。及禅代，历虞部员外郎、知制诰、中书舍人。保大中，为翰林学

---

① 晋安：即今福建省福州市晋安区。

② 续：严续也。

士、礼部侍郎。守职恭恪，国家之务，非其任者，未尝肯言。贞介独立，不为阿附。元宗重之，俄判中书省，兼兵部选事。及淮上兵起，越人背盟寇毗陵，乃除简言中书侍郎，奉使让越。先见其子瑟为千牛备身而后行，至境，召还。元宗南迁，以简言辅太子居守，辞以不能事少贵，乃令从行。后主即位，初未之知，后颇重之，自吏部尚书迁左仆射，委以南省之事。简言躬亲簿领，督责稽缓，励以威严，寮吏畏之。于是六职办集，以执方不为群辈所附。人有请托者，必固违戾，不复顾其理道。数年，以疾辞，不许。及拜相而疾亟，卒，年五十七。

张延翰

张延翰，字德华，宋州[①]砀山人。少游长安，后避乱江淮，事吴为盐城令，有治绩，迁楚州行军司马。烈祖辅政，以浔阳为封邑，乃以延翰为工部郎中，判江州，入为知杂侍御史。张宣以功臣为左街使，率意骄暴，延翰劾之，由是豪猾屏迹。迁礼部侍郎，时贡院未备，士有献书可采者，随即考试，公平详审，士论美之。兼知选事，吏不容奸，畏之如神明。进擢孤寒，不附贵势。元宗辅政，大臣中唯重延翰，谓左右曰："张君凡所议论，必尽公正，咸有条理。至于簿领，无不明白。吾得倾心信之。"由是六司总领殆遍。及禅代，拜中书侍郎、平章事。延翰有时望，当其作相，人以为晚，既而多病，机务废阙。烈祖素以国器推重，不许免相。医药劳问，不绝于道。卒年五十七，士大夫叹惜之。赠太傅。

---

① 宋州：隋开皇十六年(596)置。位于今河南省商丘市南。

徐玠

徐玠，字蕴珪，彭城人也。敏干有辞辩。事郡帅崔洪为军吏，与洪同归于吴。吴武王署玠为粮料使，拜吉州刺史。贪猥不治，罢之。徐义祖出镇润、昇，辟玠行军司马。性诡佞，善揣人意。会烈祖辅政，人望颇归，玠讽义祖曰："居中辅政之重，不可假于异姓，宜以嫡子代之。"温即遣其子知询入广陵，将代烈祖辅政。会温暴卒，知询还金陵拜昇州节度使，如温之制，所为多不法。玠知其必败，反自结于烈祖。烈祖出镇金陵，仍以玠为行军司马，与周宗、李建勋、孙晟首赞禅代，遂拜右丞相，出镇宣州。玠妻，杨吴武王女也，先适宣州节度使李遇之子，义祖攻宣州，族诛遇，杨以王女免，更适玠。至是玠得宣州，杨感愤卒。玠连镇宣、洪二郡，皆以贪浊为理，营求百端，人多鄙之。罢镇，复相位，拜司徒，兼侍中。特以旧人，崇其虚名，实不与政。好修养服饵，常以贱价市丹砂之最下者，其鄙啬如此。保大元年卒。

李夷邺

李夷邺[①]，不知何许人也。昇元中，为翰林学士。烈祖殂，大臣欲以宋后监国，命中书侍郎孙晟草遗诏，夷邺曰："此非先旨，必奸人诈为。大行尝云：'妇人预政，乱之本也。'安肯自作祸阶？且嗣君明德，闻于天下，汝曹何遽为亡国之事乎？若遂宣行，吾对百寮裂之必矣。"于是监国之议遂寝。元宗即位，语夷邺曰："疾风劲草，于卿见之。"夷邺性率易，好饮酒，不拘小

① 《江南余载》："李夷邺者，前唐诸孙。嗜酒不羁。"

节。常遗亲友书曰:“今宵好月,能相过乎?”赴召者甚众。夷邺已醉,指酒壶曰:“本用相待,酒兴辄来,自倒之矣。”其疏豁多类此。

鸣呼,士之可贵者,信义而已。履信抱义,而不夺于势利,则终始一节,尚何渝哉!徐玠始甚构先主,既而附之以阅知询,与夫崔湜[①]反覆于彦范,三思之间者何异。初,徐温忌李遇功,使玠伺隙,旋覆遇宗,杨氏遂以仇人为所天,及观旧治,乃感愤卒。向也不能即死以全其节,既又贰于新人而怀其旧,与夫从一而终者异矣。

① 崔湜(671—713),字澄澜,定州安喜人。少以文辞知名,举进士,擢左补阙。先附武三思(? —707),后附桓彦范(653—706),再附武三思,有诗才,无人品,时人谓之:见风使舵。

卷十一

列　　传 第六

刁彦能

刁彦能，上蔡人也。父礼，遇乱，徙居宣城。彦能少孤贫，事母以孝闻。初隶节度使王茂章，为亲兵。茂章叛入越，彦能当从，使家人扶其母俟于路。彦能至，抱母泣，告茂章曰："老母在此，不能从公。"茂章许之。乃驰入宣州，城中已乱，彦能登城，以剑招之，绐曰："我从王府来，尔辈无动，大军且至矣。"众信之，稍定。义祖闻而嘉之，以为军事校使，属徐知训。知训恣横，彦能每以书切谏，虽不见纳，亦常宠遇。牙将马谦帅众劫吴主登门，欲诛知训，朱瑾麾兵却之，彦能手剑斩谦。知训忌烈祖，每欲加害，尝召烈祖饮，伏剑士于室中。彦能饮酒，以手掐烈祖而推之，烈祖悟，起去。又尝从知训会烈祖于山光寺，是日知训大沈酗，决欲害烈祖。徐知谏以谋告烈祖，烈祖乃奔。知训授彦能剑，使追杀之，及于中涂，彦能举剑扬袖以示烈祖。还，绐以弗及。既而朱瑾杀知训，义祖稍知其罪恶，将吏多被谴责，见彦能谏书，善之，复使事知谏于润州。烈祖受禅，召入禁卫，叙其旧恩，迁天威军都虞候、左卫使。元宗即位，出为饶、信二州刺史，建州留后，抚州节度使。彦能喜读书，委任文吏，郡政修理。亦好篇咏，尝与李建勋赠答。建勋奏之，元宗笑曰：

“吾不知彦能乃西班学士也。”性修严，所居虽传舍一日，必葺。周宗、何敬洙，皆故人也，每饮酒，常蓬首裸袒，彦能在座，则皆俨然。卒年六十有八。

周　宗

周宗，字君太，秣陵人也。常给使烈祖左右，署为牙吏，多使喻旨四方，敏于事任，恩宠日洽。义祖卒于金陵，知询谓宗曰：“仆射[①]望高履危，无西渡。”宗坚请知询手扎示信，遽得故茗帖，书曰“不必奔赴”。既而徐氏诸子果以不奔赴让烈祖，烈祖因出所书茗纸示之，知询腼颜而已。及烈祖镇金陵，宗为都押衙。烈祖位望已重，常履嫌疑，因理白髭，叹曰：“国家安而吾老矣。”宗窃窥其意，请如广陵，告宋齐丘以禅代之事。齐丘手疏天时人事未可，请斩宗以灭口。烈祖惧，欲斩宗，而行军司马徐玠固争得免，黜于池州。数月，复召如初。既赞禅代，累迁枢密使，宗亦淳谨自守而已。初，俞文正为烈祖幕宾，而宗及马仁裕皆从给使，至是，宗出镇江州，文正犹为九江巡官，辄问宗曰：“马押衙何在？”宗知其凉德，笑曰：“马相公出镇浙西久矣。”文正尝预公宴，俯首咋曰：“下官饮量棋局，令公素知之。”座皆愕然，而宗不之罪，其宽厚类如此。连历将相，奉法循理。然赀产巨亿，俭啬愈甚，论者鄙之。留守东都，以老病乞骸骨，乃以司徒致仕。周兵初起，而宗卒，宋齐丘抚棺哭曰：“君太能黠，来亦得时，去亦得时。”元宗闻之不平。宗娶继室，生二女，皆国色，继为国后。侈靡之盛，冠于当时。

---

① 仆射：指烈祖徐知诰，时任左仆射、参知政事。

马仁裕

马仁裕，字德宽，北平王燧[①]之后。遇乱，徙居彭城。世为将。仁裕母方娠，梦人谓曰："北平来归。"及生，有紫气满庭。数岁，学兵书若成诵然。初，同周宗给使烈祖左右，小心敏干，署为右职。烈祖移镇润州，仁裕监蒜山渡，首闻朱瑾之乱，驰白烈祖，即日以州兵渡江定乱。烈祖得政，基于此也。以功拜左领军将军，烈祖以女妻之，是为兴国公主。出为楚州刺史，入为左金吾大将军。烈祖受禅，迁润州节度使。明年，移镇庐州，为理宽简，吏民便之。烈祖左右小臣贵达者，唯仁裕与周宗为亲信。周宗后富，而仁裕常贫。宗力赞禅代之事，仁裕多就外任，无所关预，时人称其长者。卒年三十九。子文义，别传。

呜呼，贵贱，时也；上下，分也。君子知时之无止，知分之无常，则贵贱、上下，吾何预焉。况生乱世，事偏国，易牛衣以昼锦，起徒步为朱轮，达者观之，特戏事尔。文正之抗周宗，岂足以识此哉！

何敬洙

何敬洙，幼为吴将李简厮养。简性残忍，左右过愆，鲜获全活。敬洙暮与群儿戏庭下，有苍头取简所爱端砚戏诸僮曰："谁敢破此？"群僮耸肩吐舌相视。敬洙厉色曰："死生有命！"乃一掷破之。翌日，简责破砚之由，敬洙自陈，因壮其果敢，舍之勿杀。简镇鄂州，令相术董绍颜遍阅诸子，绍颜曰："诸郎皆善，然禄寿无及公者。"时敬洙侍侧，指敬洙曰："此奇相也，可与公

① 马燧(726—795)，字洵美，河南郏县人，唐代德宗时期的著名将领。

齐。”简由是益奇之，视如己子。及长，用为军校。敬洙躯貌短陋，而趫捷有力。简卒，烈祖以为金陵裨将，累迁天威军都虞候。建州之役，为应援使。初至，以为僻陋山郡，不当劳师，辞气甚愤。查文徽开喻之，势不可止，乃与边镐协心戮力，破西岩、延平，军威大振，遂下建州。敬洙应受上赏，王建封争之以为己功，敬洙于是推建封功第一，除敬洙楚州刺史。尝从数人亲出里巷，察民疾苦，吏之苛刻，无不知之。每坐厅事，与宾客谭宴，民有白事者，随其所言，亲加剖析，无不厌服。会连岁出师，楚州当供亿之地，民不知劳，亦敬洙为之节制也。及移镇鄂州，稍有矜骄。周师伐淮南，元宗使敬洙移郭外居人入城为备，敬洙不从，乃背城除地为战场，曰：“职当效死于此，安能闭门自困也。”元宗善之。未几，召还都。年老有足疾，后主以其勋旧，优礼之，拜上将军，奉以上公之秩，列门戟。卒年七十七。

柴克宏

柴克宏，吴功臣再用[①]之子。疏爽任义，不拘小行。以父荫为郎将，累迁龙武军都虞候。常与宾客博奕，以声酒为务。虽职当偏将，而未尝言兵，时皆以为非才，故久不迁，亦不屑意。淮甸起兵，越人寇常州，以克宏为抚州刺史。克宏上书乞从军效用，元宗善之，使帅师救常州。时精兵皆在江北，克宏将老弱数千，介胄朽蠹，入白枢密副使李徵古曰：“今以羸兵赴难，器甲当得坚利者，此色何用？”徵古素轻其为人，因慢骂遣之，众皆愤怒，而克宏怡然。进及京口，徵古使召还，以朱业代将，克宏不

① 再用：即柴再用（？—935），原名存，河南汝南人。杨吴时，累官至中书令，辅佐朝政。

从。至常州，徵古又使召之，克宏曰："吾刻日破敌，尔来召我，必奸人也。"命斩之，使者告以李枢密之命，克宏曰："李枢密亲来，军容在我，况其使乎？"遂斩以狥。常州有隋末陈果仁祠，果仁见梦于克宏曰："吾与阴兵助尔。"及战，有黑牛二头冲突越兵，克宏继之，大败越人，俘馘甚众。克宏奏封果仁为武烈大帝。贼走，朱业方至，克宏善遇之。以功拜江州节度使，复请北出，命未下，而发疡卒。克宏尝为宣州巡检使，宣州城隍不修，战守无备，问其故吏，云："自顷年田頵、李遇继叛，后为宣州者，无复为兵备。"克宏大笑曰："时移事异，安有此理！"即善修守御之备，不日完缉。明年，越寇至，郡人安之。

刘崇俊

刘崇俊，字德修，楚州山阳人。祖金，事吴有功，为濠州刺史，振威名于境上，世典濠梁。崇俊弱冠，嗣父仁规位为濠州刺史。仁规苛酷，崇俊初立，颇务仁惠。数年之后，亦渐专恣，不拘文法。多蓄无赖辈，使之过淮剽掠乡邑，获美妇、良马以自奉。虽然，郡中畏惮，政亦甚理。尝招集骑士得数百人，则被以精甲，贡于金陵，以幸恩宠。俄升濠州为定远军，遂拜节度使。其子节，尚元宗女太宁公主。会寿州姚景死，崇俊重赂权要，求兼领寿州。元宗佯不认其意，乃移镇寿州，而使楚州刺史刘彦贞驰入濠州代之，崇俊自悼失计。卒年四十。

王崇文

王崇文，字光福，吴功臣绾①之子。性重厚儒雅，博综经史。

---

① 绾：即王绾（？—919），安徽庐江人。唐末随杨行密起兵淮南，累官至镇东大将军，百胜军节度使。

少为军校，小心敏干，尚烈祖妹广德公主。出为歙、吉二州刺史，吉州民多争讼，古称难治，崇文奉法循理，无所侵挠，吏民便之。迁虔州节度使。初平建州，崇文镇之，即日安辑，人忘其乱。三十年间，出领藩镇，入掌禁兵，官至使相。常褒衣博带，与士大夫谭宴，风度夷旷，时人亲重之。福州之役，迫于君命，虽为大将，上则陈觉辈专恣，下则王建封、刘从效跋扈，崇文不能制。及师溃，元宗归罪于陈觉、冯延鲁，而崇文及诸将皆不问。顷之，移镇庐州，入为神武侍御统军，复出夏口，其治皆如初。后主即位，崇文手疏时宜政体，备陈箴诲，加中书令，未拜而卒。

边　镐

边镐[①]，不知何许人也。事烈祖，累迁通事舍人。保大初年，张遇贤为营屯诸军都虞候，查文徽出师建州，镐率洪州屯兵，与之俱行。遂下建阳，克建、泉、汀、漳等州，诸将皆争功，而镐独不言，人以此多之。拜镐信州刺史。八年，马希萼入潭州，楚国大乱，命镐以州兵如界上觇楚。九年，镐率所领出宜春，遂讨长沙，破其军于龙回关。希萼、希崇相继送款，镐尽迁马氏之族归于金陵，以功拜湖南节度使。镐性柔懦，御下无法。初平建州，民所克获，唯以全活为务，闽人德之，号“边罗汉”；及克湘潭，市不改肆，楚人益喜，号“边菩萨”；既而政出多门，荏苒无断，人皆失望，遂号为“边和尚”。由是用事者以克楚为功，不欲取费于国，乃重敛于楚。镐不能振抚，楚人多怨。及刘言破益

① 边镐：生卒不详，金陵（今南京）人，小名康乐。

阳，乘胜攻长沙，镐不能守，挺身宵遁，将吏皆奔溃。元宗削镐官，流饶州。未几，复用。世宗伐淮南，遣镐帅师出拒周兵，及朱元叛，镐与许文缜皆被擒。

卷十二

列　　传 第七

卢文进

卢文进，字大用，范阳人也。为刘守光[①]骑将。唐庄宗[②]攻范阳，文进先降，拜蔚州刺史。庄宗以属其弟存矩，存矩为新州团练使，统山后八军。庄宗与刘鄩相拒于莘，召存矩会兵击鄩，存矩募山后劲兵数千人，课民出马，民以十牛易一马。山后之人皆怨，而兵又不乐南行，至祁沟关，聚而谋为乱。文进有女少而美，存矩求为侧室，文进以其大将，不敢拒，虽与，心常歉之也。因与乱军杀存矩，反，攻新州，不克；攻武州，又不克。遂奔于契丹，契丹使守平州。明宗[③]即位，文进自平州率众数万归唐，明宗得之喜甚，以为义成军节度使。居岁余，徙镇威胜，加同平章事，入为上将军，出镇昭义，徙安远。晋高祖[④]立，与契丹约为父子，文进惧，不能自安。天福元年冬，杀其行军司马姚知

① 刘守光（？—914），河北献县人。唐末藩镇刘仁恭之子。自称大燕皇帝，乾化二年(911)，李存勖遣周德威来攻，三年，城破被擒，死于太原。

② 唐庄宗：即李存勖(885—926)，沙陀族，李克用长子，同光元年(923)，灭后梁，即帝位，国号唐。亲信宦官，尤宠伶人，激起兵变，为部下所杀。

③ 明宗：即李存勖之子，唐明宗李嗣源(867—933)，在位 8 年(926—933)。

④ 晋高祖：即石敬瑭(892—942)，太原人，沙陀族，后唐时，为李嗣源之婿，官至侍卫亲军马步军都指挥。后求契丹出兵援助，灭唐建晋，自称“儿皇帝”。天福七年(942)忧卒。

兆、副使杜重贵，送款于烈祖。烈祖遣祖全恩以兵二千阵于安陆，俟文进出，殿之而至。文进居数镇，颇有善政，兵民爱之。其将行也，从数骑至营中，别其裨将李藏机等，告以避契丹之意，将士皆拜为诀。烈祖以文进为天雄统军、宣润节度使。文进身长七尺，状貌伟然，自其奔契丹也，数引契丹攻掠幽、蓟，虏其人民，教契丹以中国织纴，工作无不备，契丹由此益强。同光中，契丹数以轻骑出入塞上，攻掠幽、赵，人无宁岁。唐兵屯涿州，岁时馈运，自瓦桥关至幽州，严斥堠，常苦抄夺，为唐患者十余年，皆文进为之也。及其来奔，始晦迹，务恭谨，礼接文士，谦谦若不足。其所谈论，近代朝廷仪制、台阁故事而已，未尝言兵。入为武卫上将军，以病卒。初，文进攻新州不克，夜走坠堑，一跃而出，明日视之，乃郡之黑龙潭也，绝岸数丈，深不可测。又，尝有大蛇径至座间，引首及膝，文进取食饲之而去。由是自负，反复南北，终无挫衄焉。

李金全

李金全，其先出于土谷浑。金全少为唐明宗厮养，以骁勇善骑射，常从战伐，以功为刺史。天成中，为龙武节度使，务为贪暴，罢归。献马百匹，居数日又献，明宗谓曰："卿患马多耶，何进献之数也？且卿在泾州，治状如何，无乃以马为事乎？"金全惭不能对。徙镇横海，久之罢为右卫上将军。晋高祖时，安州屯防使王晖杀节度使周瑰，高祖遣金全将骑兵千人以往，下诏招晖，许为刺史。又以信箭谕安州，不戮一人，且戒金全曰："无失吾信。"金全未至襄州，安从进意晖必走江南，以精兵遮其要路。晖闻金全来，果西走，为从进兵所杀。金全后至，得晖余党数百人，皆送京师。晖之乱也，大掠城中三日，金全利其所掠货，因擒其将武克和等十余人，杀之。克和呼曰："王晖首乱，犹赐之信誓，以为刺史。我等何罪，反见杀耶？若朝廷之命，何以示信！苟将军持诏而杀降，亦将不免也。"晋高祖不能诘，即以金全为安远军节度使。金全左都押衙胡汉荣，用事所为多不法。晋高祖患之，不欲因汉荣以累功臣，为选廉吏贾仁沼代之，且召汉荣。汉荣教金全留己而不遣，金全客庞令图谏曰："仁沼昔事王晏球[①]，有大功，晏球欲厚赏之，仁沼退而不言，此天下之忠臣也。及颁赐所俘物，仁沼悉以分故人、亲戚之贫者，此天下之廉士也。宜纳仁沼而遣汉荣。"汉荣闻之，夜使人杀令图而鸩仁沼。天福五年夏，晋高祖以马全节代金全，而仁沼二子欲诣京师诉其父冤。汉荣大惧，绐金全曰："前日天子召汉荣，公违诏而不遣。仁沼之死，其二子将诉于朝。今以全节代公，是召公对狱也。"金全信之，遂送款于烈祖。晋高祖发兵三万，授马全节讨之。烈祖遣鄂州屯营使李承裕帅师迎之。金全来奔，行至泌川，引领北望，涕泣而诀。承裕入安州，大掠而还，为晋兵所蹑，大败我师于马黄谷，承裕战死。烈祖以金全为天威统军，迁润州节度使。汉隐帝[②]时，李守贞[③]以河中反，乞兵于金陵。金全与查文徽等出师沭阳。诸将锐于进取，金全独以为远不相

① 王晏球（873—932），字莹之，洛阳人。五代时后梁后唐大将。在梁，为右千牛卫将军，龙骧四军都指挥使。入唐，拜天平军节度使，兼中书令。

② 汉隐帝：即后汉高祖刘知远之子，刘承祐，在位 2 年（949—950）。

③ 李守贞：（？ —949），后晋、后汉大臣，河南孟县人。后晋时，任兵马都监、拜同平章事。旋降契丹为天平军节度使。复又仕汉，为河中节度使。隐帝时，据潼关反，兵败，自焚而死。

及，乃止。保大九年，以金全为大将，耀兵淮上。方与诸将会食，候言涧有羸兵数百，欲掩之，金全不许曰："过涧者斩！"及暮，伏兵四起，旌旗蔽日，金鼓闻数十里。金全曰："适可与战乎？"及归，语人曰："吾得全军而还，为功大矣。"其后不复用，卒于镇。

王彦俦

王彦俦，上蔡人也。少为本郡军校，同光末，诸郡皆乱，同辈六人告彦俦曰："天下纷纷，能者先立。我辈空自困，可相与起事。"彦俦给曰："吾当宿直，尔以兵入，吾为内应。"是夜，六人果至，彦俦伏剑尽斩之，呼刺史曰："彦俦巡警无状，奸盗窃发，幸伏其罪矣，请公亲出以安众。"刺史出，彦俦又斩之，自领州事。众不附，遂来奔于吴，烈祖以为都押衙。累迁和州刺史，入为天威统军。彦俦自以发迹凶乱，于是小心勤恪。烈祖善之，亲至其家，拜其父。及烈祖受禅，拜池和节度使。时给事中常梦锡左迁池州幕府，彦俦待之尽礼，人称其有识量焉。

林仁肇

林仁肇，建阳人也。刚毅有膂力，姿质伟岸，文身为虎儿，因谓之林虎儿。事闽为裨将，闽亡，潘承祐荐之，署为军校。周世宗征淮甸，仁肇将偏师出援寿州，攻城南大寨，斩获甚众，遂破濠州水栅，以功授淮南屯营应援使。周人据正阳浮桥，以为粮道。仁肇率敢死士，载刍稿举火焚桥，溯流逆风，火弗及炽，合战不克，仁肇殿而退。周驸马都尉张永德[①]猿臂善射，发无不毙。追仁肇射之，矢至，仁肇辄格去，永德惊曰："彼有人焉，未可逼也。"及割地，拜润州节度使，移镇武昌。会李重进[②]以扬州叛，朝廷讨平之，而淮南诸郡所守各不过千人，仁肇密说后主曰："中原承衰乱之后，前年征蜀，今取交、广，还往数千里，兵必罢弊。请假臣兵数万北渡，直抵寿春，分据正阳，因其思旧之民，累年之粟，复取淮甸，势如转丸。仍乞臣起兵之日，闻于北朝，言臣据兵窃叛，事成归国，否则请族臣家，以明陛下之无贰。"后主惊曰："尔无妄言，宗社危矣！"乾德三年，以仁肇为洪州节度使，留守南都。仁肇素出于偏伍，虽在将帅之位，常与士卒均食同服，以故多得士心。又与皇甫继勋、朱令赟辈不协，因构仁肇求援皇朝，欲自王江西。后主潜使人鸩之。仁肇少有风疾，口气颇臭，医工云：肺掩不正。及遇鸩，而家人讶其不臭，翌日卒。初，仁肇见知于陈乔，乔曰："令仁肇将外，吾掌机务，国虽迫蹙，未易图也。"及仁肇死，乔叹曰："事势如此，而杀忠臣，吾不知其死所矣！"此为乔死张本。

陈　诲

陈诲，建安人也。始生数月，足劲能履，其父异之，因小字阿铁。及长，矫捷有勇，又呼为陈铁。事王氏，有战功。建州被围，诲数出挑战，唐兵多苦之。及城陷，为王建封所获，将杀之，

---

① 张永德(928—1000)，字抱一，山西太原人。后周太祖郭威之婿。入宋，官至彰德军节度使，知天雄军。

② 李重进(？—960)，河北沧州人，后周太祖郭威之甥。官至淮南道节度使，加检校太尉，镇扬州。建隆元年(960)举兵反宋，兵败自焚。

诲走，自归查文徽。文徽礼之，复以为将，使领兵招怀散亡。文徽数表其能，闽人潘承祐亦荐之。授剑州刺史，破马先进[①]，以功拜建州节度使，委以南方之事。诲缮修守备，郡政无斁。周师伐淮甸，诲遣其子德诚率师赴难。寿春之役，诸将多逗挠，唯德诚力战，未尝挫衄。师还，拜德诚和州刺史。诲由是恩宠日加，改其军名忠义以旌之，诸子皆至显职。在镇十年，以疾求罢，乃以其弟剑州刺史谦为留后，召诲还都。疾甚，后主亲往视之，未几卒。

申屠令坚

申屠令坚，山东人也。无赖好博，膂力绝人。晋、汉之间，为盗犯法，械送京师。未至，谓守吏曰："吾不死，则为健卒。"因市酒为诀，守者皆醉，令坚破械逃去。保大七年，附贼帅咸师朗[②]来归，起卒伍，累迁偏将。淮甸兵起，出援寿春，与林仁肇同破城南大寨，左右奋击，前无劲敌，遂复濠州，以功授神卫军都虞候。后主即位，常掌亲兵。开宝五年，除吉州刺史，委以边务，颇有节制。后主归于京师，委谕顺命。令坚私约袁州刺史刘茂忠不降，未发而令坚卒。

---

① 马先进：吴越国大将。

② 咸师朗：五代时，初为蒙城镇将，降南唐后，以其兵为奉节都，从边镐平湖南。

卷十三

儒者传上 第八

呜呼！西晋之亡也，左衽比肩，雕题接武，而衣冠典礼，会于南史。五代之乱也，礼乐崩坏，文献俱亡，而儒衣书服，盛于南唐。岂斯文之未丧，而天将有所寓欤？不然，则圣王之大典，扫地尽矣。南唐累世好儒，而儒者之盛，见于载籍，灿然可观。如韩熙载之不羁，江文蔚之高才，徐锴之典赡，高越之华藻，潘佑之清逸，皆能擅价于一时。而徐铉、汤悦、张洎之徒，又足以争名于天下。其余落落，不可胜数。故曰：江左三十年间，文物有元和之风[①]，岂虚言乎？作《儒者传》。

韩熙载

韩熙载，字叔言，北海[②]人也。弱冠，擢进士第。同光末，北海军乱，推熙载父光嗣为留后。明宗即位，平北海，光嗣见杀，熙载来奔于吴。放荡嬉戏，不拘名节。里民赵氏女有美色，熙载娶为正室。连补和、常、滁三州从事，亦晏然不介意。烈祖受禅，除秘书郎，辅元宗于东宫，熙载谭笑而已，不预世务。及元

① 元和之风：唐宪宗元和年间（806—820），文坛十分活跃。出现了大批著名文人，主要有韩愈、张藉、李翱、刘禹锡、白居易、李绅、柳宗元、元稹、柳公权、贾岛等等。诗有“元和体”、字有“元和脚”，史称“元和之风”。

② 北海：今山东省潍坊市。

宗即位，拜虞部员外郎、史馆修撰。于是，始言朝廷之事所当条理者，前后数上。又，吉凶礼仪不如式者，随事举正。由是宋齐丘之党大忌之。烈祖山陵，元宗以熙载知礼，遂兼太常博士。时江文蔚判寺，所议虽同，而谥法庙号，皆成于熙载之手。既葬，迁知制诰。熙载性懒，朝直多阙，为冯延巳劾奏，罢其职。陈觉等丧师南闽，特赦不诛，熙载上疏请置于法，元宗手札敦谕。而宋齐丘大怒，乃诬以醉酒披猖，黜为和州司马，其实熙载生平不能饮。久之，征为虞部郎中、史馆修撰，拜中书舍人，制诰典雅，有元和之风。建铁钱之议，迁兵部尚书。既而钱货渐弊，颇亦自悔。奉使中原，为《感怀诗》三章，署于馆壁，云："未到故乡时，将为故乡好。及至亲得归，争如身不到。""日前相识无一人，出入空伤我怀抱。风雨萧萧旅馆秋，归来窗下和衣倒。""梦中忽到江南路，寻得花中旧居处。桃脸蛾眉笑出门，争向前头拥将去。"又："仆本江北人，今作江南客。再去江北游，举目无相识。金风吹我寒，秋月为谁白？不如归去来，江南有人忆。"或问："江南何不食剥皮羊？"熙载对曰："江南地产罗纨故尔。"时皆不喻。迨熙载去，乃悟，使追之，不及。中原使至，熙载接伴，绐曰："老夫窃观吾子音容气貌，一若先德，况忝世旧，故不可跪。"使者因拜之。熙载才名远布，四方建碑表者，皆载金帛求为之文，而常俸赐赉，月不下数千缗。广纳儒生，苟有才艺，必延致门下，以舒雅之徒为门生，高第凡数十辈。由是所用之资，月入不供。及奉使临川，借官钱三十万。所司以月俸预纳，熙载上书诉之，云："家无盈日之厨，野乏百金之产。"累数百言。后主批其奏云："言伪而辩，古人恶之。熙载俸有常秩，赐赉尚优，而谓厨无盈日，无乃过欤！”命有司放免逐月所刻料钱，仍赐内库绢百疋，绵千两，以充时服。熙载上谢御批，其略曰：“水火相济，日月无私。既示其瑕疵，又怜其憔悴。免逋欠，使资于昏旦；赐绵绢，令御其风霜。神造虽洪，粉身未报。”熙载畜女乐四十余人，不加检束，恣其出入，与宾客聚杂。后主累欲相之，而恶其如此，乃左授右庶子，分司于外。入朝辞，复上表乞住阙下，其略曰：“朽作无生之骨，犹思仰慕于圣贤；生为万物之灵，宁使困穷于终老。魂凝象阙，心滞金门。程限至终，炎蒸渐盛。重念臣向化将逾于四纪，抒诚已历于三朝。无横草之功，可资于国；有滔天之罪，见绝于时。陛下以无为之心，示好生之德。虽一命已宽于时宥，叨感深仁；而再迁欲赴于遐征，转资阴德。今则羸形愈惫，壮志全消，老妻对面而呻吟，稚子环床而号哭。劲风振树，岂得长宁；逝水朝宗，不堪永诀。”表上，未报。于是尽出群婢，使之即散。后主乃喜，遂以为秘书监，群婢俄集如初，后主笑曰：“吾于今乃知卿之心矣。”复上书极陈时政，论古今之得失，书曰《皇极要览》。进中书侍郎。开宝三年，病卒，年六十三。后主深痛惜之，以为不得熙载为相，欲追赠之，前代有此否？潘佑以谓晋刘穆之[①]赠开府仪同三司，即其事也。乃赠熙载平章事，谥文靖，葬梅颐岗谢安墓侧。命集贤殿学士徐锴集其遗文，藏之书殿。熙载才高气逸，无所卑屈，举朝未尝拜一人。初，严续请熙载撰其父可求神道碑，欲苟称誉，遗

① 刘穆之（？—417），字道和，小字道人。山东莒县人，世居京口（今镇江）。在晋官至左仆射，侍中、司徒，南昌县侯。宋受禅，追封南康郡公，谥文宣。

珍货巨万，仍辍未胜衣歌妓姿色纤妙者归焉。熙载受之，文既成，但叙其谱裔品秩而已。续慊之，封还熙载，熙载亦却其赠，上写一阕《千泥金带》云："风柳摇摇无定枝，阳台云雨梦中归。他年蓬岛音尘断，留取樽前旧舞衣。"宋齐丘自署碑碣，每求熙载写之，熙载以纸塞鼻。或问之，对曰："文臭而秽。"喜提奖后进，每见一文可采者，辄自缮写，仍为播其声名。善谭论，听者忘倦。审音能舞，分书及画，名重当时，见者以为神仙中人。

江文蔚

江文蔚，字君章，许人也。长兴[①]中，举进士，为河南府巡官。避权势，有高才，与韩熙载名相上下，而熙载不持检操，文蔚既擅价一时，又励行义。自为郎时，南唐礼仪草创，文蔚撰述朝觐会同、祭祀宴饷、礼仪上下，遂正朝廷纪纲。烈祖殂，元宗以文蔚知礼，宜董治山陵事，除文蔚工部员外郎，判太常寺，以议葬礼，于是烈祖山陵制度皆文蔚等裁定。既葬，以文蔚迁居谏职，以熙载迁知制诰，论者美之，以为各当其任。文蔚之居谏职，秉心贞亮，不容阿顺，每将言事，必多左迁。时宋齐丘、陈觉、冯延巳、魏岑皆以容悦得用，人情不平。及宋齐丘拜为谏议大夫，而延巳为相，魏岑亦居近密，文蔚上表，其言曰："二公移去，未称民情；四罪尽除，方明国典。"表既上，而元宗恶其大言，黜为江州司马。延巳亦罢相，出镇临川，岑犹在职。未几，延巳自临川再入相，宣内制毕，拜恩阙下。百寮皆言曰："白麻甚嘉，犹不称文蔚表尔！"其直言见重于时者如此。后事亡。

① 长兴：后唐明宗李嗣源年号，长兴(930—933)共四年。

高　越

高越，燕人也。少举进士，清警有才思，文价蔼于北土。时威武军节度使卢文进有女美而慧，善属文，时称“女学士”。越闻而慕焉，往谒文进，文进以妻之。晋高祖即位，文进南奔，越与之俱来。初投鄂帅张宣，久不见知，越以鹰诗诮之曰：“晴空不碍摩天翮，未肯平原浅草飞。”遂至广陵，烈祖爱其词学。时齐国立制，凡祷祠燕饯之文，越多为撰之。烈祖受禅，累迁礼部员外、中书舍人。保大中，诸将取潭、衡，举朝称庆。越谓：“潭、衡一时之凶乱，取之甚易，观诸将之才，善守为难。”既而进兵于衡，遂杀李建期；进攻潭州，边镐遁归；诸郡皆降，举无遗策。是时越与江文蔚俱以辞赋知名，故江淮士者品论人物，皆以越为首称。旧史多亡。

孙　鲂

孙鲂，字伯鱼，性聪敏好学。唐末，都官员外郎郑谷①避乱归江淮，鲂从之游，故其所吟诗颇有郑体。及吴武王据有江淮，文雅之士骈集，遂与沈彬、李建勋为诗社。彬好评诗，建勋尝与彬议，时鲂不在席，以鲂诗诘之，彬曰：“此非有风雅制度，但得人间烟火气多尔。”鲂遽出，让彬曰：“非有风雅固然，而谓得人间烟火气，何耶？”彬笑曰：“子《夜坐》句云：‘划多灰杂苍虬迹，坐久烟消宝鸭香’，非炉上作而何？”阖座大笑。金山寺题咏，众因称道唐张祐有“僧归夜船月，龙出晓堂云”之句，欲和，众皆阁

① 郑谷：字守愚，江西宜春人。唐末僖宗光启(884—887)进士，官至都官郎中，故人称郑都官。有诗集《云台编》。

笔，鲂复吟云：“山载江心寺，鱼龙是四邻。楼台悬倒影，钟磬隔嚣尘。过橹妨僧定，惊涛溅佛身。谁言题咏处，流响更无人。”时人号为绝唱。有诗百篇行于世。烈祖召见，授宗正郎，卒。

呜呼！居田里中，而妄意天下者，士之志也。昔贾谊欲系单于之颈，远羁南越，未必践言，而志之所尚，岂易量耶？韩熙载初与李穀[①]相善，及熙载南奔，穀送至正阳，酒酣临诀，熙载谓穀曰：“江淮用吾为相，当长驱以定中原。”穀曰：“中国用吾为相，取江淮如探囊中物尔！”周师南征，命穀为将以取淮南，而熙载落魄，终不得大用。及其既死，假之名器，与夫生不能用，死而诔之者，何异哉！

① 李穀(903－960)，字惟珍，安徽阜阳人。先后在后晋、后汉、后周三朝为官，官至司空、门下侍郎，监修国史，封赵国公。厚重刚毅、善谈论，与韩熙载相善。

卷十四

儒者传下 第九

刘 洞

刘洞，庐陵人也。少游庐山，学诗于陈贶，精思不懈，至浃日不盥。贶卒，犹居二十年。诗长于五言，自号“五言金城”。后主即位，诣金陵献诗百篇。后主览其首篇《石城怀古》云：“石城古岸头，一望思悠悠。几许六朝事，不禁江水流。”后主掩卷，为之改容，不复读其余者。洞羁旅二年，俟召，不报，遂还庐陵，与同门夏宝松相善。陈贶尝谓己诗埒贾岛[①]，洞亦自言有浪仙之体，恨不得与之同时言诗也。虔州陈德诚[②]尤重其词学，及金陵受围，洞为诗署于路旁云：“千里长江皆渡马，十年养士得何人？”又云：“翻忆潘郎章奏内，阴阴日暮泪沾巾。”初，潘佑表云：“家国阴阴，如日将暮。”洞以讥之。开宝八年卒，其遗集行于世。

江 为

江为，其先宋州人，避乱建阳，遂为建阳人。游庐山白鹿

---

① 贾岛(779—843)，字阆仙，河北涿县人。屡举进士不第，后曾任主薄、参军等小吏。苦吟“僧推月下门”，误冲京兆尹韩愈车骑，韩赞用“敲”字，即“推敲”用典之源。有《长江集》。

② 陈德诚，字仲德，建安人，陈诲子。历任池州、和州等地刺史、虔州节度使。出入戎马，手不释卷，篇咏词章，盛传于世。

洞，师事处士陈贶，居二十年，有风人之体。时金陵初复唐制，以进士取人。为有《题白鹿寺》诗云：“吟登萧寺旃檀阁，醉倚王家玳瑁筵。”元宗南迁，驻于寺，见其诗，称善久之。为由是傲肆，自谓俯拾青紫，乃诣金陵求举，屡黜于有司。为怏怏不能自已，欲束书亡越，而会同谋者上变，按得其状，伏罪。为尝吟《隋堤柳》诗云：“锦缆龙舟万里来，醉乡繁盛忽尘埃。空余两岸千株柳，雨叶风花作恨媒。”盛传于时。

汪台符

汪台符，歙州人也。能文章，通古今，有王佐才。闻烈祖移镇金陵，台符上书陈民间利害十余条，大率以富国阜民为务，烈祖善之。而宋齐丘疾其才高，屡为诋訾，台符由是不平。齐丘始字超回，台符贻书诮之曰：“闻足下齐大圣以为名，超亚圣以称字。”齐丘大惭，改字子嵩。因使亲信诱台符乘舟痛饮，推沉石城蚵蚾矶①下。昇元中，限民田物畜高下为三等，科其均输，以为定制。又使民入米请盐，货鬻有征税，舟行有力胜，皆用台符之言。

史虚白

史虚白，山东人。世儒学，与韩熙载友善。唐晋之间，中原多事，遂因熙载渡淮。闻宋齐丘总相府事，虚白放言曰：“彼可代而相矣！”齐丘欲穷其伎，因宴寮属而致虚白。酒数行，出诗百咏，俾赓焉。恣女奴玩肆，多方挠之。虚白谈笑献酬，笔不停缀，众方大惊。及见烈祖，说之曰：“今据江淮，摘煮山海，人民

---

① 蚵蚾矶：位于南京石头城，“鬼脸城”段西侧。

丰阜。咸、洛之地，陛下之先业，世乱久矣。人思旧德，反旆长驱，易若屈指。”烈祖虽善其说，然以初基，方辑睦邻境，未暇北顾，乃署郡从事。虚白耻其初言之失，意颇不平，遂南游庐山，以诗酒自娱。元宗即位，韩熙载荐之，召见，问为治之理。虚白曰：“臣草野之人，渔钓而已。邦国大计，不敢预知。”因醉溺于殿陛。元宗曰：“真处士也。”赐田五顷，遣还。及画江为界，虚白为《割江赋》以诮云：“舟车有限，沿汀岛以俱闲；鱼鳖无知，尚浮游而不止。”元宗南迁，至星子渚，复召至，问：“处士隐居，有所得乎？”对曰：“臣得《渔父》一联云：‘风雨掇却屋，全家醉不知。’”元宗变色久之，复赐粟帛遣归。卒于家，年六十七。

郭昭庆

郭昭庆，其先为庐陵禾川人。父鹏，保大初进士，官至大理司直。或告故南平王钟镈[①]夫人与僧通奸，大理卿萧俨按法议徙，鹏曰：“法之行，自贵者始。”遂曲法诛之，人皆以为冤。会宋齐丘得罪，鹏坐党免官卒。昭庆博通经史，拟《元经》作《唐春秋》三十卷，著《治书》五十篇，皆引古以励今，献之，为左右所沮，俾就举进士。昭庆不平，复上书曰：“臣所述皆先圣之遗旨，以惩劝褒贬为任，其余摘裂章句，补缀雕虫，臣自少耻而不为。”因得召对，补扬子尉，不受，复归禾川。邑宰贤之，修谒往候，昭庆不与之见，宰衔之。会阅编户，乃籍昭庆为新拟军。昭庆复走金陵，再献经国治民论各十余篇，大抵皆指述池州、采石诸要

① 钟镈(？—906)高安人，初据抚州，任刺史。复据洪州，为镇南节度使，封南平王。主政江西二十余年。

害备御之处，及东海隅可以拓之之略，后主览而悦之，遂署为著作郎。常以才名自居，然朝无引援，久之不迁。开宝岁，贡方物笺表，及使命、廷劳、燕饯之辞，一出于昭庆，皇朝诸公亦推其辞藻。徐铉、徐锴尤嫉之。锴前通谒而不署名衔，昭庆怒，乃诟而掷之，由是有隙。昭庆之居，与客将李师义为邻，而师义与锴为姻娅，锴因令师义召昭庆饮，潜置鸩于酒。昭庆饮之不疑，诘旦入朝，及阶而仆，扶出遂绝，诸窍皆出血。昭庆前所献《治书》，内有《禁绝》三篇，多天文、孙吴之术，及经国论等，皆行于世，唯《唐春秋》为铉、锴所匿。

康仁杰

康仁杰，泉州人也。少祝发为僧。喜儒学，颇自励，因游江淮。会陈德诚出次池阳，仁杰以诗投之，有"红旆渡江霞蘸水，青蛇出箧雪侵衣"之句。德诚勉令就仕，乃荐仁杰于执政者。仁杰易儒服，至金陵。会群公旬沐，宴昇元阁，仁杰造席，和登阁诗，有"云散便凝千里望，日斜长占半城阴"之句，座皆大惊。后主闻之，问左右曰："仁杰如何人？"或对曰："亦诗中苦吟者也。然其远人慕化而至，宜姑息而已。"时陈洪进[①]据漳、泉，遂召问其风土民俗，仁杰对答无滞，仍献所业。授鄂州文学，补溧阳簿。考满，出吉州，括量屯田。仁杰视肥硗、稽田畴，无不允当。性循素俭，门无私谒，其所进待，乃儒生名士。吟啸终日，曾不少怠。晚年弥苦其志，尝以诗召嘉禾峰僧云："只在此山宁

① 陈洪进(914—985)，字济州，福建莆田人。五代末期，为割据泉州、漳州的平海军节度使。入宋，纳可属州县，宋太宗赐诏嘉喻，以武宁军节度使，同平章事、留京师奉朝请。雍熙二年(985)病逝，赠中书令，谥忠顺，追封南康郡王。

有意，向来求佛本无心。”时皆称善。入授汾阳令。及金陵败，仁杰亦卒。

伍乔

伍乔，庐江人也。性嗜学，以淮人无出己右者，遂渡江，入庐山国学，苦节自励。一夕，见人掌自牖隙入，中有“读易”二字，倏尔而却。乔默审其详，取《易》读之，探索精微。迨数年，山下有僧夜梦人指大星曰：“此伍乔星也。”僧与乔初不相知，达旦入国学，访问得乔，喜甚，勉之进取。乔以匮乏告，僧辄罄橐予之，乔出与郡计。明年春，试《画八卦赋》、《霁后望钟山诗》。是岁同试数百人，初中有司之选者，必延之升堂而加慰饮焉。先是宋贞观登坐，张洎续至，主司览程文，遂揖贞观南坐，而引洎西首。酒数行，乔始上卷，主司读之惊叹，乃以贞观处席北，辟洎居南，登乔为宾首。覆考榜出，乔果第一，洎第二，贞观第三，时称主司精于衡鉴。元宗命勒乔程于石，以为永式。署宣州幕府，考满，迁考工郎。卒于官。

周彬

周彬，禾川人也。杜门读书，不治产业。其妻让曰：“君家兄弟皆力田亩，以致丰羡，而独不调，玩故纸以自困，宁有益耶?”彬笑曰：“耕田不如耕道，非儿女子所知也。”闻烈祖镇金陵，招辟儒生，彬因献所习，烈祖善之。禅代之后，制度草创，无取士之科。会有事于南郊，彬著《郊望论》数千言，广陈前古得失，上之，署诸卫巡官。元宗与寿王景遂贻书交辟，置之门下，赐予颇优。告归省母，以所得金玉缯币陈列于庭，彬顾其妻曰：“伯叔田亩孰愈?”妻曰：“此男子之事，非妇人所能知。”彬素鄙于乡里，至是犹有嫚言者，亲友以告，彬笑曰："昔鲁人俚孔子，谓之东家丘，况庸人乎？"授大理司直，以母忧归葬。谒禾川令，直造其厅署，令诘之曰："君虽朝省直寮，其如桑梓何？"彬怒，因自誓曰："吾不归令于兹，有如白日！"服阕，诣建康，以前官出宰禾川，前令腼颜而去。为政廉平，乡里率化，有争讼者，以理和解之。秩满，邑人诣郡乞留，连任七考。累迁尚书郎，卒于官。

夏宝松

夏宝松，庐陵吉阳人也。少学诗于建阳江为，为羁旅卧病，宝松躬尝药饵，夜不解带。为德之，与处数年，终就其业。与诗人刘洞俱显名于当世，百胜军节度使陈德诚以诗美之曰："建水旧传刘夜坐，螺川新有夏江城。"盖刘洞尝有《夜坐》诗，最为警策，而宝松有《宿江城》诗，云："雁飞南浦砧初断，月满西楼酒半醒。"又："晓来羸骥依前去，目断遥山数点青。"故德诚纪之，其为当时延誉类如此。晚进儒生，求为师事者，多赍金帛，不远数百里，辐辏其门。宝松黩货，每授弟子，未尝会讲，唯贽帛稍厚者，背众与议，而绐曰："诗之旨诀，我有一葫芦儿授之，将待价。"由是多私赂焉。

徐　锴

徐锴，字楚金，与兄铉同有大名于江左。锴第进士，累迁屯田郎中、知制诰、集贤殿学士。铉、锴兄弟俱参近侍，而其文相轧，议者方晋之二陆云。锴著《质论》十余篇，后主札批其首；后主文集，复命锴为序。君臣上下，互为贲饰，儒者荣之。锴以开宝八年卒于金陵围城中，卒之逾月，南唐亡。铉略附归明传。

卷十五

隐者传 第十

呜呼，古之所谓隐士者，道德足乎己，而时命大谬，则泊然自适于性命之真，而非违物离人以为高也。物与人莫为之累而已矣，此伯夷、叔齐、朱张[①]、柳下惠之徒，所以有德于天下后世也。自秦、汉而下，士之隐者，虽不足以语此，而前史载之详矣。南唐之士，仅可观者，叙次于左，作《隐者传》。

江梦孙

江梦孙，字聿修，浔阳人也。博综经史，儒行高洁。烈祖辅政，辟置门下，荐为秘书郎。久之，梦孙自陈迂儒，无所裨益，且平生读书，意在施惠于民而后已，因求一县以自效。烈祖曰："县邑非所以优贤者。"不许，固求之，乃补天长令。烈祖召之，从容示以诰，指庭下地曰："今日受此，明日即趋走于彼矣，如何?"梦孙曰："苟遂素志，无恤其他。"乃授之。至县，吏告曰："正厅甚凶，前令居之，鬼怪毕见。"请陈设便厅。梦孙固不可，曰："长吏不居正厅，非礼也。"礼上之夕，若数十人倾倒几案，叫啸甚喧。梦孙从容整衣冠，咒曰："梦孙为县令，合居此厅，尔为

① 朱张：西周时期，著名隐士。孔子在《论语·微子》中，曾把他列入古代"七大逸民"。

鬼神，应有祠宇、丘墓，安得争此！”即命复陈设如初，自此寂然无患，后人安之。其治以简易仁恕为事，邑人大悦。逾年称疾，求归田里，躬勤耒耜。事继母甚谨，每晨夜，具洁服，问安侍膳讫，乃集诸生讲礼。朝廷累召不起。保大中卒，年八十五，赠国子司业。

沈　彬

沈彬，筠阳高安人。读书，能诗。属唐末乱离，南游湘、湖，隐于云阳山十余年，与僧虚中、齐己为诗侣。迄不遇世，乃历名山，治方术。烈祖镇金陵，命所属郡县辟致之。彬知其欲取吴国，因献《画山水》诗云：“尺素隐清辉，一毫分险阻。”授校书郎，入辅吴世子琏于东宫。未几乞罢，以尚书郎致仕。禅代之后，绝不求进，高安士人多为给其粟帛。元宗南迁，彬年逾八十，诣南昌求见，曰：“臣自处山野，世事不预。臣妻谓臣曰：‘汝主人郎君今为天子，冀接清光，死且不朽。’”元宗优礼待之，赐粟帛遣还，署其子元为秘书省正字。彬尤工诗，而未尝喜名，如《再过金陵》诗云：“玉树歌终王气收，雁行高送石城秋。江山不管兴亡事，一任斜阳伴客愁。”又《都门送客》诗云：“岸柳萧疏野荻秋，都门行客莫回头。一条灞水清如剑，不为离人割断愁。”皆盛称于士大夫。惜乎简编散失，不得见其全集。彬学方外之术，迄无所异，唯手植一树，命诸子曰：“吾死葬此。”及彬卒，发之，得石椁一，上有篆刻八字，云“开成[①]二年，寿椁一所”，因就葬焉。

---

① 开成：唐文宗李昂年号。(836－840)，共五年。

陈 贶

陈贶，南闽人。性沉澹，志操古朴，而不苟于仕进。一卧庐山三十年，学者多师事焉。元宗以币致之，布裘鹿鞹，进止闲肆。因献《景阳台怀古》诗云："景阳六朝地，运极自依依。一会皆同是，到头谁论非。酒浓沉远虑，花好失前机。见此尤宜戒，正当家国肥。"元宗称善，欲授以官，贶固不受，赐粟帛，遣还旧隐。卒年七十。

陈 陶

陈陶，世居岭表，以儒业名家。陶挟册长安，声诗历象，无不精究。常以台铉之器自负，恨世乱不得逞。昇元中至南昌，将诣建康，闻宋齐丘秉政，凡所进擢，不惬士论，自料与齐丘不合，乃筑室于西山，日以诗酒为事。会宋齐丘出镇南昌，陶志不屈，而齐丘亦不为之荐辟。陶作诗自咏曰："一顾成周力有余，白云闲钓五溪鱼。中原莫道无麟凤，自是皇家结网疏。"陶少与水部员外郎任畹相善，尝以诗贻之云："好向明朝荐遗逸，莫教千古吊灵均[①]。"元宗虽闻其诗名，而未及召之，会有星孛，陶叹曰："国家其几亡乎！"既而果失淮甸。陶所居幽邃，性尤嗜鲊[②]。元宗南迁，至落星湾，欲有所问，而恐陶不尽言，因伪使人卖鲊至陶门。陶果出啖鲊，喜甚。卖者曰："官舟抵落星矣，翁知之乎？"陶笑曰："星落不还。"元宗至南都，未几殂，不还之说果验。陶后以修养炼丹为事，有诗云："乾坤见了文章懒，龙虎成来印绶疏。"又云："长爱真人王子乔，五松山月伴吹箫。任他浮世悲

---

① 灵均：屈原（前340—前278）在《离骚》中自称"灵均"，后世人遂以称之。

② 鲊：腌制的咸鱼。

生死，独驾苍龙入九霄。”又《题徐稚[①]亭》诗云：“伏龙山横洲渚地，人如白蘋自生死。洪崖成道二千年，唯有徐君播青史。”陶所遁西山，先产药物数十种，陶采而饵之。开宝中，尝见一叟角发被褐，与老媪货药于市，获钱则市鲊对饮，旁若无人。既醉，行舞而歌曰：“蓝采禾，蓝采禾，尘世纷纷事更多。争如卖药沽酒饮，归去深崖拍手歌。”或疑为陶之夫妇云。

许　坚

许坚，不知其家世，或曰晋长史穆之裔。形陋而怪，或寓庐阜白鹿洞。桑门道馆，行吟自若。帻巾芒屩，短襕至骭，亦无赍装。唯自负布囊，常括不解。每沐浴，不脱衣就溪涧，出而暵之。或问其故，则言：“天象昭布，虽白昼亦常参列，人自昧之尔，其可裸裎乎？”坚癖嗜鱼，或得大鱼，则全体而烹，不加醯盐，熟即啖之。游溧阳下山寺，吟诗曰：“地枕吴溪与越峰，前朝恩赐云泉额。南唐以大唐为前朝。竹林层建雁塔高，石室幽栖几禅伯。荒榛芜汲苍苔深，古池香泛荷花白。客有经年说二林，落日猿啼情脉脉。”后或居茅山，或入九华，适意往返，人不能测。旧与樊若水相善。若水北度后，因转挽于江南，遇坚于简寂观，勉之以仕，则颦蹙不答。坚尝至阳羡，人不之识。一日，涉西津，凌波阔步，若平地然，众昉神之，不知其所在云。

毛　炳

毛炳，丰城人也。好学不能自给，因随里人入庐山，每与诸生曲讲，苟获赀镪，即市酒尽醉。时彭会好茶，而炳好酒，或嘲

① 徐稚（79—168），字孺子，江西南昌人，东汉隐士。官府多次征辟、荐举，桓帝备厚礼征召，皆不应。时有“南州高士”之称。

之曰:“彭生说赋茶三斤,毛氏传经酒半升。”炳闻之,小哂而已。自后或游螺川诸邑,遇酒即饮,不醉不止。尝宿于酒家,大醉,误坐炉炭,主人出之。翌日尻痛,炳疑因酒乖忤,遭其笞挞,讯之乃知。又尝醉于道旁,有里首张谷掖之而起,炳瞑目曰:“起予者为谁?”对曰:“张谷也。”炳呵之曰:“毛炳不干于张谷,张谷不学于毛炳。醉者自醉,醒者自醒。醒醉之道,两者固殊,安用掖为!”复呵之曰:“汝可速去,无挠予卧!”由是人颇重之,是真全于酒者也。后聚生徒数十,讲诵于南台山,迨数年。自署于斋壁云:“先生不在此,千载只空山。”因大醉,一夕卒。有诗集传于世。

颜诩

颜诩,鲁郡公真卿之后。唐末,徙居木川。诩少孤,兄弟数人,事继母以孝闻。雅辞翰,谨礼法,多循先业。迨末年,一门百口,家法严肃,男女异序,少长敦睦。子侄二十余人,皆服儒业。每延宾侣,寓门下者常十数,诩晨暮延揖,饮馔燕笑,未尝不躬自接对。虽遇姻戚冲孺,亦为之冠带尽礼。就所居第,依泉石,筑亭榭,开轩四敞,则碧鲜丛绕,翠微环列,萧爽之趣,杜绝尘嚣。水部员外郎孟宾于尝以诗美之云:“园林萧爽闻来久,欲访因循二十秋。此日开襟吟不尽,碧山重叠水长流。”又司农卿何蒙、殿中丞蒯鳌、史馆孙伯纯,各为诗序,以述其幽隐。诩闻子弟有与宾客戏者,未尝面责,手写韦昭《博奕论》署于屋壁,使之自愧。家人未尝见其喜愠。初,季父非理据乡人桑,诣邑求治,令尹下诩评之,诩偿以己缗,其讼遂止。卒年七十余。

郑元素

郑元素，京兆华原人也。少习诗礼，避乱南游，隐居于庐山青牛谷，高卧四十余年，采薇食蕨，弦歌自若。构橡剪茅于舍后，会集古书，殆至千余卷。元素，温韬[①]之甥也，自言韬发昭陵，从埏道下，见宫室制度，闳丽不异人间，中为正寝，东西厢列石床，床上石函中有铁匣，悉藏前世图书，钟、王墨迹，纸墨如新，韬悉取之。韬死，元素得之为多。

呜呼，业不素修，自群鹿豕，斯谓之隐者，樵夫牧子之事尔！非吾所谓隐也。故隐士、儒术，出处虽异，易地则皆然。或曰：江梦孙、沈彬，尝仕矣，而列于隐士；刘洞、史虚白，尝隐矣，而列于儒术，何哉？曰：彬与梦孙，志于隐而仕，不得已焉；洞与虚白，志于仕而隐，不得已焉。予何容心乎，亦各成其志而已。至如陈陶，翻然有改，而所得多矣，志不足言之也。

---

① 温韬：京兆华原人。少为盗，后事李茂贞，为华原镇将。在镇七年，其境内的唐诸陵，悉发掘之。

卷十六

义死传上 第十一

呜呼，大哉君乎，犹天之覆焉，犹地之载焉。天地以为笼，而东西南北，鬼方殊域，无出于天地之度内，则君臣之义，孰可逃哉？此事君者无适而非君也。且人情莫不喜安存而恶危亡也，及以身事人，而与君同戚，则由是而循义，由是而死节，将以终吾身而已，又岂偷生忍耻以获罪于天下后世欤？《礼》曰："大夫死众，士死制①。"子思曰："如伋去，君谁与守？"②此君臣之义尽矣。虽然，仕以行道，而致君为尧、舜，跻时为太平者，君子之所欲也。所欲者不可必得，则不择地而安之，不临难而免之者，亦所以行吾道也。故唐、虞之际，君臣都俞于庙堂之上，则所谓守节循义者，存之而弗试。不幸罹于乱世，而人君戚戚于忧劳之地，则上焉学士大夫，下焉武夫悍卒，披肝沥胆，夷险一节，忠义皎然，贯诸白日之上，是亦衰世之意也。魏郑公③所以愿为良臣而不愿为忠臣者，可谓有意于致君矣。呜呼！三代而下，缙绅先生多能言之。五代之际，霸据角立，君无世臣，臣无定主，

① 此句出自《礼记·曲礼下》。

② 此句出自《孟子·离娄下》。

③ 魏郑公：即魏征（580—643），字玄成，河北曲城人。唐代著名诤臣。曾为唐太宗作良臣、忠臣之辨。

而窥神器为蘧庐，则士之全节者无几。刘仁赡之守孤城，孙晟之不负永陵一抔土，与夫张彦能、皇甫晖、孟坚、陈乔、刘彦贞、朱令赟、胡则之徒，虽非蹈道，有足称者。作《义死传》。

刘仁赡

刘仁赡，字守惠，彭城人也。父金，事吴武王，为濠、滁二州刺史，以骁勇知名。仁赡为将，轻财重士，法令严肃，颇通兵法。事烈祖，为左监门卫将军，黄、袁二州刺史，拜武昌军节度使。平楚之役，仁赡以舟师克巴陵，抚纳降附，人皆悦集。入掌亲军，出镇寿州。先是，每岁淮水浅涸，分兵屯守，谓之“把浅”。监军吴廷绍以为境上无事，虚费粮用，悉罢之，仁赡以为不可。未及报，而周师猥至，郡人皆恐。仁赡神气闲暇，部分守御，有若平常，群情乃安。《五代史》，周师先至，而后以仁赡守寿州。此先除仁赡，而后周师至。据《江南录》、《野录》、《遗事别录》皆与此同，当以此书为是。彦贞辈不用其言，以至丧败，故仁赡军令益信。用周饶计破城南大寨，克获甚众。仁赡按兵城守，世宗围之数重，以方舟载炮，自淝河中流击其城；又束巨竹数十竿，上施版屋，号为竹龙，载甲士以攻之；又决其水寨入淝河，攻之百端。自正月至于四月，不能下，而岁大暑，淫雨弥旬，周兵营寨，水深数尺，淮、淝暴涨，炮舟竹龙皆飘南岸，为唐兵所焚，周兵多死。世宗东趋濠梁，以李重进为庐寿都招讨使。元宗遣元帅齐王景达等列寨紫金山下，为夹道以属城中。而重进与张永德两军相疑不协，仁赡屡请出战，景达不许，由是愤惋成疾。明年正月，世宗复至淮上，尽破紫金山寨，坏其夹道，淮兵大败，诸将多见擒。而广陵冯延鲁、光州张绖、舒州周祚、泰州方讷、泗州范再遇等，或走或降，皆不能守。江南君臣亦皆震慑，奉表称臣，愿割土地、输贡赋，以效诚款。而仁赡独坚守不可下。世宗使江南使者孙晟等至城，喻仁赡降。晟望城中，改其辞呼曰："无隳臣节，援兵即至矣！"仁赡于是城守益坚。仁赡子崇谏，幸其父病，谋与诸将出降，仁赡立命斩之。监军使周廷构哭于中门，救之不得，于是士卒皆感泣，愿以死守。三月，仁赡病甚，喘喘垂死。其副使孙羽诈为仁赡书，以城降。世宗命舁仁赡至帐前，叹嗟久之，赐以玉带、御马，复使入城养疾，是日卒。世宗制曰："刘仁赡尽忠所事，抗节无亏，前代名臣，几人可比？予之南伐，得尔为多。"乃拜仁赡检校太尉、兼中书令、天平军节度使。仁赡不能受而卒，年五十八。世宗遣使吊祭，丧事官给，追封彭城郡王。以其子崇赞为怀州刺史，赐庄宅各一区。元宗闻仁赡卒，哭之恸，及赠太师，焚其诰曰："魂兮有知，鉴周惠耶，歆吾命耶！"夜梦仁赡拜墀下，若受命然。寿州故治寿春，世宗以其难克，遂徙城下蔡，而复其军曰忠正，曰："吾以旌仁赡之节也。"

孙 晟

孙晟，初名凤，又名忌，密州人也。好学，有文辞，尤工于诗。少为道士，居庐山简寂宫。尝画唐诗人贾岛像，置于屋壁，晨夕事之。简寂宫道士恶晟为妖，以杖驱出之。易儒服，北之赵、魏，谒唐庄宗于镇州，庄宗以晟为著作佐郎。天成中，朱守殷镇汴州，辟为判官。守殷反，伏诛，晟乃弃其妻、子，亡命陈、宋之间。安重诲[1]恶晟，以谓教守殷反者晟也，画其像购之，不可得，遂族其家。晟来奔于吴。时烈祖辅政，多招四方之士，得晟喜甚。晟为人口吃，遇人不能道寒暄，已而坐定，谈辩风生，听者忘倦。烈祖尤爱之，引与计议，多合意，以为右仆射，与冯延巳并相元宗。晟轻延巳为人，尝曰："金碗玉杯而盛狗屎，可乎？"晟事烈祖、元宗二十余年，官至司空，家益富骄。每食不设几案，使众妓各执一器，环立而侍，号"肉台盘"，时人多效之。周世宗征淮，元宗惧，始遣泗州牙将王知朗至滁州，奉书以求和，世宗不答。又遣翰林学士钟谟、文理院学士李德明奉表称臣，不答。乃遣礼部尚书王崇质，副晟奉表。谟与晟等皆言："唐愿割寿、濠、楚、泗、光、海六州之地，岁贡百万以佐军。"而世宗已取滁、扬、濠、泗诸州，欲尽取淮南乃止，因留使者不遣，而攻寿州益急。谟等曰："愿陛下宽臣五日之诛，容臣还取江南表，尽献江北诸州。"世宗许之，遣供奉官安宏道押德明、崇质南还，而谟与晟皆见留。德明等既还，元宗悔，不肯割地。世宗亦以暑雨班师，留李重进、张永德等分攻庐、寿州兵，所得扬、泰诸州皆不能守，唐兵复振。重进与永德两军相疑有隙，永德上书言重进反，世宗不听。初，晟之奉使也，语崇质曰："吾行必不免，然吾终不忍负永陵一抔土。"及崇质还而晟留，与钟谟俱至京师，馆于都亭驿，待之甚厚。每朝会入阁，使班东省官后，召见必饮以醇酒。已而周兵数败，尽失所得诸州，世宗忧之，召晟

---

① 安重诲(？—931)，五代后唐大臣，山西应县人。历左领军卫大将军，枢密使，兼中书令，护国节度使，总揽政事。

问江南事，晟不对。世宗怒，亟召侍卫军虞候韩通收晟下狱，及其从者二百余人，皆杀之。晟临刑，世宗犹遣近臣问之。晟终不对，神色怡然，正其衣冠，南望而拜曰："臣以死报国。"乃就刑。其后世宗颇怜晟忠，悔杀之。元宗闻晟死，赠鲁国公。

张彦能 郑昭业附

张彦能，为楚州守将。周师伐淮南，诸郡皆降，独楚州不可下。周人围之数月，城中兵食殆尽，而彦能与其副郑昭业城守益坚。世宗亲督兵洞屋穿穴而焚之，彦能、昭业战死，余众皆死，誓无降者。世宗屠其城，严兵以戍之。元宗嘉彦能忠，赠侍中。

卷十七

义死传下 第十二

皇甫晖

皇甫晖，山东人也。事石晋为密州刺史。契丹陷中原，晖与秦州刺史王建来归，授神卫军都虞候，俄拜江州节度使。周师伐淮南，晖率江州屯兵，会刘彦贞等，以拒周师。彦贞举止躁挠，失大将体，而晖独持重，军阵整肃，士乐用命，虽中原名将，往往惮之。及彦贞败死，天子徙正阳桥于下蔡，晖与林仁肇争之，不胜。周有神将，操钺一麾，晖众大败，收兵返走，且战且行，欲退保滁州。时滁州守将王绍颜先遁去，城中已乱，晖力战创重，死于天兵。子继勋，别有传。《宝训》曰：太祖擒皇甫晖于滁州，是受命之端也。《国光闲话》曰：太祖挺身力战，剑血服衲，既而擒晖。

孟　坚

孟坚，初事王昶①，为建州裨将。延政②与曦③有隙，坚知其必败，会边镐伐建阳，坚以其众先降，镐等资其策，以取南闽。及陈觉矫命攻晋安，坚隶冯延鲁军中。李仁达先求救于越，越以兵数千人入城助守，而江淮诸军大集，四面合势，晋安窘甚。

---

① 王昶(？ —939)，初名王继鹏。杀王延钧后继位，在位 4 年。

② 延政：王延政，生卒不详。

③ 曦：王曦(？ —944)，本名王延羲，继位后改名曦，在位 6 年。

越人沿海济师，旁岸阻泞，藉箦乃可登。南面诸军聚而射之，箦不得施。久之，延鲁曰："城所以不下者，恃此为援也。却吾军以诱之登岸，歼其援，城必降矣。"坚曰："敌至此已久，进退不可，求一战而死无路尔。今与之战，必致死力，可尽杀乎？不若坚壁以拒之。援兵远涉大海，不战而困，城可图也。"延鲁不听，挥兵少却。越人登岸未定，坚曰："可击矣。"延鲁又不听。既而合战，延鲁败走，坚死之，诸军皆溃。

陈　乔

陈乔字子乔，世为庐陵玉笥[1]人。祖岳，仕大唐为南昌观察判官，著《唐书》，自高祖讫于穆宗，为统纪一百卷，行于世。父濬，仕吴为中书舍人、翰林学士，撰《吴录》二十卷。乔幼敏悟，耽玩文史，以荫授太常寺奉礼郎。烈祖即位，颇器重之，迁尚书郎，拜中书舍人。元宗既失淮甸，耻其降号，欲授机务于太弟，而陈觉之徒，因有窥窃之计，辄谓元宗曰："宋齐丘尝赞烈祖变家为国，终成大业，是社稷之臣也。今若委以国事，庶宁边鄙，而陛下优游邃处，以养乔松之寿，遵鼎湖之躅[2]，亦千载一遇也。"元宗由是欲传位，而以齐丘辅政。乔闻之，排阁而入，谏曰："臣闻社稷之重，焉可假之他人。今且授之，则百官朝请，皆归齐丘，一民尺土，非陛下所有，尚能制齐丘而再有之乎？臣见

① 玉笥：江西省吉安市峡江县，有玉笥山。

② 乔松之寿，古代传说中的仙人王乔和赤松子，俱为长寿之人。鼎湖之躅，古代传说黄帝在鼎湖乘龙升天，唐顾况《相和歌辞·短歌行》："轩辕皇帝初得仙，鼎湖一去三千年。"

淖齿[1]、李兑[2]复作，而让皇幽囚于丹阳，亦陛下之所亲见。一日垂涕泣，求为田舍翁，不可得矣。”元宗愕然曰：“微卿，几落贼人彀中。”于是引乔入见后及诸子，指乔曰：“此忠臣也。他日国家急难，汝母子可托之，我死无恨矣。”传位之意遂止，而齐丘党与亦由此以败。及元宗南迁，留乔辅太子监国。后主即位，迁吏部侍郎、翰林学士承旨、门下侍郎、兼枢密使，遂总军国事，政由己出。李平、潘佑之死，亦因乔间焉。开宝中，太祖皇帝遣使召后主入朝，后主欲往，以乔为介。乔曰：“陛下与臣俱受先帝顾命，委以社稷大计。今往而见留，则国非己有，悔将何及？臣虽死，实腼面于先帝。”后主曰：“苟不得已而入，其如稽缓之让何？”乔曰：“臣请坐之。”后主由是连年拒命，皆乔为之谋也。及王师问罪，乔誓以死守。时降枢密院为光政院，乔为光政使，而张洎为副，同掌机密。尝语后主：“势虽迫蹙，二臣之节不隳也。”及城将陷，后主自为降款，俾乔与世子仲寓开城门纳之。乔遽归府，以款投于承溜[3]。后主促之愈急，乔入见曰：“自古岂有不亡之国乎？降无益也。乔意欲与后主俱死，而不忍言。臣请城下一战而死。”后主执其手，泣曰：“盍与我北归？”乔曰：“臣当大政，而致国家如此，非死无以报。臣死而归之以逆命之罪，则陛下保无恙也。”掣其手去，入视事堂，召二亲吏，解所服金带遗之曰：“吾死，掩尸无泄。”遂自缢，二吏撤榻瘗之。后主求乔不得，

---

① 淖齿（？一前283），战国时楚将，公元前284年，燕将乐攻破齐都。齐愍王逃亡。淖齿受楚顷襄王命救齐，后杀愍王，欲与燕分齐地，旋为齐人王孙贾所杀。

② 李兑：战国时赵国大臣。他和公子成一起，杀太子章，逼死赵武灵王，保惠文王，从此独专国政，由司寇升任相国，号奉阳君。

③ 承溜：屋檐下承接雨水的槽。

张洎曰:“已死北军矣。”语未毕,而王师遽入。后主俘于京师,太祖皇帝责其拒命劳师,果以陈乔固执为对。乔为人孝悌敦睦,宗族之贫者,分禄以给之,虽居权要,家无余赀。先丧其妻,后主为娶国戚,乔曰:“臣家素贫窭,不能成礼。”后主贷之,俾就婚焉。惜乎不知时变,死非其所,然亦忠于所事者也。金陵既平,改葬乔。初求乔尸不得,或见丈夫衣黄半臂,举一手障面,及发其瘗,以右手加额,如所见焉。

刘彦贞

刘彦贞,吴功臣信之子也。授大理评事,累迁屯田员外郎。父丧免,起为将军,遂历武职,连刺海、楚二州,长于吏事,声绩日洽。拜濠州节度使,承刘崇俊虎政之后,裁以法度,吏民颇服。及移镇寿春,渐自矜大,务为聚敛,以夺民利。寿春有安丰塘,溉田万顷,彦贞托以浚城隍,大兴工役,决水城下,而田亩皆涸,因急其征赋,民皆鬻田而去。彦贞取上腴者贱价买之,于是复涨塘水,岁积巨亿。赂遗权要,以沽声名,魏岑受贿尤剧。群议杂然推唱,以谓彦贞用兵如韩、彭[①],理民如龚、黄[②],倚之若长城。及周世宗征淮甸,命大将李穀攻自寿州。元宗使彦贞督诸路兵出拒周师,以江州皇甫晖为援。李穀曰:“吾无水战之具,而使唐兵断正阳浮桥,则我背腹受敌。”乃焚其刍粮,退屯正阳。是时世宗亲征,行至圉镇,闻穀军却,意唐兵必追之,遣李重进急趋正阳,曰:“唐兵且至,宜急击之。”彦贞等闻穀退军,皆以为

① 韩、彭:指汉初名将韩信,彭越。
② 龚、黄:指汉代著名廉吏龚遂,黄霸。

怯。裨将咸师朗曰："追之可大获。"刘仁赡使人喻之曰："君来赴援，未交战而敌人退，不可测也，慎勿追逐。君为大将，安危以之，脱有不利，大事去矣。"前军张全约亦曰："不可追。"彦贞曰："军容在我，汝辈何知？沮吾事者斩！"其举止躁挠，贪功自任类如此。比至正阳，而重进先至，未及食而战。彦贞施利刃于拒马，维以铁索，又刻木为兽，号"捷马牌"，以皮囊布铁蒺藜于地。周兵见而知其怯，一鼓败之，彦贞死于阵。初，彦贞鼓行，刘仁赡曰："未战而奔，必有伏兵。我师遇之，无遗类也。"乃号令军中，为城守之备。既而彦贞果败，诸军皆溃，惟张全约帅所领奔寿州。以其覆军丧地自彦贞始，故恩不及其子孙。交泰元年，赠彦贞中书令而已。

朱令赟

朱令赟，大将军业从子也。常从业军，初为小校。趫捷善射，椎首鹰目，军中号"朱深眼"。累迁神卫都虞候，会林仁肇卒，以令赟为镇南军节度使。王师问罪，后主召令赟赴难。令赟至湖口，与诸将议曰："今若前进，而王师据我后，则上江阻隔，退乏粮道，亟为虏矣。"乃以书招南郡留守刘克贞，代镇湖口。克贞病不能举，令赟迟之。后主命益急，使者旁午，令赟不得已，自浔阳湖缚大筏，载军粮、器用，战舰数百艘，欲断采石浮桥，直趋金陵。或说令赟曰："江水浅涩，不利舟筏，可俟盛夏，大江泛溢，顺流而下，势不可御。"令赟曰："业已进，俟盛夏乎？"遂帅水陆一十五万至虎蹲洲，与王师遇。令赟不识兵机，自乘大航，危檐重构，建大将旗帜，中流指麾。王师聚攻之。令赟先创巨舟，实葭苇，灌膏油，欲顺风纵火，谓之"火油机"。至此势蹙，乃以火油机前拒，而反风回煽，自焚大筏。水陆诸军不战而溃，令赟投火死，粮器俱焚，烟焰不绝者浃日。自是金陵绝无外援，以至于亡。

胡　则

胡则，为江州副使。金陵既下，后主归于京师，诸郡皆送款。则谓所部曰："吾等世受主恩，忍负之。"遂杀谋降者，婴城固守。朝廷遣使谕旨，犹不奉命。将军曹翰帅师围城三年，则誓以死守。城将陷，太宗皇帝嘉其尽节于所事，遣使喻翰："城下日，拒命之人尽赦之。"使人至独木渡，大风，数日不可济。及风定而济，则翰已屠江州无遗类，适一日矣。

呜呼，甚哉！死之难也。非死之难，而处死者为难也；非处死之难，而择其所处为尤难。是故或轻鸿毛，或重太山。其死虽一，而轻重之异者，在得其所与不得其所尔。刘仁赡辈于死生之际，亦庶几焉。

卷十八

廉隅传 第十三

呜呼，崇高富有，人之所欲也。其崇高乎天地之间者，若鷦鹩巢于一枝，一枝之外，无所居也；其富有于万物之上者，若偃鼠饮于长河，满腹之外，无所容也。天地亦大矣，万物亦众矣，一身之所为，曾未得其万万之一，而固已厌足，则一身之外，我何与焉！古之人，其志有在于是者。许由[①]闻其风而悦之，其无待于外，而傲睨于万物之上，则在我者皆道之真，而在彼者皆物之粗。道者吾之所固有，而物者时之所傥来。故榱题数尺，后车数十乘，不足以望吾泰山嵁岩之安也；食前方丈，侍妾数百人，不足以易吾饮水曲肱之乐也。古之人，其志有在于是者。王子搜[②]闻其风而悦之，大而天下，重而一国，有所不受，则修吾身，以标准于天下，不亦贵乎？驯致后世，丧己于物，忘真于利，则清风不竞，而廉隅遂丧。如姚景之取予有节，鲁崇范之一介不受，马文义之不入府库，许规之不顾遗金，皆后世之难能者。作《廉隅传》。

---

① 许由：古史传说中隐君子，与巢父同时。相传尧曾让位给他，他坚辞不受，逃隐于箕山，躬耕而食。因恶闻尧再任其为九州长，逃至颍水洗耳，以示清高。

② 王子搜：一名错枝、孚错枝。王子搜，是战国时越国的君王，在位 2 年(前 374—前 373)。《庄子・让王》："越王三世弑其君，王子搜患之，逃乎丹穴，而越国无君。求王子搜不得，从之丹穴，王子搜不肯出。"

姚　景

姚景，始事刘金[1]，为厩卒。金暇日至厩中，见景昼瞑，有二赤蛇悠扬景面，少顷入鼻窍而寤，金由是奇之，引为亲信。俄迁裨将，金以女妻之。烈祖亦重其为人，使典亲兵，历制置、刺史，拜清淮军节度使。寿春望镇，供亿滋厚，而主将敛率，浮于他郡，民尤苦之。景至，一切供亿悉罢去，常俸不给，刓衣弊冠，漠然古风。初，吏请家讳，景大署于纸尾曰"讳赃吏"，于是属吏拱手，稍知廉隅。诸子为牙将，景登城，见其长子导从甚盛，过市，市人皆废业辟路。景召其子，杖之。

鲁崇范

鲁崇范，庐陵人也。灶薪不属，而读书自若。烈祖初建学校，丁乱世，典籍多阙，旁求诸郡。崇范虽窭，九经子史，世藏于家。刺史贾皓就取进之，荐其名，不报，皓以己缗偿其直。崇范笑曰："坟典天下公器，世乱藏于家，世治藏于国，其实一也。吾非书肆，何估直以偿耶？"却之。皓谢曰："俗吏浼浊，以遗先生羞。不然，何以见高义！"会皓赴阙，与崇范俱至金陵，表荐之。召试东宫，授太子洗马。复守廉俭，唯食月俸，其余四时锡赉，非次优与，拜而弗取，悉班诸亲旧之贫者。元宗即位，尤重之，除东宫使。卒于仕。

马文义

马文义，彭城人也。父仁裕，事烈祖为使相。文义以荫授

---

① 刘金，（？—905）盱眙曲溪人。唐末光启年间，江淮兵乱，刘金率兵投杨行密，居三十六英雄之一。屡立战功，升团练使。

千牛备身，补浙西支使。建州之役，隶祖全恩为判官。既下建州，将吏皆入府库争取金贝，文义独收民籍归幕，故建虽经乱，而民皆安堵，文义与有力焉。迁赞善大夫，卒。子禹昌，甫二岁。妻朱氏，大将军业女也，赙赠一无所受。盖其廉如此，故能率其妻如此。

许 规

许规，高阳人。祖儒，义不食梁粟，自雍州襁负东走，隐江南山谷中，终身不出。儒生稠，稠生规。规好道家言，故不事事。尝羁旅宣、歙间，闻旁舍呻呼，就讯之，曰："我某郡人也。察君长者，且死，愿以骸骨属。"因指橐中黄金十斤，曰："以是交长者。"规许诺，敬负其骨千里，并黄金置死者家。父惊愧之，因献金，如亡儿言，以为许君寿。规不顾，竟去。闻者以规为长者云。子逖，事后主为监察御史，亦有清节，后仕皇朝。

苛政传 第十四

鸣呼，立天之道，曰阴与阳；立地之道，曰刚与柔；立人之道，曰仁与义。夫阴阳和同，刚柔相济，然后交通成和，而物生焉。人位其中，戴仁抱义，所以赞天地之化育也。苟忿戾残忍，而不全乎仁义，则犹天之独阳而无阴，地之独刚而无柔，其于生成也殆矣。古之圣人，所以德刑并用，而洽于民心者，凡以知此而已。循致后世，依势作威，倚法以削，则灭天地之德，刻生民之性，苛细惨烈，无所不为，可不痛哉！昔孔子适楚，有妇人哭于路而哀，使子贡问之曰："尔之哭，重有忧乎？"曰："然。"子贡问其故，曰："吾舅死于虎，吾夫又死焉，今吾子又死焉，是以哀之。”子贡曰：“何不去也？”曰：“无苛政。”孔子闻之，曰：“小子志之，苛政猛于虎。”作《苛政传》。

张　宣

张宣，字致用，少事吴为军校，隶大将柴斐。斐爱人戢下，诸将化之，唯宣颇肆暴戾，部曲苦之。从刘信围虔州，虔人乞师于楚，信遣宣及高审思分兵御之，大败楚师。累迁诸军都虞候，徙为左街使，皆以严酷为理。及镇鄂州，置地室以鞫罪人，罪无问小大，入之则无全活。未几，境内大治，道不拾遗。会雪中炭肆有斗者，录问之，言市炭一秤，而轻不及数。宣使秤之，信然，乃斩卖炭者，枭首悬炭于市。自是卖炭者率以十五斤为秤，无敢轻重。

李德柔

李德柔，字子怀，鄱阳人也。始为小吏，善伺人之私，捕获亡命，所至必得，时目为“李猫儿”。累迁大理卿，持法苛峻，狱有未成，则以芦席卷囚而倒置之，死者甚众。德柔本无学术，妄称博学，每呼马为“韩卢”，染工为“伶伦”。虽然，不附奸佞，善守职分，故终其天年。初，元宗欲置北寺狱，德柔谏曰：“世岂乏士，而俾阉竖得以弄其文墨耶？”其议遂寝，论者韪之。

呜呼，唐末大乱，方镇僭拟，悉以宦官给事。考诸前史，吴越最多，唯南唐载籍脱略，阉人内幸，用否轻重，不可悉考。案《浮屠传》，后主对佛像，燃命灯以决大辟，自夕至旦，火灭则诛之，不灭则贳之。由是富商大贾，遗赂内官，俾续灯，获免者甚众。而此又有置狱北寺之说，则阉竖之职，虽无考据，而伺隙抵巇，窃弄威德，亦已甚矣。幸而国君儒雅，未尝嬖幸，故不见斥于当时。

卷十九

诛死传 第十五

呜呼，三代之际，刑不上大夫，而霸者之命，亦曰无专杀大夫。则古之所以任大夫者，未尝不以贤；而所以待大夫者，未尝不以礼。及其乱世刑滥，故杀之之甚，有见于《春秋》者。书人以杀，杀以其罪也；称国以杀，杀不以其罪也。是以为人君而不通《春秋》之义者，必蒙首恶之名；为人臣而不通《春秋》之义者，必陷诛死之罪。后世君子，耻于自明，而为小人之所诬，则贤不肖骈死于市朝，而陷其君于首恶之名者，无世无之。良史所以直笔书之，使后世为臣者知法之不可犯，为君者知刑之不可滥。如陈蕃、李固①之死，君子观之，未尝不扼腕而叹之；董卓、王甫②之死，君子观之，未尝不怃然而快之。是其刑之当否，虽千载之后，犹足以感发人之喜怒也。南唐享国日浅，可名之士无几，而

① 陈蕃（？—188），字仲举，河南平舆人，东汉桓帝时，为太尉。灵帝时，任太傅，封高阳侯。与外戚窦武谋诛宦官，事泄，被杀。

李固（94—147），字少坚，陕西汉中人，东汉顺帝时，任荆州刺史，太山太守、大司农，常上疏直陈外戚、宦官擅权之弊。冲帝时，官至太尉，后为大将军梁冀所诬，被杀。

② 董卓（？—192），字仲颖，甘肃岷县人。少游羌中，相结豪强。灵帝时，任并州牧，昭宁元年（189），率兵入洛阳，废少帝，立献帝，专断朝政。袁绍起兵反对，他纵火焚洛阳周围数百里，挟献帝西迁长安，自为太师。初平三年（192），为王允、吕布所杀。

王甫（？—222），字国山，四川广汉人。好人流言议。刘璋时，为州书佐。后降刘备，任绵竹令，还为荆州议曹从事。夷陵之战中，死于秭归。

诛死大半，如宋齐丘、陈觉、李徵古、李德明、钟谟、张峦、褚仁规、王建封、范冲敏、皇甫继勋、林仁肇、潘佑、李平，皆死于非命。就其未死之行以考之，则知其所死者，不能无当否矣。然则南唐之亡，非人亡之，亦自亡也。为国而自去其股肱，譬诸排空之鸟，而自折其羽翮，孰有不困者哉！昔孔子适晋，至河而还者，闻晋杀窦鸣犊、舜华也，[①]故曰："刳胎而麟不至，覆巢而凤不翔。"[②]君子恶伤其类也。作《诛死传》。

褚仁规

褚仁规，字可则，广陵人也。始为军中小吏，勤干敏给，可被繁使。累除右职，出为海陵盐监使。海陵民好争讼，吏多不能直，乃以仁规兼县事。所部鱼盐竹苇之地，财用所出，国家每有大役，常赋不能给。仁规使行视民家所有，举籍取之，事讫，则以次偿备，罔有逋遗，以故民不甚怨，而供亿公费不知限极。烈祖喜之，及以海陵为泰州，迁仁规为刺史，不移治所，政亦如故。晚年国家少事，仁规掊克不已，多入私门，刑罚滋暴，加以奢纵。宣徽使陈觉有宿嫌，密启其状，侍御史王仲连亦劾之。烈祖阳不问，而阴欲罢其郡。会将东巡，乃召以为静江军都虞候，督舟师以从。及还都，遂留不遣。仁规方承恩遇，猥被摧折，不胜忿恚，乃上书自陈无过，而为谗佞所间，辞甚讦斥。烈祖下其事，命陈觉充泰州按鞫使。仁规闻觉往按，叹曰："吾尝孤立，所知者主上而已。陈觉首构吾事，而今以属之，何以自

---

① 事见《孔子家语》卷第五，《困誓》第二十二。

② 语出《文子·上礼》："刳胎焚郊，覆巢毁卵，凤凰不翔，麒麟不游。"

明。”遂自刎，即日收付大理，赐死。妻子徙和州。

王建封

王建封，少为军校，骁勇任侠。平建州，功冠诸将，拜信州刺史。为人刚骜，无所忌惮。及陈觉等矫命讨李仁达，建封帅师围福州，与诸将争功。城垂克而先退，诸军由此溃散，遂失晋安。元宗大怒，陈觉、冯延鲁皆被流窜，而建封不自安。元宗召还，慰抚之，使掌禁兵。建封怙罪，愈多僭侈。时魏岑、钟谟、李德明皆当清要，而岑诡佞尤甚，谟及德明亦轻脱，俱不协众望。户部员外郎范冲敏颇耿介负气，深疾岑等，而与建封相善，以建封方被宠任，可去群党，因劝建封上书，历诋用事者，请尽去群小，进用正人。元宗大怒，以其武臣握禁兵，不当干预国政，流建封池州，赐死于路，冲敏弃市。

李德明

李德明，不知何许人也。落魄负大节，累迁兵部员外郎、文理院学士。周世宗伐淮甸，下滁州。元宗惧，先遣牙将王知朗奉书于世宗，不答。未几，扬、光、舒、泰、蕲相次溃，元宗益惧，乃遣德明与钟谟奉表称臣，请献寿、濠、泗、楚、光、海六州，以求罢兵，世宗亦不答。德明与钟谟皆留行在。明年，元宗复使孙晟、王崇质削去帝号，愿效贡赋，世宗犹不答。于是钟谟等见世宗英武，而师甚盛，乃曰：“愿陛下宽臣五日之诛，还取江南表，尽献江北诸州。”世宗许之，遣供奉官安宏道押德明、崇质还江南，而谟、晟皆见留。德明等归，盛称世宗英武，元宗恶之。宋齐丘、陈觉等皆以割地无益，德明卖国以图利。元宗大怒，命斩德明于市，而益兵以拒周。初，德明与钟谟皆以尚书郎待制，恃恩用事，百官侧目，号为“钟李”。及谟还，因覆案齐丘党与，追赠德明袁州刺史。

皇甫继勋

皇甫继勋，江州节度使晖之子。少以父荫为军校，常从晖军中。滁州之役，晖力战甚急，继勋欲遁，晖操戈击之，弗及，遂逸。以晖死事，故继勋恩泽优渥，累迁将军，池、饶二州刺史。性谨厚，勤于为理，吏民安辑。入为诸军都虞候，数年，南唐老将亡殁殆尽，继勋虽少，遂拜大将军。赀产优赡，而锡赉颇优，于是营第宅，侈车服，畜妓乐，备珍美。择近郊之地，植花构亭，珠翠环列，拟于王室。及王师来伐，继勋保惜赀富，无效死之志，欲后主速降，而口不敢发，每于众中，但言国数穷促而已。或闻败绩，则怡愉窃喜；或有敢死之士请出效命，则杖而拘之。由是军情忿恚，百姓切齿。近臣屡以为言，后主优容之。后托以军旅，稀复朝见，召之亦不至。后主于是不能容，乃亲巡城劳军，还诱继勋入宫，责其流言不用命之状，收付大理。始出门，而众军之士云集，脔割继勋，顷刻而尽。

呜呼，天属之厚，不可薄也。于其所厚而薄之，则其它无不薄矣。皇甫继勋叛父于垂死之际，及其事君，又可知也。忠孝，人之大伦，而不忠不孝者，无容于天地之度内，然则继勋之死，岂特人怨哉！

钟　谟

钟谟，字仲益，会稽人也。侨建康，少爽悟，博学属文，颖脱时辈。元宗宠用之，拔自下位，累迁吏部郎中。显德中，周师下扬、光等州，元宗遣谟与李德明奉表于世宗，未报，而孙晟、王崇质继至，谟等谓世宗曰："唐畏陛下神武，保无二心，愿归取表，尽献淮甸之地。"世宗许之，遣德明、崇质还江南，而晟与谟皆留行在。既而江南拒命，世宗大怒，案诛晟及馆中二百余人同死，独赦谟，以为耀州司马。谟在耀州，以其诗贻州将，其略云："翩翩归尽塞垣鸿，殷殷惊开蛰户虫。渭北离愁春色里，江南家事战尘中。"江南暨周平，世宗召谟，授卫尉卿，放还国。谟作诗以献，其略云："三年耀武群侯服，一日回銮万国春。南北通欢永无事，谢恩归去老陪臣。"世宗览而悦之，赐黄金五百两，意将以间其君臣也。元宗果衔之。谟归，为礼部侍郎、判尚书省，国政悉秉于中台，相府但纠辖而已。谟既秉权，铸大钱，改制度。恃其才能，挟中朝之势，尤横恣不法。世宗每遣使至，必赐诏存问。时太子冀参总庶政，谟荐其所知阎式为太子司议郎，百司关启，多由之。初，李德明与谟善，德明之死，给事中唐镐与宋齐丘同议，至是，镐不自安，又颇纳贿。谟知之，面诘其状，镐大惧。及谟复使周，以世宗之言，覆按齐丘党与，陈觉、李徵古以下皆伏诛，镐益惧。会信州刺史张峦入为天威军都虞候，尝诣谟第相欢，或至夜分。镐时掌枢要，因构谟与峦谋为不轨，元宗疑之。太子冀卒，从嘉以次当立，而谟曰："从嘉轻肆，请立纪国公从善。"元宗大怒，尚以世宗之故，未即加诛，乃罢其职，为国子司业。及世宗崩，遂贬谟著作佐郎，饶州安置，遣中使领侍卫军十人，即日监督上道驰驿，发遣家属，自后而去。谟时病风眩，作绝句十余章，其辞皆凄怆。至郡月余，遣人就缢杀之。谟尤好古碑，奉使中原，每道旁碑碣，必驻马历览。尝见碑趺大碣，半没水中，谟欣然解衣，以手扪揣，默记其文，他日水涸，以所录本就证之，无差，其爽迈如此。初，使者至，谟望拜曰："臣无负国。"使者曰："诏问孙晟独死状。"谟复拜曰："臣闻命矣。"遂就缢。峦亦赐死于宣州。

潘　佑

潘佑，散骑常侍处常之子。气宇孤峻，闭门读书，不营赀产。文章赡逸，尤敏于议论，时誉蔼然。中书舍人陈乔、户部侍郎韩熙载荐之，以秘书省正字释褐，俄直崇文馆，辅后主于东宫。后主即位，迁虞部员外郎、史馆修撰。后主纳后，历代久无其礼，开元礼亦多阙。博士陈致雍习知沿革，随事补正。后主使徐铉与佑参议，佑立论以沮之，文采可观。后主奇其议，颇见施用，由是恩宠日洽，改知制诰。明年，居中用事，极论时政，无所回避。后主手札敦喻，佑七表不止，因请休官远去，乃徙佑专知国史，悉罢其职。时江南衰削，国步多艰，佑所上谏疏，有"家国阴阴，如日将暮"之辞，后主恶之。又其所荐黜，与时辈不协，因诬以他事，劾佑。佑自刭，母及妻子徙饶州。佑自言其母方娠，梦古衣冠人告曰："我颜延之也，与夫人为子。"及生，七岁始能语，曰："儿误伤白龙，为上帝所罚也。"因吟诗曰："只因骑折玉龙腰，谪在人间三十六。"至是，果以三十六岁卒。

李　平

李平，初为河中李守贞从事。汉隐帝立，守贞据城叛，隐帝命周太祖讨之，守贞遣平与朱元奉表来乞师，未返而河中平，遂留江南。越人寇毗陵，平自言有武略，因以为将，固辞，乃迁卫尉少卿。使领偏师巡江北，进逼蕲州，周师先遁，平入保其城，即以为蕲州刺史。会朱元叛，元宗恐其不自安，召之还都。使者失旨，锁平送建康。元宗慰勉之，拜建州节度副使，征为卫尉卿。平本好神仙修养之事，而动多怪妄，自言仙人神鬼常与通接。潘佑亦好仙，平因与亲善之，言佑父处常今已为仙官，而己与佑亦仙官也。家置静室，人莫能窥。佑既获用，请复井田法，深抑豪民，有买贫户田者，使即还之。又依《周礼》，造民籍，复造牛籍，旷土尽令种桑，荐平判司农寺以督之。命行于下，急如火星，州县吏胥因以为奸，百姓大扰，聚而为乱。后主知立法之病，即罢之。佑复荐平知尚书省，由是群议纷纷，以为坏法殃民，皆由平始。乃先收平下大理，使收佑，佑自刭。平缢于狱，妻子徙虔州。明年，宥其家，廪给之。

卷二十

党与传上 第十六

呜呼，汉以党锢衰，唐以朋党灭。汉、唐之乱，虽愚者与知焉。迨乎利害相攻，则为之而不知其非，盖亦蔽于好恶之情而已。南唐之士，亦各有党，智者观之，君子、小人见矣。或曰，宋齐丘、陈觉、李徵古、冯延巳、延鲁、魏岑、查文徽为一党，孙晟、常梦锡、萧俨、韩熙载、江文蔚、钟谟、李德明为一党，而或列为党与，或各叙于传者，何哉？盖世衰道丧，小人阿附，以消君子，而君子、小人，反类不合。故自小人观之，因谓之党与，而君子未尝有党也。予之所论，一入于党与，则宜无君子，而各著于篇者，未必皆小人。呜呼，弗可不察也。作《党与传》。

宋齐丘

宋齐丘，豫章人也。其父诚，为江西钟传副使，卒于任。时天下已乱，经籍道熄，齐丘独好学，有大志。及锺传败，齐丘益穷，随众东下，糊口于倡优魏氏。烈祖时为昇州刺史，延四方之士，齐丘依焉，因以《凤皇台》诗见志，曰："嵯峨压洪泉，岞峉撑碧落。宜哉秦始皇，不驱亦不凿。上有布政台，八顾背城郭。山蹙龙虎健，水黑螭蜃作。白虹欲吞人，赤骥相煿烁。画栋泥金碧，石路盘硗确。倒挂哭月猿，危立思天鹤。凿池养蛟龙，栽松栖鸑鷟。梁间燕教雏，石罅蛇悬壳。养花如养贤，去草如去恶。日晚严城鼓，风来萧寺铎。扫地驱尘埃，剪蒿除鸟雀。金桃带叶摘，绿李和衣嚼。贞竹无盛衰，媚柳先摇落。尘飞景阳井，草合临春阁。芙蓉如佳人，回首似调谑。当轩有直道，无人肯驻脚。夜半鼠窸窣，天阴鬼敲啄。松孤不易立，石丑难安着。自怜啄木鸟，去蠹终不错。晓风吹梧桐，树头鸣曝曝。峨峨江令石，青苔何淡薄。不话兴亡事，举首思渺邈。吁哉未到此，褊劣同尺蠖。笼鹤羡凫毛，猛虎爱蜗角。一日贤太守，与我观橐籥。往往独自语，天帝相唯诺。风云偶不来，寰宇锁一略。我欲烹长鲸，四海为鼎镬。我欲取大鹏，天地为矰缴。安得生羽翰，雄飞上廖廓。”烈祖奇其才，以国士待之。歙人汪台符投书于烈祖，齐丘忌其名，颇排斥之。齐丘本字超回，台符因是贻书侮之，曰：“闻足下齐大圣以为名，超亚圣以为字。”齐丘渐，即改字子嵩。随烈祖镇京口，入定朱瑾之难。虽参谋议，而怯于鼓铎，故不预战功。烈祖辅政，励精为理，修举礼法，以遏强众，亲附卿士，宽徭薄赋，人用安辑，齐丘颇有力焉。烈祖欲进用之，而为徐义祖所恶，乃以为殿直军判官，凡十年。义祖卒，始拜右司员外郎，累迁左谏议、兵部侍郎，居中用事，期以相之。齐丘自以名望甚浅，欲为退让以自重，乃告如豫章改葬其父，因入九华山，启求退居。吴主连征不至。元宗时为大将军，烈祖使元宗亲往敦迫，乃起，除中书侍郎，迁右仆射、平章事。烈祖出镇金陵，以元宗入辅政，委齐丘左右之。齐丘于是益树朋党，潜自封植。时烈祖权位日隆，中外皆知有禅代之势，而烈祖恭谨守道，惧群下不协，欲待嗣君。齐丘亦盛赞其说，与烈祖意合。烈祖次子景迁，吴主之婿也，美姿仪，风度和雅，烈祖钟爱特甚。

齐丘使陈觉为景迁教授，以贾其声价。齐丘参决时政，多为不法，辄归过于元宗，而盛称景迁之美，几有夺嫡之计。所以然者，以吴主少而烈祖老，必不能待，他日得国，授于景迁，景迁易制，已为元老，威权无上矣，此其日夕之谋也。烈祖觉之，乃召齐丘如金陵，以为己副，遥兼节度使，无所关预，从容而已。行军司马徐玠、副使李建勋、判官孙晟、贾潭、吴相、王令谋、都校周宗之徒，相为推挽，决行大事。既建齐国，以齐丘为左丞相，迁司空，徐玠为右丞相。明年，烈祖即位，徐玠为使相，张居咏、张延翰、李建勋皆平章事，周宗为枢密使，齐丘但迁司徒而已。自悼失计，复耻无功，不胜其忿。受宣之日，闻制，辞云："布衣时，陛下乃一刺史尔，今日为天子，可不用老臣矣。"拂衣而出，阖门请罪。烈祖但逊辞以喻之，不为改官。齐丘久之，计无所出，乃更上书，请议迁让皇他郡，以绝人望。吴世子琏，烈祖子婿也，又请绝其婚而斥远之，其词云："非独妇人有七出，夫有罪，亦可出之。"闻者莫不大笑。居数年，复自陈，以辅相之重，不可不与政。烈祖许其入中书视事。又以两省事多委给事、舍人，而中外繁剧之务皆在尚书省，乃求知尚书省事，亦许之。于是悉取朝廷附己者，分掌六司，下及胥吏，皆用所亲吏视事。数月，有亲吏夏昌图者盗官钱三百万，齐丘特判贷其死。烈祖大怒，切责所司，刑部官吏自劾请罪，久之乃解，昌图坐斩。齐丘卧疾不出，烈祖遣寿王景遂往问之，许其出镇本州。旬日，遂起拜洪州节度使。委任群小，政事不治。所居旧里"爱亲坊"改为"锦衣坊"，大启第宅，穷奢宏壮。居坊中人，皆使修饰墙屋门巷，极备华洁。民不堪命，相率逃去，坊中为之空。前后四任本州，其行事多类此。在富贵权要之地三十年，唯欲人之顺己，其一言不同者，必被排摈。酷好术数，凡天文、地理、占相、卜祝之徒，在门下者数十人，厚禄以给之。相传言齐丘少时，曾梦乘龙上天。凡文武百司，皆布朋党，每国家有善政，其党辄但言“宋公之为也”；事有不合群望者，则曰“不用宋公之言也”。每举一事，必知物议不可，则群党竞以巧词先为之地，及有论议者，皆以堕其计中。群臣敢言者，常梦锡、萧俨、江文蔚、韩熙载等十数人，而常、萧尤甚。梦锡性褊而简言，俨无文而辞繁碎，故皆不能胜。然虽正人切齿，而流俗疏远之人，犹瞻仰以为元老，故趋附者益多。及国家多难，因欲邃其窥窃之计，卒以此败。元宗谓近臣曰：“齐丘之才，安能当此大难，不过率国中以降，自为功尔。”窥窃之计，与当大难之事，皆具陈乔、陈觉传。及放归青阳，即旧第之外，别院处之，重门外锁，穴墙以给食。明年，自缢死，年七十三，谥丑谬。齐丘初馆于倡妓魏氏，藉其赀给，遂以为正室，亦封国夫人。无子，以从子摩诘为嗣。及后主即位，召其妻子还建康，馆给之，连坐者皆宥。齐丘为文有天才，而寡学不经，师友议论，词尚诡诞，多违戾先王之旨，自以古今独步。书札不工，亦自矜炫，而嗤鄙欧、虞之徒。冯延巳亦工书，远胜齐丘，而佯为师授以求媚。齐丘谓之曰：“子书非不善，然不能精意，往往似虞世南，其何堪也！”其狂瞽如此。承二君不世之恩，而自陷刑辟，识者知其有天道焉。

鸣呼，俗说江南坚甲精兵，虽数十万，而长江天堑，险过汤池，可当十万；国老宋齐丘，机变如神，可当十万；周世宗欲取江表，故齐丘以反间死。斯言殆非君子之说，闾巷小人之语也。

龙衮[①]因是著于《野录》，以欺惑后世，而后世之人，亦颇信之。且民之至愚，欺之则易信，况齐丘益树朋党，以贾誉于当时，自非特立独行之士，安能知其妄伪哉！孔子尝以乡人皆好之为未可，盖乡人之情未必公也；不如乡人之善者好之，则信善矣。呜呼，善人吾不得见，则齐丘之事安所考信哉，盖亦考其所言与其所行而已。观其著书云："画者不敢易图像，苟易之，必有咎；刻者不敢侮木偶，苟侮之，必贻祸。始制作于我，又要敬于我，又寘祸于我。"此意以社稷之功自任，而无复君臣之礼也。又云："见食象者，食牛不足；见戴冕者，戴冠不足。"则窥窃之计于是乎萌矣，予以是知齐丘之所言也。伐南闽，攻仁达，以空其国用；逐常梦锡、韩熙载、江文蔚，以间其忠言，予以是知齐丘之所行也。然则齐丘之死，自速辜尔，谓之反间者，妄也。

① 龙衮：生卒、爵里均不详，撰《江南野史》十卷。如陈寿之志吴蜀。

卷二十一

党与传下 第十七

陈 觉

陈觉，宋齐丘之客也。齐丘荐为楚王景迁教授，累迁兵部侍郎、宣徽使。觉在外，奸佞苛酷，及居家，不能制义于一妻。其妻李氏，妒悍，亲执庖爨，不置妾媵。宋齐丘尝选三婢予之，颇有容质，李氏亦无戁色，奉事三婢，礼如舅姑，晨夕承侍，未尝辄离左右。人问其故，则曰："此令公宠幸之人，见之若面令公，敢倨慢耶?"三婢不自安，求还宋第，觉唯唯听从而已。李仁达据福州，齐丘因荐觉有智略，可使喻旨于仁达，必不劳寸刃，坐致阙下。元宗许之，乃以觉为福州宣喻使。既至，说仁达入觐，仁达曰："安抚未定，请俟它年入觐。"觉还至建安，耻说之不行，乃矫制发建、汀、抚、信之兵往讨之。既而诸军皆溃，士之战死者无几，国用遂为一空，于是锁觉送建康。中外皆谓其必诛，而齐丘上表为请，乃赦之，流觉于蕲州。未几，复用如初，及救寿春，又与朱元有私隙，而窘之太甚，卒致元叛。淮甸既陷，举国震恐，齐丘等因之以图变。觉与李徵古俱为枢密副使，徵古每于言议，无复臣礼。觉请元宗深居后宫，委国事于宋公，臣时得入奉，从容谭释、老而已。元宗以群情方挠，不欲暴其事，及使中原回，乃罢近职。觉以世宗之命告元宗曰："江南连年拒命，知是宰相严续所为,可杀以谢过。”元宗知其与续有宿嫌也,不信。钟谟请覆实其事,乃遣谟告谢责己,言非续之罪。世宗大惊曰:“续果能如是,乃忠于所事也,何罪之有!朕为天下主,肯教人杀忠臣乎?”谟还报,元宗乃下令数觉前后罪恶,贬饶州安置,使杀于路。

李徵古

李徵古,宜春人也。昇元末,第进士。时宋齐丘广树党与,以张声势,徵古常出入门下。保大中,与陈觉同掌机密。淮甸兵起,刘彦贞败死,人心恟惧。元宗叹曰:“吾家国一至于此!”因泣下。徵古曰:“陛下当以兵力拒敌,泣有何益。杯酒过量耶?乳保不至耶?”元宗变色,左右皆战栗,徵古亦自若。又与陈觉乘间言:“社稷祸在朝夕,请陛下燕居深宫,国事尽付宋齐丘,以纾丧乱。”元宗以戎事未戢,隐忍不发。及画江罢兵,钟谟至自京师,判尚书兼三省之政,权势特甚,尤切齿齐丘党与,常曰:“人臣窥国,理不可容。”及陈觉奉使中原,欲矫世宗之命杀严续,谟乞复使周覆实其事,齐丘党与遂败。贬徵古洪州,杀之。

冯延巳　冯延鲁

冯延巳,字正中,广陵人也。父令頵,事本郡为军吏,烈祖署为歙州盐铁院判官。裨将樊思蕴作乱,烧营而火及令頵第,叛卒皆释兵救火,其得人心如此。时刺史滑言病甚,中外不知存否,人心恟恟。延巳年十四,徒步入见言,复传言教,出谢将吏,人情乃安。及长,有辞学,多伎艺。烈祖以为秘书郎,使与元宗游处。累迁驾部郎中、元帅府掌书记。与陈觉友善,自结于宋齐丘，以固恩宠。同府在己上者，稍以计迁出之。元宗爱其多能而嫌其轻脱贪求，特以旧人，不能离也。孙晟面数之曰："君常鄙晟，晟知之矣。晟文笔不如君也，技艺不如君也，谈谐不如君也，谀佞不如君也。然上置君于亲贤门下者，期以道艺相辅，不可误邦国大计也。"闻者韪其言，烈祖季年亦恶之，复为常梦锡弹劾，必欲斥去，未果。而烈祖殂，元宗即位，延巳喜形于色，未听政，屡入白事，一日数见。元宗不悦，曰："书记自有常职，此各有所司，何其繁也。"由是少止，遂与宋齐丘更相推唱，拜谏议大夫、翰林学士。复与其弟延鲁交结魏岑、陈觉、查文徽，侵损时政，时人谓之"五鬼"。保大四年，自中书侍郎拜平章事，时论不平，出镇抚州，亦无善政。延巳无才，而好大言，及再入相，乃言己之智略足以经营天下，而人主躬亲庶务，宰相备位，何以致理。于是元宗悉以庶政委之，奏可而已。延巳迟疑顾望，责成胥吏之手。又常笑烈祖戢兵，以为龌龊无大略："安陆之役，丧兵数千，而辍食咨嗟者旬日，此田舍翁，安能成大事！如今上暴师数万于外，而宴乐击鞠不辍，此则真英雄主也。"故蠹国殃民，实此之由。为相之后，动多徇私，而故人亲戚，殆于谢绝。与弟延鲁如仇雠，延鲁所生，乃延巳之继母也，亦至疏隔。既失湖湘，人皆归咎，延巳自劾，元宗复使亲政。割地之后，始乞罢相，乃迁为宫傅。逾年卒，年五十七。著乐章百余阕，其《鹤冲天》词云："晓月坠，宿云披，银烛锦屏围。建章钟动玉绳低，宫漏出花迟。"又《归国谣》词云："江水碧，江上何人吹玉笛。扁舟远送潇湘客，芦花千里霜月白。伤行色，明朝便是关山隔。"见称于世。元宗《乐府词》云"小楼吹彻玉笙寒"，延巳有“风乍起，吹皱一池春水”之句，皆为警策。元宗尝戏延巳曰：“‘吹皱一池春水’，干卿何事？”延巳曰：“未如陛下‘小楼吹彻玉笙寒’。”元宗悦。初，萧俨深恶延巳，常廷斥之。及俨为大理卿，断狱失入，举朝皆欲诛俨，独延巳力争，以为赦前失入，罪不当死，俨终获免。人皆韪之，以谓裴冕[1]损怨，无以加此。

延鲁，延巳异母弟也，初为江都判官，累迁水部员外郎、中书舍人。延鲁锐于进取，常欲用事四方，以要功名。延巳诘曰：“士以文行饰身，勤恪居职，则宠光至矣，何用行险以图禄利？”延鲁曰：“兄自能如此，弟不能愔愔待循资为宰相也。”建州之役，虽查文徽尸其事，而延鲁实赞之。闽人先苦王氏乱政，闻唐师至，皆伐木开道，壶浆奉迎。既克建州，军无节制，大掠数日，民不堪命，故虽下其地，而人皆解体。刘从效、李仁达之徒，得以鸠集其民，专据郡县者，因其隙也。及陈觉矫命讨晋安，表言朝夕可克。元宗不得已，发诸路兵应之，延鲁亦请行，拜南面监军使。李仁达求救于越，越人遣兵助守。既而延鲁、魏岑、王崇文等各领兵万数，四面俱至，围城数匝，声动天地，有国以来，出师之盛，未之有也。延鲁等各务为己功，掎角不相应，诸将皆怠，莫肯用命，故兵势虽盛，而城久不下。越之救兵，无所施力，欲出不可。越人复以舟师浮海而至，旁岸阻泞，不可登。延鲁军中集射之，舟人戢矢如蝟。延鲁曰：“城所以不下者，恃此救也。今不与之战，则裹粮坐甲，何为哉？不如却军，俟其登岸，

---

① 裴冕(? —770)，字章甫，山西永济人。以荫出仕，唐肃宗时，累官至宰相。建言卖官，度僧道，以供军费。旋罢。

尽杀之，城必降矣。”裨将孟坚谏曰：“贼势已穷，坚壁困之，功在漏刻。”延鲁不听。越人登岸，果致死力。延鲁遇敌先走，其下皆溃，孟坚死之，诸军相次亦溃，士之战死者无几，而军资器械委弃略尽。元宗大怒，命锁延鲁、陈觉至建康。韩熙载劾奏，请置之死。宋齐丘固争，乃流延鲁于舒州。未几，复用为东都留守。延鲁初至自晋安，身被五木，锁钥甚固。延巳叹曰：“弟不肯为循资宰相，一至于此。”兄弟由是有隙。淮甸兵起，延鲁弃扬州，削发为沙门，逃归。周人执之，归于京师。时诮之曰：“执节分符，始作大军之帅；被缁削发，潜为行脚之僧。”割地之后，世宗以为刑部侍郎，遣归报聘，遂留金陵，拜户部侍郎。建隆初，李重进来乞师，元宗命延鲁出告其使曰：“吾不相救，非乏兵也。大丈夫不得志而反，固有之矣，但不得其时尔。昔周世宗初崩，人心未一，上党作乱，大兵北征，君不以此时反。今天下晏然，乃以一城之地，抗万乘之师，此自速死尔，吾安能救速死之人乎！”太祖皇帝亲征，延鲁入贡。太祖曰：“尔国连吾叛臣乎？”延鲁徐曰：“陛下徒闻之而未知之。”乃以实对，太祖颔之，因曰：“朕以大军渡江，尔国能拒朕乎？”延鲁曰：“重进，天下之奸雄，陛下一鼓平之。蕞尔江南，安足以抗天威。但士大夫感其主恩，有必死之志。陛下能弃数万之卒，与之血战，则可矣。且大江设险，风波不常，傥进未克城，退乏粮道，亦官守之责也。”太祖笑曰：“聊戏卿尔。吾与江南大义已明，何至于此！”乃颁师。以上皆见陈彭年《别录》。

魏岑

魏岑，字景山，郓州人也。笃学强识，而拙于属文。常游览四方，凡天下山川胜势，风土美恶，无所不知。避乱淮南，署郡从事，久不得志。数以计策干宋齐丘，荐授校书郎。尤好谀佞，善揣人意。元宗即位，锐意天下，有克复中原之志。岑请亲祀南郊，元宗曰："俟天下为一，然后告谢天地。"及下南闽，意以为诸国可指麾而定，岑因侍宴，自言："臣少游元城，好其风物。陛下平中原日，臣独乞任魏州。"元宗许之，岑趋墀下拜谢，人皆以为佞。保大六年，李守贞乞师，以岑兼沿淮巡抚使。闻守贞败，罢为屯田使，入为兵部侍郎，拜枢密副使。后事亡。

查文徽

查文徽，不知何许人也。用宋齐丘荐，授元帅府掌书记，迁秘书郎。元宗即位，拜中书舍人。保大中，闽人连重遇、朱文进，弑其君曦，遣使告乱。冯延巳请执其使以伐闽，俄以民疫，寝其议。文徽独以为可讨，王延政首乱，宜攻自建州。议者多不从，唯冯延鲁赞之。翰林待诏臧循者，与文徽同闬，尝贾于闽，具知山川险易，为陈进兵之计，文徽因是决行。边镐帅洪州屯兵，与文徽会。建安之民苦王氏乱政，皆伐木开道，以迎我师，遂下建阳。方且传檄谕福州，而王延政先遣统军使吴承祐以游兵巡福州境，绐曰："唐为我讨贼，大军至矣。"福州信之，裨将林仁翰杀连重遇，函其首，归承祐。延政以其子继昌守福州，亲帅众以拒文徽。文徽始以福州之乱伐闽，至此延政已平福州，五郡之兵大集，敌势甚盛，文徽等次于盖竹，退复屯建阳，启求济师。臧循监偏师屯邵武县，县民擒之，斩于建州市。元宗复遣祖全恩、何敬洙率万人至建阳，与延政隔溪水而阵。全恩使建阳降将孟坚潜师出其后，裨将武彦思、马存贵以轻锐继之，腹背夹击。延政大败，退而城守。福州复乱，李仁达杀继昌及吴承祐，以卓俨明为主。俨明，老僧也，徒众数千，目有重瞳，垂手过膝，故推立之。既而无统御之略，仁达复杀之，而自称留后。延政益不振。建州之险要曰西岩、延平津，相继下。俄克建州，执王延政，归于建康，漳、泉、汀皆平，而唯福州羁縻而已。遂以文徽为抚州刺史，入为谏议大夫，拜建州节度使。及陈觉矫命败绩，福州遂属吴越。后二年，福州诈言吴越戍兵乱，杀李仁达而遁，文徽与剑州刺史陈诲帅舟师应，福州以兵出迎。诲曰："越人谟信，谟信，无信也。闽人语音。未可速进。"文徽曰："久则生变，乘其未定，亟取之。"留诲屯江口，进至西门，伏兵发，文徽被擒。诲与越人战，大败之，获其将马先进等。元宗送先进等还越，越亦归文徽。后事亡。

卷二十二

归明传上 第十八

呜呼！生草昧之世，事偏据之国，君臣上下，冥行而已矣。及其一睹圣人之化，而得其所归，则何异于离蔀屋之幽，即天日之鉴哉？故南唐之士及事皇朝者，皆谓之归明，而归明之士，未必皆善也。作《归明传》。

萧俨

萧俨，庐陵人也。甫十岁，诣广陵，以童子擢弟。及长，志量稳正，交不苟合。授秘书省正字。烈祖受禅，迁大理司直，拜刑部郎中。明清平恕，号称职。烈祖季年，性卞急，群臣多贻诃责。陈觉居近职，不自安，请告数月。烈祖殂，觉以宣遗诏日出参。俨劾曰："陈觉侧聆私室，以俟升遐。请案其罪。"不许。元宗即位，委政齐王景遂，冯延巳、魏岑之徒，因以隔绝中外。俨上书极论，遂出听政。昇元之法，禁以良人为贱，卖奴婢者，通官作券。至是冯延鲁等欲广置妓妾，因矫遗制，许民私卖己子。俨驳曰："此非大行之命，延鲁矫为之尔。昔延鲁为东都判官，上疏：'贫民不自给者，听鬻己子。'大行问臣，臣曰：'往者陛下出府金以赎民子，故得天下归心，大宝自至。今乃许民卖子以资豪民，非防微之道也。'由是延鲁之请不行。今复行之，故知其矫先旨也。”议者以遗诏已出,不可改,遂行。烈祖山陵,俨与韩熙载、江文蔚同定礼仪、谥法。迁大理卿,兼给事中。因断狱失入,用事者欲诛之,赖宰相冯延巳固争,以谓赦前失入,罪不当死,遂贬南昌令。因归葬庐陵,幞巾素裾,诣郡厅设拜,敬守桑梓,言谈服御,不改乡俗。会燕故老姻旧,语笑雍穆。俄复旧官。后主初嗣位,屡与嬖幸对弈,俨入白事,举衮投于地,后主大怒曰:“汝与魏征孰愈?”俨从容曰:“臣若非魏征,陛下亦非太宗矣。”后主默然罢弈。俨秉身方直,弹奏不阿,百官贵戚,敛衽避之。归皇朝,以老病居乡里。因讼至郡,言辞舛错,郡倅不知其疾,以为愚谬,乃诘之曰:“江南用汝辈为正卿,不亡何待!”卒年七十,至无一金。

刘承勋

刘承勋,不知何许人也。美风度,善数计。事烈祖,为郡从事,改粮料判官,出纳无弊,号为称职。迁德昌宫使。南唐自吴建国,保有江淮,笼山泽之利,帑藏颇盈。德昌宫,其外府也,金帛泉货多在焉。禅代之后,邦国新造,而簿籍淆乱,钩校不明。承勋由是多入私家,盗用无算。家畜妓乐迨百数人,每置一妓,费数百缗,而珠金服饰,亦各称此。承勋善为诡佞,常以宝货遗赂权要,故虽朱门甲第,穷极富奢,而久弗之谴。太祖皇帝既平荆湖,诏江南具舟,运湖中米。承勋请行,乃督巨艘数百柁,自长沙抵迎銮,本以奸心,预自结于皇朝,为异时计。及金陵平,承勋归于京师,首陈运米事,以为己绩。太祖曰:“此李煜勤王之职,岂汝功耶?”特弗叙用。既而穷困,裸袒丐食于路,不胜其苦,冻馁而卒。

邵拙

邵拙，宣城人也。孤峭不挠，博通经史。饮酒常至百盏，偶沉酗，遂绝饮，虽筵宴终日，唯茶浆而已。著书埒韩、柳，有诗三百篇，尚书郎孙迈为之序，命曰：“庐岳集”。曹郎赵庆以诗贻之，云：“迈古文章金鸑鷟，出群行止玉麒麟。”归皇朝，就应制科，有司以闻，未诏而卒。郡将哀之，籍其装，得拙手书史传、文集三百卷，藏于官府。时悼其苦学能文而不得达于名位，或议其诗有“万国未得雨，孤云犹在山”之句，斯为应矣。门人袁氏，买地葬之。

舒雅

舒雅，世为宣城人。姿容秀发，以才思自命。因随计金陵，以所学献于吏部侍郎韩熙载，熙载一见如畴昔，馆给之。雅性巧黠，应答如流。熙载待之为忘年之交，出入卧内，曾无间然。熙载性懒，不拘礼法，常与雅易服燕戏，猱杂侍婢，入末念酸①，以为笑乐。或云熙载所著《格言》，半雅之辞。迨数年，会熙载知贡举，以雅为第一，朝野无间者，以雅之才为当也。归皇朝，守舒州。出见山水奇秀，田畴沃壤，遂有终焉之志。考满，以本官掌灵仙观，卒。

卢绛

卢绛，字晋卿，南昌人也。读书略通大义，不事事，常以博弈角觝为务，乡里鄙之。绛惭愤，入庐山国学，与诸葛涛、蒯鳌相善。诸生箧笥稍丰，辄强取之。山下桑门亦苦其无赖，号为

---

① 念酸：嫉妒，吃醋的意思。

"庐山三害"。会朱弼为国子助教,规其过,遂亡去。往还涧壁,遇大雪,乏薪,绛恃膂力,踊折檐桷,烧之。病痁[1],且死,夜梦白衣妇人颇有姿色,歌《菩萨蛮》,劝绛樽酒,其辞云:"玉京人去秋萧索,画檐鹊起梧桐落。欹枕悄无言,月和残梦圆。背灯惟暗泣,甚处砧声急。眉黛小山攒,芭蕉生暮寒。"歌数阕,因谓绛曰:"子之疾,食蔗即愈。"诘朝,求蔗食之,疾果差。迨数夕,又梦前白衣丽人曰:"妾乃玉真也。他日富贵,相见于固子坡。"绛寤,襟怀豁然,唯不测固子坡之说。后入金陵,诣后主,上书陈京口至涧壁要冲之地,宜立栅屯戍,其余利害数十事。书上,未报,复为书诣光政陈乔。乔与语数日,大奇之,因表署为本院承旨经营制置,颇见干绩。俄转沿江诸营兵马监押。绛于是召募无赖少年,便习舟楫水道者,得马雄、王川军等数十人,立为偏裨,使督卒伍,日习水战,节以金鼓,麾以旗帜,回舟转戈,皆如节制。时有一舟应节稍迟,即斩其舟长。复试之,可使溯逆流,蹈巨浪。常于海门遮获越人船舫盐货,献于金陵。后主赏其功,拜上柱国。及王师克池州,授陵波军都虞候、沿江都部署。王师屡攻秦淮口水栅,绛数拒之。皇甫继勋、郑彦华等忌绛功名出己,说后主遣绛出援丹阳。绛率所部百艘为八字阵,突围出至京口,麾兵三战,越人三北。就拜绛太师。自绛出,建康水陆之攻愈急,绛还赴难,会宣州叛,乃授绛宣州节度使,讨平之。金陵既平,诸郡皆下,绛独不顺,杀歙州刺史龚慎仪,谋奔岭表。朝廷数遣使喻旨,绛遂降,授冀州团练使。会龚慎仪侄颖为右

① 痁:古代"疟疾"的病名。

赞善大夫，上言求复季父之仇，乃命斩绛。绛临刑，有白衣妇人同斩，姿貌宛如所梦。问其受刑之地，即固子坡也。妇人姓耿，名玉真。其夫死，与前妇之子通，当极法，与绛同斩焉。

刘茂忠

刘茂忠，庐陵安城人也。貌魁雄，善用大槊。剽略旁县，颇为民患。县吏捕获之，械送本郡，会赦，减死论。时上江群盗赵晟、萧荣等聚徒数百，郡县捕之，弥年不获。茂忠于是自陈擒晟等以赎余罪，郡将释之，示以恩信。茂忠感愤，因亡入贼中，与捕吏为内应，讨平之。署茂忠诸色捕捉军头。又庐陵有吴先等招集亡命，居鹧鸪洞，四出攻剽。茂忠掩击殆尽，遂斩先，持其首诣郡。奏授吉州兵马监押。缮理城隍，戎事整肃。迁袁州萍乡制置，以捍潭、衡之境。因纵猎出界，潭人拒之，茂忠怒，乘势大略，至洋陵而还。潭衡巡抚使祖消恶其犯境，欲袭取之。会冬至日，意茂忠醼饮，乃帅步骑数千亟趣萍乡。屯寨皆遁，候骑告急，座皆恂惧，茂忠饮啖自若。酒数行，报骑又至，将士请行，茂忠笑曰："日旰[1]矣，此时出师，主将不利。"潜出奇兵，蹑潭人后，焚桥梁，伏道左，然后躬擐甲胄，去寨十里，与潭师遇，合战。迨晡[2]，胜负未决，茂忠下马，持大槊，深入敌阵，所向无前。潭人奔还，而桥路已绝，旁遇伏兵，腹背击之，杀伤殆尽，遂执其副使，以军礼见之。后主嘉其功，拜袁州刺史。未几，金陵平，后主入朝。吉州刺史申屠令坚约茂忠为乱，事未发而令坚卒，茂

① 旰：日晚。《左传・襄公十四年》："日旰不召"。

② 晡：申时，等于现在下午3时至5时。

忠遂降。舟次淮口，修谒，称袁州刺史。关津吏掷刺于地，大骂曰："亡国之俘，何刺史也！"遂以榜帖赞见，将阶其厅署，吏复叱之，令执杖庭参。至京师，授登州刺史。数月，吏抵罪羁管，适隶登州，茂忠令日两衙，立于庭下，吏惭愤死。南唐季世，每除节度、刺史，皆质其家于都城。茂忠守袁州，金陵城破而亡其妻女，茂忠意为军士所略。及归京师，潜使女奴卖衣于诸营，得其状，以闻，遂取还之。后因据拐夜坐庭下，忽一人自外跃剑刺茂忠，茂忠以拐自捍，连举数四，而拐迨绝，刃不能中。会左右执送军巡按斩之，乃略女兵也。茂忠微时所持大槊，后将有斗战，则夜响。尝与潭人挑战，亲持奋击，前无坚敌，左右中者，皆洞胸肋。茂忠因败其膊，至是疾作，臂不能举，数日卒。

李元清

李元清，濠州人也。周世宗征淮南，其父聚乡里义士，襞纸为铠，号"白甲军"，与官军同守濠州水寨。周人驱骆驼为前锋，濠人惊骇，不战而溃。元清渡江，居建业。趫捷有勇，走及奔马。常入梁、宋，伺周人情状。开宝中，以吉州永新与潭、衡接境，因改永新为制置，以元清充使。每数月，一托病，不坐衙，潜入潭部，人不之知。先是，夏赋准贡见缗，民苦之，元清奏请纳帛一匹，折钱一千，以为定制，常以便宜科率，民无怨望。总诸科物十余万，数漕运入金陵，以济国用。金陵平，例归京师，元清伪为目疾。召验之，挥刃而不瞬，遂放归濠上，卒。

陆昭符

陆昭符，金陵秣陵人。开宝末，朝廷问罪，江南恟惧。后主遣潘慎修入贡，且求缓师。昭符时为进奏使，以其物数难办，请市于富民石守信家,得绢十万匹。后主以昭符善计度,累加任使。金陵平,卢绛入歙州,胡则据江州,昭符集逃民欲应绛、则。朝廷遣使宣喻,示以恩信。昭符送款,朝廷录之。昭符尝为常州刺史。常州当吴越之冲,城邑荒虚,户不满千数。昭符为理宽简,招纳散亡,未几户口蕃庶如初。一日,坐郡厅,忽遇雷电绕庭,官吏震慑。昭符抚案叱之,雷霆顿止,及举案帏,得大铁索,重数百斤,人尤骇之,而昭符神色自若,命收铁索付官库,以示后人。

卷二十三

归明传下 第十九

朱　弼

朱弼，字君佐，建安人也。精究五传，旁贯数经。开宝中，诣金陵，一举以关头中第，授国子助教，知庐山国学。生徒数百，苦无赖辈如卢绛、诸葛涛、蒯鳌之徒事饮博，多横逆，学官旷职，循缘而已。及弼至，性本严重，动持礼法。每升堂讲释，生徒环立，各执疑难，问辩锋起，弼应声解说，莫不造理。虽题非己出，而事实联缀，宛若宿构。以故诸生诚服，皆循规范，绛等稍稍引去，四方肄业者多造焉。弼短一足，时谓之“跛子先生”。及建康平，例入京师，授衡山簿。居官廉洁，事上无谄。每俸给不充，则虚腹度日，妻子服御，寒暄不继，时皆叹服。出见衡岳崇峻，遂有终老之志。秩满致仕，守岳庙令，食本官俸。数年卒，四壁萧然，衣衾棺殓，皆资于故人，君子以为清。

呜呼！学校者，国家之矩范，人伦之大本也。唐末大乱，干戈相寻，而桥门璧水，鞠为茂草。驯至五代，儒风不竞，其来久矣。南唐跨有江淮，鸠集典坟，特置学官，滨秦淮，开国子监，复有庐山国学，其徒各不下数百，所统州县，往往有学。方是时，废君如吴越，弑主如南汉，叛亲如闽、楚，乱臣贼子，无国无之。唯南唐兄弟辑睦，君臣奠位，监于他国，最为无事，此亦好儒之效也。皇朝初离五代之后，诏学官训校九经，而祭酒孔维、检讨杜镐，苦于讹舛。及得金陵藏书十余万卷，分布三馆及学士舍人院。其书多雠校精审，编秩完具，与诸国本不类。昔韩宣子适鲁，而知周礼之所在。且周之典礼，固非鲁可存，而鲁果能存其礼，亦为近于道矣。南唐之藏书，何以异此？

孟宾于 子归唐

孟宾于，湖湘连上[①]人。少孤力学，事母以孝闻。天祐末，工部侍郎李若虚廉察沅湘，宾于以诗数百篇，自命为《金鳌集》，献之。若虚称善，采警策数联，誉诸朝廷，由是诗名益振。明年春，擢进士第。未几，以离乱还乡。会马殷开府，辟为零陵从事，亦不显用。及马氏败，宾于自归南唐，授丰城簿，迁涂阳令。黩货当死，时李昉事皇朝为翰林学士，乃宾于同年进士也，闻宾于缧绁，以诗遗之曰："幼携书剑别湘潭，金榜标名第十三。昔日声尘喧洛下，近年诗价满江南。"后主见诗，贷之，复其官。俄致仕，隐于玉笥山[②]，自号群玉峰叟。逾年，后主以水部员外郎起之。金陵平，归老连上。秘阁马致恭以诗送之，其落句云："今日还家莫惆怅，不同初上渡头船。"卒年八十三。宾于好贿，每为佐令，辄有赃污，故虽负诗名，人不多之。初归江南，生子名归唐，亦能诗，肄业庐山国学。尝得《瀑布》诗云："练色有穷处，寒声无断时。"邻房生亦得此联，遂交争之。助教不能辨，讼于江州，各以全篇意格定之，而归唐为胜。开宝中，授秘书省正

---

① 连上：今广东省连州市。

② 玉笥山：位于江西省吉安市峡江县，有"三十二奇峰"。

字，出为吉州民掾。归于京师，累迁大理丞。时江州郡吏有仕于皇朝者，指归唐曰："此乃讼诗生也。"以罪贬袁州司户，卒。

潘　贲

潘贲，字子文，宜阳人也。七岁能诗。性寒特，自负才器，以藐势位。既而动多屯踬，五举犹为白丁。及属皇朝，左仆射沈义伦奇其才，致门下。贲凡三过省帷，每廷试，辄以目疾止。故贲尝与故人书云："八叨殿试，三对天颜。"会沈公薨，遗表荐之。表上而贲疾作，谓人曰："挟册为儒，圣伪两朝；白首场屋，不登一第，岂非命耶？吾受沈公知遇过厚，生不能报，死得事公于泉下，足矣。"诰下而贲已卒，年六十。沈氏诸子买棺葬之。

蒯　鳌

蒯鳌，宣城人也。善属文，有才思。尝曰："夫文章者，所以达道德之本，发才智之蕴，使旨胜于辞，理过于文，为得之矣。其余摘裂章句，钩校属耦，绮丽悦目，清新汩耳，则吾不知也。"闻者善之。鳌少亦无赖，常与卢绛为友，后颇改过，以廉直自励。苟寒燠略备，则一介不干于人。尝有歙州龙尾砚，友人欲之，而口不言，鳌心与之，而未及遗。一日，友人不告而去，鳌乃悔恨，蹑至数舍，与之。时有不给，而躬谒于人，苟愆其期，后虽固予，亦弗之受，其抱信义如此。归于皇朝，擢进士第。以殿中丞致仕，隐于庐山，数年卒。

罗　颖

罗颖，南昌人也。经传涉猎。与里人彭会友善，皆以词赋称。开宝中，诣金陵，举进士第，例以黄衣守选。及王师问罪，后主衔璧，颖再应乡举，下第。道经汉高祖庙，颖题诗，其落句云："嫚侮群豪夸大度，可怜容得辟阳侯。"少顷，辄自免冠，鞠伏庙庭，口陈自咎之言，掖而去，数日卒。颖初就举金陵，试《销刑鼎赋》、《儒术之本论》，有司以邓及为第一，颖为末。缀榜既上，后主迁颖第二，手笔圈其名。颖是夕梦黑气环身，有长人自上挽而出之。

卢　郢

卢郢，金陵人也。好学有才艺，而膂力过人，善吹铁笛。乾德中，后主以韩德霸为在城烽火使，常督无赖辈，旦暮巡警，诸科士人微犯禁，往往罹鞭朴。会德霸出，郢调笛不辍，使数卒捕郢，郢奋肱搏之，卒不能逼，郢遂去。后与黄梦锡等自国子监出，行遇德霸，不避其呵导。德霸驻骑诟曰："汝等乞索辈，殊不知宪制，敢无礼耶！"因叱左右收郢等。郢等争投瓦石，击走其导从，殴德霸伤目。德霸诣后主诉之，后主让曰："国子监，先帝教育贤材之地，孤亦赖此辈与之共治。汝斗监前，是必越分陵辱士人。既为戎帅，不能自扞，宜其见殴。"遂罢德霸职。郢由是横肆益甚。明年春，试《王度如金玉赋》，郢唱第为第一。徐铉娶郢妹。铉尝受后主旨撰文，数日不能就，因语郢。郢曰："愿试为之。"因弄百钧石球，以较力。少顷，引酒一卮，复弄如初。若是者数四，铉视之，曰："非吾徒也，其何能为？"且试诘之，郢曰："既就矣。"命笔吏，口授而书之。铉大惊，遂以郢文进，后主谓铉曰："语势遒健，似非卿作。"铉以实对，郢由是知名。归皇朝，累迁南全守，颇著治迹。病卒。

邱　旭

邱旭，字孟阳，宣城农家子也。少以畜产为事，弱冠始读书，学为辞章。因随计金陵，凡九举，而曳白者六七。然自励弥笃，不以为耻。既而困窘，无进取意。秋试将迩，寡嫂刘敬问行期，旭以匮乏告。刘曰："苟济荣望，虽孤儿可鬻，况赀用乎？"于是罄橐遣之。旭不得已，再就乡举。明年春，试《德厚载物赋》，旭为第一。释褐归乡，而家人犹疑其未调，暨乡老酋长谒贺，郡吏改署里名，乃知上第。及金陵平，例归于京师，补镇将。数年，诣南曹叙理，会吕公蒙正判铨，闻旭名，问曰："汝非能为赋者乎？"对曰："江南献赋，适为第一。"吕公曰："久闻尔名，谓为古人，乃并世耶！"因令取所集。旭初著文，多为人取去，无留巾笥者，辄于书肆访之，获旧本，献焉。吕公怜之，荐授令，录迁京秩。卒于衡州。旭尝纂《自古贤俊遗言》，为宾朋宴语，行于世。其为词赋，得有唐程度体，后人以为法。

黄　载

黄载，字元吉。其先江夏人，世为农。载弱冠释耒耜，就学于庐山，事虔人刘元亨。笃志自励，精究经史，能为文章。一举不中第，叹曰："士之贱也，久矣！规模于蹇浅之文；去取于有司之手。其于造道，不亦远乎！"遂不复进取，肄业之士多从之。事母至谨，承颜侍膳，温凊寝处，未始离左右。兄弟数人，皆仰载赀给。或勉之就仕，则曰："天下分裂，终合为一，一系仕版，死生以之，宁适意乎？"及金陵平，禄食之家多俘于京师，而载乃安处丘园，人皆以为先知。会母卒，庐于墓侧，哀毁过礼。服阕，出游湘潭，州将辟致庠序。讲说之际，未尝敷演注疏，肆口成言，曾不滞泥。性颇嗜酒，函丈之间，常置罂缶，兴来辄饮，而义理不乱。受业者以百数，苟获赀镪，饮歠之外，一无所蓄。或有假贷，则欣然予之，不计其多少。待人均一，无所爱恶。虽遇横逆，亦巽谢焉。复喜廛游市肆，当垆者靡不相善。豪民富商间遗缗帛，则转施贫民。每出入城郭，丱童幼稚，随而悦之。尝诣郡署，见一媪策羸荷校，执于公徒。载问其故，媪泣曰："夫负官缗而死于狱，亡家鬻子，犹有余责，当尽命而已。"载怆然，乃罄橐偿官而免之。一夕，自城醉归，闻婴儿哭于莽中，载惊呼左右，寂无一人，自脱衣裹归，获一女，以贿购乳于邻妇。迨数岁，教以书计、女功，长择所配，竟不知其谁氏，因冒姓黄。载尝释《礼经》，获百千，一旦为人窃取，载笑曰："彼无赀者也。将藉此以成家，亦我之德。"了不介意。诸生醵会，市羊以备馔。载梦一羊前跪请命，晨出，见羊跪伏如所梦。载以己缗偿诸生，而畜其羊。又畜一犬，亦颇驯。载每出入，则羊、犬联随。潭倅夏中正为作《犬羊仙序》，以记其事。天禧末，载因醉，卒于宗人黄茂馆，年七十。载妻与其子先卒。

呜呼，视日月而知众星之蔑，拂清风而知群阴之晦，然则睹真人之作者，偏据之国，不足与有明矣。余作《归明传》，士之得其所归，可谓详矣。如汤悦、张洎、徐铉，特不著其本末者，以其显名皇朝，而行事具于国史也。此弗敢述，姑志其故国之闻尔。

汤　悦

汤悦，其先陈州西华人。父殷文圭，唐末有才名。悦本名崇义，仕南唐为宰相。建隆初，避宣祖庙讳，改姓汤。悦尝撰《扬州孝先寺碑》，世宗亲征淮南，驻跸于寺，读其文，赏叹之。及画江请平，元宗使悦入贡，世宗待之加礼。自淮上用兵，凡书檄教诰，皆出于悦，特为典赡，切于事情。世宗每览江左章奏，形于嗟重。后仕皇朝，奉太宗皇帝敕，撰《江南录》十卷，自言有陈寿史体。

张　洎

张洎，南谯人。王师围金陵，洎在城中，作蜡丸帛书，使间道走契丹求援，为边候所得。及金陵平，太祖皇帝召洎诘责，以书示之。洎神色自若，徐曰："此臣在国所作。"上曰："汝国称藩事大，何乃反复如此！汝实为之，咎将谁执？"洎曰："当危急之际，望延岁月之命，亦何计不为。臣所作帛书甚多，此特其一尔。"上善曰："无欺也。"南唐之士，归于皇朝，洎最显焉。

徐　铉

徐铉，字鼎臣。开宝末，王师围金陵。后主命朱令赟尽括江南土客义师一十五万，作巨筏，沿江而下，以援金陵。未至而围益急，后主选近臣入朝，且求缓师。铉请行，后主曰："卿之行也，当止上江救兵，勿令东下。"铉曰："今社稷所赖，惟此救兵，何可辄止？"后主曰："既以和解为名，而复征兵入援，自成矛盾，于汝岂不危乎？"铉曰："臣此行未必能纾国难，但置之度外尔。"后主泣下，授铉左仆射、参知左右内史事，铉固辞，乃以隐士周惟简假给事中为铉副。铉等至京师，对于便殿。铉恳述江南事大之礼甚恭，且无王祭不共之罪，徒以被病，未任朝谒，非敢拒诏，乞缓兵，以全一邦之命，其言甚切。太祖皇帝与语，反复数四。铉辞气愈壮，曰："李煜无罪，陛下出师无名。"太祖大怒，请毕其说，铉曰："煜效贡赋二十余年，以小事大，如子事父，未有过失，奈何见伐？"太祖曰："尔谓父子者，为两家可乎？"铉等无以对而退。后仕皇朝，与汤悦同奉敕撰《江南录》，至于李氏亡国之际，不言其君之过，但以历数存亡论之。君子有取焉。

卷二十四

方术传 第二十

呜呼，天下之治方术者多矣，寡能备神明之德，而徒骇天下之观听，兹为怪诞诪张而已。圣人中其身以为天下之标准，则制行于外者，莫非可行之常也。人之所不可行者，圣人能之而弗为，故六合之外，存而不论；六合之内，论而弗议。斯道甚夷，而后世犹有诡辞抗说，高出于天地之外者，是岂圣人之罪欤！呜呼，甚哉！民之好怪也，久矣！其徒纷纷，其说筴筴，纵横蔓衍，未始不自以圣人为宗也。彼既自诬于圣人，而不以圣人之道攻之，孰知其非圣人之道哉！是故由尧、舜、禹、汤、文王、周公、孔子、孟轲者，吾知其为正道；反是者，吾知其为他道。君子正而不他，作《方术传》。

吴廷绍

吴廷绍，为太医令，不甚知名。烈祖喉中痒涩，进药无验，廷绍进楮实汤，服之顿愈。宰相冯延巳尝病脑痛，医工旁午，累日不痊。及廷绍至，先诘其家人曰："相公酷嗜何物?"对曰："每食山鸡、鹧鸪。"廷绍进姜豆汤，一服立差。群医默志其方，他日以楮实治喉痒，以姜豆治脑痛，皆无效。或问其故，廷绍曰："烈祖常服饵金石，吾故以木之阳实胜之，木王则金绝矣。冯公嗜山鸡、鹧鸪，二鸟皆食乌头、半夏，姜豆乃解其毒尔。"群医大服。

木平和尚

木平和尚，保大中至金陵，知人祸福死生，所言辄验。倾都瞻礼，阗塞街巷，金帛之遗，日积万数。元宗召见于百尺楼。百尺楼，元宗新建，以备登览，制度宏壮。木平指曰："此宜望火。"初不喻其意，后数载，淮甸兵起，龙安山置烽候，以应江北，常登此楼，以观动静。又庆王尚幼，元宗问寿命几何，木平曰："郎君聪明智哲，预知九十年事。"遂书"九十乙"字予之。保大九年，庆王卒，年十九。其书"九十"而继之以"乙"字者，乃乙其九十而为十九也。

李　冠

李冠，善吹中管。尝预宋齐丘夕宴，当坐吹嘘，声韵悠扬，清入霄汉。元宗闻其名，属闽、楚多故，戎务日繁，不获召见。大司徒李建勋以诗送之，曰："匀如春涧长流水，怨似秋枝欲断蝉。可惜人间容易听，清声不到御楼前。"见礼于士大夫类如此。周世宗时，多游梁、宋，每乘醉长啸于市，人罕知者。

谭紫霄

道士谭紫霄，泉州人也。与陈守元相善，事王昶，封正一先生。闽亡，寓庐山栖隐洞，其徒百余人。有道术，醮星宿，事黑煞神君，禹步魁罡，禁沮鬼魅，禳祈灾福，颇知人之寿夭。武昌军节度使何敬洙，宠婢获怒，置井中死，人无知者。建隆初，敬洙遘疾，召紫霄。中夜被发，燃灯静室，见女厉自诉为祟之由。紫霄诘旦具言之，敬洙曰："信然。"乃丹书符送之，敬洙即愈。有僧于溪浒创亭，苦大石横直，累工不能平。紫霄往见曰："斯固易也。"因以指捻诀，含水噀之，命锤其石，应手如粉。后主闻之，召至建康，赐之道号，阶以紫金，比蜀之杜光庭，皆让而不受。凡所获醮祭之施，转以给四方宾旅。金陵既下，紫霄无疾卒。人谓之尸解，莫知其寿算。归葬之日，有祥云、白鹤盘绕送之。

潘扆

潘扆，常游江淮间，自称野客，落托有大志。郑匡国为海州刺史，扆往谒之，匡国不甚礼遇，馆于外厩。一日，从匡国猎，匡国之妻因诣厩中，觇扆栖泊之所，弊榻莞席，竹笼而已，笼中有锡弹丸二颗，余无所有。扆还发笼，视之大惊，曰："定为妇人所触，幸吾摄其光铓，不尔，断妇人颈矣！"圉人异之，闻于匡国。匡国密召扆，问曰："先生其有剑术乎？"扆曰："素所习也。"匡国曰："可一观乎？"扆曰："可。当斋戒三日，趋近郊平旷之地，请试之。"匡国如期召扆，俱至东城。扆自怀中出二锡丸，执掌中，俄有气二条如白虹，微出指端，须臾旋转绕匡国颈，其势奔掣，其声铮钬。匡国据鞍危坐，神魄俱丧，谢曰："先生神术，固已知之，幸收其威灵。"扆笑举一手，二白气复贯掌中，少顷复为二锡丸。匡国自此礼遇逾厚，表荐于烈祖。扆居紫极宫，迨数年，遂失其术，不复能剑矣。临死，上言乞桐棺，葬近地，后当尸解。烈祖命中贵人护葬于金波园。保大中，发冢视之，骸骨尚在，迄无异焉。

耿先生

女冠耿先生，鸟爪玉貌，宛然神仙。保大中，游金陵，以道术修练为事。元宗召见，悦之，常止于卧内。先是，大食国进龙脑油二器，其味辛烈，服之蠲疾，元宗秘惜。先生见之，曰："此非嘉者，当为陛下致之。”乃以绢囊悬龙脑于屋栋，顷刻沥液如注，香味逾所进者。尝搦雪为铤，爇之成金，指痕隐然犹在。又因宫人扫除，取箕中粪壤，烧为白银。开宝中，金陵内库犹有耿先生粪壤银。元宗尝购真珠数升，欲得圆者，先生曰：“易致也。”就取小麦淘洗，以银釜炒之，匀圆皆成蚌胎。未几有孕，将诞，谓左右曰：“我子非常，产夕当有异。”倏忽雷电绕室，大雨倾澍，诘旦俨然空腹，人莫见其所生。元宗殂，先生不复入宫，往来江淮，竟不知其所之。

呜呼，耿先生之事著矣。郑文宝自谓亲授于徐率更，而徐率更目睹其事。虽然，郑氏之编载之，而徐氏不录，是可疑也。岂郑氏欲重其言，而引徐以为辞欤？抑徐氏恐惑后世，而弗著于书欤？是未可知也。

卷二十五

谈谐传 第二十一

呜呼，谈谐之说，其来尚矣。秦、汉之滑稽，后世因为谈谐，而为之者多出乎乐工优人。其廓人主之褊心，讥当时之弊政，必先顺其所好，以攻其所蔽。虽非君子之事，而有足书者，作《谈谐传》。

申渐高

申渐高，不知何许人也，在吴为乐工。吴多内难，伶人不得志。渐高常吹三孔笛，卖药于广陵市。昇元初，案籍编括，渐高以善音律为部长。时关司敛率尤繁，商人苦之。属近甸亢旱，一日宴于北苑，烈祖谓侍臣曰："畿甸雨，都城不雨，何也？得非狱市之间违天意欤？"渐高乘谈谐进曰："雨惧抽税，不敢入京。"烈祖大笑，即下令除一切额外税。信宿之间，膏泽告足，当时以谓"优旃漆城、优孟葬马"[①]，无以过也。烈祖受禅，吴朝老将唯周本为元勋。烈祖患其难制，因其劝进至金陵，曲宴便殿，引鸩赐本。本疑之，旁取一卮，均酒之半，跪进曰："臣与陛下千载一遇，陛下不饮此酒，殆非君臣同德也。"烈祖变色，左右莫知所从。渐高舞袖升殿，并饮之，内金盏于怀趋出。烈祖密使亲信

① 优旃：秦始皇及秦二世时的宫内侏儒，善为言笑，合于大道。优孟：春秋时，楚国的乐人，多辨，常以谈笑讽谏。漆城、葬马二事，均见《史记·滑稽列传第六十六》。

诣渐高第，赐药解之，不及，是夕渐高脑溃而卒。

李家明

李家明，庐州西昌人。谈谐敏给，善为讽辞。元宗好游，家明常从。初，景遂、景达、景逷皆以皇弟加爵，而恩未及臣下。因置酒殿中，家明俳戏，为翁媪列坐，诸妇进饮食，拜礼颇繁。翁媪怒曰："自家官自家家，何用多拜耶？"江浙谓舅为官，谓姑为家。元宗笑曰："吾为国主，恩不外覃。"于是百官进秩有差。家明母死未葬，会元宗乘间书草字于便殿，家明绐曰："臣窃署字，与之不疑。"元宗以麻纸大押字，命试学焉。家明辄于草字上署曰："宣州上供库支钱二百缗，付李家明葬母。"元宗大笑，因以赐焉。建州王延政僭号，元宗遣将平之，俘延政于建康，封鄱阳王，命公卿宴其第。延政吝于赐予，家明谑之曰："贱工无伎，优赐巨富。然告大王，乞取一物。"延政曰："汝何求？"家明曰："大殷平天冠，今已无用，家明敢取为优服。"延政默然，惭恨而罢，自是怏怏病卒。元宗赏花后苑，率近臣临池垂钓，臣下皆登鱼，唯元宗独无所获。家明因进诗曰："玉甃垂钩兴正浓，碧池春暖水溶溶。凡鳞不敢吞香饵，知是君王合钓龙。"元宗大喜，赐宴极欢。尝见牛晚卧美阴，元宗曰："牛且热矣。"家明乘谈谐曰："曾遭宁戚鞭敲角，又被田单火燎身。闲向斜阳嚼枯草，近来问喘为无人。"相辅皆惭。宋齐丘无子，晚年一子辄死，逾月犹哭。齐王景达勉之，不止。家明曰："臣能止之矣。"乃作大纸鸢，署其上云："欲兴唐祚革强吴，尽是先生起庙谟。一个孩儿弃不得，让皇百口合何如？"尹延范族吴氏，齐丘为谋，因以诮焉。乘风放之，故坠齐丘中庭，齐丘见之，哭亦止。从元宗迁南都，时已失江北十四郡，舟楫多行南岸。至赵屯，因辍乐停觞，北望皖公山，谓家明曰："好青峭数峰，不知何名也。"家明应声对曰："龙舟轻飐锦帆风，正值宸游望远空。回首皖公山色翠，影斜不到寿杯中。"元宗惭之，俯首而过。后主即位，家明老而无宠。

杨名高

杨名高，本名复，名高，其优名也。寓黄幡绰，著《笑林》，颇行于时，辞鄙不载。

王感化

王感化，善讴歌，声韵悠扬，清振林木。系乐部，为歌板色。元宗嗣位，宴乐击鞠不辍。尝乘醉命感化奏水调词，感化唯歌"南朝天子爱风流"一句，如是者数四，元宗辄悟，覆杯叹曰："使孙、陈二主得此一句，不当有衔璧之辱也。"感化由是有宠。元宗尝作《浣溪沙》二阕，手写赐感化，曰："菡萏香销翠叶残，西风愁起碧波间。还与容光共憔悴，不堪看。细雨梦回清漏永，小楼吹彻玉笙寒。溅溅泪珠多少恨，倚栏干。""手卷珠帘上玉钩，依前春恨锁重楼。风里落花谁是主，思悠悠。青鸟不传云外信，丁香空结雨中愁。回首绿波春色暮，接天流。"后主即位，感化以其词札上之。后主感动，赏赐感化甚优。

彭利用 附

彭利用，广陵人也。显德中，周师下淮南，遂奔建康，侨庐陵。利用性朴鄙，颇拘古礼，虽燕居，常拱手正坐。对家人稚子，下逮奴隶，言必据书史，断章破句，以代常谈，俗谓之"掉书袋"，因自为"彭书袋"。每出远涂，虽冒雨雪，不撤冠帻。或喻之曰："跋涉劳顿，当从简易。"利用对曰："有礼则安，无礼则危。焉可悖之，以为先圣之罪人哉！"或问其高姓，对曰："陇西之遗苗，昌邑之余胄。"又问其居处，对曰："生自广陵，长侨螺渚。"其仆尝有过，利用责之曰："始予以为纪纲之仆，人百其身，赖尔同心同德，左之右之。今乃中道而废，侮慢自贤，故劳心劳力，日不暇给。若而今而后，过而勿改，予当循公灭私，挞诸市朝，任汝自西自东，以遨以游而已。"时江南士人，每于宴语，必道此以为戏笑。利用丧父，客吊之，曰："贤尊窀穸，不胜哀悼。"利用对曰："家君不幸短命，诸子糊口四方，归见相如之壁，空余仲堪之棺，实可痛心疾首，不寒而栗。苟泣血三年，不可再见。"遂大恸。客复勉之曰："自宽哀戚，冀阕丧制。"利用又曰："自古毁不灭性，杖而后起，卜其宅兆，而安措之。虽则君子有终，然而孝子不匮，三年不改，何日忘之？"又大歔欷，吊者于是失笑。会邻家火灾，利用往救，徐望之曰："煌煌然，赫赫然，不可向迩。自钻燧而降，未有若斯之盛，其可扑灭乎？"又尝与同志远游，迨至一舍，俄不告而返，诘旦复至。或问之故，利用曰："忽思朱亥之椎，犹倚陈平之户。切恐数钧之重，转伤六尺之孤。"其言可哂者，类如此。利用虽举进士，而才调鄙俚，多类俳优，故凡六上不第。一夕，宴寝而卒，年六十。

呜呼，古今一道也。学古而不知其变，只为腐儒而已。彭利用摘裂章句，不晓理道，原其用心，盖亦苦学而陋者也。徒以其言类俳优，可为戏笑，故附《谈谐传》云。

卷二十六

浮屠传 第二十二

呜呼，浮屠之道，我知之矣。合万法于一心，而虚不失照；起一心为万法，而照不失虚，岂为浅见道哉！昧者曾不知此，而毁形骸，縻金帛，说因果以为法，饰土偶以为佛。将以蕲福利耶，而妖孰甚焉；将以蕲超脱耶，而愚孰大焉。此梁武、齐襄之徒，所以得罪于天下后世也。作《浮屠传》。袁宏曰："浮屠，佛也。"章怀太子曰："浮屠，则佛陀也。"声之转耳。

传曰："斋戒修而梁国亡，非释迦之罪也。"[①]然则浮屠之法，岂固为后世患哉？衰乱之君，迷惑而不反，则坏法易纪，常由于此。南唐有国，兰若精舍，渐盛于烈祖、元宗之世，而后主即位，好之弥笃，辄于禁中崇建寺宇，延集僧尼。后主与周后顶僧伽帽，披袈裟，课诵佛经，跪拜顿颡，至为瘤赘。亲削僧徒厕简，试之以颊，少有芒刺，则再加修治。其手不抄，常作佛印而行。百官士庶，稍稍效之。募道士愿为僧者，予二金。僧人犯奸，有司具牍，则曰："僧尼奸淫，本图婚嫁，若论如法，是从其欲。"但勒令礼佛百拜，辄释之。由是奸滥公行，无所禁止。诸郡断死刑，必先奏牍，详复无疑。适幸遇其斋日，则于宫中对佛像燃灯，以

① 语出隋朝王通(580—617)《文中子・周公篇》。

达旦为验，谓之命灯。若火灭，则依法；不灭，则贷死。富商大贾犯法者，往往厚赂左右内官，窃续其灯，而获免者甚众。

小长老 附北僧

开宝初，有淮北僧，号小长老。自言慕化而至，朝夕入论六根、四谛、天堂、地狱、循环、果报之说。后主大喜，谓之“一佛出世”。身被红罗销金衣，后主诮其太奢，答曰：“陛下不读《华严经》，安知佛富贵。”因说后主广施梵刹，营造塔像。自是困庾[①]渐虚，财用耗斁。又请于牛头山大起兰若千余间，广聚僧徒，日设斋供，食有不尽者，明日再具，谓之“折倒”。识者谓：“折倒乃败征也。”及王师渡江，即其寺为营署。又有北僧就采石矶建石塔，且云自幼草衣藿食，不浑凡俗。后主遗之斋供，一无所受。王师克池州，系浮桥于石塔。金陵受围，后主召小长老问祸福，对曰：“臣当以佛力御之。”乃登城大呼，周麾数四。后主令僧俗军士念救苦菩萨，满城沸涌。未几，四面矢石俱下，复召小长老麾之，称疾不起，始疑其诞，遂杀之。净德尼院，凡八十余众，皆宫中人出家者也。诸王公卿处子，往往在焉。都城将陷，亦积薪于院庭，后主与之约曰：“如有不虞，宫中举火为应，吾与汝辈当俱焚死。”是日，保仪黄氏焚积书于宫中，净德遥观其烟焰，遂爇积薪，皆赴火死，无一人肯脱者。城中有僧千数，表乞：“被坚执锐，以死国难。”后主不许。

---

① 困庾：古代一种圆形的露天谷仓。杜牧《阿房宫赋》：“钉头磷磷，多于在庾之粟粒。”

元　寂

僧元寂，姓高，自言高骈族人。昇元中，受业昇元寺。性爽悟，博通经藏。保大中，诏讲《法华经》，授左街僧录内供奉、讲经论明教大师，赐紫。时法禁宽弛，僧尼坏戒律者甚众，元寂屡干宪法，有司惜其才，辄贳之。后主召入问《华严经》，元寂口说《梵行一品》①，多赐金帛。由是益自恣，日以狂饮为事，大醉则十数小儿随之。元寂行歌于路曰："酒秃酒秃，何荣何辱？但见衣冠成古丘，不见江河变陵谷。"与群儿互相应和，旁若无人。坐是落僧职，出居长干寺。常与狂生藉地酣饮，醉死于石子岗。

应　之

僧应之，姓王，其先南闽人。能文章，习柳氏笔法，以善书冠江左。初举进士，一黜于有司，投册骂曰："吾不能以区区章句，取程于庸人！"遂学为浮屠。保大中，授文章应制、大德，赐紫。凡祷祠章疏，一笔即就，意如宿构。元宗喜《楞严经》，命左仆射冯延巳为序，其略曰："首《楞严经》者，自为菩萨密因，始破阿难之迷，终证菩提之悟。然则阿难，古佛也，岂有迷哉？迷者，悟之对也。迷苟不立，悟亦何取？是故因迷以设问，凭悟而明解。皇上聪明文思，探赜索隐，云散日朗，尘开镜明。以为大赉四方，未为盛德；普济一世，始曰至仁。或启佛乘，必归法要。"敕：应之书。镂版既成，上之。元宗叹曰："是深得公权之法者也。吾闻公权尝以笔谏，穆宗为之改容，今效其法，尚可想见其风采。"应之书名，由是益振。迁右街僧录，固辞，求居奉先

① 《梵行一品》：是《华严经》中的第十六品，也是经文最简短的一品。

西庵，许之。应之多著述，尤喜音律。尝以赞礼之文，寓诸乐谱，其声少下，而终归于梵音。赞念协律，自应之始。

呜呼！予闻故老说南唐好释，而吴越亦然。南唐每建兰若，必均其土田，谓之“常住产”。钱氏则广造堂宇，修饰塑像而已，曰：“桑门取给十方，何以产为？”至今建康寺院，跨州隔县，地过豪右；浙僧岁出远近，敛率于民。虽然，田业颇厚，而赀不加多；敛率常劳，而用不加乏。岂各因其俗欤？

妖贼传 第二十三

呜呼，神怪茫茫，若存若亡，而仲尼不语，吾何考信焉。若张遇贤、诸祐之事，姑存而不削者，非好为神怪也，将以戒妖妄于后世尔。《春秋》之法，虽五石六鹢之微，皆不泯其实。《传》曰：“五石六鹢之辞不设，则王道不亢。”[①]况遇贤辈动阡陌之兵，骇众人之耳目者，其可泯哉！作《妖贼传》。

张遇贤

张遇贤，循州罗县小吏也。县之刻杉镇，有神降于民家，所言祸福辄验。遇贤往祷之，因留奉事甚谨。会群盗大起，各拥数百众，相与祷于神，求为主者。神曰：“张遇贤是第十六罗汉，当为汝主。”于是共推遇贤为中天八国王，改元永乐，署置百官，皆衣绛衣。遇贤庸懦，无统御之略，贼帅各以便宜攻剽州县，告其进退而已。屡为州兵所窘，复告于神，神曰：“可过岭取虔州，

① 语出《春秋谷梁传》：僖公十六年。

当成大事。”遇贤遂袭南康。百胜军节度使贾浩始轻之，不设备。贼众连陷诸县，州兵击之，不胜，浩戒严城守。遇贤据白云洞，造宫室营署，群盗四出攻劫。未几，通事舍人边镐、洪州屯营都虞候严思礼，各帅师数千，出援虔州。贼众大败，焚其营署，走数十里，又败之。遇贤困窘，复告于神，神不复语，遂弃营潜遁。贼帅李台知其无神也，执遇贤及其副黄伯雄、谋主僧景全，皆斩于建康市。

呜呼！许嵩[①]云：“罗阳有神，自称王表，言语饮食，与人无异，而不见其形。”予始观之，以为妄诞，及得遇贤之事，然后知嵩言无足怪也。古者以鬼无灵响，物无疵疠，为至德之世，则举世大乱，神怪毕出，固其所也。且以孙权之奇英，犹不能无惑，况遇贤乎？

诸 祐

诸祐，诸音查。蕲州独木人。自言不茹荤者数世，能使贫者富，富者贫，俚民稍稍效之。其徒十数，男女猱杂，互易匹耦，谓之忍辱，生子不知其父。行之数年，积数百众，夜行昼息，取资于盗，竞相推唱，云：“祐术能升虚空，入水火，妄意民藏，潜使致之，而民弗觉也。”先陈起侨蕲春，恶其妖。昇元中，起第进士，授黄梅令。到官之日，里酋毕贺，祐独不至。数日，起命籍祐为里长，不服，祐嫚言曰：“吾取令头，杀竖子尔！”起闻大怒。会周邺为巡抚使，师次黄梅，起藉其兵以执祐等，并其妇人幼稚，皆

① 许嵩：唐代史学家，河北高阳（蠡县）人，生卒不详，著有《建康实录》和《六朝宫苑记》。

缚，沃以豕血，祐迄不能神。因索其家，得舆服器用，皆埒至贵。郡将即斩祐等，曰："妇人何能为，幼稚宜无预。"意且贯之。起曰："此皆渎乱人伦，去无遗类。"遂并斩之。起由是知名，迁监察御史，卒。

卷二十七

叛臣传 第二十四

呜呼，诸侯死社稷，大夫死众，士死制，又岂违道以亡其国乎！五代之际，忧起萧墙，祸生天属，而大夫不能死宗庙，士不能死丘墓者，无国无之。且为人臣者，身非我有，死君之难而已；职非我有，任君之事而已；富贵非我有，享君之禄爵而已。又况土地人民，我何有焉，而专以予人，其获罪于天下后世，当如何哉！《春秋》之法，窃君之土而致于人，则曰以某地来奔，若邾庶其、莒牟夷①之类是也。据君之地以专于己，则曰入某地以叛，若晋荀寅、卫孙林父②是也。其文虽异，而其叛一矣。作《叛臣传》。

刘　澄

刘澄，宣城人也。保大中，后主掌禁兵，澄趋使左右。元宗南迁，后主为太子监国，署澄为军校，累迁侍卫厢都虞候。及王师围金陵，越人乘间陷常州，进攻润州。议者以京口要害，当得良将守之。后主以澄旧事藩邸，尤为亲信，乃拜澄润州节度使

---

① 邾庶其：春秋时，邾国大夫庶其，以漆、闾丘两地投奔鲁国。事见《春秋》：襄公二十一年。莒牟夷：春秋时，莒国大夫牟夷，与牟娄以防、兹两地投奔鲁国。事见《春秋》：召公五年。

② 晋荀寅：春秋时，晋国六卿之一荀寅，与范吉射同奔朝歌。事见《春秋》：定公十三年。卫孙林父：春秋时，卫国上卿孙林父，占据戚地叛卫。事见《春秋》：襄公二十六年。

留后。临行，后主谓澄曰："卿本不合离孤，孤亦难与卿别，但此行非卿不可。"澄涕泗奉命，归家，尽辇金玉以往，谓人曰："此皆国家前后所赐。今国家有难，当散此以图勋业。"后主闻之益喜。及越兵初至，营栅未成，左右请出兵掩之。时澄已怀向背，乃曰："出兵不胜，则立为虏矣。当俟应援，然后图战。"未几，卢绛率师为援。绛至，越兵屡却，绛昉入城，围复合矣。澄与绛固守累月，自相猜忌。绛怒一裨将，杀之未决，澄私谓曰："卢公怒尔，尔不生矣。"裨将泣涕请命，澄曰："吾有一言告尔，非徒免死，且得富贵。"因谕以降事，令先出道意。裨将曰："奈家口在都城何？"澄曰："事急，当为身谋。我家百口，亦不暇顾矣。"是夜，裨将逾城出，绛犹未知。明日，澄与绛同食，典军者来告，澄伪作色曰："吾谓公已斩之，何得令走？"徐谓绛曰："闻言都城受围日急，若都城不守，守此何为？"绛亦知金陵终陷，乃曰："君为守将，不可弃城。宜赴难者，唯绛尔。"澄伪为难色，久之，曰："君言是也。"绛溃围出。澄遍召将卒，告曰："澄守城数旬，志不负国，事势如此，须求生计，诸君以为如何？"将卒皆发声大哭。澄惧变，亦泣曰："澄受恩深于诸君，且有父母在都城，宁不知忠孝乎？但力不能抗尔。诸君不闻楚州耶？"初，世宗围楚州，久不下，既克，遂屠之，故澄以此胁焉。于是率将吏开门请降。后主闻澄已降，犹欲赦其家属。光政使陈乔令收澄父母妻子，皆斩于市。澄女许嫁未适，美而艳，乔欲活之，女曰："叛逆之余，义不求生。"遂斩之。

朱　元

朱元，蒲津人也。事本郡节度使李守贞，为从事。汉高祖[①]崩，守贞谓汉室新造，人心未一，天下易以图，乃以河中反。汉命周太祖讨之，元与李平奉守贞表来乞师，未复而守贞败，元遂留金陵，累迁尚书郎。或言元有反相，不可委以外任。及淮甸兵兴，诸郡相继陷，刘仁赡坚守寿州，元宗命齐王景达帅师应之。元隶景达军中，善抚士卒，甘苦共之，遂率所领克舒州，蕲、泰、扬、光、滁亦相继而复。元自紫金山筑甬道以饷寿春，兵势甚盛。会景达监军使陈觉先与元有私隙，召元至濠州计事，且欲害之。元不往，觉因奏元不受节制。元宗遣杨守忠代元，且召还都。元愤怒，以其众降周，诸军皆溃。元宗怒，命斩元妻子。元妻乃宣徽使查文徽女，年少有国色。文徽累表救之，诚款恳切。元宗署其表曰："只斩朱元妻，不杀查家女。"文徽辞穷，遂斩元妻，尸于市。文徽以珠笼覆尸，哭之大恸，市人为之泣下。世宗以降虏别作一营，授元蔡州刺史，亦不显用。

刘从效

刘从效，泉州人也。仕本郡为统军使。闽亡，从效说其刺史王建勋入朝，而自领州事，元宗即以从效为泉州刺史。从效出自寒微，知人疾苦，及得郡，以勤俭为务，众所不便者皆除去之。常衣布素，置公服于中门，出视事，则服之，入则复衣弊布。自言："我素贫贱，不可忘本也。"由是大得民情，据有漳泉之地。

---

① 汉高祖：即五代时后汉建立者刘知远（895—948），开运四年（947）称帝于晋阳，改名刘暠。旋定都汴（今开封），国号汉，史称后汉。庙号汉高祖。

闽主王氏遗二女在郡，从效事之如故，资给甚厚。升泉州为清源军，拜从效节度使，加中书令，封鄂国公。及淮甸失守，从效因越人奉表贡于世宗，世宗以割地之故，不纳。建隆初，元宗迁都南昌。从效大惧，以为见讨，乃遣其子绍基来贡。会元宗殂，因至建康，后主善待之。绍基未还，从效病卒，州人立其次子绍镃。未几，统军陈洪进执绍镃归于建康，言其将召越人为叛，推立副使张汉思为留后，洪进为副使。汉思老而蠢，事无巨细，皆决于洪进。汉思诸子为牙将，伏剑士杀洪进，不克。洪进遂逐汉思，自称留后，后主即以洪进为泉州节度使。绍镃至建康，释之，以为监门卫中郎将，绍基为殿直军都虞候。

呜呼，附刘从效于叛臣之后者，岂无意哉！盖乱臣贼子，皆《春秋》之所诛也。臣于人而反复不常，是亦《春秋》之罪人尔。从效始事闽而闽亡，幸国家之乱，遂劫其使君而自领州事，元宗因而予之，亦已厚矣。及淮甸失地，国步多艰，从效伺多垒之秋，而附越人以贡于上国，其意之所图者，固可知也。故洪进之徒，相继作乱，盖从效所图不轨，则不轨之事应之。曾子曰："出乎尔，反乎尔。"[①]为人臣者，可不戒哉！

① 语见《孟子·梁惠王章句下》。

卷二十八

灭国传上 第二十五

呜呼，闽、楚之捷，不偿于殚残，而淮甸之役，辄丧其膏腴。《易》曰："智小而谋大，鲜不及矣。"①戒之哉，戒之哉！作《灭国传》。

闽　国

王　氏

王审知，字信通，光州固始人也。世为农。唐末，群盗起，审知与兄潮俱起草莽，众推潮为主，略地至泉州。军行整肃，其耆老相率遮道留之。潮引兵围城，逾年，杀其刺史廖彦若。光启二年，福州观察使陈岩表潮泉州刺史。景福元年，岩卒，其婿范晖自称留后，潮遣审知攻晖，杀之，唐即以潮为福州观察使，潮以审知为副使。审知为人状貌雄伟，常乘白马，军中号"白马三郎"。乾宁四年，潮卒，审知代立。唐以福州为威武军，拜审知节度使，累迁同中书门下、平章事，封琅玡王。唐亡，梁太祖加拜审知中书令，封闽王，升福州为大都督府。审知俭约好礼，王倓、杨沂、徐寅之徒皆依焉。又建学四门，以教闽士之秀者。

① 语见《易经·系辞下传》子曰："德薄而位尊，知小而谋大，力小而任重，鲜不及矣。"

岁遣使泛海入贡于梁。后唐同光三年，审知卒，谥忠懿。长子延翰立，建国称王，而犹禀唐正朔。延翰长大，美皙如玉。其妻崔氏陋而淫，延翰不能制。审知丧未期，撤其几筵，又多选良家子为妾。崔氏性妒，良家子之美者，辄幽之于别室，系以大械，刻木为人手以击其颊，又以铁锥刺之。一岁之中，死者八十四人。崔氏后病，见祟而卒。十有二月，延翰弟泉州刺史延钧，审知养子建州刺史延禀，同以兵入，执延翰，杀之，而延钧立，更名鏻。鏻，审知次子也。庄宗即拜鏻节度使，累加检校太师、中书令，封闽王。鏻既立，延禀还建州，鏻饯于郊，延禀临诀谓鏻曰："善继先志，无烦老兄复来。"鏻衔之。长兴二年，延禀率兵击鏻，鏻遣王仁达败之，执延禀，诮之曰："予不能继先志，果烦老兄复来。"延禀不能对，遂杀之。三年，鏻上书求为尚书令，唐不报。鏻遂绝朝贡，即皇帝位，改元龙启，国号"闽"。追谥审知为昭武孝皇帝，庙号太祖。立五庙，设百官。龙启三年，改元永和。王仁达为鏻杀延禀而有功，典亲兵，鏻心忌之。鏻谓人曰："仁达智略，在吾世可用，不可遗后世患。"因诬以罪，杀之。鏻妻早卒，继室金氏，贤而不答，审知婢金凤陈氏，鏻嬖之，遂立之以为后。初，鏻有嬖吏归守明者，以色见幸，号"归郎"。鏻后得风疾，陈氏与归郎奸，又有百工院使李可殷，因归郎以通陈氏。鏻命工作"九龙帐"，国人歌曰："谁谓九龙帐，惟贮一归郎。"鏻婢春燕有色，其子继鹏蒸之。鏻已病，继鹏因陈氏以求春燕，鏻怏怏与之。其次子继韬怒，谋杀继鹏。继鹏惧，与皇城使李仿图之，乃令壮士先杀李可殷，率皇城卫士入。鏻闻鼓噪声，走匿九龙帐中，卫士刺之不死，宫人不忍其苦，为绝之。继韬及陈后、归郎，皆为仿所杀。鏻立十年，见杀，谥曰惠皇帝，庙号太宗。

继鹏，鏻长子也。既立，更名昶，改元通文。晋天福二年，昶遣使贡于京师，高祖遣散骑常侍卢损册昶闽王，拜其子继恭临海郡王。损至闽，昶称疾不见，令继恭主之。又遣中书舍人刘乙劳损于馆，乙衣冠伟然，驺童甚盛。他日，损遇乙于涂，布衣芒屩而已。损使人诮之曰："凤阁舍人，何逼仄之甚也！"乙羞愧，以手掩面而走。昶好巫，妖人林兴以巫见幸。三年，夏，虹见宫中，林兴传神言："此宗室将为乱之兆也。"乃命兴帅壮士，杀审知子延武、延望及其子五人。后兴事败，亦被杀。而昶愈惑乱，立父婢春燕为淑妃，后立以为皇后。昶募勇士为宸卫都以自卫，其赐予给赏，独厚于他军。控鹤都将连重遇、拱宸都将朱文进，皆以此怒。重遇等夜帅卫士，纵火焚南宫。昶挟爱姬、子弟、黄门卫士，斩关而出，宿于野次。重遇迎延羲，立之。延羲令其子继业率兵袭昶，及之，射杀数人。昶知不免，掷弓于地，继业执而杀之，及其妻子，皆死无遗类。

延羲立，谥昶曰康宗。延羲，审知少子也。既立，更名曦，遣使朝贡于晋，改元永隆，铸大铁钱，以一当十。曦自昶世，倔强难制，昶相王倓每抑折之。曦立而倓已死，命发冢戮尸，倓面如生，血流被体。泉州刺史余延英尝矫命掠取良家子，曦怒，诏：下御史劾之。延英进买宴钱千万，曦曰："皇后士贡何在？"延英又献皇后钱千万，乃得不劾。曦尝嫁女，朝士有不贺者，笞之。御史中丞刘赞坐不纠举，将加笞，谏议大夫郑元弼切谏，乃止。曦弟延政为建州节度使，封富沙王。自曦立，不协，数举兵相攻。曦由此恶其宗室，多以事诛之。谏议大夫黄峻舁榇诣朝堂，极谏。曦怒，贬峻漳州司户参军。校书郎陈光逸上书，疏曦过恶五十余事。曦命卫士鞭之百而不死，以绳系颈，挂于木，久而乃绝。国计使陈匡范增《算商之法》以献，曦曰："匡范，人中之宝也。"已而岁入不登其数，乃借于民以足之，匡范以忧死，其后知其借于民也。剖匡范棺，断尸，弃之水中。曦性淫虐，而妻李氏悍而酗酒。贤妃尚氏，有色而宠。诸国皆僭后妃之号。李仁遇，曦甥也，以色嬖之，用以为相。曦尝为牛饮，群臣侍酒，有诈及私弃酒者，辄杀之，并杀其替者。连重遇既杀昶，常惧为国人所讨，曦心疑之，以语诮重遇等，重遇等流涕自辩。李氏妒尚妃之宠，欲图曦而立其子亚证，乃使人谓重遇等曰："上心不平于二公，奈何?"重遇等惧。六年三月，曦出游醉归，重遇等遣壮士拉于马上，杀之，谥曰景宗。

殷

延政，审知子也。曦立为淫虐，延政数贻书谏之，曦怒，遣杜建崇监其军，延政逐之。曦乃举兵攻延政，为延政所败。延政乃以建州建国，称殷，改元天德。明年，连重遇已弑曦，集闽群臣，告曰："昔太祖武皇帝亲冒矢石，遂启有闽。及其子孙，淫虐不道，天厌王氏，当求有德，以安此土。"乃掖朱文进升殿，率百官北面而臣之。文进以重遇判六军诸卫事，王氏子弟在福州者，无少长，皆杀之。以黄绍颇守泉州，程赟守漳州，许文缜守汀州，用晋正朔，称开运元年。泉州军将刘从效诈其州人曰："富沙王取福州矣，吾属世为王氏臣，安能交臂事贼乎?"州人共杀绍颇，迎王继勋为刺史；漳州闻之，亦杀赟，迎王继成为刺史，皆王氏之诸子也。文缜惧，以汀州降于延政。南唐闻乱，命查文徽等帅师伐之，遂下建阳。延政遣统军吴承祐往绐福州曰："唐兵助我讨。"福州信之，故连重遇杀朱文进，裨将林仁翰杀连重遇，谋迎延政都福州。会南唐兵方急攻建州，延政乃遣其子继昌守福州，而自拒唐兵。福州军将李仁达谓其徒曰："唐攻建州，富沙王不能自保，其能有此土耶？"乃擒继昌及吴承祐，杀之，欲自立，惧众不附，以雪峰僧卓俨明示众曰："此非常人也。"被以衮冕，率诸将吏北面而臣之，已而又杀俨明，乃自立。送款于南唐，南唐以仁达为威武军节度使。文徽等下建州，俘延政于金陵，封延政鄱阳王，闽主刘从效自领泉州，李仁达自领福州，羁縻而已。明年，福州附于吴越。

卷二十九

灭国传下 第二十六

楚　国

马　殷

马殷，字霸图，许州鄢陵人也。唐中和三年，蔡州秦宗权遣孙儒、刘建峰将兵万人，属其弟宗衡，略地淮南。殷初为儒裨将。儒杀宗衡，自将其兵取高邮，逐杨行密。行密走宣州，儒以兵围之，久不克，遣殷与建峰掠食旁县。儒战败死，殷乃推建峰为帅。殷为先锋，转攻豫章，略虔、吉，有众数万，趋潭州，杀其刺史邓处约，自称留后。唐僖宗授建峰湖南节度使，殷为马步军都指挥使，出攻邵州。建峰庸人，不能率其下，常与步曲饮酒欢呼。军卒陈赡妻有色，建峰私之，赡怒，以铁檛击杀建峰，军中推行军司马张吉为帅。吉乘马伤髀，卧病，语诸将曰："吾非汝主也。马公英勇，可共立之。"诸将乃共杀赡，磔其尸，遣姚彦章迎殷于邵州。殷至，吉肩舆入府。殷拜谒于庭中，吉召殷上，乃率将吏下，北面再拜，以位与之，时乾宁三年也。唐拜殷潭州刺史。殷遣其将秦彦晖、李琼攻连、邵、郴、衡、道、永六州，皆下之。桂管刘士政惧，遣其将陈可璠、王建武等率兵守义全岭。殷遣使聘于士政，至境上，可璠等不纳。殷怒，遣李琼等以兵七千攻之，擒可璠等及其兵二千余人，悉坑之，遂围桂管，虏士政，尽取其属州。殷表琼桂管观察使。四年，拜殷武安军节度使。

梁太祖[1]即位，拜殷兼侍中、中书令，封楚王。杨行密将吕师周来奔，师周勇健豪侠，颇通纬候、兵书。殷闻师周至，大喜曰："吾方南图岭表，而得此人，足矣。"以为马步军都指挥使，率兵攻岭南，取昭、贺、梧、蒙、龚、富等州，殷表师周昭州刺史。于是沣、辰、溆，并溪洞诸蛮，皆附于殷。殷请升朗州为永顺军，表张吉节度使。殷乃请依唐太宗故事，开天册府，置官属。太祖拜殷天册上将军，殷以其弟赍为左相，弟存为右相，廖先图等十八人为学士。末帝时，加殷武安、武昌、静江、宁远等军节度使，洪、鄂四面行营都统。唐庄宗灭梁，殷遣其子羲范修贡京师，上梁所授都统印。庄宗问洞庭广狭，羲范曰："车驾南巡，才堪饮马尔。"庄宗嘉之。庄宗平蜀，殷大惧，表求致仕。庄宗下玺书慰劳之。殷初兵力尚寡，与杨行密、成汭、刘龚等为敌国。殷患之，问策于其将高郁。郁教殷尊王仗顺，外夸邻敌，然后退修兵农；又讽殷自京师至襄、唐、郢、复等州，置邸务以卖茶，其利十倍；又铸铅铁钱，以十当铜钱一；又令民自造茶以通商旅，而收其算，岁入万计。由是地大力完，数要封爵。天成二年，请建行台。明宗封殷楚国王，用竹册，如三公礼。殷以潭州为长沙府，建国承制，自置官属，以姚彦章为左相，许德勋为右相，李铎为司徒，崔颖为司空，拓拔常为仆射，马珙为尚书，子弟皆出为节度使，文武皆进位。谥其曾祖筠曰文肃，祖正曰庄穆，父元丰曰：景庄。立三庙于长沙。长兴元年，殷卒，年七十九，谥武穆。

---

① 梁太祖：即朱温(852—912)，五代时后梁建立者。先入黄巢起义军，后降唐，再废唐自立，建后梁。乾化二年(912)为其三子友珪所杀，庙号梁太祖。

子羲声[①]立。

羲声，字若讷，殷次子也。殷建国，以羲声判内外诸军事。荆南高季昌闻殷将高郁素教殷以计策，而楚以强，患之，尝使谋者间殷，殷不听。羲声用事，谍云："季昌闻楚用高郁，大喜，以为亡马氏者必郁也。"羲声素愚，以为然，遽夺郁兵职，矫殷令杀之。明日，吏以状白，殷拊膺大哭曰："吾耄荒如此，而杀吾勋旧！"殷语左右曰："吾亦不久于此矣。"明年殷卒，羲声立，授武安、静江等军节度使。羲声尝闻梁太祖好食鸡，慕之，日烹五十鸡以供膳。葬殷，羲声不泣，顿食鸡肉数器而起。其礼部侍郎潘起讥之曰："昔阮籍居丧而食蒸豚，世岂乏贤耶？"长兴三年，羲声卒，追封衡阳王。弟羲范立。

羲范，字宝规，殷第四子也。殷子十余人，嫡子羲振长而贤，其次羲声、羲范，同日而生。羲声母袁夫人，有美色。羲声以母宠得立，而羲振弃官为道士，居于家。故羲声卒，而羲范以次立，袭殷官爵，封楚王。清泰二年，赐弓矢冠剑。天福四年，加天册上将军，开府承制，如殷故事。羲范好学，善诗。文士廖光图、徐仲雅、李皋、拓拔常等十八人，皆故殷时学士。羲范性奢侈，光图等皆博徒，饮博欢呼。独常沉厚长者，上书切谏，光图等恶之。襄州安从进、安州李金全叛晋，高祖诏羲范出兵，羲范遣张少敌以舟兵趋汉阳，漕米五万斛以馈军。金全等败，少敌乃旋溪州，刺史彭士然率锦、奖诸蛮攻沣州。羲范遣刘勍等击之，士然大败，勍等攻溪州。士然走奖州，遣其子师暠率诸蛮

① "羲"即"希"，羲声：即马希声，其后之希范、希广、希萼、希崇，均同此。

酋降于勍。溪州西接牂柯，南通桂林、象郡，羲范乃立铜柱以为表，命学士李皋铭之。于是南宁等十八州，夷、播等七州，昆明等十二部，皆附于羲范。羲范作“会春园”、“嘉宴堂”，其费钜万，始加赋于国中。拓拔常切谏，以为不可。羲范又作“九龙殿”，以八龙绕柱，自言身一龙也。是时契丹灭晋，中国大乱，羲范牙将丁思觐廷谏羲范曰：“先王起卒伍，以攻战而得此州，倚朝廷以制邻敌。传国三世，有地数千里，养兵十万。今天子蒙尘，中国无主，真霸者立功之时。诚能悉国之兵，出荆、襄以趋京师，倡义于天下，此桓、文之业也。奈何耗国用而穷土木，为儿女之乐乎？”羲范谢之。思觐瞑目视羲范曰：“孺子终不可教也。”乃扼喉而死。开运四年，羲范卒，年四十九，谥文昭。羲广立。

羲广，字德丕，羲范母弟也。羲范平生恶拓拔常谏诤，尝谢绝之，及卧病，始思常言以为忠，召之，托以羲广。羲范卒，常数劝羲广以位奉其兄朗州节度使羲萼，羲广不从。羲萼来奔丧，羲广将刘彦瑫曰：“武陵之来，其意不善，宜出兵迎之，以备非常，使其解甲释兵而后入。”张少敌、周廷诲曰：“王能予之，则已，不然，宜早除之。”羲广泣曰：“吾兄也，焉忍杀之，分国而治可也。”遂以兵迎羲萼于砆丘，止之于碧湘宫，厚赂以遣之。羲萼愤然而去，乃遣使诣京师求封爵，请置邸称藩，汉隐帝不许，降玺书慰劳之。羲萼怒，遂送款于南唐，乞师攻长沙。羲广遣刘彦瑫、许可琼等御之。彦瑫败羲萼于仆射洲，羲萼去，诱溪洞诸蛮寇益阳，羲广遣崔洪琏以遏诸蛮。刘彦瑫以舟兵趋武陵，攻羲萼。彦瑫败于湄州，羲广大惧，遣使请兵京师，汉隐帝不能出师。羲萼率舟兵沿江而下，自号顺天将军，趋长沙，攻长乐门。长沙陷，羲广率妻子匿于慈堂。明日擒之，遂斩羲广，杖其妻，死于市。左右用事者，皆脔割之。

乾祐三年，羲萼自立。明年，遂臣于南唐，唐册封羲萼楚王。羲萼悉以军政任其弟羲崇。羲崇与楚旧将徐威、陆孟俊、鲁绾谋作乱。羲萼置酒端阳门，羲崇辞以疾。威等纵恶马十余匹，以壮士执楇随之，突入其府，劫库兵，缚羲萼，迎羲崇以立之。羲崇遣彭师暠、廖偃，囚羲萼于衡山。师暠奉羲萼为衡山王，臣于南唐。羲崇惧，亦遣使诣南唐送款。唐遣边镐等帅师入楚，尽迁马氏之族于金陵，封羲萼楚王，居洪州，羲崇领舒州节度使，居扬州。周世宗下淮南，诏："抚安马氏子孙。"羲崇率其子弟十七人归京师。

卷三十

建国谱 第二十七

呜呼，唐之盛时，制天下为十道，统之以都督，而遐荒四达合为一家。中世多故，始立方镇，大者连城十数，小者犹兼三四，虽禀爵命，而其势以分。僖、昭之世，则又甚焉。盗酋强卒，相与为乱，而一旦破城杀帅者，即以其镇予之。于是下窃土地，上要封册，终以亡唐。而大者称帝，小者称王，故自以江南，昇、润、常、歙、宣、鄂、池、饶、信、江、洪、抚、袁、吉、虔一十五州，自江以北，扬、楚、泗、和、滁、光、黄、舒、蕲、庐、寿、海、濠一十三州，合二十八州，杨行密专据，以建吴国。南唐因之，置泰州、筠州，又取汀、建、漳、泉四州，复置剑州，共三十五州之地，号为大国。迨乎显德，世宗出师，而遂取淮南一十四州。南唐君臣相顾，犹惧其不免，乃奉表称贡，趋走不暇，削国降号，何其速哉！大抵僭服兴亡，不在于强梗庸懦，而在乎世之治乱。世苟治矣，偏据之国，虽大必亡；逮德下衰，一夫倡乱，遂为敌国。为天下者，可不戒哉，可不戒哉！作《建国谱》。

州三十有五

（昇州都） 吴因唐为昇州，徐温建节，升建康军。南唐建都，置江宁府。

（润州镇海军） 置丹阳宫，寻罢。

（常州） 以江阴县别置军。

（歙州）

（宣州宁国军）

（江州奉化军）

（洪州镇南军） 显德五年，东都入于周，以州建南都。

（抚州昭武军） 以东南境别置建武军。

（袁州）

（吉州）

（虔州百胜军）

（筠州） 保大十年置。

（扬州淮南建东都） 以六合置雄州，俄罢，复来隶。以天长置天长军。

（鄂池饶信四州） 显德五年入于周。

（楚州顺化军） 显德五年入于周。

（泗州静淮军） 显德五年入于周。

（滁州） 显德五年入于周。

（和州） 显德五年入于周。

（光州） 显德五年入于周。

（黄州） 显德五年入于周。

（舒州） 显德五年入于周。

（蕲州） 显德五年入于周。

（庐州保信军） 显德五年入于周。

（寿州清淮军） 显德五年入于周。

（海州） 显德五年入于周。

（泰州） 昇元元年置，显德五年入于周。

（濠州定远军） 显德五年入于周。

（建州忠义军） 保大三年取，升永安军节度，俄改忠义。后降军事。

（汀州） 保大三年取。

（剑州） 保大三年置。

（漳州） 保大三年取，改为南州。俄复旧。

（泉州清源军） 保大三年取。清源军节度。

取之而复失者十有一州

（福州） 保大三年取，羁縻而已。四年入吴越。

（潭州） 保大九年取，十年失。

（衡州） 保大九年取，十年失。

（沣州） 保大九年取，十年失。

（朗州） 保大九年取，十年失。

（岳州） 保大九年取，十年失。

（道州） 保大九年取，十年失。

（永州） 保大九年取，十年失。

（邵州） 保大九年取，十年失。

（全州） 保大九年取，十年失。

（辰州） 保大九年取，十年失。

呜呼，乘窘以斗捷者，胜之固易；地来而民去者，守之极难。南唐之克楚，始虽因其内阋，而终以任用匪人，不能振抚，故刘言[①]之徒得以复张。嗣主初欲罢桂阳之师，解益阳之戍，即授言

① 刘言（？—953），江西吉州（今吉安）人，初为楚辰州刺史，骁勇善战，迁武平节度使留后。后周广顺元年（951），楚大乱，南唐边镐平楚，尽迁马氏一族于金陵。翌年，刘言大败南唐军，尽占原楚地。广顺三年（953），后周任命刘言为检校太师、同平章事、朗州大都督、充武平节度使，制置虎安、静江等军事。同年，被武安节度使王进逵派人袭杀。

以节钺，与夫曹公之应二袁者，可同论乎？

世系谱 第二十八

呜呼，《春秋》之法，疑以传疑，信以传信，可不慎乎？先主以幼稚转徙民间，故其所祖，难于考究。案：徐铉《江南录》，承建王恪后，而《五代史》著南唐世家，亦以恪系四亲庙，是亦传疑之意欤？作《世系谱》。

皋陶为士师，期于无刑，而洽其好生之德于天下，则盛德之流光，宜肇祀于百世矣。故历虞、夏、商世为大理，以官命族为理氏。至纣之时，有理征者，为翼隶中吴伯，弗合于纣，抱道而死。其妻陈国契和氏与子利贞，避乱于伊侯之墟，食木子得生，遂改理为李氏。利贞亦娶契和氏女，生昌祖，为陈大夫，家于苦县，生彤德。彤德曾孙硕宗，周康王时赐采邑于苦县。五世孙乾，字元果，为周上御史大人。娶益寿氏女婴敷，生耳，字伯阳，一字聃，周平王时为太史，著书九篇以明道德。至唐祖之，以为玄元皇帝。其后有李宗，字尊祖，魏封于段，为干木大夫，守道不屈。生同，为赵大将军。生兑，为赵相。生跻，赵阳安君。二子，曰云，曰恪。恪生洪，秦太子太傅。生兴族，字育神，秦将军。生昙，字贵远，赵柏人侯，入秦为御史大夫，葬柏人[①]西。生四子，崇、辨、昭、玑。崇字伯祐，陇西守，南郑公。生二子，长曰

① 柏人：今河北唐山市的古称。

平燕，次曰瑶，字内德，南郡守，狄道侯。生信，字有成，大将军，陇西侯。生超，一名伉，字仁高，汉大将军，渔阳太守。生二子，长曰元旷，侍中；次曰仲翔，河东太守，征西将军，讨叛羌于秦昌，战没，赠太尉，葬陇西狄道东川，因家焉。生柏考，陇西、河都二郡太守。生二子，曰尚，曰向。尚，成纪令，因居成纪。生广，前将军，与匈奴大小七十余战，匈奴畏之。二子，长曰当户，生陵，字少卿，慷慨有大志，为骑都尉，陷匈奴；次曰敢，字幼卿，郎中令，关内侯。生禹，字子通。弟忠禹，生丞公，河南太守。生先，字敬宗，蜀郡、北平太守。生长宗，字伯礼，渔阳丞。生君况，字子期，博士议郎，太中大夫。生本，字上明，郎中、侍御史。生次公，字仲君，巴郡太守，西夷校尉。弟恬，次公生轨，字文逸，魏临淮太守，司农卿。弟潜轨，生隆，字彦绪，长安令，积弩将军。生艾，字世绩，晋骁骑将军，魏郡太守。生雍，字雋熙，济北、东莞二郡太守。生二子，长曰伦，次曰柔，字德远，北地太守。柔生弇，字季子，前凉张骏天水太守，武卫将军，安西亭侯。生昶，字伯坚，凉太子侍讲。生暠，字元盛，西凉武昭王，兴圣皇帝。十子，谭、歆、让、愔、恂、翻、豫、宏、眺、亮。愔曾孙系。翻孙三人，曰丞，曰茂，曰冲。曾孙曰成礼。豫玄孙曰刚歆，字士业，西凉后主。八子，勖、绍、重耳、宏之、崇明、崇产、崇庸、崇祐。重耳字景顺，以国亡奔宋，为汝南太守。后魏克豫州，以地归之，拜恒农太守，复为宋将薛安都①所陷，后魏安南将军，豫州

① 薛安都(410—468)，字休达，河东汾阴(今山西万荣)人。初为北魏雍、秦二州都统，后投南朝刘宋，授扬武将军。随宋文帝刘义隆北伐，建功颇著。刘宋内乱后，薛安都不得已复投北魏，被封为镇南将军、徐州刺史、河东公。不久，病逝。

刺史。生献祖，讳熙，字孟良，后魏金门镇将。生懿祖，讳天赐，字德真。三子，长曰起头，长安侯。生达摩，后魏羽林监，太子洗马，长安县伯，其后无闻。次曰太祖，讳虎。次乞豆虎，西魏时赐姓大野氏，与李弼等八人号“八柱国”。周闵帝受魏禅，虎已卒，乃追录其功，封唐国公。虎生世祖，讳昞，袭封唐公。昞生高祖于长安，体有三乳，性宽仁，袭封唐公。隋文帝相周，复高祖姓李氏。炀帝南游，天下盗起，高祖兵二万起自太原，败宋老生于霍邑，有众二十万，遂入京城，立代王侑为皇帝，遥尊炀帝为太上皇，改元义宁。高祖进封唐王。五月戊午，隋帝逊于位，高祖即位，是为大唐。宪宗子建王恪，先主之始祖也。恪，元和元年始封。时缁青节度使李师古死，其弟师道丐符节，故诏恪为郓州大都督、平卢军缁青等节度大使。长庆元年薨，无子，以宗室子为嗣，史亡其名。其后有李超者，或以为建王后。懿、僖之时，宗室世远，遂与异姓之臣杂而仕宦，至或流落民间。超之子志，为徐州判司。志生荣，号李道者。荣生先主。先主即位，是为南唐。

鸣呼，春秋之时，天子失政，而诸侯擅之，自平王始；诸侯失政，而大夫擅之，自溴梁①始。盖陵夷之势，不可复振，而觊觎之心，无所餍足，则乱臣贼子效尤为之者，岂特春秋之时乎！有唐失御，方镇之帅，或寖长于健卒，或崛起于群盗，而杨行密以江淮二十八州，辄建吴国，则是春秋诸侯之罪人也。行密既死，诸子庸懦，而弑渥、棋溥，禄去杨氏，则又溴梁大夫之罪人。且杨

① 溴梁：《春秋谷梁传》襄公十六年：“溴梁之会，诸侯失正矣。”溴梁，溴水边的大堤；溴水，在今河南济源县。

氏建国未久，政在徐温，而知训、知诰、景通、景迁、景遂继秉国政者，三十余年。隆衍与溥，位号空存而已。故贾崇谓嗣主曰："臣事先朝二十余年。"韩熙载谓后主曰："向化逾于四纪。"胡则曰："我等世受主恩。"由是观之，先主虽以季年得位，享国六年，而擅命专制，其来尚矣。

跋

马令《南唐书》，单刻本不易得。友人有茶梦斋钞本，初思影印，既得假读，中有一叶乃阙至二百余字，踌躇不能决。嗣见此本，喜得镌印精整，遇太祖、太宗、皇朝、京师，凡涉及宋室之字，或空格，或提行，盖犹宋刻旧式。取对钞本，行款相合，是必同出一源。姚氏自称嘉靖辛丑主洛川张氏家塾，获见此书，乃张氏先世宦闽时所录者，抱疾过录，云云。原出写本，难免讹误，病中握管，尤易疏忽。虽其佳处足以校正是本者不少，然讹文夺字，终觉瑜不掩瑕，故舍彼取此。仍摘其意义较胜之字，及其文异而意可通者，别为校记，附录于后。甲戌仲春海盐张元济。

直斋书录解题

《南唐书》三十卷，阳羡马令撰。序言其祖太博元康世家金陵，多知南唐故事，未及撰次，今纂先志而成之，实崇宁乙酉。其书略备纪传体，而亦言徐铉、汤悦之疏略云。（卷五伪史类）

南京文献精编

南唐书

（宋）陆游 撰

点校 胡阿祥 胡箫白

南京出版传媒集团
南京出版社

《南唐书》序

天历改元，余待罪中执法，监察御史王主敬谓余曰："公向在南台，盖尝命郡士戚光纂辑《金陵志》，始访得《南唐书》，其于文献遗缺，大有所考证，裨助良多，且为之音释焉。"因属博士程熟等，就加校订，锓板与诸史并行之。越明年，余得告还金陵，书适就，光来请序。按《南唐·本纪》，李昪系出宪宗，四世间关困厄，才有江淮之地，仅余三十年，卒不复振，而宋灭之。虽为国偏小，观其文物，当时诸国莫与之并。其贤才硕辅，固不逮蜀汉武侯，而张延翰、刘仁赡、潘佑、韩熙载、孙忌、徐锴之徒，文武才业，忠节声华，炳耀一时，有不可掩；矧其间政化得失、兴衰治乱之迹，有可为世鉴戒者，尤不可泯也。窃谓唐末契丹雄盛，虎视中原，晋、汉之君，以臣子事之惟谨，顾乃独拳拳于江淮小国，聘使不绝，尝献橐驼并羊马千计，高丽亦岁贡方物，意者久服唐之恩信，尊唐余风，以唐为犹未亡也邪？宋承五季周统，目为僭伪，故其国亡而史录散佚不彰。然则马元康、胡恢等迭有所述，今复罕见。至山阴陆游著成此书，最号有法，传者亦寡。后世有能秉《春秋》直笔，究明《纲目》统绪之旨者，或有所考而辩之。姑识其端，以俟君子。余前忝史馆，朝廷尝议修宋、辽、金三史而未暇，他日太史氏复申前议，必将有取于是书焉。

集贤大学士、奎章阁大学士、光禄大夫、知经筵事赵世延序。

目　录

本　纪

列　传

附　录

本纪卷第一[①]

烈祖光文肃武孝高皇帝名昪，字正伦，小字彭奴，徐州人。姓李氏，唐宪宗第八子建王恪之玄孙。恪生超，早卒。超生志，仕为徐州判司，卒官，因家焉。志生荣。荣性谨厚，喜从浮屠游，多晦迹精舍，时号李道者。帝以光启四年十二月二日生于彭城。六岁而孤，遇乱，伯父球携帝及母刘氏避地淮泗，至濠州。

乾宁二年，淮南节度使杨行密见而奇之，养以为子。行密长子渥，恶帝，不以为兄弟。行密乃以与大将徐温，曰："是儿状貌非常，吾度渥终不能容，故以乞汝。"遂冒姓徐氏，名知诰。

帝事温，尽子道。温妻李氏以其同姓，鞠养甚至。及长，身七尺，方颡隆准，修上短下，语声如钟，精采铄人。常缓步，而从者疾行莫能及。温有疾，与其妇晨夜侍旁不去，温益爱之。行密亦谓温曰："知诰隽杰，诸将子皆不逮也。"

天祐六年六月，自元从指挥使迁昪州防遏使，兼楼船军使，治战舰于昪。七年五月，授昪州副使，知州事。九年，副柴再用平宣州，以功迁昪州刺史。时江淮初定，守令皆武夫，专事军旅。帝独褒廉吏，课农桑，求遗书，招延四方士大夫，倾身下之，虽以节俭自励，而轻财好施，无所爱吝。以宋齐丘、王令谋、王

① 原书每卷标题前均有"南唐书"书名，本书均删除。原书的目录与正文每卷标题不统一之处，尊重原书，均保持原貌。

翃主议论，曾禹、张治、孙鲂、徐融为宾客，马仁裕、周宗、曹悰为亲吏。

十一年，加检校司徒，始城昇州。十四年五月，城成，温来观，喜其制度壮丽，徙治焉，而以帝为检校太保、润州团练使。帝本意在宣州，不悦。时温子知训以内外马步都军副使专制扬州[①]，骄淫失众，宋齐丘纳说曰："知训旦暮且败，是行天所赞也。"十五年，朱瑾杀知训，马仁裕自蒜山渡驰告帝，帝即日帅师入广陵定乱，遂代知训为淮南节度行军副使、内外马步都军副使。勤俭宽简，尽反知训之政，上下悦服。

吴王建国，以帝为左仆射，参政事，国人谓之政事仆射。乘剥乱之后，曾未期岁，纪纲宪度，粲然并举。温虽遥执国政，而人情颇已归属于帝。有徐玠者，事温为金陵行军司马，工揣摩捭阖，密说温曰："居中辅政，岂宜假之它姓？请更用嫡子知询。"帝刺知皇恐，表乞罢政事，出镇江西。表未上而温疾亟，遂止。温卒，知询嗣为金陵节度使、诸道副都统，数与帝争权。帝乃使人诱之来朝，留为左统军，悉夺其兵，而帝以太尉、中书令出镇金陵，如温故事。吴帝命帝开大元帅府，置僚属，进封齐王，用天子制度，改名诰。

昇元元年冬十月，吴帝禅位于我。甲申，即皇帝位，改吴天祚二年为昇元元年，国号齐。以十二月二日为仁寿节。尊吴帝为"高尚思玄弘古让皇帝"，上册称"受禅老臣"。诰追尊考温为太祖武皇帝。丙申，以平章事张延翰为右仆射兼门下侍郎、同

① 扬州：原作"扬氏"，据秘册汇函本（以下称秘本）改。

平章事，门下侍郎张居咏、中书侍郎李建勋皆为同平章事。以建康为西都，广陵为东都。改尚书省为尚书都省，东都尚书省为留守院。丙戌，改齐明门为朝元门。丁亥，封弟知证为江王，知谔饶王。戊子，降吴太子琏为弘农郡公。辛卯，降吴建安王珙、江夏王璘等十一人爵一等，而加官增户邑。诏狱讼未经本处论决者，毋得诣阙诉。乙未，降吴公主为国君。甲午，立王后宋氏为皇后。丙申，封女弟杞国君为广德长公主。庚子，遣使如汉、闽、吴越、荆南，告即位。辛丑，追封吴历阳公濛为临川王，谥曰灵，以礼改葬。戊申，封子景通为吴王、诸道副元帅，判六军诸卫事。

十一月庚戌朔，改东都旧第为崇德宫。癸丑，改承宣院为宣徽院。丙辰，追册故妃魏国君杨氏为顺妃。丁巳，追封长子景迁为高平郡王，长女为丰城公主。改辞状司为清讼院。立侄景迈为晋陵郡公，景逊为上饶郡公，景邈为桂阳郡公，景逸为平阳郡公，封女五人为盛唐、太和、永兴、建昌、玉山公主。戊午，立子景遂为吉王，景达寿阳郡公，以景遂为东都留守、江都尹，赴东都。己未，升东都海陵县为泰州，割盐城、泰兴、如皋、兴化县属焉。丁卯，高从诲表请置邸建康，从之。己巳，吴越王使将军袁韬来贺即位。乙亥，追封故高平王景迁妃吴上饶公主为燕国君，谥贞庄。

十二月庚寅，上太祖武皇帝陵曰定陵，追尊高祖以下皆为公王，而称宗配皆称国君，及妃墓皆称陵，惟武皇帝之配李氏曰明德皇后。丙午，有星孛于北方。

昇元二年春正月己酉朔，日有食之，避殿，停朝贺。甲子，荆南高从诲使庞守规来贺即位。甲戌，诏臣僚三品以上追赠父母，将相赠三世。

二月壬戌，闽使内客省使朱文进来贺即位。

夏五月，让皇屡请徙居，南平王李德诚等亦引汉、隋故事有请。戊午，改润州州治为丹阳宫，以平章事李建勋充奉迎让皇使。己未，汉使集贤殿学士邹禹谟来贺即位。甲寅，徙让皇居丹阳宫。丁卯，广济仓灾，焚米三十万石。作浑天仪。

六月庚辰，月入太微西华门，犯右执法；辛巳，犯东垣上相。甲申，升池州为康化军。是月，高丽使正朝广评侍郎柳勋律来朝贡。

秋七月壬申，以左丞相宋齐丘为平章事。

八月戊寅，升洪州渊滩镇为清江县，不隶州。丁亥，契丹使梅里捺卢古来聘。

冬十月丙子，立太学，命删定礼乐。癸未，新罗使来朝贡。壬辰，命吴王璟勒步骑八万讲武铜驼桥。

十二月辛丑，让皇殂，诏不视朝二十七日，帝率百官素服举哀。

是岁，徙吴王璟为齐王。

昇元三年春正月庚戌，江王知证、饶王知谔表请帝复姓李氏，不许。癸亥，右丞相齐丘，平章事居咏、建勋，枢密使同平章事宗等表请复姓。甲子，御札详议复姓。乙丑，齐丘等议宜如所请，从之。丙寅至壬申，齐王璟等三上尊号曰“应乾绍圣文武孝明皇帝”，不许。诏曰：“乃者干戈相寻，地茀而不艺，桑殒而不蚕，衣食日耗，朕甚闵之。民有向风来归者，授之土田，仍给复三岁。”

二月乙亥，改太祖武帝庙号义祖。己卯，帝御兴祥殿，复姓，为考妣发哀，与皇后皆服斩缞，居庐，如始丧礼，服考妣丧各二十七日，凡五十四日不视朝，旦暮临。诏国事委宋齐丘，惟军旅以闻。群臣固谏，诏以墨缞听政。帝初欲更名昂，以犯文宗讳，乃名晃；或云朱全忠名也，又更名坦。御史王鹄言字从旦，犯睿宗讳，庚寅，诏更名昪。甲午，月犯南斗第六星。乙未，契丹使曷鲁来，以兄礼事帝。蜀使来贺即位。追尊高祖建王恪曰定宗孝静皇帝，配程氏曰贞静皇后，曾祖超曰成宗孝平王，配崔氏曰平真妃，祖志曰惠宗孝安王，配卢氏曰安庄妃，考荣曰庆宗孝德皇帝，配刘氏曰德恭皇后。庚午，作南郊行宫千间。

夏四月庚辰，朝享于太庙。辛巳，有事于南郊，以高祖神尧皇帝配，用上辛也。大赦，百官进位，将士劳赐有差，民三年艺桑及三千本者，赐帛五十匹，每丁垦田及八十亩者，赐钱二万，皆五年勿收租税。诏曰："朕以眇躬，托于民上，常惧弗类，以羞高祖、太宗之遗业。群公卿士，顾欲举上尊号之礼，朕甚不取，其勿复以闻。"戊子，进封李德诚赵王，徐知证韩王，知谔梁王。辛亥，进封景遂寿王，景达宣城王。丙寅，以齐王璟为诸道兵马大元帅。丁未，吴越王使左武卫上将军沈韬文，荆南高从诲使王崇嗣，来贺南郊。作北郊于玄武湖西。荧惑犯月。

秋七月丙午，放诸州所献珍禽奇兽于钟山。命有司作《昪元格》，与吴令并行。甲寅，岁星昼见。自五月不雨，至于闰七月。

冬十月丁丑，御后楼阅战马。

昪元四年春二月，诏罢营造力役，毋妨农时。

三月丁未，颁《中正历》，历官陈承勋所撰也。丙戌，汉人、闽人来聘。

夏五月，晋安州节度副使李金全来降。六月癸亥，罢宣州岁贡木瓜杂果。太师、中书令赵王李德诚卒。

秋八月，立齐王璟为皇太子，仍兼大元帅，录尚书事。璟固让，从之。丁卯，月掩岁星。

九月戊辰，契丹使梅里掠姑米里来聘，献狐白裘。

冬十月癸巳朔，月荧惑填岁星，聚于南斗。壬寅，以齐王璟让储贰，赦殊死以下，京师赐餔，内外诸军给优赐。禁表奏言“圣”、“睿”二字，违者以大不敬论。乙巳，诏幸东都，命齐王璟监国。庚戌，帝自保德门御舟。辛亥，次迎銮镇。甲寅，至东都，入建元门。帝感念畴昔，泫然流涕。丁巳，遣使问东畿士民不能自存者。己未，高丽使广评侍郎柳兢质来贡方物。

十一月乙丑，宴群臣于崇德宫，故第也。以听事为光庆殿。庚辰，改东都文明殿为乾元殿，英武殿为明光殿，应乾殿为垂拱殿，朝阳殿为福昌殿，积庆宫为崇道宫，西都崇英殿为延英殿，凝华内殿前为昇元殿，后为雍和殿，兴祥殿为昭德殿，积庆殿为穆清殿。乙酉，赐东畿高年、疾苦、茕独米人二石。汉使都官郎中郑翱、闽使客省使葛裕、吴越使刑部尚书杨严来贺仁寿节。

十二月丙申，帝至自东都。

昇元五年春二月己未，杀泰州刺史褚仁规。

三月戊辰，契丹使来。

秋七月，诏曰：“右仆射兼中书侍郎、同平章事、监修国史李建勋，幸处台司，且联戚里，靡循纪律，敢渎彝章，其罢归私第。”

八月，有星孛于天市，长数丈，广数尺，七十日没。遣使振贷黄州旱伤户口。

是岁，吴越水民就食境内，遣使振恤安集之。

昇元六年春正月甲子，月犯填星，退行在毕。

闰月甲申朔，改天长制置使为建武军。庚寅[①]，汉使区延保来聘。癸巳，闽使尚食使林弘嗣来聘。都下大水，秦淮溢。东都火，焚数千家。

二月己丑，以左丞相、太保宋齐丘知尚书省事。初，齐丘累求预政，帝许中书视事，又以两省事多委给事、舍人，剧务多在尚书省，又求知省事，许之。

夏五月，左丞相、太保宋齐丘罢为镇南军节度使。

六月，常、宣、歙三州大雨，涨溢。汉使萧规来告哀，废朝三日。庚午，契丹使掠姑米里来聘，献马五驷。大蝗自淮北蔽空而至。辛未，命州县捕蝗，瘗之。庚辰，荧惑犯房次将。辛巳，禁节度、刺史给摄署牒。

秋八月甲申，汉使法物使公孙惠来谢袭位。

九月庚寅，颁《昇元删定条》。

冬十月[②]，诏曰："前朝失御，四方崛起者众。武人用事，德化壅而不宣，朕甚悼焉。三事大夫其为朕举用儒者，罢去苛政，与吾民更始。"

十二月，闽使徐弘绩、汉使滕绍英、吴越使右武卫大将军蒋

---

① 庚寅：此二字原无，据秘本、汲古阁刻本（以下称汲本）补。

② 冬：原作"令"，秘本作"冬"，于意较为优长，据改。

璠来贺仁寿节。

昇元七年春正月，契丹使达罗干等二十七人来聘，献马三百，羊三万五千。

二月庚午，帝崩于昇元殿，年五十六。十一月壬寅，葬永陵。

帝临崩，谓齐王璟曰："德昌宫储戎器金帛七百万，汝守成业，宜善交邻国，以保社稷。吾服金石，欲延年，反以速死，汝宜视以为戒。"帝生长兵间，知民厌乱，在位七年，兵不妄动，境内赖以休息。性节俭，常蹑蒲履，用铁盆盎。暑月寝殿施青葛帷，左右宫婢裁数人，服饰朴陋。建国始，即金陵治所为宫，惟加鸱尾、设阑槛而已，终不改作。元宗为太子，欲得杉木作板障，有司以闻，帝曰："杉木固有之，但欲作战舰，以竹作障，可也。"江淮间连年丰乐，兵食盈溢，群臣多请恢拓境土，帝叹息曰："吾少在军旅，见兵之为民害深矣，诚不忍复言。使彼民安，吾民亦安矣。"吴越国大火，焚其宫室，帑藏甲兵几尽，将帅皆言乘其敝可以得志，帝一切不听，遣使厚持金币唁之。仁厚恭俭，务在养民，有古贤主之风焉。

论曰：昔马元康、胡恢皆尝作《南唐书》，自烈祖以下，元康谓之"书"，恢谓之"载记"。苏丞相颂得恢书，而非之曰："夫所谓纪者，盖摘其事之纲要系于岁月，属于时君。秦庄襄王而上与项羽，皆未尝有天下，而史迁著于本纪，范晔《汉书》又有皇后纪。以是质之，言纪者不足以别正闰。陈寿《三国志》，吴、蜀不称纪，是又非可法者也。"苏丞相之言，天下之公言也。今取之，自烈祖而下皆为纪，而用史迁法，总谓之南唐纪云。

本纪卷第二

元宗明道崇德文宣孝皇帝名璟，字伯玉，烈祖长子。母曰宋皇后。初名景通。风度高秀，幼工属文。起家驾部郎中，累进诸卫大将军。烈祖为齐王，立为王太子，固让。昇元初，烈祖受禅，封吴王，徙齐王。四年八月，立为皇太子，复固让，曰："前世以嫡庶不明，故早建元良，示之分定。如臣兄弟友爱，尚何待此。"烈祖为下诏①，称其"守廉退之风，帅忠贞之节，有子如此，予复何忧。"赦殊死以下，臣民奉笺齐王如太子礼。七年二月，烈祖病疽，秘之，人皆莫知。庚午，疾亟，太医吴廷绍密遣人告帝，帝驰入宫，侍疾于东阁。是夕，烈祖崩，秘不发丧，而下诏命帝监国，大赦，颁赉有差。丙子，始宣遗诏。

保大元年春三月己卯朔，烈祖殂已旬日，帝犹未嗣位，方泣让诸弟。奉化节度使周宗手取衮冕衣帝曰："大行付陛下神器之重，岂得固守小节？"是日即皇帝位，大赦，改元。不待逾年，遽改元，识者非之。百官进位二等，将士皆有赐。蠲民逋负租税，赐鳏寡孤独粟帛。尊皇后为皇太后，立妃钟氏为皇后。以镇南军节度使宋齐丘为太保兼中书令，奉化军节度使周宗为侍中，徙封寿王景遂为燕王，宣城王景达为鄂王。闽使来吊祭。升濠州为定远军。

秋七月，徙燕王景遂为齐王，鄂王景达为燕王，仍以景遂为

① "为"下原有"其"字，疑衍，据秘本删。

诸道兵马元帅，居东宫，景达为副元帅。诏中外以兄弟传国之意。

八月乙卯，立弟景遏为保宁王。

冬十月庚戌，有星孛于东方。岭南妖贼张遇贤犯虔州，诏遣洪州营屯都虞候严恩帅师讨之，以通事舍人边镐监其军。其后擒遇贤及其党黄伯雄、曹景全，斩于金陵市。

十二月，以太保、中书令宋齐丘为镇海军节度使。

保大二年春正月，侍中周宗罢为镇南军节度使，左仆射兼门下侍郎、平章事张居詠罢为镇海军节度使。辛巳，诏齐王景遂总庶政，惟枢密副使魏岑、查文徽得奏事，余非召对不得见。初烈祖尤爱景遂，帝奉先志，欲传以位，故有是诏。宋齐丘、萧俨皆上书切谏，未见听。侍卫都虞候贾崇叩阁请见，曰："臣事先帝三十年，孜孜询察下情，犹患壅隔。陛下始即位，所委何人，而顿与臣下疏绝如此。"因呜咽流涕。帝感悟，命坐赐食，遂收所下诏。

夏五月，闽将朱文进弑其君曦，自称闽王，遣使来告。帝囚其使，将讨之。议者谓闽乱由王延政，当先讨，乃释闽使，遣还。

秋九月庚午朔，日有食之。

冬十二月，枢密副使查文徽请讨王延政，诏以文徽为江西安抚使，往觇建州。文徽固请，乃以边镐为行营招讨，共攻延政，败绩于盖竹。

保大三年春二月，以何敬洙为福建道行营招讨，祖全恩为应援使，姚凤为诸军都监，会查文徽进讨。

秋七月，星见而风雨。

八月甲子朔，日有食之。克建州，执王延政归于金陵，拜羽林大将军。升建州为永安军。

冬十月，皇太后宋氏殂。

是岁，升建州延平津为剑州，以建州之剑浦、汀州之沙县隶焉。

保大四年春正月，以青阳公宋齐丘为太傅兼中书令，昭武军节度使李建勋为右仆射兼门下侍郎，及中书侍郎冯延巳皆平章事。

夏五月，以枢密使陈觉为福建宣谕使，使谕李弘义入朝，不克。觉擅发汀、建、抚、信州兵趋福州，帝遂命王崇文、魏岑、冯延鲁会攻福州。

秋九月，淮南虫食稼，除民田税。

冬十月庚辰，围福州。改漳州为南州。

保大五年春正月，立齐王景遂为皇太弟。徙燕王景达为齐王，拜诸道兵马元帅。徙南昌王弘冀为燕王副元帅。晋密州刺史皇甫晖、棣州刺史王建[①]来归。契丹耶律德光以灭晋来告捷，且请会盟于境上。帝不从，遣工部郎中张易聘之，请命使者如长安修奉诸陵，契丹亦不从。

三月己亥，吴越救福州兵自海道至，我师与之战，败绩，诸营皆溃。

夏四月壬申，诏即军中斩陈觉、冯延鲁，余将帅皆赦不问。已而复诏械觉、延鲁还都，既至，贷死，觉流蕲州，延鲁流舒州。

---

① 王建：原作“王达”，据秘本改。《资治通鉴》卷二八六亦作“王建”。

五月，帝闻契丹弃中原遁归，诏曰："乃眷中原，我之故地。"以李金全为北面行营招讨使。

六月，闻汉入汴，兵遂不出，而金全犹不罢。

秋闰七月丁丑，夜有彗出东方，近浊，其尾迹近侧扫少微及长垣，至八月壬辰乃没。

八月，太傅兼中书令宋齐丘罢为镇南军节度使。

保大六年夏六月庚寅朔，日有食之。

九月，汉护国军节度使李守贞间道表求援师，以镇海军节度使李金全为北面行营招讨使，救河中。师次沂州。冬十一月，退保海州。

保大七年春正月，淮北盗起，以神卫都虞候皇甫晖、将军张峦、萧处赟、监军散骑常侍张义方帅师万人，出海、泗招降，纳亳州蒙城镇将咸师朗等以归。

夏六月癸酉朔，日有食之。

冬十月，我师度淮，攻正阳，败绩。

十二月，泉州刺史留从效兄、南州刺史[①]从愿杀刺史董思安，据南州，自称刺史。我不能问，因升泉州为清源军，以从效为节度使。

保大八年春正月，李金全始罢北面行营招讨使。

二月，福州遣谍者诣建州留后查文徽，告吴越戍卒乱，杀李弘义，弃城去。文徽信其言，袭福州，大败被执，而别将建州刺史陈海以战棹败福州兵，执其将马先进，俘于金陵。

① 刺史：各本同。《资治通鉴》卷二八八作"副使"，疑是。

秋七月，归马先进于吴越，而求查文徽。

八月，尚书郎周濬等三人奔汉。

九月，楚朗州节度使马希萼表请师，诏加同平章事，赐以鄂州今年租税。命楚州团练使何敬洙帅师援之。

冬十月，吴越归查文徽。

十一月甲子朔，日有食之。

十二月，马希萼攻陷潭州，弑其君马希广，楚将李彦温、刘彦瑫各以千人来归。

保大九年春二月，楚王希萼使掌书记刘光翰来贡方物。

三月壬戌朔，以右仆射孙晟、客省使姚凤为楚王策礼使，又以洪州营屯都虞候边镐为湖南安抚使，便宜进讨。淮南饥。

夏五月辛未，有星大如五升器，自西南流坠西北，光烛地，声如雷。

六月，楚静江军指挥使王达执朗州节度使马光惠归于金陵，推辰州刺史刘言为朗州留后，来请命。

秋九月，楚将徐威等废其君希萼。边镐出萍乡以讨楚乱。

冬十月壬寅，武安留后马希崇请降。镐入潭州。癸丑，武昌节度使刘仁赡帅舟师取岳州，湖南遂平。南汉来攻郴州，陷之。周兖州节度使慕容彦超来乞援师，从之。

保大十年春正月，升洪州高安县为筠州，以清江、万载、上高三县隶焉。援兖州之师败绩于沭阳，周人执我指挥使燕敬权。

二月，周人归敬权，使来言曰："吾贼臣背畔，尔国助之，岂长计哉？"且使颍州郭琼遗我寿州刘彦贞书，其词曰："大周颍州团练使郭琼致书于淮南寿州节度使麾下：自古有国，皆恶叛臣，贵邦何为常事招诱？吴中多士，无乃浅图！"帝颇愧其言。以翰林学士江文蔚知礼部贡举，放进士王克贞等三人及第，旋复停贡举。

三月，以太弟太保冯延巳为左仆射，前镇海节度使徐景运为中书侍郎，及右仆射孙忌并同平章事。帝以南汉乘楚乱，据桂、宜等州，将取之，以知全州张峦兼桂州招讨使。

夏四月丙戌朔，日有食之。命统军侯训帅五千人会张峦攻桂州，败绩于城下，训死之，峦收余众保全州。周兴顺指挥使白进福以族来归。

秋九月，召朗州刘言入朝。

冬十月，刘言将王逵、周行逢攻潭州。壬辰，拔益阳寨，戍将李建期死之。丙申，潭州节度使边镐弃城遁。辛丑，刘言将蒲公益攻岳州，刺史宋德权、监军任镐弃城遁。

十一月，刘言尽据故楚地。诏流边镐于饶州，斩宋德权、任镐于太社，斩裨将申洪泰、尹建于都门外。平章事冯延巳、孙忌皆罢，延巳左仆射，忌右仆射。

十二月，雩都令赵暹奔周。洪州大都督、楚王马希萼来朝，留不遣。

是岁，大旱。

保大十一年春三月，以左仆射冯延巳同平章事。金陵火逾月，焚官寺、民庐数千间。复设贡举。

夏六月，不雨，井泉竭涸，淮流可涉，旱蝗，民饥，流入周境。

冬十月，筑楚州白水塘以溉屯田，遂诏州县陂塘堙废者，皆修复之。于是力役暴兴，楚州、常州为甚，帝使亲吏车延规董其役，发洪、饶、吉、筠州民牛以往。吏缘为奸，夺民田为屯田，江淮骚然。百姓以数丈竹去节，焚香于中，仰天诉冤者不可胜数。知制诰徐铉因奏事白之，帝曰："吾国兵数十万，安肯不食捍边！事有大利，则举国排之，奈何？"铉又力陈其弊，帝乃遣铉行视利害。铉至楚州，悉取所夺田还民，诘责车延规，欲榜之，百姓感悦。而帝左右交谮，以为擅作威福。帝大怒，趣归，将沉之江中；既至，怒少解，流舒州，而白水塘等役亦赖以止。

保大十二年春正月，有大星陨于西北，声如雷。

二月，命吏部侍郎朱巩知礼部贡举。

自十一年六月至于今年三月，大饥疫，命州县鬻粥食饿者。

秋七月，契丹使其舅来聘。夜宴清风驿，盗斩契丹使亡去，捕之不得，或以为周人也。自是契丹遂不至。

保大十三年春二月，以中书侍郎、知尚书省严续为门下侍郎、平章事。

夏六月，周攻秦、凤，蜀使间使来告难。周下诏罪状我，遣将李縠、王彦超、韩令坤等侵我淮南，攻自寿州。帝乃以神武统军刘彦贞为北面行营都部署，帅师三万赴寿州，奉化节度使、同平章事皇甫晖为北面行营应援使，常州团练使姚凤为应援都监，帅师三万屯定远县。召镇南节度使宋齐丘入朝谋难。

冬十二月，以安定郡公从嘉为沿江巡抚使。

是岁，天裂东北，其长二十丈。

保大十四年春正月壬寅，周帝亲征，刘彦贞与周师战于正阳，败绩，彦贞战死。

二月，周师兼道袭清流关，皇甫晖败，保滁州。周师破城，俘晖及姚凤以归。壬戌，有星孛于参，芒东南指。帝遣泗州牙将王承朗奉书至徐州，求成于周，称“唐皇帝奉书于大周皇帝，愿以兄事，岁献方物”。太弟景遂亦移书周将帅，皆不报。己卯，遣翰林学士钟谟、文理院学士李德明使周，奉表至下蔡行在，贡金器千两，银器五千两，锦绮纹帛二千匹，及御衣、犀带、茶、药，又奉牛五百头、酒二千石犒军，请罢兵。乙酉，周师陷东都，执副留守冯延鲁。丁亥，左神卫使徐象等十八人自寿州奔周。天长制置使耿谦以城降于周。遣园苑使尹廷范护迁让皇之族于润州，廷范杀其男子六十人。诛廷范以谢国人。周师陷泰州，刺史方讷弃城遁。帝遣间使求援于契丹，至淮北，为周人所执。吴越侵常州、宣州，静海制置使姚彦洪奔吴越。

三月，遣司空孙晟及礼部尚书王崇质使周，削去帝号，奉表请为外臣，犹不许。光州兵马都监张延翰以城降于周，刺史张绍遁还。丁酉，周师陷舒州，刺史周弘祚赴水死。蕲州将李福杀知州王承隽降于周。戊戌，天成军使蔡晖自寿州奔周。周师陷和州。诏斩李德明于都市，坐奉使请割地也。吴越陷常州之郛，执团练使赵仁泽。燕王弘冀遣龙武都虞候柴克宏救常州。壬子，大败吴越兵于常州，斩获万计，俘其将数十，至润州，弘冀悉斩之。壬戌，寿州军校陈延贞等十三人奔周。是月，命诸道兵马元帅齐王景达拒周。

夏四月，复泰州。

五月，周帝北还。

秋七月，复东都、舒、蕲、光、和、滁州，惟寿州之围愈急。

冬十月，周人害我行人孙晟[①]，从者二百人皆以死，独贷钟谟以为耀州司马。

是岁，诏省淮南屯田之害民者。

保大十五年春二月乙亥，周帝亲征。齐王景达自濠州遣边镐、许文稹、朱元帅兵数万援寿州。景达用监军使陈觉言，谋夺朱元兵，以杨守忠代之，元遂举寨降周。裨将时厚卿独不从，见杀。壬辰，周师尽破我诸寨，执边镐、许文稹、杨守忠，余众悉溃，景达亦遁归金陵。是役也，所丧四万人。

三月，诛朱元妻子。丁未，寿州刘仁赡病革，副使孙羽等代仁赡署表降于周。辛亥，昼晦，雨沙如雾。

夏四月，周帝北还。

冬十一月，周帝复亲征。

十二月，濠州刺史郭廷谓、泗州刺史范再遇皆举城降。帝知东都必不守，遣使焚其官私庐舍，徙其民于江南。周师入扬州。丁丑，周师攻陷泰州。都城大火，一日数发。

交泰元年春正月，改元中兴。丙戌，周师陷海州。壬辰，周师陷静海军。丁未，陷楚州，防御使张彦卿、兵马都监郑昭业死之。周师屠城，焚庐舍殆尽。周师次雄州，刺史易文赟举城降。州，天长县也。

三月，大赦，改元交泰，以皇太弟景遂为天策上将军、晋王，立燕王弘冀为皇太子，参治朝政。丁亥，周帝次扬州。辛卯，遂至迎銮镇。壬辰，耀兵江口。帝惧周师南渡，遣枢密使陈觉奉

① 孙晟：原作“周晟”，据秘本、汲本改。《资治通鉴》卷二九三正作“孙晟”。

表贡方物，请传位太子弘冀，以国为附庸。周帝始采唐报回纥可汗故事，答帝玺书，称“皇帝致书敬问江南国主”。帝遣阁门承旨刘承遇上表，称唐国主，尽献江北郡县之未陷者，鄂州汉阳、汉川二县在江北，亦献焉，岁输土贡数十万，而乞海陵盐监南属，不许，后岁给赡军盐三十万石。庚子，周帝赐书，许帝奉正朔，罢兵，而不许传位太子。甲辰，遣平章事冯延巳等使周犒军及买宴。

夏五月，下令去帝号，称国主，去交泰年号，称显德五年。置进奏邸于汴都。凡帝者仪制皆从贬损。改名景，以避周信祖讳，告于太庙。告庙之日，金陵大雾，通夕不解。左仆射、平章事冯延已罢为太子太傅，门下侍郎、平章事严续罢为太子少傅。己酉，周帝遣太府卿冯延鲁、卫尉少卿钟谟赐国主御衣、金玉带、锦帛、羊、马及犒军帛十万，凡士卒俘于周者皆遣还，凡五千七百五十人。

冬十月甲午，周帝归我臣冯延鲁、许文稹、边镐、周廷构，国主皆不复用。

十二月己亥，暴宋齐丘、陈觉、李徵古罪，放齐丘归九华山，觉安置饶州，徵古削官爵。觉、徵古寻皆赐自尽，齐丘明年正月亦幽死。

显德六年秋七月，铸大钱，文曰“永通泉货”，一当十，与旧钱并行；又铸“唐国通宝”，钱二当“丌通”钱之·。

九月丙午，太子弘冀卒。

冬十一月，建洪州为南都南昌府。

建隆元年春正月，遣使莅诛钟谟于饶州，诛张峦于宣州。

大宋太祖皇帝受周禅，放江南降将三十四人来归。

二月，始铸铁钱。

三月，遣使朝贺于京师。

秋七月，遣礼部郎中龚慎仪朝于京师，贡乘舆、服御。自是岁贡尤数，岁费以万计。

冬十月，宋扬州节度使李重进叛，来求援，不许。

十一月丁未，太祖平李重进，国主遣右仆射严续犒军。蒋国公从镒、户部侍郎冯延鲁朝贡。

建隆二年春二月，国主迁于南都，立吴王从嘉为王子，留金陵监国。国主舟行，旌麾仗卫，六军百司，凡千余里不绝，所过劳问高年疾苦，大宴于当涂。至宋家洑，暴风飘国主舟，几至北岸。翌日，从官皆乘轻舟奔问。

三月，国主至南都。太祖以国主迁都，遣通事舍人王守贞来劳问。南都迫隘，群下皆思归，国主亦悔迁，北望金陵，郁郁不乐。澄心堂承旨秦承裕常引屏风障之。复议东迁，未及行，国主寝疾，不复进膳，惟啜蔗浆，嗅藕华。

六月己未，疾革，亲书遗令，留葬西山，累土数尺为坟，且曰："违吾言，非忠臣孝子。"夕有大星陨于南都。庚申，殂于长春殿，年四十六。后主不忍从遗令，迎丧还。

秋八月，至金陵。丁未，殡于宫中万寿殿，告哀于京师，且请追复帝号，太祖许之。

三年正月戊寅，葬顺陵。

元宗多才艺，好读书，便骑善射。在位几二十年，慈仁恭俭，礼贤睦族，爱民字孤，裕然有人君之度。少喜栖隐，筑馆于庐山瀑布前，盖将终焉，迫于绍袭而止。然自以唐室苗裔，訹于斥大境土之说，及福州、湖南再丧师，知攻取之难，始议弭兵务农。或曰："愿陛下十数年勿复用兵。"元宗曰："兵可终身不用，何十数年之有？"会周师大举，寄任多非其人，折北不支，至于蹙国降号，忧悔而殂。悲夫！

论曰：元宗举闽、楚之师，境内虚耗。及契丹灭晋，中原有隙可乘，而南唐兵力国用，既已弗支，熟视而不能出，世以为恨。予谓不然。唐有江淮，比同时割据诸国，地大力强，人材众多，且据长江之险，隐然大邦也。若用得其人，乘闽、楚昏乱，一举而平之，然后东取吴越，南下五岭，成南北之势，中原虽欲睥睨，岂易动哉！不幸诸将失律，贪功轻举，大事弗成，国势遂弱，非始谋之失，所以行之者非也。且陈觉、冯延鲁辈用师闽、楚，犹丧败若此，若北向而争天下，与秦、晋、赵、魏之师战于中原，角一旦胜负，其祸可胜言哉！予故具论其实如此，后之览者得以考观焉。

本纪卷第三

后主名煜，字重光，元宗第六子。初名从嘉。母曰光穆皇后钟氏。从嘉广颡丰颊，骈齿，一目重瞳子。文献太子恶其有奇表，从嘉避祸，惟覃思经籍。历封安定郡公、郑王。文献太子卒，徙吴王，以尚书令知政事，居东宫。建隆二年，遂立为太子。元宗南巡，太子留金陵监国，以严续、殷崇义辅之，张洎主笺奏。

六月，元宗殂，太子嗣立于金陵。更名煜。居丧哀毁，几不胜。赦境内，尊钟后曰圣尊后，以后父名泰章也。立妃周氏为国后。徙信王景遏为江王，邓王从善为韩王，立弟从镒为邓王，从谦为宜春王，从信为文阳郡公，从度为昭平郡公。从度，景迁子也。令诸司四品至九品无职事者，日二员待制于内殿。以右仆射严续为司空、平章事，余进位有差。遣中书侍郎冯延鲁如京师，奉表陈袭位，太祖赐诏答之，自是始降诏。

秋九月，太祖遣鞍辔库使梁义来吊祭。

冬十月，太祖遣枢密承旨王文来贺袭位。初，元宗虽臣于周，惟去帝号，他犹用王者礼，至是国主始易紫袍见使者，使退，如初服。

十二月，置龙翔军以教水战。

建隆三年春三月，遣冯延鲁入贡京师。泉州节度使、中书令、晋江王刘从效卒，子绍镃自称留后。

夏四月，泉州将陈洪进执绍镃归金陵，推副使张汉思为留后。

六月，遣客省使翟如璧入贡京师。太祖放降卒千人南还。

冬十一月，遣水部郎中顾彝入贡京师。

乾德元年春正月，太祖遣使来赐羊、马、橐驼。

三月，太祖出师平荆湖，国主遣使犒军。

夏四月，泉州副使陈洪进废张汉思，自称权知军府，来告。国主即以洪进为节度使。

秋七月，太祖诏国主遣还显德以来中朝将士在江南者，及令扬州民迁江南者还其故土。

十二月，国主表乞罢诏书不名之礼，不从[①]。

乾德二年春三月，行铁钱，每十钱，以铁钱六权铜钱四而行，其后铜钱遂废，民间止用铁钱。末年铜钱一直铁钱十，比国亡，诸郡所积铜钱六十七万缗。命吏部侍郎、修国史韩熙载知贡举，放进士王崇古等九人。国主命中书舍人徐铉覆试舒雅等五人，雅等不就，国主乃自命诗赋题，以中书官莅其事，五人皆见黜。

秋八月，太祖于江北置折博务，禁商旅过江。

九月，立子仲寓为清源郡公，仲宣[②]宣城郡公。

十月甲辰，仲寓卒。国后周氏已寝疾，哀伤增革，遂亦卒。

十一月，太祖遣作坊副使魏丕来吊祭。

乾德三年夏五月，司空、平章事严续罢为镇海军节度使。

秋九月，雨沙。圣尊后钟氏殂。

① 不从：原无此二字，据秘本、汲本补。

② 宣：原作“宜”，据秘本、汲本改。按后主二子，仲寓、仲宣。

冬十月，太祖遣染院使李光图来吊。

乾德四年秋八月，国主遣龚慎仪持书使南汉，约与俱事中朝。

九月，慎仪至番禺，被执。

乾德五年春，命两省侍郎、谏议、给事中、中书舍人、集贤、勤政殿学士更直光政殿，诏对咨访，率至夜分。

开宝元年春三月戊申，以枢密使、右仆射殷宗义为左仆射、同平章事。境内旱，太祖赐米麦十万石。

冬十一月，立国后周氏。

开宝二年春三月，以游简言为左仆射兼门下侍郎、同平章事。

夏五月，简言卒。

是岁，右仆射、同平章事殷崇义罢为润州节度使、同平章事。

开宝三年夏，太白昼见，二日相触。

开宝四年冬十月，国主闻太祖灭南汉，屯兵于汉阳，大惧，遣太尉、中书令、郑王从善朝贡，称江南国主，请罢诏书不名，从之。有商人来告，中朝造战舰数千艘在荆南，请密往焚之。国主惧，不敢从。

开宝五年春二月，国主下令贬损仪制，改诏为教，中书、门下省为左、右内史府，尚书省为司会府，御史台为司宪府，翰林院为文馆，枢密院为光政院，大理寺为详刑院，客省为延宾院，官号亦从改易，以避中朝。初，金陵宫阙皆设鸱吻，元宗虽臣于周，犹如故，乾德后遇中朝使至，则去之，使还复设，至是遂去不复用。降诸弟封王者皆为公，从善楚国，从镒江国，从谦鄂国。内史舍人张佖知礼部贡举，放进士杨遂等三人。清辉殿学士张洎言佖多遗才，国主命洎考覆不中第者，于是又放王纶等五人。

闰月癸巳，太祖命进奉使、楚国公从善为泰宁军节度使，留京师，赐第汴阳坊，示欲召国主入朝也。国主遣户部尚书冯延鲁谢从善爵命。延鲁至京师，疾病，不能朝而归。

开宝六年夏，太祖遣翰林学士卢多逊来。国主闻太祖欲兴师，上表愿受爵命，不许。以司空殷崇义知左右内史事。

冬十月，内史舍人潘佑上书切谏。佑素与户部侍郎李平交厚，国主以为事皆由平始，先以平属吏，遣使收佑。佑自杀，平缢死狱中，皆徙其家外郡。

甲戌岁秋，国主上表求从善归国，不许。太祖遣阁门使梁迥来使，从容言曰："天子今冬行柴燎之礼，国主宜往助祭。"国主不答。

九月丁卯，复遣知制诰李穆为国信使，持诏来曰："朕将以仲冬有事圜丘，思与卿同阅牺牲。"且谕以将出师，宜早入朝之意。国主辞以疾，且曰："臣事大朝，冀全宗祀，不意如是，今有死而已。"时太祖已遣颍州团练使曹翰率师先出江陵，宣徽南院使曹彬、侍卫马军都虞候李汉琼、贺州刺史田钦祚率舟师继发。及是，又命山南东道节度使潘美、侍卫步军都虞候刘遇、东上阁门使梁迥率师，水陆并进，与国信使李穆同日行。

冬十月，国主遣江国公从镒贡帛二十万匹、白金二十万斤，又遣起居舍人潘慎修贡买宴帛万匹、钱五百万，筑城聚粮，大为守备。

闰十月，王师拔池州，国主于是下令戒严，去开宝纪年，称甲戌岁。辛未，王师进拔芜湖及雄远军，吴越亦大举兵犯常、润。国主遗吴越王书曰："今日无我，明日岂有君？一旦明天子易地赏功，王亦大梁一布衣耳。"吴越王表其书于朝。王师次采石矶，作浮桥成，长驱渡江，遂至金陵。每岁大江春夏暴涨，谓之黄花水，及王师至，而水皆缩小，国人异之。

国主以军旅委皇甫继勋，机事委陈乔、张洎，又以徐元瑀、刁衎为内殿传诏，而遽书警奏，日夜狎至，元瑀等辄屏不以闻。王师屯城南十里，闭门守陴，国主犹不知也。初，烈祖有国，凡民产二千已上出一卒，号义军；分籍者又出一卒，号生军；新置产亦出一卒，号新拟军；客户有三丁者出一卒，号拔山军。元宗时，许郡县村社竞渡，每岁重午日，官阅试之，胜者给彩帛、银椀，皆籍姓名，至是尽取为卒，号凌波军。募民奴及赘婿，号义勇军。募豪民以私财招聚无赖亡命，号自在军。至是又大搜境内，自老弱外皆募为卒，号排门军。民间又有自相率拒敌，以纸为甲，农器为兵者，号白甲军。凡十三等，皆使捍御。然实皆不可用，奔溃相踵。

乙亥岁春二月壬戌，王师拔金陵阙城。

三月丁巳，吴越攻我常州，权知州事禹万诚以城降。诛神卫都指挥使皇甫继勋。彗出五车，色白，长五丈。夏六月，转见西方，犯太微，六十日灭。

王师及吴越围润州，留后刘澄以城降，吴越遂会王师围金陵。洪州节度使朱令赟帅胜兵十五万赴难，旌旗、战舰甚盛，编木为筏，长百余丈，大舰容千人。令赟所乘舰尤大，拥甲士，建大将旗鼓，将断采石浮桥。至皖口，与王师遇，倾火油焚北船，适北风，反焰自焚，我军大溃。令赟及战棹都虞候王晖皆被执。外援既绝，金陵益危蹙。王师百道攻城，昼夜不休。城中米斗万钱，人病足弱、死者相枕藉。国主两遣徐铉等厚贡方物，求缓兵，守祭祀，皆不报。

冬十一月，白虹贯日，昼晦。乙未，城陷，将军呙彦、马承信及弟承俊帅壮士数百，力战而死。勤政殿学士钟蒨朝服坐于家，乱兵至，举族就死不去。光政使、右内史侍郎陈乔请死，不许，自缢死。国主帅司空、知左右内史事殷崇义等肉袒降于军门。明年正月辛未，至京师。乙亥，授右千牛卫上将军，封违命侯。太宗即位，加特进，改封陇西公。太平兴国三年七月辛卯，殂，年四十二。是日，七夕也，后主盖以是日生。赠太师，追封吴王，葬洛阳北邙山。

后主天资纯孝，事元宗尽子道，居丧哀毁，杖而后起。嗣位之初，属保大军兴之后，国削势弱，帑庾空竭，专以爱民为急，蠲赋息役，以裕民力。尊事中原，不惮卑屈，境内赖以少安者十有五年。宪司章疏，有绳纠过讦者，皆寝不下。论决死刑，多从末减，有司固争，乃得少正，犹垂泣而后许之。尝猎于青山，还如大理寺亲录系囚，多所原释。中书侍郎韩熙载奏，狱讼有司之事，囹圄非车驾所宜临幸，请罚内库钱三百万以资国用。虽不听，亦不怒也。殂问至江南，父老有巷哭者。然酷好浮屠，崇塔庙，度僧尼，不可胜算。罢朝，辄造佛屋，易服膜拜，以故颇废政事。又置澄心堂于内苑，引能文士及徐元机、元榆、元枢兄弟居其间，中旨由之而出，中书、密院乃同散地。兵兴之际，降御札，移易将帅，大臣无知者。皇甫继勋诛死之后，夜出万人斫营，招讨使但署牒遣兵，竟不知何往，盖皆澄心堂直承宣命也。长围既合，内外隔绝，城中之人，惶怖无死所。后主方幸净居室，听沙门德明、云真、义伦、崇节讲《楞严圆觉经》。用鄱阳隐士周惟简为文馆诗易侍讲学士，延入后苑，讲《易》否卦，赐惟简金紫。群臣皆知国亡在旦暮，而张洎犹谓北师已老，将自遁去。后主益甘其言，晏然自安，命户部员外郎伍乔于围城中放进士孙确等三十八人及第。其所施为，大抵类此。故虽仁爱足以感其遗民，而卒不能保社稷云。

列传卷第一

宋齐丘，字子嵩，世为庐陵人。父诚，与钟传同起兵。高骈表传为洪州节度使，以诚副之。卒官，因家洪州。

齐丘好学，工属文，尤喜纵横长短之说。烈祖为昇州刺史，齐丘因骑将姚克瞻得见，暇日陪燕游，赋诗以献曰："养花如养贤，去草如去恶。松竹无时衰，蒲柳先秋落。"烈祖奇其志，待以国士。从镇京口，入定朱瑾之难，常参秘画。因说烈祖讲典礼，明赏罚，礼贤能，宽征赋，多见听用。烈祖为筑小亭池中，以桥度，至则彻之，独与齐丘议事，率至夜分。又为高堂，不设屏障，中置灰炉，而不设火，两人终日拥炉，画灰为字，旋即平之。人以比刘穆之之佐宋高祖。然齐丘资躁褊，或议不合，则拂衣迳起，烈祖谢之而已①。义祖独恶其为人，每欲进拔，辄不果，浮沉下僚十余年。

义祖末年，议者多请以徐氏诸子执国政，烈祖闻之，亟欲自请出镇，齐丘请徐之。俄而义祖殂，自殿直军判官，擢右司员外郎，进右谏议大夫、兵部侍郎，居中用事，且倚以为相。齐丘自以资望尚浅，或不为国中所服，乃告归洪州改葬，因入九华山，累启求致仕，不许。时元宗已为大将军，烈祖以吴主命，命元宗躬往迎之，于是齐丘托不得已而起，遂拜中书侍郎，迁右仆射、平章事。烈祖出镇金陵，以元宗入辅，委齐丘左右之。

① 而已：秘本、汲本作"乃已"，于意较长。

初，烈祖权位日隆，举国皆知代谢之势。吴主谦恭，无失德，烈祖惧群情未协，欲待嗣君，与齐丘议合。已而都押衙周宗揣微指，请急至都，以禅代事告齐丘。齐丘默计，大议本自己出，今若遽行，则功归周宗，欲因以钓名，乃留与夜饮，亟遣使手书切谏，以为时事未可。后数日，驰至金陵，请斩宗以谢国人。烈祖亦悔，将从之，徐玠固争，财黜宗为池州副使。玠乃与李建勋等，遂极言宜从天人之望，复召宗还旧职，齐丘由是颇见疏忌，留为诸道都统判官，加司空，无所关预，从容而已。数请退，烈祖以南园给之。俄而齐国建，犹以勋旧为左丞相，而不预事。

李德诚、周本自广陵持吴帝诏来，行传禅。齐丘谓德诚子建勋曰："尊公吴室元勋，今日扫地矣。"独称疾卧家，不预劝进。烈祖既受禅，徐玠为侍中，李建勋为中书侍郎、同平章事，周宗为枢密使，齐丘但迁司徒，中怀不平。及宣制，至"布衣之交"，忽抗声曰："臣为布衣时，陛下亦一刺史耳。今为天子，可不用老臣矣！"烈祖优容之。

尝夜宴天泉阁，李德诚曰："陛下应天顺人，惟宋齐丘不悦。"因出齐丘讽止劝进书。烈祖却之曰："子嵩三十年故人，岂负我者！"齐丘顿首谢。自是为求媚计，更请降让皇为公侯，绝吴太子琏婚。久之，表言备位丞相，不当不闻国政，又自陈为人所间，烈祖大怒。齐丘归第，白衣待罪，而烈祖怒已解，谓左右曰："宋公有才，特不识大体尔，孤岂忘旧臣者！"命吴王璟持手诏召见，遂以丞相同平章事，浸复委任兼知尚书省事，与张居咏、李建勋更日入阁议政。

契丹耶律德光遣使来，齐丘阴谋间契丹，使与晋人相攻，则江淮益安，密请厚其礼币，遣还，至淮北，潜令人刺杀之。契丹与晋人果成嫌隙。

齐丘亲吏夏昌图盗库金数百万，特判傅轻典，烈祖命斩昌图。齐丘惭，称疾，求罢省事，许之，遂不复朝谒。帝遣寿王景遂劳问，许镇故乡，始入朝，因召与宴饮。齐丘酒酣，辄曰："陛下中兴，实老臣之力，乃忘老臣，可乎？"烈祖怒曰："太保始以游客干朕，今为三公，足矣！"齐丘词色愈厉，曰："臣为游客时，陛下亦偏裨耳。今不过杀老臣！"遂引去。烈祖颇悔，明日，手诏曰："朕之性，子嵩所知，少相亲，老相怨，可乎？"拜镇南节度使。至镇，起大第，穷极宏丽，坊中居人，皆使修饰垣屋。民不堪其扰，有逃去者。初赴镇，烈祖曰："衣锦昼行，古人所贵。"赐以锦袍，亲为着之。遂服锦袍视事。

元宗即位，召拜太保、中书令，与周宗并相。齐丘之客，最亲厚者陈觉，元宗亦以为才。冯延巳、延鲁、魏岑、查文徽与觉深相附结，内主齐丘，时人谓之"五鬼"。相与造飞语倾周宗，宗泣诉与元宗。而岑、觉又更相攻，于是出齐丘为镇海军节度使。齐丘怏怏，力请归九华旧隐，从之，赐号九华先生，封青阳公，食青阳一县租税。

元宗欲传位齐王景遂，诏景遂总庶政，惟魏岑、查文徽得奏事，余非特召不得见，国人大骇。齐丘自九华上疏，极论不可。会言者众，元宗乃收所下诏。或谓齐丘先帝勋旧，不宜久弃山泽。遣冯延巳召之，不起，遣燕王景达再持诏往，乃起，拜太傅、中书令，封卫国公，赐号国老、奉朝请，然不得预政。益轻财好客，识与不识皆附之。荐陈觉使福州，谕李弘义入朝。觉至福州，不敢言，而专命出兵，败事，佥谓必坐诛。齐丘上表待罪，置之不问，觉亦不死。齐丘方且怒韩熙载议其党与，黜之。元宗不悦，复使镇洪州。

周侵淮北，起齐丘为太师，领剑南东川节度使，进封楚国公，与谋难。齐丘固让，仍为太傅。建议发诸州兵屯淮泗，择偏裨可任者将之，周人未能测虚实，势不敢轻进，及春水生，转饷道阻，彼师老食匮，自当北归，然后遣使乞盟，庶可无大丧败。元宗惶惑不能用。又力陈割地无益，与朝论颇异。及明年暑雨，周弃所得淮南地北归，议者谓扼险要击，可以有功，且惩后。齐丘乃谓击之怨益深，不如纵其归以为德。由是周兵皆聚于正阳，而寿州之围遂不可解，终失淮南。

方是时，陈觉、李徵古同为枢密副使，皆齐丘之党，躁妄专肆，无人臣礼，自度事定，必不为群臣所容，若齐丘专大柄，则可以无患。觉乃乘间言："宋公造国于①艰危如此，陛下宜以国事一委宋公。"元宗意谋出齐丘，大衔之。会钟谟使还，挟周以为己重，所言率见听。而谟本善李德明，欲为报仇，屡陈齐丘乘国危殆，窃怀非望，且党与众，谋不可测。元宗遂命殷崇义草诏曰："恶莫甚于无君，罪莫深于卖国。"放归九华山，而不夺其官爵。初命穴墙给食，俄又绝之。以馁卒，谥丑缪。觉、徵古皆诛死。未几，元宗燕居，见齐丘为厉，叱之不退，遂迁南都。后主立，召其家还金陵，廪给甚厚。

方齐丘败时，年七十三，且无子，若谓窥伺谋篡窃，则过也。

---

① 于：原作"手"，据秘本、汲本改。

特好权利，尚[①]诡谲，造虚誉，植朋党，矜功忌能，饰诈护前，富贵满溢，犹不知惧。狃于要君，闇于知人，衅隙遂成，蒙大恶以死，悲夫！

论曰：世言江南精兵十万，而长江天堑，可当十万，国老宋齐丘机变如神，可当十万。周世宗欲取江南，故齐丘以反间死。方五代之际，天下分裂大乱，贤人君子，皆自引于深山大泽之间，以不仕为得。而冯道有重名于中原，齐丘擅众誉于江表，观其人，可以知其时之治乱矣。周师之犯淮南，齐丘实预议论，虽元宗不尽用，然使展尽其筹策，亦非能决胜保境者。且世宗岂畏齐丘机变而间之者哉？盖钟谟自周归，力排齐丘，杀之，故其党附会为此说，非其实也。予论序齐丘事，尽黜当时爱憎之论，而录其实，览者得详焉。

① 尚：原无“尚”字，据秘本、汲本补。

列传卷第二

周宗，字君太，广陵人。少遇乱，孤穷。事烈祖为给使，闲于摈相辞令。方时艰难，每使四方，辄称职，端敏可仗，恩顾日洽。

烈祖镇金陵，为都押衙。时用宋齐丘议，迎吴让皇，都金陵，缮府治为宫，马步都虞候蔡弘业为宫城营奉使，徙都统府于古台城，使都教练使孔昌祚营之。都统府成，凡二千四百间，环一千五百步。烈祖已徙居，且迎让皇矣，宗请间曰："若主上西迁，则公当东驾，劳费方始，怨嗟将日闻矣。"烈祖纳之，托以岁不利而止。自是宗益预议论，齐丘始忌之。一日，烈祖临镜理白须，太息曰："功业成而吾老矣，奈何？"宗适侍侧，悟微指，乃请如广陵，讽让皇以禅代事，亦请谕齐丘。齐丘心忌大议自宗发，及其将还，留与饮酒，而遣骑以手疏切谏。烈祖得之，大悔惧。后数日，齐丘驰至金陵，为险语动烈祖，请斩宗以谢国人。烈祖将从之，徐玠固争，事乃已，但黜宗为池州副使。玠乃与李建勋等言天人之望已集，密定大计，复召宗还旧职。

烈祖受禅，宗躐进至内枢使、同平章事，迁侍中。时以枢密为内枢者，犹避吴武王讳也。烈祖常召宗及宋齐丘、马仁裕宴于崇英院，欢宴道旧为乐，它将相莫得预。然待宗尤亲厚，不甚以职务婴之。宗亦能澹然，畏远权势，居家节俭，俸赐皆积不用。故齐丘党虽日谗之，不能害。久之，乃罢为江州节度使。

有俞文贞者，早游烈祖幕府，宗及马仁裕皆趋走，执事左右。及宗出镇,文贞仕官蹭蹬,犹为其州巡官,方旅见,辄越次问曰:“马押衙亡恙?”宗曰:“马相公已镇庐州。”文贞顾同列,匿笑而退。他日预公设,宗劝以酒,文贞俯首曰:“下官小户,令公所熟知也。”闻者大骇,而宗怡然不动,其宽厚如此。

徙宣州节度使。入觐,赐宴,元宗亲为摺襆头脚,以表殊礼。复出留守东都,请老,以司徒致仕,归金陵,冯延鲁代为留守。会周师陷广陵,延鲁自髡而逃,见执于周人,束缚桎梏,仅得免死。时人益以宗享福终始为异。俄而宗病卒,年七十余。宋齐丘时以太傅奉朝请,抚其棺哭曰:“君大黠,来亦得时,去亦得时!”元宗闻之不平。

二女,皆为后主后。

徐锴,字楚金,会稽人。父延休,字德文,风度淹雅,故唐乾符中进士。昭宗狩石门,无学士草诏,延休来调官,适在旁近逆旅,左右言其工文词,即召见,命视草,昭宗善之。及还长安,不得用。梁蒋玄晖辟为其佐,延休弃去,依钟传于洪州。吴取江西,得延休,仕至光禄卿、江都少尹,卒。二子铉、锴,遂家广陵。

锴四岁而孤,母方教铉就学,未暇及锴,锴自能知书。稍长,文词与铉齐名。昇元中,议者以文人浮薄,多用经义法律取士,锴耻之,杜门不求仕进。铉与常梦锡同直门下省,出锴文示之,梦锡赏爱不已,荐于烈祖,未及用,而烈祖殂。元宗嗣位,起家秘书郎,齐王景达[①]奏授记室。时殷崇义为学士,草军书,用

① 达:原作“遂”,据秘本、汲本改。

事谬误，锴窃议之。崇义方得君，诬奏锴泄禁省语，贬乌江尉。岁余召还，授右拾遗、集贤殿直学士。论冯延鲁有罪无才，人望至浅，不当为巡抚使，重忤权要，以秘书郎分司东都。然元宗爱其才，复召为虞部员外郎。后主立，迁屯田郎中、知制诰、集贤殿学士。改官名，拜右内史舍人，赐金紫，宿直光政殿，兼兵、吏部选事，与兄铉俱在近侍，号"二徐"。

初，锴久次当迁中书舍人，游简言当国，每抑之。锴乃诣简言，简言从容曰："以君才地，何止一中书舍人？然伯仲并居清要，亦物忌太甚，不若少迟之。"锴颇怏怏。简言徐出妓佐酒，所歌词皆锴所为，锴大喜，乃起谢曰："丞相所言，乃锴意也。"归以告铉，铉叹息曰："汝痴绝，乃为数阕歌换中书舍人乎？"

锴凡四知贡举，号得人。后主裒所制文，命为之序，士以为荣。锴酷嗜读书，隆寒烈暑，未尝少辍。后主尝得周载《齐职仪》，江东初无此书，人无知者，以访锴，一一条对，无所遗忘，其博记如此。既久处集贤，朱黄不去手，非暮不出。少精小学，故所雠书尤审谛。每指其家语人曰："吾惟寓宿于此耳！"江南藏书之盛，为天下冠，锴力居多。后主尝叹曰："群臣勤其官，皆如徐锴在集贤，吾何忧哉！"李穆来使，见铉及锴，叹曰："二陆之流也。"

尝夜直，召对，论天下事，因及用人，才行孰先，后主曰："多难当先才。"锴曰："有人才如韩、彭而无行，陛下敢以十万兵付之乎？"后主称善。时国势日削，锴忧愤郁郁，得疾，谓家人曰："吾今乃免为俘虏矣。"开宝七年七月卒，年五十五，赠礼部侍郎，谥曰文。著《说文通释》、《方舆记》、《古今国典》、《赋苑》、

《岁时广记》及他文章，凡数百卷。锴卒逾年，江南见讨，比国破，其遗文多散逸者。

查文徽，歙州休宁人。幼好学，能自刻苦，手写经史数百卷。稍长，任气好侠，闻人困乏，虽不识，必济之。家本富，坐是穷空，不悔也。或遗以金帛，一夕，盗入其家，尽取去，文徽不言，虽邻里莫知者。久之，盗败于旁邑，移文讯验，人始知之，咸推其量。

烈祖辅政，初入谒，烈祖召与语，伟其论，宋齐丘亦称荐之。徐知谔镇浙西，以文徽为其判官。或献玉杯，知谔喜，酬以钱百万。趣开宴，出杯行酒，至文徽，偶坠地碎，一坐皆惊，而文徽自若。烈祖受禅，入为监察御史。元宗立，进谏议大夫、中书舍人、枢密副使。

闽主延羲与其兄延政相攻，延政以建州建国，称殷，而延羲为其下所杀，推立大将朱文进。元宗欲讨文进，文徽以为延政首乱，当先致讨。有翰林待诏臧循者，与文徽同里巷，少尝为贾入闽，习知其山川险易，为陈进兵之策。文徽本好言兵，遂请行，元宗乃以为江西安抚使，令至境上，审观可否。文徽锐于成功，至上饶复命，盛言必克。诏发洪州屯兵，以边镐为将，从文徽攻建州。建人厌王氏之乱，伐木开道迎我师。行次盖竹，遇建州兵至，又闻泉、漳、汀州皆归延政，恐惧，退保建阳。时臧循亦为别将，屯邵武，延政袭破之，获循，斩于建州，军声大挫。元宗遣何敬洙等来援。敬洙、镐与建州兵相持，文徽得建之降将孟坚，使潜师出其后击之，建州兵大败，溃去，遂傅其城。虽下建州，诸军无纪律，杀掠不禁，民始失望，有叛志矣。元宗知而置不问，策功迁抚州观察使，又拜建州留后，由是文徽益自用。

时李弘义挟吴越兵据福州，伪遣谍来告福州乱。文徽喜，率剑州刺史陈诲赴之。诲将舟师至福州城下，击败其兵，执吴越将马先进等三人。文徽以步骑继至，弘义阳遣卒数百人出迎，而设伏西门以待。文徽传令径入其城，陷伏中，大败，坠马被执，送钱唐，将士死者万人。元宗遣使归马先进于吴越，而求文徽。吴越王遣还，将发，为置酒，遇毒。归至金陵，毒始作，元宗使医视之。医以珠置口中，有顷，珠色变黑，医曰："疾不可为，然犹十年乃死。"文徽遂病瘖，以工部尚书致仕。朱元降周，坐亲党，安置宣州，卒，年七十，距遇毒之岁，正十年云。谥曰宣。

子元方、元规、元素、元范、元赏。元方事后主，为水部员外郎，吉王从谦掌书记。从谦朝京师，太祖命知制诰卢多逊燕从谦于馆，多逊奕棋次，顾元方曰："江南竟何如？"元方敛衽曰："江南事大朝十余年，极君臣之礼，不知其他。"多逊推枰愧谢曰："勿谓江南无人。"使还，通判建州。卢绛据歙州，传檄至建，元方立斩其使。及绛平，太祖闻元方所为，大悦，擢殿中侍御史，知泉州，卒官。元方子道，龙图阁待制，始徙家海陵，纯厚长者，以文行称于时。道从兄陶及事后主，国亡入朝，仕至秘书少监，知审刑院，与道尤极友爱。自金陵破，士族流离，多贫困失职，惟道兄弟尽力收恤，聚食常数十百人。得任子恩，皆以与族人，以少长为先后，无亲疏之间，异姓亦分俸给之，时其婚姻，由是常苦贫。而查氏至今为海陵望族，许国籥皆其后也。

边镐，金陵人。少事烈祖为通事舍人，以通敏称。保大初，循州人张遇贤本罗县小吏，有神降于县之刻衫镇，语人曰："张遇贤非常人，当事我。"遇贤往事之。会州境群盗起，各拥众数百，无所统，相与祷于神，神又大言曰："张遇贤，汝主也！"遇贤遂称王，改元，置百官，度岭，袭虔州。节度使贾浩闭门登陴，不敢出。遇贤据白云洞，众十余万。元宗遣洪州营屯都虞候严思率所部讨之，镐为监军。虔有书生白昌裕，沉密有谋，镐引与定计，刊木开道，袭白云洞。会遇贤所事神弃去，不复降语，贼众遂溃，其裨将李台执之以降。策功迁洪州营屯诸军都虞候。

二年，查文徽以枢密副使出师伐建州，诏镐为行营招讨、洪抚饶信歙等州诸指挥都虞候，从文徽行。然众才数千，战败退舍。元宗闻之，遣何敬洙、祖全恩、姚凤来援。敬洙与镐进兵，夺其险要，自崇安进次赤岭，与建兵方相持，为背水阵，文徽使骑缭出建兵之后，与敬洙、镐夹击，大破之，遂取建州，降王延政。镐又南取漳州①。事平，诸将皆争功，镐独无一言。

七年，楚马氏兄弟相攻，希萼虽胜，而尤无道。元宗知楚难方殷，以镐为信州刺史，领屯营兵，兼湖南安抚使，驻袁州萍乡，有警，许便宜从事。楚人果复废立，镐自萍乡帅师入潭州，迁马氏之族及文武将吏于金陵，遂拜潭州节度使。南汉将潘崇彻攻郴州，镐出兵争之，败绩，遂失郴州。镐惧南汉寇边未已，请除道、全二州刺史，诏以廖偃为道州刺史，张峦权知全州。然湖湘之忧，实不在南汉也。自马氏废立以来，帑庾空竭。土地既归

① 漳州：原作"镡州"，据秘本、汲本改。

我，冯延巳为相，矜平楚之功，不欲取费于国，专掊敛楚人，以给经费，人心已离。镐柔而无断，日饭沙门希福，纪纲颓弛，不之问。初，咸师朗来归，以其所部为奉节军，从镐入楚，廪给薄于楚之降卒，偶语怨望，而粮料使王绍颜每给奉节粮辄刻削之。军校孙朗欲杀绍颜，绍颜匿困下得免。官属请斩绍颜以谢将士，镐不听，朗乃谋杀镐及绍颜，据湖南，归中原。夜率所部取草烧府门，火辄不发，良久，传漏者觉之，以告镐，出衙兵以斗，胜负未决。镐命吹角，乱兵少，以为将旦，亟斩关奔朗州，尽以潭州虚实告刘言。言久怀叛志，得朗言，大喜，遣其将王进逵、周行逢来攻。镐初亦备言，已而闻人谓忠顺，倾意信之。及言兵已拔益阳，遂夜弃城出奔，列城皆溃，尽丧楚地。坐削官，流饶州，而它将弃城者皆斩。初湘中谣言“马去不用鞭”，至是而验。十四年，周师大入，齐王景达为元帅，出兵援寿州，起镐为大将。战败被执，世宗命为右千牛卫上将军。及元宗割淮南地，请盟，世宗乃归镐。卒于金陵。

列传卷第三

周本，舒州宿松人。汉南郡太守瑜之后。瑜葬宿松，即墓为祠，子孙居其旁者，犹数十家。本少孤，羁贫，有勇力，尝独格虎，杀之。吴武王起隶帐下，勇冠三军，每奋跃先登，攻坚摧锋，蒙犯矢石，身无完肤。战罢，辄自烧铁，烙其创，食饮言笑自如。累迁至淮南马步使。

武王取江西，抚州刺史危全讽率诸州兵十万，来争其地，屯象牙潭，楚人围高安以援全讽。江西守将刘威警书至，武王谋可将者，判官严可求荐本。时本从军取苏州，不能下，耻之，称疾卧家。可求自往强起本，本曰："吴门之役，非贼果强，徒以我将帅权轻，下皆专命，故无功。今必见起，勿用偏裨，乃可。"许之，得精卒七千，晨夜兼行。武王初命之解高安围，本曰："楚人非欲下高安，第为全讽声援耳。今先败全讽，楚人必弃高安走，何足击哉！"乃驰至象牙潭，急击之，大破其军，擒全讽，楚人亦遁。吉州刺史彭玕、信州刺史危仔倡皆弃城去，江西之地始定。本之初至也，即挥兵进，刘威欲留宴犒，不许。或曰："敌兵盛，宜审观形势，何遽如此？"本曰："贼众加我十倍，使我兵知之，未战先夺气矣。急乘其锋用之，乃可有功。"已而果如所料。武王奇其能，遂用为信州刺史。

吴越将陈璋据衢州，归款，越人围之。武王遣本迎璋，越人解围出璋，而列兵不动，本遂以璋还。裨将吕师造曰："越有轻我心，必怠，请击之。"本不可。越人蹑我军，至中道宿。夜半，本阳惊，弃辎重走，而设伏于旁。越人果急追，伏发，前后夹击，尽歼其众。

唐庄宗入洛，吴遣司农卿卢苹往聘，还言庄宗知本名，由是召为雄武统军。俄出镇寿州，改庐州，加安西大将军、太尉、中书令、西平王。本不知书，然能尊礼儒士，遇僚属以礼，士民爱之。性朴拙，无它才，惟军旅之事，若生知者。

烈祖将受吴禅，徐玠、周宗等以本及李德诚名位隆重，讽之使率群臣劝进。本已昏老，其子祚惧家祸，代署表上之。本初不知，犹谓所亲曰："我受吴室厚恩，老矣，复能推戴异姓乎？"吴宗室临川王濛，废居历阳，闻将传禅，乃杀监守者，与亲信两人走诣本。本即出见之，祚固执不可，本怒曰："我家郎君也，奈何不使我一见！"祚拒闭中门，令外人执濛告之，濛遂诛死。本愧恨属疾，数月卒，年七十七。

本晚好饮酒，乐施予。或曰："公春秋已高，宜少储积，为子孙计。"本曰："吾系芒屩事吴武王，位至将相，何人所遗乎？"既卒，太常言准令废朝三日。烈祖以本旧将，命有司讲求优典。礼官言前朝尝为汾阳王郭子仪废朝五日，诏用之。谥恭烈，葬给卤簿。子邺。

邺，本长子也。少骁勇，每从其父征讨。本为信州刺史，略地至建州，道经险厄，被围垂困。邺跃马救之，手杀数十人，翼本而出，建人骇惧溃去。事烈祖，典亲军，出为滁州刺史。暴猛狠戾，常蓄飞扬之志，烈祖以本故，优容之。闻历阳公杨濛被执，叹愤逾月，国人亦以此称其好义。本卒后，仕至庐州节度使。升元六年卒。

柴克宏，父再用，事吴有功，至德胜军节度使。克宏以父任为郎将，尝为宣州巡检使。初至，城堑皆湮圮不治，吏云自田頵、王茂章、李遇相继叛，无敢为守备者。克宏嘻笑曰："岂有是哉！"大加营缮。后吴越兵至，赖以得全。积迁泗州刺史，罢归为龙武军都虞候。好施予，不事产业，故家常穷空；然性豪举，博奕纵酒，自若也。

时元宗自谓唐后，规取中原，复旧业，群臣多为大言，以迎合主意。克宏独未尝一语及军旅，人亦不以为知兵，以故不迁。久之，出为抚州刺史。时淮南交兵，吴越伺间来寇，克宏乃请效死行阵。元宗嘉之，授右卫将军，遣与右卫将军、袁州刺史陆孟俊同救常州。精兵悉在江北，克宏所将，财羸卒数千，枢密副使李徵古给戈甲皆朽钝。克宏言于徵古曰："卒已非素练，得器械坚利，犹可用，奈何所给乃此等?"徵古谩骂之，见者皆忿。克宏知徵古狂生，不足与较是非，怡然不少动。至润州，徵古终不快，白召克宏归，以神武卫统军朱匡业代之。燕王弘冀独以为克宏可任，卒遣行。

克宏帅师至常州，徵古犹遣使趣其归。克宏曰："吾计日破寇，尔何为者，必钱氏所遣奸人也！"命斩之。使者曰："受李枢密命来。"克宏曰："李枢密来，吾亦斩之！"遂斩使者以徇。然后勒兵进，大破吴越兵于常州，斩万级，获其将数十人。自保大末，边事大起，克敌之功，莫先克宏者。拜奉化军节度使。复上疏请援寿春，行至泰兴，发疡，数日卒，国人莫不痛惜。谥威烈。

或云，初克宏母自表其子可为将，徵古抑之；母又言克宏有父风，苟不胜任，分甘孥戮，元宗始用焉。及徵古诛死，诏暴其罪，亦以折辱克宏为言云。

何敬洙，广陵人。幼遇乱，吴将楚州刺史李简得之，给事左右。简酷暴，仆使有小过，率置之死，不少贷。敬洙与其伍戏小厅下，有持简所宝研过焉，顾曰："孰敢毁此者！"敬洙时被酒，奋曰："死生有命，何不敢之！"有夺研掷石阶上碎之。翌旦，简视事退，闻研毁，诘主者，具以实对，即命擒至，皆谓必死矣。简妻素奇敬洙，匿之堂奥。旬日，简谓已逃去，亦置不问。会有乌逐简而噪，避之亦随至，大怒曰："恨何敬洙不在此！"敬洙[①]善射，命中无所遗，故思之。语未毕，敬洙挟朱弹铁丸拜于前，拜起，一发毙之。简大喜，不复诘毁研事。有善相者，简使相诸子，曰："虽皆善，然无及公者。"独指敬洙曰："此人殆过公。"简由是益爱之，及长，用为军校。

简卒，事烈祖为裨将，进天威军都虞候。建州之役，为行营招讨长步军都指挥使。会查文徽进讨，敬洙坚谓闽地僻陋，不足劳大兵，文徽开譬之，不得已而行。及平建州，敬洙功最诸将，然以功推王建封，无吝色。拜楚州团练使。

敬洙自以初事李简于是州，尤自感励，常微服游里巷，察民疾苦。有科调，辄先为经画，民不知劳。坐听事，与宾客谈燕，民有诉事者，立引入，亲自剖析曲直，皆厌服而出。

保大八年，楚朗州节度使马希萼来附，且乞师。元宗命敬

---

① 敬洙：原作"敬之"，据秘本、汲本改。

洙援之，迁武昌军节度使。周人侵淮南，命武安军节度使王进逵领所部州师入江南境。进逵奉诏行，且遣部将潘叔嗣为先锋，取鄂州长山寨，杀三千人。元宗命敬洙清野入保。敬洙格诏出城，除地为战场，曰："敌至，吾与兵民俱死于此。丈夫岂能惴惴闭门自守耶!"会叔嗣自常山回戈袭朗州，进逵狼狈而去，人重其决。加镇国将军、中书令。

后主嗣位，以病足乞解官，授右卫上将军、芮国公，致仕。给全俸，第门列戟。乾德二年二月卒，年七十七。废朝三日，命枢密使、中书侍郎朱巩持节，策赠鄂州大都督、左卫上将军，谥威烈。

王会，庐州庐江人。本名安，少事吴武王。王尝临战，升高冢望敌，安捧唾壶侍侧，左右皆注目前视。忽有卒持稍径趋王，莫能御者。会置壶于地，引弓射之，一发而殪，徐纳弓弢中，复捧壶立，色不变。王喜，抚其背曰："汝器度如此，它日必富贵。"积功至袁州刺史。烈祖代吴，用为百胜军节度使。虔州与岭南地接，南汉使者往来，节度使当燕劳问遗，而会故名犯汉主祖讳，乃赐今名。昇元五年卒，年七十三。

张延翰字德华，宋州睢阳人。故唐之末，仕为陕州司马。从父慎思权徐州留后，延翰往省之，告以北方将乱，欲避地江淮，以全家祀。慎思是其言，慨然遣之。入吴，为盐城令，有治绩。烈祖以平章事领江州，封浔阳侯，表延翰为江州观察巡官，通判军府事。

烈祖代吴，入为侍御史，判台事。张宣为左街使，恃功骄暴，延翰廷劾之，强豪屏迹。进礼部侍郎。自以起疏远，遭时被知，得尽己才，感概自尽。时未设贡举，士有献书论事者，第其优劣选用，烈祖悉以委延翰，号为精效称职。兼选事，务进孤贫，吏不敢为奸利。元宗辅政，谓人曰："张君议论公正，处事悉有条理，吾得倾心听之。"由是六司总领殆遍，时望归重。拜中书侍郎、同平章事，时年财五十余，人犹以为柄用晚。属疾益浸，不复能治事，烈祖以国器，方一意任之，不许其去，遣使劳问，赐良药。旁午于道卒，年五十七，赠太傅。

马仁裕，徐州人，唐北平王燧裔孙，世为武宁军校。仁裕母方娠，梦传呼北平王来归，及生，紫气充庭。数岁学兵法，通解若素习。遇乱南奔，事烈祖为昇州牙吏。烈祖镇润州，仁裕监蒜山渡，首闻朱瑾之乱，驰入白之，烈祖即日渡江定乱，以功迁左领军将军，历楚州刺史、左金吾卫大将军。烈祖代吴，拜润州节度使，徙庐州。为政宽简廉平，甚得民心。昇元六年，卒于镇。

初，烈祖左右小臣亲信者，惟周宗及仁裕两人，任遇略等。宗力赞禅代事，遂辅政，其后富盛冠一时。仁裕资长者，独退然安于外镇，晚益贫窭，不悔也。卒年六十三，谥曰匡。

游简言，字敏中，建安人。父恭，吴驾部员外郎、知制诰。简言少孤力学，起家秘书省正字。烈祖镇金陵，以为户曹参军，典元帅府书檄。迁观察推官。烈祖代吴，为中书舍人。

元宗嗣位，迁翰林学士、礼部侍郎，贞介独不附权要。元宗颇重其为人，命判中书省，兼吏、兵部选事，裁抑侥幸，憎疾者众。选人邵唐试判不中，上书言："简言父恭，尝为鄂州杜洪掌书记，洪奖成朱温篡弑，恭预其谋。简言逆臣子，当斩，请正国法。"元宗怒唐挟私忿谤讟，决杖流饶州。及淮南交兵，吴越亦伺衅攻常州，执团练使赵仁泽，归于钱唐。仁泽见吴越王，责以败盟，吴越王怒，抉其口至耳。方议遣使诘责吴越，群臣畏慑，莫敢往，元宗以命简言，简言不辞，见其子慭为千牛备身。将发，拜中书侍郎，未出境，召还。

及迁都豫章，立吴王为太子，留西都监国，以简言为辅。简言力辞，言："久备近臣，不忍去帷幄。"元宗嘉其一心事主，无徼后福，竟即从其请，更用严续，而后主亦由是贤之。拜吏部尚书，知省事。简言亲治簿书，督责严峻，人或以事请寄，必固违咈，虽直亦不得伸，议者讥其过。拜左仆射兼门下侍郎、同平章事。疾已笃，不及视事，卒，年五十七。

刁彦能，字德明，上蔡人。父礼，遇乱徙家宣州。彦能少孤，事母笃孝。家贫无以养，乃事节度使王茂章。茂章叛吴归吴越，彦能以帐下当从，乃使家人扶其母伺于道左，彦能泣告茂章曰："彦能有老母在此，不能舍而从公，敢请死！"茂章哀其意，许之，乃驰还宣州。而城中已乱，彦能登城，以剑招之曰："我从王府来，大军已近，尔辈无妄动。"众信之，稍定。义祖闻而嘉之，以为军校，事其子知训于广陵。

知训狂恣，彦能每切谏，不听，然亦不加罪。牙将马谦以众拥吴主登宫门，将杀知训，彦能从朱瑾入，手斩[1]谦以献，赏赍甚厚。然彦能警敏，观知训必败，而人望在烈祖，心常附焉。知训忌烈祖，数欲害之。尝与烈祖饮酒，而伏剑士室中。彦能行酒，以爪语烈祖，烈祖悟，亟起去。而尝从知训宴烈祖于山光寺，复欲加害，弟知谏擿语烈祖，烈祖亦驰去。知训取佩刀授彦能，使追杀之，及于途，举刀示先主，乃还，以不及告。及知训死，义祖见彦能谏书，叹异，复使事知谏于润州，迁裨将。

烈祖代吴，入为环卫，迁至天威军都虞候、左街使。金陵数大水，秦淮溢，东关尤被害，彦能请筑堤为斗门，疏导之，水患稍息。元宗嗣立，出为饶州节度使，徙信州，又徙建州留后，抚州节度使。

彦能好读书，在镇委文吏，颇有治称。好作诗，尝与李建勋相酬赠。建勋因燕见及之，元宗笑曰："殊不知彦能乃西班学士也。"性矜庄，燕居容服不少堕。时贵宴饮，或蓬首裸袒，彦能在坐，则皆肃然。保大末卒，年六十八。

子衎，事后主为秘书郎、集贤校理，以文翰见知。擢直清辉殿，阅中外章奏。国亡入朝，仕至兵部郎中、直秘阁、崇文院检讨。淳淡夷粹，恬于仕进。暇日鼓琴围棋，不交人事。衎孙约，亦名士，久在三馆。晚筑室润州，号藏春坞，王安石、苏轼皆尊爱之。

---

① 斩：原作"断"，据秘本、汲本改。

列传卷第四

徐玠，字蕴圭，彭城人。事帅崔洪为军吏。洪避朱全忠南奔，遣玠先见吴武王，因得事吴，累居右职。师出江西，为粮料使。江西平，授吉州刺史。

玠初为小校，以干敏称，及治郡，贪猥不治。烈祖辅政，罢之，而义祖悦其善事人，引以为副使，遂见亲狎。玠挟宿怨，且希义祖意，每与严可求言烈祖疏财结士，不宜久执国权，请以嫡子知询代之。事垂行，而义祖殂，知询继立。玠本诡谲多智，善揣摩，非能为徐氏计也。至是察知询必败，反持其长短，自结于烈祖。烈祖亦遂爱之，尽忘前事，镇金陵，以为行军司马，与周宗、李建勋、孙忌，首参代吴秘计，遂以佐命拜右丞相。出为宣州节度使，徙洪州，兼中书令，复召为司徒、右丞相。然徒崇以名位，不复预政。老而益贪鄙，所至人患苦之。好神仙之说，常以下价市丹砂恶者治丹，人以为笑。保大元年五月卒，年七十六，赠高平郡王。

高审思，失其家世、乡里。少以骁勇事吴武王。从刘信平虔州，有功。为人重厚沉默，烈祖爱之，用为神武统军，出镇寿州，兼侍中。在镇治守备，常如有警。或曰："以公威略，守坚城，何太惧耶？"审思曰："事变无常，不可不过为之备。"及保大末，周人来侵诸郡，往往一鼓而下，惟寿州能坚守，以世宗英武，将士皆精练，然逾年极兵力不可取，虽刘仁赡善守，亦审思之遗绩也。卒于镇，年七十五。废朝三日，赠太师，谥曰忠。

初术者悉言审思位不至刺史，尝受命刺常州，固辞不敢行，而其后位兼将相，终始富贵，术之不足信如此。

钟谟，字仲益，会稽人，徙建安。李德明，失其家世、乡里。保大中，俱为尚书郎，敏于占对，元宗爱之。而天资皆浮躁，沾沾自炫，反复崄巇，朝士侧目，号为“钟李”。时魏岑已斥复用，奸谀弥甚，谟、德明虽与岑若不同，至为恶则合若符券。户部员外郎范冲敏擿使军帅王建封，上书历诋之，请选用正人。元宗大怒，谓建封武人握兵，不当辄议国政，流建封池州，未至杀之，冲敏弃市。谟、德明自谓君宠可沽[①]，愈纵肆，旁若无人。

德明尝奏事别殿，取元宗所御笔记事，元宗不能堪，曰：“卿他日自可持笔来。”德明亦自若。谟迁翰林学士、户部侍郎，德明迁工部侍郎、文理院学士。

元宗雅称两人有辞辩，欲令说周罢兵，遣如寿州城下，贡御服及犒军牛酒。世宗前知其欲以口舌游说，大陈兵卫戈戟以见之，谓曰：“江南自谓唐室苗裔，衣冠礼乐，异于他国。与朕隔一水，未尝遣使修好，唯航海通北虏，此何礼也！今又比朕六国愚主，谓可说使罢兵，何其不知朕也！归语若主，必臣事我，则兵可罢，不然，径往金陵，借府库犒军，若君臣得无悔乎？”两人股栗，不敢出言，惟曰：“寡君震畏天威，愿献寿、濠、泗、楚、光、海六州，及岁输方物。”世宗以淮南诸州继陷，欲尽取江北地，不

① 沽：秘本作“怙”，于意较胜。

许。德明见周师急攻寿州，度旦暮且下，乃曰："寡君未能知大国兵力乃尔，愿宽臣数日之诛，归国取表，尽献江北郡县。"世宗遣德明归，以书谕江南君臣，语多诮让陵肆，国人已不堪，而德明方盛称世宗威德，请必割地。元宗恶其言。宋齐丘力诋割地为无益。陈觉言德明卖国以悦敌，不可赦。德明佻薄，语多过实，知割地之说不行，攘袂大言，谓周师必克。元宗益怒，遂斩德明于都市，不复议割地，谟因留不得归。

及孙忌之死也，谟亦在召中，得不死，贬为耀州司马。及元宗割地称臣，如谟、德明初议，世宗乃召谟至京师，授卫尉卿，赐黄金五百两，遣谕指于元宗，往复数四。谟既矜肆，以为世宗听其言，江左可藉以无恐，元宗亦方赖其力，心虽憾之，体貌加厚，以为礼部侍郎，判尚书省，而三省之事，靡不预之，势焰赫然。宋齐丘、陈觉、李徵古之死，皆出其计。又白请雪德明之罪，赠光禄卿，谥曰忠。

太子弘冀参总庶政，谟荐其客阎式为司议郎，百司关启必由之。俄而世宗崩，谟自揆无所恃，颇若有失，元宗遇之亦浸薄。初李德明被诛，唐镐预其事，至是镐惧修怨，不自安。会镐以纳贿闻，谟面诘其状，镐愈惧。信州刺史张峦，入为天威军都虞候，谟素与之善，每屏人共语，或至中夜，又尝请使峦帅帐下兵巡都城。镐廉得之，因密言谟往来两国，挟周人以胁制朝廷，今与典兵者交结，又请令巡徼辇下，其包藏殆不可测。谟微闻之，念无以为奇货。会弘冀卒，后主以母弟当立，而谟尝与元宗爱子从善同使周，相与亲厚，乃言后主器轻志放，无人君之度，因盛称从善才，不知元宗建储之意已决，更以此忤旨，乃暴其交结张峦等罪，贬国子司业，又贬著作佐郎，安置饶州，遣中使领侍卫军十人，即日督促乘驿而去。谟时方病风眩，在途赋诗十章，语皆凄怆。峦出为宣州副使。建隆元年正月，元宗闻太祖受周禅，乃遣使如饶州，赐谟死，问曰："卿昔与孙忌使周，忌死，而卿独生还，何也？"谟顿首服罪，遂缢杀之。峦亦坐诛。

谟有女，感家祸，不嫁，为道士，名守一。博通孔、老书，尤善讲说。端拱中，京师建洞真宫，召守一为道职云。

常梦锡，字孟图，扶风人，或曰京兆万年人也。岐王李茂贞不贵文士，故其俗以狗马、驰射、博奕为豪。梦锡少独好学，善属文，累为秦、陇诸州从事。茂贞死，子从俨袭父位，承制补宝鸡令。

后唐长兴初，从俨入朝，以梦锡从。及镇汴，为左右所谮，遂来奔。烈祖辅吴，召置门下，荐为大理司直。及受禅，擢殿中侍御史、礼部员外郎，益见奖遇，遂直中书省，参掌诏命，进给事中。时以枢密院隶东省，故机事多委焉。梦锡厚重方雅，多识故事，数言朝廷因杨氏霸国之旧，尚法律，任俗吏，人主亲决细事，烦碎失大体，宜修复旧典，以示后代。烈祖纳其言，颇议简易之法。

元宗在东宫，有过失，梦锡尽言规正，无所挠。始虽不悦，终以谅直多之。及即位，首召见慰勉，欲用为翰林学士以自近。宋齐丘党恶其不附己，坐封驳制书，贬池州判官。及齐丘出镇，召为户部郎中，迁谏议大夫，卒以为翰林学士。复置宣政院于内廷，以梦锡专掌密命。而魏岑已为枢密副使，善迎合，外结冯延巳等，相为表里。梦锡终日论诤，不能胜。罢宣政院，犹为学士如故，乃称疾纵酒，希复朝会。钟谟、李德明分掌兵、吏诸曹，以梦锡人望，言于元宗，求为长吏，拜户部尚书、知省事。梦锡耻为小人所推荐，固辞不得请，惟署牍尾，无所可否。延巳卒文致其闺门罪，贬饶州团练副使。梦锡时以醉得疾，元宗怜之，留处东都留守。周宗力劝梦锡止酒治疾，从之，乃少瘳。召为卫尉卿，改吏部侍郎，复为学士。交泰元年，方与客坐谈，忽奄然卒，年六十一。卒后财逾月，齐丘党与败，元宗叹曰："梦锡平生欲去齐丘，恨不使见之。"赠右仆射，谥曰康。

梦锡文章典雅，有承平之风，歌诗亦清丽，然绝不喜传于人。刚褊少恕，每以直言忤物。常与元宗苦论齐丘辈，元宗辩博，曲为解释。梦锡辞穷，乃顿首曰："大奸似忠，陛下若终不觉悟，家国将为墟矣！"元宗不答，而心善之。及割地降号之后，公卿在坐，有言及周以为大朝者，梦锡大笑曰："汝辈尝言致君尧、舜，何故今日自为小朝耶！"众皆默然散去。每公卿会集，辄喑呜大咤，惊其坐人，以故不为时所亲附。然既没，皆以正人许之，虽其仇雠，不敢訾也。

史虚白，字畏名，世家齐鲁。虚白隐居嵩少著书。中原丧乱，与北海韩熙载来归。时烈祖辅吴，方任用宋齐丘，虚白诵言曰："吾可代彼。"齐丘不平，欲穷其技能，召与宴饮，设倡乐，奕棋博戏，酒数行，使制书檄诗赋碑颂。虚白方半醉，命数人执纸，口占，笔不停缀，俄而众篇悉就，词采磊落，坐客惊服。虚白数为烈祖言，中原方横流，独江淮丰阜，兵食俱足，当长驱以定大业，毋失事机，为它日悔。烈祖不能从，虚白乃谢病去，南游至九江落星湾，因家焉。常乘双犊版辕，挂酒壶车上，山童总角，负一琴一酒瓢以从，往来庐山，绝意世事。

保大初，熙载为史馆修撰，荐虚白可用。元宗召见，访以国事，对曰："草野之人，渔钓而已，安知国家大计。"赐宴便殿，醉溺于殿陛。元宗曰："真隐者也。"赐田五顷，放还山。及元宗南游豫章，次蠡泽，虚白鹤裘藜杖，迎谒道旁。元宗驻跸劳问曰："处士居山，亦尝有所赋乎？"曰："近得《溪居》诗一联。"使诵之。曰："风雨揭却居，浑家醉不知。"元宗变色，厚赐粟帛，上樽酒。徐铉、高越谓之曰："先生高不可屈，盍使二子仕乎？"虚白曰："野人有子，贤则立功业，以道事明主，愚则负薪捕麋，以养其母，仆未尝介意也。不敢以累公。"铉、越愧叹。

卒，年六十八。将终，谓其子曰："官赐吾美酒，饮之略尽，尚留一榼。吾死，置藜杖及此酒于棺中，四时勿用祭享，无益死者，吾亦不歆。"子皆从之。孙温，天圣中仕为虞部员外郎，献虚白文集。仁宗皇帝爱之，追号虚白"冲靖先生"。

沈彬，洪州高安人。唐末，浪迹湖湘，隐云阳山。好神仙，喜赋诗，句法清美。烈祖辅吴，表授秘书郎。与元宗游，俄恳求还山，以吏部郎中致仕。元宗迁南都，彬年八十余，来见曰："臣久处山林，不预世事。臣妻曰：'君主人郎君，今为天子，何不一往？'臣遂忘衰老而来。"元宗命毋拜，厚赐粟帛，以其子为秘书省正字。彬晚岁尝策杖郊原，手植一树识之，语其子曰："吾当藏骨于此。"及卒，伐树掘地，至丈余，得一石椁，制作精丽，光洁可鉴，盖上有篆云："开成二年寿椁。"举棺就之，广袤中度。

次子廷瑞，有道术，嗜酒却粒，寒暑一单褐，数十年不易。跣行，日数百里，林栖露宿，多在玉笥、浮云二山，老而不衰，后不知所终。

陈况，闽人。性夷澹，隐于庐山四十年，衣食乏绝，不以动心。苦思于诗，得句未成章，已播远近。元宗闻其名，召见。时方奇寒，元宗见其衣单薄，降手札曰："欲以绫绮衣赐卿，卿必不受；今赐朕自服绌缣衣三十事。"俄授江州士曹掾，固辞归。卒于山中，年七十余。

陈曙，蜀人。尝举进士。唐末，避地淮南，多遁于蕲州山中。乡人有会集，或祭神，曙不待召而至，醉饱，乃辞去，由是人多设虚座、陈酒肴以伺之。同日或至数家。舍中唯一榻，素书数卷，与蛇、虎杂居。不设窗户，雨雪满室亦自若。人有乘其出往窥之者，曙必自外来。凡数十年，颜鬓不少异。元宗命中书舍人高越召之，不肯起。后徙居鄂渚及洪之西山，不知所终。

陈陶，岭南人。少学长安，昇元中南奔，将求见烈祖，自度不合，乃隐洪州西山，叹曰："世岂无麟凤，国家自遗之耳！"保大末，有星孛于参，芒指东南，陶语人曰："国其几亡乎！"果失淮南。

元宗南迁豫章，至落星湾，将访以天象，恐陶不肯尽言，以其素嗜鲊，乃使人伪言卖鲊。至门，陶果出，啖鲊，喜甚。卖鲊者曰："官舟至落星矣，处士知之乎？"陶笑曰："星落不还。"元宗闻之不怿，遂不复问，是岁果晏驾。西山产灵药，陶与妻日斸而饵之，不知所终。

开宝中，南昌市有一老翁，丫髻被褐，与老妪卖药，得钱则沽酒市鲊，相对饮啖，既醉，歌舞道上。其歌曰："蓝采和，蓝采和，尘世纷纷事更多。何如卖药沽美酒，归去青崖拍手歌。"或疑为陶夫妇云。

江梦孙，字聿修，浔阳人。烈祖辅吴，表为秘书郎。梦孙数自言，迂儒无裨益。平生读书，欲小试于治民，求为县令。方是时，士之客于烈祖者，率以功名富贵自许，而梦孙言独如此，烈祖以为不情，不之许也。求不已，乃补天长令。烈祖先持告身示之曰："今日受此，明日趋走庭下矣。"曰："此素志也，庸何伤？"乃授之。至天长，吏白县署正寝有淫厉，不可居，梦孙不从。是夕，果有怪并出，梦孙起，焚香曰："梦孙受命为令，当治事于此。鬼神有祠庙丘垄，胡不各归其所？吾行不欺暗室，奚畏君等。"语讫，皆敛迹。梦孙治县宽简，吏民安之。逾年，弃官去，县人号泣，送之数十里。还家，事继母尽孝，早暮洁衣冠，视膳羞，母食既彻，为诸生讲礼。凡至疑义，辄敛衽曰："此科先儒犹多异同，梦孙安敢轻言，诸君自择所长可也。"保大中卒，年八十五，赠国子司业。

毛炳，洪州丰城人。隐居庐山。时为诸生讲，得钱即沽酒。尝醉卧道旁，有里正掖起之，炳瞋目呵之曰："醉者自醉，醒者自醒。亟去，毋挠予睡！”后徙居南台山。数年，忽书斋壁曰：“先生不住此，千载惟空山。”因大醉，一夕卒。

与炳同时，又有酒秃者焉。酒秃姓高氏，骈族子。弃家祝发，博极群书，善讲说，而脱略跌宕，无日不醉。后主召讲《华严》，梵行一品，赉金帛甚厚。玄寂即日尽送酒家，日夜剧饮，醉则从小儿数十，浩歌道中，歌曰：“酒秃酒秃，何荣何辱。但见衣冠成古丘，不见江河变陵谷。”一日，醉死于石子冈。

列传卷第五

义祖生六子：知训、知询、知诲、知谏、知证、知谔。及烈祖开国，惟知证、知谔在，余皆前卒。

徐知证，义祖第五子也。事吴，历州刺史，至节度使。烈祖初尊义祖为太祖，复姓，改义祖，封拜徐氏与李氏同。知证王江，改王魏。元宗嗣位，尤见尊礼，内宴用家人礼，起舞拜跪为寿。知证亦以叔父自处，无所让。卒年四十二。

徐知谔，义祖第六子。在吴亦为节镇，代知询为金陵尹。烈祖初，封饶王，进王梁，镇润州，兼中书令。好奇宝怪物，所蓄不可计。有蜀估持凤首至，自言得之徼外蛮夷，状如雄鸡，广五寸，冠上正平，可用为枕，朱冠金喙，文彩焕烂如生，人咸异之。一日，游蒜山，除地为场，连虎皮为大幄，号虎帐，与宾僚会饮其中。忽暴风至，裂帐，尽碎如飞蝶。知谔惧而归，属疾，数日卒。平生常语客曰："人生七十为大限。吾生长王家，穷极欢乐，一日可敌世人二日，年三十五，其死乎？"至是如其言。废朝七日，烈祖悲悼，复诏不视朝者七日，敛以衮冕及上方秘器，谥曰怀。十子，皆贵显国中。所著文赋歌诗十卷，号《阁中集》。

徐遊，知诲子也。初名景遊，避元宗名，去"景"字。知诲于元宗有旧恩，故元宗待遊及兄汝南郡公辽，尤亲厚，出入宫省，备顾问，预筹画，专典宫室营缮及浮屠事。当时言蠹政者以两人为首。

后主嗣位，好为文章，遊复以能属文见昵，封文安郡公。燕饮则流连酣咏，更相倡和，虽后妃在席，不避也。昭惠后好音，时出新声，或得唐盛时遗曲，遊辄从旁称美，有三阁狎客之风。闲居讲论古今得失，后主设问，遊具以所闻对。或遊有疑以请，后主亦引经义或古事，称制答之，君臣相矜，至国亡不悟也。

遊有巧思，欹器之制久不传，人无知者，遊独以意创制，皆合古法。太平兴国中，苏易简为学士得之，暇日试于玉堂，太宗皇帝闻而取视之，叹赏不已。方金陵之将亡也，徐锴属疾，忽梦巨人持大铁箠，取己及兄铉并遊，同纳箠中箠之，锴与遊皆坠地，而铉独否。俄锴、遊皆以疾卒云。

王建封，上元人。少从军，以任侠骁勇知名。元宗取建州，建封为先锋桥道使，焚建州外郛，克之，王延政降。何敬洙功最诸将，建封忿曰：“我纵火先登克城，诸军乃能入，我功当第一！”敬洙因推之曰：“君言是也。”具以闻诸朝，第赏，拜信州刺史。人皆多敬洙而薄建封。

陈觉、冯延鲁、魏岑攻福州，李弘义围之，败吴越援兵，福州援绝，危蹙，且拔矣，而觉、延鲁、岑各欲功在己，不相应接，偏裨莫肯用命，故未能克。觉奏请建封济师，建封率五千人会之，破福州版寨，入东武门。而建封亦与诸将争功，遽敛兵先退，弘义乘之，我军复败，遂溃而归。元宗深衔建封，顾方治觉等擅兴，未及治也，建封内不自安，元宗惧其作乱，召为天威军都虞候，付以亲军。建封遂泰然，恃恩僭侈，无复顾惮。

会户部员外郎范冲敏疾魏岑、钟谟、李德明用事，擿①建封上书，历诋岑等，请更用正人。元宗遂发怒，谓建封武臣，握精兵，敢干国政，谋进退柄臣，其渐不可长，流池州，未至杀之。冲敏弃市。未几，岑见冲敏为厉，请道士上章诉天，数月，竟死云。

王彦俦，蔡州上蔡人。少为州军校。唐同光末，诸郡多乱，彦俦亦乐祸思奋，会同列六人者，来与谋曰："四郊恟恟，能者得富贵，我辈不可后人。"彦俦许诺，且曰："今夕吾直府中，公等可持兵来，吾亦裹甲为内应。"既夜，六人者如约俱至，彦俦伏壮士尽捕斩之，持其首叩帐门，告刺史曰："奸盗窃发，幸已伏诛。惧有佚党为变，愿公亟号令以安众心。"刺史惊喜而出，彦俦即斩之，归其罪于六人者。翌日，悉族六家，据蔡州，无敢动。唐兵来讨，彦俦自计不能守，匿其妻子于村舍，奉父母来奔。

烈祖辅吴，以为都押衙，历和州刺史，始遣间使迎妻子南归。彦俦有政绩，善抚境内，和遂为富州。入拜统军，自以发迹凶乱，于是务为恭谨。烈祖嘉之，尝升堂拜其父。开国，以为池州节度使。常梦锡自给事中以直谏贬判官，彦俦事之如在朝廷，人士称之。卒于镇。

朱匡业，庐州舒城人。父延寿，以姊为吴武王夫人，故自少

① 擿：原作"摘"，秘本作"怵"，汲本作"诉"。按前卷《钟谟李德明传》作"擿"，当是，据改。

得幸。从征讨，摧坚陷阵，功冠诸将。好以寡击众，不胜而返者，必尽戮之。尝与梁战，遣二百人持大剑斫阵。将行，指一卒留之，卒请行，延寿以违命，立斩之。其令出必行，皆类此。然每得赏赐，悉分赍其下，无以入家者。唐昭宗在岐下，闻其名，遣使间道授延寿蔡州节度使。武王疑其难制，诱杀之，出夫人，使更嫁，然犹以旧功贷其妻子。

时匡业尚幼，稍长，授以官。烈祖辅吴，拔为军校，积功至诸军都虞候。嗜酒使气，烈祖优容之。出为歙州刺史，有政绩，改建州留后。还朝，授神卫统军。周侵淮南，中外震骇，盗投隙多窃发。以匡业为内外巡检使，严而无私，犯令无所贷，戮一二人，中外肃然，夜户不闭。正阳丧师，朱元叛，元宗议亲征，召匡业及统军刘存中，问以方略。匡业辄对曰："运数之兴，天地皆助；大事若去，虽英雄亦无如之何。"存中从旁赞之。元宗怒，贬匡业抚州团练使，流存中饶州。后主袭位，召拜神武统军，加中书令，卒。

子崇俊，短陋羸瘠，而妙于骑击，驰突若神。早卒。

朱令赟，大将军业从子。少从军，椎额鹰目，趫捷善射，积迁至镇南节度使。开宝中，后主见讨王师，兵已围金陵，召令赟赴难。军至湖口，与诸将谋曰："今为前进，则北军据我后，上江阻隔，进未破敌，退绝馈饷，奈何？"乃檄南都留守柴克贞赴军，欲伺其至，使代拒湖口，乃发。而后主危急，手书督兵者接踵，令赟不能守初议，乃与战棹都虞候王晖乘流而前。自浔阳湖编木为大筏，长百余丈，大舰至容千人，将突下断采石浮梁。会江水涸，舟筏艰阻，王师得设备。比至虎蹲洲，合战，令赟所乘舰尤大，建大将旗鼓，王师舟小，聚攻之。令赟以火油纵烧，王师不能支。会北风，反焰自焚，水陆诸军十五万，不战皆溃，令赟惶骇，赴火死。粮糗戈甲俱焚，无孑遗，烟焰不止者旬日。自是金陵外援遂绝，以至于亡。是时王师上露布，称生获令赟，则非也。

论曰：金陵之被围也，以守备任皇甫继勋，以外援付朱令赟。继勋既怀贰心，而令赟孺子，复非大将才，其亡宜矣。使林仁肇不以间死，卢绛得当攻守之任，胡则、申屠令坚辈宣力围城中，虽天威临之，岂易遽亡哉？然则江南虽弱，曹彬等所以成功者，独乘其任人乖刺而已。吾以此知伐国之难也。

王崇文，父绾，吴大将。崇文以门第选尚烈祖妹广德公主，历百胜、永安二镇。庐陵民尚气喜讼，以先止[①]为怯，素号难治。崇文一以法治之，不少贷，讼为衰息。建州初平，崇文安集之，民忘其乱。又徙武昌。自南唐兴，崇文内典禁兵，出更藩任，位兼将相，终始富贵，而平居被服儒雅，风度夷旷。在武昌，方阅骑士于鞠场，旁古屋数十间崩坏，声震数里，闻者莫知所为，崇文指挥号令，讫事不失常度，竟亦不问。后主初立，上疏历陈朝政，赐书褒之。加中书令，卒。

胡则，不知其世家。后主末，为江州指挥使。金陵陷，曹彬

① 止：原作“正”，秘本作“止”，汲本作“王”。以作“止”于意较长，据改。

喻后主以手书命郡县悉以城降，书至江州，刺史谢彦宾集将佐示之，谋纳款。则愤形于色，亟出，谓其下曰："吾属世受李氏恩，安可负之！且都城久受围，此书真伪不可知。刺史不忠，欲污吾州，尔辈能从我死忠义乎？"众皆曰"善"。乃帅同列宋德明等大噪，入攻彦宾。彦宾惧，逃檐霤中，执而杀之。众推则为刺史，号令肃然，莫敢不听。

则尝为寿州裨将，从刘仁赡城守累年，尽得其方略，乃日夜阅丁壮，勒部伍，为坚壁死守计。太祖命南面行营招安巡检使曹翰攻之，城带江负山，楼橹高险，坚不可破。屡遣使谕降，则誓死不从。翰军死伤者众，诏书切责督战。会则疾革，不能起，城始陷，众犹巷斗，雪涕奋击，不少退，翰军尤多死。则卧床上，翰执之，数其违命之罪。对曰："犬吠非其主，尔何怪也。"即舁置木驴上，将磔之；俄死，腰斩其尸以徇，并杀宋德明，而隳其城七尺，使后不可守。

时右补阙张霁，被命知江州，与翰偕行。既入城，翰军士掠民家，民诉于霁，霁按诛军士。翰因发怒，屠城，死者数万人，取其尸投井，坎皆满溢，余悉投江流，因诬奏霁。太祖薄霁罪，徙知饶州。民家资货巨万，翰悉取之。初，太祖闻江州城垂破，遣使持诏赐翰，使勿多杀。使者至独树浦，大风断渡，比至，已无噍类矣。

申屠令坚，山东人。少无赖，勇敢绝人。晋、汉间，尝为盗，被获，以计脱，来归。保大末，御周师于寿春，破城南大砦有功，擢神武都虞候。刘茂忠，吉州安福人，本名彻。或谓之曰："刘彻乃汉武帝也，非人臣所宜名。”乃改焉。少亦为群盗，会赦书募盗为兵，茂忠出应募，且请擒盗自洗湔。乃诈亡命入盗中，自言工风云占，盗信之，乃密约吏为内应，悉擒戮无遗者。惟庐陵鹧鸪洞贼帅吴先，狡有谋，且据岩险，不可捕。茂忠鞭二卒，使佯为得罪，奔先，示以鞭创，先乃纳之。月余，斩先，其党皆溃。积功为吉州兵马都押衙。

开宝中，令坚为吉州刺史，茂忠为袁州刺史。金陵破，后主归京师，两人者相约，不以主在[①]亡易节，誓死报国。前二年，令坚寐则梦与人斗，大呼而寤，乃聚侍婢歌舞，喧笑达旦，始能寐，至是若与人搏击于帐中者，逾时而卒。茂忠度不能独奋，遂降。将行，悉燔州县军兴科敛文籍，所留田税簿而已。袁人德之。入朝，舟次淮口，谒关吏，称袁州刺史。吏掷刺于地，曰：“此亡国之俘，何刺史也！”叱令执杖庭参。至京师，授登州刺史。关吏抵罪，适编管登州，茂忠见之，曰：“乃汝耶?”日责拜谒两衙，必令植立庭下，吏惭愤死。茂忠还朝，病金痍卒。

乔匡舜，字亚元，高邮人。弱冠能属文，以典赡称。烈祖辅吴，用为秘书省正字。开国，宋齐丘辟置幕中，十余年，历大理评事、屯田员外郎。齐丘喜人谀己，而匡舜[②]真率，故虽赏其文艺，未尝荐拔。烈祖独知之，尝诏公卿举可亲民者，意齐丘且举匡舜，奏上，烈祖喟然，谓常梦锡曰：“吾不意其舍匡舜也。”梦锡

① 在：秘本、汲本作“存”，于意较胜。

② 舜：原作“业”，据秘本、汲本改。

与韩熙载素恶齐丘，每相语曰：“宋公误识亚元，正可怪也。”久之，齐丘出镇豫章，始表为节度掌书记。保大中，召为驾部郎中、知制诰，进中书舍人。

周侵淮南，诸将无功，元宗议亲率六军拒之，匡舜上疏切谏，帝怒，坐以沮国动人心，流抚州，然亦卒不能亲行也。后主嗣位，复起为司农少卿，历殿中监、修国史、给事中兼献纳使。知贡举，放及第乐史辈五人，多久滞名场者，时称得人；而少年轻薄子嘲之，谓之“陈橘皮榜”。迁刑部侍郎。老病，乞骸骨。后主悯其贫，给俸终身。开宝五年卒，年七十五，谥曰贞。

睦昭符，金陵人。不知所以进。保大中，为常州刺史。州当吴越之冲，屡交兵，城邑荒残。昭符为政宽简，招纳逋亡，未几，遂富实。一日，坐厅事，雷雨暴至，电光如金蛇绕案，吏卒皆震仆。昭符不慑，抚案叱之，雷电遽散。及举案，惟得铁索重百斤，昭符亦不变色，徐命举索纳库中。显德五年，元宗既称藩于周，秋八月，命昭符为进奏使，置邸大梁。太祖受周禅，昭符乃更名。

后主嗣位，御宫门立金鸡竿，降赦如天子礼。太祖闻而怒，召昭符诘之，色甚厉。昭符徐以鄙语对，太祖为笑，因置不问。然昭符常往来金陵，后主数贡奉，帑藏空竭，昭符市于富民石守信家，得绢十万，后主大悦。太祖已遣李穆召后主入朝，因问昭符曰：“汝度汝主来否?”对曰：“君命召，不俟驾，安有不来?”及后主称疾，王师致讨，昭符又言于太祖曰：“臣主必死社稷。”已而后主降，罢奏邸，不得调，卒。初名匡符，建隆初改，以避上名云。

列传卷第六

刘彦贞，兖州中都人。父信，初为群盗，战败奔吴，事武王，数有功，王遇之厚。尝召信计事，醉不能言，王嫚骂之，信即仗一剑弃去。左右请追之，王曰："信醉耳，醒当复来。"明日果至。积功至镇南军节度使。宣王建国，加征南大将军。唐庄宗灭梁，遣谏议大夫薛昭文使闽，假道洪州，信燕劳之，谓昭文曰："皇帝知有信否？"昭文曰："主上新平河南，未知公之名。"信曰："汉有韩信，吴有刘信，一等人也。"因指牙旗银首，举酒属昭文曰："幸而中此，愿为我饮。"一发中之。烈祖受禅，以旧故，赠太师。

彦贞，信第四子，以父任为大理评事，迁屯田员外郎。父丧，起复将军，连刺海、楚二州。善骑射，矢不虚发，军中号曰"刘一箭"。吏事亦以强济见称。迁濠州节度使，移寿州，始黩货，自殖市肆，不问贫富，概出资助之，而收其赢。州有安丰塘，溉田万顷，以故无凶岁。彦贞托以浚城濠，决水入濠中，民田皆涸，而督赋益急，皆卖田去，彦贞择尤膏腴者，以下价售之，乃复潴塘水如初，岁入不可胜计。时南唐政衰，用事者多贪墨，彦贞广赂遗，以致声誉，于是魏岑等杂然推倡其用兵治民之能，以为一面长城。在镇久，疑当受代，辄妄造边遽，以固其位。久之，乃入为神武统军。

及周师侵淮南，拜北面行营都部署，帅三万人援寿州。次来远镇，兵车旗帜亘数百里，战舰衔尾，蔽淮而上。周将李穀虑我师断浮桥，腹背受敌，烧营退保正阳。彦贞虽名将家子，生长富贵，初不练兵事，裨将武彦晖、张延翰、咸师朗皆斗将，无筹略，见周师退，以为怯，惟恐不得速战，士未及朝食，即督以进。遇周将李重进于正阳东，彦贞置阵，横布拒马，联贯利刃，以铁绳维之，刻木为猛兽攫拿状，饰以丹碧，立阵前，号揵马牌，又以革囊贮铁蒺藜布于地。周兵望而笑其怯，锐气已增，一战，我师大败，师朗等皆被擒，彦贞没于阵。南唐丧地千里，国几亡，其败自彦贞始。虽死王事，议者不与也。后数年，赠中书令，谥曰壮，亦不复录其孤云。

高越，字冲远，幽州人。精词赋，有名燕赵间。卢文进镇上党，具礼币致之。初以客从，及文进徙安州，越又从之，遂为其掌书记。文进仲女有才色，能属文，号女学士，因以妻越。文进奔吴，亦与俱行，吴以为秘书郎。

烈祖受禅，迁水部员外郎，改祠部、浙西营田判官。与江文蔚俱以能赋擅名江表，时人谓之“江高”。保大初，文进卒，有欲倾其家者，越上书讼之，出为蕲州司士参军，语在《文进传》。就迁军事判官。与隐士陈曙为物外交，澹然不志荣利。久之，乃徙广陵令，还判吏部，历侍御史知杂、元帅府掌书记、起居郎、中书舍人。淮南交兵，书诏多出越手，援笔立成，词采温丽。元宗以为称职，不徙官者累年。后主立，始迁御史中丞、勤政殿学士、左谏议大夫，兼户部侍郎、修国史。卒，年六十二，谥曰穆。贫不能葬，后主为给葬费，世叹其清。兄子远。

远字攸远。父操，袁州别驾。远少孤，为人夷雅冲淡，而遇事有奇节。杜门力学，不交人事。烈祖受禅，招来四方秀杰，得远，以为秘书省正字。保大初，迁校书郎，兼太常修撰，遂为太常博士。淮南兵兴，元宗召见，赐金紫，使典戎府书檄。历礼部员外郎、枢密判官、侍御史知杂、史馆修撰、起居郎、知馆事，遂为勤政殿学士。

国初，命兵部尚书陈濬修吴史，未成而卒，其后领史职者多贵游，或新进少年，纂述殆废。远自保大中预史事，始撰《烈祖实录》二十卷，叙事详密。后主嗣位，远犹在史馆，与徐铉、乔匡舜、潘佑共成《吴录》二十卷，远又自撰《元宗实录》十卷。未及上，会属疾，取史稿及他所著书，凡百余卷，悉燔之。卒，年五十七，赠给事中，谥曰良。后主欲修国史，访稿于其家，无复在者。远有精识，方边镐入潭州，湖南悉平，百官入贺，远独曰："我乘楚乱，取之甚易；观诸君之才，守之实难。"闻者愕然，以为过，及后如所料，乃服其先见。

卢文进，字大用，幽州人。事后唐明宗，至安州节度使，事具《五代史》。晋高祖起晋阳，与契丹耶律德光约为父子。文进少尝奔契丹，娶虏公主，为其平州刺史。明宗时，率众数万来归，至是不自安，且本燕人，尚气，不能屈于晋，乃决计归吴。

时烈祖辅吴为齐王，将受禅，吴遣将祖全恩以兵二千阵于安州近境，俟文进出，殿之而至，拜天雄统军、宣润节度使。委任宾佐，政绩甚美。润州市大火，文进使马步使救之，益炽，文进怒，自出府门，斩马步使，传声而火止，人皆异之。召还，以左卫上将军兼中书令、范阳郡王、奉朝请，犹给藩镇俸。卒。

冯延巳恶文进，文进亦以素贵，不少下。及卒，乃诬以阴事，尽收文进诸子，欲籍其家。文进以女妻高越，越乃上书，讼文进冤，指延巳过恶，词气甚厉。时延巳方用事，人颇壮之。元宗怒，以越属吏，贬蕲州司士参军，而卢氏亦赖以得全。

文进在金陵，为客言昔陷契丹，尝猎于郊，遇昼晦如夜，星纬粲然，大骇，偶得一胡人，问之，曰："此谓之笪日，何足异，顷自当复。"良久，果如其言，日方午也。又尝至无定河，见人胫骨大如柱，长可七尺云。

陈觉，扬州海陵人。烈祖以东海王辅吴，作礼贤院，聚图书万卷，及琴奕游戏之具，以延四方贤士，政事之暇，多与之讲评古今，觉亦预焉。烈祖居金陵，以次子景迁留东都为同平章事，知左右军使，辅政，命觉为之佐，谓曰："吾蚤暮与贤士相接，今老矣，尚未达天下之事。景迁年少当国，故屈君子，无惮也。"景迁卒，还朝，为宣徽副使。烈祖晚多暴怒，近臣多得谴罚，觉心惧，称疾，家居累月。以宣遗诏日入朝，判大理寺萧俨劾之，元宗不从。迁光政院副使、太仆少卿。

觉有兄居乡里，时海陵已为泰州，觉兄犯法，刺史褚仁规笞之，觉挟私怨，密谮仁规贪残，侍御史王仲琏亦劾之。元宗薄其罪，止罢刺史。仁规忿，上章自诉，元宗命觉驰往鞠之，仁规皇恐伏罪。觉还，条其罪状甚众，诏赐死。觉之窃弄威福，盖始于此。

觉与李徵古皆宋齐丘客。徵古者，袁州宜春人，于齐丘有中外，事齐王景达为宫官。齐丘告归九华，逾年不召，徵古使其僚谢仲宣讽景达言于元宗曰："齐丘，先帝布衣之旧，虽不用，不当弃之。"齐丘既召归，益以腹心寄觉，欲使立功以取柄任。时唐兵初得建州，诸将请用其锋，攻取福州，齐丘独荐觉为宣谕使，召节度使李弘义入朝，可不劳寸刃，尽得闽地。元宗意方向觉，遂遣之。既至，弘义倨甚，觉气折，不敢言。归至剑州，耻于无功，矫诏召弘义，自称权福州事，擅兴汀、建、抚、信州兵及戍卒，命冯延鲁将之，攻福州。败绩，众溃而归，死者万计，亡失金帛戈甲之类不可胜数。朝论谓必死，元宗亦怒，欲寘军法。齐丘上表待罪，实营救觉等，冯延巳助之，于是财贬蕲州。逾年，复起任事，始与徵古为死党，相倡和，如出一口。

淮南兵兴，我师屡北，度不可复支。元宗遣钟谟、李德明、孙忌、王崇质使周世宗，请献寿、濠、泗、楚、光、海六州以罢兵。世宗不许，而寿州日危蹙。德明惧，乃白世宗，言："愿宽臣数日之诛，归白寡君，尽献淮南地。"周乃遣德明、王崇质先还。德明至金陵，盛称周兵之强，请必割地。元宗不悦。齐丘、觉、徵古素恶忌及德明，擿语王崇质，使异其辞。觉、徵古因极言德明卖国。德明褊忿，知见排，攘袂大言周师必克。元宗遂斩德明于都市，觉、徵古势焰益熏灼，道路以目。

德明既诛，不复议请盟，乃命齐王景达率大兵拒周，而以觉为监军使，军政皆出觉。聚兵五万，无决战意。朱元数有功，觉忌之，夺其兵，元遂叛降周，诸军悉溃。觉归，为枢密使如故，而徵古为副使，不以败事自咎，方相与挟齐丘为耐久计，议事元宗前，横甚。

元宗尝言及家国，感概泣下，徵古辄曰："陛下当以兵力拒敌，涕泣何为，饮酒过量耶？乳保不至耶？”帝色变，左右股栗，而徵古骜然自若，司天言天文变异，人主宜避位祈禳，元宗曰：“此固吾意，第不知孰可付耳。”觉、徵古遽以为诚言，辄曰：“天命如此，宜使宋公摄政，陛下深居禁中，俟国事定，归政未晚。”元宗亟召中书舍人陈乔草诏，实出于愤怒。乔固陈不可，元宗嘻笑而止。

周师益进，世宗驻迎銮镇，元宗遣觉奉表贡方物。觉至迎銮，见周之战舰陈列江津，且南渡矣，大惧，请遣人取本国画江为界表，世宗可之。觉顿首谢退，遣其属刘承遇南还以告，画江称藩、奉正朔之议遂决。周亦班师，遣觉还，锡赉丰渥。觉将发，献诗一首叙感别，赐金器百两。初，觉、徵古以德明请割地为卖国诛死，及是，觉身自为之。使还，以兵部尚书致仕。

徵古先出为洪州节度副使，时晋王景遂为帅，不堪徵古之傲狠，常欲斩之，自拘于有司，左右力谏，乃已。

钟谟自周还，屡言齐丘、觉、徵古之罪不可容。觉尝传世宗之语告元宗曰：“闻江南拒命，谋出其相严续，当杀续以谢我。”元宗知觉与续有宿怨，疑之，谟请至周覆实其事。元宗遣谟行，以手表引咎，且言非续之罪。世宗省表，大惊曰：“严续能拒命，乃忠臣，朕为天下主，其肯教人杀忠臣乎？”谟还，具奏之。元宗大怒。齐丘既斥，觉亦责授国子博士，饶州安置，道杀之；徵古削夺官爵，赐自尽于洪州。

李德诚，广陵人。少事宣州节度使赵锽为给使。吴攻宣州，锽出降，德诚与韩球俱从之不去，城中复推立裨将周进思以拒吴。镗使德诚入城，说进思降，将行，暴得疫疾，委顿不克往，乃改命球。球既至，进思斩之，掷其首城外。德诚是日即愈，人皆异之。

镗死，事吴武王，常从征讨，积功为江南马步军使。与诸将围润州安仁义，诸将每见仁义临城督战，必嫚骂之，德诚独否。及城破，仁义操弓矢坐城上，众莫敢近。德诚至，仁义忽顾曰："汝见我独不失礼，且有奇相，他日将大贵，吾以为汝功。"即掷弓矢就执。武王即拜德诚润州刺史，历抚、虔、洪三镇节度使，平南大将军，中书令。烈祖受禅，拜太师，封南平王，进封赵王。

德诚事吴最久，至南唐之兴，又为佐命，首与周本劝进。初无大勋劳，特以际会至高位，富贵寿考，世罕及者。然为人谦恭沈厚，终始如一。自洪州入觐，烈祖命宫人逆劳于途，百官班谒于都门。入对日，朝堂设次以待之。昇元四年卒，年七十八，废朝五日，谥曰忠懿。子二十八人，第四子建勋。

建勋，字致尧。少好学，能属文，尤工诗。德诚在润州，尝秉烛夜出，候者以告义祖，疑有变，徙江州。德诚犹虑谗间，遣建勋入谒。义祖见之释然，妻建勋以女，所谓广德公主也。建勋家世将相，又娶于徐氏，为其国贵游，然杜门不预世事，所与友皆寒畯，裘马取具而已。

烈祖镇金陵，用为副使，预禅代之策。拜中书侍郎、同平章事，加左仆射、监修国史，领滑州节度使。自开国至昇元五年，犹辅政，比他相最久。烈祖鉴吴之亡，由权在大臣，意颇忌之，而建勋无引退意。会建议政事当更张者，且言事大体重，不可自臣下出，请以中旨行之。烈祖虽从之，未有命也，建勋遽命舍人草制。给事中常梦锡劾奏建勋擅造制书,归怨于上。烈祖得奏,适会本意,乃降制放还私第。广德公主刚果有智,入谓烈祖曰:“吾父无恙时,兄亦尝求见与李郎书,今何见负?”烈祖曰:“此自国事,吾与李郎骨肉之情,固无间也。”召见慰勉焉。未几复相。

元宗嗣立,以开国勋劳,又联姻戚,尊遇之,与宋齐丘埒,每谓为史馆而不名。听朝之暇,多开延英殿,召公卿议当世事,人皆欣然望治。建勋独谓所亲曰:“上宽仁大度,优于先帝,但性习未定,宜得方正之士,朝夕献替,不然,恐未必能守先朝基业也。”出为抚州节度使。

建州之役,诸将无复纪律,建勋请官出金帛,赎俘掠,还其家,见听。及出师平湖南,国人相贺,建勋独以为忧曰:“祸始于此矣!”召拜司空。称疾,乞骸骨,以司徒致仕,赐号钟山公。营别墅于山中,放意水石。或谓之曰:“公未老,又无大疾恙,遽为此举,欲复为九华先生耶?”建勋曰:“吾平生笑宋公轻出处,何至效之! 自知不寿,欲求数年闲适尔。”疾革,遗令曰:“时事如此,吾得全归,幸矣。勿封树立碑,贻他日毁斫之祸。”保大十年五月卒,赠太保,谥曰靖。及南唐亡,公卿冢墓,鲜不发者,惟建勋不知葬所。宋齐丘当国,深忌同列,少所推逊,然独称建勋曰:“李相清谈,不待润色,自成文章。”

论曰:李建勋非不智也,然湖南之师必败,知其国且亡,皆如蓍龟。然其智独施之一己,故生则保富贵,死则能全其骸于地下。至立于群枉间,无所可否,唯喏而已,视覆军亡国,君父忧辱,若己无与者。方区区请出金帛以赎俘虏,真妇人之仁哉!

廖居素，将乐人。仕烈祖、元宗之间。为人坚正，不为当国者所喜，由[1]校书郎二十年，始得大理司直。后主嗣位，稍迁至琼林光庆使、检校太保、判三司。后主孱昏，而群臣方充位保富贵，国益削。居素独慷慨骤谏，冀后主一悟，终不见听。乃闭门却食，服朝衣冠，立死井中。已而得手书大字于篋笥，曰："吾之死，不忍见国破也。"徐锴为文吊之，以比屈原、伍员。后几百年，将乐父老犹叩头称之，盱江李遘为之传云。

① 由：秘本、汲本作"困"，于意较优。

列传卷第七

张义方，不知其所以进。烈祖代吴，用为侍御史。义方既就职，即上疏曰："古之任御史者，非止平狱讼，肃班列也。有怙威侮法，弃忠贼义，树朋党，蔽聪明者，得以纠弹。至于人主好游畋声色，悦奢侈佞媚，赏非功，罚非罪，得以论争。使诸侯不敢乱法，百司不得盗权，则御史为不失职。今文武材行之士，固不为乏，而贪墨陵犯，伤风教，弃仁义者，犹未革心。臣欲奉陛下德音，先举忠孝洁廉，请颁爵赏，然后绳纠乖戾，以正典刑，小则上疏论列，大则对仗弹奏。臣每痛国家之败，非独人君不明，盖官卑者畏罪而不言，位尊者持禄而不谏，上下苟且，至于沦亡。今臣诚不忍忘[①]君亲之义，有所不尽，惟陛下幸赦之。"疏奏，烈祖亲札曰："孤始受禅，任义方以风宪，乃能力振朝纲，词皆谠切。可宣示朝野。"赐义方衣一袭，以旌直言。

义方始名元达，烈祖方倚以肃正邪慝，取前朝王义方名以易之，故义方得尽忠焉。后之议者，谓义方为御史，弹劾奸邪，谏正过失，则可，若请举善颁爵赏，则为夺辅相权矣。然所言凛然守正，有汉唐名臣之风。惜其事迹散落，不得尽载云。

李金全，其先吐谷浑人。事唐明宗为厮养，以战功贵，事具《五代史》。晋高祖时，为安州节度使，任中门使胡汉荣。汉荣

① 忘：原无"忘"字，据秘本、汲本补。

贪戾专政，失军民心，高祖遣贾仁沼代，归京师。金全奏汉荣病不任行。仁沼至，鸩杀之。事闻，高祖乃以马全节代金全镇安州。汉荣惧，绐告曰：“邸吏刘珂，密遣人驰报，朝廷召公，有异处分。”金全惧，使其从事张纬奉表诣金陵请降。烈祖命鄂州屯营使李承裕、段处恭，帅兵三千人逆金全，陈于城外，俟金全出，殿之而来。承裕等至之夕，金全帅数百人来奔，而承裕违命，辄大掠城中，得金帛不可计数，乃还。晋将安审辉追，败之于马黄谷，处恭死于阵，承裕帅余兵扼云梦桥，复为审辉所败，执而杀之。金全至，拜天威统军，出为润州节度使。

汉隐帝时，李守贞以河中叛，来乞师，魏岑、查文徽议，宜为出师。刘彦贞以攻取自任。元宗欲藉金全宿将威望，以为北面行营招讨使，救河中，彦贞副之，文徽为监军使，岑为沿淮巡检使。师出沭阳①，次沂州，金全曰：“诸君以河中在何处，而欲自此转战以前耶？势必不相及，徒为国生事尔。”尝会食帐中，候骑告北兵数百并涧，皆羸弱，诸将欲掩击之，金全下令曰：“敢言过涧者斩！”及暮，伏兵四起，旗帜蔽日，金鼓声闻十余里，诸将乃服金全善料敌。逾月，退保海州，遂引归。金全曰：“吾全军而还，不得为无功矣。”拜右卫圣统军，领义成军节度使，兼侍中。保大八年八月，卒于金陵，年六十。多内宠，子男女凡三十二人。元宗命少府监王仲连持节册赠中书令，谥曰顺。

金全卒后，闽、楚之役兴，用事者皆少年，不更军旅，覆败相踵。周人乘我罢敝，攻取淮南，国遂衰削，不复能振。人始思金

① 沭阳：诸本皆作“沐阳”，核之形势，当为“沭阳”之误，据改。

全，恨其已卒云。

皇甫晖，魏州人。事唐、晋，事具《五代史》。契丹入中原，晖时为密州刺史，与棣州刺史王建俱来奔，元宗遣使具舟楫逆之。将至，晖念本起盗贼，不自安，至秦淮，赴水，不死，舟人援出之，自言如履大石。入朝，历歙州刺史、神卫军都虞候、江州节度使，加同中书门下平章事。

周师攻淮南，为北面行营应援使，会刘彦贞、姚凤兵以行。彦贞举动操挠，人测其必败。晖独持重，部分甚整，士亦乐为用，周人颇惮之。及彦贞败死，晖、凤退保清流关。周世宗亲帅众，尽锐攻寿州，而分兵击清流。晖陈山下，周兵出山后要击，晖大败，犹收兵，且战且行，入滁州。滁州刺史王绍颜已委城遁，晖无所归，方断桥自守。周兵涉水，逾城而入，执晖、凤送寿州行在。见世宗，曰："臣力惫，欲暂坐。"及坐，曰："欲暂卧。"不俟命而卧，神色自若，曰："臣非不尽力国事，南北勇怯不敌。臣在晋，屡与契丹战，安能如今日大朝兵甲之盛。昨退保滁州城，不意大军攀堞，如飞而入。臣智力俱惮，故被擒耳。"世宗赐之马及衣带。数日创甚，晖不肯治而死。子继勋。

继勋少从晖兵间，为军校。以父死难，擢将军，历池、饶二州刺史，颇以吏事称，入为神卫统军都指挥使。诸老将继死，继勋虽尚少，且无战功，徒以家世，遂为大将。赀产优赡，名园甲第，冠于金陵。多蓄声妓，厚自奉养。及开宝中，大兵傅城，继勋保惜富贵，无效死之意，弟欲后主亟降。闻诸军败绩，则幸灾见于词色。偏裨有募死士，谋夜出奋击者，辄鞭而囚之。自度罪恶日闻，稀复朝谒。后主召议事，亦辞以军务，不至。内结传诏使，一切蔽塞。及后主登城，见王师旌旗垒栅，弥遍四郊，始大骇失色。继勋从还至宫，乃以属吏，始出宫门，军士云集脔之，斯须皆尽。

江文蔚，字君章，建安人。博学，工属文。后唐明宗时擢第，为河南府馆驿巡官。坐秦王重荣事夺官，南奔。烈祖辅吴，用为宣州观察巡官，历比部员外郎、知制诰。国初，改主客郎中，拜中书舍人。烈祖殂，元宗以丧乱之后，国恤旧典散亡，命文蔚以给事中判太常卿事，与韩熙载、萧俨共加讨论，时称其精练。

保大初，迁御史中丞，持宪平直，无所阿枉。冯延巳当国，与弟延鲁、魏岑、陈觉窃弄威福，及伐闽败绩，诏斩觉及延鲁，以谢国人，而延巳、岑置不问。文蔚对仗弹奏曰：赏罚者，帝王所重。赏以进君子，不自私恩；罚以退小人，不由私怒。陛下践祚以来，所信重者，冯延巳、延鲁、魏岑、陈觉四人，皆擢自下僚，骤升高位，未尝进一贤臣，成国家之美。阴狡图权，引用群小。陛下初临大政，常梦锡居封驳之职，正言谠论，首罹谴逐，弃忠拒谏，此其始也。奸臣得计，欲擅威权，于是有保大二年正月八日敕，公卿庶僚，不得进见。履霜坚冰，言者恂恂，再降御札，方释群疑。御史张纬论事，忤伤权要，其贬官敕曰：'罔思职分，傍有奏论。'御史奏弹，尚为越职，况非御史，孰敢正言？严续，国之戚里，备位大臣，不附奸憸，尚遭排斥。张义方上疏，仅免严刑。自是守正者得罪，朋邪者信用。上之视听，惟在数人，虽日接群臣，终成孤立。

陛下深思远虑，始信终疑，复常梦锡宥，密擢萧俨侍从，授张纬赤令。群小疑惧，与酷吏司马正彝同恶相济，迫胁忠臣。高越之于卢氏，义兼亲故，受其寄托，痛其侵陵，诉于君父，乃敢蔽陛下聪明，枉法窜逐。群凶势力，可以回天，在外者握兵，居中者当国。师克在和，而三凶邀利，迭为前却。天生五材，国之利器，一旦为小人忿争妄动之具[①]，使精锐者奔北，馈运者死亡，谷帛戈甲，委而资寇，取弱邻邦，贻讥海内。周行[②]之中，有敢议论，则冯、魏毁之于中，正彝持之于外，构成罪状，死而后已。

今陈觉、冯延鲁虽已伏辜，而魏岑犹在，本根未殄，枝叶复生。冯延巳善柔其色，才业无闻，凭恃旧恩，遂阶任用，蔽惑天聪，敛怨归上。高审知累朝宿将，坟土未干，逐其子孙，夺其居第，使舆台窃议，将率狐疑。陛下方以孝理天下，而延巳母封县太君，妻为国夫人，与弟异居，舍弃其母，作为威福，专任爱憎，咫尺天威，敢行欺罔，以至纲[③]纪大坏，刑赏失中，风雨由是不时，阴阳以之失序。伤风败俗，蠹政害人，蚀日月之明，累乾坤之德。天生魏岑，道合延巳，蛇豕成性，专利无厌，逋逃归国，鼠奸狐媚，谗疾君子，交结小人，善事延巳，遂当枢要。而[④]欺人主，孩视亲王，侍宴喧哗，远近惊骇。进俳优以取容，作淫巧以求宠，视国用如私财，夺君恩为己惠。上下相蒙，道路以目。征

① 具：原作“其”，据秘本、汲本改。

② 周行：秘本、汲本作“同列”。

③ 纲：原作“刚”，据秘本、汲本改。

④ 而：秘本、汲本作“面”，似是。

讨之柄,在岑折简,帑藏取与,系岑一言。先帝卑宫勤俭,陛下守之勿失,而岑营建大第,广役丁夫,孽子之居,过于内殿,亭观之侈,逾于上林。前年建州劳还,文徽入觐,西苑会燕,舍爵策勋,岑披猖无礼,狂悖妄言,与延巳用意多私,行恩不当,俾军士怀恨怒之志,受赏无感励之心,将校争功,喧动京邑。奸谋诡计,诳惑国朝,致漳州屠害使者,福州违拒朝命。百姓肝脑涂地,国家帑藏空虚。福州之役,岑为东南面应援使,而自焚营壁,纵兵入城,使穷寇坚心,大军失势。军法,逗遛畏懦者斩。律云,主将守城,为贼所攻,不固守而弃去,及守备不设,为贼掩覆者,皆斩。昨敕赦诸将,盖以军威政令,各非己出。岑与觉、延鲁更相违戾,互肆威权,号令并行,理在无赦。

烈祖孝高皇帝,栉风沐雨,勤劳二纪,成此庆基,付之陛下,比诸邻邦,我为强国。奈何赏罚大柄,肆奸宄之谋;军国资储,为凶狡所散?昨天兵败衄,统内震惊,将雪祖宗之羞,宜醢奸臣之肉。已诛二罪,未塞群情,尽去四凶,方袪众怒。今民多饥馑,政未和平,东有伺隙之邻,北有伯强之国。市里讹言,遐迩危惧。陛下宜轸虑殷忧,诛锄虺蜮。延巳不忠不孝,在法难原,魏岑同罪异诛,观听疑惑。请行典法,以谢四方。

文蔚将上疏,先具小舟载老母,以待左降。元宗果怒,贬江州司士参军,而觉、延鲁以宋齐丘救解,复皆不死。延巳虽暂罢,旋复柄用。方宣延巳制,百官在廷,常梦锡大言曰:"白麻虽佳,要不如江文蔚疏耳!"逾年,召还。

南唐建国以来,宪度草创,言事遇合,即随才进用,不复设礼部贡举。至是,始命文蔚以翰林学士知举,略用唐故事,放进士庐陵王克贞等三人及第。元宗问文蔚："卿知举取士，孰与北朝？"文蔚曰："北朝公荐、私谒相半，臣一以至公取才。"元宗嘉叹。中书舍人张纬，后唐应顺中及第，大衔其言，执政又皆不由科第进，相与排沮，贡举遂复罢矣。保大十年卒，年五十二，谥曰简。

欧阳广，吉州吉水人。保大中，诣阙上书曰："臣近游潭州，伏见节度使边镐，偶逢圣代，初非将才，措置乖剌，大失人心。致奉节兵乘夜呼噪，共焚谯门，会明而遁，不然，几致大变，是仁不足惠下也。朗陵近在肘腋，曾不为虞，乃图桂林，以取奔败，是智不足谋远也。与监军使昌延恭不相协和，动辄疑阻，是义不足和众也。幕府无贤才，是礼不足得士也。号令朝出夕改，是信不足使人也。五者无一长，考之前古，未或不败。请择帅济师，以全境土。"书入，不省。及失湖南，元宗思广言，命授以官。执政请召试，广言非人主尊贤待士之意，不肯就试。乃授本县令，亦辞不受而卒。

列传卷第八

冯延巳字正中，一名延嗣，广陵人。父令頵，事烈祖，至吏部尚书，致仕。尝为歙州盐铁院判官，刺史滑言病笃，或言已死，人情颇恟恟。延巳年十四，入问疾，出以言命谢将吏，外赖以安。及长，以文雅称，白衣见烈祖，起家授秘书郎。元宗以吴王为元帅，用延巳掌书记。与陈觉善，因觉以附宋齐丘，同府位高者，悉以计出之，于是无居己右者。元宗亦颇悟其非端士，而不能去。延巳负其才艺，狎侮朝士。尝诮孙忌曰："君有何所解而为丞郎?"忌愤然答曰："仆山东书生，鸿笔丽藻，十生不及君；诙谐歌酒，百生不及君；谄媚险诈，累劫不及君。然上所以置君于王邸者，欲君以道义规益，非遣君为声色狗马之友也。仆固无所解，君之所解，适足以败国家耳。"延巳惭，不得对。给事中常梦锡屡言延巳小人，不可使在王左[①]右。烈祖感其言，将斥之，会晏驾。

元宗立，延巳喜形于色，未听政，屡入白事。元宗方哀慕，厌之，谓曰："书记自有常职，余各有司存，何为不惮烦也?"乃少止。保大初，拜谏议大夫、翰林学士，迁户部侍郎、翰林学士承旨，又进中书侍郎。四年，同平章事、集贤殿大学士。罢为太子少傅。顷之，拜抚州节度使。以母忧去镇，起复冠军大将军，召为太弟太保，领潞州节，俄以左仆射同平章事。

---

① 左：原作"右"，据秘本、汲本改。

延巳数居柄任，揣元宗不能察其奸，遂肆为大言，谓己之才略，经营天下有余，而人主躬览庶务，大臣备位，安足致理。元宗果谓然，悉委以政，凡事奏可而已。延巳初以文艺进，实无他才，纪纲颓弛，吏胥用事，军旅一切，以委边帅，无所可否。愈欲以大言盖众，而惑人主，至讥笑烈祖戢兵，以为龌龊无大略。尝曰："安陆之役，丧兵数千，辍[①]食咨嗟者旬日。此田舍翁，安能成天下事？今上暴师数万于外，宴乐击鞠，未尝少辍[②]，此真英雄主也。"九年，湖南平，而朗州刘言叛，势张甚。元宗亦知用兵之难，谓延巳与孙忌曰："湖湘之役，楚人求息肩，吾之出师，不得已耳。今若授刘言旄节，使和其民，吾亦得休养衡湘之民，国其庶几乎？"忌即欲奉行，延巳方以克楚为功，乃曰："本朝出偏师，平一国，宇县震动。今一旦三分弃其二，伤威毁重，非所以示天下。且诸将行奏功矣。"持不下。又不欲缘军兴取资于国，以损其功，遣使如长沙调兵赋，苛征暴敛，重失民心，言遂取长沙，尽据故楚地，周人亦伺衅而动。朝论藉藉，延巳力求去，而元宗待之如初。及周师大入，尽失江北地，始罢延巳，犹为太子少傅。数月，复相，会疾，改太子太傅。建隆元年五月乙丑卒，年五十八，谥忠肃。

延巳工诗，虽贵且老不废，如"宫瓦数行晓日，龙旗百尺春风"，识者谓有元和词人气格。尤喜为乐府词。元宗尝因曲宴内殿，从容谓曰："'吹皱一池春水'，何干卿事？"延巳对曰："安

① 辍：原作"辄"，据秘本、汲本改。

② 辍：原作"辄"，据秘本、汲本改。

得如陛下‘小楼玉笙寒’[1]之句。”时丧败不支，国几亡，稽首称臣于敌，奉其正朔，以苟岁月，而君臣相语乃如此。

延巳晚稍自厉为平恕。萧俨尝廷斥其罪，及为大理卿，断军使李甲妻狱，失入，坐死，议者皆以为当死，延巳独扬言曰：“俨为正卿，误杀一妇人，即当以死。君等今议杀正卿，他日孰任其责？”乃建议，俨素有直声，今所坐已更赦宥，宜加弘贷，俨遂免。人士尤称之。弟延鲁。

延鲁，字叔文，一名谧。少负才名。烈祖时，与兄延巳俱事元帅府。元宗立，自礼部员外郎为中书舍人、勤政殿学士。有江州观察使杜昌业者，闻之叹曰：“封疆多难，驾御贤杰，必以爵禄。延鲁一言合指，遽置高位，后有立大功者，当以何官赏之？”然元宗爱其才，不以为躐进。尝内宴，出宝器，贮龙脑数斤，赐群臣。延鲁曰：“臣请效陈平均分之。”比遍赐，犹余其半，辄曰：“敕赐录事冯延鲁。”拜舞怀之，元宗为欢笑而罢。

保大中，师出平建州，以延鲁为监军使。诸将欲乘胜遂取福州，枢密使陈觉欲自为功，乃请衔命宣慰，召李弘义入朝。既见弘义，不敢发，还至剑州，矫诏起边兵，命延鲁将之。元宗虽怒觉之专，兵业已行，因命延鲁为南面监军使，与觉及王崇文、魏岑会攻福州，取其外郛。会吴越将余安援兵，自海道至白虾浦，将舍舟，而泞淖不可行，方布竹箦登岸，我军曹射之，箦不得施。延鲁曰：“弘义不降，恃此援耳。若麾我军稍退，使吴越兵至平地，尽剿之，城立降矣。”裨将孟坚争曰：“援兵已陷死地，将

---

[1] 小楼玉笙寒：秘本、汲本“小楼”后有“吹彻”二字，疑是。

尽力与我战，胜负殆未可知。”延鲁不听。顷之，吴越至岸，鼓噪奋跃而前，与城中夹击我。延鲁败走，俘馘五千人，孟坚战死，诸军遂大溃，死者万计，委军实戎器数十万，国帑为之虚耗。延鲁引佩刀自刺，人救之，不死。朝廷议即军中斩延鲁及觉，既有命矣，会宋齐丘以尝荐觉使福州自劾，乃诏械延鲁、觉还金陵属吏，皆止流窜。延鲁流舒州，会赦，复少府监。

元宗择廷臣为巡抚使，分按诸州，延鲁在焉。右拾遗徐锴上疏，论其多罪无才，不足辱临遣，不听。使还，迁中书舍人，以工部侍郎出为东都副留守。周师南侵，分兵下东都，延鲁窘蹙，自髡，衣僧服而逃，被执。世宗释之，赐衣冠，授给事中，问江南事，占奏详华，赐予加厚。留大梁累年，迁刑部侍郎。得还，拜户部尚书。

宋兴，扬州节度使李重进叛，伏诛，元宗遣延鲁朝于行在。太祖将乘兵锋南渡，旌旗戈甲皆列江津，厉色诘延鲁曰：“尔国何为敢通吾叛臣？”延鲁色不变，徐曰：“陛下徒知其通谋，未知其事之详也。重进之使，馆于臣家，国主令臣语之曰：大丈夫失意而反，世亦有之，但时不可耳。方宋受禅之初，人心未定，上党作乱，大兵北征，君不以此时反。今内外无事，乃欲以数千乌合之众，抗天下精兵，吾宁能相助乎？”太祖初意延鲁必恐惧失次，及闻其言，乃大喜，因复问曰：“诸将力请渡江，卿以为如何？”延鲁曰：“重进自谓雄杰，无与敌者，神武一临，败不旋踵。况小国，其能抗天威乎？然亦有可虑者。本国侍卫数万，皆先主亲兵，誓同死生，固无降理，大国亦捐数万人乃可。况大江天堑，风涛无常，若攻城未下，饷道不继，事亦可虞。”太祖因大笑曰:“朕本与卿戏耳,岂听卿游说哉!”会捕重进叛卒,日戮数十人,延鲁因奏事,言曰:“叛者独一重进乎,亦众人乎?谓众人,则陛下应天顺人,乌有此理?独一重进,则胁从者何罪?”太祖感悟,后获者皆贷不诛。厚赐遣延鲁归,南渡之师,由是亦辍。

后主嗣位,延鲁颇自伐奉使之功。尝宴内殿,后主亲酌酒赐之,饮固不尽,诵诗及索琴自鼓以侑之,延鲁犹自若,后主优容不责也。楚国公从善入朝,太祖授旄节,留之阙下,后主复遣延鲁入谢。疾作,不能朝。太祖待之素厚,至是尤怜之,遣使挟太医护视,诏放朝[①]还金陵。卒于家。

子僎,韩熙载知贡举,放及第,覆试被黜。后与其弟侃、仪、价、伉入宋,继取名第,南唐公卿家莫能及者。价仕至殿中丞,知福州,至道、咸平间,历典藩郡,以政绩闻。

延鲁锐于仕进,然喜言高退事。尝早朝,集漏舍,叹曰:“玄宗赐贺监三百里鉴湖,非仆所敢望。得赐玄武湖,亦遂素意。”徐铉笑答曰:“上于近臣,岂惜一玄武湖,恨无知章尔!”延鲁不能对。

孙忌,高密人,一名凤,又名晟。少举进士,如洛阳。为进士者,例修边幅,尚名检。忌豪举跌宕,不能蹈绳墨,遂亡去,渡河,客赵、魏间。唐庄宗建号,以豆卢革为相,革雅知忌,辟为判官,迁著作郎。明宗天成中,与高辇同事秦王从[②]荣。从荣败,

① 朝:秘本、汲本无“朝”字,疑衍。

② 从:原作“重”,据秘本、汲本改。按后唐秦王李从荣。

忌亡命至正阳，未及渡，追骑奄至，亦疑其状伟异，睨之。忌不顾，坐淮岸，扪敝衣啮虱，追者乃舍去。渡淮，至寿春，节度使刘金得之，延与语。忌阳喑不对，授馆累日，忽谒汉淮南王安庙。金先使人伏神座下，悉闻其所祷，乃送诣金陵。时烈祖辅吴，四方豪杰多至，忌口吃，初与人接，不能道寒暄，坐定，辞辩锋起，人多憎嫉之。而烈祖独喜其文词，使出教令，辄合指，遂预禅代秘计。每入见，必移时乃出，尤务谨密，人莫窥其际。

烈祖受禅，历中书舍人、翰林学士、中书侍郎。元宗立，齐王景遂排之，出为舒州节度使。治军严，有归化卒二人，正昼挺白刃入府，求忌杀之，入自西门，吏士仓卒莫能御。适忌间行在东门，闻乱，得民家马乘之，奔桐城。叛卒不得忌，乃杀都押衙李建崇而逸。忌坐贬光禄卿。元宗素重之，不以为罪，累迁左仆射，与冯延巳并相。每鄙延巳，侮诮之，卒先罢。

保大十四年，周师侵淮南，围寿州，分兵破滁州，擒皇甫晖，江左大震。以忌为司空，使周奉表，请为外臣。忌见延巳曰：“此行当属公。然忌若辞，则是负先帝也。”既行，知不免，中夜叹息，语其副礼部尚书王崇质曰：“吾思之熟矣，终不忍负永陵一抔土！”周世宗以楼车载忌于寿州城下，使招仁赡。仁赡望见忌，戎服拜城上。忌遥语之曰：“君受国恩，不可开门纳寇。”世宗诘之，忌谢曰：“臣为唐大臣，岂可教节度使外叛？”于是遣王崇质归，而留忌。会暑雨班师，忌亦从至大梁，馆都亭驿。遇入阁，使班东省官后，屡召见，饮以醇酒，问江南事，忌但言“寡君实北面无二心”。

周将张永德与李重进不能相[1]，倡言重进且反。唐人闻之，以为有间可乘，遣蜡丸书招重进，重进表其书于世宗，皆斥渎反间之言。世宗遂发怒。时钟谟亦奉使在馆，俱召见责让。忌正色请死，无挠辞。又问江左虚实，终不肯对。比出，命都承旨曹翰护至右军巡院，犹饮之酒。数酌，翰起曰："相公得罪，赐自尽。"忌怡然，整衣索笏，东南望，再拜曰："臣受恩深，谨以死谢。"从者二百人，亦皆诛死于东相国寺。世宗性暴急，莫敢救者。忌已死，乃始追悔。元宗闻之流涕，赠太傅，追封鲁国公，谥文忠，厚恤其家，擢其子为祠部郎中，赐名鲁嗣。

论曰：南唐之衰，刘仁赡死于封疆，孙忌死于奉使，皆天下伟丈夫事，虽敌雠不敢议也。区区江淮之地，有国仅四十年，覆亡不暇，而后世追考，犹为国有人焉。盖自烈祖以来，倾心下士，士之避乱失职者，以唐为归。烈祖于宋齐丘，字之而不敢名，齐丘一语不合，则挈衣笥，望秦淮门欲去，追谢之乃已。元宗接群臣，如布衣交。间御小殿，以燕服见学士，必先遣中使谢曰："小疾不能着帻，欲冠褐，可乎？"於乎，是诚足以得士矣！苟含血气、名人类者，乌得不以死报之耶？传曰："君之视臣如手足，则臣视君如腹心。"讵不信夫！

廖偃、彭师暠，皆楚马殷之臣。偃，虔州虔化人。祖爽，父匡图，仕皆至刺史。偃少倜傥，喜奇节，通左氏《春秋》、班固《汉书》。马殷有国，自秘书郎为裨将，戍衡山县。

殷子希萼，与弟希崇争国，希萼败见执。师暠不知其世家，

① 不能相：秘本、汲本作"不相能"，于意较优。

自殷时为将，与希萼有旧怨。希崇避杀兄名，于是命师暠幽希萼于衡山，使甘心焉。师暠叹曰："留后欲使我弑君耶？吾岂为是哉！"至衡山，偃在焉，相与护视希萼甚谨，未尝失人臣礼。希崇意不快，复遣召希萼归长沙，终欲加害。偃择勇士百人，执兵卫希萼，昼夜击柝，以警非常，遂筑行府，与师暠奉希萼为衡山王，请命于金陵。元宗为出师，定楚乱，希萼遂入朝，偃、师暠俱从行，而偃为部署辎重指挥使，尤勤瘁。希萼流涕曰："吾逐于逆竖，非偃尽忠，岂能免祸？"至金陵，元宗召见两人，叹奖之，授偃左殿直军使、莱州刺史，师暠殿直都虞候，而使偃守道州，以备南汉。

会朗州叛，潭州亦溃，偃所部多潭人，中夜作乱，偃率亲卒力战，不能支，极骂而死。元宗下制哀悼，赠右领卫大将军、宁州刺史，谥曰节。而师暠不见用，卒于金陵。后主时，徐铉为史官，有丰城令刘虚己移书明偃大节云。

论曰：史之失传者多矣。廖偃、彭师暠之事，可谓尽忠所事者！而《五代史》则以为马希崇遣师暠、偃囚希萼，而师暠奉希萼为衡山王，是偃同受囚希萼之指，而师暠独能全之也。《江表志》则以为师暠且从希崇害希萼，偃百计诱谕而寝其谋；及卫希萼也，师暠之计乃无所施。是师暠实欲害希萼，独赖偃以全耳。呜呼，何其异也！惟《十国纪年》言两人者俱有功，差可考信，故多采之。大抵忠于故君，两人实同，而偃功为多，不可诬也。张巡、许远之事，著如日星，两家子弟犹有异论，况偃、师暠耶！

列传卷第九

孟坚，始事建州王延政为将。保大初，查文徽讨王氏之乱，坚来降，文徽即以兵付之，出奇鏖击有功。及冯延鲁之攻福州也，坚亦在兵间。吴越援兵自海道至，阻淖不得登岸。延鲁不知兵，急于破敌，欲敛兵诱而蹙之，坚谏曰：“吴越兵进退俱不能，方致死于我，使得至平地，未见可胜也。”延鲁大言曰：“吾自击之，无预君事！”吴越兵得平地，果不可制。李弘义兵自城中出，尽锐夹击，延鲁大败，弃军遁，坚力战以死。延鲁虽贬，而其党方盛，故坚之死事不见录，国人哀之。

陈诲，建州人。生数月，矫健能驰走，其父异之，名之曰阿铁。长，事王延政为将。唐师攻建州，傅其城，诲数出挑战。先锋桥道使王建封克外郛，擒诲，将斩之，已解衣伏锧，忽脱身绝驰，追者数十百辈，莫能及，自归大将查文徽。文徽骇异，用为战棹指挥使，领故部曲，从攻福州。冯延鲁败走，诸营皆溃，死者万计，委军实戎器不可胜计，诲独殿后，收所弃金帛二十万以归。

文徽镇建州，诲为剑州刺史。谍者告吴越戍兵弃福州遁，文徽暗而贪功，即率诲俱进。诲以战舰入闽江，适春雨，江水暴涨，一夕七百里，抵城下，击败福州兵，获其将马先进、叶仁安、郑彦华，始知福州未尝有变。诲亲故多在城中，方遣间使招之，文徽勒步骑亦至，福州来迎，文徽传令入城，诲以所闻告，且曰：

"仆,闽人也,岂不能料闽人之情。宜先立寨整众,俟所招亲故来,得其实,徐图之。"文徽曰:"狐疑且生变,乘机据城,上策也。"遂入。诲知其必败,植旗鸣鼓,列兵江干以须之。文徽果败,被执,诲全军还剑州,献马先进于金陵,用郑彦华为将。唐兵两取福州,皆大败涂地,诲在兵间皆有功,号名将,遂为建州节度使,兼侍中。训兵积谷,隐然为大镇。尝破福州兵于南台江,军声大震,由是朝廷委以南方事,而名其军曰忠义。

及周兵入淮南,诲遣子德诚率镇兵赴难,诸将多败,惟德诚颇有战功,拜和州刺史。建隆三年六月,诲引疾求罢,朝论难其代,乃以弟剑州刺史谦为留后,召诲还都,后主亲临视。七月卒,谥忠烈。闽之乱,士民几歼焉,惟诲之宗族益盛。谦与德诚后亦继领建州旄节,诸子悉至显官。

韩熙载,字叔言,北海人。少隐嵩山,唐同光中,擢进士第。父光嗣,平卢节度副使。军中逐其帅符习,推光嗣为留后。明宗即位,讨乱,光嗣坐死,熙载来奔。时烈祖辅吴,方修明法令,熙载年少放荡,不守名检,补和、常、滁三州从事。时人士自中原至者,多已擢用,熙载在京洛,早负才名,乃独落魄不偶,亦不以介意。烈祖受禅,召为秘书郎,使事元宗于东宫,谕之曰:"以卿蚤奋名场,疏隽未更事,故使历州县之劳。今用卿矣,宜善自修饬,辅吾儿也。"熙载亦不谢。在东宫,谈燕而已,不婴世务。

元宗即位,拜虞部员外郎、史馆修撰,兼太常博士,乃慨然曰:"先帝知我而不显用,是以我为慕容绍宗也。"始数言朝廷事所当施行者,展尽无所回隐。宋齐丘、冯延巳辈皆侧目,元宗意独嘉之，命权知制诰，书命典雅，有元和之风。与徐铉齐名，时号“韩徐”。

契丹入汴，晋少帝北迁，熙载上疏曰：“陛下有经营天下之志，今其时也。若戎主遁归，中原有主，则不可图矣。”不省。陈觉、冯延鲁福州丧师，初议寘军法，齐丘为之请，止削官，迁外郡。熙载上疏，请无赦，又数言齐丘党与，必基祸乱。熙载不能饮酒，齐丘诬以酒狂，贬和州司士参军，徙宣州节度推官，复入为虞部郎中、史馆修撰，迁中书舍人。

周太祖有天下，用事者犹议北伐，熙载曰：“北伐，吾本意也，但今已不可耳。郭氏奸雄，曹、马之流，虽有国日浅，守境已固，我兵妄动，岂止无功耶？”言虽切，而朝廷暗于机会，经营中原之志终不已。周人果以藉口，兵入淮南。齐王景达以兵马元帅临边，陈觉为监军使。熙载言：“出师，大事也，当先正名，莫信于亲王，莫重于元帅，安用监军使哉！”亦不从。

熙载才气逸发，多艺能，善谈笑，为当时风流之冠。尤长于碑碣，他国人不远数千里，辇金帛求之。然性忽细谨，老而益甚，畜妓四十辈，纵其出，与客杂居，物议哄然。熙载密语所亲曰：“吾为此以自污，避入相尔。老矣，不能为千古笑端。”坐托疾不朝，贬右庶子，分司南都。熙载尽斥诸妓。后主喜，留为秘书监，俄复故官，欲遂大用之，而去妓悉还。后主叹曰：“孤亦无如之何矣！”宿直宫中，赐对多所弘益，后主手教褒之。进中书侍郎。卒，年六十九。后主谓侍臣曰：“吾竟不得相熙载，欲赠平章事，古有是否？”或对曰：“晋刘穆之赠开府仪同三司，即故事也。”乃赠右仆射同平章事，废朝三日，谥文靖。葬梅岭冈谢安故墓侧。著《格言》及《后述》三卷,《拟议集》十五卷,《定居集》二卷。初,熙载尝使周,及归,元宗历问周之将相,熙载曰:"赵点检顾视非常,殆难测也。"及太祖受禅,人服其识。

朱元,颍[①]州沈丘人。本姓舒。少倜傥,通左氏《春秋》。与杨讷[②]同为河中李守贞客。守贞叛,俱来乞兵。杨讷者,李平也,语在《平传》。元既留事南唐,以驾部员外郎待诏文理院。数上书论事,言今幸中原多故,苟支岁月,非所以为国,当取湖湘、闽越、钱塘,以固基本,且请专任军旅,以次讨定。用事者嫉其言,共谮之,以为远人谋握兵,包藏莫测,遂罢待诏。元失意,纵酒不事事,朝廷亦优容之。

保大末,周师入淮南,元请对言兵事。元宗大悦,命从齐王景达救寿州。元善抚士卒,与之同甘苦,每临战誓众,词指慷慨,流涕被面,闻者皆有效死赴敌之意。破舒、和二州,以功加淮南西北面行营应援都监,与边镐、许文缜栅紫金山,军声颇振,益栅且及寿州。元恃功,时或违景达节制。监军使陈觉,与元素有隙,且嫉其能,屡表元本学纵横,不可信,不宜付以兵柄。元宗乃命杨守忠代之。守忠至元帅府,景达檄元计事。元愤怒,欲自杀,其客宋垍曰:"丈夫何往不可,乃为妻子死耶?"遂举寨万余人降周,由是诸军皆溃,边镐、许文缜、杨守忠皆被擒,寿州亦不守,遂画江请盟矣。元在江南,娶查氏文徽女,至是伏

① 颍:原作"颖",误。沈丘属颍州,据改。

② 讷:原作"纳",误。参本书《李平传》。

诛。文徽累表乞贷死，不从，以珠襦覆尸于市，哭之陨绝，观者皆为垂泣。

元归周，复姓舒。世宗爱其骁果，以为蔡州团练使。其母犹在沈丘，遂迎养焉。太祖受禅，迁沂州防御使。太平兴国初卒。

论曰：亡国之君，必先坏其纪纲，而后其国从焉。方是时，疆埸之臣，非皆不才也，败于敌，未必诛，一有成功，谗先杀之，故强者玩寇，弱者降敌，自古非一世也。南唐如陈觉、冯延鲁、查文徽、边镐辈，丧败涂地，未尝少正典刑。朱元取两州于周兵将遁之时，固未为隽功，而陈觉已不能容，此元之所以降也。元降，诸将束手无策，相与为俘累以去，而唐遂失淮南，臣事于周。虽未即亡，而亡形成矣。欲知南唐之亡者，当于是观之。

列传卷第十

刘仁赡，字守惠，淮阴洪泽人。父金，事吴武王，有战功，至濠州团练使。长子仁规，娶武王女，贵于其国，尝为清淮军节度使。

仁赡略通儒术，好兵书，有名于国中。事烈祖，历黄、袁二州刺史，入为龙卫军都虞候，拜鄂州节度使。元宗伐楚，仁赡帅舟师克巴陵，抚纳降附，甚得人心。保大中，湖湘戍兵溃归，复失故楚地，上书者多谓周人有南侵之谋，淮上石偶人言，元宗闻而恶之，断其首。自六月至冬不雨，长淮可涉，民流入周，边城遮杀之，不能禁。唐亦兴屯田，修边备，以寿州最为要地。十三年，徙仁赡为清淮军节度使。自杨氏有吴，岁暮淮涸，辄增戍以备侵轶，谓之“把浅”。监军吴廷绍以为无事，徒费粮糗，罢之，仁赡表陈不可罢。未及行，周已遣将李穀、王彦超、韩令坤等，帅师大入，诏书暴我纳李金全，援李守贞、慕容彦超，结契丹太原之罪。报至，上下失色，仁赡独部分号令，宴劳吏士，闲暇如平时。十一月，出兵破城南大栅，杀周兵数千人。元宗遣神武统军刘彦贞将三万人救寿州。十四年正月，彦贞至来远镇，距寿州二百里，军容甚盛，李穀烧营夜遁，保正阳。彦贞率战舰数百艘，溯淮而上。仁赡曰：“敌已畏君矣，当持重养威以俟间。若遽求战而不能胜，则大事去矣。”彦贞不从。仁赡曰：“周人遁，必设伏，遇之，将败绩。”乃率励其下，益兵固守。彦贞果大败，没于阵，伏尸三十余里，亡戈甲三十万。

周世宗自将攻城，屯于城西北淝水之阳，征宋、亳、陈、颍、许、蔡、徐、宿州丁夫数十万，备攻城云梯，洞屋下临城中，数道同时进攻，填堑陷壁，昼夜不少休。如是者累月，每鼓角四发，声震墙壁皆动，我援兵在外者，见利辄进，常陷伏中，以故屡败，而终不悟。仁赡虽知外援之败，意气益壮，觇世宗在城下，据胡床督攻城，仁赡素善射，自引弓射之，箭去胡床数步辄堕。世宗命进胡床于前堕处，后箭复远数步而堕。仁赡知之，投弓于地曰："天果不佑唐耶？吾有死于城下耳，终不失节。"于是世宗遣中使来谕曰："知卿忠义，然士民何罪耶！"又亲驾临城招之，皆不从。自正月至四月，不可下。

世宗还京师，扬、泰、滁、和、舒、蕲诸州，皆复为唐守。涡口、定远周兵戍守者，皆亦为我师败破，江左几复振，而寿州之围独不解。元宗遣元帅齐王景达，以兵数万来援，分重兵据紫金山，列寨十余，与城中传烽相应，筑甬道拒城，以通馈饷。六月，仁赡出兵，杀周兵数百，焚攻城洞屋甚众。周将李重进等兵力颇屈，仁赡因请乘世宗之归，以边镐守城，自出决战。景达畏懦，又方任陈觉，固不许。仁赡愤郁得疾，少子崇谏，夜泛小舟渡淮，谋纾[①]家祸，为军校所执，仁赡命腰斩之。监军使文德殿使周廷构哭于中门，又求救于仁赡妻薛氏。薛氏曰："崇谏幼子，固所不忍。然贷其死，则刘氏为不忠之门。"促命斩之，然后成丧。闻者皆为出涕。

十五年二月，世宗复亲征，屡战皆克。唐军被俘馘者四万

① 纾：原作"纡"，据秘本、汲本改。

人，余众不能复整，朱元、朱仁裕、孙璘皆降周，仁赡闻，扼吭愤叹。世宗知寿州且下，心独嘉仁赡之忠，恐城破杀之，乃下诏谕使自择祸福。三月甲辰，又耀兵城北，而仁赡已困笃，不知人。监军周廷搆、营田使孙羽等，为仁赡表请降。戊申，世宗次城北受之，舁仁赡至幄前，抚劳嘉叹，拜天平军节度使，兼中书令，命还城养疾。辛亥，昼晦，雨黄沙如雾。世宗在下蔡，疑有变，驰骑觇之，乃仁赡卒，年五十八。州人皆哭，偏裨及士卒自刭以徇者数十人。世宗遣使吊祭，追封彭城郡王，录其子崇谠为怀州刺史，赐庄、宅各一区。元宗闻仁赡死，哭之恸，赠太师、中书令，谥忠肃，叹曰："仁赡有知，其肯舍我而受周命耶！"是夕，梦仁赡若拜谢庭中，加封卫王。后主立，进封越王。开宝中，仁赡子崇谅为进奉使，太祖嘉其忠臣之后，特命为都官郎中。仁赡至今[①]庙食寿春不绝。

论曰：政和中，先君会稽公为淮西常平使者，实请于朝，列仁赡于典祀，且名其庙曰忠显。后又尝寓家寿春。方世宗攻下寿州，废为寿春县，而徙寿州于下蔡，故寿春父老，喜言仁赡死时事，言其夫人不食五日亦死，盖传记所不载。庙在邑中，岁时奉祀甚盛。乾道、淳熙之间，予游蜀，在成都，见梓潼令金君所藏周世宗除仁赡天平军节度使告身，白纸书，墨色、印文皆如新。金君言，仁赡独一裔孙，卖药新安市，客死无后，故得之。其词与王溥所修《周世宗实录》皆合。若欧阳氏《五代史》所称"尽忠所事，抗节无亏，前代名臣，几人可比？予之南伐，得汝为

① 今：原作"命"，据秘本、汲本改。

多”，盖摘取一制中语载之，本不相连属，又颇有润色也。以仁赡之忠，天报之宜如何？而其后于今遂绝。天理之难知如此，可悲也夫！

潘佑，幽州人。祖贵，事刘仁恭为将，守光杀之。父处常，脱身南奔，事烈祖为散骑常侍。佑生而狷介高洁，闭门苦学，不交人事，文章议论，见推流辈。陈乔、韩熙载共荐于元宗，起家秘书省正字。后主在东宫，开崇文馆以招贤士，佑预其间。后主嗣位，迁虞部员外郎、史馆修撰。议纳后礼，援据精博，合指，迁知制诰。召草南汉主书[①]，文不加点，后主咨赏，迁中书舍人，每以“潘卿”称之而不名。

佑酷喜老庄之言，尝作文一篇，名曰《赠别》，其辞曰：“庄周有言，得者时也，失者顺也，安时处顺，哀乐不能入也。仆佩斯言久矣。夫得者，如人之生，自一岁至百岁，自少得壮，自壮得老，岁运之来，不可却也，此所谓得之者时也。失之者亦如，一岁至百岁，暮则失早，今则失昔，壮则失少，老则失壮，行年之去，不可留也，此所谓失之者顺也。凡天下之事皆然也。达者知我无奈物何，物亦无奈我[②]何，两不相干，故泛然之也，故浩然之也。其视天下之事，如奔车之历蚁垤也，值之非得也，去之非失也。燕之南，越之北，日月所生，是为中国，其间含齿戴发，食粟衣帛者，是为人；刚柔动植，林林而无穷者，是为物。以声相

① 召草南汉主书：汲本“草”下有“劝”字无“主”字。

② 我：原作“物”，据汲本改。

命是为名，倍物相聚是为利，汇首而芸芸是为事。事往而记之于心，为喜为悲，为怨为恩，其名虽众，实一心之变也。始则无物，终复何有？而于是强分彼我，彼谓我为彼，我亦谓彼为彼，彼自谓为我，我亦自谓为我，终不知孰为彼耶，孰为我耶。而世方徇欲嗜利，系心于物，局促若辕下驹，安得如列御寇、庄周者，焚天下之辕，释天下之驹，浩浩乎复归于无物欤？此吾平昔所言也。足下之行，书以赠别。”

开宝五年，更官名，改内史舍人。初与张洎亲厚，及俱在西省，所趋既异，情好顿衰，每叹曰："堂堂乎张也，难与并为仁矣。"时南唐日衰削，用事者充位无所为，佑愤切上疏，极论时政，历诋大臣将相，词甚激讦。后主虽数赐手札嘉叹，终无所施用。佑七疏不止，且请归田庐，乃命佑专修国史，悉罢他职。而佑复上疏曰："三军可夺帅也，匹夫不可夺志也。臣乃者继上表章，凡数万言，词穷理尽，忠邪洞分。陛下力蔽奸邪，曲容谄伪，遂使家国愔愔，如日将暮。古有桀、纣、孙皓者，破国亡家，自己而作，尚为千古所笑。今陛下取则奸回，败乱国家，不及桀、纣、孙皓远矣。臣终不能与奸臣杂处，事亡国之主。陛下必以臣为罪，则请赐诛戮以谢中外。"词既过切，张洎从而挤之，后主遂发怒，以潘佑素与李平善，意佑之狂直，多平激之，而平又以建白造民籍，为众所排，乃先收平属吏，并使收佑。佑闻命自刭，年三十六。徙其家饶州。处士刘洞赋诗吊之，国中人人传诵，为泣下。及王师南征，下诏数后主杀忠臣，盖谓佑也。

子华，仕宋至屯田员外郎，以疾致仕。景德中，真宗皇帝怜佑之忠，起华于家，授故官。

论曰:佑学老庄,齐死生,轻富贵,故其上疏,纵言诋讦,若惟恐不得死者,虽激于一时忠愤,亦少过矣。后主非强愎雄猜之君,而陷之于杀谏臣。使佑学圣人之道,知事君之义,岂至是哉!不幸既死,同时诸臣,已默默为降虏矣,犹丑正嫉贤,视之如仇,诬以狂愚惑溺淫祀左道之罪,至斥为人妖。虽后之良史,有不能尽察其说者,於戏悲夫!

李平,本姓名曰杨讷。少为嵩山道士,与汝阴布衣舒元共学,数年业成,同游蒲中,客于节度使李守贞。守贞叛汉,使两人怀表间行,乞师于金陵。元宗为出师数万,为之声援。甫出境,而守贞败,两人无所复命,且唐遇之厚,因留事唐,而讷始自称李平,元亦易姓朱。元宗皆以为尚书郎。

吴越侵常州,欲以平为将,固辞,迁卫尉少卿。周兵取蕲州,不能有,复弃而归,乃以平为刺史。朱元叛,元宗以平本与元同归唐,虑其不自安,召还金陵,使者失指,械平以归。元宗大惊,慰勉之,拜建州节度使,召为卫尉卿。潘佑好老庄,平少为道士,习其说,因相与游。平请复井田法,造民籍,复造牛籍,课民种桑。后主本好古务农,甚悦其言,使判司农寺。平急于成功,施设无渐,人不以为便,后主亦中悔,罢之。而潘历诋一时公卿,独称荐平,请以[①]司会府,群议益不平。会佑以直谏得罪,因坐以与平淫祀鬼神事,系平大理狱,缢死狱中。

① 以:秘本、汲本“以”下有“判”字,于意较优。

严续，字兴宗，冯翊人。祖实，仕故唐为江淮水陆转运判官，徙家广陵。父可求，为吴武王谋臣，及景王、宣王嗣立[①]，又皆有功。宣王建国，可求为尚书左仆射、同平章事，大和二年卒。

续十余岁，以父荫补千牛备身，迁秘书郎，尚烈祖女。生长富贵，而性恭谨。历兵部侍郎、尚书左丞。元宗即位，进礼部尚书、中书侍郎，出牧池州，复拜中书侍郎，兼三司使。又出为江西节度使[②]。数年，复入知尚书省，遂为门下侍郎、同平章事。初，续之未出池州也，宋齐丘专国，公卿多附之，惟续持正不为屈。翰林学士常梦锡尝指言齐丘过咎，元宗语之曰："大臣惟严续能自立，然才短，恐不能胜其党，卿宜助之。"梦锡退，谕指于续，续因与梦锡亲厚，然不能尽用其言也。卒为党人所排，与梦锡俱补外。及为相，虽自以肺腑尽忠不贰，然寡学识，听用多非其人，不能称职，或作《螃蟹赋》以讥切之。是时以军兴，百司政事，往往归枢密院，续言多不见用。求罢，拜镇海军节度使。属疾还都，已革，犹不乱，与客言论如平时。后主使内夫人问之，历陈群臣邪正，某当进，某当退，辞气慷慨，不及其私。翌日卒，年五十七，谥曰懿。初，续以不学见轻同列，遂力教子弟，诸子及孙举进士，中其科者十余人。

张易，字简能，魏州元城人。高祖万福，故唐金吾将军，后

① 立：原作"主"，据秘本、汲本改。

② 江西节度使：秘本、汲本作"江州节度使"，疑是。

徙莱州掖县。易性豪举尚气，少读书于长白山，又徙王屋及嵩山，苦学自励，食无盐酪者五岁。齐有高士王达灵，居海上，博学精识，少许可，易从之游。数年，入洛，举进士，不中。以昇元二年南归，授校书郎、大理评事。时方重赤县，拜上元令。

元宗立，以水部员外郎通判歙州。刺史朱匡业平居甚谨，然醉则使酒陵人，果于诛杀，无敢犯者。易至，赴其宴，先已饮醉，就席，酒甫一再行，掷杯推案，攘袂大呼，诟责锋起。匡业尚醒，愕然不敢对，惟曰："通判醉甚，不可当也！"易嵬峨喑呜自若，俄引去，匡业使吏掖就马。自是见易加敬，不敢复使酒，郡事亦赖以济。太弟景遂初立，高选宫僚，召为赞善大夫。景遂召饮，以玉杯行酒，因与坐客传玩。至易，忽大言曰："殿下有重宝轻士之意，何耶！"抵于柱础碎之，坐皆失色。其他规正皆类此，景遂不为忤，待易益厚。迁刑部郎中，判大理寺。

周人南侵，时江淮久安，人不知战，我师屡北，上下震恐。易独扬言朝路曰："国家被山带河，守奕世之业。昔者夫差以无道之兵，威陵齐、晋；孙权以草创之国，势遏曹、刘。今若上下并力，敌何足畏哉！"元宗闻而异之，召使宿直禁中议事，然亦不能用也。陈觉、李徵古方用事，朝野侧目。易一日朝退，叹曰："吾忝廷尉，职诛邪孽，当手毙二竖，以谢旷官！"俄以吴越犯边，出为宣歙招谕使，判宣州。前刺史方筑州城，役徒数万，一切罢遣之，曰："自守者弱，远图者强，何以城为！"吴越闻，慑服，不敢复犯。

后主封吴王，召易为吴王司马，东宫建，又为左庶子。后主即位，迁右谏议大夫，复判大理寺。寻乞解大理，改勤政殿学士，判御史台。采武德至宝历君臣问对，及臣下论奏骨鲠者七十二事，为七卷，曰《谏奏集》，上之。注《太玄》，未成。卒，年六十一。

龚慎仪，后主时为给事中。开宝三年，太祖欲讨南汉，未决，诏后主谕刘𬬮，令奉正朔。后主乃遣慎仪持书使南汉，书曰："仆与足下，叨累世之盟，虽疆畿阻阔，休戚实同，敢奉尺书，敬布腹心。昨大朝伐楚，足下疆吏弗靖，遂成衅隙，初为足下危之。今敝邑使臣入贡，皇帝幸以此宣示，曰彼若能幡然改图，单车之使造廷，则百万之师不复出矣；不然，将有不得已者。仆料大朝之心，非贪土地也，怒人之不宾而已。且古之用武，不计强弱大小，而必战者有四：父母宗庙之雠，一也；彼此乌合，而民无定心，二也；敌人进不舍，我退无守路，战亦亡，退亦亡，三也；彼有败亡之势，我乘进取之机，四也。今足下与大朝，无是四者，而坐受天下之兵，决一旦之命，有国家利社稷者，固如是乎？夫强则南面而王，弱则玉帛事大，屈伸在我，何常之有？违天不祥，好战危事，天方相楚，尚未可争，而况今日之事耶？地莫险于剑阁，而蜀亡矣；兵莫强于上党，而李筠失守矣。窃意足下国中，必有矜智好谋之臣，献尊主强国之策，以谓五岭之险，非可遽前，坚壁清野，绝其饷道，依山阻水，射以强弩，彼虽百万之兵，安能成功？不幸而败，则轻舟浮海，犹足自全，岂能以万乘之主，而屈于人哉！此说士之常谈，可言而不可用。异时王师南伐，水陆并举，百道俱进，岂暇俱绝其饷道，尽保其壁垒？或用吴越舟师，自泉州航海，不数日，至足下国都矣。人情恟恟，则舟中皆为敌国，忠义效死之士，未易可见，虽有巨海，孰与足下俱行乎？敢布腹心，惟与大臣熟计之。”史馆修撰潘佑之词也。𬬮得书，怒，囚慎仪不遣。后主表闻，太祖遂决兴师。南汉平，乃得归。

后主之亡也，慎仪为歙州刺史。会昭武留后卢绛闻国破，提兵自宣州欲入福建，过歙，慎仪闭城拒守。绛怒曰：“慎仪，吾故人，何为见拒！”遣裨将马雄攻之。慎仪朝服而出，为雄所害。

列传卷第十一

郭廷谓，字信臣，彭城人。父全义，仕为濠州观察使。廷谓幼好学，善书札、骑射，补殿前承旨，出为濠州中门使。全义卒，擢庄宅使，即为州监军。

周侵淮南，廷谓与州将黄仁谨约以死守，籍州民不逞者，聚于僧寺，严兵守之，日给食，随所能，使造守具，故周师终不知城中虚实，久不可下。元宗叹其忠，因大发战棹，命与林仁肇援寿州。周世宗闻之，徙下蔡浮桥于涡口，筑垒，夹淮东西以护桥，扼濠、寿之冲。暑雨淮涨，廷谓掩不备，轻舟溯流，急趋涡口，将麾兵断笮。周人觇知，设伏待之。廷谓将至桥，得其情，驻军不进，袭败周将武行德、周务勍于定远，斩首数百。行德挺身遁，卒焚浮桥，周兵死者不可计，遂尽焚军资，取良马数百。进武功殿使，就迁州刺史，犹以为赏薄，又迁团练使，兼上淮水陆应援使。

及紫金山之战，唐将帅多降于周，廷谓独还军守濠州，治壁垒，缮戈甲，为守备。世宗复南征，廷谓表金陵请援，且言周师日张，愿卑辞请和，以俟机会。夜出敢死士千余，袭破周营，焚云梯洞屋。周人大惊，相蹂践死者甚众。然援师不至，世宗亲攻城，焚战舰数百艘，杀二千人；进攻羊马城，又杀数百人。遣谍持诏谕降廷谓，廷谓度不能支，奉表于周，恳言："世受本国爵命，家在江南，欲遣使禀命国主。"世宗许之，为缓攻。及廷谓使还，知金陵卒不能救，集将士于垒门，南向恸哭再拜，乃降。

世宗见廷谓，赐宴劳之，曰："兵兴以来，江南败亡相踵，惟卿能犯涡口浮桥，破定远寨，足报国矣。濠州小城，使汝主自守，岂能固哉！"赐袭衣、金带、良马及器皿万余，拜亳州防御使，以其弟廷赞为和州刺史。因命帅濠州兵东攻天长，下之，迁楼橹战棹左右厢都监。入国朝，至静江军节度观察留后，知梓州，代归，赐第东都。卒，年五十四。

廷谓事母孝，朝夕束带立侍，寒暑不变。为政亦有惠爱。方廷谓降周时，令其录事参军鄱阳李延邹草降表，延邹责以忠义，不为具草。廷谓愧其言，然业已降，必欲得表，以兵胁之。延邹投笔曰："大丈夫终不负国，为叛臣作降表！"遂遇害。元宗闻之，召见延邹子，命以官。

张彦卿，史失其乡里、世家。保大末，周世宗南侵，彦卿为楚州防御使。周师锐甚，旬日间，海、泰州、静海军皆破，元宗亦命焚东都官寺民庐，徙其民渡江。世宗亲御旗鼓攻楚州，自城已外皆已下，发州民浚老鹳河，遣齐云战舰数百，自淮入江，势如震霆烈焰。彦卿独不为动。及梯冲临城，凿城为窟室，实薪而焚之，城皆摧圮，遂陷，彦卿犹列阵城内，誓死奋击，谓之巷斗。日暮，转至州廨，长短兵皆尽，彦卿取绳床搏战，及兵马都监郑昭业等千余人皆死之，无一人生降者。周兵死伤亦甚众。世宗怒，尽屠城中居民，焚其室庐，然得彦卿子光祐，不杀也。元宗下诏，赠彦卿侍中。天长县时升为雄州，刺史、建武军使易文赟亦固守，闻楚州陷，遂降。

彦卿，马元康书以为彦能，亦莫知孰是也。

论曰：彦卿守楚州，孤垒无援，当百倍之师，身可碎，志不可逾，虽刘仁赡殆不能过。而史家传载独略，至其名亦或不同。於乎，何其重不幸也！

林仁肇，建阳人。事闽为裨将。沈毅果敢，文身为虎，军中谓之林虎子。闽亡，久不见用。会周侵淮南，元宗遣使至福建募勇士，得仁肇及陈德诚、郑彦华，皆拔为将。仁肇率偏师援寿州，攻城南大寨有功，又破濠州水栅，擢淮南屯营应援使。时周人正阳浮桥初成，扼援师道路，仁肇率敢死士千人，以舟实薪刍，乘风举火焚桥。周将张永德来争，会风回，火不得施，我兵少却。永德鼓噪乘之，遂败，仁肇独骑一马为殿。永德引弓射之，屡将中，仁肇辄格去。永德惊曰："此壮士，不可逼也。"遂舍之而还。及割地，元宗以为润州节度使，徙鄂州，又徙南都留守。

开宝中，密言于后主曰："宋淮南诸州，戍守单弱，而连年出兵，灭蜀，平荆湖[①]，今又取岭表，往返数千里，师旅罢敝，此在兵家，为有可乘之势。请假臣兵数万，出寿春，渡淮，据正阳，因思旧之民，以复故境。彼纵来援，吾形势已固，必不得志。兵起之日，请以臣举兵外叛闻，事成，国家享其利，不成，族臣家，明陛下不预谋。"后主惧不敢从。时皇甫继勋、朱令赟掌兵柄，忌仁肇雄略，谋有以中之。会朝贡使自京师回，擿使言仁肇密通中朝，见其画像于禁中，且已为筑大第，以待其至。后主方任继勋

① 湖：本作"朗"，据秘本、汲本改。

等,惑其言,使人持鸩往毒之。仁肇少病风,口气常臭,医云肺掩不正。及遇鸩,家人怪其不臭,俄卒。初,仁肇尤为陈乔所知,至是,乔叹曰:“国势如此,而杀忠臣,吾不知所税驾也。”然不能白其诬。仁肇卒逾年,后主遂见讨,又逾年,国为墟矣。

卢绛,字晋卿,宜春人。自言唐中书舍人、歙州刺史肇之后。初名表,慕晋魏绛,更焉。读书略通大指,喜论当世利病,然脱略绳检,每以博奕、角抵为事。举进士,不中,为吉州回运务计吏。盗库金,事觉,当伏危法,乃更儒服,亡去。至新淦,客于土豪陈氏,与其子弟共学。绛好纵横兵书,日夜读之。陈氏察其非士流,谓曰:“朝廷方求贤豪,吾子其可久留此乎?”因厚具装遣行。绛将还宜春,中途饮博,尽费其装,比至家,母及兄弟皆鄙诮之。绛乃入庐山白鹿洞书院,犹亡赖,以屠贩为事,多胁取同舍生金,又持榷货诬山中浮屠,以邀贿谢,人皆患苦之。与诸葛涛、蒯鳌,号“庐山三害”。朱弼为国子助教,将捕治其罪,复亡去,往来金陵、丹阳间。遇大寒,平地跃起,折檐桷为薪以自济。守仓吏召归,使跃仓檐,自气楼入仓中盗米,一夕往返数十。

久之,乃上书论事,未报,诣枢密使陈乔,口陈所上书,词辩从横。乔耸然异之,用为本院承旨,授沿江巡检。募亡命习水战,使马雄、王川军等分将之,要吴越兵于海门,屡获舟舰,以善战闻。开宝中,密说后主曰:“吴越仇雠,腹心之疾也,它日必为北兵向导以攻我。臣屡与之角,知其易与,不如先事出不意灭之。”后主曰:“然则大朝且见讨,奈何?”绛曰:“臣请诈以宣、歙叛，陛下声言伐叛，且赂吴越乞兵。吴越之兵，势不得不出，俟其来，拒击之，而臣蹑其后，国可覆也。灭吴越，则国威大振，北兵不敢动矣。”后主不听。及王师来讨，以绛为凌波都虞候、沿江都部署，守秦淮水栅，战屡胜。诸将忌其能，共说后主，遣绛出援润州，乃授昭武军节度留后，帅八千人阵于润州城下，北军不敢逼，入城拒守。而节度使刘澄，谋因计事斩绛，以城降，绛觉之。澄乃谓绛曰：“都城危甚，万一不守，守此何为？”绛曰：“君为守，不可弃城；宜赴难者，绛也。”是夕，澄遣裨将出送降款。绛帅部下驰出，欲冒围入金陵，围坚，不可入，乃走保宣州。

金陵城陷，诸郡皆下，绛独不降，谋南据闽中。过歙州，怒刺史龚慎仪不出迎，杀之而行。太祖使绛弟袭招绛，绛初欲杀袭，以明不屈，已而卒降。至京师，授冀州团练使。遇龚慎仪兄子赞善大夫颖于朝，诟绛曰：“是杀我叔父者！”执至殿陛诉冤，诏属吏。枢密使曹彬言其才略可用，愿宥其死，使自效。太祖曰：“是貌类侯霸荣，何可留也！”斩于西市。绛临刑大呼曰：“陛下不记以铁券誓书招臣乎！”霸荣，河东将，尝来降，已而复叛归，弑其主刘继恩者，故太祖深恶之。

蒯鳌，宣城人。善属文。南唐承唐末文体纤丽之弊，士率不能自振，鳌独不事华藻，以理趣为本，有承平余风。然居乡饮博无行，不为人士所容，乃去，入庐山国学，亡赖尤甚。晚乃励风操，尚信义，一言之出，必复而后已。尝蓄龙尾研，友人欲之而不言，鳌亦心许之，未及予也。一日，友人不告而归，鳌悔恨，徒步数百里，追及，授研而还。犹以素行为有司所摈，终国亡不仕。久之，游京师，擢进士第，仕至殿中丞。樊若水欲荐于朝，鳌耻之，亟致仕，归隐庐山，数年卒。

陈乔，字子乔，庐陵玉笥人。父濬，事吴为翰林学士。烈祖时，以兵部尚书卒。乔幼敏悟，文辞清丽，事亲以孝闻。濬死，抚恤族党，均财给之，亲疏无间。起家为太常寺奉礼郎，历屯田员外郎、中书舍人。淮南兵兴，元宗忧蹙，不知所为。陈觉、李徵古请以宋齐丘摄政，元宗怒，度群臣必持不可，乃促召乔草诏，如觉、徵古言。乔请对，未报，排宫门入，顿首曰："陛下既署此，则百官朝请，皆归齐丘，尺地一民，非陛下有。陛下纵脱屣万乘，独不念先帝中兴大业之艰难乎？让皇幽囚丹阳宫，陛下所亲见也，它日垂涕求为田舍翁，不可得矣。"元宗笑而止，引乔入见后及诸子，曰："此忠臣也。"及齐丘党与皆斥，乔与齐丘尤亲厚，独得不坐。迁都豫章，以乔辅太子，留金陵。后主嗣位，历吏部侍郎、翰林学士承旨、枢密副使，遂以门下侍郎兼枢密使；贬制度，改右内史侍郎，兼光政院使，辅政。乔风度淹雅，小心守法度，然短于才略，吏胥多交通权幸，侮文法，不能察也。

太祖遣使召后主入朝，后主欲往，以乔为介。乔曰："往必见留，如社稷何？"后主惧见讨，乔曰："陛下不得已，当以臣为解。"及兵围金陵，太祖又遣进奉使江国公从镒[1]谕指，欲后主自归，且命曹彬缓攻以俟之，而乔坚持不可。刘澄以润州降，后主

① 从镒：原作"从谦"，据秘本、汲本改。按本书《从镒传》，从镒"及贬制度，降江国公"。

方惶惑，欲置其家不问，乔愤切曰："人臣受重寄，一旦开门迎敌，此岂可容！"悉收其父母妻子斩之。于是人皆知乔必死国事矣。及城将陷，后主自为降款，命乔与清源郡公仲寓诣曹彬。乔持款归府，投承溜中，复入见云："自古无不亡之国，降亦无由得全，徒取辱耳。请背城一战而死。"后主握乔手，涕泣不能从。乔曰："如此，则不如诛臣，归臣以拒命之罪。"后主又不从。乃掣手而去，至政事堂，召二亲吏，解所服金带与之曰："善藏吾骨。"遂自缢。二吏彻榻瘗之。金陵平，家人谋改葬，求尸不获。或见一丈夫衣黄半臂，举手障面，及发瘗，如所见云。

陈起，蕲州人。性刚鲠，尤恶妖异。昇元中，以进士起家为黄梅令。时县境独木村有妖人诸佑，挟左道，自言数世不食肉，能使富者贫，贫者富，俚民稍稍从之。初有徒数十人，积数年，从者至数百，男女无别，号曰"忍辱"，夜行昼伏，取资于盗。相与倡言佑有神术，能升虚空，入水火。州县亦惮之，不敢问。起到官，邑人毕贺，佑独偃蹇不至。起乃按户籍，取佑为里正，不服，嫚言曰："吾且断令头！"起告巡检使周邺，出兵捕佑等，获之，不能神，皆就执缚。搜其家，得乘舆服器，遂斩之。邺欲宥其妇女、童稚，起曰："此皆渎乱人伦，不可使有遗育。"乃并斩之。起由是知名，官至监察御史，卒。

列传卷第十二

周惟简，鄱阳人。隐居，明《易》。后主闻其名，召至金陵，起布衣为集贤殿侍讲，顷之，以虞部郎中致仕，还山。金陵受围，间道召还，入后苑，讲否卦。后主思得奇士能使兵间者，张洎荐惟简可以谈笑和解，乃授给事中，副徐铉使京师。后主手疏，言惟简“托志妙门，存心道典，伴臣修养，不预公途”，盖为之声价，冀动朝听。比至，太祖召见诘责，铉犹恳奏不已，惟简惶恐，反言曰：“臣本野人，未尝仕宦，李煜强遣来，未尝预闻使指。伏闻终南山多灵药，愿得栖隐。”太祖许之。金陵平，命为国子《周易》博士，判监事。或谓曰：“终南之言不酬，且得罪。”惟简不得已，上表求解官，以遂初志。改虞部郎中致仕，授其子缮京兆鄠县主簿，使就养。太平兴国中，复表求仕，授太常博士，迁水部员外郎，卒。缮后举进士，中第，仕亦至尚书郎。

郑彦华，福州闽人。祖、父世为福建诸州刺史。彦华少隶节度使李弘义帐下，尝射杀乳虎，以勇闻。元宗出师攻福州，大将王崇文遣卒李兴，登楼车骂弘义，弘义不胜愤，募生得兴者。彦华请行，夜缒出城外，伏壕傍，兴犹嫚骂不已，彦华操长钩钩得兴，挟以登城，城上皆鼓噪，弘义得兴而甘心焉。崇文不能下城，遁去。岁余，剑州刺史陈诲以水军来攻，彦华适出屯候官，以所部降诲。诲与语，奇之，署军校。

南唐与周师相拒淮南，彦华大小百余战，身被五十余创。

累迁至镇海军节度使，加同平章事。后主见讨，王师自采石作浮梁渡江，后主命彦华督舟师万人，又遣别将杜真率步兵万人，同逆战。后主亲遣行，戒之曰："水陆两军相表里，则吾事济矣。"比与王师遇，真以所部力战，彦华拥兵不救，真败而溃。金陵闻之丧气，遂闭垒自守，以至国破，亦不能正彦华之罪矣。彦华从后主入朝，为右千牛卫将军。太宗征太原及幽州，用彦华为将，无功，犹历诸卫将军，至左千牛卫大将军。卒年七十三。

子文宝，初事后主，以文学选为清源公仲寓掌书记，迁校书郎。归朝，南唐故臣皆许录用，文宝独不自言。后主以环卫奉朝请，不纳客谒，文宝乃被蓑荷笠，作渔者以见，宽譬久之。后主叹其忠。后中进士第，仕至兵部员外郎。国史有传。

李贻业，故唐时平章事蔚从曾孙。父戴，唐末第进士，奔吴为起居郎。贻业事烈祖，至翰林学士。烈祖晏驾，大臣欲奉宋后临朝，命中书侍郎孙忌草遗制，贻业独奋曰："此奸人所为也。大行常谓妇人预政，乱之本也，安肯自为此？若果宣行，贻业当对百官裂之！"会宋后亦不许，于是临朝之议遂寝。元宗语贻业曰："疾风知劲草，于卿见之。"保大中，以兵部侍郎卒，谥曰简。

初，戴为人简率，无威仪，贻业又甚于父。平居颓然，不言是非，国有大议，必首断之。尤好饮酒，尝折简招亲友曰："今夕佳月，能相过乎？"比客集，贻业已大醉，指酒壶曰："本用相待，酒兴忽来，自倒之矣！"其疏豁大抵类此。

刘崇俊，字德修，楚州山阳人。祖全，以功臣为濠州刺史，有威名。全卒，子仁规继其任，为政苛虐。及卒，崇俊继之，尽反仁规之政，人怀其惠。数年，渐专恣不法，多畜不逞，使过淮剽掠，获美女、良马以自奉。元宗升濠州为定远军，因拜崇俊节度使，以其子节尚大宁公主。然元宗亦恶其为人。会寿州姚景卒，崇俊厚赂权贵，求兼领寿州。元宗乃阳若不解其意，命移镇寿州，而遣楚州刺史刘彦贞驰入濠州代之。崇俊自悼失计，颇革心循法度。未几得疾，卒，年四十。赠太尉，谥曰威。

刘洞，庐陵人。隐居庐山二十年。能诗，长于五字唐律，自言得贾岛法。后主嗣位，尤属意诗人，或以洞言者，洞遂献诗百篇，卷首《石城篇》，其词曰："石城古渡头，一望思悠悠。几许六朝事，不禁江水流。"后主读之，感怆不怡者久之，因弃不复观，洞亦不复见省。金陵受围，洞犹在城中。国亡，洞过故宫阙，徘徊赋诗，多感慨悲伤，不以不遇故有怨怼语。未几卒。与洞同时有夏宝松者，亦隐庐山，相与为诗友。洞有《夜坐》诗，宝松有《宿江城》诗，皆见称一时，号"刘夜坐"、"夏江城"云。

江为，宋人，避乱徙闽。元宗初设贡举，为屡为有司所黜。尝有《题白鹿寺》诗，元宗南迁，过寺读而爱之，为由是愈自负，傲睨一时。卒无荐引者，居怀愤愤，束书欲东走吴越，为同谋者所发，按得其状，伏诛。

汪台符，歙人。能属文。烈祖初，尝上书论事，合指，宋齐丘颇抑之。台符贻齐丘书，诮其疾己才。齐丘大怒，密使人诱台符乘舟痛饮，至石城蚵蚾矶下，沉杀之。

郭昭庆，庐陵人。博学，能自力。尝著《唐春秋》三十卷。保大中献所著《治书》，补扬子尉，辞不受。后主时复献《经国治民论》，擢著作郎。时方奉中朝，凡岁时庆贺，贡方物笺表及廷劳宴饯之辞，率命昭庆为之。一日，方晨起造朝，暴卒。

伍乔，庐江人。居庐山国学数年，力于学，诗调寒苦，每有瘦童羸马之叹。山中浮屠，梦仰视见一大星，芒色甚异，旁有人指之曰："此伍乔星也。"既觉，访得乔，乃倾资奉之，使入金陵，举进士。及试《画八卦赋》、《霁后望钟山诗》。故事，中选者，主司必延之升堂置酒。时有宋贞观者，首就坐，张洎续至，主司览其文，揖贞观南坐，引洎坐于西。酒数行，乔始上卷，主司叹其杰作，乃徙贞观处席北，洎处席南，以乔居宾席。及覆考榜出，乔果为首，洎、贞观次之。时称主司精于衡鉴。元宗亦大爱乔程文，命勒石以为永式。仕至考功员外郎。卒。

萧俨，庐陵人。幼举童子，中其科。稍长，命为秘书省正字。烈祖初，历大理司直、刑部郎中，以平恕称。烈祖晚服金石药，多暴怒，近臣数被谴罚。宣徽副使陈觉不自安，称疾在告者数月，及闻遗诏，即以其日造朝。俨劾奏觉倾耳私室，以幸祸变，请重置于法，不报。

烈祖辅吴，设法，禁以良人为贱。至是冯延巳、延鲁欲广置妓妾，辄矫遗制，托称民贫许卖子女。俨驳曰："昔延鲁为东都判官，已有此请，大行以访臣，臣对曰：'陛下纳麓之初，出库金赎民，孰不归心？今宝运中兴，人仰德泽，奈何欲使鬻子，资豪家役使乎？'大行以臣言为然，将罪延鲁。臣曰：'此但智识浅陋耳，非有他也，罪之且塞言路。'大行乃斜封其奏，抹三笔，持入宫。愿求之宫中。"既而果得留中章奏千余，皆斜封，有一抹至三抹者，遂得延鲁奏。然大臣亦方以豪侈相高，利于广声色，因共为遗制已宣行，不当追改，遂已。

元宗初以国让景遂，群下持不可，乃以景遂为诸道兵马元帅，景达副之，宣告国中，以兄弟相传之意。俨极谏，谓夏、殷以来，天下为家，父子相传，不易之典也。景遂、景达亦固让不敢当。然元宗意愈确，不之听。江文蔚、韩熙载典太常礼仪，议烈祖称宗，俨独建言："帝王己失之，己得之，谓之反正；非己失之，自己复之，谓之中兴。中兴之君，庙宜称祖。先帝兴已坠之业，不应屈而称宗。"文蔚亦以俨议为当，遂用之。保大二年，元宗终欲传位景遂，下诏命总庶政，惟枢密使魏岑、查文徽许奏事，余非特召，不得对。俨上疏力争。会宋齐丘、贾崇皆以为不可，遂收所下诏。其后元宗于宫中作大楼，召近臣入观，皆叹其宏丽。俨独曰："比景阳，但少一井耳。"元宗怒，贬舒州副使。孙忌为观察使，遣州兵给俨，实防卫之。俨谓忌曰："仆以言获罪耳。顾命之日，君持异议，几危社稷，君之罪，岂不重于仆乎！反见防，何也？"忌惭，即彻去。俄召还。

后主初嗣位，数与嬖幸奕棋，俨入见，作色，投局于地。后主大骇，诘之曰："汝欲效魏征耶？"俨曰："臣非魏征，则陛下亦非太宗矣。"后主为罢奕。南唐亡，俨以老病归乡里，杜门数年。卒年七十余。

刘承勋，失其乡里。以善心计事烈祖为粮料判官，迁德昌宫使。德昌宫者，盖南唐内帑别藏也。自吴建国，有江淮之地，比他国最为富饶，山泽之利，岁入不赀。烈祖励以节俭，一金不妄用，其积如山。太子尝欲一杉木作版障，有司以闻，烈祖书奏后曰："杉木不乏，但欲作战舰，以竹代之可也。"然德昌簿籍，烦委无由勾校，承勋独任其事，盗用无算。保大后，贡奉事兴，仓卒取办，愈得以为奸利。畜妓乐数十百人，每置一妓，价数十万，教以艺，又费数十万，而服饰、珠犀、金翠称之。又厚以宝货赂遗权要，故终无发其罪者。

太祖平荆湖，诏江南具舟，漕其米入京师。承勋狡，默[①]计后主终不能有其国，欲预自结中朝，为异时计，乃请行，督巨舰，自长沙抵迎銮，千桅相衔。太祖觉其意而恶之。及国亡，承勋归京师，首自陈漕米事，太祖曰："此汝主勤王耳，汝安得有劳！"叱出，特命勿叙用。久客无资，裸袒乞食，不胜冻馁而死。

李元清，濠州人，徙金陵。趫捷善走，能及奔马。常步入梁、宋刺事。开宝中，后主以吉州永新与湖南邻，命元清为永新制置使。每数月，一托疾，不坐衙，辄微服入湖南境，人无知者，以故敌人动息皆知之，累年边障晏然。国亡，归京师。元清心不欲仕二国，伪称失明，召验之，挥刃将及颈，而目不瞬，乃放归濠州，卒。

① 默：秘本、汲本作"黠"，于意较优，如此，则此处当读作"承勋狡黠，计后主"云云。

卢郢，金陵人。工属文，有勇力，好吹铁笛。乾德中，后主命韩德霸为都城烽火使，警察非常，怙权暴横，国人望其前驱，莫不奔避。郢尝遇之，调笛自若。德霸叱左右捕执，郢奋臂击，十余人皆颠踬，乃直前捽德霸，坠马殴之，败面伤目。德霸入诉，后主叱之出，顾近侍笑曰："戎帅遇一措大，不能自全面目，尚敢诉耶！"遂罢其职。后郢举进士，试《王度如金玉赋》，擢第一。徐铉娶郢姊，尝受后主命撰文，累日未就。郢曰："当试为君抒思。"适庭下有石，十夫不能举，郢戏取弄之，有顷，索酒，顿饮数升，复弄如初。忽顾笔吏，口占使书，不窜易一字。铉服其工，后主亦以为遒俊可爱。国亡，归朝，知金州，卒。

朱弼，字君佐，建州人。举明经第一，授国子助教，知庐山国学。卢绛、蒯鳌、诸葛涛饮博不逞，患苦诸生，学官依违，无敢问者。及弼至，一切绳以礼法。每升堂讲说，座下肃然，绛等亦愧服引去。生徒自四方来者，数倍平时。国亡，补衡山县主簿。秩满，求为南岳庙令，卒。

王舆，合淝人。少与兄绾俱事吴武王。舆初为小校，从周本攻危全讽。临战，本视贼水栅，部分诸将，指旁山头一小营，谓舆曰："尔往为我取彼。"舆唯唯，而色不欲行。本曰："尔惮往耶?"舆曰："公必不以舆为不武，请得此栅破之，舍而趋彼何为?"本大喜曰："尔亦知此为必争之地耶? 吾本自行，今为尔功，劳而遣之。"舆乘轻舟，袭破其前锋，遂排栅入，诸军继进，贼大溃。积功迁至诸军都虞候。烈祖辅吴，以腹心所寄，进控鹤都虞候。持重有谋，甚见倚任。久乃出为光州刺史。

初，舆兄子为海州刺史，叛附梁，闻舆在光山，遣间使通问。舆执以归金陵，因求罢郡，入为左宣威统军。历镇海节度留后、金吾卫大将军、武昌节度使。与监军甄廷坚不相得，会廷坚被诬告有贰志，烈祖遣使械廷坚属吏。未至，舆刺知之，密告廷坚，因为谋曰："今独可即日乘轻舟，归阙待罪，毋与中使遇。"廷坚恐惧，不暇为他谋，即从其计。至金陵，遇赦，且以其先自归，得免，人推其长者。元宗嗣位，加同平章事。保大二年卒，年七十四。

舆少从军攻润州，为巨弩所射，中右耳，矢自左耳出，又中旁一人，犹立死。舆扶归营，卧百余日，复起。耳至老不聩，亦无瘢痍。攻颍[①]州，倚营门，仗剑驱士卒登城。城上机石发，中营门及铠之半，皆糜碎，而舆不伤，莫不异之。兄绾，亦至虔州节度使。

魏岑，字景山，郓州须城人。善谄谀，学揣摩，尤为宋齐丘所知，荐授校书郎。保大中，骤进至谏议大夫。元宗自以唐子孙，慨然有定中原、复旧都之意，有司请行南郊礼，元宗曰："俟天下为一，然后告谢天地。"岑遂与陈觉、冯延巳、延鲁，更相倡和，为拓境事。尝侍燕，自言："臣少游元城，乐其土风，陛下还长安日，乞为魏博节度使。"元宗欣然许之，岑趋下殿再拜谢，侍

① 颍：诸本原作"颖"，误，改作"颍"。

卫皆窃笑。

觉、延鲁攻福州，岑为监军应援使。三人者，暗懦专恣如一，军败。元宗初欲按军法，诛觉、延鲁而贷岑，御史中丞江文蔚对仗弹奏，请并岑诛之，于是贬太子洗马，俄复还故官。李守贞叛汉，来乞师，岑乃力请出兵赴救，于是元宗从之，因以岑为沿淮巡检使，无功而还。

岑自复进，奸谄弥甚。钟谟、李德明亦用事，其趋向与岑虽异，而迷国则均。户部员外郎范冲敏怀不平，怵大将王建封上疏，请尽逐之，更用正人。元宗怒，并置冲敏、建封于死。岑自谓得主眷，愈无所惮。寿州节度使刘彦贞，以厚赂结岑为奥援，岑所得不可数知，遂肆言称彦贞为将如韩、白，治民如龚、黄，其敢为诞欺如此。元宗方倚以柄任，会见冲敏为厉，召道士上章诉天，未几卒。

列传卷第十三

烈祖元敬皇后宋氏，小名福金。父韫，江夏人。后幼流离乱兵中，昇州刺史王戎得后。烈祖娶戎女，后为媵，得幸，生元宗。王氏早卒，义祖命烈祖以为继室，封广平郡君、晋国君。治内有法，不妄言笑。义祖殂于金陵，烈祖在东都，将奔丧，后密以大计谏止焉。烈祖为齐王，封王妃；及受禅，立为后。从容裨赞，多所弘益。烈祖尝曰："吾思有未达，后已悟矣。"昇元末，烈祖服金石药，多暴怒，赖后以免谴者甚众。及殂，中书侍郎孙忌惧魏岑、冯延巳、延鲁以东宫旧僚用事，欲称遗诏奉后临朝听政，后不许，曰："此武后故事，吾岂为之！"元宗即位，尊后为皇太后。保大三年十月卒，祔葬永陵。

烈祖后宫种氏，名时光。性警惠。年十六入宫，列乐部中。俄得幸，生景逷。烈祖以受禅后所得子，甚爱之，种氏宠日盛。烈祖性严整，尝大怒，声如乳虎，殿门环为震动，左右皆丧魂魄。种氏左手持食，右手进匕，从容如平时，烈祖怒亦顿解。它日，烈祖幸齐王宫，遇王亲理乐器，大怒，数日未解。种氏负宠，辄乘间言景逷才过齐王，烈祖正色曰："子有过，父教之，常礼也，若何敢尔！"叱下殿，去簪珥，幽于别宫。数月，命度为尼，景逷爱亦弛。终烈祖世，独不加封爵。元宗即位，始封景逷保宁王，许种氏就养于景逷宫中，封王太妃。宋后挟旧怨，屡欲加害，元宗力解之，乃止。

元宗光穆皇后钟氏，父太章，事吴，为义祖裨将。义祖谋诛张灏，令严可求喻太章，伏死士二十辈，斩灏于府，太章许诺。义祖疑其怯，夜半，往止之曰："仆母老，惧事不成，欲徐图之，如何?"太章勃然曰："言已出口，岂有可已之理!"明日，遂诛灏。后颇恃功颉颃。烈祖疑其难制，义祖曰："昔者，吾赤族之祸，间不容发，使无太章，岂有今日富贵耶? 奈何以薄物细故疑之!"乃命以太章次女配元宗，即后也。昇元中，封齐王妃。元宗即位，立为皇后。后主即位，为太后。以父名，改称圣尊后。后寝疾，后主朝夕侍侧，衣不解带，药必亲尝乃进。乾德三年十月卒。是日，雨沙于金陵，后主毁瘠骨立，杖而后能起，哀动左右。葬顺陵。

后主昭惠国后周氏，小名娥皇，司徒宗之女。十九岁来归。通书史，善歌舞，尤工琵琶。尝为寿元宗前，元宗叹其工，以烧槽琵琶赐之。至于采戏、奕棋，靡不妙绝。后主嗣位，立为后，宠嬖专房。创为高髻织裳及首翘鬓朵之妆，人皆效之。尝雪夜酣燕，举杯请后主起舞。后主曰："汝能创为新声，则可矣。"后即命笺缀谱，喉无滞音，笔无停思，俄顷谱成，所谓"邀醉舞破"也。又有"恨来迟破"，亦后所制。故唐盛时，"霓裳羽衣"最为大曲，乱离之后，绝不复传。后得残谱，以琵琶奏之，于是开元、天宝之遗音，复传于世。内史舍人徐铉，闻之于国工曹生，铉亦知音，问曰："法曲终则缓，此声乃反急，何也?"曹生曰："旧谱实缓，宫中有人易之，非吉征也。"后主以后好音律，因亦耽嗜，废政事。监察御史张宪切谏，赐帛三十匹，以旌敢言，然不为辍也。未几，后卧疾，已革，犹不乱，亲取元宗所赐烧槽琵琶，及平时约臂玉环，为后主别，乃沐浴妆泽，自内含玉，卒于瑶光殿，年二十九。葬懿陵。后主哀，自制诔，刻之石，与后所爱金屑檀槽琵琶同葬；又作书，燔之与诀，自称"鳏夫煜"，其辞数千言，皆极酸楚。或谓后寝疾，小周后已入宫中，后偶褰幔见之，惊曰："汝何日来？"小周后尚幼，未知嫌疑，对曰："既数日矣。"后恚怒，至死，面不外向。故后主过哀，以掩其迹云。

后主国后周氏，昭惠后妹也。昭惠卒，未几，后主居圣尊后丧，故中宫久虚。开宝元年，始议立后为继室，命太常博士陈致雍考古今沿革，草具婚礼，又命学士徐铉、史官潘佑参定，文安郡公徐游评其异同。游多是佑议，遂施用之。逾月，游病疽，铉怼其不主己议，戏语人曰："周、孔亦能为厉乎？"后少以戚里，间入宫掖，圣尊后甚爱之，故立焉，被宠过于昭惠。时后主于群花间作亭，雕镂华丽，而极迫小，仅容二人，每与后酣饮其中。国亡，从后主北迁，封郑国夫人。太平兴国三年，后主殂，后悲哀不自胜，亦卒。

后主保仪黄氏，江夏人。父守忠，事湖南马氏，为偏裨。边镐入长沙，得黄氏，纳后宫。后主见其美，选为保仪。以工书札，使专掌宫中书籍。二周后相继专房燕，故保仪虽见赏识，终不得数御幸也。元宗、后主俱喜书法，元宗学羊欣，后主学柳公权，皆得十九，购藏钟、王已来墨帖至多，保仪实掌之。城将陷，后主谓之曰："此皆先帝所宝，城若不守，汝即焚之，无为他人得。"及城陷，悉焚无遗者。保仪亦从北迁，卒于大梁。

又有宫人流珠者，性通慧，工琵琶。后主演"念家山破"，及昭惠所作"邀醉舞"、"恨来迟"二破，久而忘之。后主追念昭惠，问左右，无知者，流珠独能追忆，无所忘失，后主大喜。后不知所终。

烈祖五子，宋皇后生元宗、楚王景迁、晋王景遂、齐王景达，种氏生江王景逷。

景迁，字子通。幼警敏，读书一览辄不忘。烈祖辅吴，景迁尚吴公主，为驸马都尉，历衙内马步军都指挥使、海州团练使、左右军都军使，遂以左仆射参政事，留东都辅政，时甫成童。寻加同平章事、知左右军使。寝疾，罢归金陵，为诸道副都统，以景遂代辅政。景迁病逾年，竟卒，年十九。谥曰定。无子。初术士皆谓景迁贵不可言，故烈祖在诸子中尤爱之，及是，始悟术士之妄。

景遂，仕吴为门下侍郎。烈祖受禅，封寿王。纯厚夷淡，有士君子之操。让皇之丧，景遂受命往护丧事，望柩哀恸，观者耸叹。烈祖殂，元宗以位让景遂，大臣固持之而止。明年，又命景遂总庶政，已降诏，佥谓不可，乃收所下诏。久之，又以为太弟，凡太子官属，皆改为太弟官属，景遂固辞。虽不得命，终恐惧，不敢安处，乃取《老子》"功成名遂身退"之意，自为字曰"退身"，以见志。平居好客,喜属文,燕集无虚日。赞善大夫张易,峭直喜尽言,景遂尝赋诗,颇纤丽,易面规之,景遂敬纳。又尝怒碎玉杯于坐,景遂亟摧谢,无迕色。及易出使契丹,景遂上言力陈,以为:“易,国士也,宜夙夜纳诲。今使抗不测之渊,报聘远夷,非国之利。”元宗报之曰:“易固奇士,海神当畏之。”竟遣行。

景遂在东宫十三年,屡乞归藩。交泰元年三月,始改授天策上将军、江南西道兵马元帅、洪州大都督、太尉、尚书令、晋王,以枢密副使李徵古为镇南节度副使佐之。徵古刁骄嫚,至镇,专恣尤甚。景遂积久不能堪,欲斩之,而自拘有司,左右谏止。初,景遂之出镇也,弘冀为太子,弘冀尝被谴于元宗,有复立景遂之意。景遂在镇,亦颇忽忽,多忿躁,尝以忤意杀都押衙袁从范之子。弘冀刺知之,乃使亲吏持鸩遗从范,使毒景遂。景遂击鞠而渴,索浆,从范毒浆以进之,暴卒,年三十九。未敛,体已溃。元宗素友爱,闻讣悲悼,左右欲少慰释之,因妄曰:“太弟初得疾,忽语人曰:‘上帝命我代许旌阳。’”元宗始少解,故被鸩之事,竟不之知。废朝七日,赠太弟,谥文成。

景达,生于吴顺义四年。是岁大旱,烈祖方辅政,极于焦劳,七月既望,雩而得雨,景达以是日生,烈祖喜,故小名雨师。稍长,神观爽迈,异于他儿。烈祖深器之,受禅,封信王。烈祖欲以为嗣,难于越次,故不果。烈祖殂,景迁已前死,元宗称疾,固让景遂,欲以次及景达,承先帝遗意。既迫于群下之议,不得行,乃立景遂为太弟。景达自燕王徙封齐王,为诸道兵马元帅、中书令。

景达孝友纯至，尝从游后苑，泛舟池中。元宗舟覆，景达在他舟，初不善泅，遽跃入水中，负元宗出，人以为精诚所感。性刚正嫉恶，朝廷严惮之。帝每召宗室近臣曲宴，冯延巳、延鲁、魏岑、陈觉辈，凭宠笑呼，旁若无人，景达屡诃诘之，复极谏元宗。它日宴于东宫，延巳愧二弟之命不出于己，欲以虚辞为德，阳醉，抚景达背曰："尔勿忘我。"景达不胜其忿，拂衣入，奏请斩延巳，元宗谕解，久之乃已。张易语景达曰："殿下力未能去群小，而数面折之，使之惧而自谋，岂易测哉！"景达悟，自是畏祸，遇曲宴，辄以疾辞。

保大末，淮南交兵，景达以元帅督师，陈觉为监军使，军政皆决于觉，景达署牍尾而已。朱元叛，寿州陷，皆觉为之，景达亦不能诘。初出师五万，而俘死亡叛者四万，景达及觉引残兵归金陵，上还印绶。元宗恐其无功自愧，乃拜天策上将军、浙西节度使。景达不敢当要镇，力辞，改抚州大都督、临川牧，在镇十余年。后主嗣位，加太师、尚书令，甚尊礼之。卒于镇，年四十八，在烈祖诸子中，最为寿矣。赠太弟，谥昭孝。遗命留葬江州庐山。初，景达好神仙道家之说，记室徐铉献《述仙赋》以讽，行于世。

景遏，字宣远。烈祖初受禅，以十二月二日为仁寿节，景遏以是日生，故小名仁寿。烈祖甚爱之。母种氏得谴，宋皇后鞠养景遏如已出。元宗嗣位，封保宁王，徙封信王，出为虔州节度使。简易节俭，虔人安其政。赣令卒，尉邵继良摄令，以令成丧日张乐宴饮，景遏立奏黜之。每有小过，掌书记孙岘苦言规正之，景遏大重之。岘卒，言及必流涕，厚恤其孤。后主立，进封江王，加兼中书令。元宗、后主皆酷好浮屠，群臣化之，政事日弛，景遏独尊六经名教，排斥浮屠，不少挠。在镇十一年，卒，年三十一。赠中书令，谥昭顺。

元宗十子，弘冀、弘茂、后主、从善、从镒、从谦、从庆、从信，凡八人可见，而从庆、从信失其官封，又二人并逸其名。钟皇后生弘冀、后主、从善、从谦，自弘茂以下，皆不知其母。

弘冀，元宗长子。故唐之末，民间相传谶曰："东海鲤鱼飞上天。"而烈祖果育于徐氏，因信符谶。又有谶曰："有一真人在冀川，开口持弓向左边。"元宗欲其子应之，乃名之曰弘冀。初封东平公，徙王南昌。元宗嗣位，以弟景遂为兵马元帅，景达为副元帅，誓于烈祖梓宫前，约兄弟相传，而出弘冀留守东都。及景遂为太弟，又徙镇润州，封燕王。

弘冀为人沉厚寡言。周师陷广陵，吴越亦攻我常州，元宗念弘冀尚少，不习军旅事，遣使召还都。部将赵铎曰："王虽富于春秋，然元帅之重，众心所恃，忽弃其师而归，则部下必乱，归欲何之?"弘冀善其言，闻于元宗，即日大为战守之备，部分诸将，皆惬服士心。元宗使龙武都虞候柴克宏、右卫将军陆孟俊救常州。至润州，枢密副使李徵古，白以神卫统军朱匡业代克宏归，弘冀察克宏有才略，谓曰："君第前战，吾当拒守。"表言："克宏决可破贼，常州危在旦暮，临敌易将，兵家所忌。臣请以身保其功。"克宏亦感激思奋，驰至常州，果大破吴越兵，斩首万级,获其将佐数十人,俘于润州。弘冀以时方艰危,悉驱出辕门斩之,人壮其决。然元宗以其专诛杀,不悦者久之。

及太弟景遂力请归藩,而景达为元帅,奔溃南归,独弘冀有功,遂立为太子,参决政事。元宗仁厚,群下多纵弛,至是[①]弘冀以刚断济之,纪纲颇振起。而元宗复怒其不遵法度,一日,怒甚,以打毬杖笞之,曰:“吾行召景遂矣!”弘冀大惧,故景遂遇鸩,语在其传。

元宗既请盟于周,以在位久,耻于降屈,屡遣使请于世宗,欲传位弘冀,使为大国附庸。世宗赐书力止之,其词曰:“皇帝致书敬问江南国主。兹睹来章,备形缛旨,叙此日传让之意,述向来高尚之心。仍以数载以来,交兵不息,备陈追悔之事,无非克责之辞。虽古者省咎责躬,因灾致惧,亦无以过也。况君血气方刚,春秋鼎盛,为一方之英主,得百姓之欢心,岂可高谢君临,轻辞世务。与其慕希夷之道,孰若怀康济之诚。且天灾流行,国家代有,昔之圣哲,所不能逃。苟盛德之日新,则景福之弥远。谅惟英敏,必照诚怀。”书词温润,略以敌国。元宗乃已。世宗遣使至,亦别赐弘冀国信以为常。

显德六年七月,弘冀属疾,数见景遂为厉。九月丙午卒,有司谥曰宣武。句容尉张洎上书,谓:“世子之德,在侍膳问安。今标显武功,垂示后世,非所以防微杜渐也。”洎知元宗犹衔弘冀专杀事,其说盖出于揣摩。元宗果大以为然,改谥曰文献,而洎由此进用。

---

① 是:原作“以”,据秘本改。

弘茂，字子松，元宗第二子。幼颖异，善歌诗，格调清苦。年十四，为侍卫诸军都虞候，封乐安公。骑射击刺皆精习，又领兵职。然不喜戎事，每与宾客朝士燕游，惟以赋诗为乐。初，弘冀刚严，人多惮之，故时望归弘茂。保大九年七月卒，追封庆王。弘茂之幼，有异僧言人寿夭祸福多验。元宗使视弘茂，僧书九十一字以献。及卒，年十九①。

从善，字子师，元宗第七子。器度凝远。封纪国公。使周，会帝即位，厚其礼，遣翰林学士王著送之。初，从善与钟谟相附结，谟辄请以从善为嗣。元宗虽不从，然意亦自爱从善。其迁南都也，使主扈从诸军。元宗殂，未御梓宫，从善辄从徐遊求遗诏。遊厉色拒之，至金陵，具以事闻。后主素友爱，略不以介意，愈加辑睦，进封韩王。及贬制度，降南楚国公。

开宝四年，遣朝京师。太祖已有意召后主归阙，即拜从善泰宁军节度使，留京师，赐甲第汴阳坊，封其母陵②氏吴国太夫人。后主闻命，手疏求从善归国。太祖不许，以疏示从善，加恩慰抚，幕府将吏，皆授常参官以宠之。而后主愈悲思，每凭高北望，泣下沾襟，左右不敢仰视。由是岁时游燕，多罢不讲。尝制《却登高文》，曰："玉斝澄醪，金盘绣糕，茱房气烈，菊蕊香豪。左右进而言曰：惟芳时之令月，可藉野以登高。矧上林之伺幸，

① 年十九：汲本作"年一十九"。

② 陵：秘本作"凌"。

而秋光之待褒乎？予告之曰：昔予之壮也，意如马，心如猱。情盘乐恣，欢赏忘劳，悁心志于金石，泥花月于诗骚。轻五陵之得侣，陋三秦之选曹。量珠聘妓，纫彩维艘。被墙宇以耗帛，论丘山而委糟。年年不负登临节，岁岁何曾舍逸遨。小作花枝金剪菊，长裁罗被翠为袍。岂知萑苇乎性，忘长夜之靡靡；宴安其毒，累大德于滔滔。今予之齿老矣，心凄焉而忉忉，怆家难之如毁，萦离绪之郁陶。陟彼冈兮跂予足，望彼关兮睇予目。原有鸰兮相从飞，嗟予季兮不来归。空苍苍兮风凄凄，心踯躅兮泪涟洏。无一欢之可作，有万绪以缠悲。呜呼噫嘻！尔之告我，曾非所宜。”从善妃屡诣后主号泣，后主闻其至，辄避去。妃忧愤而卒，国人哀怜之。国亡，改授右神武大将军。太平兴国初，改右千牛卫上将军。雍熙四年卒，年四十八。

从镒，元宗第八子。初封舒国公，改封蒋。太祖亲征扬州李重进，遣从镒朝行在。进封邓王，出镇宣州，后主宴饯绮霞阁，与近臣俱赋诗，而后主自为序。及贬制度，降江国公。太祖以不朝来讨，后主遣从镒贡帛二十万匹，白金二十万斤。大兵悉以南渡，从镒留京师，馆怀信驿。捷奏至，百僚称贺，阁门趣随班入，邸吏亦谓当有贡献，其介潘慎修以为国被讨且亡，而使者旅贺，非礼，但奉方物待罪。太祖嘉其知礼，为易供张，加赐牲饩上樽。命知制诰李穆送从镒归国谕指，令后主自归，仍命曹彬等缓攻以俟之，而后主卒不行，以至城陷。从镒从后主北归，改名从浦，卒。

从谦，元宗第九子。数岁，为奕棋诗，有思致，后主赏叹之。历封鄂国公、宜春王、吉王。及贬制度，降鄂国公。归朝，为右神武大将军。淳化五年九月，以本官出为安远行军司马，后失其所终。①

后主二子，仲寓，仲宣，皆昭惠周后所生。

仲寓，字叔章，乾德二年封清源郡公。北归，授右千牛卫大将军。居后主丧，哀毁过制。太宗怜之，遣使劳问。终丧，赐积珍坊第一区。久之，自言族大家贫，求治郡，拜郢州刺史。在郡以宽简为治，士民安之。淳化五年八月卒，年三十七。子正言，亦好学，早卒，无子，后主之后遂绝。

仲宣，小字瑞保，与仲寓同日封宣城公。三岁，诵《孝经》，不遗一字。宫中燕侍合礼，如在朝廷。昭惠后尤爱之。乾德二年卒，才四岁，追封岐王，谥怀献。后先属疾，闻仲宣夭，悲哀增剧，至于死。

① 据汲本，此行后，有"从庆，失其官封"，"从信，逸其行实"，凡两行，当是。

列传卷第十四

吴廷绍，为太医令。烈祖因食饴，喉中噎，国医皆莫能愈。廷绍尚未知名，独谓当进楮实汤，一服，疾失去。冯延巳苦脑中痛，累日不减。廷绍密诘厨人曰："相公平日嗜何等?"对曰："多食山鸡、鹧鸪。"廷绍曰："吾得之矣。"授以甘豆汤，亦愈。群医默识之，它日取用，皆不验。或扣之，答曰："噎因甘起，故以楮实汤治之。山鸡、鹧鸪皆食乌头、半夏，故以甘豆汤解其毒耳。"闻者大服。

潘扆，往来江淮间，自称野客。尝依海州刺史郑匡国，不甚见礼，馆之马厩旁。一日，从匡国猎近郊，匡国妻行至厩中，因视扆所居，四壁萧然，苇席竹笥而已。发笥，睹二锡丸，亦颇怪之。扆归，大惊曰："何物妇人，触吾剑！赖吾摄其光芒，不然身首殊矣。"或以告匡国，匡国竦然曰："殆剑客也。"求学其术。扆姑一试之，乃俱至静院，探怀出二锡丸，置掌中，俄而气出指端，如二白虹，旋绕匡国颈，有声铮然。匡国汗下如雨，曰："先生之术神矣，观止矣!"扆笑，引手收之，复为锡丸。匡国表荐于烈祖，召居紫极宫。数年卒。

李冠，善吹洞箫，悲壮入云。元宗将召之，会军旅事兴，不暇。司徒李建勋亦知音，绝叹赏之。冠既不遇，周显德中，北游梁、宋，每醉，辄登市楼长啸，后不知所终。

某御厨者，失其姓名，唐长安旧人也。从中使至江表，未还，闻崔胤诛北司，遂亡命，而某留事吴。及烈祖受禅，御膳宴设赖之，略有中朝承平遗风。其食味有鹭鸶饼、天喜饼、驼蹄馁、春分馍、密云饼、铛糟炙、珑璁馁、红头签、五色馄饨、子母馒头，旧法具存。

申渐高，优人，昇元中，为教坊部长。时关征苛急，属畿内旱，一日，宴北苑，烈祖顾侍臣曰："近郊颇得雨，独都城未雨，何也？得非刑狱有冤乎？"渐高遽进曰："大家何怪，此乃雨畏抽税，故不敢入京尔。"烈祖大笑。明日，下诏弛税额，信宿大雨沾洽。周本自吴时有威望，烈祖虑其难制，因内宴，引鸩酒赐本。本觉之，辄取御杯，均酒之半以进，曰："愿以此上千万寿，庶明君臣一心。"烈祖失色，左右莫知所为。渐高托俳戏，舞袂升殿曰："敕赐臣渐高。"并饮之，纳杯怀中而出。烈祖密遣中人持药解之，不及，脑裂而卒。

至元宗时，又有李家明，亦优人。宋齐丘止一子，辄死，悲哭逾月。齐王景达[①]勉之，不从。家明曰："是易喻尔。"作纸鸢，大书其上曰："一子不能舍，如让皇百口何！"纵中坠其第中。齐丘取观，为拉泪而止。元宗失江北，迁豫章，龙舟至赵屯，举酒望皖公山曰："好青峭数峰，不知何名？"家明对曰："此舒州皖公山也。"因献诗曰："皖公山纵好，不落御觞中。"元宗太息，罢酒去。

---

① 景达：原作"景遂"，据秘本、汲本改。按景遂晋王，景达齐王。

谭紫霄，泉州人。幼为道士。初，有陈守元者，亦道士，尝斸地得木札数十，贮铜盎中，皆汉张道陵符篆，朱墨如新，藏去而不能用，以授紫霄。紫霄尽能通之，遂自言得道陵天心正法，核鬼魅，治疾病，多效。闽王王昶尊事之，号金门羽客、正一先生。闽亡，遁居庐山栖隐洞，学者百余人。武昌节度使何敬洙尝杀女奴，投尸井中，人无知者。遇疾，召紫霄。中夜被发，仗剑考治，见女厉自诉，诘旦，屏人以语敬洙，乃丹篆符遣之，疾即愈。庐山僧辟路，有大石，坚不可镵。紫霄往视曰："此固易尔。"索杯水噀之，命工施镵，应手如粉。后主闻其名，召见，赐官阶，辞不受。俄无疾卒，年百余岁。今言天心法者，皆祖紫霄。

史守冲、潘扆，皆不知何许人。烈祖尝梦得神丹，即觉，语左右，欲物色访求，而守冲适诣宫门献丹方，扆亦以方继进。烈祖皆神之，以为仙人，使炼金石为丹，服之，多暴怒。群臣奏事，往往厉声色诘让。尝以其药赐李建勋，建勋乘间言曰："臣服甫数日，已觉炎躁，此岂可常进哉？"烈祖笑曰："孤服之已久，宁有是事！"谏者皆不从。俄而疽发，遂至大渐，临终，谓元宗曰："吾服金石求长生，今反若此，汝宜以为戒也。"

耿先生者，父云，军大校。耿少为女道士，玉貌鸟爪。尝着碧霞帔，自称北大[1]先生。始因宋齐丘进，尝见宫婢持粪埽，谓元宗曰："此物可惜，勿令弃之。"取置铛中，烹炼良久，皆成白

① 北大：秘本、汲本作"比丘"。

金。尝遇雪拥炉，索金盆贮雪，令宫人握雪成锭[①]，投火中，徐举出之，皆成白金，指痕犹在。又能炒麦粒成圆珠，光彩粲然夺真。大食国进龙脑油，元宗秘爱，耿视之曰："此未为佳者。"以夹缣囊贮白龙脑数斤，悬之有顷，沥液如注，香味逾于所进。遂得幸于元宗，有娠，将产之夕，雷雨震电，及霁，娠已失矣。久之，宫中忽失元敬宋太后所在，耿亦隐去。凡月余，中外大骇。有告者云："在都城外二十里方山宝华宫。"元宗亟命齐王景达[②]往迎太后，见与数道士方酣饮，乃迎还宫，道士皆诛死。耿亦不复得入宫中，然犹往来江、淮，后不知所终。金陵好事家，至今犹有耿先生写真云。

古史官书忠义、孝行、列女各为传，南唐偏方短世，又史牒放逸，不能尽见，摭其仅可书者，合为《节义传》。

段处常，失其家世、乡里。保大中，为兵部郎中。周侵淮南，元宗命处常浮海使契丹，乞援师。处常为契丹陈利害，甚辩。契丹本通南唐，徒持虚辞，利南方茶、药、珠贝而已。至是，了无出师意，而留处常不遣。处常忿其无信，誓死国事，数面诮虏主。虏主亦愧其言，优容之。以病卒于虏。

赵仁泽，失其乡里、家世。保大中，为常州团练使。周人来

① 锭：原作"铤"，据秘本、汲本改。

② 景达：原作"景遂"，按景遂为晋王，景达为齐王，据改。

侵，吴越乘间出兵攻常州，仁泽战败，被执，归之钱塘。仁泽见吴越王，不拜，责之曰："我烈祖皇帝中兴，首与先王结好，质诸天地。王今见利忘义，将何面目入先王庙乎！"吴越王怒，以刀抉其口至耳。丞相元德昭嘉仁泽之忠，以良药傅疮，获愈。后不知所终。

张雄，失其乡里、家世。周人来侵淮南，民自相结为部伍，以拒周师，谓之义军，而雄所将最有功，元宗命为义军首领。及割地，徙之江南，历袁、汀州刺史。后主见讨，保大中旧将无在者，乃擢雄统军使。雄谓诸子曰："吾必死国难，尔辈不从吾死，非忠孝也。"诸子泣受命。与田钦祚战于溧水，败绩，他将皆遁，士卒死者万余人。雄与其子力战，俱死，不同行者，亦死于他阵，父子八人无生存者。时金陵已危蹙，不复议赠恤，国人哀之。

陈褒，江州德安县人，唐元和中给事中京之后。十世同居，长幼七百人，不置奴婢，日会食堂上，男女异席，未冠笄者，别又为一席。畜犬百余，共以一船贮食饲之，一犬不至，则群犬皆不食。筑书楼，延四方学者。乡邻化其德，狱讼为之衰息。昇元初，州以闻，诏复徭役，表门闾。同时见旌者尚数家，皆五世同居云。

永兴公主，烈祖女也。嫁吴睿帝太子琏。及禅代，宋齐丘请离婚，烈祖不听。公主自以为吴室冢妇，而国亡，中怀愤悒，闻人呼之为公主，辄悲伤流涕。烈祖愧之，乃以琏为中书令、池州节度使。琏卒，公主哭之过哀，亦感疾卒。

余洪妻郑氏。洪为闽将，唐师下建州，裨将王建封得郑氏，以其有色，而自持坚贞不挠，不敢犯，献之大将查文徽。文徽欲纳之，郑大骂曰："王师吊伐，当褒录节义，以表励风俗。建封出行伍，尚知见惮。君，元帅也，乃欲为祸首耶?"文徽大惭，亟访其夫，归之。

吴媛，浚仪人，唐史官兢之后。父志野，义不仕梁，南游吴，遂家庐陵。媛适段甲，生子，未晬，段卒。父母以媛少，议嫁之，媛剺面自誓，事舅姑备极孝谨。教所生子为善士。韩熙载使江南，表其节云。

列传卷第十五

呜呼！南唐褊国短世，无大淫虐，徒以寖衰而亡。要其最可为后世监者，酷好浮屠也。

初，烈祖辅吴，吴都广陵，而烈祖居建业，大筑其居，穷极土木之工。既成，用浮屠说，作无遮大斋七会，为工匠役夫死者荐福。俄有胡僧，自身毒中印土来，以贝叶旁行及所谓舍利者为贽。烈祖召豫章龙兴寺僧智玄，译其旁行之书，又命文房书《华严论》四十部，衣帙[①]副焉，并图写制论李长者像，班之境内，此事佛之权舆也。然烈祖未甚惑。后胡僧为奸利，遂出之，国人则寖已成俗矣。及其末年，溧水天兴寺桑生木人，长六寸，如僧状，右袒而左跪，衣裓皆备，其色纯漆可鉴，谓之须菩提。县掇置龛中，以仁寿节日来献。烈祖始大惊异，迎置宫中，奉事甚谨。其徒因夸以为感应，而识者案谯氏《五行书》，知且有大丧。不三月，烈祖殂。

及元宗、后主之世，好之遂笃。幸臣徐游，专主斋祠事，群臣和附，惟恐居后。宫中造佛寺十余，出金钱募民及道士为僧，都城至万僧，悉取给县官。后主退朝，与后着僧伽帽，服袈裟，课诵佛经，胡跪稽颡，至为瘤赘，手常屈指作佛印。僧尼犯奸淫，狱成，后主每曰："此等毁戒，本图婚嫁，若冠笄之，是中其所欲。"命礼佛百而舍之。奏死刑日，适遇其斋，则于宫中佛前燃

① 帙：原作"秩"，据秘本、汲本改。

灯，以达旦为验，谓之“命灯”。未旦而灭，则论如律，不然，率贷死。富人赂宦官窃续膏油，往往获免。上下狂惑，不恤政事。有谏者辄被罪。歙州进士汪涣，上封事，言：“梁武惑浮屠而亡，陛下所知也，奈何效之？”后主虽擢涣为校书郎，终不能用其言。

开宝初，有北僧号小长老，自言募化而至，多持珍宝怪物，赂贵要为奥助，朝夕入论天宫地狱果报之说。后主大悦，谓之一佛出世。服饰皆缕金绛罗，后主疑其非法，答曰：“陛下不读《华严经》，安知佛富贵。”因说后主多造塔像，以耗其帑庾。又请于牛头山造寺千余间，聚徒千人，日给盛馔，有食不能尽者，明旦再具，谓之折倒，盖故造不祥语，以摇人心。及王师渡江，即其寺为营。又有北僧，立石塔于采石矶，草衣藿食，后主及国人施遗之，皆拒不取。及王师下池州，系浮桥于石塔，然后知其为间也。金陵受围，后主召小长老求助，对曰：“北兵虽强，岂能当我佛力？登城一麾，围城之师为小却。”后主真以为佛力，合爪叹异，厚赐之，下令军民，皆诵救苦菩萨，如①江涛。未几，梯冲环城，矢石乱下如雨。仓皇复召小长老，称疾不至，始悟其奸，鸩杀之。群僧惧并坐诛，乃共乞授甲出斗，死国难。后主曰：“教法其可毁乎？”弗许。及国亡，后主入朝，过临淮，往礼普光王塔，施金帛犹以千计。其后弟从镒之子祝发为僧，名惟净。景德、祥符中，天下治安，西域献佛书甚众。惟净博闻通梵学，翻绎精审，莫能及者。积官试光禄卿，译经三藏，亦南唐之余习云。

---

① 如：秘本、汲本“如”上有“声”字，于意较优。

契丹事，见《唐书》本传及《五代史》四夷附录。今取其事之系南唐者为传。

烈祖昇元二年，契丹主耶律德光及其弟东丹王，各遣使以羊马入贡，别持羊三万口、马二百匹来鬻，以其价市罗纨、茶、药，烈祖从之。于是翰林院进《二丹入贡图》，诏中书舍人江文蔚作赞，其词曰："皇帝建西都之岁，神功迈于三古，皇风格于四裔，华夷咸若，骏奔结轨。粤六月，契丹使梅里捺卢古、东丹使兵器寺少令高徒焕，奉书致贡，咸集都邑。公卿庶尹，拜手稽首称贺，以为文德所服，受命之符也。若乃鸿荒以降，骤步相侔。耀武以信威，有所不及；任筭以御物，有所不从。诗颂太原之师，则用伐矣；汉开朔方之地，则崇力矣。若我宣猷大麓，俪德无私，刑于朝廷，以及于荒服。旃裘左衽，捧日分光，殊方异产，充庭纳贶，曰垂衣裳而天下治，斯之谓矣。有司纪美，列于缋事。传曰：主上明圣，而德不闻，有司之过也。臣职在翰墨，亲睹隆平，敢献赞曰：赫矣皇武，纂唐之绪。要荒之长，骏奔来附。伏波之柱，单于之台。遗镞徒费，献琛靡来。我后穆穆，我网恢恢。重译日贡，皇哉唐哉。"

四年，德光遣使献马百匹。于是烈祖遣通事舍人、判四方馆事欧阳遇，借鸿胪少卿使契丹。假道于晋，高祖不可，遇及境而复。元宗嗣位，遣使者公乘镕航海继好。既至，而契丹乱，兀欲被弑，弟述律遗元宗书曰："大契丹天顺皇帝，谨致书大唐皇帝阙下。贵朝使公乘镕等，自去秋已达东京海岸，适遭国祸。今年正月二十六日，部署一行，并诸仪物、兵铠，已至燕京。兹蒙敦念先朝，践修旧好，既增摧痛，又切感铭。贵国长直官王朗、陈篆，取间道先回，用附咨报。公乘镕等已遣伴送使陈植等同回。止俟便风，即令引道。”而公乘镕亦以蜡封帛书，其词曰：“臣镕自去年六月离罂油，七月至镇东关，遣王朗奉表契丹。九月，乃有番官夷离毕部牛车百余乘及鞍马，沿路置顿。十月至东京，留三日。契丹主遣闲厩使王廷秀称诏劳问，兼述泰宁王、燕王九月同行大事，兀欲即世，母妻并命。又辽东以西，水潦坏道数百里，车马不通。今年正月，方至幽州，馆于愍忠寺。先迎御真入宫，言先欲识唐皇帝面，乃引见如旧仪，问国书中机事。臣即述奕世欢好，当谋分裂之事。契丹主喜，问复有何事。臣云军机别有密书。契丹主接置袖间，乃云：‘吾与唐皇帝一如先朝往来。’因置酒合乐，又谕臣曰：‘使人远泛巨海而至，不期骨肉间忽起此事，道路所闻，必亦忧恐。’手斟一玉钟酒，先自啜，乃以劝臣，令饮釂。自旦至日晡，始罢。自是数遣使宣劳，三日一赐食。谨遣王朗赍骰号子归闻奏。”骰号子，不知何等语也。

初，宋齐丘谋间晋，会契丹使燕人高霸来聘，归至淮北，唐阴遣人刺杀之。霸有子乾从行，匿之濠州，于是契丹颇信以为霸之死，出于晋人。保大十二年，述律遣其舅来，夜宴清风驿，起更衣，忽仆于地，视之，失其首矣。厚赏捕贼，不得，久乃知周大将荆罕儒知契丹使至，思遣客刺之，以间唐，乃下令能得吾枕者，赏三百缗。俄有剑客田英得之，即给赏如约，仍屏人语之曰：“能得江南番使头，赏三千缗。”英果得之。自是唐与契丹遂绝。

及世宗兵出淮南，敕暴我罪，曰：“蠢尔淮甸，敢拒大邦，跋扈飞扬，垂六十载。幸累朝多事，与北虏交通，厚启戎心，诱为边患。”所罪状我虽非一，然首以通契丹为兴师之名。方石晋以父事契丹，而契丹每以兄事南唐。盖戎狄习见唐之威灵，故闻后裔在江南，犹尊之不敢与他国齿，南唐亦颇恃以自骄。其实相结约，挠中原，皆虚辞，非能为南唐助也。

高丽事，具《唐书》及《五代史》四夷附录。今书南唐所载异闻，及高丽通南唐之见于传记者。

高丽至五代初，国名曰大封。其王高氏，名躬乂。躬乂晚年，果于诛杀。吴顺义二年，当梁之龙德二年，为海军统帅王建所杀。建自立，去大封之名，复称高丽，以开州为东京，平壤为西京。吴天祚二年，当晋之天福元年，败新罗、百济，于是倭、耽罗、欢于罗、铁勒、东夷诸国皆附之，有二京、六府、九节度、百二十郡，内列十省、四部官。朝服紫丹、绯绿、青碧，青碧以年序迁，绿以上，选才能，赐之俸禄，赋以田租。尚冠礼，略如古制。婚姻，男女执手，自相媒许。俗重匾头，生男，旦旦案压其首，惟恐不匾也。

昇元二年，遣使来贡方物，所上书称笺，大略云：“今年六月内，当国中原府入吴越国使张训等回，伏闻大吴皇帝，已行禅礼，中外推戴，即登大宝者。伏惟皇帝陛下，道契三无，恩涵九有。尧知天命已去，即禅瑶图；舜念历数在躬，遂传玉玺。建夙惟庸陋，获托生成。所恨沃日波遥，浮天浪阔，幸遇龙飞之旦，阻申燕贺之仪。无任归仁戴圣鼓舞激切之至，仪式如表。”而不称臣。烈祖御武功殿，设细仗，见其使，自言代主朝觐，拜舞甚恭。宴于崇英殿，出龟兹乐，作番戏，召学士承旨孙忌侍宴。三年，又遣其广评侍郎柳勋律来贡方物。其后史册残缺，来与否不可考矣。

跋

余尝阅宋马令《南唐书》，未及见陆放翁书也。闻陆子虡家藏宋刻本，借而读之。夏日课农田舍，携之箧笥，因手录一帙，计百五十有六叶。昉五月十三日，迄六月十三日，间尝还家数日，置而不录，实二十日而告成。然余以始衰之岁，触炎履亩，挥汗濡毫，形既仍劳，目亦时眩，或手随意倦，或心以言驰，多致脱讹，难免涂窜，殊为潦草，聊备览观云尔。

嘉靖二十九年岁在庚戌夏六月十五日，王觳祥识于娄东别业适志轩。

跋

陆放翁《南唐书》，本纪三卷，列传十五卷，乃西室吏部王公手录本也。嘉靖甲子上元，大病初起，静坐斋阁，屏谢人事，日无聊藉，遂借录一过。所恨目力昏眊，用意疏脱，涂抹太多，殊不成书。间阅马令书，互有不同，抑不知胡恢所著，又何如耳。他日觅得善本，并录置斋中，用备参校，亦快事也。二书人物损益、褒贬、去取，史家自有法度，非穀所知，兹不敢赘云。录成，谨记岁月于后。

是岁三月初七日，钱穀于荣木轩中书。

附录

《直斋书录解题》卷五伪史类《新修南唐书》

（宋）陈振孙

《新修南唐书》十五卷

宝谟阁待制山阴陆游务观撰。采获诸书，颇有史法。

秘册汇函本《南唐书》题辞

(明)沈士龙

按陆游《新修南唐书》止十五卷，今合三纪，得十八卷。又戚光《音释》一卷。而光注谓“游亦不著名，以他书考而知之”，不知《刘仁赡传·论》甚明，更无疑者，何必他书！然以陆视马令书，虽少十余卷，而芟薙稗稊，折衷诸家，殊得史氏家法。如三主直称曰“纪”，不必如马以“书”字寓贬。其《列传》，若宋太后不许临朝听政，亦一贤后，故以奔通道流一事，潜置《耿先生传》；宋齐丘老而无子，马谓其有窥窃之计，因断，其訾之太过；周后诔词，马书全载，《从善传》，马不录登高文，陆则翦诔、附文，盖重友于、戒佚思也；孙忌死于使周，马有肉台盘事，李元清不二心之臣，马有科敛事，陆皆弃而不载，盖重其节、略其微也。至若马之所有，如柴克宏有陈杲仁助阵，潘佑是颜延之后身，卢绛梦耿玉真，后与同刑，伍乔窗中人掌，孙忌谒淮南王庙事，俱以怪诞黜斥；而马之所无，如刘仁赡无夫人五日不食死，江文蔚不载奏疏，景遂无弘冀行鸩，刁彦能无子衎、孙约，《徐锴传》寥寥数语，陆皆考补无遗。其他若申屠令坚之誓死报国，廖居素之立死井中，李邹延之不草降书，见杀，段处常之面诮契丹，死虏中，赵仁泽之不拜吴越王，张雄之满门死难，乔匡舜之极谏亲征，张义方之力振纪纲，欧阳广之疏劾边镐，高远之料楚难守，陈褒之十世同居，此皆马书所无，赖务观以显。则马之疏陋可见，而陆之史笔足贵矣。沈士龙题。

秘册汇函本《南唐书》题辞

（明）胡震亨

余始得马令《南唐书》，以为政可作酒后谈资耳。及得陆游《新修南唐书》读之，乃知正史、稗官，迥自悬别，未可以伪史忽之。因以二书相较，则马视陆书，凡益徐温、徐知训、知询、知诲、知谏、徐主、李章、韦建、孙鲂、康仁杰、周彬、夏宝松、许贤、颜诩、郑元素、姚景、鲁崇范、马文义、许规、张宣、李德柔、褚仁规、李德明、李徵古、邵拙、舒雅、刘茂忠、孟宾于、潘贲、罗颖、丘旭、黄载、汤悦、张洎、徐铉、木平和尚、李家明、杨名高、王感化、彭利用、应之、小长老、北僧、张遇贤、诸祐、刘澄、刘从効、闽王氏、楚马氏、建国谱、世系谱等，共四十九篇；陆视马书，则益周邺、陈曙、徐遊、朱匡业、申屠令坚、乔匡舜、高远、廖居素、张义方、欧阳广、廖偃、彭师暠、张易、龚慎仪、郭廷谓、陈起、周惟简、郑彦华、仲寓、御厨、史守冲、段处常、赵仁泽、张雄、陈褒、浮图、契丹、高丽等，共二十八篇。陆又并徐主于《李建勋传》，李德明于《钟谟传》，夏宝松于《刘洞传》，李徵古于《陈觉传》，刘茂忠于《申屠令坚传》，李家明于《申渐高传》，小长老、北僧于《浮图传》，张遇贤于《边镐传》，凡合并九篇。其若王会即马书王安，因名犯南汉祖讳，改赐名会；《查文徽传》有李弘义，即马书李仁达，《五代史·十国世家》云，元宗更其名曰弘义；而孙忌、张彦卿、李贻业，即马书孙晟、张彦能、李夷业，但讹一字耳。大都马之所余，皆在可略；陆之所增，皆不可无者。即如马分《义养》、

《义死》等传，如徐温一传，最为可笑。夫烈祖既尝父事之矣，置之列传可乎，使冠之首，则徐、李异姓，千古史册，无此义例。刘彦贞寿州溃败，遂失江北之地；朱令赟以军赀数十万，一鼓尽之江上，而唐社旋屋。二人虽脱身，犹当显诛，以谢误国之罪，何得以辱"义死"？至于潘佑、李元清之忠，概入"诛死"、"归明"，与钟谟、刘承勋辈同列，岂不冤哉！马又谓后主咏"兄弟四人三百口，不堪闲坐细思量"，四人是指元宗、景遂、景达、景逷，尤为乖谬，四人盖谓从镒、从谦、从度、从信耳，世宁有称父及诸父为兄弟之理乎！宜务观痛为删蕻，足称此书一大快也。胡震亨题。

汲古阁刻本《南唐书》跋

（明）毛　晋

是书凡马令、胡恢、陆游三本。先辈云：马、胡诠次，识力相似；而陆独遒迈，得史迁家法。今马本盛行，胡本不传，放翁书一十八卷，仅见于盐官胡孝辕秘册函中，又半烬于武林之火。庚午夏仲，购其焚余板一百有奇，断蚀不能读。因简家藏抄本订正，附梓于《全集》逸稿之末。至若与马元康异同繁简，已详见胡、沈两公跋语云。湖南毛晋识。

《四库全书总目》卷六六史部二二载记类《南唐书》提要

《南唐书》十八卷《音释》一卷 内府藏本

宋陆游撰。游有《入蜀记》,已著录。宋初撰录南唐事者凡六家,大抵简略。其后撰《南唐书》者三家,胡恢、马令及游也。恢书传本甚稀,王士祯《池北偶谈》记明御史李应昇之叔有之,今未之见。惟马令书与游书盛传,而游书尤简核有法。元天历初,金陵戚光为之音释,而博士程熟等校刊之,赵世延为序。钱曾《读书敏求记》称旧本遵《史》、《汉》体,首行书某纪某传卷第几,而注"南唐书"于下。王士祯《古夫于亭杂录》又称其门人大名成文昭寄以宋椠本,凡十五卷,与今刻十八卷编次小异。今其本均不可见。所行者惟毛晋汲古阁本,刻附《渭南集》后者,已改其体例,析其卷数矣。南唐元宗于周显德五年,即去帝号,称"江南国主"。胡恢从《晋书》之例,题曰"载记",不为无理。游乃于烈祖、元宗、后主皆称"本纪",且于烈祖"论"中引苏颂之言,以《史记》秦庄襄王、项羽《本纪》为例,深斥胡恢之非。考刘知几《史通·本纪篇》,尝谓姬自后稷至于西伯,嬴自伯翳至于庄襄,爵乃诸侯,而名隶本纪;又称项羽僭盗而死,未得成君,假使羽窃帝名,正可抑同群盗,况其名曰"西楚",号止"霸王",诸侯而称本纪,循名责实,再三乖谬。则司马迁之失,前人已深排之,游乃引以藉口,谬矣!得非以南渡偏安,事势相近,有所左袒于其间乎?他如《后妃诸王传》置之群臣之后,《杂艺方士传》列于忠义之前,揆以体例,亦为未允。读其书者,取其叙述之简洁可也。

明钱穀钞本陆氏《南唐书》跋

（民国）张元济

陆氏《南唐书》，《四库提要》引钱曾《读书敏求记》称旧本遵《史》、《汉》体，首行书某纪某传卷第几，而注《南唐书》于下。王士祯《古夫于亭杂录》又称其门人大名成文昭，寄以宋槧本凡十五卷，与今刻十八卷编次小异。今其本均不可见，世行者惟毛氏汲古阁本。是本亦毛氏旧藏明钱叔宝手录王西室吏部钞本，王氏自跋谓“出自陆子虚家所藏，宋刻”。《本纪》三卷，《列传》十五卷，与钱曾所见小题在上大题在下者异，与王氏所称宋槧十五卷亦不同。书中涉及宋室，如“太祖”、“真宗”、“赵点检”、“天子”、“天威”、“宋兴”、“宋受禅”、“国朝”等字，均空格，盖犹沿宋本之旧。毛氏刊本后跋云：“放翁书一十八卷，仅见于盐官胡孝辕秘册函中，又半烬于武林之火。庚午夏仲，购其焚余板一百有奇，断蚀不能读。因简家藏钞本订正。”然以是本校之，则彼此多不相侔，且足以订正刊本之讹夺者，多至四百余字，不知毛氏何以舍甲而取乙？昔人谓汲古所刊，多非精本，非虚言也。原书有硃笔校改之字，如纪一第四叶后第六行“潚滩镇”之“潚”改作“渊”，音释第二叶前第八行“呙彦”下“后世去辵”之“辵”改作“足”，第五叶前第十行“豆庐”下“姓出北地”之“北”改作“羌”，又第四叶前第四行“昇”下“西部金陵”之“西”，前第九行“江”下“德化军”之“德”，前第十行“洪”下“奉新”之“新”，后第二行“南”下“漳名”之“漳”，第五叶后第七行“肝肺附”之

“肝”,均校增;又第四叶前第九行“江”下“湖口”下,原有一空格,一流字,前第十行“�”下原有“清江筠以”四字,均校删;度必为钱氏手笔,且与毛本不同,而意义亦较原本为长。因即依校笔上版,并以全部与毛本异同之字,别为《校记》,附录于后,以谂读者。甲戌仲春,海盐张元济。